# 아들러상담이론과 실제

Thomas J. Sweeney 저

노안영 · 강만철 · 오익수 · 김광운 ·
송현종 · 강영신 · 오명자 공역

학지사

**ADLERIAN COUNSELING: A PRACTITIONER'S APPROACH**
by Thomas J. Sweeney, Ph.D.

# 역자 서문

전문직으로서 상담은 과학자–실천가 모델을 강조한다. 다시 말하면 과학자로서 상담자는 연구를 통해 조력을 위한 지식을 확장하고, 실천가로서 조력활동을 통해 내담자를 돕기 위해 노력한다. 따라서 과학자–실천가로서 상담자들은 자신이 선택한 상담이론에 근거한 변화 모델을 바탕으로 내담자를 조력해야 한다. 상담자로서 당신은 어떤 상담이론에 근거한 변화 모델을 채택하고 있는가? 많은 상담이론 개발자들은 현재 내담자를 조력하는 데 적용하는 상담이론 대부분이 아들러의 개인심리학에 영향을 받았다는 점을 인정한다. 이런 점에서 역자들은 『아들러 상담이론과 실제』를 국내 상담자들에게 소개하게 된 것을 매우 기쁘게 생각한다.

한국아들러연구회에 소속된 역자들은 『아들러의 상담이론 – 기본 개념 및 시사점』(노안영 외 역, 2001, 학지사)을 번역 · 출판하여, 아들러의 개인심리학을 국내에 처음 소개했다. 그 당시에 역자들이 합의한 사항은 아들러의 개인심리학을 상담실제에 적용할 수 있는 책을 번역하여 소개하자는 것이었다. 그러한 결정에 따라 선택한 책이 Sweeney(1998)가 저술한 『Adlerian Counseling: A Practitioner's Approach』(4th ed.)였다. 아무튼 이 책은 역자들이 3년 이상 노력을 기울인 산물이다.

이 책을 읽는 상담자들이나 일반 독자들은 아들러가 강조한 기본개념인 열등감과 보상, 사회적 관심, 생활양식, 우월성 추구 등을 바탕으로 내담자의 조력과 자기 성장에 많은 도움을 얻으리라 본다. 아들러 학파는 '모든 행동에는 목적이 있다.' 는 점을 강조하면서 행동 이면에 있는 구체적 목적이 무엇인지 탐색하게 한다. 예를 들면, 바람직하지 않은 행동을 하는 청소년을 조력하고자 할 때, 부적절한 행동을 하는 목적이 청소년의 관심 끌기, 힘 추구, 복수 추구, 가장된 무능력인가를 파악하여 바람직한 행동을 하도록 한다.

아들러 학파에서 조력을 위한 방법으로 강조하는 세 가지 원리는 자연적 결과, 논리적 결과, 격려다. 이 책에서 지적하는 것처럼 모든 사람을 위한 삶의 규칙으로서 자연적 결과(제3장), 사회적 교훈으로서 논리적 결과(제4장), 그리고 변화의 핵심요인으로서 격려(제5장)는 상담자들이 인간행동의 이해와 변화를 위해 반드시 숙지해야 할 사항이다.

격려는 용기를 북돋는 것을 의미한다. 많은 경우에 내담자들은 자신이 추구하는 것을 이루지 못하고 좌절하여 낙담한 상태에 있다. 아들러 학파는 격려를 통해 내담자에게 자신이 처한 어려운 상황을 헤쳐 나갈 수 있도록 용기를 불어넣는 것을 가장 중요하게 여긴다. 드레이커스가 "식물이 물을 필요로 하듯이 우리에게는 격려가 필요하다."라고 언급한 것처럼, 한국의 가정, 학교, 사회에서 격려하는 분위기가 널리 퍼졌으면 한다.

역자들은 번역을 하면서 "번역은 또 하나의 창작이다."라는 말을 새삼스럽게 느끼면서, 저자가 의도한 바를 독자에게 충실히 전달하고자 최선의 노력을 기울였다. 하지만 이러한 노력에도 불구하고 미흡한 점이 많이 있으리라고 여겨진다. 번역의 미숙한 부분에 대해서는 넓은 아량과 함께 격려를 부탁드린다.

이 책이 출판되기까지 격려해 준 역자들의 가족과 전남대학교, 목포대학교, 광주교육대학교, 여수대학교에서 상담을 공부하는 대학원생들에게 감사를 드린다. 또한 좋은 책을 발간하기 위해 인내심을 갖고 애쓰는 학지사 김진환 사장님과 편집부 직원들에게 깊은 감사의 뜻을 전한다.

2005년 5월
역자 일동

# 저자 서문

이 판은 본 책의 앞선 판에서처럼 실천가를 염두에 두고 쓰였다. 나는 드레이커스(Rudolf Dreikurs) 박사가 아들러의 개인심리학을 가르치고 입증한 것을 듣고 보았다. 그래서 아들러와 드레이커스의 통찰과 방법이 효과적이라는 것을 확신했다. 모든 연령의 사람들과 모든 방식의 조력 장면에서 다양한 유형의 상담자와 치료자들은 성공적으로 이 접근방식을 사용할 수 있다. 부모, 교사, 준전문가와 일반인들도 가정, 직장, 교육 장면에서 이 접근방식을 성공적으로 적용할 수 있다.

전문가들은 이전 판들을 비판적으로 검토해서 이 책이 아들러가 명명한 개인심리학의 이론과 실제에 유용하고 정확한 개관임을 보고하였다. 이 4판을 위해 자료를 추가하고 수정 및 개정하였지만, 특성은 유지하려고 노력했다. 이 책은 아들러와 드레이커스의 입장에서 벗어나지 않으면서 개인심리학을 확장하는 연구, 방법, 기법들을 통합하고 있다.

아들러의 생각은 오늘날 광범위하게 사용되는 상담과 심리학의 많은 접근방식의 전조가 되었다. 그의 이론과 방법은 정확한 언급 없이 자주 도용되었으며 불행히도 그의 생각의 일부분만을 취하고, 아들러의 실천에 근거한 기본 철학과 가치의 핵심적 구성요소를 제대로 파악하지 못하는 사람들이 있다. 이러한 철학과 가치를 고려하지 않으면 개인심리학의 방법과 기법들은 다른 접근방식들이 제창한 많은 방법이나 기법들과 비슷하다. 비록 그러한 방법과 기법들을 실제로 유용하고 유익하게 사용하지만, 우리가 어떤 변화를 지향해서 타인들을 조력하는가에 대한 논점은 피해 간다.

아들러는 더 높은 사회적 관심, 즉 타인들의 공익에 대한 다짐, 인생에 적응하기 위한 개인적 자신감, 능력으로 특징져지는 발달상태와 같은 것을 지향했다. 제3판에서 기본 모델은, 아들러의 생각을 성공적으로 달성한 사람들의 인생과제와 자질의 총체적 개념화로 확장한 전문 분야들에 걸친 연구에 근거하여 제시되었다. 아들러는 이러한 자질을 소유한 사람들이 사회적 관심에서 높다고 생각했다.

이 판에서는 모델을 이전보다 개선했고 연구는 최근 자료들로 갱신했으며, 모델의 실제적 적용을 소개했다. 동료인 위트머(Witmer), 마이어스(Myers) 박사와 나는 연구와 실제에서 이 모델과 관련한 발달도구를 사용한 다른 사람들의 보고에 흥분했다. 요약하면 우리는 아들러와 드레이커스의 생각과 실제를 유지하면서 그들의 업적을 확장하려고 시도하였다.

이 판의 다른 차원은 우리 사회와 세계의 복합적 본질에 더 많은 주의를 기울인 것이다. 주제의 본질과 비교해서 대단한 노력을 기울인 것은 아니지만 독자는 이 판에서 언급된 문화와 성에 대한 주제를 발견할 것이다. 미국에서 사회적 민주주의의 전조로서 아들러와 드레이커스의 업적은 차이의 인식과 존경을 지향하는 오늘날의 욕구와 일관된 가치와 견해를 반영한다.

아들러는 우선 실천가며 강사였다. 드레이커스도 글을 통해서 그의 경험을 공유하였다. 드레이커스는 개인심리학과 그것의 적용에 관한 실제적이고 쉽게 읽을 수 있는 논문과 책들을 썼다. 그는 역시 가족과 교사 자문, 상담 회기들로 이루어진 다른 사례들을 녹음하고 촬영하였다. 그가 사망한 1972년 이전에도 충분한 증거를 공개했으며, 그의 제자 및 동료들은 그가 시작해서 조력했던 업적을 계속하고 있었다. 그의 저서인 『결혼의 도전(The Challenge of Marriage)』(1946)과 『사회적 평등: 현대의 도전(Social Equality: The Challenge of Today)』(1971)은 우리 사회 안의 사회적 변화에 대한 예언적 진술이었다. 더욱이 그는 모든 사람들에게 최선의 도움이 되도록 변화를 위해 필요한 것을 언급하였다. 이 책의 의도는 그의 사명의 지속성에 대해 기여하고자 하는 것이다.

제1장은 인간으로서 아들러, 동향, 개인심리학에 대한 간단한 소개다. 제1장의 내용은 아들러 이론에 친숙하지 않은 사람들을 위해 뒤따르는 장들에서 논의된 방법들에 바탕이 되는 가정을 이해하기 위한 기초로서 도움이 될 것이다. 흔히 개인심리학과 관련된 문헌에 생소한 사람들은 다른 상담접근방식들을 통해 개인심리학이 그들에게 얼마나 많이 알려졌는가를 알고서 놀란다. 반면에

각 장은 이러한 접근방식의 몇 가지 독특한 적용들을 보여줄 것이다. 추가로, 이론과 실제의 타당성에 관한 부분은 최근 자료들로 갱신되었으며, 새로운 부분들은 이 접근방식의 다중문화와 성(sex)에 대한 적절성을 위한 근거를 제공한다.

제2장은 전반적으로 새롭게 썼다. 나의 오랜 친구며 동료인 위트머 박사는 이 장을 갱신하는 데 동의하였으며, 그는 우리의 개정 확장한 안녕 모델에 따라 이 장의 대부분을 완전히 다시 썼다. 이 장은 단지 위트머 박사가 모델의 개발 중에 수집했던 광범위한 문헌개관과 실제에서 모델 사용의 구체적 설명 부분만을 보여준다. 생활양식의 안녕 평가도구는 모델에서 보인 것처럼 건강한 사람의 구성요소들의 측정으로서 간략하게 소개된다. 우리는 상담과 교육을 위한 목표 설정을 하는 데 사용하기에 적절한 발달과 다중차원 모델에 인생과제와 성격에 대한 영향력을 통합하였다. 그 결과, 우리는 이 모델이 아들러의 업적을 사회적 관심의 광범위한 개념 이상으로 확장하며, 또한 실천가 및 연구자들에게 보다 유용하게 적용된다고 믿는다.

제3장과 제4장은 자연적 · 논리적 결과의 차원과 사용을 설명한다. 누구나 "삶 자체가 가장 훌륭한 스승이다."라는 말을 흔히 듣는다. 실제로 자연적 결과는 삶에 대해 학습된 것들이 많다. 그러나 자연적 결과는 사람들이 서로 조화롭게 사는 방법을 가르치는 유일한 방법이 아니다. 아들러 학파는 '사회적 삶의 엄격한 논리'에 따르는 방법으로서 결과에 특별한 주의를 기울인다. 우리는 '규칙은 모든 사람을 위해 있다.'는 것을 이 접근방식 내에서 가르친다. 모든 사람들은 자연의 법칙을 무시할 때 부정적 결과를 경험한다. 사회적 인습과 사회의 법은 마찬가지로 그 자체의 힘을 가진다. 현명하게 이해하고 사용할 때 사회적 규칙은 모든 연령의 사람들을 조력하는 데 영향을 주며, 긍정적 방법이 될 수 있다. 이러한 방법들이 잘못된 행동을 수정하는 데 효과적으로 사용될 수 있기 때문에 어떤 사람들은 우선적으로 그러한 방법들을 포착한다. 다양한 부분들에서 볼 수 있겠지만, 전체적 접근방식을 고려하지 않고 사용하면 잘 되어야 제한된 결과를, 최악의 경우에는 부정적 결과를 제공하게 된다. 격려는 선택의 첫 번째 방법이어야 한다.

제5장은 아들러식 관점에서 조력의 핵심적 요소인 격려를 다룬다. 용기를

심어 주는 일은 아들러식 방법을 적용하는 데 있어 핵심개념이다. 그것은 모든 교육과 상담에서 기본 목표다. 격려의 정의와 방법은 실습과 자기평가활동으로 보완된다. 역시 자존감의 개념 및 변화과정의 단계에 관한 정보를 포함하기 위해 이 장을 다시 썼다. 브랜덴(Nathanial, Branden, 1994)의 광범위한 업적에 근거하여 나는 자존감의 기본 틀을 제안하였다. 추가로 변화를 위한 준비를 평가하고 단계에 맞게 중재할 필요가 있다는 점이 중재과정에 정교한 구별로서 제안되었다. 나는 역시 변화를 위한 준비 평가를 사용하는 방법의 설명과 자존감 향상을 위한 중재를 제공하였다.

아들러 학파는 실용주의적 경향을 보인다. 그들이 교육과 상담에서 사용하는 많은 것은 다른 사람들, 즉 부모, 교사, 상담자, 아동의 경험에서 도출한 것이다. 제6장은 높은 안녕 수준을 지향하는 모든 젊은 사람들을 지도하는 것과 관련된다. 자존감과 내적 통제감을 형성하는 것도 목표에 속한다. 더 나은 교육과 학습 방법으로서 협동이 제안되었다. 사례들은 잘못된 행동의 목표, 그러한 행동을 확인하는 방법, 그리고 격려과정을 보완하는 교정행동을 구체적으로 보여준다. 이것은 어린아이들과 함께 생활하거나 그들을 다루는 사람이 필히 읽어야 할 내용이다. 주요한 원리, 구체적 기법, 유용한 방법들이 이 장에 요약되었다.

생활양식평가가 이러한 기법의 사용에 대한 소개로서 개관되고 설명되었다. 어떤 것들은 능숙한 임상가들의 입증에서 신비한 것으로 보이지만, 개인심리학의 추종자는 어떤 신비도 수반되지 않는다는 것을 발견한다. 연구, 실습, 경험을 통해서 개인은 직관적 능력을 발달시키며, 실천가는 그러한 능력을 통해 일상적 관찰자가 의미를 간과하고 잘못을 저지르는 것을 듣고, 느끼고, 이해하도록 준비할 수 있다. 제7장은 초기회상과 현재행동의 상호 관련성과 단순성을 발견하기 위한 지침을 제공한다. 이는 모든 연령의 사람들에게 적용할 수 있으며, 빠르게 관계 형성을 도모하고 내담자 저항을 극복하기 위한 훌륭한 도구일 수 있다.

제8장은 아들러식 상담과정의 각 단계를 설명하고 구체적으로 보여준다. 젊은이들과의 작업에서 얻어진 예들 이외에 나이 든 사람들을 조력하기 위해 초기회상을 사용하도록 제시했다. '인생 재검토'가 나이 든 사람들에게서 공통

현상으로 보이기 때문에 나는 더욱 긍정적이고 장기간 지속되는 효과를 위해 아들러식 방법의 사용을 제창한다. 이 판은 역시 전통적 아들러식 방식을 쇄신한다. 나는 아이비(Allen Ivey, 1990)의 발달적 상담 및 심리치료방법을 상담과정으로 통합함으로써 비롯되는 긍정적 효과를 지적하였다. 그래서 그의 평가전략의 개관을 제시하였으며, 생활양식사례 제시와 상담회기의 발췌에서 그것의 사용을 구체적으로 보여주었다. 아들러 학파가 개인심리학의 실천에 다른 사람들의 긍정적 기여를 인정하고 격려하는 것에 적합한 것 같다. 이 사례는 제8장의 마지막에 제시되었다.

나의 친구 새빅캐스(Mark Savickas)가 발표한 아들러식 진로상담은 그 자체로 하나의 혁신이다. 나는 여러 해 동안 강의실과 워크숍에서 그의 방법을 사용해 왔다. 그러한 방법은 개인심리학이 모든 사람들이 다루어야 하는 실제적 생활과제에 얼마나 잘 적용되는가에 대한 구체적 실례다. 단일사건 결정을 하기 위해 자료와 정보 수집을 하는 것으로서 진로상담을 생각하는 사람들과 다르게, 나는 항상 진로상담이 개인상담이어야 한다고 생각해 왔다. 이러한 방법의 정교함은 실제 그 자체가 말해 준다. 새빅캐스가 제9장에서 구체적으로 설명한 바와 같이 진로양식상담은 아들러식 임상가의 방법과 실제에 의미 있는 추가를 계속할 것이다.

제10장은 가장 도전적이고, 따라서 잠재적으로 상담실제의 가장 만족스러운 영역 중의 하나인 부부상담을 다룬다. 아들러식 실제의 철학적 · 심리학적 기초가 제시되었다. 추가로 부부관계 해체 과정에 관한 사회학적 관점을 상담과정의 성공 평가를 위한 유용성과 관련해서 설명하였다. 단계에 따른 사례는 상담목표를 촉진하는 데 유용한 구체적 기법과 방법이 함께 제시되었다.

가족상담과 자문은 실천가들이 대부분 선호한다. 이것은 아들러 학파가 가장 광범위하게 인식한 전문영역 중의 하나다. 제11장은 아들러식 상담에 대한 체계 이론과 실제의 유사함과 보완적 측면을 지적하면서 아들러식 관점을 제시한다. 연구를 통해 건강한 가족에 대해 말해 주는 것을 반영하고자 새로운 부분이 추가되었다.

자문은 흔히 아들러 학파가 사용하는 다른 조력방법과 다르지 않다. 제11장의 목적을 위해 상담과 자문이 구별되었다. 아들러식 자문의 근간이 되는 가정과 전략이 개관되었고, 아들러 학파가 부모와 교사모임에 적용한 과정의 단계를 구체적으로 추가 설명하였다. 아들러 학파는 가족 내의 모든 아동들과 작업하기 때문에 아이들 모임의 구체적 실례를 사용하여, 추가로 아들러 학파가 집단저항을 처리하는 방법을 제안했다. 가족들 대부분이 도움이 된다고 여기는 전형적 권고는 개인심리학의 원리가 어떻게 실제적으로 가족을 위해 이행될 수 있는가를 구체적으로 보여준다. 모든 권고가 항상 의도한 결과를 가져오지 않기 때문에 나는 몇 가지 공통적인 이행 실수를 논의하였다. 전체적 가족 자문 한 회기가 어린아이들과 함께하는 전형적 가족 만남과 더불어 부록에 제시되어 있다.

마지막 장은 집단절차에 관한 내용이다. 집단방법은 아들러식 상담실제의 기초가 된다. 아들러와 드레이커스는 상담을 어두운 작은 방에서 청중석, 교실, 지역사회 강당으로 이끌어낸 최초의 사람들이다. 함께 산다는 것은 집단 내에서 산다는 것을 의미한다. 모든 실천가들은 자신의 조력목록에 집단기술을 가질 필요가 있다. 그러므로 논의, 자문, 상담집단은 아들러식 상담자의 논리적 방법이다. 제12장에서 이러한 방법들이 아동 및 성인들과 관련해서 논의되었다.

책에서 기술한 생각과 방법을 사용하여 도움을 얻기 위해 아들러식이 될 필요는 없다. 그러나 나는 선이 최대로 성취될 수 있는 방법은 이 접근방식의 전체성 내에 있다고 믿는다. 한편, 아들러는 자신이 자신의 창조에 매여 있지 않다는 것을 지적하였다. 이 책에서 혁신지향적인 추가와 노력이 지적된 것처럼, 누구나 창조적으로 그것을 적용하고 추가함으로써 자신의 작업을 가장 훌륭하게 추진할 수 있을 것이다.

Thomas J. Sweeney

# 차 례

역자서문 … 3
저자서문 … 7

제1장

## 개인심리학: 아들러의 생애, 동향, 기본 개념 …… 21

아들러의 생애 … 26
동 향 … 27
기본 개념 … 29
  사회적-목적적-분석적 … 29
  초기 인간발달 … 33
  가족구도 … 35
  다섯 가지 주요 인생과제 … 39
  정서와 감정의 기능 … 42
  전체적 관점 … 43
  철학과 가치체계 … 44
타당성 … 48
  이 론 … 48
  방 법 … 51
  다중문화적 고려 … 52
  성차의 고려 … 55
아들러와 그를 뛰어넘어 … 58
요 약 … 59
연구문제 … 60

## 제2장

조력의 목표로서 안녕 ........ 63
생애에 걸친 안녕 … 67
안녕의 바퀴 … 69
인생과제 1: 영성 … 71
인생과제 2: 자기지향 … 72
인생과제 3: 일과 여가 … 90
인생과제 4: 우정 … 93
인생과제 5: 사랑 … 95
생활세력 … 100
세계적 사건과 우주의식 … 102
생활양식의 안녕 평가 … 103
안녕: 실제적 중재기법 … 104
영성에 이르는 통로 … 105
자기지향의 촉진 … 110
안녕의 실천 … 115
요 약 … 116

## 제3장

모두를 위한 삶의 규칙 ........ 117
행동의 차원 … 120
자연적 결과 … 120
논리적 결과 … 120
격 려 … 120
자연적 결과의 경험 … 121
실제적 시사점 … 122
자기학습상황 … 122
요 약 … 126

연구문제 … 127
활 동 … 128

제4장

논리적 결과: 사회의 교훈 ………………………… 131

결과와 처벌의 비교 … 134
논리적 결과의 측면 … 135
태 도 … 135
선 택 … 136
말이 아닌 행동 … 137
새로운 규칙 … 138
요 약 … 139
연구문제 … 139
활 동 … 140

제5장

변화의 핵심요인: 격려 ………………………… 143

자기에 대한 믿음 … 148
자기존중감 … 149
자기존중감의 결과 … 150
평가와 중재 … 152
변화를 위한 준비 … 152
준비단계에서의 중재 … 153
자기개발에 적용 … 156

정의와 가정 … 161
격려의 본질 … 163
격려하기 … 166
의사소통의 변별 범주와 반응의 예 … 169
의사소통 변별 연습 … 170
나-전달법 … 174
확대 적용 … 175
격려하기에 대하여 … 178
요 약 … 181
연구문제 … 182
활 동 … 183

제6장
안녕을 지향하는 아동 생활지도 …………………… 189
학교와 가정에 대한 관련 연구 … 192
자기존중감, 성취, 내적 오리엔테이션 형성하기 … 192
바람직한 과정과 목적으로서 협동 … 194
아동 생활지도의 원리 … 196
파괴적 행동목표 … 199
관심 끌기 … 199
힘 추구 … 200
복수 추구 … 200
부적절한 행동 또는 가장된 무능력 … 200
찰스의 사례 … 201
아동의 파괴적 행동목표 확인하기 … 201
주의력결핍장애 … 205
청소년의 전형적인 그릇된 목표 … 206
우월성, 동조, 대중성 … 207

반항, 성 문란, 부적절한 행동 … 208
매력, 아름다움, 성차별주의 … 210
지성과 신앙 … 211
요 약 … 212
폭력과 물질남용 … 212
교정활동 … 214
자제하기 … 215
목표 평가하기 … 215
결과와 격려로 반응하기 … 216
일관성, 우호성, 존중으로 실행하기 … 231
요 약 … 232
연구문제 … 233
활 동 … 234

제7장

생활양식평가: 무의식의 이해 …………………… 249

자료수집 … 252
자료의 원천 … 253
가족구도 … 254
초기회상 … 257
관 찰 … 262
요 약 … 264
면접자의 생활양식 검사지 … 265
가족구도 … 265
초기회상 … 270
연구문제 … 271
활 동 … 271

제8장

상담과정의 단계와 순서 ........................ 279

아들러식 상담단계 … 282
관계형성 … 282
심리적 탐색 … 285
해석 … 289
재정향 … 306
구체적 기법 … 310
수프에 침 뱉기 … 312
반암시 … 312
'단지 ~ 할 수만 있다면' … 313
단추 누르기 기법 … 313
의미 있는 수식어 첨가하기 … 313
실현 가능성 평가하기 … 314
과제 설정 … 314
요 약 … 315
생활양식 상담회기 축어록 … 316
생활양식평가 정보 … 316
초기회상/DCT 평가 … 326
결 론 … 337
연구문제 … 339

제9장

진로양식평가와 상담 ........................ 341

짝짓기 모델 … 344
아들러식 짝짓기 모델 … 346
적합성에서 소속감으로 … 346
유사성에서 독특성으로 … 347
흥미에서 진로행로로 … 348

선택에서 의사결정으로 … 349
아들러식 진로상담 … 351
진로양식면담 … 352
역할모델 … 353
책 … 356
잡 지 … 357
여가활동 … 357
교과목 … 358
좌우명 … 359
야 망 … 360
의사결정 … 360
진로양식평가 … 361
진로양식상담 … 364
진로양식과 경로 … 365
의사결정 애로사항 … 366
흥 미 … 369
직업전망 … 370
선택의 걸림돌 … 371
요 약 … 372
연구문제 … 373
활 동 … 374

제10장

부부상담 ………………………………………… 375

사랑: 친밀한 관계의 선행요인과 부산물 … 378
배우자 선택하기 … 380
부부상담 … 383
관계 형성 … 384
평 가 … 385

부부 생활양식평가 … 387
넬과 마크의 사례 … 388
해 석 … 391
재정향 … 392
요 약 … 395
연구문제 … 396

제11장

가족상담 ………………………………………… 397
아들러 학파와 체계이론 … 401
아들러식 자문의 기본가정 … 404
건강한 가족의 특성 … 405
면 담 … 407
라포 형성 … 407
부모면담 … 409
자녀면담 … 415
다지기 … 419
전형적 권고 … 419
자명종 … 420
아침식사 전에 옷 입기 … 420
상기하지 않기 … 422
잠자리에 들 시간 … 422
새로운 합의 도출하기 … 424
권고가 실패할 때 … 425
말하기 … 426
비일관성 … 427
과잉교정 … 428
자기충족 예언 … 429
추수지도 … 430

추가적 적용 … 431
요 약 … 431
연구문제 … 432
활 동 … 433

## 제12장

**집단상담** ……………………………………… 441

집단의 유형 … 444
토의집단 … 445
  아동을 위한 토의집단 … 445
  가족모임 혹은 회의 … 458
  결혼토의집단 … 462
자문집단 … 464
상담집단 … 466
생활양식집단 … 466
  생활양식집단 시작하기 … 467
  생활양식회기 … 467
요 약 … 469
연구문제 … 470

부록 1: 가족상담 … 471

부록 2: 가족회의 … 498

참고문헌 … 515

찾아보기 … 528

기여자들에 대하여 … 532

# 제1장 | 개인심리학: 아들러의 생애, 동향, 기본 개념

아들러의 생애

동 향

기본 개념

타당성

아들러와 그를 뛰어넘어

요 약

연구문제

제 1 장

# 개인심리학: 아들러의 생애, 동향, 기본 개념

아들러(Alfred Adler)의 개인심리학은 19세기 후반 비엔나에서 시작되었다. 아들러는 1898년에 안과의사로 개업하여 활동을 시작하였으며, 후에 일반개업의로, 신경학으로, 그 후 정신의학으로 진로를 바꾸었다. 1904년에 발간된 그의 첫 논문 「교육자인 의사」의 주제는 모든 교육자들에게 명료하게 적용되었다. 아들러는 '자기 자신의 강점에 대한 아동의 자신감'의 중요성을, 특히 아프거나 과잉보호된 아이들과 관련하여 강조하였다(Ansbacher & Ansbacher, 1967). 그는 아동의 가장 큰 장점이 삶에 적응할 개인적 용기라고 믿었다. 그는 교육자들에게 아이들이 자기 행동에 대한 자연적 결과를 경험하게 해서 훈육이 잘 되도록 조력하는 것을 가르쳤다. 아들러는 자녀양육과 아동지도의 중요한 원리로 생각했던 것을 부모와 교사들에게 교육하는 데 관심이 있었다.

모삭과 드레이커스(Mosak & Dreikurs, 1973)는 여러 해에 걸쳐 아들러와 여러 철학자, 심리학자들 간의 유사점과 차이점을 조사하였다. 어떤 사람들은 아들러가 프로이트의 제자였다가, 그를 이탈하여 정신분석의 변형을 추구했다고 생각한다. 그러나 아들러는 프로이트와 만나기 이전에 발표된 글에서 정신분석을 개관하였다. 아들러가 프로이트 진영에 참여하게 된 이유가 분명하지는 않지만, 아들러가 프로이트 이론을 방어하는 글을 두 편 쓴 후인 1902년에 프로이트는 자신의 토론집단에 아들러를 초대하였다. 지금은 아들러가 프로이트의 동료라고 진술하는 것이 더 정확하다. 왜냐하면 서로 이론에 영향을 주었기 때문이다.

역사적 관점에서 명백히 프로이트가 더 명성이 있다. 그러나 프로차스카와 노르크로스(Prochaska & Norcross, 1994)는 다음과 같이 지적하였다.

> 아들러는 심리치료 분야에서 누구보다도 앞서 있었다. 그가 프로이트 이론을 사회적으로 개선한 것은 정신역동치료의 전개 이전에 나타났다. 그의 과제 주기 기법은 행동과 다른 지시적 치료 발달의 전조였다. 심상과 '마치~처럼'을 포함한 그의 구체적 기법은 인지치료의 전조가 되었다. 그리고 그의 지역사회 접근과 심리교육 프로그램은 현대 지역사회 정신건강의 전조가 되었다. 아들러의 많은 아이디어는 눈에 띄지 않게 조용히 현대심리학의 사고에 스며들었다.(p. 89)

어떤 측면에서 익명성은 아들러의 추종자들에게 호기심이었다. 아들러와 프로이트의 차이는 너무 커서 그들은 결국 서로 적대자가 되었다. 정신분석과 아들러 이론을 비교하면서 글래딩(Gladding, 1996)은 다음과 같은 결론을 내렸다.

> 프로이트와 아들러의 이론은 같은 시대, 유사한 환경에서 발달하였지만 많은 측면에서 다르다. 정신분석은 생물학을 토대로 인과성, 심리성적 발달, 정신의 역동성, 본능을 강조한다. 반면 아들러 이론은 사회에 토대를 두고 대인관계적이며 주관적이다. 아들러 이론은 미래, 총체주의(holism), 평등주의, 선택을 강조한다. 프로이트식 접근은 모든 내담자들에게 적용되지는 않는다. 그러나 아들러식 접근은 학교와 교육 장면에서 광범위하게 적용된다. 아들러식 접근이 대중적인 것은 다양한 장면에서 희망과 유용성을 보여주기 때문이다.(pp. 204-205)

아들러는 인간을 가치 있고, 사회적으로 동기화되고, 창의적이며 독립적인 행동을 할 수 있는 존재로 보았다. 그의 이론은 최근 역사에서 시작하여 교육과 심리학에 막대한 영향을 끼친 사회적 민주주의 철학과 가치에 근거한다. 그러나 오늘날에도 아들러의 개인심리학을 아는 사람은 그리 많지 않다.

엘렌버거(Ellenberger, 1970)는 이러한 상황을 아주 명료하게 기술하였다.

> 아들러 업적의 영향을 평가하려는 어떤 시도도 역설을 야기한다. 개인심리학의 막대한 영향은 의심할 여지가 없다. 그러나 아들러 이론만큼 출처 없이 모든 측면에서 그렇게 많이 인용된 저자를 발견하기는 쉽지 않을 것이다.(p. 645)

아들러 이론과 방법의 이러한 영향은 아동양육실제, 교육, 심리학을 공부해 본 사람이라면 거의 인정할 정도로 분명하다. 반면에 이론의 저자가 누구인가를 묻는다면 그의 이름을 기억하는 사람은 거의 없다. 예를 들면, 많은 사람들이 버언(Berne, 1964)의 교류분석 이론과 프로이트의 원초아, 자아, 초자아의 개념 간에 피상적 비교를 이해하지만, 이러한 사회적 상호 작용 분석이 사회적 삶과 심리적 성숙에 관한 아들러의 가르침에 근거한다는 것을 아는 사람은 거의 없다. 프랭클(Viktor Frankl)과 메이(Rollo May)처럼 심리학 이론과 실제에 많은 기여를 한 인물들이 아들러의 제자들이었다. 그들은 때때로 자기 아이디어의 원천을 아들러에게 돌린다. 유사하게 프롬(Eric Fromm), 호나이(Karen Horney), 설리반(H. S. Sullivan)은 아들러 심리학을 자신들의 체계에 통합하였다. 예를 들면, 엘렌버거(Ellenberger, 1970, p. 860)는 호나이의 심리학이 아들러가 가르친 것을 프로이트의 용어를 가지고 통합한 것이라고 지적하였다. 아들러는 자신의 아이디어가 다른 사람들의 업적에 광범위한 근거로 통합된 것에 아마 기뻐할 것이다. 실제로 아들러는 가족과 친구들이 그에 대한 회고에서 지적했던 것처럼 이런 점을 예견하였다. 아들러가 말한 내용을 인용하면 다음과 같다.

> 아들러는 "사람들이 내 이름을 더 이상 기억하지 못할 때가 올 수도 있다. 심지어 아들러 학파가 존재했는지를 망각할지도 모른다. 그러나 우리 분야에서 일하는 모든 사람들이 마치 우리와 함께 연구했던 것처럼 행동할 것이기 때문에 이것은 중요하지 않다."라고 말했다.(Manaster, Painter, Deutsch, & Overholt, 1977, p. 33)

## 아들러의 생애

아들러는 본질적으로 큰 원동력과 강한 신체를 가진 단순한 사람이면서 태도는 점잖고 겸손한 것으로 기술되었다. 그의 개인적 지향은 인간조건의 개선이었다(Ansnacher, 1969). 아들러는 여섯 명의 형제 중 둘째였다. 그의 형 지그문트(Sigmund)는 그보다 두 살 위였고, 동생 헤르민(Hermine)은 한 살 아래였다. 동생 이르마(Irma)는 네 살 아래였고, 막스(Max)와 리하르트(Richard)는 각각 7살과 14살 아래였다. 아들러의 두 형제, 즉 형과 동생은 일찍이 사망했다. 형제간의 경쟁개념 때문인지 아들러 학파에게는 놀랄 만한 일이 아니지만, 아들러는 형을 경쟁자로서 지각하였다. 그의 초기 학창시절은 전혀 성공적이지 못했다. 아버지는 아들러의 수학성적이 너무 좋지 않자 그를 중등학교에서 도제직공을 하게 하려 했다. 대신에 아들러는 열심히 공부하여 수학에서 필요한 기술을 개발하였다.

아들러는 1870년 2월 7일 태어났다. 그의 아버지는 중류층의 유태인 상인이었으며, 어머니는 가정주부였다. 어린 시절에는 구루병, 다섯 살 때 폐렴, 자동차 사고 등으로 건강이 좋지 않았다. 나이가 들어 가면서 건강은 좋아졌으며, 의학에 대한 그의 관심을 아버지가 격려하여 마침내 1895년에 비엔나 대학에서 학위를 받았다. 아들러는 죽음을 물리치기 위한 노력으로서 의학에 대한 관심을 기술하였다.

개인은 인생사건에 반응하는 방법에
대한 자신의 평가와 선택을 창조한다.

사람들이 유사한 인생사건에 대해 다르게 반응하는 이유에 대한 아들러의 관심은 그의 초기 저서인 『기관열등감과 그것의 정신적 보상: 임상의학에 기여』(1907)에 반영되었다. 나중에 그는 강연, 책, 논문들을 통해 개인들이 인생 사건에 반응하는 방법을 스스로 선택하고 평가한다는 실제를, 보다 명료하게 보여주었다. 아들러를 알았던 사람들에 따르면 그는 분명히 인생을 즐기며 살길 원했다. 좋은 시간을 갖고자 아들러는 이야기를 나누고 피아노 반주에 맞춰 노래 부르는 모임에 참여하는 것을 즐겼다(Manaster, Painter, Deutsch, & Overholt, 1977).

제1차세계대전 중 군의관으로 복역한 후, 아들러는 비엔나에 있는 학교들에 아동생활지도 클리닉을 상당수 설립하였다. 이러한 클리닉에서 교사, 사회사업가, 의사 등은 아동의 행동을 이해하고 조력하는 방법을 배웠다. 그 당시 유럽에 퍼져 있던 클리닉, 독특한 대중강연과 시연의 스타일을 통해, 아들러는 비교적 소수지만 의미 있는 지지자들을 형성하였다.

나치가 유럽에 압박을 시작했던 1935년, 아들러는 그 당시에는 급진적이고 정치적으로 수용할 수 없었던 평등사회에 대한 생각을 가지고 미국으로 망명해야 했다. 비록 그가 미국에서 광범위하게 가르치고 강연을 하였지만 스코틀랜드 여행 중인 1937년 그의 사망은 의미 있는 공백을 남겼다. 미국에서 그의 추종자들은 프로이트의 정신분석을 따랐던 사람들의 강한 저항을 받았다. 역사적으로 볼 때 그 당시 미국은 개인심리학이 토대를 둔 평등원리를 진실로 수용하고 실천하기에는 아직 이른 시기였다.

## 동 향

이러한 배경을 알게 되면 누구나 아들러와 그 불굴의 끈기를 찬탄할 수밖에 없다. 특히 그의 가장 뛰어난 제자이자 동료인 드레이커스 박사에 대한 특별한 언급이 필요하다. 시카고 아들러 연구소의 창시자며, 작가인 드레이커스는 개인적 에너지와 재능을 통해 아들러의 아이디어를 부모, 부부, 상담자 수천명에게 적용하였다. 더불어 사는 방법을 다른 사람들에게 가르쳐야겠다는 조급함은 심지어 1972년 사망할 때까지 드레이커스의 글, 강연, 상담에서 분명하게 나타난다. 필자는 강연, 상담실제, 비공식적 대화를 통해 드레이커스를 회상하면서 그의 가르침대로 삶을 영위했다는 사실을 단언할 수 있다. 드레이커스의 삶과 업적에 관한 책인 『불완전할 용기(The Courage to Be Imperfect)』에서, 저자인 터너와 퓨(Terner & Pew, 1978)는 친구와 제자들이 회상한 많은 일화를 써서 독자들이 그를 훨씬 잘 알게 하는 데 기여하였다. 드레이커스에게서 인용한 다음 내용으로 독자는 그를 더 잘 이해할 수 있다.

> 나는 환자가 나를 비판하는 것을 개의치 않는다. 나는 내가 실수하는 것을 인정하는 것에 개의치 않는다. 나는 자주 실수를 한다.
>
> 우리는 실수하는 것을 두려워하지 않아야 한다. 우리가 인간이라는 것이 더 중요하다. 누군가 오늘날 우리가 인간이라는 것을 강조해야 한다는 것은 불행하다. 왜냐하면 인간이 되는 것이 심리치료에 있어 습관적 실천이 아니기 때문이다. 어떤 정신과 의사들은 환자가 가까이 오는 것에 대한 두려움 때문에 하루 중 마지막 환자와 엘리베이터를 타지 않는다. 그들은 환자가 먼저 타고 내려갈 때까지 기다린다. "환자와 친밀한 것은 치료적 관계를 방해하기 때문에 환자와 가까이 하지 마라." 이것은 내가 말하는 것과 정반대다. 나는 평범한 사람으로 작용하고 인식되기를 원한다.(p. 243)

사회가 진실로 평등을 성취하기 위해서는 두 세대가 지나야 한다는 아들러의 신념에 따라, 드레이커스(Dreikurs, 1946)의 결혼에 관한 책은 제2차세계대전 이후 미국이 겪을 사회적 혁명을 예언한다. 의학과 정신의학 분야에 있는 그의 많은 동료들이 조소하고 거부했지만, 드레이커스는 『아이들: 도전(Children: the Challenge)』(Dreikurs & Soltz, 1964)과 같은 그의 책들이 일반인들과 전문가들에게 베스트셀러가 되는 것을 살아 생전에 볼 수 있었다. 무엇보다 중요한 것은 드레이커스의 업적이 미국과 그 외 여러 나라에서 제자 및 동료들에 의해 계속되고 있다는 점이다.

공인 대학원 학위를 수여하는 시카고에 있는 센터 이외에 아들러 기관들은 뉴욕, 미니애폴리스, 버클리, 토론토 등에서 아동생활지도, 상담, 심리치료의 자격증을 제공한다. 시카고에 거점을 둔 북미 아들러 심리학회는 정기적으로 뉴스레터와 정기간행물을 발간하고, 관심 있는 사람들을 위한 새로운 발달 ·

기법 · 연구의 원천으로서 워크숍과 집회를 지원한다. 아들러의 개인심리학은 특히 자녀양육과 교실행동의 영역에서 막대한 영향을 주고 있으며, 가족상담, 결혼상담, 산업관계, 교정상담, 인간관계집단 등을 포함하는 다른 영역에서도 영향력이 증가하고 있다.

## 기본 개념

아들러 이론을 지나치게 단순화했지만, 아래 내용들은 뒤따르는 장들의 개요라 할 수 있다. 뒤따르는 장들에서 아들러 이론을 적용하는 것에 대해 논의할 것이다. 각 장은 개념들을 구체적 기법이나 방법에 적용해서 개념을 더 자세하게 설명해 줄 것이다. 그러므로 이 절의 주요한 목적은 독자가 아들러 이론의 개념적 의미를 이해하도록 돕는 것이다.

### 사회적-목적적-분석적

많은 가정, 제안, 신념들을 아들러 성격이론을 토대로 목록화할 수 있다. 그러나 그의 체계의 핵심은 부분적으로 사회적-목적적-분석적으로 정의함으로써 이해될 수 있다. 아들러는 인간을 다른 사람들을 지향하는 자연적 경향성을 가진 사회적 존재로서 지각했다. 발달상으로, 인간은 출생 시 가장 의존적인 존재로, 누군가 그들을 양육하고 돌봐야 생존할 수 있다.

초기 의존적 경험에서부터 인생 전반에 걸쳐 인간은 다른 사람들과 상호 작용하는 존재다. 아이들은 자기 자신, 다른 사람들, 세계를 발견하기 시작하면서 세계에 대한 첫인상을 다른 사람들과의 접촉으로 형성한다. 후에 이해하게 될 이러한 초기인상은 아이들이 세계를 이해하고 예언하고 다루는 것을 돕기 위해 사용되는 삶에 대한 규칙이다.

**사회적** 아들러는 인간이 큰 전체 사회의 일부분이 될 기본적 경향성, 소속감 추구, 인류의 개선을 위한 더 큰 이익을 위해 기여할 의지를 가졌다고 믿었다. 그는 이것을 '공동사회지향성(Gemeinschaftsgefuhl)' 이라고 불렀다. 영어로 이 단어의 가장 근접한 해석은 사회적 관심(social interest)이다. 이러한 경향성의 표현은 개개인이 자신의 입장을 형성하고 소속감을 느끼려는 노력에서 관찰된다.

부모, 친지, 형제들은 사람이 집단에서 자신의 위치를 형성하는 방법에 대한 개념을 형성할 기회를 제공한다. 인지과정이나 인생경험이 유아에게는 극히 제한되기 때문에, 이러한 많은 개념과 규칙은 그들의 행동을 외적으로 볼 때는 제한된 가치를 갖거나 아주 불만족스러울 수 있다. 이러한 과정과 경험에 대한 비판적인 조사가 미흡하더라도 이러한 규칙은 지각되며, 개개인의 선택에 도움이 된다.

그러므로 만약 개인의 독특한 생활양식을 이해하려 한다면, 개인의 주관적 혹은 현상학적 견해가 필요하다. 아들러는 우리 삶을 이끄는 기본적 개념을 다음과 같이 생활양식(lifestyle)이라고 정의하였다. "각 개인에 있어, 즉 그의 생각, 감정, 행동 내에서; 그의 의식과 무의식 내에서; 그의 성격의 모든 표현 내에서 통합이다.…… 우리는 이러한 자기 일관된 통합을 개인의 생활양식이라고 부른다."(Ansbacher & Ansbacher, 1967, p. 175)

생활양식이 유전이나 환경만으로 결정되는 것은 아니지만, 중요한 선행요인이다. 개인들은 각각 자신이 여자인 것에 대해, 가장 연장자인 것에 대해, 혹은 아버지가 없는 것에 대해 어떻게 생각하고 가치를 두고 느끼는가를 결정한다. 어떠한 생활양식도 옳거나 그르지 않다. 오히려 각각의 생활양식은 독특하다.

아들러가 개인심리학이란 용어를 만들었을 때, 인간을 전체적으로 봐야 하는 것은 물론, 개인의 독특성에 대한 자신의 신념을 강조하기를 원했다. 개인심리학을 피상적으로 연구하면 순응이 실제로 목표 중의 하나라고 결론지을 수 있다. 이러한 결론은 부정확할 뿐만 아니라 아들러는 심지어 그것이 불가능하다고 했을 것이다. 지문과 음성이 독특한 것과 같은 맥락에서, 아들러는 모든 개인이 독특한 방식으로 삶을 영위한다는 것을 관찰했다.

행동의 일반적 혹은 규범적 규칙을 전혀 반영하지 않은 성격심리학을 실천의 근거로 하는 것은 유용하지 않다. 다음 장들에서처럼, 아들러 원리는 실제로 유용한 많은 지침을 제공한다. 그러나 개체기술적 요인들의 의미가 동등하게 중요하다. 아들러는 다음과 같이 진술했다.

> "나는 어떤 엄격한 규칙이나 편견에 매여 있지 않다고 믿지만 다음과 같은 원리에 충실하기를 선호한다. 모든 것은 역시 다를 수 있다. …… 일반적 규칙들, 심지어 내 자신이 만든 개인심리학에서 정한 규칙들조차 개인을 이해할 수 있거나 없는 시야의 사전 설명에 도움 정도로만 고려되어야 한다."(Ansbacher, 1969, pp. xx)

아들러 학파는 가끔 약한(soft) 결정론자로 기술된다. 즉, 자유가 절대적이지 않지만 결정론도 절대적이지 않다. 인간행동의 예언은 발생확률에 의해서 기술되어야 한다. 아들러 학파가 선행요인으로 여기는 것과 구체적 행동 간의 완전한 관계는 많은 이유로 이해하기 어렵다. 각각의 개인들이 표준화된 연구조건을 초월할 창의적 능력을 가진다는 신념은 이러한 이유에 전혀 부합되지 않는다.

따라서 아들러는 개인이 다른 사람들과 교류하는 사회적 맥락에서 가장 잘 이해될 수 있다고 믿었다. 그러나 아들러는 개인의 독특성을 강조했다. 우리는 다른 사람들에게 소속되고 그들과 관계를 맺으며, 우리 자신을 유지하는 독특한 방식(예; 우리의 생활양식)을 창조한다. 우리가 다른 사람들과 구별되는 인간으로 이해되는 것은 우리가 취하는 입장에 따른 행동과 과정을 이해하는 것에서 비롯된다.

**목적적** 인간의 목적추구성을 나타낸다. 행동의 일면이 관찰자에게 모호할 수 있지만 그 행동은 목적적이다. 개인의 행동은 자신을 위한 어떤 목적과 유용성에 기여하기 때문에 행동을 하거나 하지 않는 것을 선택한다. 우리가 얻은 성과, 사건, 결과의 기대는 현재에 영향을 준다.

행동은 목적이 있다.

아들러는 인간이 본능에 의해 추동되지 않으며 유전, 경험, 환경에 의해 조형되지 않는다고 믿었다. 따라서 그는, 인간은 자기에게 중요한 것으로 지각하는 목표를 추구하는 존재로 보았다.

> 개인심리학은 신비한 인생의 창조력, 즉 발달하고 추구하고 성취할 욕망에서 그 자체를 표현하는 힘을 이해하려는 노력, 심지어 성공을 추구함으로써 패배를 보상하는 노력에서 발달하였다. 이러한 힘은 목적적이다. 즉, 이러한 힘은 목표를 추구하면서 표현된다.(Ansbacher, 1969, p. 1)

열등감의 의미에 대한 많은 내용들이 기술되어 왔다. 안스바허(Ansbacher, 1969)는 아들러가 목표 추구와 열등감 중 어떤 것이 인간발달에 가장 중요한 것인가에 대해 명확한 답을 주지 않았다고 지적하였다. 안스바허 자신이 이러한 입장을 지지하는 데 결론을 내릴 수 없었지만 목표 추구가 우선한다고 믿었다. 아무튼 아들러는 인간 추구의 목적성을 믿었다. 그는 개인의 행동은 성취에 가치를 두고 추구하는 것과 관련해 가장 잘 이해될 수 있다는 것을 관찰하였다.

아들러 이론의 목적적 측면은 그의 낙관적이며 격려하는 입장을 반영한다. 행동목표는 이해되고 예견될 수 있다. 개인은 자신의 목표 가치화 혹은 목표 추구에 사용하는 행동의 전환을 선택할 수 있다. 개인은 결코 자신이 통제할 수 없는 환경의 희생자가 아니다.

**분석적** 개인심리학의 분석적 지향은 대부분의 행동이 무의식적이거나 이해할 수 없는 것에 근거한다는 관찰에서 비롯된다(Mosak & Dreikurs, 1973). 개인들은 흔히 자신의 행동 혹은 동기를 이해할 수 없다고 보고한다. 자세히 조사해 보면 개인들은 흔히 기꺼이 인정하는 것보다 더 많이 이해한다. 조력관계에서 개인들은 이전에 그들에게 알려진 어떤 목적을 포함하는 자신의 행동목적에 대한 직접적 직면을 보다 쉽게 수용한다.

아들러와 그의 추종자들은 개인들이 자신, 다른 사람들, 인생에 대한 기본 개념을 발견하도록 돕기 위한 기법을 개발해 왔다. 아들러는 허구를 강조한

바이힝거(Vaihinger, 1965)의 '마치~처럼' 철학의 영향을 받았다. 그는 개인들이 마치 주변 상황이 절대적으로 사실인 것처럼(예; 인생은 위험하다, 나는 약하다 혹은 다른 사람들을 믿을 수 없다) 행동한다는 바이힝거의 주장과 일치한다. 개인들이 가진 어떤 개념들은 명백히 진술되고 반박할 수 없는 것으로 믿어진 반면에 다른 개념들은 훨씬 더 미묘하지만 행동에 강한 영향력을 가진다. 아들러는 이러한 개념들을 허구적 개념이라고 하였다.

개인들이 일상생활에서 잘 적응하는 한 그들이 가진 개념들은 조사되지 않은 채로 남아 있다. 자기의 개념이 도전을 받거나 소속감을 유지하는 데 비효과적인 것으로 입증될 때 정서적 위기감이 커진다. 이러한 경우에 개인들은 대개 상담 혹은 심리치료를 찾는다. 개인들이 시도하는 행동반응은 유사하지 않다. 행동은 나이, 문화적 배경, 유사한 요인을 포함하는 다양한 환경에 맞추어 변화하거나 조절될 수 있다. 생활양식은 심리치료, 개인적인 중대한 인생 경험, 뇌손상, 약물 등과 같은 원인을 통하지 않으면 변화하기 힘든 것으로 믿어진다.

## 초기 인간발달

아들러 심리학을 더욱 깊이 연구하는 수단으로서, 출생부터 전개되는 성격 발달의 이해는 도움이 될 수 있다. 출생 시 전적으로 의존적인 것으로 생각되는 유아는 엄격한 의미에서는 결코 무기력하지 않다(Santrock, 1995). 심지어 아들러 학파 관점에서 유아는, 많은 부모가 아이를 훈련시키는 것보다 훨씬 잘 성인을 훈련시키기 시작한다.

사랑과 부모의 관심은 성격발달의
중요한 구성요소다.

유아가 전형적으로 출생 시부터 주의와 돌봄을 받는다는 가정하에서 볼 때, 유아는 활동의 원인이다. 유아는 가장 기본적인 방법으로 인생, 자기 자신, 다른 사람들에 대한 학습을 시작한다. 신체적 기능은 인생 초기에 이러한 많은 활동에 기여한다. 먹는 것, 배설, 다른 위안이 일상적인 것이 됨에 따라 아이는 불쾌한 소리, 접촉, 애매한 광경에 관심이 갈 수 있다. 이러한 것들에 적응하는 일은 울고, 웃고, 혹은 어떤 많은 반응을 수반할 수 있다. 유아는 그의 주변 사람과 함께 경험하는 자연적 · 사회적 결과를 해석함으로써 학습한다. 아들러 심리학자들은 자주 울지 않고 음성적 능력을 사용하지 않는 건강한 영아들의 예를 인용한다. 이러한 사례는 귀먹은 부모들로부터 탄생한 아이들이었다. 이러한 아이들은 크게 우는 것이 전혀 유용한 목적에 기여하지 않는다는 것을 일찍 학습한다. 그러므로 이 아이들은 단순히 몸을 흔들고, 눈물을 흘리고, 얼굴을 붉힌다.

유전 이외에 가족 분위기는 인간발달의 주요한 구성요소다. 권위적이고, 거칠며, 억제적인 것에 반대된 친밀하고 지지적이며, 격려하는 정도가 매우 중요하다. 반면에 많은 부모들은 지나치게 걱정하거나 혹은 보호적이며, 아이방에서 나는 소음에 주의하면서 제대로 수면을 취하지 못하고 불필요하게 에너지를 소비한다. 다음 절들에서 알게 되겠지만 아들러는 부모의 사랑과 관심이 성격발달의 중요한 구성요소라고 믿었다. 과잉보호는 지나치게 부정적인 결과를 초래할 수 있다. 아이들은 자신들이 무능력하고, 다른 사람들이 그들을 돌봐야 하고, 혹은 부모가 없을 때 안 좋은 일이 일어날 수 있다고 지각할 수 있다. 만약 교정훈련이 초기에 시행되지 않으면 그러한 개념 혹은 변형된 개념이 생활양식의 일부가 될 수 있다.

대부분의 경우 아이들은 자신들이 달성 가능한 발달에 대한 숙달을 시도하면서 자신의 강점과 약점에 대한 생각을 발달시키기 시작한다. 또한 주변에서 일어나는 사건들에서 자신의 입장에 대해 관찰하기 시작한다. 아이들의 정신운동능력이 발달함에 따라 그들에 대한 타인의 행동이 변하게 될 것이다. 그리고 아이들은 그들이 어떻게 행동할 것인가를 결정해야 한다. 만약 아이들이 소속감을 확신하고 자신의 능력을 적절한 것으로 평가하면, 주변 사람들에게 주의, 서비스, 격려를 덜 요구하게 된다. 가족과 문화적 가치는 이러한 과정에서 막대한 영향을 끼칠 수 있다. 아이들이 어떤 것을 취하고, 고집하고 요구하는 대신에 기여하고 공유하며 즐기는 것의 강조를 경험함으로써, 중요한 것에 대한 그들의 감각이 발달한다. 마찬가지로 아이들이 관찰하는 성인 모델은 적절한 남성과 여성의 행동에 대한 이해, 이성과 관계를 맺는 방법, 의사결정을 하거나 차이를 해소하는 방법을 형성하도록 도울 것이다.

아이들이 정확한 평가를 하든 안 하든 그들은 자신의 평가에 따라 행동할 것이다. 아들러 심리학자들은 아이들이 훌륭한 관찰자지만 흔히 자신의 경험에 대해 부적절하게 평가하고 해석한다고 믿었다. 그 결과 아이들은 의존적이고 왜소하며, 사회적으로 열등한 인간으로서 자신의 초기 경험 때문에 열등감을 보편적인 것으로 믿는다. 열등감은 본질적으로 좋거나 나쁘지 않다. 예를 들면, 개인들은 열등감을 보상받기 위해 종종 숙달과 유능함을 성취하는 방향으로 움직이는 경우가 있다. 사회적 상호 작용을 통해 아이들은 더욱 사회적 관심을 발달시키며, 충분히 역할을 다하고 자기실현을 하는 사람이 된다. 따라서 가족 내에서 아이들의 초기 경험에 대한 반응은 그들이 인생과제에 접근하는 방식과 밀접한 관계가 있다.

## 가족구도

아들러는 가족구도(family constellation) 혹은 가족집단의 사회적-심리적 형태를 중요하게 여겼다. 특히 아들러가 관찰했던 것은 유사한 특성, 태도, 행동을 가진 다른 가족들에서 유사한 지위를 가진 개인들의 경향성이었다. 그 결과로서 첫째, 둘째 등의 지위는 사람들의 가족지위에 대한 보편적 참조가 됐다. 그러나 나이뿐만 아니라 성, 자녀 수, 성역할에 대한 문화적 가치, 관련된 문제 등이 가족 내에서 개인의 심리적 지위를 이해하는 데 필요하다. 출생순위 혹은 순서적 지위(첫째, 둘째, 셋째) 그 자체는 실제 개인의 지각된 지위를 이해하려는 목적에는 불충분하다. 그럼에도 불구하고 가족구도를 참조하는 데 마치 순서적 지위가 동일한 것처럼 간주되어 가장 흔하게 설명에 사용된다.

아이들은 자신과 나이가 가장 가까운 형제들과 비교함으로써 그 당시에 그들의 세계인 가족에서 자신의 위치에 관한 인상을 끌어낸다. 실제로 아들러 심리학자들은, 나이가 가장 가까우면서 자신과 매우 다른 형제가 성격에 영향을 준다고 믿는다. 가족구도와 관련하여 출생순위 혹은 순서적 지위에 대해 많은 것이 언급됐지만, 아들러 심리학자들은 연구해야 할 내용이 개인의 심리적 지위라고 인식한다. 어떤 가족에서 소년과 소녀는 둘 다 독자로서 양육될 수 있으며, 유사하게 10년 터울로 태어난 두 아이들이 둘 다 독자처럼 양육될 수도 있다.

개인의 초기 6~8년까지의 삶에 대한 지각과 회상은 그의 심리적 지위를 반영한다. 왜냐하면 아들러가 관찰했던 바로는 이 시기에 생활양식이 형성되기 때문이다. 그 결과로서 가족 내에서 다른 아이들과 6세 이상 차이가 나는 아이들은 일반적으로 같은 구도에 속하지 않는다. 그러므로 부모들은 한 개 이상의 아이들 구도(예; 12세의 첫째, 11세의 중간, 10세의 막내로 구성된 첫 번째 구도와 2세만이 속한 두 번째 구도)를 가질 수 있다.

이미 지적된 가족지위에 관한 자격으로 지위의 순서 기술은 신분증명을 받을 만하다. 아들러 심리학자들은 전형적으로 다섯 순서 지위인 첫째, 둘째, 중간, 막내, 독자를 열거한다. 각각의 지위는 분명한 공통 특성과 관련되지만, 어떤 개인에 대한 개체기술적 자료가 공통된 특성의 타당성에 맞지 않을 때 재빨리 무시해야 한다는 것이 규범적 생각이다. 실제로 공통된 특성은 아이디어를 버리고 개인의 독특성을 벗기도록 돕는 데 매우 유용한 참조다(예; 어떤 개인이 많은 다른 첫째 아이들과 어떻게 다른가).

**첫째 아이** 맏이는 짧은 기간 동안 지배자로서 전형화될 수 있다. 그들은 가족의 첫째며 반박되지 않는 지배자들이며 희소식의 원인이며 관심의 중심이 된다. 어느 날 낯선 사람이 집에 나타난다. 기간, 부모의 태도, 성별, 다른 변인에 의존하여 첫째 아이들은 가족 내에서 자신의 지위에 대한 위협을 느낀다. 대체로 그들은, 특히 부모가 어떤 표출된 행동에 너무 영향을 받지 않고 첫째 아이들이 가족 내에서 자신의 위치를 안전하게 인식하도록 격려를 제공하면 새로 나타난 아이를 수월하게 뛰어넘는 것을 학습한다.

맏이는 일반적으로 성인들과 관계를 잘 맺을 수 있고, 보다 쉽게 성인들의 기대와 가치에 동의하며, 특히 동생들과 함께 집에서 도움을 주며, 사회적 책임감을 가정하고, 사회적으로 수용될 수 있는 인생과제의 적응방식을 발달시킨다. 맏이들의 경향성은 성인들을 기쁘게 하려는 허구적 목표로서 완전을 추구하는 것이다. 그러한 허구적 목표는 시간이 경과함에 따라 조절되지 않으면 심각한 결과를 초래할 수 있다.

**둘째 아이** 둘째 아이들은 태어나서 자신의 앞에 이미 누군가가 있다는 것을 알게 된다. 첫째 아이와 나이 차가 6살 이내일 때, 그리고 나이와 유사한 변인들에 의존하여 둘째 아이들은 전형적으로 첫째 아이와 반대되는 방법으로 자신의 위치를 추구할 것이다. 그들은 책임감이 덜하고 더 독립적이며, 서비스를 더 많이 요구하고, 맏이가 추구하지 않거나 숙달하지 않는 것에 많은 관심을 갖는다.

둘째 아이들은 흔히 최고가 되려고 노력한다. 흔히 자녀경쟁으로 불리는 경쟁은 아이들 간에 비교를 촉진하는 가족에서 아주 강렬할 수 있다. 아이들은 도보경주에 있는 사람들의 예로 묘사될 수 있다. 첫째 아이들은 자기들 뒤에서 나는 발소리를 듣고 앞서려고 달린다. 둘째 아이들은 앞에 있는 사람을 보고 열심히 노력하면 따라잡을 수 있다고 느낀다. 어떤 개인들은 격려받지 못해 경주를 포기한다. 다른 사람들은 사회적으로 생산적인 것에 칭찬을 받는다거나 자신이 인간으로서 가치 있기 위해 생산적이어야 한다는 잘못된 동기를 갖기 때문에 그들은 자신의 노력에서 작은 만족을 얻을 수 있다.

**중간 아이** 중간 아이들은 더 어린아이인 자신의 존재에 추가된 조건을 획득한다. 흔히 세 명의 자녀를 가진 가족에서 중간은 자신의 지위에 압박감을 느끼고, 그들은 자신이 불이익을 받는다고 지각한다. 그들은 맏이의 이점을 거의 갖지 못하고, 이제 아기 자리도 빼앗겼다. 실제로 자신의 어려움을 확신시키기 위해 맏이들은 흔히 막내를 돌본다. 그렇게 함으로써 맏이는 막내와 동맹을 형성하고 다른 아이들에게 보스로 보일 수 있다.

중간 아이들은 여전히 맏이에 반대되는 방향으로 움직일 것이다. 그들은 더 독립적, 반항적, 판단적이고 민감하며, 공공연히 부모에게 자신의 지위를 확인하고자 한다. 가족 내의 각각의 지위와 관련하여 진실인 것처럼, 중간 아이들은 궁극적으로 자신의 이익에 기여하는 보상적 행동을 통해 이러한 초기 지각을 초월할 수 있다. 아이들은 각각 자신의 지위를 참기 힘든 부담으로 지각한다. 중간 아이들은 이러한 실망을 더 요란스럽게 표현한다.

그러나 중간 아이들 역시 자질을 가진다. 특히 대가족에서 중간 아이들은 다른 사람들의 잘못으로부터 학습할 기회, 협상과 의사소통기술을 획득할 기회, 일반적으로 삶의 방책에 적응할 기회를 가진다. 또한 그들은 다른 가족구성원들과 다르게 일을 보는 경향성을 가져 사회적 상황에 대해 창의적인 해결책을 발견할 수 있다.

**막내 아이** 막내 아이들은 관심의 집중을 인식하며 그 지위를 즐긴다. 그들에게는 부모 외에 서비스를 제공하고 기쁘게 해 줄 형이나 누이가 있다. 막내 아이들은 때때로 문제를 야기할 수도 있지만, 그들은 돌봐 줄 보호자를 가진다. 실제로 막내 아이들이 성장함에 따라 중간 아이와 함께 어떤 일을 시작하면 형이 끼어들고, 부모는 막내 아이를 두둔하게 되는데 이것은 상당히 흥미롭다. 그들은 나이가 들더라도 귀엽고 매력적인 가족의 막내로서 기술된다.

막내 아이들은 잘 피해 가며 쾌락을 얻기 위해 자기의 매력과 조작적인 방법을 사용할 수 있다. 한편 성취에 관해 부모가 정한 가족의 가치에 따라 막내 아이들이 성취를 자신의 위치를 지키는 방법으로서 지각하면, 그들은 모든 자녀들 중에서 가장 열심히 노력하는 자이거나 위대한 성취자가 될 수 있다. 많은 사람들이 대중연설을 두려워하는 데 반해 막내 아이들은 훌륭한 연예인이 될 수 있으며, 청중 앞에 서는 데 편안함을 느낀다.

**독자** 독자들은 중요한 예외 하나를 제외하고 맏이가 가진 지각을 가질 수 있다. 독자는 결코 폐위되지 않으며, 가까운 경쟁자의 압력을 덜 느낀다. 독자의 경우 자신의 나이에 비해 상당히 성숙하게 지각될 수 있다. 그리고 독자들은 성인들과 잘 어울리고 책임감이 있으며 협동적이고 인지기술에서 숙달을 보인다. 독자들에게 대체로 지각되는 결함은 또래집단과의 관계다. 다른 출생순위의 아이들과 달리, 독자들은 다른 아이들과 친밀한 관계를 거의 갖지 못할 수 있다. 이러한 사실은 독자들이 또래집단에 참여하여 새로운 생활상황인 학교에 적응하기 시작하는 초기 학교경험을 훨씬 어렵게 만들 수 있다.

## 다섯 가지 주요 인생과제

아들러는 모든 사람이 적어도 세 가지 주요한 인생과제, 즉 일, 우정, 사랑에 직면한다고 믿었다(Dreikurs, 1953). 지난 몇십 년 동안의 연구가 그것을 입증한다. 모삭과 드레이커스(1967)는 아들러가 단지 암시했던 네 번째와 다섯 번째 과제를 확인하였다. 네 번째 과제는 우주, 신, 혹은 보다 높은 힘과 관련하여 영적 자기를 다루는 것이다. 다섯 번째 과제는 주체인 내가(I) 객체인 나에게(me) 적응하는 개인의 성공에 관한 것이다.

**일** 인생, 자신, 타인에 독특한 규칙이나 지침을 갖춤으로써 개인들은 더 책임감 있고 협동적이며, 생활상황에 적응할 수 있다는 사회적 기대를 갖고 아동에서 청소년으로, 그리고 성인이 된다. 사회에서 가장 낙담한 사람들은 근본적으로 일에서 성공을 하지 못한 경우다. 수입과는 크게 상관이 없더라도 일을 갖는 것이 어려운 사람들은 대체로 자신의 가치와 능력에 있어 자신감이 결여된 사람들이다.

학교상황에서 실패와 탈락은 강등과 실직에 해당된다(예; 자신감과 가치감의 손실). 드레이커스(Dreikurs, 1968)는 실패한 아이들이 나쁘거나 게으른 것이 아니라 낙담하였다고 믿었다. 개인은 자신의 인생과제를 직면하고 충족시키기 위해 불완전할 용기, 잘못을 저지를 용기, 때때로 실패하지만 다시 시도할 용기가 필요하다. 너무 많은 아이들에게 학교는 그들이 부적절하다는 개인적 평가를 인정하게 만든다. 나중에 이러한 개인들은 고용되지 못하여 사회복지 혜택자가 되며, 병원에 수용될 것이다. 사람들이 나중에 변화하기는, 어렵게 보이지만 아들러식 상담자들은 개인이 언제나 변화의 가능성을 가진다고 믿는다.

**우정** 드레이커스(Dreikurs, 1953)는 낙담이 일반적으로 한 가지 인생과제 영역에 제한되지 않는다는 것을 지적하였다. 예를 들면, 대부분의 개인들은 수입이 있는 고용이건 혹은 서비스이건 일상적인 일의 요구에 적응할 수 있다. 의심, 유보, 두려움이 때때로 자신을 반영할 수 있으며, 우정과 친밀한 사랑 관계는 더 많은 협동, 주고받기, 존경을 요구하는 경향이 있다. 만약 개인이 이러한 인생과제 중에서 한두 가지에서 지속이 어려워지면 그는 낙담에 휩싸이게 되며, 다른 영역에서도 마찬가지일 수 있다. 제8장에서 언급되겠지만 모든 인생과제의 어려움은 심리사회적 원인으로 추적될 수 없다. 그러나 드레이커스(Dreikurs, 1946)는 개인들이 지속적으로 불평, 비난, 변명, 그리고 두려움을 말하고 무능력을 언급할 때마다 그들이 낙담을 나타낸다는 것을 관찰하였다.

**사랑** 인생과제 중에서 사랑은 자신과 상대방에 대한 많은 용기와 신념을 요구한다. 관계를 유지하고 도모하기 위하여 상대방에 대한 기본적 가치인 존경, 인정, 배려를 어떤 방식으로든 표현하거나 입증해야 한다. 의사결정과 갈등해결 능력이 매우 중요하다. 자신의 약점, 걱정, 특이성이 대부분의 다른 생활상황보다 자세하게 조사된다. 예를 들면, 아들러식 상담자들은 개인들이 서로 매력을 느끼게 하는 특성이 그들의 부부갈등에도 관련된다는 것을 관찰했다.

아들러가 남성성 추구의 개념하에서 논의했던 남성세계 지향인 유럽의 문화적 가치는 흔히 "남자는 가정을 위해 돈을 벌어오고 여자는 아이들을 돌보고 남편에게 봉사한다."라는 것과 같은 고정관념을 촉진한다. 부부의 문제는, 비록 그러한 문제가 생활양식 분석을 토대로 예언될 수는 있지만 일반적으로 관계가 아주 나쁘게 될 때까지 표면화되지 않는다.

보완이나 갈등을 유발하는 모든 특성이 사회적 환경으로 정형화될 수는 없다. 예를 들면, 남편은 항상 부인의 의견을 대단히 존중했으며, 그는 자신의 결정이 현명한지 의심했기 때문에 부인이 주요한 가족결정 대부분을 하는 데 신뢰를 가졌다. 반면에 부인은 남편의 근면성과 인생에 대한 목표지향적 태도를 존경하였다. 여러 해의 결혼생활 후 세 아이를 기르면서 부인은 남편에게서 고립감을 느꼈다. 남편은 결코 가족결정에 참여하지 않았다. 실제로 남편은 자기 일에 너무 바빴고, 부인은 그에게 있어 자신은 아무런 의미도 없었다고 느꼈다.

처음에 그는 그녀의 직면에 위협을 느꼈으며, 발생한 일들로 다소 혼란스러웠다. 그녀는 그가 일을 줄이고 가족결정에 더 많이 참여하기를 원했다. 상담을 통해 그들은 협동하기로 동의하고 그들의 갈등을 이해하고 예견하게 되었다.

아들러가 지적했던 것처럼, 일단 개인들이 삶에 대한 자신의 활동을 이해하면 그들은 자신과 타인을 위해 존경심을 갖고 태도와 행동을 변화하려고 결정한다. 이 사례에서 이들 부부는 의사결정능력에 대한 남편의 낮은 평가와 해묵은 기대를 피하는 행동방식을 확립할 수 있었다.

**영성** 영성은 최근에 조력전문직에서 고려하는 주요한 주제가 되었다. 영성이 개인의 실존적 문제를 다루는 데 필요로 하는 인간조건의 일부라는 인식이 증가하고 있다. 제2장에서 지적된 것처럼 연구는 '영성이 영원성과 삶의 질에 핵심적 구성요소' 라는 입장을 입증한다. 최근까지 영성은 주로 성직자의 책임에 맡겨졌다.

인생의 의미와 목적에 관한 질문들은 보편적이다. 실제로 미국 사회의 증가하는 다중문화의 중요성은 유럽의 유태크리스천 전통이나 신념체계와 견줄 만큼 미국 원주민, 아시아계 미국인, 아프리카계 미국인들이 경험하고 실천한 훨씬 큰 영성에 대한 민감성과 존경으로 기여하고 있는 것으로 나타난다 (Gladding, 1996).

**자기** 다섯째 인생과제는 자기(self)에 대한 적응에서 개인의 성공에 관심을 둔다. 대중적인 문헌은 자기조력에 관련된 책, 테이프, 세미나 등 풍부하다. 자기존중감이나 자기효능감과 같은 개념이 공통적 주제다. 그리고 다른 자기에 초점이 맞춰진 개념에 관하여 영원성과 삶의 질이 자기방향에 대한 기본적 태도와 신념에 관련되어 있다는 흥미로운 연구가 많이 있다. 예를 들면, 개인이 내적 통제소재가 더 많을수록 긍정적 건강지수가 역시 더 크게 나타난다는 것을 연구로 입증한다. 제5장은 이러한 주제에 관해 보다 많은 논의를 포함한다.

주요한 인생과제는 아들러식 전체론의 개념에 근거한 새로운 모델 일부와 상담실제를 위한 적용으로서 제2장에서 자세하게 제시된다. 주요한 인생과제에 근거한 안녕 모델의 특성을 측정하기 위해 설계한 연구와 측정도구가 기술된다.

## 정서와 감정의 기능

개인들은 흔히 상담자들에게 자신이 무능하고, 너무 화가 나고, 슬프고, 권태를 느끼며, 어떤 식으로 행동할 수밖에 없다고 말한다. 물론 아들러는 책임감의 회피를 수용하지 않았을 것이다. 핑계는 많은 형식을 취하지만 정서는 흔히 개인들이 상담자들에게 가져오는 문제의 핵심으로서 확인된다.

누구나 미래에 참조하기 위해
감정을 포함한 생각을 기록한다.

아들러는 정서를 행동 수행에 필요한 도구로서 지각했다. 정서는 그 자체로 고려되지 않는다. 사랑, 기쁨, 분노, 죄의식, 두려움은 진공상태에서 나타나지 않는다. 누구나 먼저 지각하고 가치를 두고 느끼고 난 다음에 행동한다.

개인이 인생, 자기, 타인에 관련하여 매기는 가치는 무의식적 사고과정에 이미 저장된 청사진이기 때문에 즉각적인 사랑, 두려움, 분노 등 많은 감정은 자신의 생활양식 자료창고에서 추적할 수 있다. 개인들이 성장하고 경험함에 따라 그들은 미래에 참조하기 위해 감정을 포함한 생각을 기록한다. 과학자들은 현재도 인간이 신체의 다양한 부분에 생화학적 반응을 저장한다고 믿는다. 그러므로 생리적 반응은 사건들에 대한 개인의 정서적 기억의 일부인 것 같다.

많은 내담자들은 자신의 현재의 결정과 행동에 대한 책임을 자신에게 두기 때문에 이러한 정서 개념을 믿지 않으려 할 것이다. 다음의 장들을 보면, 아들러식 상담자들은 개인의 잘못된 개념과 정서의 의도에 대한 길잡이로서 정서에 훨씬 많은 관심을 갖는다. 정서는 개인들이 행동하기 위해 사용하는 에너지를 형성하려고 자신에게 보내는 메시지다.

과거의 감정은 개인들이 타인에 대한 생각을 처리하도록 돕는다. 즉, 개인들은 타인에 대한 생각에 자동적으로, 때때로 아주 부정확하게 반응한다. 지식과 경험이 전혀 없는 경우에 개인은 어떤 것도 느끼지 못하며, 그것을 자신의 기대체계에 부합시키고 나서야 비로소 느낀다. '내가 생각하는 것처럼, 내가 존재한다.' 는 표현은 정서뿐 아니라 뒤따르는 행동을 이해하는 데 근거가 된다.

아들러식 상담자의 관찰자들은 상담회기에서 분노, 불평, 비난, 눈물, 정서에 상담자가 매우 민감하다고 결론을 내릴 수 있다. 만약 정서가 상담목표에서 벗어나도록 상담자를 혼란시키거나 조작하기 위해 내담자들이 사용한 도구라면, 상담자는 정서에 무심할 수 있다. 드레이커스는, 사람들이 인생과제를 충족하기 위해 책임감을 부정하는 방어기제인 신경증은 인간의 영리함에 기인한다고 진술했다. 그는 아마 그러한 창조성 때문에 혼란을 겪지 말라고 말할 것이다. 그것은 아들러 상담자가 별로 탐색하지 않는 감정과 태도(예; 고립, 소외, 자신감의 결여, 불안전)다.

## 전체적 관점

인간의 불가분성은 아들러 심리학의 기본적 신념이다. 의학, 정신건강, 재활에 먼저 전체적으로 접근하면 실천자는 그것의 유용성을 분명하게 발견할 것이다. 광범위한 사람들과 환경을 다룰 때, 모든 병의 치료를 적절하게 설명하고, 진단하고 처방할 수 있는 과학이나 분야는 전무하다. 그러므로 저자는 계속적으로 인간행동의 새로운 지식을 추구하며, 그것을 이 접근방식에 통합한다.

가장 기본적 형태로 개인은 신체적 안녕과 심리적 안녕 간의 상호 작용을 인식한다. 현재 정신과 신체의 구별이 부정확할 뿐만 아니라 과학적으로 타당하지 않다고 보는 과학자들이 있다. 전통적으로 뇌의 화학과 기능에 관련시켰던 것이 신체의 다른 부분에 존재한다는 것이 발견되고 있다. 바이오피드백을 연구하고 스트레스 관리에 그것을 적용하는 것은, 개인이 생각한 것이 다른 원인의 증상과 유사한 생리적 증상을 생성할 수 있다는 아들러의 가정을 정당화시키는 데 기여해 왔다. 신체의 전염, 질병, 상처는 잠재적으로 기분을 바꾼다(Sweeney & Witmer, 1991; Witmer & Sweeney, 1992). 특히 고민에 따른 피로는 정신과 신체 상호 작용의 증상이다. 개인적 경험도 그러한 입장의 타당성을 뒷받침해 준다.

아들러가 이러한 관점의 최초의 주창자는 아니었다. 위트머(Witmer, 1985)는 다음과 같이 지적하였다.

> 정신과 신체 통합을 수반한 것으로서 건강과 안녕의 개념은 중동의 종교, 고대 그리스인들, 극동의 철학에 걸쳐 있으며 수천 년 전으로 거슬러 올라간다. 성경에서 예시되었던 유태인의 치료 전통처럼 그리스인의 의학 전통은 전체 인간을 치료했다. 정신과 신체는 분리된 것이 아니라 상호 연관되며 의존하는 것으로 보았다.(p. 43)

아들러식 상담자들은 개인의 행동 표집이 전반적인 인생 설계와 발전의 방향을 좀 더 이해하는 데 도울 수 있다는 것을 인식한다. 그러나 그러한 행동은 단지 전체의 유사한 접근이며, 적절한 관점에서 유지되어야 한다. 예를 들면, 지나친 관심의 요구나 불신 때문에 우정을 유지하는 데 어려움이 있으면 결혼 혹은 사랑관계에도 문제가 생기리라는 것은 쉽게 예견할 수 있다. 친밀감, 주고받기, 사랑의 동등성이 클수록 우정보다 더 많은 스트레스가 있을 것이다. 그러나 누군가 결혼하지 않기로 선택한다는 사실이 사랑관계에서 요구되는 개인적 다짐, 공감, 용기의 결여를 반드시 나타내는 것은 아니다.

전체론은 인간행동을 타인과의 관계에서 의미를 갖기 위한 독특한 목표지향적 계획을 가지고 인생을 통해 행하는 역동적, 자기지향적, 상호 관련된 정신과 신체 움직임으로서 이해하려는 관점이다. 예를 들면, 내담자들이 타인과의 관계에서 생각하고 느끼는 방식을 변화하도록 도우면 신체적 건강, 직업에 대한 만족감, 인생의 다른 측면에서 기쁨과 관심 증가로 나타날 수 있다.

## 철학과 가치체계

아들러식 상담자들은 때때로 상담활동에서 조작적이라는 비난을 받는다. 드레이커스는 한 사람이 다른 사람에게 영향을 줄 때 조작적이라는 의미에서 이것을 사실이라고 믿었다. 그러나 드레이커스(Dreikurs, 1971)는 비판적 분석에 아들러식 철학과 가치지향을 개방하도록 조력하였다. 아들러식 상담자들은 사회적 관심이 높은 개인들은 자신과 타인을 동등하게 생각하며, 그러한 생각에 따라 행동한다는 믿음에 의존한다. 드레이커스는 개인들이 자신을 다른 사람들과 동등하게 평가한다면 사회의 주요한 문제는 사실상 감소하리라고 믿었다. 그는 인류가 사회적 존재로 대략 8,000년을 지낸 후에, 사람들은 문제를 해결하는 데 계속적으로 실패했던 권위주의 체계를 여전히 전제로 하여 작용하려 했다는 것을 관찰했다.

1946년 초에 드레이커스(Dreikurs, 1946)는 여성, 흑인, 아동, 다른 비주류가 달성되지 않은 미국의 꿈인 평등을 점차적으로 요구할 것이라고 예언했다. 결혼에 관한 그의 책을 읽은 사람은 누구나 이 책이 1940년대보다 현 시점에서 쓰였다고 믿는 경향이 있다. 또한 세계대전을 예언한 아들러는 이러한 점에서 훨씬 시대를 앞서 있었다. 자신을 힘 있는 존재로 지각하는 사람들은 쉽게 그것을 포기하지 않는다. 그러나 지난 수십 년의 혼돈은 아동을 포함한 큰 비주류 집단들이 전통적인 주류로부터 받은 멸시와 불평등을 더 이상 참지 못할 것임을 보여주는 증거다. 상위로부터의 권위에 대해 의문이 제기된다. 몇몇 힘 있는 소수에 의한 지배는 의심을 받는다.

그러나 드레이커스는 사람들 간에 보다 만족스런 합의에 대한 교육이 없다면, 약자들은 단순히 강자들을 극복하려고 노력하고, 이러한 순환이 반복되리라는 것에 관심을 두었다. 그 결과, 아들러의 사례를 따른 드레이커스는 과감하게 모든 사람들의 삶의 질에 영향을 미쳤던 사회적 기관들, 특히 박탈당하고 불이익을 받는 사람들의 기관을 통한 변화를 위해 일하였다. 만약 그가 현재 살아 있다면, 그는 여전히 증가하는 다중문화사회에서 평등을 주창했을 것이다.

많은 개인들이 우월성, 권력, 부, 지위의 목표를 추구하는 것과 같이 집단들은 다른 사람들을 통제하고자 한다. 경쟁이나 우월성의 외적 징후를 강조하는 것은, 더 나아가 통제와 영향의 집착에 대한 증거다. 그러한 환경에서, 협동은 흔히 일시적 화해가 된다.

드레이커스(Dreikurs, 1971)가 사회에서 현재 발견된 것들 대신에 제안했던 민주적 철학과 가치는 다음과 같다.

| 현재 내용 | 제안된 내용 |
|---|---|
| 야망 | 열정 |
| 정당성 | 우정, 이해 |
| 의무 | 소속감, 참여 |
| 동조 | 자기존중, 자기향상 |
| 완전 | 용기 |
| 엄격한 | 상호 존중 |
| 개인주의 | 협동 |

아들러식 상담자들은 어떤 개인도 타인이 자신에게 유용하다고 생각하지 않는 것을 하도록 시킬 수 없다고 믿는다. 그러므로 많은 노력에도 불구하고 어떤 개인들은 불편함에 직면한 상황에서도 자신의 행동이나 태도를 바꾸지 않는다. 이것은 모든 행동이 목적이 있다는 개념에 따라 예측된다(예; 행동은 개인이 자신의 목표를 추구하는 용도에 기여한다). 인생에 대한 자신의 독특한 지각으로부터 개인은 변화를 위험스럽거나 아니면 적어도 어려운 것으로 생각할 수 있다.

한편 아들러는 타인을 향해 개인들을 움직이게 하는 행동(예; 높은 사회적 관심)과 타인에 적대적이거나 타인과 멀어지게 그들을 움직이게 하는 행동을 구별하였다(Ansbacher & Ansbacher, 1967). 후자의 행동은 사회적으로 무용하고 자기패배적인 행동을 나타낸다. 모든 행동이 개인의 관점에서 보면 유용하지만 아들러식 가치체계는 어떤 태도가 개인의 자기존중감을, 결과적으로 사회적 관심을 떨어뜨린다는 것을 지적한다.

아들러는 아마도 기본적 인생과제를 충족시키기를 회피하거나 실패한 개인에게 나타나는 태도와 행동을 인생의 무용한 측면으로 고려했을 것이다. 아들러의 개인심리학은 사용의 심리학이지 질문지의 심리학이 아니기 때문에, 아들러식 상담자들은 전형적으로 증상에 따라 이러한 행동을 범주로 구분하여 명명하지 않는다(비록 아들러식 상담자들이 제3자의 치료비 지불에 근거하여 심리치료를 하면서 정신 및 정서적 장애의 통계적 및 진단적 범주를 사용해야 하지만).

사회적 관심의 방향에서 개인과 관련된 활동을 개념화하는 한 가지 방식이 [그림 1-1]에 묘사되었다. 일차적으로 수직방향으로 움직이는 사람들은 자신

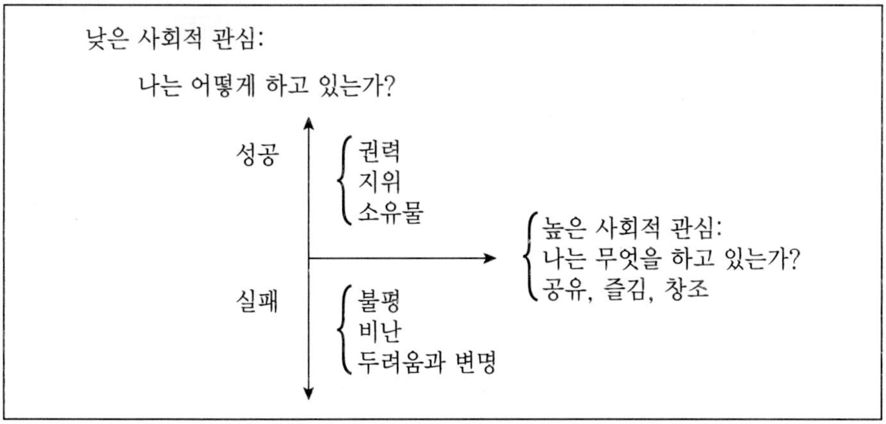


[그림 1-1] 사회적 관심 연속선: 수직(낮은) 대 수평(높은)

의 노력으로 하고 있는 활동들의 방식에 대해 높은 관심을 둔다. 그들은 계속적으로 평가하며 자신의 노력을 자타가 달성하려고 추구하는 완전에 대한 허구적 개념과 비교한다. 이러한 방향으로 적극적으로 움직이는 사람들은 흔히 자신의 분야에서 생산적이고 성공적인 사람으로 여겨진다. 그들의 추구에 관한 슬픈 논평은 얻은 것을 잃을 수 있다는 지속적인 걱정 때문에 자신의 노력 혹은 결과에서 거의 만족을 얻지 못한다는 것이다. "이것을 가장 잘할 수 있는가?"하고 자문하며 느끼는 감정은 증거가 자신의 능력 혹은 적절성을 뒷받침한 후에도 오랫동안 지속될 수 있다.

수평선은 인생활동의 즐거움과 참여에 대한 움직임을 나타낸다. 사람들은 자타가 얻는 만족을 토대로 자신의 활동을 평가한다. 이러한 움직임을 나타내는 그림이, 높은 사회적 관심을 가진 개인들이 경쟁을 즐기지 않는 것으로 혹은 낮은 사회적 관심을 가진 사람들이 자신의 일에서 전혀 만족을 얻지 못하는 것을 나타내는 것으로 해석되어서는 안 된다. 실제로 대부분의 사람들은 움직임의 두 방향 사이 어딘가에 위치한다.

예를 들면, 차이는 경쟁적 게임 혹은 스포츠에서 관찰될 수 있다. 높은 사회적 관심을 가진 사람들은 승리하기 위해 매우 열심히 게임을 하지만 승부에 관계없이 게임을 즐겼을 것이다. 낮은 사회적 관심을 가진 사람들이 게임에 지면, 그들은 승리할 때까지 대조적으로 패배감을 느끼거나, 심지어 자신에 대해 역겨워 할 것이다. 제6장의 설명을 보면 아들러식 상담자들은 학교상황에서 행동수정 기법의 적용과 관련하여 특히 이러한 구별을 인식한다. 성취 혹은 사회적 행동을 강화하기 위해 보상의 무분별한 사용은 개인들이 수평(내적 동기)보다 수직(외적 동기)으로 움직이도록 강화할 수 있다.

# 타당성

아들러 상담이론과 실제는 유용성과 다른 상담체계와 접근방식으로 통합함으로써 부분적으로 타당성이 입증되었다. 전통적 정신분석의 예외가 있긴 하지만, 실제로 모든 주요한 상담과 심리치료의 성격접근은 그 체계에 아들러식 원리와 기법을 통합해 왔다. 이것은 자산이며 채무다. 왜냐하면 아들러의 업적이 다른 사람들의 업적에 영향을 주었지만, 그것의 잠재력은 아직도 충분히 실현되지 않았기 때문이다.

## 이 론

사회적 관심, 출생순위, 초기기억, 그리고 아들러 이론의 다른 측면은 더 광범위하게 조사되어 왔다. 실제로 이전 12년 동안에 이루어진 75건의 연구에 비해 지난 9년 동안에 103건으로 연구가 증가하였다. 1982년부터 1990년까지 각 영역에서 연구 건수는 출생순위 25건, 초기기억 23건, 사회적 관심 21건, 생활양식 7건, 기타 연구 27건에 이르고 있다. 가장 많은 증가는 초기기억 영역에서 이루어졌다. 불행하게도, 이러한 많은 연구는 범주에서 제한적이며 견실한 방법론을 충족시키지 못했다.

왓킨스(Watkins, 1992a)는 초기기억 연구와 관련하여 다음과 같이 지적하였다.

> 아들러 이론에서 지향한 초기기억 연구가 과거 10년 동안에 견실하게 증가했다. 즉 프로이트식, 자아심리학적 혹은 인지적, 지각적 관점과 비교하여 더 많이 증가되었다. 전체적으로 이러한 연구의 실체는 초기기억에 대한 아들러

> 식 관점에 지지를 제공하지만, 이러한 연구들이 결함이 없는 것은 아니다(예; 실제로 인종과 문화가 다른 연구대상들이 포함되지 않았으며, 예비연구가 전혀 이루어지지 못했다). 현재 초기기억에 대한 아들러식 관점에 잠정적 지지가 있지만, 그것 이상으로 결론을 내리는 것은 현 시점에서 부적절하다.(p. 261)

여러 해에 걸쳐 출생순위에 관한 많은 연구가 있었다. 왓킨스(Watkins, 1992b)는 1981년부터 1991년까지 이루어진 출생순위 연구에 대한 개관을 통해 다음과 같은 결론을 내렸다.

> 이러한 연구들의 제한을 고려하여, 이러한 자료들에 의해 제안된 일차적 결론은 다음과 같이 진술될 수 있다.
>
> • 맏이들은 아들러 이론의 문헌에서 기술된 맏이의 프로파일과 일관된 특성(예; 더 지배적이고 책임감 있는)을 보인다.
> • 성취동기 패턴은 출생순위에 따라 다양하다.
> • 성(sex)변인(예; 연구대상자들의 성)과 연관시켰을 때 출생순위는 선택된 성취변인과 통제 소재와 관련된다.
> • 연구들은 출생순위의 연구에서 심리적 지위의 중요성을 지지한다.
> • 어떤 증거는 출생순위의 효과가 민족성에 따라 다양하다는 것을 제시해 준다.(p. 365)

사회적 관심 영역에서 이러한 개념을 측정하려는 시도의 성공 정도는 다양하다. 1981년부터 1991년까지 이루어진 연구의 다른 개관에서 왓킨스(Watkins, 1994)는 사회적 관심지수(Social Interest Indes: SII; Greever, Tseng, & Friedland, 1973), 사회적 관심척도(Social Interest Scale: SIS; Crandall, 1975), 설리만의 사회적 관심척도(Sulliman Scale of Social Interest: SSSI; Sulliman, 1973)를 비교하고 대조했다. SIS는 이 기간에 가장 많이 사용된 도구(n=38)였으며, 자료는 일반적으로 그것의 타당성과 신뢰성을 지지했다. SSSI도 역시 견실한 도구로 여겨지지만 개관 당시에 이용한 자료는 제한적이었다.

이 기간에 생성된 연구들 중에서 두 연구는 표준화된 점수의 직선적 구성으로 SII와 SIS를 사용했다(Leak & Williams, 1989). 연구자들은 사회적 관심이 네 가지 상황인 가족, 일, 타인, 자기와 관련한 다짐, 도전, 통제로 된 참을성 구성요소와 정적 상관을 보이고, 소외의 네 가지 측면(무기력, 의욕상실, 허무주의, 모험)과 부적 상관을 보일 것이라고 예측하였다. 참을성은 유사한 상황에서 다른 개인들보다 더 쉽게 인생역경을 극복할 수 있는 개인들이 가진 것으로 확인된 개념이다.

두 연구에서 연구대상자들은 큰 주립대학의 학생들(n=49 남성, n=38 여성)과 종교에 소속된 작은 대학의 학생들(n=103 여성)이었다. 두 연구의 결과는 유사했지만 동일하지는 않았다. 첫 번째 연구에서 사회적 관심은 참을성의 세 가지 구성요소 중 두 가지인 다짐과 통제와 유의미한 상관을 보였다. 연구자들은 도전 척도가 상관을 보이지 않은 것은 사회적 관심 개념과 관련되지 않은 강한 경직성 대 충동성 구성요소를 가진 문항들의 기능이라고 믿었다. 두 번째 연구에서 도전과 통제 모두 사회적 관심과 상관을 보이지 않았다.

첫 번째 연구에서, 소외와 사회적 관심과 관련한 네 가지 예언은 모두 지지되었다. 두 번째 연구는 소외에 관한 네 가지 척도 중 세 가지가 사회적 관심과 의미 있게 관련된다는 것을 발견했다. 불행히도 연구자들은 성 혹은 민족에 의한 차이에 대해서는 통제를 하지 않았다. 연구자들은 다음과 같은 결론을 내렸다.

> 두 연구의 결과는 아들러의 사회적 관심이론의 경험적 지지를 제공한다. 사회적 관심과 심리적 참을성과 소외의 다양한 측면 간의 관계는 사회적 관심이 인간의 용기와 강점에 기여한다는 아들러의 주장을 지지한다.(Leak & Williams, 1989, p. 374)

왓킨스(Watkins, 1992a/1992b/1992c/1994)는 위에서 언급한 연구영역에 관한 편리한 요약과 비판을 제공했다. 이러한 영역에서 연구 수행에 관심 있는 사람은 왓킨스의 분석과 미래연구를 위한 제언이 도움이 될 것이다.

## 방 법

학령기 아동, 부모, 교사들을 대상으로 한 아들러식 이론과 방법의 연구는 그동안 효과가 있음이 입증되었다. 이러한 몇몇 연구들의 흥미로운 관찰은 아이들에게 영향을 주는 성인들과 상담하는 데 더 큰 유용성이 있었다. 비록 아이들과의 상담이 효과적이고 바람직하지만, 교사와 부모의 노력은 상담자와 심리학자들의 중재에 대한 장기적 가치를 배가시킨다.

다양한 연구들(P. C. Burnett, 1988; Sweeney & Moses, 1979)이 부모와 교사의 학습자문집단의 유용성을 입증하였다. 버네트(Burnett, 1988)는 다음과 같이 결론을 내렸다.

> 연구들은 아들러식 부모역할 프로그램의 효과를 강력하게 지지한다. 긍정적 방향으로 변화는 아동의 행동, 아동의 자아개념, 부모행동, 부모태도의 측정에서 나타난다. 연구들은 대체로 방법론적으로 견실했다.(p. 74)

슐만과 모삭(Shulman & Mosak, 1988b)은 신뢰도, 타당도, 생활양식평가에 관련된 구성타당도에 관한 연구들을 보고하였다. 예를 들면, 초기기억은 훨씬 크게 상황적 변인들에 의해 영향을 받을 수 있는 주제통각검사의 프로토콜보다 더 일관성이 있다는 것을 발견했다. 다른 연구들은 초기기억에서 변화가 임상적 전집의 관점 및 정신상태의 변화를 반영한다는 것을 입증하였다. 슐만과 모삭(Shulman & Mosak)은 다음과 같이 지적하였다.

> 철저하게는 이루어지지 않았지만, 이루어진 연구에 따르면 아들러의 생활양식개념을 격려하고 있고, 보편적으로 지지하고 있다. 그러나 계속된 연구와 경험적 조사는 다양한 주제를 탐색하고, 명료화가 요구되고, 세밀한 구별과 차이를 보여주어야 한다.(p. 259)

휠러, 컨, 커레트(Wheeler, Kern & Curlette, 1991)는 생활양식성격검사(Life-Style Personality Inventory: LSPI)에 관한 발달 작업을 10년 이상 보고하였다.

LSPI는 사회적 관심과 아들러의 생활양식을 객관적으로 측정하는 형태로 고안되었다. 연구자들은 생활양식이 신뢰할 만하고 타당한 방식으로 측정될 수 있다는 아이디어를 위한 강력한 사례로 여겼던 것을 제공하였다. 그러한 도구는 이러한 중요한 조사영역에서 미래 연구의 자산임에 틀림없다.

다음의 장들에서 구체적인 주제영역을 수반하는 다른 관련 연구를 인용할 것이다. 그러나 더 많은, 그리고 훌륭하게 설계된 연구들이 아들러식 심리학의 이론과 실제를 지지하는 데 필요하다. 수백 명의 일반인 집단지도자들과 가족교육센터 자원자들을 포함한 아들러 상담자들은 그것의 유용성과 안면타당도에 만족하지만, 다른 부류의 사람들도 신뢰할 수 있도록 하려면 실험적 자료가 필요하다.

## 다중문화적 고려

점차 다양한 인종과 민족집단들의 관점에서 아들러 상담이론과 실제의 적절성(다른 접근방식에서와 마찬가지로)에 대한 질문이 야기되었다. 그러한 질문은 아들러와 드레이커스의 업적이 다른 여러 가지 언어로 번역되었고, 다른 문화에서 적절성이 발견되었기 때문에 관심을 끌게 되었다. 그럼에도 불구하고 그러한 질문은 미국의 인구통계학이 계속 아시아계, 아프리카계, 히스패닉계 미국인들의 인구가 더욱 증가하면서 야기된 것 같다(Arciniega & Newlon, 1995). 아프리카계, 히스패닉계, 토착 미국인들의 50% 이상이 25세 이하라는 사실은 마찬가지로 주목할 만하다. 이러한 인구가 수와 나이에서 계속 증가함에 따라 전통적 상담전략의 적절성은 도전받을 것이며, 도전받아야만 한다(Lee & Richardson, 1991).

아시니가와 뉴론(Arciniega & Newlon, 1995)은 11가지의 인종 및 민족적 고려를 사용하여 주요한 이론들의 개관을 제공하였다. 그들은 이론들을 네 가지 등급, 즉 '(+) 긍정적, (−) 부정적, (P) 부분적, (0) 언급되지 않는' 등급으로 평가하였다. 이러한 11가지 고려와 아들러 상담이론에 주어진 평가는 다음과 같다.

- 언어(예; 내담자의 원어에 능숙한) (0)
- 가족 관계와 사회적 관계(예; 형제관계 존중, 가치, 소수집단의 가족집단에 대한 강한 소속감과 정체감) (+)
- 시간 초점(예; 사건 혹은 상황이 시간 약속을 잘 지키는 것보다 흔히 더 중요한 것으로 여겨진다) (P)
- 자연–사람 관계(예; 통제 없이 자연과 공존하면서 복종이 아닌 수용과 조화) (P)
- 전체적 관점(예; 환경과 자신을 전체로서 보는 관점에서 작동한다) (+)
- 인간 활동과 협동(예; 자신의 정체에 존경을 느끼고 더 훌륭하게 되어야 할 필요는 없지만 집단에 협동, 관련성, 충실함을 포함한다) (+)
- 정체감(예; 자아정체감은 문화적 정체감에서 분리할 수 없다) (P)
- 정신건강(예; 정상 혹은 비정상인 것에 대해 문화적으로 다른 관점에 민감성) (+)
- 영성 및 종교(예; 영성과 종교를 집단과 개인들의 통합된 부분으로서 다룬다) (+)
- 책임감(예; 집합적 책임감의 개념이 우선시된다. 즉, 가족에 대한 책임감이 가장 먼저이고, 그러고 나서 집단 혹은 지역사회, 마지막으로 자기에 대한 책임감이다) (+)
- 억압과 인종주의(예; 억압이 다른 집단들에도 존재하지만, 이러한 비주류집단들의 신체적 특성은 억압과 차별을 위해 더 쉽게 확인되도록 한다. 단지 아들러 상담자들만이 이러한 구별을 언급한다) (+)

아들러 상담이론은 11가지 고려 중에서 일곱 가지에서 긍정적으로, 세 가지에서 부분적으로 언급된 것으로, 단지 한 가지, 즉 언어만 언급하지 않는 것으로 평가되었다. 아이비(Ivey)의 발달이론이 그 다음으로 가장 문화적으로 적절한 접근으로 평가되었는데, 다섯 가지에서 긍정적으로, 그리고 여섯 가지에서 부분적으로 고려하고 있는 것으로 나타났다. 평가된 다른 이론들은 정신분석, 융(Jung)의 분석치료, 실존주의적 상담이론, 인간중심치료, 게슈탈트치료, 교류분석, 엘리스(Ellis)의 인지 · 정서 · 행동치료, 인지적 행동치료, 현실치료,

생태계 접근이었다. 연구자들은 아들러 상담이론에 대해 다음과 같이 지적하였다.

> 모든 이론들 중에서 아들러 상담이론은 여러 가지 특성 때문에 큰 전도를 가진다. 아들러 접근방식은 가족과 사회문화적 맥락에서 인간에게 초점을 둔다. 이 접근방식은 사회적 관심을 발달시키고 타인에게 기여하는 것에 관심을 둔다. 또한 이 접근방식은 소속감을 강조하고 소수집단들의 가치체계를 지지한다. 추가로, 가족과 문화의 역할에 대한 아들러 접근의 강조는 이러한 소수집단들의 가치와 잘 부합한다. 인간이 동등하고 사회적이며, 목표중심적이고 전체적이라는 아들러의 가정은 이런 인종과 민족적 집단들의 문화적 가치와 일치한다.(p. 577)

문화적 관점에서 이 연구자들은 사회적 관심을 지향해 사람들을 움직이는 가치가 역시 개인과 지역사회를 향상시키는 가치라는 아들러의 주장을 재확인하였다. 아들러의 사회적 관심 육성에 대한 좁은 해석과 대조적으로, 아들러 상담이론은 개인의 가치 존중에서 비롯되었으며, 중재에 동기화된 상담자에게 동조를 주입하지 않는다.

> 개인의 독특한 주관적 해석과 지각은 아들러 이론의 부분이며, 내담자의 가치와 관점이 존중되고 수용된다. 아들러식 상담목표는 내담자들이 자신에 대해 변화해야 하는 것을 상담자가 결정하는 데 목적을 두지 않는다. 차라리 아들러 상담자는 내담자들과 그들의 가족 네트워크와 협조하여 상담한다. 아들러 상담이론은 유연한 실용적 접근을 제안하며, 내담자의 사회문화적 맥락에서 개인의 문제를 탐색하기 위해 일종의 행동지향적인 인지 기법을 사용한다.(Arciniega & Newlon, 578)

『정신건강상담학회지(Journal of Mental Health Counseling)』에 실린 정신건강 상담서비스 제공 확대전략에 관한 언급에서 코레이(Corey, 1991)는 다음과 같이 제안하였다.

> 이러한 저자들(Herr, Ivey, Rigazio-DiGilio & Dinkmeyer)의 기본 가정은, 예방, 성장을 유도하는 정책, 개인들에게 자신감을 갖도록 하는 관점, 타인에게 접근하는 과정, 사회적 맥락에서 의미와 지역사회정신을 발견하는 것을 강조하는 아들러 이론의 토대에 의존하는 것으로 보인다. 상담실제를 이해하기 위해 주로 개인의 내적 역동성에 초점을 맞추고 개인의 외적 환경을 무시하는 경향이 있는 의학적 모델지향적인 실제에 맞추는 것보다 이러한 배경이 나에게 훨씬 의미가 있다. 내 관점에서 아들러의 아이디어는 확실히 문화적으로 다양한 사람들에게 미래의 서비스 제공을 확대하기 위한 전략과 부합한다.(pp. 53-54)

이러한 평가는 그들의 이론적 지향이 주로 아들러 이론이 아닌 개인들에 의해 제안된 것이기 때문에 특히 주목할 만하다. 비록 그러한 평가를 받는 것은 기분 좋은 일지만 아들러 상담이론을 실제에 적용하는 것은 여전히 상담자의 책임이다. 그러나 아들러 이론의 철학, 가치, 실제와 일치시킴으로써 상담자들은 문화적으로 다양한 집단들과 적합하게 중재할 확률을 증가시킨다.

## 성차의 고려

아들러는 여성의 권리를 위해 외친 옹호자다. 이러한 입장은 그의 견해가 20세기의 상당한 기간 동안 권력을 가진 사람들에 의해 덜 열정적 평판을 받게 하는 데 의심할 여지없이 기여하였다. 그의 논문들 중 하나에서 아들러는 '간주된 여성의 열등감' (1954)에 대해 썼다.

> 소년들이 남성적 직업을 위해 준비하는 학습에서 훨씬 많은 재능을 보이지만 이것은 단지 보기에만 그렇다. 만약 우리가 보다 자세하게 조사하면 우리는 여성이 덜 능력 있다는 이야기가 쉽게 이해할 수 있는 우화라는 것을 알게 된다.(p. 109)

드레이커스(Dreikurs, 1953)는 아들러의 남성성 추구 개념을 남자들과 여자들이 열등감을 극복하기 위해 추구한 허구적 목표로 기술하였다. 비록 이것이

유럽에서 발표된 것이었지만 그는 여성의 평등성은 미국에서 여전히 실현되지 않고 있다고 지적하였다. 남성성 추구는 남자들이 더 많은 권리, 권력, 전반적 이점을 가졌다는 관찰에서 예측된다. 평등하기 위해서, 여자들은 남자들과 동등한 대우를 얻기 위해 노력했다. '남자다운 남자' 이미지는 매체에서 영웅들에 의해 더욱 강화되었다.

그 결과로 약한 남자는 멸시받았고, 평등을 얻는 희망은 단지 투쟁을 통해서만 가능했다. 여자들은 남자처럼 대우받기 위해 투쟁해야 했고, 그 결과 그들은 힘을 얻게 된 기분과 존경을 경험한다. 최종 분석에서 드레이커스는 사회적 평등의 결여로 예측된 어떤 체계든지 최소한 불안정하게 되며, 최악의 경우 개인들과 집단들을 부당하게 대하고 억압하고 멸시하게 된다고 믿었다.

리와 리차드슨(Lee & Richardson, 1991)은 문화적으로 민감한 상담에 관한 자신들의 연구에서 문화 간에 고려할 중요한 역동으로서 성역할 사회화를 확인하였다. 그들은 다음과 같이 지적하였다.

> 유럽이 아닌 문화적 배경을 가진 많은 인종과 민족적 집단들은 남자와 여자의 역할에 대한 다른 지각을 가진다. 이러한 다른 성 지각은 발달을 위해 정상적으로 여겨지는 기대에 영향을 줄 수 있다. 그러므로 그러한 차이는 남자와 여자를 위한 성격발달에서 근본적 차이를 설명할 수 있다.(p. 15)

성역할 차이 그 자체는 필수적으로 불평등을 조성하지는 않는다. 그러나 불평등은 하위문화에서 생길 수 있다. 특별한 내담자의 문제를 언급할 때 주의가 필요하다. 비록 아들러식 상담자가 근본적으로 사회적 평등에 근거한 가치체계를 믿고 지키면서 행동하지만, 상담과정에서 상담자가, 문제로 보이는 것에 대해 내담자에게 "당신은 변화하기를 원합니까?"라고 물을 때는 항상 어떤 관점이 있다. 변화를 위한 책임감은 내담자에게 맡겨진다. 더구나 내담자의 협력 없이는 어떤 향상도 불가능하다.

반면에 드레이커스는 성 갈등에 대한 평가에서 매우 직접적이었다. 역할기대, 책임감의 배분, 관련된 문제는 상담에서 주요한 중심 초점이 아니었다. 차라리 사회적 평등으로서 각 개인의 근본 가치에 근거한 해결책을 발견하는 것이 본질적이다. 누가 요리하고 아이들을 돌보고 돈을 버는지, 혹은 가족을 위한 사회적 주도권을 갖는지 등 모든 활동이 모두의 행복을 위해 기여하는 것으로서 가치가 있다. 드레이커스는 성이나 그 밖의 자의적 준거보다 차라리 능력에 근거한 과업할당을 결정했던 부부나 가족에게 찬사를 보낼 것이다. 제 10, 11장에서는 아들러 상담 관점에서 부부와 가족상담에 대해 다룰 것이다.

게이와 레즈비언의 파트너십과 인생 선택 역시 성과 차별에 관련된다. 그러한 질문은 교실과 워크숍에서 나타나며, 동성애를 신경증의 한 형태에 포함시킨 초기 아들러식 상담에서 때때로 언급된다. 적어도 두 가지 점을 지적하는 것이 중요한 것 같다. 첫째, 신경증은 가장된 무능력을 통해 자신의 인생과제의 직면을 피하는 사람들에게 나타난다. 그러므로 지향성이 무엇이든 개인은 인생과제를 충족시킴으로써 사회적 관심을 발달시킨다. 그러므로 개인의 지향성은 본질적으로 낮은 사회적 관심이나 신경증을 조성하지 않는다. 둘째, 아들러처럼 개인은 타인이 생각하는 것에 관계없이 자신에게 필요한 것을 판단하는 유일한 사람이라고 나는 믿는다. 동성애를 하는 개인이 인생과제를 책임감 있게, 협동해서, 행복하게 충족시키는가의 여부가 더 중요하다.

이러한 점과 관련된 아들러에 대한 이야기가 하나 있다. 이 보고서는 1930년대 중반 여성 가족사례 상담자에게서 나왔다. 이 여성 상담자의 슈퍼바이저는 그린비치 마을에서 연상의 남자와 살고 있는 21세 남자에 관해 그녀가 아들러 박사에게 자문하기를 원했다. 그녀는 젊은 남자를 매우 인간적이고 지능이 높은 것으로 기술했다. 다음의 내용은 그녀가 아들러 박사와 한 대화를 열거한 것이다.

> 갑자기 안쪽 연구실의 문이 열렸다. 통통하고 땅딸막한 외모와 다소 어울렸던 차분한 억양으로 박사는 나를 맞이하여 자리에 앉게 했다. 담배연기가 방에 퍼져 있었다. 박사는 존(John)에 대한 내 보고서를 잠시 훑어본 뒤에 그것을 매우 난잡하게 흐트러진 책상 위에 놓았다. 그리고 그는 안경 너머로 나를 쳐다봤다. "당신은 존에 대해 말하려고 하군요. 존은 동성애자입니까?"
>
> "예, 그래요."라고 나는 대답했다.
>
> "당신은 그가 행복하다고 말하려고 하지요?"

"예, 그래요."라고 나는 대답했다.

그는 회전의자에 등을 기대고 조끼에 손을 집어넣으면서 말했다. "그런데 왜 우리는 그를 가만히 놔두지 않지요? 안 그래요?" 이것은 의심 없이 그가 나와 공유할 수 있었던 가장 심오한 지혜였다.(Manaster et al., 1977, p. 82)

## 아들러와 그를 뛰어넘어

조력전문직의 역사에서 자신의 시대에 제한되지 않았지만, 아마 아들러와 드레이커스의 원리에 나타난 진실보다 더 큰 도전은 없을 것이다. 그들은 많은 측면에서 자발적이며 자신의 시대보다 앞서 있었다. 그들이 어느 모로 보나 선견지명이 있는 것으로 믿을 충분한 이유가 있다. 아들러의 딸인 알렉산드리아는 그녀의 관찰을 다음과 같이 지적하였다.

나는 아버지가 정신병에 대한 약물효과를 보았으면 하고 바랐다. 나는 그가 그것을 수용했을 거라고 확신한다. 그는 어떤 향상에 대해서건 항상 개방적이었다.(Manaster et al., 1977, p. 57)

프로차스카와 노르크로스(Prochaska & Norcross, 1994)는 75명의 전문가들이 중재와 양식에 의해 다음 천년에서 '인기가 있고 인기가 없는' 것으로 여기는 것을 다른 것들 중에서 확인하려고 실시한 델피 조사의 결과를 보고했다.

이루어진 합의는, 앞으로 10년 후에 심리치료는 더 직접적이고 심리교육적이고 현재중심적이고 문제초점적이고 단기적이 될 것이라는 점이다. 치료형태는 개인, 부부, 가족과 집단치료가 상승하게 되고, 치료기간에서 막대한 변형이 일어날 것이 예측된다. 즉, 단기치료가 우세하고 장기치료가 줄어든다.(p. 486)

역시 이론적 지향과 중요성에 있어 그러한 이론의 증가 혹은 감소의 예측에 대한 질문이 보고되었다. 비록 아들러 상담이론이 구체적으로 언급되지 않았지만, 흔한 사례로서 정신역동과 신 프로이트식 접근이 인용되었다. 이러한 범주는 흔히 아들러식 접근을 포함하는 데 사용된다. 반응자들은 집단들 중에서 이러한 접근이 미래에 다소 감소하리라 예측했다. 이러한 예측에서 아이러니는 미래 변화에 아들러식 가치, 중재, 양식의 관련성과 이 접근과의 동일성 결여다.

경제학이 많은 정책결정의 추진력인 사회에서 이러한 문제에 대한 주의는 미래에 훨씬 중요할 것이다. 현재 사회의 요구에 기여할 기회가 어느 때보다 많이 있다. 그렇게 하기 위해 아들러와 드레이커스의 기여를 사회 내에서 삶의 질을 형성하는 기관과 집단의 업무로 더욱 확장하는 노력이 미래에 요구된다(Sweeney, 1999). 그들의 유산은 아들러의 철학, 가치, 심리학이 사회에 더 잘 기여하리라고 믿는 사람들에게 하나의 도전이다.

## 요 약

아들러의 개인심리학은 오늘날 많은 교육, 상담, 치료 접근방식의 선구자다. 비록 다른 접근방식이 본질적으로 아들러 접근방식을 통합하고 독립적으로 원리와 방법을 발견하지만 아들러 기관, 연구집단, 상담자들은 다른 한편으로 낙담한, 그리고 흔히 파산한 기관의 체계를 위한 해답을 계속해서 제공한다. 이 접근방식의 중심개념은 다음과 같은 내용을 포함한다.

- 인간은 본질적으로 자리매김을 하려는 삶의 접근방식에서 자기 결정적이고 목적적이며 창조적인 사회적 존재다.
- 개인은 현상학적(주관적) 관점에서 활동한다는 점에서 전체론적으로 가장 잘 이해될 수 있다.
- 생활양식은 자기, 인생, 타인에 대한 개인의 독특한 신념이다. 생활양식은 개인이 기본적 인생과제인 일, 우정, 사랑, 자기, 영성에 접근하는 데 있어 자신을 인도하는 데 사용하는 지도 혹은 개요다. 생활양식은 6~8세 사이에 확립되며, 정상적 환경하에서 기본적으로 조사되지 않고 변화되지 않

은 채 유지된다.

- 기본 인생과제에 성공적으로 적응하지 못하는 것은 낙담의 징후다. 낙담은 인생 초기에 더 쉽게 극복될 수 있다. 그러나 개인이 극복하려고 선택하면 언제든지 극복될 수 있다.
- 사회적 관심은 인간이 책임 있고 협동적이며, 창조적인 인류의 구성원이기 위한 자신의 경향성을 구성하는 아들러의 인간성에 대한 개념이다. 사회적 관심이 높은 사람은 자신, 타인, 인생을 즐기고 좋아한다. 사회적 관심은 양육되어야 한다. 그러나 자신에 대한 그릇된 이해로 개인은 낙담하여 자기패배적인 행동을 할 수 있다.
- 아들러식 상담자들은 인간의 평등을 핵심으로 한 사회적 민주주의에 근거한 가치체계를 지지한다. 다른 사람들을 조력하는 그들의 접근방식은 비록 치료적이고 위기중재상담이 수행되지만 본질적으로 교육적이며 예방적이다.
- 점차적으로 복합적, 다중문화적 사회에서 아들러 이론은 상담중재방식에 토대를 제공하는 가장 적절한 이론으로서 큰 전도를 가진다. 역시 근본적으로 사회적 민주주의와 평등에 근거하여 아들러 이론은 남자들과 여자들 간의, 주류와 비주류 사람들 간의, 다른 세대들 간의, 설득으로 억압된 사람들 간의 현실로서 사회적 평등을 위한 단일의 가장 큰 옹호적 역할을 해 왔으며, 현재도 그렇다.

그리고 관련된 개념들에 대한 더 정교한 설명은 개인과 집단에 적용한 개인심리학의 방법과 기법을 논의하는 다음 장들에 있다.

## 연구문제

**지시:** 다음 질문에 답하시오.

1. (1) 목표지향적 행동의 개념을 설명하시오(예; 행동은 목적적이다).

(2) 당신은 동의하는가? 만약 동의하지 않는다면, 그 이유는?

2. 아들러식 접근방식에 대한 기술로서 '사회적-목적적-분석적'의 의미를 설명하시오.

3. (1) 정서의 기능은 무엇인가?

(2) 정서는 어디서 기원되는가?

(3) 정서는 어떤 방식으로 사회적으로 유용하거나 분열적이 될 수 있는가?

4. (1) 인생과제 중에서 어느 것이 가장 쉽게 충족되는가?

(2) 인생과제 중에서 어느 것이 가장 어렵게 충족되는가?

(3) 위의 (1), (2) 질문에 대한 당신의 반응에 대해 설명하시오.

5. 아들러식 접근방식이 비주류 혹은 소외된 집단을 위한 큰 전도를 가진 것으로 고려되는 이유를 설명하시오.

# 제2장 | 조력의 목표로서 안녕

생애에 걸친 안녕

안녕의 바퀴

생활양식의 안녕 평가

안녕: 실제적 중재기법

안녕의 실천

요 약

제 2 장

# 조력의 목표로서 안녕

*위트머와 스위니(J. M. Witmer & T. J. Sweeney)*

"건강하세요!" 그리스 사람들은 만나고 헤어질 때 이렇게 인사한다. 그리스어 yiasoo는 건강의 여신인 Hygea에 역사적 기원을 두고 있다. Hygea는 질병을 예방하기 위해 자연과 조화를 이루는 삶의 방식을 가르치는 전문가였다. 히브리어인 shalom은 역사적으로 평화와 '완전성'이라는 개인적 소망 혹은 타인에 대한 전체적 감각을 표현하기 위해 만나고 헤어질 때의 인사말로 사용되어 왔다. 독일어인 Gesundheit는 건강을 기원하는 데 사용된다. 건강은 고대 영어에서 근력, 치유, 전체라는 단어들과 근원적 의미를 공유하고 있다. 이 용어들은 건강한 신체를 소망하고, 질병이나 허약에서 해방됨을 표현하고 있는데, 여기에는 내적 조화, 균형, 전체성이 존재할 수도 있다. 많은 문화에서 타인을 반기기 위해 안녕의 메시지를 전달하는 인사말을 가지고 있다.

『아들러식 상담』(Sweeney, 1989)의 제3판에서 전체지향성, 주요한 인생과제, 건강한 사람의 특징 및 이것들이 장수와 삶의 질에 관련하는 방식에 대한 아들러 이론의 개념들을 입증하기 위해 여러 분야의 연구들이 인용되었다. 그 후에 여러 저자들(J. E. Myers, Witmer, & Sweeney, 1995; Sweeney & Witmer, 1991; Witmer, 1989; Witmer & Sweeney, 1992)은 인간성장과 발달에 중요한 것으로 간주되는 부가적 개념들을 통합하기 위해 생애에 걸친 그들의 안녕모델을 확장하고 재정립하였다.

아들러의 사고를 교육, 상담, 심리치료의 실제 현장에 적용하는 데 도움이 되기를 바라면서, 이 장은 아들러와 드레이커스가 그들의 견해를 통하여 기대했던 것을 확장, 향상시키고 재정립하기 위해 설계되었다. 미국이 국가적 관심, 우선순위, 자원배분을 질병, 치료에서 생애에 걸친 안녕과 질병 예방으로 바꾸어야 한다는 강력한 증거가 있다. 1979년 미국 공중 보건성은 적어도 53%의 죽음이 자기파괴와 부주의한 행동에서 야기되었으며, 결국 조기사망에 이르렀음을 보고했다. 최근 자료에서는 모든 죽음의 3분의 2가 예방 가능했다고 한다(「운동을 해야 하는 6가지 이유」, 1994). 그럼에도 불구하고 미국 연간 건강관리 예산의 1% 내지 3%만이 예방 활동에 투입되는 것으로 추정된다(캘리포니아 대학, 1993). 정신건강은 더 나아진 게 없다. 한 해에 전 인구의 22%—약물남용을 포함한다면 28%—가 정신질환으로 고통받고 있다(「정신질환이 야기될 때」, 1993).

오늘날 전체론적 건강은 질병의 예방을 포함하는 안녕에 접근하고 있다. 현 세대는 인류사에서 '전인(whole person)'의 구성요소를 아는 첫 세대다. 사람들은 현명하고 신중하며 책임 있게 살기 위한 충분한 지식을 소유하고 있다. 운명의 문제는 이제 더욱더 선택의 문제다. 전체론적이라는 용어는 구체적인 치료절차나 형태를 지시하는 것이 아니라 하나의 철학, 태도, 마음 자세다. 넓은 의미로 그것은 신체적 · 정신적 · 정서적 상태, 사회적 관계, 영적 지향성, 생활습관을 고려하는 것을 포함한다. 개인의 안녕을 이해하고 다루고 향상시키기 위해 다른 방법, 기술, 지식 기반들을 활용하고 있다.

그러나 건강 분야의 어떤 지도자들은 전체론적 건강에 초점을 두는 것조차도 질병과 그 예방에 지나치게 치중한다고 주장한다. 저자들은 이에 동의한다. 따라서 전통적인 인간발달 모델보다 더욱 건강증진적이고, 순행적이며, 긍정적인 것으로 믿는 것을 기술하기 위해 우리는 안녕(wellness)이라는 용어를 사용한다. 건강의 진정한 의미는 단지 죽음이나 질병을 연기하는 것이 아니고, 만족감을 느끼고 생을 즐기는 것이다. 안녕이란 인간과 자연공동체 안에서 더욱 충만하게 살기 위하여 정신, 신체, 영혼이 개인에 의해 통합되는 최적의 건강과 편안함을 지향하는 삶의 방식이라고 규정한다. 이상적으로 그것은 각 개인이 성취할 수 있는 건강과 편안함의 최적 상태다.

높은 수준의 안녕은 사는 것에 대한 진정한 흥미를 포함한다. 우리는 때때로 전체성이란 용어를 우리의 논의 속에 통합한다. 이는 안녕을 구성하는 요소들의 상호 의존성과 관련성을 강조하기 위해서다. 임상경험뿐만 아니라 관련 연구에서 안녕을 구성하는 모든 요소들은 계발할 가치가 있으며, 또한 계발을 요한다는 입장이 지지되었다. 예를 들면, 다음 절에서 설명하고 있듯이 건강한 유머 감각을 계발하는 것은 효과적인 비판적 사고기능보다 중요하다.

이 장에서는 인간발달에 핵심적이고 조직적이며, 원동력이 되는 목적으로서 안녕의 도입, 역동적이고 다차원적인 본질을 지니는 것으로서 생애에 걸친 '안녕의 바퀴'([그림 2-1] 참조)에 대한 설명, 생활양식 안녕평가(WEL) 도구에 대한 검토(Myers et al., 1995), 그리고 드레이커스(Dreikurs, 1971)가 지지한 아들러 철학과 가치의 맥락에서 그 모델이 어떻게 활용될 수 있는가에 대한 몇 가지 예들을 다룬다.

## 생애에 걸친 안녕

전체성의 기원과 본질은 무엇인가? 단일한 동기가 유기체로 하여금 건강과 안녕을 지향하게 하며 영향을 주는가? 개인심리학의 핵심내용들을 일반인에게 알리는 글에서 아들러(Adler, 1927/1954)는 다음과 같이 얘기했다. "정신생활이란 공격적이며 안전을 추구하는 활동의 복합체인데, 최종 목표는 지구상에서 인간 유기체의 지속적인 존재성을 보장하는 것이며, 유기체로 하여금 발달을 안전하게 성취할 수 있도록 하는 것이다."(p. 28).

매슬로(Maslow, 1970)는 인본주의 심리학 발달을 이끈 선구적 연구에서 건강한 사람의 특징을 연구했다. 그는 다음과 같이 언급하였다.

> 인생이란 최상의 열망을 고려하지 않고는 결코 이해할 수 없을 것이다. 성장, 자아실현, 건강 추구, 정체성, 자율성 탐색, 수월성 추구(그리고 '위로 향하는' 다른 방식들)는 이제는 광범하고 보편적인 인간 성향으로서 의심 없이 수용해야 한다.(pp. Xii–Xiii)

인간발달에 관한 연구뿐만 아니라 아들러, 매슬로, 그리고 다른 사람들의 연구를 검토한 후에, 위트머(Witmer, 1985)는 생을 유지하고 개인의 건강과 행복 가능성을 충족하기 위해 두 가지 서로 상반된 힘이 작용하고 있음에 주목했다.

> 한 힘은 자기를 신체적, 그리고 심리적 측면에서 보호하고 방어하려고 노력한다. 보호하려는 힘은 익숙한 것으로부터 멀어지는 것을 두려워하며, 안전을 제공하는 경향이 있는 안전성과 방어성에 의존한다. 그것은 독립, 자유, 격리, 그리고 새로움을 두려워한다. 또 다른 힘은 개인으로 하여금 자신의 전체성, 독특성, 기쁨과 능력이라는 더욱 완전한 기능을 지향하도록 한다. 그것은 자신의 존재를 창출하고 고양시키기 위해 앞으로 그리고 외부로 움직인다. 한 힘은 안전과 만족을 제공하고, 다른 힘은 성장과 만족을 제공한다.(p. 15)

인간행동은 하나의 목표를 지향한다. "인간의 정신생활은 개인의 목표에 의해 결정된다."(Adler, 1927/1954, p. 29) 하나의 목표를 추구하는 목적론은 개인의 활동에서 계속 나타난다. 따라서 개인의 목표를 이해하기 위해서는 현재 활동과 그것이 개인에게 주는 의미(예; 기대되는 결과와 같은)에 주목해야 한다. 원인을 찾기 위해 과거를 살펴보는 대신에, 인간 동기는 자신의 의도와 기대(예; 개인이 그러한 활동으로부터 얻고자 기대하는 것과 같은)에 의해 가장 잘 이해된다. 의식과 잠재의식으로 동기화된 행동은 그 사람이 바라는 의도 혹은 결과를 반영하는 것으로 여겨진다.

제1장에서 제시되었듯이, 개인은 성장과 안녕을 발달시키고 보호하기 위해서 아들러가 생활양식이라고 불렀던 것을 형성한다. 목표를 실현하기 위해, 개인은 허구적 목표에 의해 동기화된 생활양식을 창조한다. 아동 초기에 사람은 자기 존재를 고양하고 보호해야 하는 것에 대한 허구적 이미지를 발달시킨다. 이 허구적 이미지는 생활양식의 핵심목표가 되는데, 안전하고 소속감을 느끼거나, 혹은 우월해지기 위해 되어야 하거나 혹은 해야 할 것에 대한 주관적인 생각으로 이끌어진다. 이 모든 생각은 안녕의 본질적인 것으로서 개인에 의해 독특하게 지각된다.

그러나 허구적 목표는 자기파괴적일 수도, 자기고양적일 수도 있다. 왜냐하면 개인의 사적 논리가(예; 인생, 자기, 타인에 대한 독특한 신념 등) 유전적 · 문화적 · 가정적 요인들에 의해 영향을 받기 때문이다. 이러한 허구적 목표를 발견하는 것은 자기파괴적 사고와 행동을 제거하거나 혹은 안녕에 이르는 자기고양 사고와 행동을 촉진하기 위한 상담을 하는 데 있어서 중요한 과정이 된다.

이 책의 저자들은 다음과 같이 믿고 있다. 더욱 완전하게 생을 꾸려 갈 수 있는 능력, 생을 통하여 새로운 지식과 기능을 배우며 자신, 인생, 타인에 대한 새로운 관점을 즐길 수 있는 능력, 자신이 가진 것을 어떻게 평가하고, 자신이 누구이며, 자신의 삶에서 만족을 경험하는 데 본질적인 것이 무엇인가를 경험으로부터 배울 수 있는 능력을 모든 사람들은 가지고 있다. 아들러식 상담의 목적은 이를 추구하는 개인들을 돕는 것이다.

지난 30년간 건강한 사람의 특징, 특히 안녕의 심리학적 차원들을 기술하는 상당량의 연구가 축적되었다. 자아실현을 성취한 사람의 특징을 확인했던 매슬로(Maslow, 1968/1970)의 연구는 건강한 사람에 관하여 지속적으로 확장해 온 지식 기반의 일부다. 인류학(유체 성숙), 삶의 질과 안녕 연구, 장수 연구, 성격과 행동, 행동의학, 스트레스 연구, 정신신경 면역학, 건강심리학은 많은 인상적인 자료를 도출했다.

다음 절은 안녕의 바퀴([그림 2-1] 참조)를 기술하고 있는데, 그것은 생애에 걸쳐 건강한 사람의 특징을 은유적으로 표현하고 있다. 원래 아들러와 드레이커스에 의해 개념화된 인생과제는, 사람들이 그것을 통해 생활양식을 표현하는 것으로서 이 모델의 핵심이다. 아울러 모델은 건강, 안녕과 관련하여 개인에게 좋게 혹은 나쁘게 작용하는 힘들(예; 가정, 지역사회, 매체, 환경 등)을 포함하고 있다.

## 안녕의 바퀴

'안녕의 바퀴' 는 행복과 장수에 영향을 주는 요인들을 제안하는 개인심리학과 학제 간 연구에 대한 개념화를 더욱 정교하게 표현하기 위해 발전했다. 이 모델과 유사한 요소들을 포함하는 다른 모델들이 있다는 것을 우리는 알고 있다. 전문적인 문헌뿐만 아니라 매체에서 이 주제에 대하여 갖는 관심에 비추어 볼 때, 이것은 놀라운 일이 아니다. 그러나 방법을 포함하는 아들러 심리학과 평등사회라는 철학과 가치에 대한 드레이커스의 관심을 건강과 안녕에 관련된 학제 간 연구와 통합시킨 점이 독특하다. 덧붙여서, 우리는 이 모델을 구성요소들의 정적이며, 기술적인 묘사라기보다는 다차원적이면서 인간발달의 역동적 과정으로 생각하고 있다.

우리는 독자의 관심을 바퀴의 중심에 둔다. 영성이라는 인생과제는 안녕의

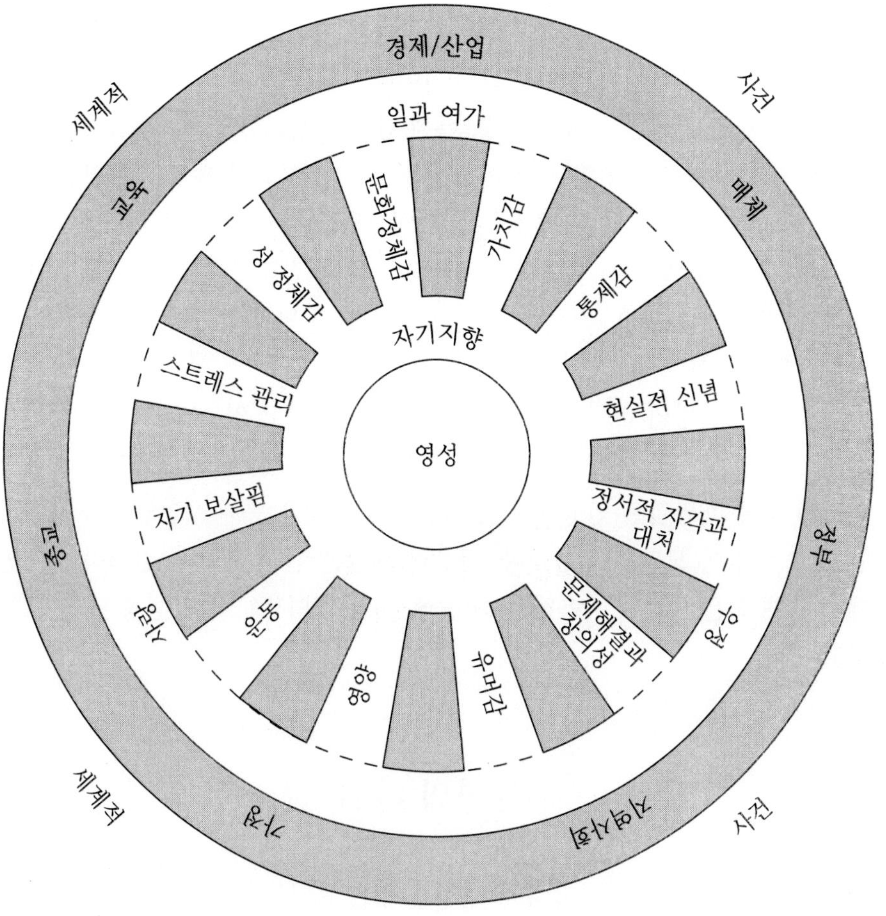


[그림 2-1] 안녕의 바퀴

핵심이다. 그것은 안녕에 핵심적이지만, 매슬로가 제안한 최고의 발달 수준과 매우 흡사하게 개인이나 타인들에 의해 쉽게 달성되지는 않는다. 바퀴의 살들은 자기(self)라는 인생과제에 관련된 요소들이다. 우리는 이것들을 자기지향 요소들로서 언급하고 있다. 이 내적 요소들은 자기로 언급된 것의 표현으로서 일과 여가, 우정, 사랑이라는 인생과제들을 통하여 타인들과 상호 작용하는 것들이다.

바퀴의 바깥 원은 개인의 발달에 영향을 주는 제도와 조건들을 나타내고 있다. 이들 각각은 일생을 통해 안녕을 지향하는 발달에 공헌하기도 하고 위협적이기도 하다. 다음 절들에서는 바퀴의 각 요소들을 더욱 구체적으로 논의한다.

## 인생과제 1: 영성

> 우리는 영적 경험을 갖는 인간존재가 아니라 인간적 경험을 갖는 영적 존재다.(Teilhard de Chardin)

신은 완벽이라는 목표의 가장 위대한 표현이라고 아들러(Adler, 1929/1964)는 믿었다. 신은 '영원히 완전하고 별을 지향하며, 운명의 주인이고 인간을 비천함에서 신의 수준으로 끌어올리며, 우주에서 모든 인간정신에 이르기까지 대화하는' 존재다(p. 275). 레빈과 밴더풀(Levin & Vanderpool, 1987)은 종교와 건강에 관한 경험 연구 250편 이상을 검토하고, 종교는 삶의 질에 대한 개인의 지각에서 가장 중요한 요인이며, 종교에 가입하는 것은 건강한 생활양식을 유지하는 데 가장 중요한 요인이라고 제안했다.

최근까지도 종교와 영성은 삶의 질과 복지연구 차원에서 등한시되어 왔다. 이제 영적인 믿음과 실천은 질병의 예방, 질병에 걸렸을 때의 치유과정, 그리고 복지라는 전체적 차원과 긍정적으로 관련된 것으로 인식되고 있다. 영성이 안녕의 한 요소라는 사실은 놀랄 만한 일이 아니다. 왜냐하면 그것은 희망과 낙관, 삶의 목적, 안전감, 기도를 통한 효과, 가정과 지역사회 관계, 그리고 이타적 활동을 포함하기 때문이다.

영성과 종교는 때때로 구분 없이 사용되기도 하지만, 다른 의미를 지니고 있다. 영성은 보편적이고 포괄적이면서도 더욱 개인적이고 사적인 개념이다. 그것은 교리나 신학과는 덜 관련되는 반면, 더 높은 힘과의 관계나 일치성에 밀접하게 관련된다. 종교는 더욱 대중적이고 구조화되어 있으며, 보통 불복종에 대한 제재를 갖는 교리와 실천항목들을 동반하며, 형식화된 신학의 수용과 제도에 가입할 것을 강조한다.

영성은 종교와 개인이 성장했던 문화를 초월한다. 그것은 우리가 불멸의 영혼(하느님, 알라, 다른 어떤 신의 이름)을 접할 때 문화권을 초월하여 도달하는 공통 경험이다. 전통적인 의미에서 그것은 개인의 도덕적 혹은 종교적 본성의 요지인 영혼의 존재다.

영적인 본성을 개발한다는 것은 전체적인 복지를 향상시키며, 개인과 타인으로 하여금 더 큰 잠재 가능성을 성취하도록 도와주는 영혼의 특성을 발견하고 획득하는 것으로 간주할 수 있다. 이러한 특성들은 종교와 시간을 초월한 관점에서 볼 때, 본질적으로 보편적 경향이 있는 몇몇 근본적인 특성들로 구체화된다. 영성과 세계의 종교에 관한 문헌들에서 여섯 차원이 공통요소로 나타나고 있다. 그것들은 영적인 통로라고 할 수 있는 것을 구성한다. 이 통로들은 ① 더 높은 권력이나 존재의 인정-신앙, ② 예배, 기도, 자기반영-조화, ③ 신에 대한 지식-해탈, ④ 삶의 의미-목적, ⑤ 주고받기-사랑과 동정, ⑥ 신앙생활-공동창조와 봉사다. 이 여섯 통로들은 상담의 발달적 접근에서 영적인 인생과제를 포함시키기 위한 기초로 사용될 수 있다. 이 통로들은 영성의 발달에 있어서 몇몇 실제적인 적용을 예시하기 위해 이 장의 후속 절에서 더욱 구체적으로 제시된다.

### 인생과제 2: 자기지향

영성이 개인의 영혼과 인격이라면 자기지향이라는 인생과제는 성격과 개인적 습성이다. 자기지향이란 일상활동 교류뿐만 아니라 장기적 목표 추구에 있어서 개인이 자신을 규제하고 지향하며, 훈련시키는 방식이다. 이러한 개인적 속성들은 자주 성격의 주 요소로서 특성화되는 독특한 정체감을 제공한다. 성격이란 개인의 주 특성, 기질, 관심, 충동, 가치, 자아개념, 능력, 정서적 패턴을 포함하는 독특한 적응의 총합이다.

삶을 염두에 두는 이 독특한 인간능력은 자기 자신을 규제하고 현재와 미래를 스스로 결정하는 것을 가능하게 한다. 신체적 과정들은 자동적으로 조절되지만, 의식적으로 변경할 수 있다. 삶을 염두에 두는 이러한 속성은 개인으로 하여금 사고와 정서를 통제할 가능성을 제공하며, 자발적으로 삶의 향상을 지향하여 노력하게 한다.

안녕의 바퀴에서 자기지향이라는 성격의 속성은 개인으로 하여금 의미 있는 방식으로 세상을 이해하고 다루도록 도움을 준다. 핵심요소들은 건강과 전체성 연구에서 나온 것이다(Dreher, 1995; Goleman & Gurin, 1993; Witmer, 1989). 바퀴살 12개는 개인의 안녕에 기여하는 능력의 영역들을 구성한다(Hafen, Frandsen, Karren, & Hooker, 1992; D. G. Myers, 1992; Pelletier, 1994). 그것들은 가치감부터 문화정체감까지 포함하고 있다. 개인의 신념과 행동을 형성하는 성격특성들은 건강한 방식으로 사고하고 행동하는 것을 가능하게 한다. 안녕을 추구하는 데 적용하기 위해서 각 요소들을 간략하게 기술한다.

**가치감** 가치감의 개념은 자기수용, 자기존중, 자기존중감에 의거해서 설명되고 있다. 그것의 속성들은 자신의 존중감과 자신에게 할당된 가치의 총합이다. 자아개념이 신체적 · 심리적인 측면 모두에서 자신을 기술하는 것임에 비해 자기가치 혹은 자기존중감은 자기긍정 혹은 부정, 선 혹은 악에 대한 하나의 평가다. 이 자기평가는 경험되는 삶의 질에 심오하게 영향을 미친다. 건강한 자기평가(예; 자기애)는 선의를 갖는 것과 자신의 능력, 한계, 성, 종족, 그리고 자신에 관련된 측면들을 수용하는 것을 포함한다.

자기존중감에 대한 최고 권위자이며 선구적 연구자인 브렌덴(Nathaniel Branden, 1994)은 다음과 같이 말하고 있다. 자기존중감이란 '① 사고능력에 대한 신뢰, 기본적인 삶의 도전들에 대처하는 능력에 대한 신뢰, ② 성공적이고 행복해질 권리에 대한 신뢰, 가치 있다는 느낌, 욕구를 주장하고 가치를 성취하며, 노력의 과일을 향유할 권리에 대한 신뢰' 다(p. 4). 긍정적인 가치감을 지닌 개인들은 행하는 모든 일에서 성공적이며 행복할 거라는 확신과 신뢰를 가지고 기본적인 인생과제들에 접근하는 경향이 있다. 브렌덴이 주목했듯이 긍정적 자기평가는 하나의 감정이나 판단 이상의 동기유발 요인이다. 그것은 타인들이 주저할 때 행하도록 한다.

가치감은 차별에서와 마찬가지로 유전, 가정, 문화, 성, 교육, 지역사회, 그리고 대규모 사회의 영향을 받는다. 이러한 영향 원천들은 개인이 인생, 자신, 그리고 타인을 보는 관점에 영향을 미침에도 불구하고 우리의 사고, 감정, 그리고 행동의 원인이 아니라 대체로 선행하는 요소들이다. 가정은 개인의 가치감 형성에 가장 결정적 시기인 초기 시절에 가치감을 배양하는 곳이다. 높은 자기존중감을 지닌 부모들은 자녀들을 위한 건강한 풍토를 제공할 수 있다. 학교환경은 자기존중감의 발달에 중요한 역할을 한다. 영적 경험, 일, 우정 경험 모두가 개인이 자신을 평가하는 방식에 영향을 준다. 개인의 인생에서 부모와 다른 의미 있는 사람으로부터 진정으로 사랑받고 수용된다고 느끼는 것은 자기존중감 형성에 무한한 가치를 지닌다.

캠벨(Campbell, 1981)의 오랜 연구에 따르면 자기만족은 일반적으로 생의 만족과 안녕에 가장 강력한 공헌 요인들 중 하나였다. 마이어스(Myers, 1992)의 후속 연구에서는 자기존중감이 행복에 크게 공헌한다는 것이 확인되었다. 자기존중감이 높은 사람들은 질병에 덜 걸리고 약물남용을 덜 하는 경향이 있으며, 동조 압력에 대해 더 독립적이고, 어려운 과제에 더욱 집중한다. 하펜 등(Hafen et al., 1992)은 어떻게 자기존중감이 질병의 예방 요인이 되며, 질병으로부터 회복을 촉진하고, 일반적으로 안녕을 향상시키는가를 제시했다. 자신에 대한 믿음은 건강을 보호하며, 더 길고 만족스런 삶을 증진시키는 데 가장 강력한 힘 중 하나다.

**통제감** 아들러(Adler, 1927/1954)는 아마도 유의미성과 열등감의 극복이라는 목적을 위하여 우월성의 목표를 힘과 동일시했던 것 같다. 만일 힘이 통제하는 것에 비교될 수 있다면, 안녕을 향한 힘의 잠재력을 뒷받침하는 많은 과학적 증거들이 누적되고 있다. 개인적 통제에 대한 신념은 개인이 할 수 있는 것에 있어서 숙달과 확신의 감정과 관계가 있다. 문헌에서 그것은 종종 유능성, 통제소재 혹은 자기효능감으로 기술된다. 통제의 결핍과 무력감은 개인이 사건에 영향을 미치거나, 자신의 정서를 조절하는 데 힘이 거의 없거나 혹은 전혀 없다고 지각하는 조건이다.

통제는 사건과 결과의 통제에 관하여 개인이 갖는 일반적 신념이나 특정 상황이 형성되거나 영향받을 수 있다는 신념일 수 있다. 또한 그것은 내적 통제와 외적 통제에 대한 신념들로 간주될 수 있다. 내적 통제를 가진 사람들은 사건이 자신의 행동과 관련이 있다고 믿으며, 따라서 성취상황에서 더 많은 노력과 지속성을 보인다. 외적 통제 소재는 사건이 운, 우연, 운명, 자신의 영향력을 벗어난 힘들과 관련이 있다는 신념을 말한다.

통제감을 갖는 것은 전반적인 스트레스 대처 능력을 향상시키고 질병의 가능성을 감소시키며 우울, 불안, 노여움과 같은 부정적인 정서들을 감소시킨다(Ornstein & Sobel, 1989; Pelletier, 1994; Peterson & Bossio, 1991). 내적 통제감을 가진 사람들은 질병 치료와 건강 유지에 관한 정보를 수집할 것이고, 건강습관들을 개선하기 위한 행동을 취하며, 예방적 치료에 참여할 것이다(Strickland, 1978). 정신과 신체에 대해 더 많은 통제를 행하려는 개인의 결정을 의지로 부를 수 있으며, 안녕에 전체론적으로 접근하는 데 필수다. 개인의 의지가 적극적일 때 치유과정에 책임 있게 참여한다.

통제감은 또한 자기존중감에 필수적인 것처럼 보인다. 세이건(Sagan, 1987)은 여러 국가의 건강과 안녕에 영향을 미치는 요인들을 검토하는 광범위한 연구에서 자기존중감이 높은 사람들이 내적 통제 소재를 지니고 있음을 제시했다. 그들은 유능한 결정을 내리는 자신들의 능력을 확신하고 자신이 생각하고 행하는 것이 중요할 것이라고 믿는다. 결과는 신, 우연, 영향력 있는 사람에 의해 결정되지 않는다. 그들은 삶을 통제하는 자신의 능력을 확신하고 있다.

**현실적 신념** 건강한 사람들은 예리한 현실감을 가지고 있어서, 원하는 것으로서 현실이 아니라 있는 그대로 현실을 지각한다. 그들은 왜곡된 것 혹은 소망하는 사고뿐만 아니라 합리적이며 논리적인 것을 인정한다. 정확한 현실 지각은 진실한 것을 수용하고, 결론을 내리며, 논리적이면서 효율적으로 사고하는 능력을 향상시킨다(Hafen et al., 1992; Maslow, 1968; Peterson & Bossio, 1991).

사적 논리(private logic)란 개인적 신념들이 감정과 행동을 이끌어 가는 방식에 대한 아들러식 개념이다. 그것은 인생, 자신, 타인에 대한 '편향된 지각'이다. 각 개인은 사물의 존재방식을 설명하는 데 있어서 자신을 이끌어 주는 신념 혹은 '개인적 진실'로 이루어지는 현실관을 형성한다. 사적 논리와 현실간의 차이가 크면 클수록 인생사건에 대한 반응에서 부적절하게 행동할 가능성이 더 커진다.

정서적으로 건강하지 못한 사람은 정서적으로 아픈 것이 아니라 지적으로 잘못된 것이다. 즉, 그들은 비합리적으로 사고하고 잘못된 추리를 하며, 비현실적이거나 부적절한 '당위성', '의무', '부정'의 형태로 구성되는 부적응 규칙으로 살고 있다. 정서적 혼란을 야기하는 부정적 사고들은 거의 항상 총체적 왜곡이나 비현실적인 기대를 포함한다는 사실이 연구 및 임상적 증거를 통해 증명되어 왔다(A. T. Beck, 1984; J. S. Beck, 1995; Ellis, 1962; Freeman & DeWolf, 1992; Seligman, 1990).

위트머, 리히, 바르시코프스키, 마규(Witmer, Rich, Barcikowski, & Mague, 1983)의 연구에 따르면, 긍정적 관점을 가진 사람과 엘리스(Ellis, 1962)의 비합리적 신념에서 가장 낮은 점수를 받은 사람들은 덜 불안하고 신체적 징후가 더 적은 것으로 나타났다. 스트레스를 유발하는 다섯 가지 비합리적 신념은 다음과 같다. ① 과거는 나에게 지속적인 영향을 주기 때문에 나쁜 일이 일어나는 것을 변화시키거나 예방하기는 어렵다. ② 내가 무언가에 실패했거나 무언가 잘못되었을 때 내 자신이 실망스럽다. ③ 내가 만나는 거의 모든 사람들로부터 사랑받는다는 것은 매우 중요하다. ④ 내 자신이 가치 있다고 여기기 위해서는 행하는 모든 것에서 완벽하게 유능하고 적절하고 성취적이지 않으면 안 된다. ⑤ 나는 나의 기분을 거의 조절할 수 없고, 대부분 외부 사건에 의해 영향을 받는다. 이러한 생각들은 부정적 정서 및 부적절한 행동의 원천이다. 그것들은 비현실적 신념들이다.

**정서적 자각과 대처** 정서가 개인들로 하여금 행동을 추진하게 하거나 그들이 두려워하는 것으로부터 지켜 주는 비유적인 '힘'이라는 사실에 아들러 이론가들은 주목했다. 예를 들면, 정서는 눈물이나 독재를 통하여 타인을 지배하는 데 활용될 수 있다. 완전한 범위의 정서들을 적절하게 표현하는 능력은 높은 사회적 관심을 나타낸다. 인간정서는 아홉 개의 핵심주제로 요약될 수 있다. 노여움, 불안, 슬픔, 죄의식, 수치감, 혐오감, 관심 · 흥분, 애정 · 열정, 행복 · 기쁨이 그것이다(Ekman, 1989; Izard, 1977; Lazarus, 1991).

'자아실현인'과 심리적으로 건강한 사람들은 행동에 있어서 비교적 자발적인 것으로 매슬로(Maslow, 1970)에 의해 기술되었으며, 그들은 내적 생활, 사고, 충동, 정서, 욕망, 의견에 있어서 타인들보다 훨씬 더 자발적이다. 어린애 같은 단순함과 진실성이 사건에 대한 그들 반응의 핵심이다. 그들의 관계성은 방어적이거나 기만적인 것과는 근본적으로 거리가 멀다. 그들은 타인들의 곤경에 민감하다. 그들은 자신의 긍정적 환경에 감사하며, 계속되는 신선함과 경이로움을 가지고 생에 접근한다. 그들은 자발적인 방식으로 타인들과 함께 정서를 경험하며 기꺼이 공유한다.

정서지능은 현재 연구자들로부터 상당한 관심을 받고 있다(Ekman & Davidson, 1994; Gardner, 1983; Goleman, 1995; Lazarus, 1991). 가드너(Gardner, 1983)는 7개의 다중지능의 하나로서 개인적 지능(personal intelligence)이라 부르는 정서지능을 확인했으며, 그것은 두 가지 측면을 가지고 있다. 하나는 자신의 정서생활에 접근하는 능력이다. 즉, 즉각적으로 정서들을 구분하고 명명하며, 자신의 행동을 이해하고 이끄는 수단으로서 정서들을 사용하는 능력이다. 개인적 지능의 다른 측면은 외부의 다른 개인들에게로 향한다. 즉, 다른 개인들의 기분, 기질, 동기, 의도들을 알아차리고 구분하는 것이다. 아들러 이론가들은 그것을 '공감하는 능력'이라고 말한다.

행동의학, 정신신체의학, 정신신경면역학은 사고, 감정과 질병 간의 관계를 수립했다(Dacher, 1991; Hafen et al., 1992; Locke & Colligan, 1986). 부정적 정서들이 만성적이 되거나 억압될 때 안녕을 파괴할 수 있다. 억압된 정서들은 심장혈관 및 면역 관련 질병과 같은 많은 질병들과 관련되어 있다.

적개심은 경쟁적이며 극단적인 A 유형 성격을 가진 사람들 사이에서 고혈압, 관상동맥질환 및 죽음에 이르게 하는 주요한 요인처럼 보인다(Hafen et al., 1992; Williams, 1989). 만성적 노여움은 신체에 매우 파괴적이기 때문에 조기사망에 이르게 하는 강력한 위험요인으로서 흡연, 비만, 고지방 식품과 견줄 만하다는 자료들이 수집되었다(Williams, 1989).

연구결과들은 또한 불안, 외로움 및 우울이 면역체계 억압에 관련되며, 따라서 발병 기회를 증가시킨다고 제안하고 있다(Hafen et al., 1992; Locke, Kraus, Leserman, Hurst, & Williams, 1984; Temoshok & Dreher, 1992). 개인들이 생각하고 느끼는 방식이 그들 면역체계의 강도를 변화시킨다. 암 환자들의 정신·신체요인들에 대한 연구에서 토모소크와 드레허(Temoshok & Dreher, 1992)는 'C 유형' 행동으로 명명한 행동 패턴을 관찰했다. 그 환자들의 약 4분의 3이 다음과 같은 요인들의 대부분 혹은 전부를 나타내 보였다. ① 분노를 표현하지 않았으며, 종종 과거 혹은 현재에 있어서 어떠한 분노의 감정도 알지 못했다. ② 다른 부정적 정서, 즉 불안, 공포, 및 슬픔을 경험하지 않거나 표현하지 않는 경향이 있었다. ③ 직장, 사회 및 가족관계에 있어서 인내하고 비주장적이며, 협동적이고 진정되어 있었다. ④ 타인의 요구에 대처하는 데 과도한 관심을 가지며, 자신의 요구에는 불충분하게 대처했다.

이에 반해, 부정적 정서의 적절한 표현과 긍정적 정서의 존재는 면역기능을 강화시키는 것처럼 보인다(Dillon, Minchoff, & Baker, 1985; Hafen et al., 1992; McClelland, Ross, & Patel, 1985). 실제로 일상적 사건들에 대한 반응은 신체기능에 영향을 준다. 부정적 정서는 낮은 항체반응을 가져오고 긍정적 정서는 높은 항체반응과 관련된다(Stone, Cox, Valdimarsdottir, Jandorf, & Neale, 1987).

**문제해결과 창의성** 기본요소들로 환원해 보면 사고는 문제해결과정이다(Montagu, 1981). 몬터규(Montagu)에 따르면, 건전하게 사고하려는 욕구는 성장하는 아동을 특징짓는 특성들을 동반한다. 이 특성들은 지식욕구, 학습욕구, 조직욕구, 호기심, 그리고 경이감을 포함하고 있다. 탐구성, 실험정신, 융통성, 개방성, 상상력, 창의성은 개인으로 하여금 환경에 숙달하도록 하고 사고에 도전하며, 만족을 가져오는 지적·예술적·생산적 활동들을 추구하게 하는 추가적인 지적 특성들이다.

이러한 안녕 특성의 완전한 의미는 가드너(Gardner, 1983)의 다중지능이론에 의해 더 잘 이해될 수 있다. 그의 주장에 의하면 모든 사람은 최소한 일곱 가지 지능을 가지고 있으며, 그것들 대부분은 이러한 지능검사 지향적 사회에서 간과되어 왔다. 가드너는 인간능력에 대한 풍부한 개념화를 제시하기 위해서 지능과 정보처리라는 협소한 틀을 파기했다. 인간의 능력은 생물학적인 기초를 지니고 있지만 각각은 환경 및 문화의 영향을 받는다.

안녕모델에 대해 지니는 시사점을 얻기 위해 지능의 각 측면들을 간략하게 기술하면 다음과 같다.

- 언어지능: 시인, 과학자, 지도자, 사업가, 보통 사람들은 모두 문제를 해결하고 의사소통하고 의견을 표현하기 위해 주로 언어에 의존한다.
- 음악지능: 연주자, 작곡가, 가족음악회 참가자는 모두 음악에 대한 이해를 발달시킨다.
- 논리수학지능: 물체나 추상적인 상징들에 대해서 양적인 배열, 재배열, 할당을 위한 관련성이 탐구된다.
- 공간지능: 심상을 창조하는 능력과 관련하여 개인은 문제를 해결하고 새로운 물체를 발명하며, 조각 및 회화와 같은 시각-공간예술을 수행하기 위해서 이미지 기법을 사용할 수 있다.
- 신체운동지능: 고도로 분화되고 숙련된 방식으로 신체를 활용하는 것은 느낌을 표현하며, 신체활동의 수행을 가능하게 한다.
- 개인 내 지능: 여기서 핵심능력은 다양한 정서들을 즉각 구분하며, 자신의 행동을 이해하고 이끄는 수단으로서 그 정서들을 활용하기 위해 자신의 정서생활에 접근하는 것이다.
- 대인관계지능: 핵심능력은 다른 개인들, 특히 그들의 기분, 기질, 동기, 의도를 이해하고 구별하는 능력이다.

이러한 지능의 각 측면들은 보통 다섯 혹은 여섯 단계를 갖는 것으로 기술되는 문제해결 방법에 대한 시사점을 지니고 있다. 이 여섯 문제해결 단계와 관련된 기능들을 학습하는 것은 개인들로 하여금 지적 과제 및 대인관계 문제를 해결하는 데 힘을 실어 준다. 여섯 단계는 ① 문제 확인하기, ② 가능한 해결책으로서 대안 탐색하기, ③ 가치/윤리 판단을 포함하는 대안 평가하기, ④ 해결책 선택하기, ⑤ 해결책 적용하기, ⑥ 결과 평가하기다.

매슬로의 연구에서 창의성은 자아실현인들의 보편적 특성임이 발견되었다. 그들은 특별한 창의성, 독창성, 발명성을 나타냈다. 보통 이러한 특성들은 아동들에게서 관찰된다. 연구자 및 노인들과 함께 일하는 사람들은 노인들을 지적으로 자극적이고 창의적인 과제에 참여시키는 것이 재생성과 활기찬 생활에 얼마나 효과적인가에 주목했다. 지적으로 적극적이며 창의적이 되는 것은 장수와 더불어 삶의 질을 풍성하게 한다(Bortz, 1991; Pelletier, 1981).

"사용할 것인가 잃을 것인가."라는 격언은 모든 연령층, 특히 노년층에게 잘 들어맞는 것 같다. 몇몇 측면에서 마음은 근육과 유사하다. 건강을 유지하고 능력을 향상시키기 위해서는 단련해야 한다. 삶과 지적 자극 활동에서 분리되는 것은 질병과 연령보다도 안녕 상실의 더욱 중요한 요인일 수 있다. 신체적 운동과 병행하는 뇌의 활용은 뇌기능에 긍정적 방식으로 영향을 미친다(Bortz, 1991).

**유머감** 아들러(Adler, 1927/1954)는 유머의 치료적 활용을 강조했다. 그의 생각에 따르면 치료자는 특수훈련에 추가하여 '기쁨과 선의의 유머로 축복받은 …… 유쾌한 태도'를 지녀야 한다(p. 201). 제1장에서 주목했듯이, 아들러는 그가 말한 것을 실천했다. '선의의 유머'에 대한 언급은 주목할 만하다. 때로 '악의적 유머'로 언급되는 풍자 혹은 개인이나 집단의 문화적, 인종적, 성적 및 그와 관련된 고정관념적 특성들에 대한 모욕적인 활용은 본질상 불건전할 수 있다. 따라서 우리가 언급하는 것은 오직 긍정적인 유머라는 사실을 명확히 하기를 원한다.

유머는 두 달된 아이에게서 자연스럽게 나타나는 것처럼 보인다. 초등학교에 이르기까지 아동들은 하루에 평균 300회 정도 웃으며, 이는 성인의 15회와 비교된다. 몬터규(Montagu, 1981)가 문화 비교를 통해 관찰했듯이 "아동들이 모든 종류의 대상에서 그것이 현실적이건 상상적이건 혹은 자신들의 창조물이건, 웃고 유머를 이해하는 것은 자연스런 일이다."(p. 175) 유희성, 상상력, 창의성은 유머감과 밀접하게 관련된다.

유머는 특히 웃음이 동반되었을 때 생리적 · 심리적 · 사회적 변화를 증진시킨다. 머리 근육이 더욱 이완되고 호흡이 안정되며, 뇌에서 긍정적인 영향을 주는 화학물질을 방출하여 진통제, 이완제, 활력소로 작용하고 면역체계를 증진시키는 것으로 믿어지고 있다(Hafen et al., 1992).

유머는 문제해결을 위한 융통성을 창출하고 방어를 감소시키며, 의사소통을 증진시키는 한편 스트레스를 약화시킨다(Cousins, 1979; Loehr & McLaughlin, 1986; Moody, 1978). 심리적으로 올바른 종류의 유머는 '불건전한' 사고와 관련된 부정적인 정서를 무시하며, 적어도 얼마 동안은 그러한 사고를 사라지게 함으로써 지각에 있어서 변화 가능성을 열어 준다(Mosak, 1987).

유머의 사회적 힘은 잘 알려져 있다. 그것은 대인관계갈등, 긴장, 불유쾌한 상황을 감소시키는 강력한 힘이다. 또한 의사소통의 수단으로서 다른 방식으로 표현이 어려운 생각이나 느낌을 표현하는 데 흔히 사용된다. 심각하게 대처했더라면 위험할 수 있는 것들을 긍정적인 유머로써 생각하고 말할 수 있다(Falk & Hill, 1992).

삶의 적응을 위한 효과적 방법으로서 유머의 활용은 성숙한 방어였는데, 바이랜트(Vaillant, 1977)가 200명이 넘는 하버드 졸업생들을 대상으로 30여 년에 걸친 추수연구에서 이를 확인하였다. 매년 건강조사와 심리검사들 간에 상관을 산출했다. 적응을 잘하는 사람들은 적응을 못하는 사람들보다 더 많은 유머를 활용하였다. 유머는 고통에 대한 해독제로 보이지만, 그것은 생각과 감정 모두를 의식 안에 공존시키기 때문에 건전하다.

**영양** 영양연구는 사람이 먹는 것, 건강, 기분과 수행 간에 관련성이 있음을 보여주고 있다(Rosenfeld, 1995; Wurtman, 1986). 건강을 위해서는 단백질, 탄수화물, 지방, 비타민, 미네랄 등 다섯 가지 영양소가 필요하다. 물은 생명을 유지하는 데 필수적인 여섯 번째 물질이다. 먹는 습관과 음식 선호는 민족적 · 종교적 · 문화적 기원을 지닌다. 그것들은 생의 초기에 형성되며, 연령이 증가하면서 변화시키기가 어려워진다.

국가의 식음습관들은 열 가지 주요 사망원인들 중 여섯 가지와 관련되어 있는데, 심장질환, 암, 뇌졸중, 당뇨, 동맥경화, 만성 간질환과 간경변이 그것이다. 골다공증과 게실염 같은 치명적이진 않지만 잠재적으로 무력해지는 몇몇 장애들은 영양섭취와 관련된다(『당신의 식습관은 올바른가?』, 1992; Rosenfeld, 1995). 암 사망의 3분의 1이 영양섭취와 관련되며, 심장질환은 그 비율이 훨씬 높다. 그러나 영양섭취는 발병의 오직 한 요소일 뿐이다. 유전, 환경, 생활양식 모두 관계가 있으며, 복잡하고 알려지지 않은 방식으로 영양섭취와 상호 작용한다.

음식은 종종 스트레스를 감소시키기 위해 활용된다(Wurtman, 1986). 사람들은 따분함, 불안, 죄책감으로부터 기분을 전환하고 '탈출감'을 갖기 위해 먹는다. 음식에 대한 중독은 베타-엔도르핀이라 불리는 뇌물질의 분비와 관련되는데, 그것은 일시적으로 고통과 스트레스를 덜어 주며, 정서를 다소 고양시킬 수 있는 천연 아편으로 작용한다.

비만은 중요한 문제인데, 비만의 정의로 보통 활용되고 있는 20% 이상의 과체중에 대략 성인 3명 중 1명, 아동 10명 중 1명이 해당된다(Rosenfeld, 1995). 관상동맥성 심장질환, 암, 당뇨의 비율이 과체중에 따라 의미 있게 증가하며, 이것은 삶의 질 및 장수에 영향을 미친다(Kozora, 1987).

최근 지식에 따르면 미국 사람들은 고지방, 고칼로리, 저영양, 저섬유질, 가공식품을 섭취해서 대가를 톡톡이 치르고 있다. 의학이 대부분의 전염성 질환을 정복했지만, 반면 퇴행성 질환들은 더 많은 생명을 앗아가고 있다. 식습관 및 생활양식에 관련된 퇴행성 질환들은 심장질환, 암, 뇌졸중, 비만, 당뇨, 골다공증 등이다(Kozora, 1987). 의학연구는 식습관, 신체건강과 정서적 안녕 간의 관련성을 밝혀냈다. 잘못된 식습관이 삶을 쇠약하게 할 수 있듯이, 적절한 식습관은 삶을 향상시킬 수 있다.

**운동** 신체적 활동의 가치가 인정되고 있지만, 규칙적으로 운동하는 미국인은 비교적 적다. 여가시간에 미국 성인의 오직 22%만이 1990년 미국 보건성의 『건강인 2000』에서 건강을 위해 추천한 수준으로 신체활동을 하고 있다(U.S. Public Health Service, 1990). 미국 성인의 24%는 완전히 앉아서 생활하고 있다. 나머지 54%는 활동이 부적절하며, 대부분이 훨씬 더 많은 신체활동이 필요하다("신체활동과 대중건강에 관한 워크숍-요약문", 1993). 규칙적인 신체활동 참여는 1960년대부터 1980년대에 이르기까지 증가되어 왔지만, 지난

10년(90년대)동안에는 정체되어 왔다.

신체적으로 활동적인 미국인이 왜 그렇게 적은가? 농업시대에서 산업시대, 이제는 정보시대로 이동함에 따라 기계적 힘이 근육의 힘을 대신하는 결과를 가져왔다. 불과 1세기 전만 하더라도 공장과 농장을 가동하는 데 필요한 에너지의 40~50%를 근력에 의존했지만, 이제는 요구되는 비율이 1%도 되지 않는다. 90년대 초 미국 성인인구의 오직 20%만이 실질적으로 '활동적'이라고 평가될 수 있었다(Bortz, 1991). 더 나이 든 시민들에서 그 비율은 훨씬 낮다. 고강도 운동의 중요성이 매체에서 과대하게 강조되어 왔다. 이를 보충하기 위해 질병 예방과 통제, 그리고 스포츠의학센터 출신의 전문가집단이 과학적인 근거를 검토하고서, 모든 미국 성인들은 주중에 거의 매일 30분 이상 적절한 강도의 신체활동을 축적해야 한다고 결론내렸다("신체활동과 대중건강에 관한 워크숍-요약문", 1993). 주목되는 활동의 예로는 계단 오르기(승강기 타는 대신에), 정원 산책, 낙엽 긁기, 댄싱, 그리고 직장을 오가면서 걷기가 포함되어 있다. 아니면 조깅, 테니스, 수영, 사이클링, 빠르게 2마일 걷기와 같은 계획된 운동 혹은 레크리에이션이 될 수도 있다.

신체는 신체활동을 위해서 형성되었다. 활동하지 않으면 스트레스 및 질병, 수명 단축, 그리고 대체로 활력 있는 신체기능의 저하에 이르게 된다. 심장 호흡의 내구력, 근육운동의 유연성, 근육 사용에서 강도와 내구력이 있는 사람은 신체적으로 적절한 상태다. 적절한 운동의 이점은 다가오는 시대의 예방의학을 위한 가장 중요한 발견일지 모른다(『운동: 건강을 위한 처방』, 1992). 이제 운동에 관한 수천 가치의 연구들이 삶의 질과 장수에 공헌하는 신체적 · 심리적 이점들을 확증하고 있다(Bortz, 1991; 『건강은 면역을 증진시키는가?』, 1995; 『노인을 위한 운동』, 1996; 『체중감량』, 1993; 『운동을 하는 여섯 가지 확실한 이유』, 1994; 『만인을 위한 강도훈련』, 1991).

**자기보살핌** 이 책에 제시된 아들러 철학의 기본원리는 안녕을 향상시키는 개인습관을 통하여 자신의 건강과 복지에 책임을 지도록 요구하는 것이다. 자신의 안녕에 책임을 진다는 것은 치료적 처치뿐만 아니라 예방적 행동을 요한다. 더 많은 자기보살핌의 준비를 배우는 것은 통풍환자의 교육에서 제시되었듯이, 자존심과 건강을 증진시키며, 건강관리비용을 감소시킬 수 있다 (Lorig, 1992).

자기보살핌의 세 측면들은 다음과 같다. 첫째, 자신을 부상이나 사망에서 보호하기 위해 학습되는 안전습관이다. 좌석 벨트를 매는 것은 자동차 사고에서 심한 부상의 위험을 감소시킨다는 사실을 명심해야 한다. 햇볕에 노출되었을 때 직사광선 차단기를 쓰거나 보호 옷을 입는 것은 수년 후의 피부암을 예방할 수 있다. 가정, 이웃, 직장, 공항, 그리고 여가 활동에서 안전에 주의하는 것은 삶과 죽음, 혹은 건강과 심한 무기력 간의 차이를 의미할 수 있다.

둘째, 정기적인 건강진단을 포함하는 건강관리는 질병을 예방하거나 조기 치료를 가능하게 한다. 훌륭한 건강관리란 면역성과 같은 예방 조치, 성과 연령에 따라 추천된 정기 검사, 그리고 질병, 부상, 질환 증세가 나타났을 때 적절한 치료를 할 것을 요구한다.

셋째, 섭취 가능한 것과 환경 내 유독물질을 포함한 유해물질을 피하는 것이다. 알코올, 담배, 유해한 약물의 사용은 개인, 가족, 지역사회에 엄청난 희생을 가져온다. 그로 인한 건강관리 비용과 경제적 손실은 그러한 물질남용을 미국 내에서 주요한 사회문제 중 하나로 만들고 있다. 물질남용으로 야기된 개인들 간 문제 때문에 개인의 고통과 불행은 말할 것도 없이 수십 억 달러의 신체 및 정신건강 관리비용이 추가된다.

자기보살핌은 본질적으로 발생적이다. 그것은 누구의 중재도 요하지 않으며, 자기효능을 확신하는 긍정적인 자기존중감에 대한 명백한 진술이다. 그것은 누구라도 사소한 습관 변화를 실천함으로써 거의 즉각적인 만족을 얻을 수 있는 자기조절의 한 측면이다. 자기보살핌에 있어서 성차는 남녀 간에 7년이라는 유의미한 장수 차이를 설명하고 있다(Goldberg, 1993). 일반적으로 여성들이 스스로를 보살피는 데 더욱 익숙하다. 대다수 남성들은 그 점에 대해 여성들로부터 많은 것을 배워야 한다. 한편, 많은 여성들은 타인들의 요구보다 자신의 요구에 더 적절한 관심을 둠으로써 삶의 질을 향상시킬 수 있다.

**스트레스 관리** 적절한 건강을 위해서는 과도한 스트레스의 유해 효과를 최소화하면서 일상적 요구와 논쟁에 대처할 수 있어야 한다. 스트레스를 관리한다는 것은 스트레스 유발인을 중화시키고 편안한 상태로 돌아가며, 유능감을 가지고 상황에 대처하는 시도도 포함하고 있다. 대처 체계에는 영적, 신체적, 정서적, 지적, 행동적 반응들이 포함된다. 대처는 건강하고 성장을 촉진시킬 수 있지만, 특정 상황의 요구에 부응할 능력을 결핍한 경우에는 건강하지 못하다. 그러한 기능들은 스트레스의 원천이 되거나 스트레스 경험을 변화시킨다.

삶에서 스트레스는 피할 수 없다. 약간의 스트레스는 모든 사람의 생활의 부분이다. 특정한 종류의 스트레스는 실제로 도움이 되는데, 그것은 개인으로 하여금 생동감을 느끼도록 하고 그날의 요구와 도전에 대처하도록 동기화시키는 정신신체 체계를 유발한다. 그러나 과도하거나 잘못된 종류의 스트레스는 정신과 신체에 부정적 효과를 줄 수 있다(Goldberger & Breznitz, 1993).

스트레스는 전체적인 증상, 질환, 질병들과 관련되어 있다. 장기화된 스트레스는 정신-신체 체계의 역기능이나 파괴의 원인이 될 수 있다. 정신-신체 체계에 미치는 일상적 긴장은 만성 피로, 통증, 질병을 가져올 수 있다. 스트레스 관련 조건과 질병들은 순환기, 소화기, 근육, 호흡기, 생식기, 호르몬, 피부, 면역, 지적 · 정서적 체계 등에서 확인되어 왔다. 과도한 스트레스로 신체는 정신의 요구에 대처하려는 시도에 있어서 자기파괴적일 수 있다.

정서는 정신-신체에 가능한 해악, 손실, 도전, 변화에 대한 경각심을 불러일으키는 초기 지표다. 노여움, 불안, 슬픔, 죄책감, 수치감 중 어느 하나라도 나타나는 것은 스트레스의 적신호일 수 있다. 그러나 보통 사람들의 마음에 스트레스와 거의 유사한 정서는 불안이나 긴장이다. 스트레스, 불안, 긴장은 흔히 상호 교환적으로 사용된다. 전문적인 문헌에서도 불안은 스트레스의 핵심적인 정서지표로 보고된다(Michelson & Ascher, 1987). 스트레스 대처기법들은 보통 긴장과 불안을 완화시키는 것을 목표로 하고 있다. 긍정적 정서들의 부재는 또한 스트레스에 공헌하는 부정적 요인이다.

한 사람의 스트레스는 다른 사람에게는 도전이다. 사건 그 자체보다는 한 사건에 대한 개인의 지각이 정신-신체반응을 결정한다. 한 상황이 개인의 대처 자원이나 능력을 초과하거나 부담이 되며, 개인의 안녕을 위협하는 것으로 평가될 때 스트레스가 발생한다(Lazarus & Folkman, 1984). 이것은 명백히 아들러가 개인들의 사적 논리와 '편향된 지각'이 어떻게 사회적이고 개인적인 문제에 영향을 주는가에 대해서 이야기할 때 염두에 두었던 것이다.

**성정체감** 드레이커스는 개인의 생활양식 발달에 있어서 성정체감의 중요성에 주목했다. 그는 남성 혹은 여성으로서 자기에 대한 아동 신념의 발달에 영향을 미치는 양성(both genders)이 갖는 중요성과 성들 간 관계성에 주목했다. 성 생물학과 성 심리학은 인간의 정서, 동기, 사고, 행동에 영향을 준다(Beall & Sternberg, 1993). 성에 관련된 특성들이 주로 문화적으로 결정됨에도 불구하고, 개인은 자신의 안녕을 향상시키기 위해 이 특성들을 어떻게 활용할 것인가를 선택하지 않으면 안 된다. 이것은 남성이든 여성이든 성역할 유형화가 약해지고 성장을 위축시킬 때 어렵게 된다(Wainrib, 1992). 건강한 성정체감은 남성 혹은 여성으로서 각인해 왔던 신체적 · 정신적 · 사회적 특성과 역할에 만족하는 것을 추구한다. 양성과의 긍정적 제휴는 전체적인 안녕에 추가된다.

성정체감과 성역할 정체감은 성 발달의 다른 측면으로서 이해할 필요가 있다. 성역할은 "각 성에 관련된 사회적 처방 혹은 스테레오타입을 포함하는 것으로 한 개인이 이에 동조하거나 동조하지 않을 수도 있다."(Huyck, 1990, p. 24) 성역할 정체감은 개인이 동일시하거나 사회적으로 규정된 남성적 혹은 여성적 행동을 나타내는 정도를 말한다(Mintz & O'Neil, 1990). 성정체감은 개인이 자기의 부분으로서 보는(혹은 보고자 하는) 성 관련 특성들처럼, 성역할의 내성적인 부분을 포함하는 것으로 보인다(Money, 1973).

성차는 지적 발달, 도덕 발달, 성격 속성, 관계 형성의 양상, 건강에 집중되어 있다. 그것들은 개인특성과 상호 작용하는 문화적 맥락 안에 담겨 있다. 변화가 실제로 일어나고 있기는 하지만, 대부분 아동들은 여전히 우세한 성역할 정형화에 따라 양육되고 있다. 소년과 남성들은 정서적으로 억제되고 주장적이며, 강력하고 독립적이며, 성적인 방향으로 사회화된다. 소녀와 여성들은 정서적이고 양육적이며, 강력한 관계 욕구를 지니도록 사회화된다(Cowher, 1995). 소녀들은 소년들보다 훨씬 더 큰 공감능력을 갖거나 발달시킨다.

소년과 청년들은 놀이나 숙달을 통하여 세상에 능력을 보여주는 경향이 더 큰 것 같다(Cosse, 1992). 증거에 의하면, 여성들의 발달 통로는 대인관계 및 공감적 관계성에 근거하고 있지만, 남성의 발달 통로와 반대되는 영역이 많다. 여성들은 후원적이고 능력을 주며, 촉진적인 방식을 통하여 관계를 형성하는 경향이 있다(Maccoby, 1990). 그들은 자기감을 발달시킬 때 관계성에 많은 의미를 부여한다. 남성들은 여성의 발달 통로를 무시하는 어떤 압력도 없이 자율감과 환경의 숙달에 이르는 경로를 따른다. 사실, 그렇게 하는 남성들은 다른 남성들로부터 배척당할 위험을 안고 있다. 남성에게는 주장성, 경쟁, 승리에는 가치가 주어지며, 친밀감 욕구와 관계성은 여성들보다 덜 중요하게 여겨진다.

남성성 모델은 심리적 안녕을 설명하기 위해서뿐만 아니라 성공을 규정하기 위해 미국사회에서 활용되고 있다(Burnett, Anderson, & Hepner, 1995; Cook, 1987). 성취, 경쟁, 독립성은 민감성, 정서적 표현, 관계 만족보다도 환경압력에 의해 더욱 조장되고 있다. 남성적 특성들을 많이 소유한 개인들은 적게 소유한 사람들보다도 더 많은 자기존중감을 보고하고 있다. 개별적 남성성이 낮은 사람들, 특히 여성들은 자기존중감의 감소라는 특별한 위험에 처해 있다. 개인적 요인과 문화적 요인 간에 합의가 결여되어 있을 때 심리적 어려움이라는 더 큰 위험이 존재한다. 이것은 또한 동성지향성을 가진 개인들에게 뚜렷이 드러난다. 생물학적 요인들이 성 발달에 미치는 영향은 초기 탐구단계에 있다(Kenrick, 1987).

성 적절성으로 간주되는 것이 문화권마다 다르기 때문에 성정체감은 개인이 속한 문화의 맥락에서, 그리고 개인이 자신의 남성적 · 여성적 특성들에 만족하는 정도에서 고려해야 한다. 성정체감에 대한 개인 내 갈등에 기인하는 위험이나 성역할 환경에 의해 심리적 안녕이 영향받을 수 있다. 지적 · 정서적 건강을 향상시키려는 시도를 할 때, 성격변인 자체보다는 개인 · 환경 요인들과 개인의 남성성, 여성성에 관련된 상호 작용들에 초점을 두어야 함이 강조되고 있다(Cook, 1985).

**문화정체감** 사람은 문화적 맥락 안에서 생활하고 있다. 미국과 같은 다중문화사회에서 각 개인은 다수 혹은 소수 문화에 속해 있다. 매체, 컴퓨터, 운송, 통신을 통하여 사람 사이의 물리적인 거리가 단축되면서 전체적이고 다중문화 환경이 전개되어 왔다. 따라서 안녕에 공헌하는 요인들을 이해하려면 문화를 고려해야 한다. 그것은 환경의 부분이며, 모든 행동은 문화에 의해 형성된다. 따라서 개인이 행하는 모든 것은 문화적으로 영향을 받는다(Segall, Dasen, Berry, & Poortinga, 1990).

문화, 민족, 인종은 의미에 있어서 명백한 차이를 지니고 있다. 인종은 피부색, 머릿결과 같은 생물학적 · 신체적 공통성에 더욱 밀접하게 관계된다. 민족은 생물학적 유산의 공유, 공통 언어, 신념, 규범, 가치, 행동과 같은 집단의 공통성을 내포하고 있다. 유사한 종교, 역사, 공동 가계는 사회문화 유산을 공유하게 한다. 문화는 민족과 국가의 경계를 초월하는 훨씬 포괄적인 용어다. 광범하게 규정된 일반 문화관은 여기서 활용되는 의미이기도 한데, '인구통계학적 변인(연령, 성, 거주지), 지위 변인(사회적 · 교육적 · 경제적 지위), 모임(공식적 및 비공식적)뿐만 아니라 국적, 민족, 언어, 종교와 같은 민족기술 변인들을' 포함하고 있다(Pederson, 1994, p. 16). 특수문화는 종교와 역사의 유사성, 공동 가계 혹은 민족집단의 특성과 같은 더욱 제한된 문화관에 관련되어 있다(Pederson, 1994; Sue & Sue, 1990).

다원적 사회에서 긍정적 문화정체감은, 사람들이 내적 안정감을 통하여 자신들 문화의 독특하고 유익한 측면들 및 주류 문화의 그러한 측면들을 평가할 수 있을 때 형성된다(Sue & Sue, 1990). 지배문화와 소수문화 간에 존경심이 존재할 때 갈등, 불안, 파괴력이 최소화된다. 소수문화는 지배적인 문화방식과 필연적으로 갈등하는 것은 아니다. 바람직한 것으로 여겨지지 않는 문화 측면들의 수용 및 거부가 자유롭다면, 갈등과 억압은 해결된다. 이러한 문화정체감의 통합적 인식단계는 명료하게 집단가치를 수용함 없이 강력한 자기가치, 신뢰감, 자신의 집단에 대한 자부심을 배양한다. 다른 소수집단들의 문화적 가치를 이해하기 위해 접촉과 지배문화의 가치와 활동들에 대한 선택적 평가가 있다.

정체감은 그것을 형성하는 문화와 분리될 수 없다. 지배문화가 억압하여 권력, 지위, 경제적 기회를 제한했을 때 박탈과 결손이 발생한다. 건강한 문화정체감은 개인적 정체감을 적극적으로 통제하는 개인들 및 장애를 제거하는 데 책임을 지는 다수문화에 달려 있다. 성숙하고 연결된 정체감은 자신과 타인을 수용하고 편견을 거부한다(Hoare, 1991). 즉, 다른 문화적 가치와 관점을 지닌 타인들을 수용하는 것을 의미한다. 타인들의 차이점을 수용하도록 학습하는 것은 전 세계를 통해 개인과 사회 모두에게 근본적인 도전들 중의 하나다. 강력한 인종 혹은 민족정체감을 격려함으로써 결국 다중문화사회에 더욱 잘 대처할 수 있는 더 건강한 개인들을 만들 수 있다.

인종 혹은 민족정체감이 강한 사람들의 심리적 탄력성에 대한 증거가 스미스(Smith, 1991)에 의해 제시되었다. 문화 속에 융화된 개인들은 문화에 대해 가장자리에 있는 개인들보다 더욱 '민족적으로 강건하고' 탄력성이 있는 경향이 있다. 자신의 민족집단 안에서 융화되거나 생활하는 것은 건강해 보인다. 자신만의 사회와 제도에 참여하는 것은 미국에서 흑인과 백인 간에 존재하는 것과 같은 민족정체감 갈등에 대한 소수민족의 탄력성을 향상시킨다.

마이어스(Myers, 1992)의 행복연구는 긍정적 문화정체감이 안녕과 자기존중감에 어떻게 공헌하는가에 대한 예를 제공했다. 그는 주관적인 안녕을 행복감과 만족감으로 규정했다. 백인이며 교육받은 사람이라는 것이 이점을 주지만 기대에는 못미치는데, 이것은 자기존중감이 안녕의 원천이기 때문이다. 아프리카계 미국인들은 백인들과 비교했을 때 더 낮은 자기존중감으로 고통받지 않는다(Myers, 1992). 어떻게 이럴 수 있는가?

낙인찍힌 다양한 집단의 사람들은 다음 세 가지 방식으로 자기존중감을 유지한다. 첫째, 그들은 자신들의 탁월한 것에 가치를 두고, 둘째, 문제는 편견의 탓으로 돌리며, 셋째, 자신을 자기 집단 내의 사람들과 비교한다(Crocker & Major, 1989). 부분적으로, 이것은 소수문화의 사람들이 다수문화의 사람들에 상응하는 수준의 안녕을 획득하는 것이 어떻게 가능한가를 설명하고 있다. 이러한 태도들은 근본적으로 아들러식에 속한다. 개인들이 자신의 상황에 관하여 생각하는 것이 가장 중요한 것이지, 타인들이 그들에게 돌리는 가치가 아니다.

그럼에도 불구하고 억압, 차별, 교육 및 경제적 박탈이 있을 때, 많은 소수집단 구성원들은 신체적 · 심리적 건강문제로 고통을 받는다. 사회경제적 위계가 더 낮은 개인들은 병원균과 발암물질을 포함하는 환경위험에 더욱 노출된다. '빈곤의 문화'를 동반하는 조건들은 신체적 및 심리적 문제의 위험성을 증가시킨다(E. J. Smith, 1985). 정신-신체-영혼의 연합은, 안녕이 실재하기 위해서는 문화적으로 다른 집단을 향한 어떤 종류의 차별을 통하여 표현되는 모든 형태의 편견이 제거되어야 함을 요구하고 있다. 집단들 간에 편견을 덜 갖도록 하는 방식 중 하나는 개인들에게 자신의 유산에 대한 진정한 문화적 · 민족적 자부심이 스며들도록 도와주는 것이다.

자신의 민족적 · 인종적 · 문화적 유산의 수용으로부터 나오는 이점은 더 길고 더 만족스러운 삶을 포함한다. 긍정적 문화정체감의 또 다른 이점은 자신과는 문화적으로 다른 사람의 긍정적인 속성들을 평가할 수 있다는 것이다. 따라서 타인들이 긍정적 문화정체감을 형성하도록 도와줌으로써 모든 사람들에 대한 차별과 편견을 뿌리뽑는 데 공헌할 수 있다.

## 인생과제 3: 일과 여가

인생과제로서 일은 아들러에 있어서 삶을 유지하는 데 가장 중요한 것으로 생각되었다. 이 과제를 충족할 수 없음은 심각한 질병의 한 징후가 되는 것으로 간주되었다(Dreikurs, 1953). 대다수 사람들은 이 과제를 어느 정도 충족시키며, 오직 심한 무기력감에 빠진 사람들만이 그것을 감당하지 못하고 있다. 아들러는 직업적인 일을 금전적인 득이 있든 없든 간에 사회에 유용한 어떤 일로 규정했다. 여기에는 유급 고용, 아동양육, 집안일, 자원봉사, 교육적 노력, 그리고 자신 및 타인들에게 의미 있는 활동들에 종사하게 하는 무수한 다른 활동들이 포함된다. 아동의 놀이 및 성인들의 많은 여가시간 활동들이 인생과제로서 일이라는 아들러 개념을 확장시키면서 추가되어 왔다.

아동의 놀이는 아들러(Adler, 1927/1954)에 의해 장래 준비 차원의 '일'로 간주되었다. 놀이를 통해 태도, 관계, 능력이 발달된다. 몬터규(Montagu, 1981)는 놀이가 가장 명백한 아동 초기특성들 중의 하나임에 주목했다. 어떤 특정한 목표 없이 재미를 위한 놀이는 관점의 확장, 새로운 발견, 탐색, 환경의 숙달에 이르게 한다. 창의적 놀이능력은 정신건강의 기준이다.

이러한 인생과제를 충족시키는 일과 여가의 역할은 몇몇 사람들에게는 동일한 것일지 모르지만, 대부분의 사람들에게는 명백하게 분리된 활동이다. 일이 개인의 심리적, 사회적 요구를 만족시킬 때 여가활동은 덜 필수적인 것이 된다. 그러나 여가활동은 개인의 심리적, 사회적 요구를 만족시키는 경향이 있다. 왜냐하면 그것은 개인적 만족을 가져오는 가능성 때문에 자유롭게 선택되었기 때문이다. 20세기 동안에 기술적 변화와 더 큰 풍요로움은 개인들이 더 많은 여가활동을 추구하도록 시간과 에너지를 추가해 왔다. 1970년대 가치 변화의 출현과 함께, 얀켈로비치(Yankelovich, 1978)는 만족의 원천으로서 일과 여가를 비교했다. 응답자의 오직 21%만이 일이 여가보다 더 의미 있다고 답했다. 대다수 응답자들(60%)이 일을 즐기고 있지만 일이 주요한 만족 원인은 아니라고 답했음에도 불구하고 이것은 사실이었다.

일의 여러 다른 목적들이 허와 크래머(Herr & Cramer, 1988)에 의해 정리되었다. 경제적 목적에는 재화와 용역을 구입할 수 있는 명백한 자원, 성공의 증거, 여가나 자유시간을 구입할 수 있는 자산 등이 포함된다. 심리적 목적에는 자존심, 자기효능감(통제), 정체감, 숙달감 및 유능감, 인생의 의미가 포함된다. 사회적 혜택에는 사람을 만날 장소, 타인에 의한 가치 및 필요감, 사회적 지위, 잠재된 우정이 포함된다. 일 집단은 일종의 작은 문화로서, 거기에서 사회적 욕구가 충족되고 그 자체의 가치 및 규범체계가 발달된다(Tart, 1986). 사람들이 일하는 이유에 대한 대답은 단순하지 않으며, 사람에 따라 다르다. 일하는 동기는 다양한 개인적 가치, 신념, 태도, 전망에 의해 영향을 받는다(McDaniels & Gysbers, 1992).

건강한 직업은 어떻게 특징지어야 하는가? 연구의 요약은 스트레스의 효과를 경감시키고 일터에서 삶의 질을 향상시키는 다음 속성들을 지지한다(Karasek & Theorell, 1990; Knoop, 1994; Renwick & Lawler, 1978). 다음 목록은 일의 심리사회적 측면들에 편향되어 있지만, 다른 일의 조건과 환경요인들이 지적 및 정서적 안녕뿐만 아니라 신체건강에도 영향을 미치고 있음을 이해해야 한다.

- 자신의 능력 및 지식의 활용: 새로운 기능과 능력을 학습할 기회
- 자율성: 과제 수행 및 결과에 영향을 주는 어느 정도의 자유

- 심리적 · 신체적 요구에 대한 통제
- 협동 및 타인으로부터 존경
- 민주적 의사결정 및 갈등해결 절차
- 일의 유의미성
- 일과 가정 및 지역사회 생활과의 통합
- 안전 및 환경 측면에서 좋은 조건들

여가 만족이 직업 만족을 대신할 수 있는가? 둘 다 주요한 내적 만족 원인이 될 수 있다(McDaniels & Gysbers, 1992). 높은 수준의 직업 만족은 개별적으로 선택된 여가활동으로부터 오는 만족에 비유된다. 그러나 고용이란 스트레스를 유발하는 요구를 하며, 제품을 생산하거나 서비스를 제공하는 것에 대해 외적 보상을 제공하는 경향이 있다. 대다수의 사람들에게 여가 만족은 일에서 얻는 모든 만족을 보완하고 있다. 전일제로 근무하는 사람들도 여가에서 그 이상의 만족을 얻는다. 경제적 안정은 전일 여가가 일에서 얻어지는 만족을 대신할 수 있는지의 여부를 결정하는 요인이다. 일과 여가의 병행은 진로상담자와 보통 사람에게 유용한 개념으로서 생애에 걸친 진로발달을 형성한다(McDaniels & Gysbers, 1992).

여가활동은 대부분 수입과 시간에서 자유재량을 갖는 것이기 때문에, 가능한 내적인 만족을 위해 스스로 결정한 활동이며 경험으로 규정될 수 있다. 여가 활동은 신체적, 사회적, 지적, 자원봉사적, 창조적이거나 이 다섯 가지의 조합일 수 있다(McDaniels & Gysbers, 1992). 여가시간 동안 미국인들의 주요 목표는 가족과 함께 시간을 보내고, 동료의식을 찾고, 휴식하고, 새로운 것을 배우고 심사숙고하며, 최근 사건들에 대한 정보를 얻는 것이다. 레크리에이션과 자원봉사활동들은 휴식과 사회적 관심을 위해 중요하다. 미국 노동자들은 이제 여가를 사치가 아닌 필수로 보고 있다.

일과 여가에 만족을 주는 것은 무엇인가? 내적으로 만족을 주는 경험에 대한 심리학적 설명은 무엇인가? 일이든지 놀이든지, 어떤 활동은 기쁨을 줄 수 있다. 그것들은 몸과 마음에 기쁨을 가져오면서 개인의 능력과 관심에 도전한다. 이러한 도전이 개인의 능력에 관계될 때 개인은 자주 활동의 흐름 속으로 빨려들게 되어 자기의식과 시간의식을 상실한다. 이러한 의식상태는 '몰입' 이라고 불리는데, 이것은 개인이 과제에 고도로 몰입하면서 자기와 시간에 관한 자각을 잃는 최적의 상태다(Csikszentmihalyi, 1990).

치크센미하이(Csikszentmihalyi)는 20여 년 동안 사람들이 집중감과 희열을 보고하는 시간으로서 '최적 경험' 상태를 연구해 왔다. 모든 사람들은 때때로 몰입을 경험한다. 이러한 의식영역에 있을 때 흥분과 즐거움이 증가되는 반면 불안과 지루함이 최소화된다. 몰입은 광범위한 상황과 활동에서 일어날 수 있다. 그 예로 유의미한 일, 취미, 음악, 미술, 산보, 운동, 게임, 정원 손질, 댄스, 지적 추구, 고독, 타인과 함께 하기를 들 수 있다. 일반적으로 그런 활동들은 물질적 자원들을 거의 요구하지는 않지만 상대적으로 높은 정신적 에너지를 요구한다. 사람들은 전형적으로 강렬한 만족, 힘, 빈틈없음, 손쉬운 통제, 자의식의 탈피, 활동에 몰입됨을 느낀다. 몰입이 최고조에 달했을 때 시간과 정서적 문제들이 사라지는 것 같으며, 초월감이 존재한다. 어린 아이들은 많은 시간을 몰입 상태에 있는 것 같다. 여가는 특히 정신 에너지가 감각에 관여하고 능력에 도전하는 활동들을 지향하도록 하는 기회를 사람들에게 제공하고 있다. 그 경험은 과제가 개인의 능력에 비해 지나치게 어렵거나 단순하지 않을 때 최상이 된다. 그러한 경험의 축적은 생의 즐거움을 형성한다.

건강과 안녕에 대한 공헌에 있어서 일과 여가 모두 중요하다는 것이 연구와 개인적 경험에 의해 확증되고 있다. 반대로, 둘 중 하나 혹은 둘 모두가 부재하게 되면 개인 내 신체적 · 심리적 · 영적 · 정서적 병폐가 되는 모든 문제가 유발된다.

## 인생과제 4: 우정

인간행동을 이해하는 데 근본적인 것은 삶의 만족을 추구하고 안녕을 유지하는 각 개인에 대해 사회적 관심이 갖는 의미다. 아들러(Adler, 1927/1954)는 '사회적 관심' 혹은 '사회적 감정' 을 생득적인 인간본성으로 간주했다. 즉, 우리는 서로 연결되려는 재능과 요구를 가지고서, 무한한 관계 안에서 태어난다. 따라서 사회적 관심의 광범위한 의미는 '인간사회에서의 동료감' 이다(p. 38).

이러한 보편적 연계성과 인간 상호 관련성에 대한 자각이 결합되어 공동선을 위해 타인들과 협동하는 의지를 형성한다. 소속을 추구하고 타인들과의 관련 속에서 자신의 위치를 만드는 것은 인간행동의 기본적 동기다. 공감, 협동, 이타주의는 사회적 관심의 표현들이다. 공감능력을 기르는 것은 이타적 행동으로 이끌어 준다. 정기적으로 타인을 도와주는 개인들은 규칙적으로 운동하고, 명상하고, 신뢰감을 지닌 사람들만큼 건강에서 혜택을 얻는 것 같다(Luks, 1992).

우정은 개인적 혹은 지역사회 안에서 타인들과 연계를 포함하는 모든 사회적 관계를 기술하지만 혼인이나 성적, 가정적인 참여를 갖지는 않는다. 꽤 장기적이며 상호간 참여라는 기초 위에서 형성되고 가족 혹은 친구와의 친밀감을 포함하는 관계는 사랑이라는 다섯째 인생과제에서 논의된다. 그 두 인생과제 간의 차이는 관계의 본질, 정서적 애착 수준, 그리고 자기노출의 정도에 따라서 규정된다. 일, 이웃, 지역사회, 레크리에이션, 여가시간 활동, 확대가족은 이 인생과제에서 우정의 주요 원천들이다.

대인애착 욕망은 바우마이스터와 리어리(Baumeister & Leary, 1995)의 연구 검토에서 결론지었듯이 기본적 인간동기다. 이 소속 욕구의 두 가지 주된 측면들은 동일인과 빈번한 긍정적인 상호 작용 및 장기간의 안정된 보살핌과 관심이라는 틀이다. 내적인 소속 욕구에 대한 증거는 많은 영역으로부터 나온다. ① 모든 문화에서 사람들은 쉽게 사회적 관계를 형성한다. ② 일단 관계가 수립되면 그것을 끝내는 데 대한 저항이 강하다. ③ 사고와 감정은, 긍정적 감정(기쁨, 만족)과 거부될 때의 부정적 감정(불안과 우울) 모두 관계에 의해 영향을 받는다. ④ 지지관계의 결핍은 정신 · 신체 질환, 범죄, 자살과 같은 부정적인 결과들과 연결되어 있다. 소속 욕구를 충족시키는 것은 관계의 양보다는 질에 더욱 의존한다.

우정은 끊임없이 전개되고 변화하고 성장하며 여러 다른 수준의 우정이 존재한다. 일반적으로 알고 지내는 것은 때때로 우연한 접촉을 형성하지만 특별한 유대가 없다. 특별히 관심 있는 친구는 공동 유대와 일, 예배, 레크리에이션, 교육, 시민활동을 통해 지속되는 몇몇 접촉을 포함한다. 의미 있는 타인은 개인이 더욱 공유하고 신뢰하며, 지지하게 되는 밀접한 유대를 포함한다. 친밀한 관계는 매우 특별하며, 소수에 한정되고, 시간과 일을 동반한다. 그것은 개방성, 진실성, 정서적 근접, 상호 참여를 포함한다. 믿을 수 있는 사람은 의미 있는 타인이나 친밀한 관계로부터 나오는 것 같다.

사회적 지지는 개인의 기본적인 사회적 욕구가 타인과의 상호 작용을 통하여 충족되는 정도를 기술하는 데 사용되는 용어다(Cohen & Syme, 1985). 그것은 타인들이 제공하는 자원이며, 명확하기도 하고 불명확하기도 한다. 사회적 지지는 다음과 같은 세 가지 유형의 기능을 갖는다(Schafer, Coyne, & Lazarus, 1982). ① 정서적 지지-애착, 재확신, 한 사람에게 의존하고 신뢰할 수 있음. ② 가시적 지지-대부, 선물과 같은 직접적 도움, 봉사, 병든 사람을 위해 힘든 일을 하거나 보살펴 주는 것. ③ 정보적 지지-정보, 충고 혹은 피드백을 제공하는 것.

사회적 지지는 적어도 두 가지 다른 방식으로 안녕에 공헌하는 것 같다. 그것은 완충 효과를 제공하는 것으로, 질병을 예방하거나 질병의 부정적 효과를 최소화함으로써 스트레스와 생활사건의 역효과로부터 개인을 보호한다. 사회적 지지는 또한 개인의 정신과 신체건강을 향상시켜 직접적인 영향을 줄 수 있다. 친구와 가족에게 사랑, 신뢰, 격려받는다는 것은 건강과 행복을 증진시킨다. 사회적 지지나 지지의 결핍에 대한 신체적 · 심리적 효과에 대한 연구는, 사람들은 진실로 생애에 걸쳐 사회적 관계를 필요로 하며, 그것으로부터 혜택을 받고 있음을 제시한다.

## 인생과제 5: 사랑

제1장과 제10장에 나타나 있듯이, 아들러와 드레이커스는 가장 도전적이고 보상적인 인생과제 중의 하나로서 애정관계를 제안했다. 이 인생과제는 용기와 참여를 충족시킬 것을 요구하기 때문에 도전적이다. 그러나 그것이 주는 보상들은 장수에 기여하는 것뿐만 아니라 신체적 · 정서적 · 심리적 건강에 있어서 다양하다.

사랑이라는 인생과제는 친밀, 신뢰, 자기노출적, 협동적이고 인정이 많고, 보통 장기적으로 참여하는 관계들을 포함하고 있다. 애착 이나 유대감은 사랑받는 사람과의 연계를 유지시킨다. 열정이나 성적 관계는 파트너 사이의 사랑 관계 중 한 부분이다. 우정이라는 인생과제에서 확인되었던 우정의 수준들에서, 의미 있는 타인과 맺는 친밀한 관계가 사랑이라는 사회망을 구성한다. 가족, 확대가족, 부부, 친한 친구들이 이 수준의 사회적 관심을 구체화한다. 수용, 확신, 애정은 친밀한 관계에서 가장 쉽게 발견되는 사회적 지지의 요소들이다.

사랑의 힘과 아름다움은 시인, 철학자, 종교지도자, 작가, 음악가, 미술가들에게 갈채를 받아 왔다. 오직 지난 20년 동안 사회 · 행동 과학자들은 사랑관계와 사회적 지지가 갖는 건강상의 이점을 확인할 수 있었다. 연구에 의하면 신뢰, 친밀감, 보살핌, 동료의식, 자신을 타인에게 제공하는 것과 같은 속성들은 안녕과 장수를 증진시키는 것으로 나타났다. 하버드 대학 사회학자이며 사랑에 대한 과학적 연구의 선구자인 소로킨(Sorokin, 1967)은 사랑을 인간행동에 영향을 주고 변화시키는 단일의 가장 강력한 힘으로 기술했다.

사랑은 여러 가지 의미를 지니고 있다. 인간관계에서 적어도 다섯 가지 종류의 사랑이 존재한다(Bradshaw, 1992; Fromm, 1956; May, 1969). ① 아동의 욕구 및 양육에 대한 조건 없는 확신으로서의 부모의 사랑이다. ② 자신의 욕구 충족과 안녕 증진을 추구하는 자기사랑은 매우 일찍이 시작되는데, 욕구 충족과 안녕 증진을 자신의 삶과 성장에 대한 확신이다. ③ 형제 및 친구 사랑은 아동 중기에 중요해진다. ④ 낭만적 및 성적 사랑은 청소년기에 드러난다. ⑤ 가장 향상되고 성숙한 형태의 사랑은 아가페인데, 이는 사심과 대가 없이 타인의 안녕에 헌신하는 자기헌신적 사랑을 기술한 고대 희랍어다. 자기헌신적 사랑은 무조건적이고 창의적이며, 자신을 제공하는 영적 유형의 사랑이다. 이 유형의 사랑은 친밀함, 유의미성, 정서, 심지어는 신비감까지 망라하고 있으며, 이것을 무어(Moore, 1994)는 영적인 것으로 기술했다. 그런 관계는 보통 일생 동안 지속된다. 이러한 형태의 사랑들은 모든 사람들의 생활에서 발달적으로 나타나지만, 일생을 통하여 활력을 주는 에너지 원천으로서 존재한다.

장기간의 관계에서 오는 만족의 원천들은 연령, 생의 단계, 성에 따라 다르다. 연령과 성 차이가 알길과 펀햄(Argyle & Furnham, 1983)에 의해 발견되었다. 여성은 친구나 가족으로부터 받는 정서적 지지 영역에서 더 많은 만족을 얻으며, 남성은 배우자와 직장상사나 동료로부터 더 많은 만족을 얻는다. 나이 든 사람들은 가족과 이웃으로부터 더 많은 만족을 얻고, 젊은 사람들은 친구나 직장동료로부터 더 많은 만족을 얻는다.

아동 초기에 성적 충동에 눈뜨고, 성인 초기에 최고조에 달하며, 성인기를 통하여 지속되다가 노년기에 점차 감소된다. 대다수 사람들에게 사랑이라는 인생과제의 충족은 성적 만족에 대한 요구, 임신, 아이를 통한 삶의 연속을 포함하고 있다. 그러나 어떤 사람도 성적 결핍으로 죽지 않는데, 왜냐하면 종의 생존은 성에 의존하지만 개체의 생존은 성에 의존하지 않기 때문이다. 성적 만족이 장수와 건강에 영향을 주는 정도는 알려지지 않았다.

개인적인 관계의 깊이와 질은 건강상의 이점과 관련하여 핵심요인으로 나타난다. 어떤 관계들은 건강하지 못하며, 질병을 초래할 수도 있다. 개인이 관계상의 어려움을 경험할 때 정신적 · 신체적 질병이 증가하며 직업 수행이 어려울 수도 있다. 불행한 결혼, 이혼 후 지속되는 정서적 갈등, 배우자의 죽음은 면역기능의 손상을 가져올 수 있음이 연구에서 나타났다. 어떤 원인이든지 간에 이혼자, 독신자, 과부나 홀아비집단에서 사망률이 일관되게 더 높음을 연구자들은 보여주고 있다(Berkman & Syme, 1979; Lynch, 1977). 그 차이는 젊은 나이에 가장 크며, 남자들에게서 가장 현저하게 나타난다.

갈등의 만족스런 해결은 안정되고 지속적인 관계에 필수이다. 가트먼(Gottman, 1995)은 20년에 걸쳐 200쌍이 넘는 부부들을 연구한 후에, 지속적인 결혼은 모든 관계에서 불가피한 갈등을 해결하는 배우자의 능력에 달려 있다고 결론지었다. 건강한 결혼은 다음 세 유형의 문제해결 방식 중 하나에 익숙한 경향이 있다. ① 상호 만족을 위해 타협하여 조용하게 문제를 해결하기 ② 어떤 종류의 협상에 이를 때까지 열정적으로 논쟁하기 ③ 부부가 불일치함을 인정하고 차이점을 부각시키는 갈등을 회피하거나 최소화하기 등이 그것이다. 유형과는 무관하게, 만족스런 부부들을 불행한 부부들과 구분하는 것은 상대를 향한 긍정적 · 부정적 감정과 행동들 간의 조화다. 가트먼은 조화의 의미를 적어도 5 대 1로 보는데, 그것은 부부간의 긍정적 상호 작용이 부정적인 것보다 다섯 배가 많음을 의미한다.

가트먼의 연구에서, 갈등해결 유형과는 무관하게 의사소통 혹은 '공정하게 논쟁하기' 를 위한 필수조건들이 드러났다. 성격에 대한 비난, 폄훼에 의한 경멸, 책임 전가나 회피에 의한 방어성, 응답 거부에 의한 의사진행 지연들은 관계에 문제가 발생했음을 경고하는 징후들이다. 전체적으로 20년간의 연구와 1,000명의 부부에 대한 연구에 기초하여 노타리우스와 마크먼(Notarius & Markman, 1993)은 근본 요소는 부부가 갈등에 대처하는 방식이라고 결론지었다.

특히 관계의 근접성(혹은 친밀성)은 중요한 요인처럼 보인다. 이 맥락에서 친밀감이란 신체적이거나 성적인 접촉을 의미하는 것이 아니라 개인의 생각과 느낌을 나눌 수 있는 따뜻한 관계를 의미한다. 신뢰하는 능력을 지니고 자신의 생각과 느낌을 드러내는 것은 안녕을 유지하는 데 강력한 영향을 주는 측면들이다. 10여 년에 걸친 일련의 연구들을 통해 페니베이커(Pennebaker, 1990)는 혼란스러운 사건들에 대한 생각과 느낌을 개방하고 드러내는 것이 정신적 · 신체적 건강에 주는 혜택을 확증했다. 정서적 정화나 사건의 사실들이 치료적 이점을 제공하지는 않는다. 배우자든 친한 친구든, 일기나 잡지에서든, 상담자나 성직자와 함께 하는 것이든, 자신이 선택한 자기노출 방식에 생각과 느낌은 두 가지 모두 제시되어야 한다. 고통스런 유아기의 기억과 최근의 사적인 고통과 비극에 대한 심층의 생각과 느낌을 드러내는 것은 기분의 전환, 더욱 긍정적인 전망, 신체 건강의 향상, 면역기능의 증진이라는 결과를 가져올 수 있다. 다른 연구들에서 신뢰감을 갖는 것이 건강에 주는 혜택을 밝히고 있다.

이혼의 효과에 주목하는 것은 관계가 전체적 안녕에 어떻게 영향을 주는가를 이해하는 또 다른 방법이다. 미국에서 첫 결혼의 50% 이상이 이혼으로 끝난다. 두 번째 결혼은 60%의 성공률을 지닌다. 이혼이 갖는 건강상의 위험이 하펜 등(Hafen et al., 1992)에 의해 요약되었다. 이혼한 성인들은 결혼한 사람들에 비해 심장병, 암, 폐렴, 고혈압, 우울증, 알코올중독, 교통사고, 살인, 자살, 우연사의 비율이 더 높다. 그들은 또한 면역기능이 떨어져, 그것이 질병에 대한 저항력을 더 낮게 한다(Kiecolt-Glaser et al., 1993). 이 사실들은 일반적으로 남녀 모두에게 해당한다. 그러나 남자가 이혼으로 더 고통스러워하는 경향이 있으며, 더 많은 질병과 조기사망에 겪는다.

연구에 따르면, 결혼생활이 불행한 사람들이 이혼한 사람들보다 상태가 더 나쁘다(Sarason, Sarason, & Pierce, 1990). 단순히 결혼했다는 것이 심리적으로 잘 적응하거나 혹은 신체적으로 더 건강해지는 좋은 기회를 제공하는 것이 아니라 행복한 결혼이 그것을 보장한다. 결혼의 불만족을 보고하는 사람들이 모든 종류의 질병에 걸릴 위험이 더 크다. 빈약한 정신건강이—특히 우울과 같은—결혼생활이 불행한 사람들 사이에 존재하고 있다.

연구는 의붓가족들에 대해 좋은 징조를 예고하지 않는다. 의붓가족 내의 아이들은 편부모와 사는 아이들보다 더 나은 것이 없다. 문제행동의 본질과 비율이 편부모 가정과 유사하다(Blankenhorn, 1995). 정서적 건강을 결정하는 데 있어 가장 문제가 되는 것은, 완전한 편부모이든 의붓가족이든 가족이 서로 작용하는 방식이다. 스카프(Scarf, 1995)의 연구에 따르면 가족의 정서적 건강은 권력, 친밀감, 갈등을 다루는 방식에 의해 결정된다.

하펜 등(Hafen et al., 1992)이 요약한 것에 따르면, 이혼이 아동에게 미치는 영향은 성인에 비해 더욱 심각하고 지속적이다. 건강문제에 덧붙여서, 이혼에 관련된 대다수 아동들은 정서 변화, 행동 변화, 재정상 불이익, 사회적 곤란, 학업적 어려움으로 고통받는다. 그들은 병원을 자주 방문하고 정신 · 신체 장애가 심해지며, 우울해지기 쉽고 공격적이며, 퇴행적 발달로 고통을 받는다. 소녀들보다는 소년들이 더욱 빈약한 자아개념, 야뇨증, 슬픔, 분노, 의기소침, 빈번한 싸움으로 고통받는다. 부모가 이혼한 아이들은 성취가 더 낮고 무단결석, 지각, 결석이 잦아 학교에서 훈육을 더 많이 받는다. 가족구조와 무관하게, 역기능적인 가정에서 생활하는 아이들은 이혼가정 아이들과 유사한 부정적 효과를 경험할 수 있다. 특히 아동들에 있어서, 장소 및 가정에 관련된 안정된 동일시는 중요한 건강 예언변인인 것 같다(Cohen & Syme, 1985).

요약하면, 건강한 결혼과 건강한 가정은 유사한 혜택을 제공한다. 참여적 관계는 남성, 여성, 아동들을 신체적 · 정신적 질환으로부터 보호하고 수명을 증가시키며, 더 큰 안녕감을 제공한다. 건강상 혜택은 여성보다는 남성에게 더 큰 경향이 있다. 결혼하지 않은 독신 여성은 친구나 가족들과 친밀한 관계를 수립하고 유지할 수 있는 능력 때문에 건강과 장수에 있어서 안녕할 수 있다. 그러므로 사랑관계는 개인적 용기, 풍성함, 타인 돌보기를 요구한다는 점에서 도전적임에도 불구하고 전 생애에 걸쳐 남녀 모두에게 긍정적 안녕의 강력한 원천이다.

## 생활세력

아들러와 드레이커스는 가정, 학교, 지역사회의 영향을 받고 있는 사람들에게 사회적 관심이 건전하게 발달하도록 교육하는 데 대부분의 노력을 쏟았다. 예를 들면, 드레이커스는 1970년에 백악관 회합에 참석하여 아동복지에 있어서 정부의 더욱 책임 있는 중재를 제창했다. 비록 개인심리학이 생애를 통해 가치를 채택하고 태도를 형성하는 개인의 창의적 능력을 인정하고 있음에도 불구하고, 제도와 환경이 개인의 지각과 대안적 선택에 미치는 강력한 영향력을 인지해야 한다.

다섯 가지 인생과제의 발달과 수행은 사회제도가 그 목적을 성취하기 위해 작용하는 방식에서 개인 내부로부터, 그리고 외부로부터 나오는 세력들에 의해 영향을 받는다. 앞서 [그림 2-1]에 제시된 모델의 바깥 원은 각 개인의 건강과 복지에 영향을 주는 주요한 사회 제도들로서의 생활세력을 나타내고 있다.

가정 건강한 결혼, 가정, 그 외 가까운 관계는 유사한 이점들을 제공한다. 특히 아동들에게 건강한 가정이 갖는 이점은 개인적 · 사회적 발달과 적응에 절대적이다. 그러나 결혼 및 다른 형태의 책임 있는 관계들이 좋을 수도, 나쁠 수도 있다. 사회적 속박은 부부, 아동, 돌보는 사람, 절친한 우정에 부정적인 영향을 줄 수 있는데, 실제 부정적 관계의 신체적 · 심리적 결과는 심각한 건강위험을 초래할 수 있다(Burg & Seeman, 1994). 신뢰, 친밀감, 자신과 타인을 공유하는 것은 그 본질상 어느 정도 위험을 지니고 있다. 그 위험은 신체적 · 심리적 해악, 거부, 그리고 가족, 재정, 사회적 안정의 상실이라는 잠재 가능성을 가지고 있다. 그러나 개인은 책임 있는 사랑관계가 기쁨과 만족을 가져오리라는 기대를 가지고 거기에 참여한다.

종교 미국인들의 생활에서 종교의 위치는 확고하다(Gallup & Castelli, 1989; Kelly, 1995; Naisbitt & Aburdene, 1990; Warner, 1993). 수십 년 동안 이

루어진 여론조사에서 현재 교회신도와 참여자 수가 1930년대와 같다는 것은 미국인이 종교적 국민이라는 것을 증명한다. 미국인들은 하느님, 알라, 부처, 대 영성, 우주에 있는 에너지 혹은 의식의 본질인 신의 존재를 다른 이름으로 믿고 있다. 종교에 가입하지 않은 비율은 8%에 불과하다. 공공 여론조사에서 90% 이상이 신을 믿는다고 일관되게 반응했고, 70%가 사후세계를 믿으며, 80%가 신은 여전히 기적을 행사한다고 믿고 있으며, 76%가 기도는 일상생활의 '중요한 부분'이라고 응답했다. 비록 미국인의 69%가 종교모임의 회원임을 주장하고 있지만, 특정한 주일에 약 40% 미국인만이 예배모임에 참여하고 있다. 미국인 부모의 3분의 2 이상이 그들의 자녀가 종교교육을 받고 있음을 확신하고 있다.

**교육** 교육은 건강한 구성원의 특성들이 길러질 수 있는 지역사회를 창조하는 데 무한한 가능성을 가지고 있다. 성장은 우연적이면서 의도적인 것으로, 가정 다음으로 교육은 안녕의 16개 차원을 모두 발달시키는 데 가장 큰 기회를 제공한다. 교육에 대해 전체론적으로 접근할 때 가장 효과적인 방법은 안녕의 생활양식을 모방하는 것이다. 교육과정 및 학교풍토 속으로 건강한 생활양식의 장려와 학습, 그리고 실천이 통합될 때, 이것은 전 생애에 걸쳐 확대될 수 있을 것이다.

**지역사회** 사회적 이동, 산업화, 도시화, 확대가족의 붕괴와 함께 미국생활에서 지역사회 개념의 단편화가 초래되었다. 초기 시절의 소도시와 시골 사회구조 속에서 형성된 상호 의존성은, 경제적 수준에서는 불필요한 것처럼 보이지만 오늘날 사회적 수준에서 욕구를 충족시키는 데 필수적이다. 지역사회의 구성요소들이 확인되고 도시, 읍, 시골 지역의 사회적, 건설적인 구조 속으로 편입할 필요가 있다. 후원집단, 종교집단, 직업집단들은 모두 연대감과 모든 사람의 운명이 상호 관련되어 있다는 신념을, 개인의 건강한 독립성을 유지하면서 길러 주어야 한다.

**매체** 매체는 사회규범들에 의해 형성되지만 또한 사람들의 가치와 공공정책을 형성한다. 매체가 사람들의 태도, 신념, 욕망을 형성하는 힘을 갖기 때문에 부정적 영향력뿐만 아니라 긍정적 영향력의 가능성도 고려해야 한다. 아동들이 거의 혹은 전혀 감독받지 않고 일주일에 평균 25~30시간 상업방송을 보고 있다는 사실을 상기할 때, 이로운 것뿐만 아니라 해로운 가능성이 고려되어야 한다. TV와 폭력성 간의 관계에 대한 대부분의 연구에서 TV 폭력을 시청한 아동들이 그렇지 않은 아동들보다 신체적 공격성을 사용하는 경향이 더 많다고 결론짓고 있다.

**정부** 독립선언문에서 발표된 세 가지 기저 가치는 생명, 자유, 행복 추구다. 정부의 정책과 실천은 인간의 행동과 태도에 강력한 영향을 미친다. 안녕과 예방이라는 비전을 가지고 분별 있는 지도력을 통하여, 정부는 모든 미국 시민에게 영향을 주는 정책들(예; 아동 사망률을 낮추고 성인의 수명을 늘리는)을 촉진시킬 수 있다. 최근의 한 예가 『건강인 2000』(미국 공공 보건성, 1990)에 실린 보고인데, 여기에서 향후 10년 동안 건강증진 및 질병예방 차원에서 국가 목표를 설정하고 있다.

**경제 · 산업** 비록 일터가 주로 재화와 용역 생산을 위한 경제적 세력으로서 존재하고 있지만, 안녕 및 예방 모델의 요소들이 재정적 건강에 공헌하는 방식으로 설계될 수 있다. 더 건강한 사람들은 더욱 생산적, 창의적, 협동적이고 유능하며 참여적이다. 또한 근무 일수가 적은 것을 아쉬워하며, 질병이 덜 걸린다. 건강과 생산성 간의 관계는 경제공동체에 의해 인정되고 있다(Pelletier, 1994). 많은 대규모 산업체들은 피고용인 조력 프로그램을 시작했을 뿐만 아니라 금연, 알코올, 약물남용의 통제, 스트레스 대처, 좋은 영양, 운동, 효과적 의사소통, 소음 감소, 유해물질의 통제와 같은 요소들을 포함하는 안녕 프로그램을 시작하였다.

### 세계적 사건과 우주의식

생활세력들을 넘어서서 일상생활과 삶의 질에 영향을 미치는 세계적 사건들이 있다([그림 2-1] 참조). 전쟁, 기아, 질병, 가난, 환경오염, 인구과밀, 인권침해, 경제적 착취, 실업, 한정된 자원에 대한 경쟁은 국제적인 하늘에 걸쳐 있는 무거운 구름들이다. 모두가 '지구촌'에 있는 생활생태의 부분들이다. 빠른 운송, 대중매체, 즉각적 의사소통 때문에 급속도로 축소하는 세계 속에서 사회가 안녕과 예방이라는 생활양식에 참여하는 '이웃촌'을 형성하고자 한다면 이 사건들을 무시할 수 없다.

## 생활양식의 안녕 평가

앞 절들은 안녕과 관련된 이론적 구인들을 기술해 왔다. 생활양식 안녕 평가(WEL)는 앞서 [그림 2-1]에 예시된 안녕의 바퀴(J. E. Myers et al., 1995)에서 제시된 16개 핵심차원의 건강한 기능들을 측정하기 위해 구성되었다. WEL(Wellness Evaluation of Lifestyle)의 최초 형태는 고등학생 독해 수준에서 작성된 114개 문항들을 포함하고 있었다(Witmer, Sweeney, & Myers, 1994). 후속 판은 7학년의 독해 수준에서 작성된 100개 문항들을 포함하고 있다(J. E. Myers et al., 1995). 리커트 척도가 활용되며, 응답자들은 문항 혹은 안녕에 대한 진술문들이 자신의 생활양식 선택을 반영하고 있는 정도를 보고한다.

WEL은 모델의 16개 안녕 차원들 각각에 대한 점수에 추가해서 전체 자기지향(12개 자기지향 척도들의 요약 점수)과 전체 안녕(검사의 모든 점수의 합)에 대한 복합 점수를 제공하고 있다. '지각된 안녕'이라고 이름 붙인 짧은 척도를 전반적인 안녕에 대한 개인의 지각을 측정하기 위해 포함했다.

WEL 척도의 점수들은 각 하위척도들에 대한 전체 가능한 점수들의 백분율로 제시된다. 따라서 각 점수는 낮은 수준의 안녕에서 높은 수준의 안녕에 이르는 연속선상에서 한 지점을 나타낸다. 당연히 문항들은 높은 수준의 안녕과 관련된 태도와 행동유형들만을 대표하고 있기 때문에 한 하위척도에서 100번째의 백분위 점수를 얻을 수 있지만, 관심 있는 주제영역(운동과 같은)의 완전한 범위를 탐구하는 데 있어서 여전히 개선의 여지가 있다. 마찬가지로, 몇몇 개인들은 그러한 검사의 규준 활용을 잘못 이해할 수 있다. 이러한 이유로, 우리는 규준이 대부분의 상담사례에서 활용되지 않기를 제안한다. 몇몇 개인들은 자기들과 비슷한 사람들과 비교하여 WEL의 한 영역에서 높은 백분위 점수를 얻는다면 향상은 더이상 힘들다고 믿을지 모른다. 마찬가지로, 규준집단 내의 타인들과 비교해서 일관되게 낮은 점수를 얻는다면 과도하게 낙담할지도 모른다.

WEL 하위척도들에 대한 검사/재검사 신뢰도는 학부 학생과 상담대학원 학생집단에 있어서 .80의 중앙치를 가지고 .68~.94까지의 범위를 나타냈다. 타당도는 국립 안녕연구소가 개발한 안녕검사(Testwell) 점수들과 비교해서 검토했다. 이 점수들은 44명의 상담대학원 학생집단에서 .44~.77까지의 범위로 나타났다(J. E. Myers, Witmer, & Sweeney, 1996). 검사의 발달적 속성 때문에 새로운 자료 수집과 분석을 진행하고 있다. 저자들은 이러한 분석의 결과들을 연구목적을 위해서 획득할 수 있다.

검사를 끝마치는 데 10~15분이 소요되며, 개인이나 집단 장면에서 실시될 수 있다. 채점 서비스는 개별척도 점수와 하위척도 점수들의 그래프 비교를 제공하는 프로파일을 제공하고 있다.(주: WEL〔114 문항 형〕 검사지 및 채점 서비스는 MINDGARDEN, P. O. Box 60669, Palo Alto, CA 94699로부터 가능하다.)

## 안녕: 실제적 중재기법

아들러 이론의 실천에는 격려라는 배후 주제가 있다. 격려가 없으면 교정방법들이 효과가 없거나, 최악의 경우 유해한 영향을 줄 것이다. 이 책의 각 장에는 안녕을 최적화한다는 목표를 이루기 위해 격려를 위한 방법, 기법, 제안들이 포함되어 있다. 구체성을 추가하고 전통적인 아들러 개념과 방법들에 초점을 맞추는 데 도움을 주려는 노력의 일환으로, 안녕의 바퀴([그림 2-1] 참조)에 제시된 안녕모델이 창조되었다.

다음은 몇 가지 개념들에 대한 간단한 개관 및 임상도구로서, WEL을 활용하거나 단순히 내담자가 향상을 위해 도움을 필요로 하는 것에 대한 관찰로서 모델의 실제적 적용에 대한 예시들이다. 예시를 위해 선택된 것들에는 영성과 같이, 최근까지 아들러 이론이나 상담문헌에서 발견되지 않은 몇 가지가 포함되어 있다. 덧붙여서 자기지향과 관련된 몇 가지 개념과 기법들이(현실적 신념, 유머, 스트레스 관리) 예시된다. 일과 여가, 우정, 사랑이라는 인생과제들은 또한 뒤따르는 장들에서 제시된다.

각각에 대한 개념과 제안 모두의 예시를 위해서 독자는 WEL 자습서(J. E. Myers et al., 1996)를 참고하면 된다. 덧붙여서, 제5장에 있는 변화를 위한 준비에 관한 절을 읽은 후에 이러한 예시들을 검토할 수 있다. 어떤 중재의 성공도 특정 발달 지점에서 구체적인 활동을 위한 내담자의 준비성과 직접 관련되어 있다(Prochaska & DiClemente, 1984). 준비성의 단계를 확인하고 그 단계에 적절한 중재전략을 활용하는 것은 새로운 목표 및 행동을 향한 변화 가능성을 증가시킨다.

## 영성에 이르는 통로

영성은 삶의 도전들을 초월하고 모든 사람의 삶에서 일상적인 것을 풍부하게 해 주는 존재의 상태로 이해될 수도 있다. 삶의 모든 보물들과 마찬가지로, 영성은 트로피나 목표를 추구하는 것처럼 얻어지는 것이 아니다. 대신 언어적인 설명을 초월하는 자기경험에 빠진다. 각자는 언제, 어떻게 시작할지를 선택해야 한다. 영성에 이르는 통로는 믿음(더 높은 권력의 인정), 조화(기도, 예배, 자기반성), 교화(신에 대한 지식), 목적(삶의 의미), 사랑과 열정(주고받기), 공동 창조와 봉사(믿음으로 살기)를 포함한다(Witmer, 1996). 다음 진술과 실제 활동들은 이 통로들 중 세 가지(믿음, 조화, 목적)와 관련된다.

조건 한 가지는 상담자의 개인적 신념들과 관계된다. 영성에 대한 논의를 위해 상담자가 한 주제에 대해 능력이나 편안함이 부족할 때처럼 영적 문제들이 자신의 실천 범위를 벗어날 때 다른 상담자에게 의뢰하는 것이 적절하다. 예를 들어, 성경에서 발견되듯이 하느님이 기독교인에게 기대하는 것을 깊게 수용한 신념 때문에 한 내담자가 이혼이 임박했다며 고통을 호소했다. '조력자' 가 "나는 당신이 말하는 것에 대해 아무런 견해가 없습니다."라고 반응했고, 도움을 제공하거나 의뢰하려 노력을 하지 않았다. 그러한 행위를 방어하는 논리는 "우리는 환자의 영적인 욕구가 아니라 심리적 욕구를 위해 여기 있습니다."라는 것이었다. 여기서 제안된 전체적 · 안녕지향적 상담은 그러한 얕은 논리를 명백하게 반박하며, 또한 그러한 처치에 대해 윤리적 물음을 제기하고 있다.

한편, 영적 탐색으로 들어가는 것은 내담자가 안내자보다는 동료로서 윤리적으로 적절한 객관성을 유지하는 데 책임이 따른다. 이것은 상담자의 실천이 종교적 가치의 문제에 있어서 눈에 띄게 전문화되지 않은 경우에 특히 그렇다. 윤리적 실천은 이 문제에 대한 주의 깊은 고려를 요하고 있음을 주목할 때, 더 많은 상담자들이 영성문제에 대한 능력을 개발하고 자기발견의 과정에 있는 내담자들에게 더 많은 도움을 주기를 바란다.

**믿음: 더 높은 권력의 인정** 첫 번째 통로는 자신보다 더 큰 어떤 권력이 존재한다는 의식을 인정하는 것이다. 이것은 보통 합리적이고 지적인 선택은 아니다. 더 높은 권력을 인정하는 것은 대부분의 생활경험보다 더 직관적이고 창조적이며, 사적인 것이다. 그것은 믿음의 문제다. 하나의 신, 하나의 권력, 하나의 힘 혹은 에너지는 세계적으로 주요한 종교들의 특징이다. 자연과 사고의 세계를 통하여, 개인은 우주를 경외하며 유의미한 전체로서 우주를 경험하기를 바란다. 자신의 신념에 대한 직접적인 질문은 가까이 있고 적절한 주제에 대한 탐색을 시작하는 데 반드시 필요하다.

노자(老子)에 의한 도(Bolen, 1979)라 불리는, 모든 것이 관계되는 우주의 통합 원리에 대한 경험은 주요한 동양 종교들—힌두교, 불교, 유교, 도교, 선교—에 깔려 있다. 각 종교에서 그 경험을 다른 이름으로 부르고 있음에도 불구하고 모든 현상—사람, 동물, 식물, 원자 입자에서 우주에 이르는 대상들—은 하나의 다른 측면들이다. 창조자가 그 안에 그리고 모든 것을 통하여 존재하고 있다.

초창기에 유대교를 지중해 지역의 다른 종교와 구분했던 특징은 여호와라고 불리는 신에 대한 집착이었다. 권력의 존재는 기독교에서 하느님과 예수로서 의인화된다. 이슬람교를 창도한 예언자 모하메드는 이 신을 알라라고 불렀다.

희망과 낙관주의는 미래 사건들을 기대하는 데 있어서 우주세력들과 함께 사람이 공동 창조자가 되도록 동기화시킨다. 낙관주의는 영적인 안녕을 조장하는 한 요인이다. 그러한 낙관주의는 확신을 가지고 최상의 결과를 기대하거나, 가장 희망적인 상황에 안주할 수 있다는 희망의 한 표현이다. 낙관주의의 양 차원들—바람직한 결과의 기대, 긍정적 측면의 상황에 초점을 두는 것—은 중요하다.

최근에 와서야 낙관주의가 건강에 미칠 수 있는 유익한 효과의 가능성에 대해 과학적 관심이 쏠리고 있다. 많은 연구에서 낙관주의는 스트레스에 대처하는 중요한 요인이며, 신체적 · 심리적 건강과 관련되어 있음이 나타나고 있다 (Peterson & Bossio, 1991; Scheier & Carver, 1987; Seligman, 1990; Witmer & Rich, 1995; Witmer et al., 1983).

**믿음에 관한 실제 활동** 내담자들로 하여금 며칠에서 일주일에 이르는 동안 기대와 주변상황에 대하여 일지를 기록하도록 요청하라. 그들에게 중요한 사건들에 대한 기대들은, 예를 들면 그들이 과제를 끝마칠 것이라든가, 친구가 약속을 지킬 것이라든가, 일주일 동안 그들의 욕구를 충족시킬 수 있는 충분한 돈을 가질 것이라고 기록될지 모른다. 다음 회기에서 그 목록을 다음에 비추어 검토할 수 있다. 기대는 긍정적인가 혹은 부정적인가? 충족된 긍정적 기대가 충족되지 않은 것보다 더 많은가? 기대와 결과 간에 어떠한 관계가 있는가? 이 사건들의 결과의 한 부분으로서 어떤 정서들이 존재하는가? 추수 논의는 더 높은 권력에 대한 내담자의 신념, 이것이 그의 삶에서 지니는 중요성이나 영향력, 그리고 이 신념들이 스트레스를 주는 상황, 도전, 기회에 대한 일상적 대처에 얼마나 영향을 주는가에 초점을 둘 수 있다.

**조화: 기도, 예배, 자기반성** 전통적으로 종교와 영성은 명상, 기도, 예배, 묵상, 내성을 통하여 평화, 안내, 우주세력과의 접촉을 추구해 왔다. 만일 기도를 신으로 인정된 힘과 함께 하는 모든 종류의 내적 참여나 의사소통으로 규정한다면, 그것은 넓은 의미에서 바로 종교의 본질이 될 것이다. 그러한 기도에는 청원, 감사 표시, 고백, 참여가 포함될 것이다. 의식은 공적 예배든 사적 예배든 기도하는 태도에 구조와 내용을 제공한다. 이러한 기도하는 태도가 우리의 영성에 대한 순간적인 자각으로 확대될 때 우리는 생을 향한 영원한 경외심을 지니게 된다.

고독과 분리감은 이 통로를 추구하는 필수조건들이다. 그 조건들을 방해물로부터 벗어나게 하는 것은 사람들을 자유롭게 하여 신의 영혼과 더욱 닮도록 한다. 기도, 명상, 영적 문헌 읽기, 묵상은 방향과 영감을 제공하는 실천들이다.

신비경험은 내적 경험의 한 부분으로 포함된다. 합리적인 의식한계가 초과되고 경계가 무너지며, 갑작스런 통찰, 조명, 놀라운 사실을 수용함으로써 마음이 일상적 감각을 초월한다. 그 경험은 흔히 예기치 못하며, 정해진 시간이 없고 대부분 설명될 수 없다. 신비로움을 경험하는 것은 일상적 경험, 사고, 신념을 넘어섬으로써 보통을 초월하는 것이다.

이 수용적 의식 형태는 경외감, 시간 · 공간 감각의 상실, 내적 조화, 황홀감, 무조건적 수용, 안정, 만족, 환희를 동반할 수 있다. 개인의 삶은 어떤 신성함으로 채워진다.

**조화를 향한 실제 활동** 규칙적으로 어떤 형태의 종교의식에 참여하지 않는 사람들뿐만 아니라 참여하는 사람들조차도 그들 삶에서 명상이 결여된 편이다. 영감적 글을 포함한 다양한 소책자들이 조용한 명상의 실천을 위한 단순한 도입으로서 기능할 수 있다. 그러한 실천을 위해 가장 큰 관여는 그것을 행하기 위한 시간과 장소를 결정하는 것으로 시작한다.

몇몇 사람들에게 아침이나 저녁은 최상의 시간이다. 장소는 자신이 좋아하는 공간이나 예배장소나 그 외 다른 곳에서 바쁜 낮 동안에도 가능하다. 그러나 명상이 단순하다는 것은 거짓말이다. 진정한 명상은 인내를 가지고 오랜 시간에 걸쳐 발달하는 기술이다. 글은 구조를 제공하는 데 도움을 준다. 오랜 시간에 걸쳐 개인은 영혼의 소리를 듣기 위하여 마음을 조용히 하는 것을 배운다. 따라서 결과에 대한 기대 없이 그 경우를 위해 습관을 형성하는 것이 중요하다.

초기단계에서도 더 집중되고 조용하며, 이완한 상태들이 결과로서 나타날 것이다. 그러나 초기의 경우, 스트레스와 일상활동에 몰입하기 때문에 이것들을 쉽게 잃게 된다. 이완기법과 마찬가지로 실천모형을 수립하고 그 습관을 강화해야만 한다. 영적인 문제에 규칙적으로 자신의 의식을 집중하는 시간을 갖는 것은 통찰, 영감, 평온함을 제공할 수 있다. 내담자로 하여금 실천할 수 있는 여러 의식들에 대해 생각해 보고 기꺼이 삶의 한 부분으로 삼고자 하는 것을 적어도 한 가지 선택하도록 안내하라. 의식들에는 매일 기도시간을 갖는 것, 매주 혼자서 자연과 함께 걷는 것, 특별한 관찰을 위해 촛불을 켜는 것, 매년 영적인 휴양을 갖는 것이 포함될 수 있다.

**목적: 삶의 의미** 정신생활에서 목적성(목적론)은 아들러 심리학의 핵심이다. "인간의 정신생활은 목표에 의해 결정된다. 인간의 사고, 감정, 의지, 꿈들이 항상 존재하는 목표를 향하여 결정, 지속, 수정 및 지향되지 않는다면, 어떤 사람도 생각하고 느끼고 의지를 갖고 꿈꿀 수 없다."(Adler, 1927/1954, p. 29) 따라서 인간행동은 목표지향적인 것으로서 이해된다.

영적으로 신은 목적을 충족시키기 위해 인간형태를 취하고 있다. 각 개인이 독특한 재능과 그것을 표현하는 방식을 지니고 있다는 것은 공통된 신념이다. 모든 사람들은 자신들의 독특성을 발달시키는 많은 재능을 지니고 있다. 생의 목적은 생에 돌려주기 위해 지니고 있는 것에 초점을 두고 있다. 이를 행하기 위해 첫째, 내부에서—자신이 될 수 있는 것의 형상으로서—진실한 혹은 영적인 자기를 찾아야 한다. 둘째, 자신의 능력과 관심들에 독특한 재능을 개발해야 한다. 셋째, 세상을 더 살기 좋은 곳으로 만드는 방식으로 인간성에 봉사하는 것이다.

목적성은 다른 인생과제들을 통하여 발견된다. 일상경험뿐만 아니라 자신의 운명을 형성하는 데 참여한다는 것은 삶의 의지를 유지해 준다. 어떤 사람들에게 그것은 가족관계에 집중될 수도 있고, 다른 사람들의 경우엔 직업에, 또 그 외 사람들에게 지역사회 봉사가 될 수 있다.

**인생 목적을 위한 실제 활동** 제7, 8, 9장에서 제시된 것과 유사한 생활양식평가와 기법을 활용하여, 상담자는 생활과 타인들과의 관계 속에서 자신에 대한 지식을 향하게 하는 인생주제와 관심사의 탐색을 통하여 내담자를 안내할 수 있다. 예를 들면, 초기회상들은 흔히 재능, 특성, 속성뿐만 아니라 타인들에 대한 관심과 그들의 어려움에 대한 연민을 드러낸다. 마찬가지로 초기회상에 등장하는 남녀 주인공은 풍부함, 용기, 목적이라는 다른 주제 혹은 자질에 봉사함을 드러낸다. 삶의 의미에 대한 탐구는 전반적인 생활양식 평가와 상호 작용과정에 내재되어 있다. 이러한 가능성에 민감한 상담자는 향상된 영적 탐색방식으로 과거에 활용했던 것보다 훨씬 더 많은 것을 제공한다. 이 가능성을 상담과정의 한 부분으로 활용하는 것은 아들러 상담에 새롭고 의미 있는 차원을 제공할 수 있다.

내담자를 돕는 활동 하나는 영적 생명선을 그리게 하는 것이다. 종이를 활용하여 시간과 사건의 선을 그림으로써 내담자는 생의 멀리까지 영적 발달을 설명하는 것이다. 최초 기억으로부터 시작하여, 내담자에게 긍정적으로나 부정적으로 영향을 준 종교적 · 영적 경험들을 회상하도록 요구한다. 부정적 경험들은 선 아래에, 긍정적 경험들은 선 위에 위치시킬 수 있다. 조직화된 종교 내 · 외부에서 기대된, 그리고 기대되지 않은 경험과 사건들을 포함시켜라. 내담자들은 자신들의 신앙과 영적 가치를 형성해 온 사람, 장소, 사건들에 대해 생각할 수도 있다. 자신들의 현 인생관에 미친 이 경험들의 의미에 대한 반성이 뒤따른다. 마지막으로, 이것이 삶에 얼마나 긍정적으로 영향을 줄 것인가를 탐색하고 바람직한 영적 경험들을 포함시키기 위해, 내담자는 동일선상에 미래의 새로운 계획을 그려야 한다.

## 자기지향의 촉진

안녕의 바퀴([그림 2-1] 참조) 속에서 생활과제로서 자기지향은 12개 요소를 지닌다. 이 요소들에 주어진 제목들은 움직임, 목적성, 개인적 힘을 전하기 위해 의도된 것이다. 그것들은 본질상 개별적으로, 그리고 집합적으로 역동적이다. 모든 요소가 전체에 중요하며, 각 요소는 다른 요소에 영향을 미친다.

때때로 WEL 점수를 논할 때, '안녕하기 위해서 이 요소들 중 몇 개가 높아야만 하는가?' 라는 질문을 개인들로부터 받게 될 것이다. 치과 진료소에 '모든 치아를 플러싱할 필요는 없다. 당신이 단지 지키고자 하는 치아만 하면 된다.' 라고 적힌 표어가 기억난다. 예시를 위해 상담과 워크숍에서 일반적으로 언급되는 자기지향 차원들 중에서 몇 개를 선택하였다. 그것들에는 현실적 신념, 유머감, 스트레스 관리가 포함된다. 그러나 안녕모델의 모든 차원들이 관심을 받을 만하며, 각각의 차원은 생의 다른 시점에서 다른 내담자들에게 중요할 것이다.

**현실적 신념의 조장** 사고와 기분 연계는 어떻게 작용하는가? 인간마음은 대략 분당 50개 정도의 사고와 이미지가 계속해서 흘러간다. 이러한 사고와 이미지들은 마음속에서 개별적인 시나리오를 창조하는 독백과 이미지 형태로 나타난다. 신체는 마음이 말하는 모든 것을 믿으며, 그 사고에 따라서 행동한다(Levine, 1991). 어려운 점은 사고와 이미지들이 보통 자동적으로 나타나며, 개인은 마치 그것들이 진실로 현실을 표현하고 있는 것처럼 정서적으로, 생리적으로, 행동적으로 반응하고 있다는 것이다(Dacher, 1991). 이러한 사고와 이미지들에 대한 어떤 종류의 조정이나 평가 없이는 개인은 계속 나쁜 느낌을 갖고 잘못된 결정을 하며, 목표 성취에 실패하게 된다. 몇몇 자동적 사고들은 진실이지만 많은 사고들은 진실이 아니거나 약간의 진실만을 가진다.

위협이나 불만족을 창출하는 상황에 더욱 효과적으로 대처하기 위해서는 다음 네 단계가 필수적이다.

- 사고 및 이미지와 관련된 상황과 느낌들을 확인하라. 상황을 설명하기 위해 활용된 자기대화(대본)에 주목하라(과거, 현재 혹은 미래).
- 자기대화의 타당성을 검증하기 위해 독백을 평가하라. 그것은 긍정적인가 부정적인가, 합리적인가 비합리적인가, 진실인가 거짓인가? 토의하고 논박하며, 의미 없는 것을 평가 절하하라. 잘못된 가정, 지나친 일반화, 비합리적이거나 비현실적인 기대, 부정적인 것을 확대하고 긍정적인 것을 최소화하는 사고에 도전하라.
- 그 상황에 대한 대안적 사고, 신념, 설명을 선택하라. 그것이 당신이 자신에게 말하는 것과 다른 대본으로부터 결과하는 후속 느낌을 어떻게 변화시킬 것인가에 대해 주목하라.
- 그 상황에 대한 대안적 사고와 설명을 규칙적으로 실천하라. 당신은 다르게 느끼며, 새로운 자기대화는 현실 검증에 성공적인가? 당신의 새로운 자기대화를 지지하는 증거에 주목하라.

**현실적 신념에 따른 실제 활동** 다음은 현실적 신념에 대한 점검을 개선하려 하는 내담자들에게 활용하도록 추천하는 내용들이다.

- 하루 중, 특히 부정적인 느낌을 지녔을 때 여러 차례 마음을 살펴보라. 당신의 사고에 귀기울이거나 마음에 그려진 그림을 살펴보라. 이 사고와 이미지에 대해 당신이 하고자 하는 것을 결정하라. 자신에게 '나는 내가 마음먹은 것을 선택할 힘을 가지고 있다.' 라고 말하라. 당신이 바라는 사고와 느낌이 무엇인지 구체적으로 기록하라.
- 당신이 믿고 있는 '당위' 와 '의무' 의 목록을 작성하라(예; '나는 타인이 나에게 기대하는 것을 항상 수행하지 않으면 안 된다.'). 자기대화와 관련 느낌에 주목하라.
- 당신의 부정적 · 긍정적 사고의 빈도에 주목하라. 비율은 어떠한가? 하나의 부정적 사고가 많은 긍정적 사고를 상쇄한다. 당신은 생에 대해 낙관적인가, 회의적인가?
- 당신은 자신, 타인, 상황을 평가할 때 비현실적으로 부정적인 것을 확대하거나 긍정적인 것을 최소화하는가?
- 당신은 상황에 의해 정당화되는 것보다 훨씬 파격적인 부정적 결론을 내림으로써 과일반화하고 있는가?

긍정적 사고는 적어도 다음의 네 가지 기능을 수행한다. ① 문제해결을 돕는다. ② 타인에 의해 공유된 검증 가능한 사건이나 정보에 기초하고 있다. ③ 결국 당신이 느끼고자 하는 방식으로 느끼게 한다. ④ 타인들과 긍정적 관계를 맺는 데 공헌한다. 이러한 각 활동에 따라 최상의 사고가 무엇이며, 어떠한 새로운 사고가 당신의 수행에 과거보다 더 도움을 줄 수 있는가를 결정하라.

**유머감 기르기** 상담을 위해 오는 많은 사람들은 본질적으로 상태보다는 특성으로서 '인생은 심각한 것' 이라는 관점을 드러낸다. 그 관점은 그들의 생활양식에 핵심적이다. 상담이 진행되면서, 상담자는 내담자의 유머감 출현에 민감해질 수 있다. 그러한 행동은 진보의 한 지표다. 그러나 유머는 고통스런 내용과 느낌을 피하기 위해 방어적으로 사용될 수 있다. 그러한 경우 내담자와 상담자는 진실한 느낌과 신념을 다루기 위해 보호적 측면을 극복해야 한다.

상담자가 유머를 사용할 때, 개인이나 집단에 대한 비하의 형태가 되어서는 안 된다. 지나치고, 부적절하며 적절치 못할 때 사용된 유머는 상담목표를 향한 효과를 심각하게 감소시킬 수 있다(Gladding, 1995).

유머가 상담과 심리치료에서 효과적인 역할을 하며, 질병 치료에 좋은 약이라면 안녕을 증진시키는 데 얼마나 중요한 것인가? 제1장에서 제시되었듯이 아들러와 드레이커스는 상담 및 교수를 통해 능숙하게 유머를 활용했다.

**유머감 향상을 위한 실제 활동** 내담자를 위한 과제로서 다음이 제공될 수 있다.

- 당신이 좋아하는 만평, 만화, 조크를 매일 꼭 읽어라. 낮 동안 그것들을 타인들과 나누어라.
- 저녁의 휴식을 위해 좋아하는 코미디 영화 비디오를 빌려라. 적어도 한 시간 동안 유머를 즐기는 휴식계획을 세우라.
- 친구나 동료에게 유머러스한 쪽지나 만화를 보내라. 당신의 집에 사는 누군가의 호주머니나 신발 속에 유머 쪽지를 넣어라.
- 일상사에 대한 반응으로서 의도적으로 재미있는 이야기를 하거나 자발적인 유머를 활용하라.
- 즐거운 태도를 취하라. 어리석고 불손한(혹은 무관한) 사고나 예기치 않은 일을 수행하는 데 개방적이 돼라.

**스트레스 관리** 스트레스를 예방하고 관리하기 위한 전체적 접근은 다른 15개 안녕 차원을 모두 포함한다. 그러나 스트레스 유발을 관리하는 데 구체적으로 적용할 수 있는 방법과 기법들이 개발되었다(Girdano, Everly, & Dusek, 1993; Kabat-Zinn, 1990; Kleinke, 1991; Lehrer & Woolfolk, 1993). 신체적, 정신적, 행동적 · 환경적 방법 및 기법들에 대한 강조에 따라서 다음과 같이 요약된다.

- 생리적—이완(Benson & Stuart, 1992; Kabat-Zinn, 1990, 1994; Schwartz & Associates, 1995). 통제된 호흡; 신체긴장조사; 명상—요가, 초월적 명상,

의식화; 이완반응(Benson & Stuart, 1992); 점진적 이완; 자생훈련; 바이오피드백; 최면 제안.

- 생리적—신체적 건강(Ornish, 1990; Weil, 1995). 운동; 영양, 식습관.
- 인지적(J. S. Beck, 1995; Borysenko & Borysenko, 1994; Miller, 1991; Shealy & Myss, 1993). 사고통제(사고중지); 잘못된 생각의 변화: 잘못된 신념, 추리, 규칙; 낙관론, 긍정적 사고; 가치 확인(우선적 가치의 조직 및 관리); 시각적 영상화; 재구조화(사건에 대한 다른 해석 제공); 문제 해결.
- 행동적 · 환경적(Archer, 1991; J. C. Smith, 1993). 주장성; 관계와 의사소통 기술 형성; 시간 관리; 여가활동 허용; 스트레스원 회피; 의학적, 영적, 심리적 자문; 직업상황의 변화.

다음의 실제 활동들은 네 가지 전략 각각에 대해 하나의 방법을 간략하게 예시하고 있다.

**스트레스 관리를 위한 실제 활동** 많은 사람들이 스트레스의 부정적 효과에 대한 글을 읽어 왔지만, 스트레스 관리기법들을 실천하기 위한 실제적인 시도는 거의 없었다. 다음은 내담자들에게 실천하도록 제안하면 효과적일 것으로 알려진 것들이다.

- 호흡과 이완: 스트레스에 처했을 때 15초 정도 호흡을 자각하는 것이 얼마나 즉각적인 평온 효과를 가져오는지 실험해 보라. 낮 동안 숨을 들이쉬고 내쉬는 것을 반복하면서, 때때로 깊고 긴 호흡을 하며, 조용하게 당신의 호흡을 의식하는 데 10~15분을 투자하는 것을 습관화하라.
- 신체적 운동을 위해 하루에 최소한 30분을 의도적으로 투입하라. 아침에 스트레칭으로 시작하라. 낮 동안 집이나 차에서 일터까지 걷고, 계단을 오르고, 집안일을 하고, 들일을 하고, 정원을 손질하라.
- 약간의 불안을 유발할 사건을 당신이 수행하는 모습을 그려 보라. 눈을 감고서 기대되는 상황을 상상해 보라. 천천히, 깊게 호흡하라. 자신감을 가지고 당신이 원하는 대로 그 상황에 접근해 가는 자신을 발견하라. 당

신이 행동하고자 하는 방식과 말하고자 하는 것을 연습하라. 이러한 일들을 수행하면서 내적 통제감을 느껴라. 그 사건이 당신이 진실로 원하는 방식으로 끝맺어지는가를 살펴라. 당신의 수행에 대해 만족감을 느끼고 자신에 대해 긍정적으로 느끼는 모습을 그리면서 끝마쳐라.

- 만일 당신이 '조급증'으로 고통받는다면 시간관리기법을 적용해 보라. 당신이 시간을 어떻게 활용하는가는 목표 및 우선순위와 관련되어 있다. 목표와 우선순위는 가치로부터 나오며, 따라서 가치평가를 할 필요가 있다. 가장 중요한 가치(단기 및 장기)들로 5~10개의 목록을 만들라. 이 가치들을 시간 활용과 연결시켜라. 가치가 덜한 활동을 하는 데 사용하는 시간을 없애거나 줄여라. 시간 할당을 계획하고 점검하고 수정하기 위해 1일, 주간 계획 달력을 활용하라.

## 안녕의 실천

앞 절은 안녕지향성을 통하여 도움을 주기 위한 개념들과 많은 활동들의 도입에 불과하다. 비록 '사회적 관심'이란 개념이 건강한 사람의 동기에 대한 아들러 생각을 이해하는 데 유용하기는 하지만 아들러 문헌 검토를 통해, 연구자와 실천가들이 실천이나 연구에서 '사회적 관심'을 규정하고 측정 및 배양하기가 어렵다는 것을 깨달았음을 알게 된다. 아들러가 의도했던 것을 좀 더 깊이 규정하려는 우리의 노력이 안녕의 바퀴를 개발하게 했다([그림 2-1] 참조). 그러나 아들러와 마찬가지로, 우리는 이 모델에 얽매이지 않는다. 새로운 연구와 실천이 우리 지식을 앞서감에 따라, 아들러 상담자와 연구자로서 우리의 노력으로 성취하고자 했던 것에 대한 더 좋은 내용으로 그 모델이 변화되고 대치되기를 기대한다. 그동안에 '안녕의 바퀴' 모델이 아들러 접근을 공부하고 실천하는 사람들에게 유용할 수 있을 것이라 믿는다.

## 요 약

정신건강 이론가들 사이에는 효과와 결과, 기법들을 진단 가능한 환자 징후와 관련시켜야 한다는 입장에 지지하려는 움직임이 있었다(Prochaska & Norcross, 1994). 행동주의의 전성기에 드레이커스는 그 결함을 폭로했다. 드레이커스가 만일 오늘 여기에 있었다면, 의심의 여지없이 공학의 함정과 단지 양화할 수 있는 것의 유혹에 대해 역설했을 것이다. 분명히 말할 수 있는 것은, 우리는 철학적 맥락, 가치의 진술, 각 개인들의 상호 의존성뿐만 아니라 독특성에 대한 평가가 없으면, 기법들이란 제아무리 효율적이라 할지라도 도구에 불과하다는 것을 지적하고자 한다.

이 장에서 우리는 안녕의 관점을 역기능의 치료나 제거가 아닌 상담의 궁극적 목표로서 설정해 왔다. 시간의 흐름과 함께 아들러와 드레이커스가 개인심리학과 사회적 관심 개념에 대한 기초를 처음 만들었을 때 지녔던 것의 확장으로서 이러한 설정이 모든 아들러 이론가들에 의해 옹호되리라고 기대한다.

다른 장들에서도 제시한 것처럼, 치료적 상담과 심리치료뿐만 아니라 발달적 상담의 혜택을 입은 대다수의 개인들과 관련하여 아들러와 드레이커스의 생각과 교육이 타당하다는 증거가 점증하고 있다. 그것은 특히 이 접근이 개인들, 부부들, 가족들, 집단들을 위해 적절하다는 것이다. 인생과제, 사회적 관심, 전체성이라는 아들러 개념에 추가된 생애에 걸친 안녕의 차원과 함께, 다른 접근 방법을 취하고 있는 이론가와 실천가들이 그들의 접근에서 결핍된 것을 취하기 위해 아들러 이론을 재검토하는 데 성공하리라 믿는다.

# 제3장 | 모두를 위한 삶의 규칙

행동의 차원

자연적 결과의 경험

실제적 시사점

요 약

연구문제

활 동

# 제 3 장
# 모두를 위한 삶의 규칙

자동차 열쇠를 차 안에 둔 채 문을 잠그고 내린 적이 있습니까?
현금이나 지갑을 집에 두고 백화점 계산대에서 계산을 하려고 한 적이 있습니까?
신발을 신지 않고 걷다가 발부리를 채인 적이 있습니까?
부주의로 값비싼 물건을 잃어버리거나 깨뜨린 적이 있습니까?

이러한 사건들은 행동에 커다란 영향을 미친다. 이런 사건들은 바람직하지 못하고, 때로는 고통스러운 결과를 초래한다. 각 사건은 일어날 수 있는 일을 미리 알 수 없기 때문에 생긴 결과다. 위의 경우들에서 자기 이외에 관련한 사람은 아무도 없다(즉, 자연적 결과는 다른 사람의 중재 없이 일어난다).

이러한 경험들은 '경험이 가장 좋은 교사다.' 또는 '학습은 어려운 경험을 통해서 이루어진다.' 와 같은 말들을 생각나게 한다. 삶에 대처하는 방법을 학습하게 하는 안내자로서 개인적인 경험의 가치에 대해 말을 하자면 끝이 없다. 그러나 그러한 학습은 불리한 점도 있다. 예를 들면, 심각한 실수로 실제로 신체적인 손상이나, 심지어는 죽음까지도 초래할 수 있다. 또 개인은 일어날 수 있는 결과에 대해 과잉행동을 할 수도 있고, 다른 영역의 성장을 방해하는 공포감이 발달할 수도 있다. 또한 어떤 결과는 장기간에 걸쳐 지속적인 영향을 미치기도 한다(예; 양치질을 하지 않는 것은 궁극적으로 충치나 건강하지 못한 잇몸 질환의 원인이 된다). 요약하면, 자연적 결과는 사람이 적응하도록 학습하는 방법에 영향을 주지만, 자연적 결과가 긍정적인 영향을 갖도록 하기 위해서는 지혜롭게 사용해야 한다.

## 행동의 차원

아들러 심리학에서 행동의 차원, 즉 자연적 결과, 논리적 결과, 격려는 교육적 과정의 토대가 된다.

### 자연적 결과

자연적 결과는 분별없는 행동이 초래한 결과며, 다른 사람의 중재 없이 일어난다. 예를 들어, 옷세탁을 게을리하면 옷은 깨끗해지지 않는다. 더러워진 옷을 세탁기에 넣지 않으면 깨끗한 옷을 입을 수 없다.

### 논리적 결과

논리적 결과는 분별없는 행동이 초래한 결과며, 다른 사람이 의도적으로 중재한 경우에도 논리적으로 일어날 수 있다. 예를 들어, 다른 사람들이 당신의 물건을 치워 버린다면, 그들은 그것들을 어디에다 치워야 할 것인지도 결정할 것이다. 논리적 결과는 이러한 일이 일어나면 당신은 그 기간에는 그 물건을 사용할 수 없다는 것이다.

### 격 려

이 차원은 개인이 어떤 곤경, 패배, 과제에 성공적으로 대처하는 데에 필요한 신념과 자신감을 개발하는 과정을 의미한다. 어떠한 환경에서도 사람은 설 자리가 있고, 소속되어 있으며, 살아남을 수 있으리라는 점을 알고 있다.

# 자연적 결과의 경험

자연적 결과는 다른 사람의 중재 없이 일어나는 분별없는 행동의 부정적 결과다. 자연적 결과는 본질적으로 위대한 사회적 평등의 실현자다. 당신의 사회적 지위와 상관없이, 당신이 '상식' 의 법칙을 어긴다면 자연은 자기 의지대로 움직인다. 대통령도 가끔 어두운 침실 안을 더듬거리고 다니다 발부리를 채일 수 있다. 아무리 비싼 자동차라도 연료를 채우지 않으면 달릴 수 없다. 당신은 성, 연령, 인종 등과 상관없이 자연의 법칙이 모든 사람들에게 적용된다는 점을 인식함으로써 개인의 평등이 어떻게 강화되는지 알 수 있다. 그러한 법칙은 모든 사람을 위한 것이다.

역사적 관점에서 볼 때 자녀양육 방법으로 자연적 결과를 이용한 것은 결코 새로운 것이 아니다. 스펜서(Spencer, 1885)는 100년 전 루소의 생각을 지지하면서 부모나 어른들의 기준에 맞춰 아이들을 호되게 취급하는 것을 비판하였다. 스펜서는 처벌이 아동을 성인기 삶의 요구에 준비시키기보다는 오히려 아동을 버리게 할 뿐이라고 믿었다. 그는 이에 대한 적절한 대안으로, 아들러 학파가 자연적 결과라고 말한 것에 대해 논의하였다.

> 어떤 아이가 테이블에 머리를 부딪쳤을 때, 그 사건에 대한 기억은 아동을 더 조심하게 한다. 그러한 경험을 반복함으로써 그 경험은 궁극적으로 아동의 행동에 적절한 지침이 된다. 그래서 비슷한 사건 한두 가지를 강하게 경험하게 되면 그 이후로는 어떤 방법으로도 아동이 자신의 경험법칙을 무시하도록 설득할 수 없다. 그 법칙들은 단지 이러한 행위 때문에 나타나는 피할 수 없는 결과이고, 아동의 행위에 수반하는 불가피한 반응에 지나지 않는다(Spencer, 1885, pp. 161-163).

모든 사람은 이러한 경험에서 자연의 질서에 대한 중요한 교훈을 배운다. 따라서 사람들은 다른 사람이 각자 자신의 행위에 대한 책임을 수용하도록 돕는 유용한 도구를 갖고 있다. 설명이나 잔소리, 간청 없이도 사람은 '자연이 그 의지대로 움직이게' 할 수 있으며, 모든 사람들에게 자연적 결과로 인하여 적용되는 질서가 강화되도록 할 수 있다.

## 실제적 시사점

자연적 결과가 작용하고 있다는 예는 수없이 많지만, 이 중에서 단지 몇 개만이 당신에게 일어난다. 당신은 앞을 주의 깊게 살피지 않으면 발부리를 채이거나 타박상을 입을 수 있다. 어떤 아이들은 '빨리 뛰지 마라.' 라는 충고를 무시해서 심한 상처를 입기도 한다. 뜨거운 접시나 주전자를 만지는 것은 당신이 위험한 물건과 위험하지 않은 물건을 구별할 수 있을 정도로 충분히 성장한 후에도 계속 조심을 하게 한다. 어떤 어른들은 자동차의 연료 계기판이나 경고등에 주의를 기울이지 않는다. 이러한 부주의의 결과는 불편함과 비싼 수리비로 나타난다. 이와 비슷하게, 늦잠, 과식, 과로, 작업에 필요한 도구를 깜박 잊고 두고 오는 것, 일을 지나치게 많이 미뤄 두는 것들은 모두 자연적 결과를 가져온다.

### 자기학습상황

다음과 같은 물음에 대한 각 행동의 결과를 하나 이상 고르시오. 만약 긍정적 또는 부정적으로 중재하는 사람이 없다면 어떤 일이 일어날까?

| | |
|---|---|
| 1. 당신은 바닥에 떨어진 당신의 옷을 줍지 않는다. | ___ ① 옷이 더러워진 상태로 남아 있다. |
| | ___ ② 옷에 흙이 더 많이 묻게 된다. |
| | ___ ③ 당신은 입을 옷이 없게 된다. |
| | ___ ④ 다른 누군가가 그 옷을 줍게 된다. |
| 2. 당신이 늦게 상점에 갔다. | ___ ① 상점이 문을 닫았다. |
| | ___ ② 누군가 당신을 위해 문을 열어야 한다. |
| | ___ ③ 당신은 불편함을 겪게 된다. |

| | |
|---|---|
| | ___ ④ 당신은 화가 난다. |
| 3. 당신이 일을 끝내지 않았다. | ___ ① 다른 사람이 당신을 위해 그 일을 해 준다. |
| | ___ ② 당신은 아마 더 불편한 다른 시간에 그 일을 해야 할 것이다. |
| | ___ ③ 당신은 다음에 더 많은 일을 해야 한다. |
| | ___ ④ 당신은 미래의 과제에 필요한 지식, 기술, 경험을 얻지 못한다. |
| 4. 당신이 자연의 법칙을 무시한다. | ___ ① 당신은 타박상을 입거나 상처를 입게 된다. |
| | ___ ② 다른 사람이 당신을 보호해 줄 것이다. |
| | ___ ③ 당신은 당신 주위에 있는 것에 깔리거나 충돌하게 된다. |
| | ___ ④ 당신의 보험료가 올라간다. |

선택지 간의 미묘한 차이를 완전히 이해하기 위해, 가능하다면 다른 사람과 반응을 서로 비교해 보라. 그런 다음 하단에 있는 정답과 맞춰 보라.

종종 어떤 사람은 자연적 결과가 화를 내거나 이와 비슷한 정서적 반응이라고 한다. 그러나 정서는 경험에 대한 피할 수 없는 결과나 불가피한 반응은 아니다. 사람들은 동일한 사건에 대해 서로 다른 정서적 반응을 보인다. 그러므로 정서적 반응은 자연적 결과가 아니다. 이와 비슷하게 '운동의 자연법칙을 무시' 하다가 발생한 교통사고는 보험료의 인상을 초래한다. 그러나 여기에는 다른 사람의 중재가 필요하다. 수많은 상황 때문에 보험회사가 당신의 보험료를 올리지 않기로 할 수도 있다.

가끔 위험한 상황에 대해 의문이 생길 것이다. 우리가 위험한 상황에 대해

---

정답: 1. ① ② ③  2. ① ③  3. ② ③ ④  4. ① ③

상식적으로 말할 때, 여기에는 판단의 필요성이 내포되어 있다. 사실 이 주제에 대한 숙달 정도는 일반적인 규칙을 사용하는 개인의 구별능력에 의해 부분적으로 결정될 수 있다. 일반적인 규칙에 예외를 두는 가장 적절한 시점을 아는 것이 숙달의 한 증거다. 가끔 당신은 어린아이가 자기 스스로 결과를 발견하겠다고 고집하기 때문에, 아이가 떨어지거나 부딪치는 상황에서도 중재하지 않고 그를 보호하지 않기로 할지도 모른다. 이와 비슷하게 동료, 친구, 배우자에게 도구, 생필품, 약속 등을 '망각' 하지 않도록 도와주는 것이 단지 그들의 자기패배적이고 무책임한 행동을 강화할 뿐이라는 점이 분명할 때에는 당신은 이러한 노력을 더 이상 제공하지 않을 수도 있다. 그러나 이와는 반대로 두세 살짜리 아이가 복잡한 도로로 뛰어들거나 누군가가 휘발유 냄새가 나는 곳에서 담배에 불을 붙이려고 할 때 이를 방치할 사람은 아무도 없을 것이다.

어린이들이 스스로를 망치거나 죽게 만들 것이라는 생각이 어른들을 사로잡아 왔다. 많은 어린이들과 나눈 이야기와 수년간의 관찰에 의하면 분명히 일반적인 진실이 있다. 평균적으로 볼 때, 자신을 의도적으로 심각하게 손상시키려는 사람은 아무도 없다. 어떤 아이들은 위험한 장난을 치기도 하지만, 그들도 자기가 다치지 않을 것이라고 기대하고 있다. 무모하게 억지로 자신을 시험하고자 하는 사람은 드물다. 이들은 예외적인 사람들이다. 이보다 더욱 흔한 일로서 한 만화가가 두 어린이 간의 토론장면을 만화에서 그려 놓은 것처럼, 아이들은 어른들에게 강한 인상을 주기 위해 "사전에 아주 세심하게 위험한 상황을 계획해야 한다!"

아이들은 어른들에게 강한 인상을 주기 위해
위험상황을 계획한다.

어떤 부모교육집단에서 한 부모는 자기 아들이 '자살하기로 결심했다.' 고 확신하였다. 다른 정보에 근거하여 집단구성원들은 이러한 가정에 의문을 가졌다. 그러나 그 부모는 모든 유형의 위험에서 아들을 보호해야 한다고 느꼈다. 두 회기가 지난 후에 그 부모는 집단구성원들의 충고를 믿게 되었다. 그

주에 그 부모가 저녁을 준비하고 있을 때, 아이가 차고 지붕 꼭대기를 걸어가는 것이 보였다. 갑자기 그 아이는 발을 헛디뎠고 아래로 떨어졌다. 이제 큰일 났다고 생각하면서 그 부모는 뒤뜰로 달려갔다. 아이는 차고 뒤에 크고 조심스럽게 만든 낙엽더미 위에 앉아서 입이 찢어지게 웃고 있었다. 아무도 그 아이의 동기를 설명할 필요가 없었으며, 부모교육을 더 받고자 하는 집단 참가자도 발견할 수 없었다.

아이들만 문제행동을 하는 것은 아니다. 가족, 룸메이트, 동료가 지속적으로 무례한 행동을 자주 할 때에는, 자연적 결과가 나타나도록 내버려 두는 것이 해결책이 될 수 있다. 예를 들어, 많은 주부들은 남편이 늦게 들어와서 새로 한 따뜻한 밥을 원한다고 불평한다. 그러나 그 시간에 밥은 이미 분명히 식었다. 실제로 어떤 가정에서는 가족성원들이 제때에 집에 오지 않거나 늦겠다고 전화하지 않았을 때, 늦게 온 사람이 식은 밥을 먹는다는 데에 동의한다. 이러한 경우에는 늦게 온 가족에 대한 비난도 없을 뿐만 아니라 화난 감정도 없다. 왜냐하면 모든 가족이 다 좋은 식사를 한 것이 아니기 때문이다. 침묵이 최선이고 호의는 차선이다.

마지막 말은 이해를 위해 특별히 중요하다. 많은 사람들이 훈육의 한 방법으로서 처벌의 사용에 익숙하기 때문에, 그들은 문제를 유발한 사람이 고통받기를 원한다. 그들은 이제 갈등하지 않는 것만으로는 충분치 않다고 믿는다. 그들은 복수나 보복을 원한다. 이러한 마음의 상태에서 자연적 결과는 관대한 행위로 보일 수 있다. 복수와 보복하고자 하는 욕구는 갈등을 증폭시키는 경향이 있다. 반면에 자연적 결과는 그렇지 않다. 아무도 중재를 필요로 하지 않기 때문에 현실에서 곧 배우게 된다. 당신은 귀찮은 상황에서도 우호적이고 평정을 유지할 수 있다. '내가 너에게 그렇게 말했잖아.' 또는 '이제 너는 그것을 하는 것이 좋지 않다는 것을 알게 될 것이다.' 와 같은 말은 필요하지 않다. 이러한 말을 친절하게 하더라도 마찬가지다. 이들 역시 미래에 갈등이 생길 가능성을 증가시킨다. 인내하라. 그리고 결과가 학습의 원천으로서 그 가치를 증명하듯이, 더 책임감 있는 행동이 일어날 것임을 인식하라.

더 중요하게 주목해야 할 것은, 알코올이나 다른 약물중독에 관한 문헌들에 의하면, 사랑하는 사람들이 자기파괴적이고 타인파괴적으로 행동한 결과에 대해 그들을 용서해 줌으로써 가족과 친구들은 그들이 그러한 행동을 계속하도록 한다는 것이다. 토하고 난 후에는 깨끗이 청소를 해야 하는 것(자연적 결과)이든지, 아니면 차를 사용하지 못하도록 하는 것(논리적 결과)이든지 간에 어떠한 중재 프로그램에서도 합리적이면서도 단호한 규칙을 반드시 포함해야 한다. 관련된 모든 사람들의 이익을 위해서 그러한 중재는 늦는 것보다는 빠른 것이 더 낫다. 그러한 '강인한 사랑' 이 삶과 인간관계를 구할 수 있다. 그러한 상황에서는, 다른 치료적 중재 또한 분명히 필요할 것이다.

## 요 약

이 장은 책임감 있는 행동과 태도를 가르치는 삶의 방법에 대한 인식을 증대시키기 위해 마련했다. 각 개인이 자연적 결과의 경험을 통해 어떻게 학습해 왔는지를 알게 되면, 다른 사람들이 자기 행동에 대한 책임을 수용하도록 하는 방법으로서 자연적 결과를 더욱 잘 실행할 수 있다. 이후의 장들은 자연적 결과의 활용과 유용성을 보여줄 것이다. 다음 장은 행동의 결과를 사회적 영역으로 더욱 확대하였다.

# 연구문제

**지시:** 다음 질문에 답하시오.

1. 이 장의 제목에 왜 '규칙은 모든 사람들을 위한 것이다.' 라는 말이 포함되어 있는가?

2. 자연적 결과와 관련하여 중요한 교훈이 되었던 경험 중에서 두세 가지 예를 인용하시오.

3. 당신이 아는 어떤 사람에게 더 책임감 있는 행동을 하도록 하기 위해 자연적 결과를 어떻게 경험하도록 했는지 그 예를 한 가지 제시하시오.

4. 당신은 어떤 상황에서 자연적 결과가 일어나도록 하였는가?

5. 당신은 어떤 상황에서 다른 사람이 자연적 결과를 경험하지 못하도록 중재하였는가?

# 활 동

자연적 결과는 분별 없는 행동의 결과며, 다른 사람의 중재 없이 일어난다.

I. A. 다음 중에서 자연적 결과의 예가 될 수 있는 것에 V 표시를 하시오.

| 행 동 | 자연적 결과 |
|---|---|
| 1. 당신은 화초에 물 주는 것을 잊었다. | ___ ① 꽃나무가 죽는다.<br>___ ② 잎과 꽃이 떨어진다.<br>___ ③ 다른 꽃나무로 바꿔 심어야 할지도 모른다.<br>___ ④ 다른 사람이 물을 주어야 한다. |
| 2. 차 열쇠를 차 안에 두고 문을 잠갔다. | ___ ① 당신이 약속을 지키지 못하게 된다.<br>___ ② 다른 사람이 당신을 위해 문을 열어 주어야 한다.<br>___ ③ 당신이 불편을 느끼게 될 수도 있다.<br>___ ④ 당신은 우울해진다. |
| 3. 당신의 구두끈을 매지 않는다. | ___ ① 다른 사람이 당신을 위해 구두끈을 매 준다.<br>___ ② 당신이 구두끈에 발이 걸려 넘어진다.<br>___ ③ 구두가 잘 맞지 않고 낡게 된다.<br>___ ④ 위험할 때, 안전한 곳으로 빨리 이동할 수 없다. |
| 4. 당신이 돈 없이 휴가를 떠난다. | ___ ① 당신은 돈을 빌리고 그 이자를 물어야 한다. |

___ ② 다른 사람이 당신에게 돈을 주어야 한다.
___ ③ 당신은 당신이 계획한 일을 할 수 없게 된다.
___ ④ 당신은 필요한 것을 사기 위한 돈을 구하느라 재미있는 시간을 잃게 된다.

B. 이제 당신의 파트너나 집단구성원들과 함께 어떤 것이 자연적 결과로서 적절한지 합의에 도달하시오.

C. 당신의 반응을 정답과 맞춰 보시오.

II. A. 다른 사람이 중재하지 않을 때, 다음 각 문항에 대한 자연적 결과를 한 가지 이상 쓰시오.

| 행 동 | 자연적 결과 |
| --- | --- |
| 1. 당신이 필요한 물건을 잘못 놓아둔다. | |
| 2. 당신이 치과 예약을 잊는다. | |
| 3. 당신이 연장을 조심스럽게 다루지 않는다. | |
| 4. 당신이 목욕을 하지 않는다. | |
| 5. 당신이 충분히 잠을 자지 않는다. | |

---

정답: 1. ① ② ③ 2. ① ③ 3. ② ③ 4. ③ ④

6. 당신이 식사를 한두 끼 거른다.

7. 당신이 재산을 남용한다.

8. 당신이 필요한 옷, 장비, 물건을 잊고 가져오지 않는다.

B. 당신이 작성한 자연적 결과의 목록을 집단구성원들에게 나눠 주고 함께 토론하시오.

III. A. 당신이 경험한—대리경험이라도—자연적 결과 중에서 아직도 당신의 행동에 중요한 영향을 미치는 것을 세 가지 이상 제시하시오.

| 행 동 | 결 과 |
|---|---|
| 1. | |
| 2. | |
| 3. | |

B. 당신의 파트너나 집단구성원들과 당신의 반응에 대해 함께 이야기해 보시오. 다른 사람들이 당신이 제시한 결과가 자연적 결과라는 데에 동의하는가? 그 이유는 무엇인가? 다른 집단구성원들의 반응에 대해서도 토론해 보시오.

## 제4장 | 논리적 결과: 사회의 교훈

결과와 처벌의 비교

논리적 결과의 측면

새로운 규칙

요 약

연구문제

활 동

## 제 4 장

# 논리적 결과: 사회의 교훈

3장에서 살펴보았듯이, 자연적 결과는 우리의 행동에 강력한 영향을 미친다. 그러나 자연적 결과는 한계를 갖고 있다. 따라서 사회적 관례, 관습, 규칙, 법률은 나름대로 영향력이 있다. 이러한 것들에 대한 이해가 부족하거나 무시하면, 다양한 민족이나 국가에서 인간 관계에 어려움을 겪게 된다. 예를 들어, 서구의 사업가들은 아랍, 중국, 일본 사업가와의 거래에서 미묘한 차이의 난해함을 잘 인식하지 못한다. 비슷하게, 가족 내외의 견해차가 커서 결혼에 합의하는 일이 마치 전쟁을 방불케 할 수도 있다.

집단의 규칙과 관례에 기인한다고 여기는 사람들에게, 이러한 규칙과 관례를 위반하는 것은 사회적 결과를 초래한다. 그러한 결과는 일반적으로 구성원 한 사람의 분별없는 행동의 논리적 결과로서 받아들여진다. 동료들 간의 합의는 규칙의 힘이 개인을 지배하도록 한다. 개인은 그 결과를 좋아하지 않을지라도 그 결과를 수용하는 경향이 있다. 왜냐하면 그러한 규칙은 모든 성원들에게 적용되고, 개인뿐만 아니라 집단의 발전에도 공헌하고자 하는 것이기 때문이다. 자연적 결과와는 달리, 논리적(사회적) 결과는 행위에 뒤따르는 피할 수 없는 결과가 아니다. 그러므로 논리적(사회적) 결과를 정의하고 그 적용을 설명하는 것은 훨씬 더 복잡하다. 충분한 이해를 위해서는 논리적 결과가 작동하는 상황을 살펴볼 필요가 있다.

## 결과와 처벌의 비교

논리적 결과는 분별없는 행동에 수반하는 부정적 결과이며, 그 결과가 한 사람 이상의 타인들의 의도적인 중재가 필요한 경우에도 논리적으로 나타날 수 있다. 예를 들어, 당신이 당신의 물건을 다른 사람들이 불편해하는 장소에 두었다면 다른 사람들이 그 물건을 당신이 불편해하는 장소로 옮길지도 모른다. 논리적 결과는 당신이 이 기간 동안에 그 물건을 사용하지 못하는 형태로

〈표 4-1〉 결과와 처벌의 비교

| 결 과 | 처 벌 |
|---|---|
| 개인이 아닌 상황의 사회적 질서의 실재를 나타낸다. | 개인적인 권위의 힘을 나타낸다.-권위주의자 |
| 무질서한 행동과 논리적으로 연결된다. | 무질서한 행동과 결과가 논리적으로 연결되지 않고 단지 임의적으로만 연결된다. |
| 도덕적 판단의 요소를 포함하지 않는다. | 도덕적 판단을 어느 정도 불가피하게 포함한다. |
| 지금 일어날 것에만 관심을 갖는다. | 과거에 관심을 갖는다. |
| 관계와 분위기가 우호적이다. | 명시적이든 암시적이든 종종 화를 표출한다. |
| 분노감이 최소화된다. | 분노감이 빈번하게 나타난다. |
| 내재적 동기와 자기훈육을 발달시킨다. | 외재적 동기에 의존한다. |
| 굴복이나 모욕감이 없다. | 종종 굴복이나 모욕감을 수반한다. |
| 일정한 한계 내에서 선택의 자유가 있다. | 대안이나 선택의 여지가 없다. |
| 결과를 수용할 수 있다. | 처벌은 기껏해야 단지 참는 것이다. |
| 사려 깊고 신중하다. | 종종 충동적이다. |
| 받는 사람이 자신을 중요하게 느낀다. | 받는 사람이 자신을 하찮게 느낀다. |
| 선택은 단지 한 번만 주어진다. | 종종 끊임없는 잔소리를 포함한다. |
| 행동을 사용한다. | 말과 강요를 사용한다. |

나타날 수 있다. 자연적 결과와 논리적 결과의 개념이 생소한 일부 사람들은 이것들을 벌로 간주할 것이다. 드레이커스와 그레이(Dreikurs & Grey, 1968)는 이러한 생각이 잘못되었음을 설명하고 있다. 〈표 4-1〉에서 비교하는 내용은 결과와 벌의 차이를 구분하는 데 도움이 될 것이다.

## 논리적 결과의 측면

결과가 성공적으로 실행되도록 하는 데에 공헌하는 세 측면은 태도, 선택, 행동이다.

### 태 도

우호적인 태도를 유지하고 선택의 여지를 갖도록 도와주는 것은 아주 중요하다. 분노의 감정은 다양한 이유로 갈등을 유발한다. 그러한 경우에 개인적인 힘은 "내가 지시한 것을 하든지 아니면 그만둬."와 같은 최후통첩으로 나타난다. 갈등은 상승되어 큰 전쟁이 되고 협력관계는 사라진다.

우호적인 태도는 ① 당신이 논쟁하는 것 외에도 다른 대안들을 인식할 수 있을 때, ② 당신이 이기거나 지는 것에 몰두하지 않을 때 유지될 수 있다. 분노의 감정이 무례함 없이 표현될 때에는 촉진될 수도 있다. 분노의 감정은 제5장에 소개되어 있는 것처럼, 심지어 격려가 될 수도 있다. 그러나 대체적으로 아들러 학파는 당신에게 힘겨루기에서 벗어날 것을 권고한다.

싸움에는 최소한 두 사람이 필요하기 때문에 드레이커스는 "바람을 피하여 돛을 달라."라고 권고하였다. 분노의 감정이 가라앉았을 때, 무엇이 왜 일어났는지(즉, 어떤 목적을 충족하고 있는지)를 논의해 보는 것이 우호적인 관계를 재정립하는 데 도움이 될 수 있다. 이러한 논의는 굴복을 의미하지 않는다. 오히려 상황이 진정될 때까지 당신이 힘겨루기에서 한 걸음 물러나는 것이다. 간단한 기법 하나는 욕실로 가는 것(즉, 욕실기법)이다. 우습게 들릴지는 모르지만 부모들, 아이들, 배우자들은 이 기법이 가족에게 실제로 매우 큰 화합을 가져다준다고 말한다. 직장에서 일하고 있는 사람들도 동료와 상사의 관계에 똑같이 좋은 결과를 가져온다고 말한다.

힘겨루기에서 벗어나라.

화를 내면서 논리적 결과를 경험하게 하는 것은 받는 사람이 논리적 결과를 보복이나 벌로 받아들일 가능성을 증대시킨다. 만약에 받는 사람이 대립하거나 보복하는 목적을 가지면, 논리적 결과는 비효과적 방법이다. 그러나 어떠한 자연적 결과도 유용하거나 합당하지 않다면(지붕이 꺼지기를 기다리는 것은 너무 오랜 기간 또는 심각한 손상이라는 자연적 결과를 초래할 수 있다) 논리적 결과는 의지할 만한 수단이 된다.

## 선 택

선택은 논리적 결과를 성공적으로 실행하게 하는 또 다른 측면이다. 선택권을 줄 때 나타나는 마법은 가끔 이러한 방법에 익숙하지 않은 사람들을 놀라게 한다. 최후통첩을 고맙게 여길 사람은 아무도 없다. 특히 관련 당사자들 간에 개인적인 긴장이 있을 때는 더욱 그렇다. 그러나 개인이 때때로 영향력과 선택권을 조금이라도 갖고 있다는 것을 인식하는 것만으로도 방어와 저항을 누그러뜨리기에 충분하다. 실험연구에 의하면, 골치 아픈 상황에 대해 통제력을 갖고 있다고 생각하는 사람들은 통제력을 갖고 있지 않다는 말을 들은 사람들보다 덜 고통스러워 한다. 심지어 두 집단 모두 실험요인에 대해 어떠한 영향력도 갖고 있지 않음에도 불구하고 그렇다. 이러한 현상의 실증적인 한 예로 안과에서 접수원으로 일하고 있는 부모학습집단의 한 성원이 이 원리를 자신의 직장에 적용한 것이 있다.

가끔 환자들은 그들의 눈에 약물을 넣는 것을 방해하였다. 그럴 때, 그녀는 의사에게 이 문제를 다루는 것에 관한 제안을 하나 하고 싶다고 하였다. 그 의사는 그녀의 충고에 따라 환자에게 약물을 한 번에 두 방울을 다 넣기를 바라는지, 아니면 한 번에 한 방울씩 넣기를 바라는지 물었다. 그 환자는 선택을 하였고, 그 의사는 그 이후로 그녀에게 감사하고 있다. 왜냐하면 이 방법이 다른 환자들에게도 똑같이 효과적임이 증명되었기 때문이다. 특히 통제에 대한 편견을 갖고 있는 사람들은 선택권을 줄 때 더욱더 협조적인 태도를 갖는다.

선택권을 주는 마법은 사람들을 놀라게 한다.

교사와 부모들도 아이들과 비슷한 결과를 보고하였다. 그 중의 하나는 끊임없이 의자를 뒤쪽으로 흔들어 대는 학생 때문에 귀찮아 하는 한 교사의 사례다. 반복적인 경고에도 불구하고 그 학생은 의자 두 다리를 뒤쪽으로 기울여 앉았다. 결국 그 교사는 그 학생에게 다른 아이들처럼 의자 다리를 모두 붙이고 앉고 싶은지, 아니면 꼭 두 다리로만 앉고 싶은지를 물어보았다. 그러자 그 아이는 두 다리를 이용해서 앉고 싶다고 하였다. 그래서 그 교사는 의자의 앞 두 다리에 책 두 권을 받쳐서, 의자가 안전하지만 불편한 각을 이루도록 뒤로 기울였다. 얼마 후에 그 아이는 의자 앞다리에 받쳐 두었던 책을 치웠고, 더 이상 문제를 일으키지 않았다. 이 경우에, 교사는 현명하게 선택권을 주어 창의적으로 논리적 결과를 정착하였다.

## 말이 아닌 행동

자연적 결과와 논리적 결과를 성공적으로 실행하는 데 중요한 점은 말이 아닌 행동이 오해를 덜 일으키는 데 도움이 된다는 것이다. 앞의 사례에서 일단 선택을 하면, 교사는 더 이상 아무 말도 하지 않았다. 특히 그 아이가 의자 앞다리에 놓아 두었던 책을 치우고 의자를 바로 하고 앉았을 때, 교사는 다른 일에만 주의를 집중함으로써 그 아이의 행동에 대해서 관심이 없음을 분명히 하였다. 만약에 그 교사가 어떤 말을 했다면, 설령 좋은 의도로 하였더라도 오해받을 수도 있었을 것이다. 아동들과 마찬가지로, 어른들도 일단 협조하는 것이 자신에게 가장 이익이 된다고 생각하고 나면 허세를 부리지 않고 조용히 협조적인 자세를 취한다.

## 새로운 규칙

앞에서 지적했듯이 모든 집단, 조직, 가족은 구성원들의 행동에 영향을 미치는 규칙을 갖고 있다. 상호 작용하고 있는 집단의 사람들에게 무엇이 적절한가는 구성원들의 다양한 반응을 통해서 배우게 된다. 나는 사회적 평등주의자들이 갖는 민주주의의 철학과 가치에 토대를 둔 새로운 규칙이 갖는 가치에 주목할 것을 요청하고 싶다. 옛 규칙은 권력자들의 영향력하에 있는 사람들을 존중하고 그들의 권리를 보장하는 것을 부정하거나, 방해하는 권위주의자들의 철학과 가치체계에 토대를 두고 있는 경향이 있다. 권위주의자들이 주장하는 것과 반대로, 무질서는 권리와 책임을 나누어 갖기 때문에 생기는 것이 아니다. 나는 사회기관의 모든 지도자들이 사회적 민주주의의 방법과 기법을 배워야 한다는 드레이커스의 바람에 동의한다. 이러한 지도자들에는 부모, 교사, 기업인, 정치인들이 포함된다.

새로운 규칙을 가정, 교실, 사업에 실제적으로 적용하면 개인으로 하여금 자신의 성공뿐만 아니라 집단의 성공을 위해서도 더욱 열심히 일하고자 하는 마음을 북돋아 줄 수 있다. 이 장의 끝 부분의 활동에 예시되어 있듯이, 논리적 결과를 활용하는 데에는 신중함과 창의성이 요구된다. 이 두 가지 속성은 지도자의 위치에 있는 사람들뿐만 아니라 대부분의 부모들도 갖고 있는 능력이다. 힘을 북돋우고, 존경심을 보여주고, 합리적이고 상식적인 의사결정을 기대할 수 있도록 신중하게 고안된 새로운 규칙들은 가정, 교실, 직장의 환경을 변화시킬 것이다. 각 규칙으로 갈등을 해소할 수 있는 상황이 될 것이고, 그 규칙 내에서는 문화, 성 또는 이와 유사한 요인들로 인한 다양성이 자산이 될 것이며, 각 개인은 개인적인 공헌과 협동을 통하여 더 높은 자기존중감을 경험할 것이다.

## 요 약

논리적 결과는 개인과 집단의 발전에 큰 영향을 미친다. 아들러 학파는 논리적 결과를 긍정적이고 힘을 북돋우는 방식으로 사용해야 함을 일깨운다. 논리적 결과는 단지 다른 사람의 행동을 조성하고 변화시키는 기법이라기보다는 오히려 좌절한 개인을 자기패배적인 태도, 정서, 행동의 속박으로부터 자유롭게 하는 수단이다. 논리적 결과는 선택, 책임, 존중을 통하여 힘과 용기를 북돋운다.

## 연구문제

지시: 다음 질문에 답하시오.

1. 결과와 처벌의 차이점을 네 가지 이상 나열하시오.

2. 당신의 경험 중에서 자연적 결과와 논리적 결과를 구분할 수 있는 예를 두 가지 이상 제시하시오.

3. 왜 공통적인 사회집단의 모든 성원들에게 논리적 결과를 적용해야 하는가? 만약 그렇지 않으면 어떤 문제가 생기는가?

4. 논리적 결과가 가장 덜 효과적일 것 같은 때는 언제인가?

## 활 동

논리적 결과는 분별없는 행동에 논리적으로 뒤따르는 것으로서, 그 영향을 확실히 하기 위해 다른 사람이 관여해야 한다. 보통 개인은 주어진 상황에서 대안적인 선택을 갖고 있다. 행동과 그 행동의 논리적 결과는 개인으로 하여금 판단착오와 그 판단착오를 교정할 책임을 수용하도록 돕는다.

예:

| 행 동 | 논리적 결과 |
|---|---|
| 아이가 아침에 옷을 입지 않는다. | 만약에 어른이 아침 식사를 준비해야 할 시간에 아이의 옷 입는 것을 도와주어야 한다면, 아침 식사를 할 수 없다. |
| 아이가 옷을 현관에다 벗어 둔다. | 다른 사람들이 그 옷을 마음대로 옮긴다. |

I. A. 다음 각 행동에 대한 논리적 결과를 하나 이상 제시하시오. 만약에 어떤 사람이 개입한다면 어떤 일이 일어날 것인지 자신에게 질문해 보시오. 만약에 그것이 모든 사람들에게 규칙이 된다면 어떤 일이 일어날까?

1. 허락 없이 다른 사람의 물건이나 옷을 사용한다.

2. 다른 사람들에게 떠날 시간과 돌아올 시간 등을 말해 주지 않는다.

3. 지속적으로 물품을 부족하게 준비한다(예; 차를 타고 돌아올 때 기름이 조금밖에 없다).

4. 계획된 활동(예; 독서모임, 수업, 가족모임)에 늘 지각한다.

5. 지시사항을 한 번에 듣지 않는다.

6. 한밤중이나 다른 사람들에게 불편한 시간에 정기적으로 도움을 요청한다.

7. 오라고 부를 때 한 번에 오는 경우가 없다.

8. 잔소리나 위협을 하지 않으면, 쓰레기를 버리거나 잔디 깎는 일을 하지 않는다.

B. 당신이 제시한 논리적 결과들을 집단구성원들에게 보여주고 함께 토론하시오.

II. A. 당신이나 다른 사람들이 분별없는 행동의 결과를 경험하도록 돕는 데 성공적으로 활용된 논리적 결과를 세 개 이상 찾아보시오. 다른 사람들이 중재를 했는가? '새로운 규칙'이 채택되었는가?

| 분별없는 행동 | 경험한 논리적 결과 |
|---|---|
| 1. | |
| 2. | |
| 3. | |

B. 당신이 응답한 내용을 당신의 짝이나 집단구성원들에게 보여주시오. 당신이 제시한 결과가 논리적 결과라고 다른 구성원들도 동의하는가? 그 이유는 무엇인가? 다른 참가자들의 응답내용에 대해서도 논의하시오.

# 제5장 | 변화의 핵심요인: 격려

자기에 대한 믿음

자기존중감

평가와 중재

정의와 가정

격려의 본질

격려하기

격려하기에 대하여

요 약

연구문제

활 동

# 제 5 장
# 변화의 핵심요인: 격려

케네디(Kennedy, 1956)는 저서 『용기 있는 사람들』에서 유권자들에게는 인기가 없지만 역사적으로 중요한 순간에 용기 있는 행동을 하였던 입법자들의 사례를 기술하였다. 케네디는, 이러한 사람들이 더 나은 사회를 위한 기본적인 원칙을 만들기 위해서 파벌정치와 그 시기에 만연한 사회 현실을 어떻게 초월했는지 설명하였다. 그렇지만 그들은 모두 직업상 공적 신뢰를 보인 것은 아니었다. 반면 여러 사람들은 여론에 반한 행동을 했을 경우에 좌절과 잠재적인 신체적 위험에 직면하였다. 예를 들어, 노예제도에 반대하는 발언을 하였을 때 그들은 많은 부정적 결과를 경험하였다. 케네디는 모든 사람들이 어떤 행동을 결정하기 위해 자기 마음을 성찰해야만 할 때 자기 삶 속에서 그러한 기회를 갖게 된다고 믿었다.

책임감 있고 신중하며 확신에 찬 행동을 하게 하는 자질의 육성이 이 장의 주제다. 때로 부정적 결과에 직면할 때, 그리고 개인적 이익보다 훨씬 큰 공익을 위해 행동할 때 그것은 필요하다. 마찬가지로 그것은 매 순간 적극적인 참여자로서 충실하게 살아가도록 해 준다.

격려의 개념에서 필수적인 요소는 용기이다. 간디(Gandhi)는 다음과 같이 말했다.

> 용기는 인격을 이루는 기초다. 용기 없이 도덕도 종교도 사랑도 존재할 수 없다. 사람이 두려움에 사로잡혀 있는 한 어떠한 진리나 사랑도 추구할 수 없다.(Nehru, 1958, p. i)

개인에게 세상의 아름다움에, 새로운 경험에 대한 내적 가치에, 새로운 발견이나 새로운 기술 습득에 대한 만족에 눈뜨게 하는 것은 바로 용감하게 삶에 다가가려는 자질이다. 모든 사람은 현재의 부정적 환경과 관계없이 그들이 생존할 뿐만 아니라 미래에 성공하리라는 어떤 기대를 가지고서 나날을 새로운 기회로서 맞이한다. 행운 때문이 아니라 삶을 지각하는 방식을 선택하였기 때문에, 그것은 진실이다.

사람들은 자기 미래에 슬기롭게
대응할 방법에 대한 자기의 기대를 창조한다.

아들러가 관찰한 내용은 연구와 임상적 경험을 통하여 확증된다. 아들러는 사람들이 미래에 닥칠 삶과 그것에 슬기롭게 대응할 방법에 대한 자신의 기대를 창조한다는 것을 알았다. 기본적으로 사람들은 두 가지 넓은 범주 중 하나에 자기를 소속시키는 경향이 있다. 배의 선장이나 인생의 책임자로서 자기 자신을 지각하거나, 자기가 통제할 수 없는 환경에서 비롯되는 재앙을 피할 수 없다고 생각하는 것이다. 후자는 수동적 혹은 적극적 태도와 행동을 취할 수 있다(예; 자기의 운명을 받아들이거나 긴장을 야기하는 것으로서 지각하는 힘이 무엇이든지 간에 그것에 도전한다). 수동적 집단의 사람들은 파괴적이고 부적절한 행동목표를 갖는 경향이 있다. 그러한 목표들은 제6장에서 논의한다.

심지어 성인들조차 어떤 사람들은 인생과제에 직면할 책임을 회피한다. 그들은 내가 통제할 수 없는 일들을 어떻게 책임질 수 있느냐고 순진하게 묻는다. 반면에 적극적인 집단은 한계들을 시험해 본다. 무모한 사람들, 도박꾼들, 다양한 부류의 범죄자들은 모두가 강압적인 힘에 대항하여 개인적 승리를 경험하려고 '불평등과 싸우려는' 욕망을 갖는 경향이 있다. 낙담해 있을 때, 그들은 억압적인 환경에서 가치 있는 사람이 되기 위해 숭고하고 꼭 필요한 것이라고 자신들의 행동 의미를 잘못 이해하였다.

분명히 두 가지 범주에 정도의 문제는 있다. 점성술을 믿거나 행운의 부적을 지니고 다니는 많은 사람들을 보라. 이와 비슷한 많은 사람들은 표면상 창조자의 선물로서 '자유의지' 를 믿는다. 그래서 새롭거나 힘든 삶의 상황에 대처하는 자신의 태도에서 낙담을 나타내는 다양한 행동과 그 정도에 둔감하다.

초기 아동기 경험은 개인의 삶에 대한 가능성을 증가시켜 주지만 방향을 결정하지는 않는다. 예를 들면, 사회화 과정은 무엇이 부적절하고 해로운 것인가를 아동에게 가르친다. 아들러 학파는 아동들이 확신이 있고 건강한 성인으로 발달하도록 하기 위하여 당신이 그들의 능력에 대해서 확신하고, 일과 존재를 수용한다는 것을 아이들도 알아야 한다고 믿는다.

아동은 끊임없이 자기의 한계를 깨닫는 경향이 있다. 수도꼭지에 다가갈 수 없고, 주방 조리대 위를 볼 수도 없으며, 음식을 자르는 데 도움이 필요하고, 혼자 옷을 벗을 수 없는 4세 아동을 생각해 보라. 성인들은 아동들이 도움을 필요로 한다고 생각하며, 곧 스스로 할 수 있을 것임을 안다. 그러나 아동의 시각에서 보면, 결코 완전한 자기확신을 경험한 적이 없기 때문에 이러한 일시적인 한계들이 열등감의 표시로 지각될 수 있다.

지속적인 격려를 받으면 아동들이 자기 존재에 대한 결점을 수용하고 최선을 다할 가능성을 증가시킬 수 있다. 아동들은 비록 자신의 시도가 때로 실패한다고 하더라도 그들이 실패자가 되지는 않는다고 생각할 것이다. 이에 반해, 형제간의 비교를 통해 그들의 한계가 과장되고, 과잉보호나 존경과 신뢰가 결여된 반응을 경험한 아동들은 열등감을 느끼거나 자기 능력이 부족하다는 느낌을 키울 수 있다.

## 자기에 대한 믿음

바이오피드백 연구와 스트레스 관리에 대한 문헌(Witmer & Sweeney, 1992)을 보면, 사람들은 자기가 경험하고 싶은 기분과 정서를 창조할 수 있는 능력을 가지고 있음을 명백하게 증명하고 있다. 그들은 또한 정서가 목표 성취를 도와주는 도구라고 하는 아들러의 가정에 경험적 자료를 제공한다. 신체이완과 적극적인 정신적 심상을 의도적으로 수행함으로써 개인은 실제상황이나 상상적인 환경에서 생긴 역기능 스트레스를 극복하도록 학습할 수 있다. 실제로 지각된 심상에 대한 신체 반응이 이러한 대리 경험과 실제 경험 사이에서 구분되지 않는다고 연구되어 왔다. 예를 들어, 개인이 실제적 위협이 임박하였다고 믿는다면 상상하고 있는 스트레스나 실제적인 스트레스에 동일한 방식으로 반응한다. 반면에 동일한 원리를 적용하며 만성적인 고통을 경험하고 있는 사람들에게 부정적 영향을 극복하도록 도와줄 수 있다.

필자의 경험으로는, 낙담한 사람은 목표를 설정하기 어렵고 성공하는 데 필요한 행동에 대해 자기확신을 갖지 못한다. 개인들이 낙담에 반응하는 상황과 조건이 있다. 사랑하는 사람의 상실, 질병, 만성 피로, 적절한 영양의 결핍 등은 낙담을 유발한다. 높은 사회적 관심을 갖고 있는 사람은 덜 낙담하는 경향(예; 덜 우울한)이 있고, 지속적으로 우울할 가능성이 더 적고, 슬픔을 극복하는 수단으로 타인들을 돕기 시작할 가능성이 더 높다. 그들은 스스로 방향을 바꾸고, 새로운 목표와 기대를 설정하며, 비교적 단순하고 생활 속에서 쉽사리 이용할 수 있는 만족을 찾게 된다.

낮은 사회적 관심을 갖고 있는 사람은 책임감 있게 행동하지 않고, 필요할 때 용기 있게 행동하지 않은 변명으로 상황과 일시적 조건들을 이용하는 경향이 있다. 이러한 상황의 사회적 결과는 사회에서 심리적으로 배제된 사람들을 위해 매년 수백만 달러를 지출하게 한다. 직장을 가진 사람들이 모두 높은 사회적 관심을 갖고 있지 않는 것처럼, 복지수혜자들이 모두 낮은 사회적 관심을 갖고 있는 것은 아니다. 비록 많은 나라들보다 낮기는 하지만 불완전한 사회인 미국은 모든 국민에게 사회적 평등을 보장해야 하고, 그렇게 함으로써 미국이 개선하고 싶은 바로 그 낙담한 사람들에게 기여해야 한다. 이러한 평등 결여의 실제적인 사회적 결과는 재능 상실, 법 상실, 그리고 예방보다는 교정 목적을 위한 자원 낭비다. 이러한 용기의 결여를 해결할 수 있는 방법과 대처능력을 가지고 있다는 확신은 자기존중감의 개념을 통해서 얻을 수 있다.

## 자기존중감

자기존중감의 개념을 가끔 자기수용과 자기존중으로 설명한다. 대중들에게 많이 읽히는 문헌을 보면, 하루 종일 하는 빈약한 자기개념의 극복 기법으로 긍정적 자기대화를 제시한다. 변화가 쉽게 일어나거나 설명이 아주 단순하다면, 자기존중감의 주제에 대한 그렇게 많은 책들, 워크숍들, 강사들이 필요 없을 것이다.

자기존중감 연구의 최고 권위자며 개척자인 브란덴(Branden, 1994)은 다음과 같이 말하고 있다.

> 자기존중감은 ① 우리의 사고능력에 대한 확신, 삶의 기본적인 도전들에 대처할 수 있는 우리 능력에 대한 확신이며, ② 성공할 수 있고 행복할 수 있는 우리의 권리에 대한 확신, 가치감, 존경받을 가치가 있다는 느낌, 우리의 요구와 바람을 주장하고, 우리의 가치들을 성취하고, 우리의 노력의 결실을 즐길 수 있는 자격이 있다는 확신이다.(p. 4)

긍정적인 자기가치는 긍정적인 자기존중감을 경험하는 데 중요하지만, 가끔 타인에게 거창하게 과시하지 않고 일상생활 속에서 삶의 과업과 만남으로써 획득되는 성취다. 성취는 소위 자기효능감의 부산물이며, 촉진자다. 자기효능감은 추리, 문제해결, 창조적 사고와 삶의 기본적 과업에 대처할 수 있는 능력에 대한 확신이다. 이것은 진공상태에서는 이루어지지 않는다.

선택해야 한다. 예를 들어, 개인은 옳거나 그르게, 정직하거나 부정직하게,

용기 있거나 비겁하게 행동할 수 있다. 개인의 가치감에 관한 이러한 선택과 행동의 결과는 바로 그순간만이 아니라 시간이 지나서도 다양하다. 개인의 가치감은 선택에 따라서 증가하거나 감소한다. 결국 개인의 가치감에 대한 책임은, '좋게 느끼는' 이상으로 훨씬 더 많은 것들을 생각하게 한다. 도덕적 의사결정, 행동, 자기 자신에게 정직함은 긍정적 자기가치감을 위한 기초로서 중요하다.

상담과 교육 분야에서 수년에 걸친 저자의 경험에서, 대부분의 사람들이 그들의 역량, 성취, 대처능력을 — 보증되지 않은 성공을 주장하는 것보다 훨씬 더 많게 — 평가 절하하고 있음을 발견하였다. 실제로 내담자들이 가지고 있는 가장 나쁜 편견은 자신에 대한 그릇된 자기평가다. 상담자가 내담자에게 제공하는 가장 중요한 기여는 내담자로 하여금 진실로 긍정적인 자신의 속성과, 자기가 성취한 것을 발견하고 높이 평가하도록 돕는 것이다. 다른 한편으로, 건전한 의사결정을 배우고 실행하도록 내담자들을 돕는 것은 그들의 가치감을 유지할 뿐만 아니라 강화하는 데 필요한 도구를 제공하는 것이다.

## 자기존중감의 결과

자기존중감은 가장 기본적인 인간과정의 결과로, 인간성을 구성하는 한 부분이다. 태어날 때부터 사람은 기쁘고 만족스럽고 안전하고 지지적인 것과 그렇지 않은 것으로 삶을 경험하기 시작한다. 개인들은 그들이 타인, 자신의 노력, 일반적인 삶에서 기대할 수 있는 것을 전달하는 신호에 민감하다. 비록 이러한 단서들을 찾는 과정을 사람들의 삶 속에서 계속한다고 하더라도 초기경험이 기대를 만들어 내는 경향이 있고, 그러한 기대는 생활 속의 기억에 남아서 그들을 인도할 것이다.

결국 사람들은 자신들의 기대에 따라서 새로운 경험을 여과시키는 경향이 있다. 마찬가지로 그들은 자신, 타인, 삶에 대한 그들의 자기충족적 예언을 강화시킬 새로운 경험을 창조한다. 도전받지 않고 검토되지 않은 초기 자기평가는 사전에 계획된 프로그램으로 먼 목적지까지 조종되는 자동조종장치처럼 그들의 사고, 정서, 행동을 이끄는 경향이 있다. 그러므로 초기의 인생경험은 인생과제를 충족시키는 데 있어 미래의 성공이나 실패를 예언할 수 있는 저장고다. 긍정적 가치감을 갖고 있는 개인들은 그들이 하는 모든 일에서 성공할 것이고 행복할 것이라는 확신과 기대를 가지고 기본적인 인생과제에 다가가는 경향이 있다. 가치감이 높은 사람들과 낮은 사람들 사이의 기본적인 차이 역시 이러한 신념의 힘을 설명한다.

브란덴(Branden, 1994)이 지적했던 것처럼, 긍정적 자기평가는 감정이나 판단 이상의 동기이다. 그것은 다른 사람들이 주저하고 있을 때 행동하도록 자극한다. 그러나 일반적인 법칙과 달리, 개인들은 이러한 활동들과 그들이 선호하고, 쉽게 발견할 수 있는 과업들을 구별하는 경향이 있고, 타인과의 상호작용에서 격려받는 경향이 있다. 이러한 재능, 관심과 경험의 영역 안에서 확신과 행동은 내면적으로나 외면적으로 강화된다. 어떤 저작자나 강연자들이 의도하는 것과는 달리, 긍정적 가치감을 발달시키고 유지시키는 특별한 기술은 없다. 그것은 행복한 생활에 중요하지만 매일 하는 선택들에서 획득된다.

자기존중감과 연결된 속성들과 과정들을 광범위하게 소개하면서 브란덴(Branden, 1994)은 소위 '자기존중감의 주요한 내용들'을 확인하였다. 그가 확인한 것들은 다음과 같다.

- 의식적으로 살아 있음: 자기 행동, 의도, 가치, 목표와 연결된 모든 것을 알아차리고—최선의 노력을 하고—내가 보고 알고 있는 것과 일치하게 행동하려고 한다.
- 자기수용의 실천: ① 자신의 편에 있고—자신을 위하여 존재하고, ② 부정하거나 핑계대지 않고, 자신을 실현시킨다. 즉, 나는 내가 생각하는 것을 생각하고, 내가 느끼는 것을 느끼고, 내가 바라는 것을 바라고, 내가 해 온 것을 해 왔으며, 내가 존재하는 대로 존재한다. 정당하지 않은 나의 부분들—나의 신체, 정서, 사고, 행위를 존중하기를 거부한다. ③ 나의 실수나 비행을 유발시키는 동기들에 특별한 관심을 가지고 나의 실수와 비행에 대한 책임감을 수용한다. 수용, 특별한 관심은 바람직하지 않은 행동을 격려하는 것이 아니라 그것의 재발 가능성을 줄이는 것이다.
- 자기책임감 실천: 자신의 행위에 대한 책임감을 갖고 자기 목표를 달성

하기. 그것은 자기통제, 역량, 행복의 가치를 경험하는 데 중요하다.

- 자기주장 실천: 기꺼이 스스로 서고, 개방하는 사람이 되고, 모든 인간과의 참만남 속에서 자기를 존경하려는 의지
- 목적이 있는 삶의 실천: 자기 생활의 모든 활동영역—공부하기, 일하기, 부모역할하기, 연애하기, 여가활동—과 생활의 큰 문제들뿐만 아니라 사소한 문제들에서 내가 선택하였던 목표의 성취에 내 힘을 사용하기
- 개인적 통합 실천하기: 다음과 같은 질문에 긍정적으로 대답할 수 있기. 즉, 나는 정직하고 믿음직하며 신뢰할 만한가? 나는 약속을 잘 지키는가? 내가 좋아하는 것은 하고, 싫어하는 것은 하지 않는가? 다른 사람들을 다루는 데에 공정하고 정의로운가?
- 내가 그렇게 할 때 자기존중감의 처음 여섯 가지 내용에 따라 용기 있게, 지속적으로 행동하기는 어려울 수도 있다.

이 장의 나머지 부분은 타인을 격려하도록 고안된 중재의 방법과 기법을 다룬다. 첫 단계는 개인에게 적절한 중재를 발달적으로 확인하기 위해서 변화의 준비성을 평가하는 것이다.

## 평가와 중재

### 변화를 위한 준비

변화를 위한 준비를 언급하지 않으면 평가는 완전할 수 없다. 이 경우 조작적 용어는 준비다. 준비는 앞에서 이루어진 주제, 항목들과 관련된 문제들에 대한 대화를 통해서 결정할 수 있으며, 이어서 '과제'와 활동이 주어지거나, 변명이 이해될 때 행동 변화에 대한 지속성의 증거와 보고가 주어질 수 있다.

다음은 작업을 더 진전시키기 위한 의사결정의 토대 구축과 제시할 활동의 유형들을 결정하기 위한 준비 수준이다.

- 수준 1: 인식 이전. 개인은 자기패배적 태도나 행동과 관련된 책임감을 깨닫지 못한다.
- 수준 2: 인식. 개인은 그의 생활경험, 대인관계, 도전의 본질에 대한 책임감을 가지고 있지만, 변화를 위해서 할 일과 변화에 소홀하였던 것이 무엇인지 자세히 모른다.
- 수준 3: 예측. 개인이 더 바람직한 자기지향적 건강을 위해 기꺼이 변화하려는 태도와 행동은 변화 계획의 발달을 진전하는 지원요소다.
- 수준 4: 행동. 개인들이 변화계획의 이행을 통하여 더 건강한 태도와 행동을 발달시키기 위한 준비를 드러내는 수준이다.
- 수준 5: 유지. 어떤 개인들은 건강하고 만족스러운 방식으로 그들의 태도와 행동을 지향할 책임감과 기회를 완전히 인식하고 있다.

### 준비단계에서의 중재

각 준비단계에서는 다양한 중재와 마무리가 필요하다. 중재의 수준에 대한 후속 논의는 자기존중감과 관련한 변화를 위한 준비에 따른 일반적인 고려사항을 포함한다. 그것들은 변화를 위한 어떠한 개인적 계획의 고려에도 적절하다. 그것들은 프로차스카와 디클레멘테(Prochaska & DiClemente, 1984)의 연구에 부분적인 근거를 두고 있다. 그들은 자기변화와 상담유도 변화단계가 모두 변화의 주기에서 개인의 지위와 관련된 태도, 의도, 행동을 대표하는 유사성을 가지고 있음을 발견하였다. 상담자는 내담자의 변화 단계를 확인함으로써 내담자의 변화를 위한 준비에 더 효과적이고 실제적 중재를 선택할 수 있다.

**중재단계 1: 인식 이전** 개인들은 자기에게 문제가 있다는 것을 인식하지 못한다. 가끔 욕구를 인식할 수 있고 실제로 치료로서 상담을 주장하는 사람도 있다. 협력이 어느 정도 있다면 개인들은 자기 가치의 자기평가(예; 부모, 형제, 친구, 교사, 아는 사람, 그리고 동료)에 기여하였던 생활경험을 논의하도록 요청할 수 있다. 개인의 자기대화 속에 동화된 자기존중감의 숨겨지거나 공개된 메시지가 과거(예; 아동기에서 현재까지) 사건들의 탐색을 통해서 드러날 것이다.

이러한 메시지를 확인하고 초점을 맞춤으로써 '마치 다른 사람들이 통제하고, 그들의 의견만 타당한 것처럼' 삶을 살아가는 방식을 전체적으로 살펴볼 수 있다. 이러한 중재의 주요한 목적은 자기패배적 태도와 행동을 의식하도록 하는 것이고, 생활에 영향을 주는 부정적 결과를 충분히 일깨우기 위한 것이다. 어떤 개인들은 이러한 형태의 대화에 긍정적으로 반응하고, 변화에 즉각적으로 응하고 싶은 욕구를 표현한다는 것에 주목할 필요가 있다. 한 가지 주의할 사항은 처음에는 천천히 진행해야 하며, 변화과정을 통해 그들이 동참할 의지를 표현한 후에도 그들이 변화를 위한 준비가 부족할 수도 있다는 것이다(예; 오랜 태도와 습관은 익숙하고 심지어 유용할 수 있으며, 수년 동안 타인들의 기대뿐만 아니라 자기충족적 기대의 지지를 받아 왔다).

하나의 과제부여는, 가치감(예; 개인, 가족, 친구, 사회), 태도, 행동의 선행요인들에서 논의된 것들과 같은 범주와 주제를 사용하여, 변화에 도전목록으로 발전시킬 수 있다. 마찬가지로 변화의 이점은 시간이 흐르면서 발달되고 보충될 수 있는 또 다른 목록이다. 이러한 목록들의 논의는 변화의 바람직함(앞의 긍정적 자기존중감의 장점을 보라)과 변화의 촉진요인과 방해요인을 인식하는 데 도움이 된다.

**중재단계 2: 인식** 앞선 논의와 행동에 근거하여 상담자는 더 공식적인 평가로 들어갈 수 있다. 〈부록 1〉에 있는 가치감에 관한 WEL 항목들이나 앞의 '자기존중감의 주요한 내용들'을 자기존중감의 기본적인 구성요소들로 주의를 끌도록 사용할 수 있다. 논의를 통해서 긍정적 변화로 이끄는 정보적 각성뿐만 아니라 정서적 각성을 강화하는 데 도움을 준다. 그래서 선행사건들과 자신의 가치감, 자기대화, 현재의 가치감과 연결된 정서상태를 분명하게 인식하게 할 것이고, 변화가 거기에 투여한 노력을 값지게 할 것이라는 확신을 키워줄 것이다.

**중재단계 3: 예견** 준비하고 중재하는 각각의 첫 단계에서처럼, 변화의 준비는 성공적인 결과를 위해 중요하다. 변화를 위해 계획을 세우는 과정은 목표(분명하게 진술되고 달성할 수 있는)를 제시하고, 정서적이고 행동적인 이익을 담고 있는 목표에 점진적 접근을 포함하고, 시작과 진전을 평가하고 이익과 노력을 생각하며, 최종적인 결과를 다듬고 지속하는 일정표를 준비한다. 오래된 행동들의 선행요인을 예측하고 정서를 느끼도록 도움으로써 사람들은 더 친숙하지만 건강하지 않은 대처전략에 의존하고 싶은 경향에서 멀어진다. 사고중지(예; 비합리적인 사고와 정서에 휩싸여 있을 때 자기를 찾도록 하는)는 유용한 기법이며 상담회기 중에 실행될 수 있다. 다른 기법은 긍정적인 느낌의 정서적 각성이 일어날 때까지 새로운 행동이 일어나게 하며 새로운 행동으로 역할놀이 하는 상황을 반복 연습하는 것이다.

환경의 변화도 필요하다. 오랜 친구들, 자주 방문하는 장소 등은 피할 필요가 있으며, 새로운 관계가 새롭고 건강한 행동을 지지하기 위해 확인되어야 한다. 가족 구성원들이 나쁜 자기평가를 하도록 한 오래된 환경의 일부라고 생각되는 경우에, 어떤 시점에서 가족의 중재는 본질적인 것이 아니라면 매우 중요할 수 있다. 이러한 중재 수준의 결정은 성공이 행동과 함께 가능하고, 노력한 만큼 이익을 얻을 수 있다는 느낌과 확신이 있어야만 한다.

종교적으로 준비된 사람들을 제외하고, 전문적인 상담자들에게 다소 친숙하지 않는 영역에서도 용서하는 마음을 다루어야 할 경우가 있다(Simon & Simon, 1990). 속담에 실수는 인간이 하고 용서는 신이 한다는 말이 있다. 아들러식 상담자들은 "죄책감은 우리가 갖고 있지 않은 좋은 의도다."라고 알고 있는 경향이 있다. 달리 말하면, 유감이라고 진심으로 말할 수 있고 다시 실수를 하지 않을 것이라면 죄책감은 필요치 않다. 후회는 괜찮지만, 죄책감(그리고 낮은 자기존중감)은 안 된다. 나가서 선행하는 것은 새로운 초점이 될 수 있다. 낮은 자기존중감의 이러한 원천을 사려 깊게, 정서적으로 말하도록 다른 사람들을 돕는 것은 변화에 결정적인 역할을 할 수 있다. 또한 오랜 습관에 다시 빠질 가능성에 대한 긴장감을 조금은 가질 필요가 있다.

**중재단계 4: 행동** 행동계획의 이행은 오래되어 익숙한 사고, 감정, 행동 방법을 중단하고, 오래된 문제들을 해결하기 위한 새로운 방법을 확립하는 확실한 관여다. 그러기 위해 계획은 재평가, 개선, 집행의 알려진 지침들을 통해 실행되어야 한다. 시종일관된 격려는 장점, 노력, 변화의 표시들, 모순된 것에 대한 인내심, 실수에 대한 관용, 변화에 대한 크고 작은 보상과 이익에 초점을 맞춤으로써 가능하다.

**중재단계 5: 유지** 이 수준에서 중재할 수 있는 최소한 두 가지의 상황이 있다. 첫째, 행동계획을 성공적으로 수행하고 성공을 경험하고 있으며, 건강한 생활양식의 다른 면을 발견할 준비가 되어 있다. 둘째, 이 영역에서 긍정적 사고와 정서를 경험하였지만 그들의 건강한 사고와 습관에서 그들을 격려하고 확인하는 제안을 필요로 할 수 있다.

안녕의 모든 차원에서 그러한 것처럼, 개인은 어떤 보상을 얻는 것에서처럼 최적의 기능 상태에는 도달하지 못한다. 진전은 계속 이루어지고, 삶은 길며, 양육은 끊임없이 필요하다. 그러므로 건강한 가치감을 유지하고 향상하도록 권고함으로써 인간성의 깊이에 대해 생활환경과 타인들이 시험할 수 있을 때 일상을 준비하게 할 수 있고, 생활 속으로 전이할 수 있도록 준비할 수 있다. 가치감, 자기존중감, 그리고 관련된 주제를 제공하는 책, 멀티미디어, 워크숍 등의 목록이 규칙적인 지지자료로 제시될 수 있다. 일기 쓰기는 계속되는 기본적 생활에 대해 사람들이 되돌아보고 살펴볼 수 있도록 돕는 방법이다.

## 자기개발에 적용

자기개발 분야나 타인을 조력하는 분야에서 다음 단계와 제안들은 행동계획을 개발하고 수행하기 위한 준비를 제공한다.

**준비와 자기평가** 자기조력은 그 자체의 이점과 결점들을 가지고 있다. 객관성이 항상 문제가 된다. 그러나 우리에게 가장 중요한 것은 주관성이다. 내가 나 자신을 '좋아하거나' 싫어하는 것은 순수하게 주관적이다. 주관적 견해를 갖고 있는 다른 사람들이 내 견해를 반박하거나 찬성할 수 있지만, 내 정서와 내 행동에 영향을 주는 것은 내 견해다. 최적으로 나는 나 자신을 긍정적으로 평가할 것이고, 다른 사람들도 내 확신을 강화시킬 것이다. 그러나 처음부터 내가 낮은 가치감을 가지고 있다면, 나는 나 자신에게 너무 가혹하게 하였을 것이고 타인들은 그러한 견해를 개선하려는 노력을 하지 않을 것이다.

다음에 기술한 내용을 이용하여, 당신 자신의 지금 이 순간의 준비 수준을 결정해 보라.

- 수준 1: 인식 이전. 당신이 이 활동을 시도하고 있다면 당신은 이 단계로 들어온 것이다. 축하한다.
- 수준 2: 인식. 비록 내가 바라는 가치감을 가지고 있지 않다고 하더라도, 그것을 바꾸는 것에 대한 어떠한 생각도 갖고 있지 않다(당신이 이 장의 내용을 읽고 이해하였다면 당신은 이 수준을 대부분 통과하였을 가능성이 높다. 다시 한 번 축하한다. 그러나 만약 당신이 앞의 내용을 스쳐지나가거나 간과하였다면, 이 장의 처음으로 되돌아가 그 내용을 깊게 공부할 수 있는 좋은 기회다).
- 수준 3: 예견. 당신이 이 장에서와 같은 흥미 있고 잠재적으로 유용한 읽을거리를 발견하였다면 당신은 이 수준에 해당되는 것이다. 당신 자신의 생활에서 이 수준을 적용하려고 생각하고 있다면 더 확실하다.
- 수준 4: 행동. 당신이 더 긍정적인 가치감을 갖도록 당신의 사고, 감정, 행동에 어떤 특별한 변화를 계획하고 있다면 당신은 변화할 가능성이 있는 사람이다.
- 수준 5: 유지. 당신이 매사에 근본적으로 긍정적인 가치감을 가지고 있다면, 당신은 이런 확신을 다시 확인하고 강화하는 수단에 근본적으로 관심을 가질 수 있다.

**행동계획의 개발** 수준 3, 4, 5 단계에 있는 사람들은 수준은 서로 다르지만 각자 행동계획을 개발할 준비가 되어 있다. 개요, 목록, 그밖에 특수한 것을 사용하는 사람들은 목표를 성취할 수 있는 가능성이 더 높다. 그러므로 느긋하고 좋은 게 좋다는 생각을 가지고 있는 사람들마저도 서면 계획을 준비하도록 격려해야 한다. 실제로 수준 3이나 더 높은 수준에 있는 사람들을 위하여 다음과 같이 사용 계획의 요소들을 제시한다.

(1) 자기 자신에 대해서 느끼거나 생각하는 정도를 짧은 서술문으로 요약하라.
  ① 당신의 사고능력과 인생의 기본적인 도전들에 대처할 수 있는 당신의 능력에 확신을 가져라(예; 직장 · 학교, 우정 · 사회성, 사랑 · 가족).
  ② 성공하고 행복할 수 있는 당신의 권리에 확신을 가져라.

③ 가치 있고, 받을 만한 자격이 있다고 느끼고, 당신의 욕구와 바람을 주장하고, 당신의 가치를 성취할 권리가 있음을 느껴라.
④ 당신 노력의 결과를 즐겨라.
⑤ 추론, 문제 해결, 창조적 생각, 그리고 인생의 기본적인 과제에 대처할 수 있는 당신의 능력에 확신을 가져라(Branden, 1994, p. 4).

예

나는 내 삶의 문제에 대하여 대부분 명료하게 사고한다고 생각한다. 그러나 내 '바람'이 이기적인지 자연스러운지 불확실하다고 느낄 때가 여러 번 있다. 이때 나는 기뻐하고 즐거워하거나 만족스러워 할 내 권리에 회의가 든다.

나는 존경받고 있는 것 같고 직장에서도 나를 좋아하는 것 같다. 절친한 친구는 몇 명 안 되지만 참 좋은 사람들이다. 내 가정생활은 완벽하지 못하다(예; 나의 어머니와 나는 아이들을 양육하는 방식에 의견이 일치하지 않지만, 나는 내 양육하는 방식에 편안함을 느낀다). 내 아내와 나는 서로 존경하고 사랑하지만 아이들 때문에 우리의 바람(특히 성적으로)과 (교제를 위한) 욕구의 표현이 다소 단절되어 있다. 때로 그것이 나(원치 않는) 혹은 환경 때문인지 혹은 둘 다 때문인지 잘 모르겠다. 아마 내 감정의 일부는 (내가 특별히 원치 않고 재미없으며, 관심이 없는 것 등을) 내가 듣고 싶지 않는 경우에 내 배우자에게 그것을 말하지 않는 것과 관계 있는 것 같다.

(2) 초점영역들을 개발하라. 당신의 평가요약을 사용하여 다음과 같은 특수한 사고, 감정, 행동의 목록을 개발하도록 주요한 용어와 개념들을 확인하라.
① 당신의 자아존중감을 확인하라.
② 당신의 자아존중감을 강화하라.
③ 당신의 자아존중감에 도전하라.

예

• 확인

나는 대부분의 상황에서 분명하게 생각하고, 문제를 해결하고, 적절한 의사결정을 한다.

나는 유능하고 믿을 수 있는 일꾼이다.

나를 좋아하는 친구들이 있으며, 나도 그들을 좋아한다.

나는 나 자신을 유능한 부모라고 생각한다.

내 배우자와 나는 서로 존중하고 사랑한다.

• 강화

나는 내 삶 속에서 새로운 문제나 도전을 해결할 수 있다.

나는 나에게 도움이 될 자원(자신과 타인들)을 가지고 있다.

나는 내 노동의 대가를 즐길 권리를 가지고 있다.

• 도전

나는 배우자에 대한 내 기대에 대해 회의를 가지고 있다.

나는 내 바람과 욕구에 대해 말하기를 꺼린다.

나는 배우자가 내 단점을 알까 두렵다.

내가 배우자에게 문제를 알려주기를 꺼려하는 것이 내 자신에 대하여 나쁘게 느끼도록 만든다.

(3) 바람직한 변화에 초점을 맞춰라. 단순하지만 특수한 언어로 당신의 자기존중감을 증진하는 데 어떤 일이 일어나기를 바라는지 기술하라.

예

나는 개방적이고 정직하고 사랑스러운 방식으로 우리 부부의 바람과 욕구에 대해 내 관심을 전하고 싶다.

(4) 당신이 기꺼이 하고 싶은 것과 그 시기와 조건을 말하라.

예

• 하고 싶은 것: 나는 내가 느끼는 것을 '말하지 못하게 하는 것'

에 대해 내 배우자와 대화를 시작하겠다. 우리가 더 바람직하게 느낄 수 있고 우리 관계에 더 친밀감을 갖는 데 기여할 수 있는 논의로서 이것을 소개하기 위해서 최선의 문제해결능력을 사용할 것이다.

- 시기와 조건: 아이를 돌보는 사람이 그들을 돌보아 줄 때 아이들의 방해를 받지 않고 이번주(목요일) 저녁에 함께 저녁을 하면서 대화를 할 계획이다.

**수행기간 동안의 고려사항** 지지적 환경을 만들고, 부정적인 접촉을 최소화하고, 진전을 축하하며 이점을 강조하는 것은 바람직한 변화를 한층 강화하고, 바람직한 사고와 감정, 행동을 북돋아 준다.

예

우리 회사에 결혼한 친구들이 있다. 우리 모두는 즐거워서 많이 웃는다. 나는 조만간 우리가 함께 하기 위한 시간을 내도록 도울 것이다(아마 이번 주 안에).

**유지를 위한 고려사항** 당신의 진전을 유지하는 데 필요한 자원, 습관을 위한 계획을 세운다.

예

저녁은 낮 동안에 일어났던 것을 함께 나누고, 쉴 수 있고, 가깝게 느낄 수 있는 시간이다. 나는 규칙적으로 이것을 다시 시작하기를 제안하려고 한다. 이것은 아이들을 잠자리에 보내고 특수한 상황을 제외하고는 방해받지 않는 것을 의미할 것이다.

이런 계획은 전달될 수 있는 사고, 감정, 행동의 유일한 대표적 유형들이다. 진술과 활동은 개인에게 힘을 북돋우도록 고안된다. 자기효능감은 증진된다. 문제해결은 긍정적인 정서를 포함한 바람직한 결과와 함께 일어난다. 그것들은 성취 시간표와 현실적인 행동 속에서 섬세하게 형성된다. 조그만 이득으로 바람직한 사고, 감정, 행동을 성취하는 것이 성공을 보장하도록 돕는다. 더 포괄적인 교육적 · 치료적 계획의 맥락 안에서 긍정적인 가치감을 확립하고 유지하는 진전이 이루어진다.

## 정의와 가정

격려는 다른 사람이 해결책을 찾도록 노력하고, 어떠한 곤경에 대처할 수 있는 확신을 갖도록 자극하거나 도와준다. 격려에 대한 몇 가지 기본적인 가정들은 높은 사회적 관심과 낮은 사회적 관심에 관해 제1장에서 제시하였던 개념들의 확장이다.

다음은 행위에 대한 격려의 적용을 보여준다. 각 항은 격려진술문(E)의 예와 낙담진술문(D)의 예다.

1. 어떻게 하는가보다 무엇을 하는가가 더 중요하다.
   E: 네 차는 반짝반짝 빛나는구나. 광택을 내기 위해 무얼 했니?
   D: 우리 동네에서 차량관리를 잘하는 사람이 너 말고 누가 있겠니? (비교)

2. 과거나 미래보다 현재에 더 초점을 둔다.
   E: 이 계획에 시간과 정열을 쏟는 것을 보니, 당신은 그것을 참으로 즐기시는군요.
   D: 당신은 매사에 왜 열심히 일하지 않지요?

3. 행동은 행위자보다 더 중요한 것이다.
   E: 나는 네 도움에 감사한다.
   D: 정말 착한 소년이구나. 너는 항상 옳은 일을 하는구나!
   혹은 잘못을 지적할 때
   E: 네가 음식을 달라고 하고서 안 먹을 때 정말 화가 나.
   D: 당신은 항상 음식을 낭비하는군요. 당신은 정말 무책임합니다.

4. 노력이 결과보다 더 강조되어야 한다.

E: 정말로 나는 그 게임을 즐겼다. 만약 내가 서두르지 않고 참을성 있게 돌진하는 것을 배울 수만 있다면, 다음에는 틀림없이 더 멋진 경기를 보여줄 수 있어.(전진, 방법, 증가된 역량을 즐기는 것에 대한 강조)

D: 당신은 이번에 운이 좋았지만 무슨 수를 써서라도 다음에는 내가 꼭 이기겠어.(중요한 것은 이기는 것이야.)

5. 외적 동기(예; 보수나 처벌)보다는 내적 동기(예; 만족, 즐거움, 도전)를 더 중요하게 다룬다.

E: 나는 사진 찍기로 시간을 보낸다. 인생의 아름다움을 반영하는 바로 그 순간을 포착하는 것보다 더한 즐거움을 주는 것은 없어.

D: 그것에서 내가 얻는 것이 무엇인가? 나에게 그것이 무슨 의미가 있어?

6. 학습하지 않은 것보다는 지금 학습하고 있는 것이 더 중요하다.

E: 너는 덧셈과 뺄셈을 다 배웠다. 그것은 나누기와 곱셈의 학습에 도움이 될 것이다. 자, 어려운 문제들을 풀어 보자. 그 문제를 푸는 데 도움을 주겠다.

D: 우리는 계속해야만 할 것이고, 너는 집에서 도움을 받을 필요가 있을 것이고, 나누기는 너에게 어려운 문제가 될 것이다.

7. 틀린 문제보다 맞은 문제를 더 강조한다.

E: 너는 덧셈과 뺄셈 100문제 중 84문제를 맞았다. 조금만 더 노력하면 나누기와 곱하기도 잘 할 수 있을 거야.

D: 너는 100문제 중 16문제나 틀렸어.

격려하는 사람은 대상자들이 진솔하고 자발적으로 될 때까지 이러한 행동들을 수행한다. 반면에 많은 사람들은 다른 사람들을 무의식적으로 기죽이는 경향이 있다. 나는 경쟁과 관련하여 내적 동기 대 외적 동기에 대한 본질적인 차이점을 포착한 텔레비전 인터뷰를 기억하고 있다. 이 사례에서 활강 스키 선수가 실제로 간발의 차이로 우승을 놓쳤다. 그 결과가 발표된 직후 방송해설자가 스키 선수에게 다음과 같이 인터뷰했다. "당신은 간발의 차이로 우승을 놓쳤습니다. 당신이 경기를 달리 했더라면 어땠을까요?" 스키 선수는 "저는 그렇게 생각하지 않습니다. 좋은 경기였어요. 저는 최선의 노력을 다하였고, 모든 것이 계획된 대로 이루어졌습니다."라고 말하였다. 해설자는 계속하여, "그렇지만 당신은 간발의 차이로 우승을 놓쳤습니다. 당신은 조금만 더 강하게 출발하거나 트랙을 조금 다르게 공략했어야 하지 않나요?"라고 물었다. 스키 선수는 "그렇지 않아요. 상쾌한 출발이었어요. 저는 최선을 다했습니다. 다른 사람이 조금 더 빨리 갔을 뿐입니다."라고 말했다.

해설자는 낙담과 실망을 이끌어내기 위해서 다시 불신을 나타내 보였다. 그러나 스키 선수는 그것은 좋은 경기였고, 그는 최선을 다하였으며, 순위가 중요한 기준은 아니라며 편안해했다. 의심할 여지없이 그는 이기고 싶었고 목표는 우승이었지만, 어쩔 수 없는 요인들이 있었다(예; 다른 스키 선수가 조금 더 빨랐다!). 이것은 내가 생각하기에 타인의 조력을 이해하는 데에 특히 도움이 되는 격려의 또 다른 측면을 보여 준다.

## 격려의 본질

생활환경은 개인의 통제를 벗어난 많은 요인들에 의해 좌우된다. 그러나 태도, 기대, 자기확신은 개인의 통제하에 있다. 개인의 생활경험을 풍부하게 하는 데 있어서, 통제할 수 없는 요인들의 영향을 최소화하고 통제할 수 있는 요인들을 최대한 이용하도록 돕는 것이 격려의 본질적인 문제다.

예를 들어 통제할 수 없는 요인들은 출생, 가정, 학교, 이웃, 경제환경, 재능, 장애, 유전적인 신체적 특성들이다. 많은 다른 요소들이 우연적 특성으로 고려될 수 있다.

반면 통제될 수 있는 요인들 가운데는 주위 환경에 대한 태도, 자신과 타인에 대한 지식, 태도, 기대, 자기신념을 지지하는 행동이 있다. 예를 들어 일, 직업의 선택(제9장), 다른 개인적인 선택과 같은 기본적인 생활과제에 대한 것은 통제될 수 있는 영역의 요소들이다. 직업선택의 통제력을 최대화하는 방법은 다음과 같다.

- 긍정적인 작업습관 개발하기
- 신체적 외모 가꾸기의 가치 학습하기
- 직업정보를 찾고 평가하고 이용하는 방법 학습하기
- 가치부여, 의사결정, 목표설정, 계획, 실행의 지식과 기술을 개발하기

통제할 수 없는 영향을 최소화하는 방법은 다음과 같다.

- 경제동향과 직업 요건에 대한 정보 얻기
- 성 고정관념과 같은 불필요한 구속이 될 수 있는 사회적 태도와 실행에 대한 의식을 일깨우기
- 직업선택을 위해 극복해야 하는 유사한 장애를 갖고 있는 개인들의 사례 찾기

모든 사람은 발견하고, 능력을 개발하고, 삶을 즐기고
싶은 욕구를 가지고 인생을 출발한다.

간단히 말해서 격려의 주요한 요점은 개인들이 생활을 경험하면서 대처할 필요가 있는 목표를 설정하고, 태도와 역량을 확립하도록 돕는 것이다. 어떤 사람들은 격려가 수행에서 평범성을 키워 준다는 것에 관심을 표현한다. 진실 이상의 것은 아무것도 없다. 모든 사람은 통제력을 찾고, 개발하고, 삶을 즐기고 싶은 욕구를 가지고 인생을 출발한다. 격려를 통하여 사람은 이러한 성향을 키워 가고 의식화시킨다. '싫어, 내가 하고 싶어요.' 라고 말하는 어린아이를 경험해 보지 않은 부모가 어디 있겠는가? 스스로 신발을 신거나 기하학 문제를 풀거나 간에 새로운 과업이나 문제에 숙련되는 데 깊은 만족감을 나타내지 않는 사람이 누가 있겠는가?

저자는 배변훈련, 식사습관, 수면시간에 마음이 사로잡혀 있는 성인들을 가끔 생각한다. 이러한 활동들은 내적 만족감(예; 쾌락, 위안, 자기주장)과 관련이

있다. 5명의 아이들의 양육을 도우면서, 저자는 지치고 성미가 까다로운 어린 아이를 잠자리에 보낸 경우가 많이 있었다. 아이를 안고 가면서 시원하고 깨끗한 이불과 요 사이에 눕는 것이 얼마나 기분 좋은지, 침대에서 쉬는 것이 얼마나 좋을지, 잠에서 깨어났을 때 얼마나 즐거울지 이야기했다. 다른 아이들도 모두 아주 편안한 휴식을 즐겼다.

마찬가지로 배변습관은 특별한 문제가 아니다. 어린아이가 책임감을 갖기 시작하면 약간의 도움만 받아도 해결할 수 있다. 유아용 도서에서 그것을 언급할 때, 근심을 갖고 있는 부모와 그러한 문제들로 걱정하는 부모로부터 더 많은 관심과 서비스를 이끌어 내는 방법을 알고 있는 아이들이 자극을 받는 모습은 매우 인상적이다. 반면에 아이들이 일을 끝냈을 때 느낌을 묻는 것은 위안과 즐거움에 대한 인식을 높여 준다. 당신은 또한 자신을 돌보는 것과 관련된 좋은 감정에 대하여 말할 수 있다.

새로운 과제나 문제에 관한 일을 하고 있을 때 성공을 확실하게 해 주는 도움은 항상 진가가 인정된다. 얼마나 많은 도움이 필요할지는 사람에 따라 다르지만, 성공은 더 많은 노력을 하도록 격려한다. 조금씩 노력하면 어떤 것도 가능하지 않겠는가! 나이에 관계없이 사람은 발견과 숙달의 기쁨을 즐긴다.

저자는 35세의 수녀에게 수상스키를 배우도록 조력한 경험을 잘 기억하고 있다. 그때 수녀에게는 전통적인 관습상 용인되는 곳 이외에서 공공연히 모습을 보이는 것마저도 아주 새로운 것이다. 그러나 그녀는 어린 소녀였을 때부터 수상스키를 배우겠다는 기대를 가지고 있었고, 그 때문에 흥분되어 있었다. 운동선수처럼 잘하지도 못하고 또한 지금은 조용한 생활에 익숙해져 있지만, 그녀는 몇 번이고 물에서 뜨기 위해 노력하였다. 결국 많은 시도 후에 그녀는 비교적 짧은, 그렇지만 의미있는 수상스키 타기에 성공하였다. 그녀의 얼굴에 드러난 유쾌한 기분은 말로 표현할 수 없었다. 지금도 그녀의 가장 행복했던 추억 중의 하나는 수상스키에 성공한 날이다. '그녀는 결코 완벽한 수상스키 선수가 될 수 없다.' 고 말하는 사람도 있을 수 있다. 맞는 말이다. 그러나 그것은 그녀의 목표가 아니다. 수상스키에 쏟았던 것과 같은 '진짜 용기' 를 그녀는 관심을 갖는 다른 분야에서도 발휘할 수 있다.

저자의 이러한 철학과 상응한 성공의 정의는 다음과 같다.

성공은 예정된, 가치 있는 목표와 잘 균형 잡힌 삶의 진보적 실현이다.

그러므로 성공은 일회성 행사가 아닌 과정이다. 학생들은 졸업할 때와 학년이 올라가면서 자신이 성공적이라고 생각할 수 있다. 부모들도 아이들이 대학을 졸업하고 직업을 얻을 때나, 목표로 설정할 수 있는 어떤 일이거나, 심지어 자녀들이 인생의 도전에 분투했을 때 성공했다고 스스로 생각할 수 있다. 이러한 정의에 따라서 계획성 있다는 것은 신중한 것이다. 목표설정과 목표성취에 대한 이정표는 계획성이 있는 것이다. 가치개념은 개인이 목표를 결정할 때 '가치 있는' 것을 목표로 삼기 때문에 과정의 중심이다. 결국 그러한 삶에는 균형이 있다. 즉, 육체적 건강과 정신적 건강은 사랑스런 가족관계, 좋은 식생활습관, 위생, 협조적인 작업관계 등으로 유지된다. 이러한 정의에 따르면 누구든 자기를 성공한 사람으로 보도록 도움을 받을 수 있다. 제2장은 이러한 정의에 부분적으로 근거한 안녕 모델을 제시하고 있다.

만약 우리 각자가 인생을 즐기고, 배움을 즐기고, 우리가 선택한 무엇이든지 최선을 다하여 노력한다면 더 바랄 게 있겠는가? 적절한 격려가 있다면 어린 사람은 용기를 갖고 도전하여 성장할 것이고, 선택한 것에 최선을 다하기 때문에 챔피언이 되는 기쁨을 느낄 수 있을 것이다.

## 격려하기

타인들이 도움을 필요로 할 때에는 특히, 대부분의 사람들은 효과적인 청취자나 의사소통자가 아니라는 것이 연구와 경험을 통해 밝혀지고 있다. 타인의 감정을 반영하기와 효과적으로 의사소통하기를 다 잘할 수 있다는 것은 바람직한 대인관계를 형성할 수 있는 가능성을 증가시킨다. 미숙한 상담자들은 충고, 정보제공, 세부내용에 대한 질문을 타인을 돕는 주요한 도구로 이용한다. 그것들은 도움의 '행동' 차원이라 할 수 있는 것들이다. 초기에 타인들에 반응하여 사용하면 실제적으로 이러한 기법들은 도움보다는 마이너스가 된다. 그것들은 사람들을 위축시킨다. 의사소통에서 공감적 이해는 조력관계에서 중심적이고 필요한 조건이 된다. 그래서 조력의 촉진은 행위에 있어서 선결조건이다.

[그림 5-1]에 감정을 나타내는 단어들의 목록이 나와 있다. 이러한 용어들은 더욱 효과적인 의사소통기술을 발달시키는 데 도움이 될 수 있다. 예를 들어, 당신이 가장 편안하고 자주 사용하는 용어들을 찾아보라.

단어들을 복습하고서 어떤 것이 더 특수한지 생각해 보고 더 강한 느낌을 말해 보라. 예를 들어, '당황한' 대신 당신은 '당혹스러워 쩔쩔 매는', '실망한' 혹은 '화가 난' 처럼 더 정교하게 말할 수 있다. 어휘 실력을 증진시킴으로써 당신은 촉진적인 경청자와 의사소통자의 자질을 갖게 되는 것이다. 저자의 경험으로는 많은 사람들이 목적에 맞는 적절한 어휘 사용 능력이 부족하다.

당신이 어떤 사람의 경험을 경청하고 이해한 것을 의사소통할 때 정확성, 특이성, 구체성, 즉시성은 중요한 요소다. 용어의 선택은 이 과정에서 주요한 도구다. 예를 들어, "적절하게 선택하여 만족스럽게 느끼고 있구나!"와 "그래, 잘했어. 너는 그것에 대해 행복해 하는 것처럼 보이는구나!"를 비교하였다.

다음에 제시된 변별범주들과 반응들의 군을 공부해 보자. 이 장의 마지막 자기수행연습에서 반응들을 평정해 보라. 이러한 연습의 목적은 축소적, 상호교환적, 촉진적 반응들 간의 변별에서 기본적인 능력 수행을 제공하기 위한 것이다. 공감적 의사소통에서 역할놀이와 안내된 수행은 개인의 기술을 강화할 수 있다.

또한 주목할 가치가 있는 것은 감정의 범주들과 강도다. 예를 들어 느낌들은 행복한, 슬픈, 두려운, 불확실한, 화난 등으로 나열될 수 있다. 부가적으로 감정의 강도와 파워는 상당히 다르다. 저자는 6세 아동과 나눈 다음의 대화를 상기한다.

상담자: 그래서 네가 마음대로 하지 못할 때 당혹스럽다는 거구나.
아　동: 그것은 저를 정말 화나게 해요.

아동은 저자가 이해했는지를 확인하고 싶었다. 사람은 흥분되고 기쁨에 넘치거나 전율을 느낄 수 있다. 이러한 것들 역시 강한 감정이다. 반면에 사람은 기분 좋고, 유쾌하고 혹은 낙천적으로 느낄 수 있다. 이러한 것들은 더 적절한

| | | | | |
|---|---|---|---|---|
| 감사하는 | 감상적인 | 감수성이 강한 | 강박적인 | 거만한 |
| 거부된 | 거북한 | 걱정스러운 | 겁먹은 | 겸손한 |
| 경이로운 | 경쾌한 | 고뇌하는 | 고마운 | 고통스러운 |
| 곤란한 | 공상적인 | 괴로운 | 교란된 | 굴욕적인 |
| 근심스러운 | 기묘한 | 기쁜 | 기쁨 | 기쁨에 넘친 |
| 기죽은 | 긴장한 | 깜짝 놀란 | 낙담한 | 낙심한 |
| 노한 | 놀라운 | 놀랄 만한 | 단호한 | 담담한 |
| 당당한 | 당황한 | 대담한 | 두려운 | 들뜬 |
| 따뜻한 | 따분한 | 만족스러운 | 만족한 | 매력 있는 |
| 매혹된 | 매혹적인 | 메스꺼운 | 명랑한 | 모욕적인 |
| 모험적인 | 못 미더운 | 무관심한 | 무기력한 | 무딘 |
| 무서운 | 무시무시한 | 밀접한 | 버림받은 | 분개 |
| 분노 | 불만족스러운 | 불안정한 | 불안한 | 불운한 |
| 불쾌한 | 불행한 | 비애 | 비참한 | 비통 |
| 뽐내는 | 상심한 | 상처받은 | 성가신 | 성급한 |
| 성난 | 소생된 | 수줍은 | 숨막힐 듯한 | 슬픈 |
| 승리감 | 신뢰할 만한 | 실망한 | 싫은 | 쓰디쓴 |
| 아픈 | 애교 있는 | 애끓는 | 약오른 | 어리벙벙한 |
| 억제하는 | 연약한 | 열광적인 | 열광하는 | 열렬한 |
| 열망하는 | 염려하는 | 영감을 받은 | 요염한 | 욕심나는 |
| 용감한 | 용기 있는 | 용기를 북돋우는 | 우스운 | 위협적인 |
| 유순한 | 유쾌한 | 유혹적인 | 의기소침한 | 의기양양한 |
| 의심스러운 | 이완된 | 일그러진 | 자신감 | 자애로운 |
| 자포자기한 | 재치 있는 | 적의에 찬 | 적절한 | 절망적인 |
| 절망한 | 조바심 | 조바심하는 | 조심성 있는 | 좋은 |
| 죄책감 | 즐거운 | 증오에 찬 | 진지한 | 체념 |
| 초조한 | 충족된 | 친밀한 | 침울한 | 침착하지 못한 |
| 침착한 | 쾌락 | 탐내는 | 파랗게 질린 | 편한 |
| 평화스러운 | 풀이 죽은 | 행복한 | 혼란스러운 | 화난 |
| 화려한 | 확신에 찬 | 환희 | 황홀한 | 후회하는 |
| 흐뭇한 | 흡족한 | 흥분한 | 희망적인 | 희열 |

[그림 5-1] 감정의 단어

감정들이다. 이와 대조적으로 어떤 사람이 당황했다고 말하는 것은 어떠한 맥락 없이 말할 수 없는 것이다. 예를 들어 저자는 당황하고 실망하고 화나거나 슬플 수 있다. 이 모든 것들은 혼란상태를 나타내는 형태들이지만 각각 적절한 반응에서 어떤 차이점이 있을 것이다. 그러므로 감정을 표현한 어휘에서 미묘한 차이에 주의를 기울이는 것이 의사소통에서 강도와 타당성을 높인다. 이러한 정서적 반응들의 특수성과 풍부성은 관계 형성을 촉진한다.

## 의사소통의 변별 범주와 반응의 예

이야기 줄거리: 학교생활을 정말 잘하고 싶어요. 정말 잘해 보려고 하지만 지속할 수는 없을 것 같아요. 알다시피 공부하고 시험 잘 보고, 그리고 숙제 하기가 너무 어려워요. 정말 괴로워요.

### 축소적

- 소속감, 적절성, 안전감에 명백하게 도움이 되지 않는다.

  반응 예 "너는 항상 말뿐이지 공부는 결코 하지 않는구나. 다른 곳에 가서 이야기할래. 나는 좀 바쁘거든."

- 단지 주제를 바꿈으로써 화자가 더 깊게 이야기하기 어렵거나 불가능하게 한다.

  반응 예 "그래, 잘 지내? 음, 지난 밤에 경기 봤어?"

- 무시된 느낌의 유형과 강도; 정확하게 파악되지 않는 내용(예; 진술된 것과 관계없는 더 많은 정보를 요청하거나, 특수한 제안을 한다)

  반응 예 "그래, 너는 효과적으로 공부하는 방법을 모른다는 말이지."
  "그것에 대해서 너의 선생님과 이야기해 본 적 있니?"

### 상호 교환적

- 내용과 느낌을 재진술하거나 단지 필요한 내용과 연결된 느낌만을 반영하고, 심지어 화자의 언급이 없이도 전달된 다른 내용을 알 수 있다.

  반응 예 "너는 아무리 열심히 공부해도 학교 공부를 잘할 수 없어서 정말 걱정하고 있구나."

"잘한다는 것은 너에게 참으로 중요하지만, 네가 아무리 열심히 한다고 해도 아직 충분히 잘하지 못한다고 생각하는구나."

### 추가적

- 표현된, 때로는 더 간결하게 진술된 내용과 느낌을 명료화하고 개인으로 하여금 탐색의 가능성을 증가시킨다. 즉시성과 특수성이 가끔 존재한다.

  반응 예 "너는 잘하기를 원하지만, 점점 더 힘들어 보이기 때문에 정말 기가 죽고 두려움이 생긴다는 말이지."

- 화자의 느낌과 내용을 탐색할 새로운 차원을 추가한다. 예를 들어 사고와 소속감, 적절감, 안전감을 다룰 수 있는 화자의 역량을 향상시킨다. 목적 있는 직면과 행위를 할 수 있지만, 항상 무소유적인 존경과 공감의 맥락 내에서 이루어진다.

  반응 예 "잘한다고 하는 것이 너무 중요해 보이지만, 지금 네가 고민하고 있는 것은 '내가 정말 할 수 있는가? 필요한 것을 내가 가지고 있는가'라는 거지."

## 의사소통 변별 연습

### 연습 5.1

지시: 아래 문장에서 다음 각 반응들을 도움의 정도에 따라 S(축소적), I(상호교환적), A(추가적)로 평정하시오. 다음에 나와 있는 해답을 보고 당신의 반응을 표시하시오.

1. 남편이 피곤한 채 퇴근하여 온종일 일하느라 얼마나 고생했는지 모른다고 불평을 늘어놓으면서 계속해서 내가 할 일을 해놓지 않았다고 비난한다. 나는 세 아이와 시어머니 때문에 일주일에 몇 번은 지쳐 쓰러지며 완전히 녹초가 된다.

___ ① 시어머니는 자신의 방문이 당신의 일과를 얼마나 엉망으로 만들어 놓는지 아시나요?

___ ② 당신은 누군가와 이야기할 필요가 있어 보입니다.

___ ③ 당신 남편의 태도는 참으로 당신의 상황에 둔감하다. 그 점만 생각

해도 당신은 화나겠군요.

___ ④ 저도 그런 식으로 느낀 적이 있었어요.

2. 나는 동료와 문제가 있어서 상급자와 상의하기 위해서 들어갔다. 내가 무슨 일이 일어나고 있는지 알기도 전에 그녀는 이 일이 초래된 연유가 무엇인지 나에게 물었다. 지금껏 아무런 문제 없이 14년 동안 여기서 일해왔기 때문에 나는 상처를 받았고, 배신당한 느낌이었다.

___ ① 당신은 상급자에게 정말 배신당했다고 느끼는군요. 그녀는 완전히 당신과 상의할 시점을 놓쳤군요. 지금 당신은 그녀를 믿을 수 있다고 생각하지 않는군요.

___ ② 그녀는 회사에 얼마나 오래 근무하였습니까?

___ ③ 14년 동안 당신은 결코 다른 문제는 없었습니까?

___ ④ 당신의 상급자는 참으로 당신에게 상처를 주었군요. 지금까지 내내 좋은 서비스를 받고서, 이제 그녀는 당신을 의심하는군요.

3. 내 모든 문제들이 심각하게 보이지 않는다. 우리는 해변에서 좋은 시간을 보냈기 때문이다.

___ ① 해변에서 상당히 좋은 여행을 했군요. 처리할 수 없을 만큼 너무 크거나 중요하게 보이는 문제는 없는 듯합니다.

___ ② 당신은 어디로 여행을 갔습니까?

___ ③ 당신이 모은 돈을 모두 써 버렸다고 어떻게 말할 수 있습니까?

___ ④ 당신은 여태껏 그 여행을 즐기고 있고, 모든 문제가 덜 중요한 것처럼 보입니다.

4. 수년 동안 우리 가족과 함께 살았던 개가 지난 주말에 죽었고, 나는 아직도 집에 돌아왔을 때 우리 개가 인사하면서 반겨 주기를 기대한다. 나는 너무 슬펐지만, 그가 단지 동물이었음을 알고 있다.

___ ① 설명하기 어렵지만 그 개는 가족의 일원이었군요. 당신은 그 개를 그리워하고, 당신이 집에 돌아왔을 때 개가 없다는 것이 참으로 슬프게 느껴진다는 말이지요.

___ ② 당신이 어떻게 느끼는지 알겠어요. 저도 작은 잉꼬 한 마리를 키운 적이 있었는데, 그렇게 느꼈어요.

___ ③ 자동차 사고였나요?

___ ④ 그와 같이 느끼는 사람들이 많아야 합니다. 당신은 동물 장례식에 대해 들어 본 적이 없나요?

## 연습 5.2

지시: 각 담화에서 도움의 정도에 따라 다음 각각 반응들을 S(축소적), I(상호교환적), A(추가적)로 평정하시오. 다음에 나와 있는 해답을 보고 당신의 반응을 표시하시오(두 인용문은 아동에 대한 것이고, 나머지는 성인에 대한 내용이다).

1. 훌륭한 선생님이야! 그는 참으로 학교에 재미를 붙이게 만든다. 그는 내가 문제해결을 위해 노력하는 것이 최선의 역할이라고 느끼게 한다.

___ ① 와, 그는 참으로 훌륭한 선생님이다. 나는 심지어 그의 반에 들어가고 싶다.

___ ② 그가 어떻게 그렇게 하니?

___ ③ 그는 너무 훌륭해서, 가장 다루기 힘든 문제라도 재미있어 하는 것처럼 보인다. 그의 반에 있으면 정말 재미있을 것이다.

___ ④ 다른 아이들도 그의 반을 좋아한다고 생각하니?

2. 내가 좋아하는 것에 대하여 이야기할 기회를 가진 적이 없다. 다른 소녀들은 항상 토론의 지도자로 자기 친구들을 선택한다. 그것은 공정하지 못하고, 또한 그들을 배려한 것이 아니다.

___ ① 왜 네가 어떻게 느끼는지 그들에게 말하지 않니?

___ ② 다른 소녀들이 실제 너를 토론에서 의도적으로 배제하는 경우, 기분이 나빠질 것이다.

___ ③ 다른 소녀들이 항상 그들의 관심에 대하여 이야기함으로써 토론에서 너를 배제하는 것은 참으로 옳지 않다.

___ ④ 너가 좀 과민한 거 아니니? 너는 다른 소녀들과 동등한 투표권과 동

---

연습 5.1 답: 1. S S A S 2. A S S I 3. I S S I 4. I S S S

등한 기회를 갖고 있다.

3. 지난 팀 모임에서 우리가 이야기하였던 것은 정말 잘 처리되었다. 나는 정말 깜짝 놀랐다. 단지 하루가 지난 후 이미 향상되는 것을 볼 수 있었다. 정말로 나는 우리가 대성공을 거두었다고 생각한다.

___ ① 이봐, 놀랍군. 당신은 최고 수준인 것 같고, 그것을 정말로 즐기는 것처럼 보이는군.
___ ② 그래, 내일은 달라진다 해도 너무 실망하지 마.
___ ③ 당신은 다음 모임에서 그것에 대하여 나에게 더 자세하게 말해야만 할 것이다.
___ ④ 이 크나큰 감격! 단 하루 만에 벌써 더욱 좋아지고 있다니! 모두 함께 이 기쁨을 나누자.

4. 나는 메리에게 최근에 무슨 일이 일어났는지 정말로 이해할 수 없다. 그녀는 거리를 두고 있고…… 우리가 늘 하던 대로 약물에 대해서, 그리고 지금 신문에 보도된 그 많은 것들을 말하려고 하지 않는다.

___ ① 당신은 늘 하던 대로 메리가 당신에게 털어놓고 싶어 하지 않는 것을 걱정하고 있다. 당신은 그것이 무슨 의미인지 전혀 알 수 없다.
___ ② 걱정하지 마세요. 메리 또래의 모든 소녀들은 그 과정을 거칩니다.
___ ③ 약물에 관한 새정부의 소책자를 보내 드릴까요? 아마 편하게 느껴지실 겁니다.
___ ④ 메리가 당신과 멀리하는 것이 당혹스럽다는 거군요. 당신이 지도해서 그녀가 큰 도움을 받을 수 있을 그 순간에 그녀를 돕는다는 것이 다소 무력하게 느껴지신다는 거군요.

5. 나는 일상적인 일들에 항상 힘들어 한다. 그들이 우리를 교사로서 인정하지 않는다면, 그들이 할 수 있는 최소한의 것은 유아적인 발상이다. 그것은 매년 똑같이 반복되는 오래된 이야기이다. "글쎄, 알다시피 우리는 긴축재정을 하고 있다."

___ ① 그래, 내가 전에 근무했던 학교도 그런 식이었어.

___ ② 나도 그렇게 생각해.
___ ③ 일상적인 가르침은 정말 좌절감이 들게 한다. 그들은 유아적인 생각을 해.
___ ④ 이러한 것이 아이들의 학교경험에 어떠한 영향을 미칠지, 그리고 권위를 가지고 배려하는 사람이 아무도 없다는 것을 생각하면 참으로 슬프다.

## 나-전달법

언어적 의사소통의 또 다른 측면은 분노나 직면적인 감정의 부정적인 측면을 최소화하는 것이다. 기본적인 원칙은 '너-전달법' 대신 '나-전달법'을 포함한다. 잔소리하기, 불평하기, 비난하기 대신에 다른 사람의 특정한 행동이 당신에게 유발시킨 감정을 단순히 전달하라. '나-전달법' ① 귀찮은 행동을 기술하고, ② 그 행동의 결과에 대한 감정을 기술하고, ③ 나에게 미친 결과를 포함한다. 다음의 예를 보자.

행동: 당신이 자동차를 사용한 후 차에 연료를 가득 채우지 않았을 때
느낌: 나는 화가 난다.
결과: 내가 아침에 출근할 때 사무실이나 약속에 늦게 되기 때문이다.

앞 진술문과 다음 진술문을 비교해 보자.

"그래, 당신은 또 그렇게 하였습니다."
"당신은 언제 책임 있게 행동할 것입니까?"
"자동차에 연료가 없어서 나는 직장에 늦었습니다."

논리적 결과와 다른 것은 아니지만, 화날 때나 명백한 당혹감이 있을 때 '나-전달법'을 사용하는 것은 효과를 감소시킨다. 그러나 당신의 목표가 모든 부분에서 존경을 유지하는 것이라면, 성공적인 해결책을 발견할 가능성을 증

연습 5.2 답: 1. A S I S 2. S I I S 3. I S S A 4. I S S A 5. S S I I

가시킬 수 있다. 아동생활(제6장)과 가족상담(제11장)의 장에서 보게 되겠지만, 자신의 순수한 느낌, 심지어 분노감정까지도 표현할 수 있다는 것은 관계 속에서 존경이 존재할 때 촉진될 수 있다. 당신이 화가 났다는(혹은 정말 행복하다는) 사실은 당신의 순수한 관심과 가치의 수준을 반영한다. 다투지 않고 만족할 만한 해결책을 끌어내기 위한 끝없는 욕구를 보여주는 것은 실제적으로 더 큰 신뢰, 친밀감, 존경에 이바지한다.

실제로 다툼과 갈등을 성공적으로 해결할 때 직장, 친구들 사이, 가정에서 더 강력하고 더 바람직한 인간 관계를 형성할 수 있다. 사실 다툼은 친근한 관계에 대한 위협이라기보다는 기회라고 볼 수 있다. 격려와 갈등 해결의 방법과 기법들은 더욱 건강하고 만족스러운 관계를 가져다준다.

## 확대 적용

이 장의 첫 부분에서 보았듯이, 많은 사회적 갈등에서 이러한 많은 방법들을 적용할 수 있다. 성인관계에서도 기법들이 다양하다고 하더라도 동일한 단계를 적용할 수 있다. 갈등해결에서 가장 범하기 쉬운 잘못은 첫 단계인 상호 존중과 관계된다. 어떤 사람이 실수를 하거나 비행을 저지른다고 믿을 때 따지는 질문이나 비난, 또는 잘못을 지적하면서 상호 작용을 시작하면 다른 사람의 소속감, 안전감, 적절감을 해치는 경향이 있다. 행위진술은 상황을 교정하도록 이루어져야 한다. 상황이 타인의 행동을 교정하는 데 필요한 것을 전할 수 있다고 하더라도, 첫 단계에서의 잘못은 성공적인 해결을 방해한다. 성공과 실패는 그러한 상황의 결과로 이루어진다.

반면에 적극적 경청, 부드러운 눈맞춤, 공감적인 의사소통을 통하여 상호 존중하는 분위기가 만들어진다면 다른 단계들이 최적 상태에서 실행될 수는 없다고 하더라도, 그 상황을 만족스럽게 해결할 수 있다. 다른 사람들이 다툼을 해결하기 위한 노력의 요소로서 개방성, 유연성, 존경을 지각할 때 만족스런 결과를 가져올 가능성이 훨씬 더 커진다.

다른 사람의 행동과 태도에 대한 관심을 표명하는 또 다른 방법은 촉진적인 직면이다. 때로 지각한 것을 나누는 것이 듣기에는 불편하더라도 생산적이고 조력적이라는 점에서 성장이 될 수 있다. 저자는 인간관계 수업시간에 한 학생이 학급의 놀림감으로 보였던 사례를 기억하고 있다. 그녀는 항상 웃음거리가 되었다. 학기 동안 그녀를 알게 된 후로 우리는 학습과제에서 그녀의 비교적 좋지 않은 성적에 대해서 협의를 하였다. 나는 그녀의 농담과 재담으로 인해 가끔 그녀가 우습게 된다는 것을 알고 있었다. 나는 그녀에게 물었다.

상담자: 나는 왜 네가 모든 사람의 웃음거리가 되는지 궁금하다. 너는 아니?

학 생: 아뇨, 진짜 몰라요.

상담자: 네가 웃음이 너무 헤프다면, 아무도 너를 진정으로 받아들이지 않을 수 있다. 사람들은 너의 견해, 즉 네가 어떻게 느끼고 무엇이 너를 기쁘거나 슬프게 만드는지를 고려하지 않고, 더 편안하다고 느끼기 때문에 웃음거리로 생각하는 것이 아닐까?

학 생: (조용히 생각에 잠긴 채) 전에는 그렇게 생각한 적이 없었지만 그들이 나를 진정 좋아하고, 아니 그들이 나를 한 인간으로서 존중한다는 것이 이상하게 생각돼요. 생각해 보세요. 내가 낙제해서 다음 학기에 여기에 없을 것이라고 어느 누가 생각해 줄까요? 예, 바로 그거예요.(웃으면서) …… 그래서 나는 안방의 조롱꾼이고 웃음거리가 되고, 지겨워요.

상담자: 대단한 발견이야. 그렇지만 너는 무엇인가를 알고 있어. [몰라요.] 그것은 또한 그들의 결점은 아니야. [무슨 의미죠?] 음, 그들이 원했던 것을 네가 해야 한다고 누가 말했니? [아, 예.] 지금 문제는 네가 무엇을 원하는가야. 바꾸고 싶지 않니? [물론이에요.]

이 사례에서 보면 변화는 쉽지 않다. 상황을 더 자세히 살펴보니, 그녀는 자신감을 부족으로, 그러한 평판을 받게 한 많은 습관들을 발전시켰다. 사람들은 말하자면, 그녀가 항상 했던 대로 행동하기를 기대한다. 한 사람이 변화하기 시작하면 다른 사람들은 불편하게 될 수 있다. 황당하게 보이지 않겠는가! 자기회의와 타인의 기대의 결합은 그런 경우에 한 요인이 될 수 있다. 그녀가 우리의 관계에서 진솔성, 욕심 없는 배려와 공감적인 이해를 경험하였기 때문에, 남들이 그녀에게 심리적인 스트레스가 된다고 하더라도 그녀는 내 관찰을 수용할 수 있었다. 또한 중요한 것은 내가 그녀 스스로 본인의 행동 목적을 이해하도록 도왔다는 점이다. 그녀가 실패에 대한 두려움을 어떻게 감추는지, 또 실제적인 능력과 재능을 탐구하지 않은 것에 대한 변명을 어떻게 하는지가 드러났다. 드레이커스는 이것을 숨겨진 이유라고 하였는데, 이것은 인생과제를 회피하는 데 그녀에게 더 이상 도움이 되지 않는다. 더욱 중요한 것은 그녀가 선택한 대로 지금 그녀는 크게 웃고 농담을 하거나 그러지 않거나 자유롭다. 그녀는 또한 그녀를 더 진지한 마음을 갖고 있는, 책임 있는 학생과 친구로 받아들이도록 다른 사람들을 자극하는 행위들을 실행하기 시작하였다. 그래서 효과적인 언어적 의사소통은 여러 가지 요인들을 포함하고 있다. 가장 자주, 비록 그것들이 또한 전체적인 효과에 기여한다고 하더라도 사람이 사용하는 언어는 최소한의 중요한 요소들을 포함하고 있다. 주요한 요소들은 다음과 같다.

- 반영적 경청: 표현한 느낌의 종류와 강도의 알아차림을 드러낸다.
- 비판단적 태도: 당신이 그가 행한 행동을 좋아하지 않는다고 하더라도, 개인에 대한 존중을 보여준다.
- 당신의 감정에 대한 책임감의 수용, 비난과 불평, 잔소리를 회피하기
- 행동목적을 이해하기와 생활환경에 대한 해결책을 찾으면서 어떻게 타인과 자신에게 자기패배적이 될 수 있는지를 이해하기

몇 년 동안에 걸친 교사와 학생의 상호 작용에 대한 연구에서 보면, 교사와 학생 모두 그들의 상호 작용에서 어려움을 경험하였다고 보고했다. 저자가 미국과 외국에서 강의한 경험에서 보면 일반적으로 교사들을 포함하는 워크숍 참가자들은 대부분의 상호 작용들이 교육, 조언, 꾸지람을 포함하고 있다는데 동의한다. 부모들도 마찬가지로 복잡하다. 결혼과 가족 상호 작용 또한 가장 강력한 가족들을 제외하고는 거의 격려가 약한 것 같다(D. G. Myers, 1992; Stinnet & Defrain, 1985). 이용할 수 있는 강력한 학습방법(예; 모델링과 예시)이 생활에 대처할 수 있도록 학습이 필요한 주요한 학습환경 속에는 빠져 있다. 결국 우리 시대의 문제에 성공적으로 대처하려면 모델을 제시하고 가르치

고, 격려하는 완벽한 방법이 가장 중요하다.

## 격려하기에 대하여

단지 언어적인 격려방법만을 강조하는 것은 필요한 것과 상당한 차이가 있다. 아들러 학파는 훈련 문제를 다룰 때 언어보다는 행위의 중요성을 강조한다. 똑같은 원리가 격려에도 적용될 수 있다. 모든 사람은 다른 사람들이 말한 것이 또한 행동에도 나타나는지 증거를 찾는다. 비언어적 의사소통은 미소와 같이 단순한 것이 될 수도 있고, 타인에 대한 사랑, 존경, 진실한 배려를 반영하는 특별히 의도한 일들을 계획하고 수행하는 것일 수 있다.

생일, 기념일, 졸업을 기억하고 축하하는 것은 격려의 비언어적 의미를 구성한다. 그러한 때에 격려를 받는 사람들은 자기가 받은 말이나 선물을 정확하게 기억할 수 없지만, 그 방식은 기억할 것이다.

격려 행위들의 몇 가지 예를 제시하면 다음과 같다.

- 혼자서 하게 될 수도 있는 일을 돕기
- 나누고 싶은 취미, 휴가, 사건을 이야기하도록 경청하기
- 어려운 일을 완성하는 동안에 바쁘게 일하고 인내심을 유지하기
- 더 많은 여가시간을 갖도록 그 사람 일을 해 주기
- 당신에게 가치 있는 책이나 화제를 친구와 나누기
- 요청하지 않고 호의 베풀기
- 특히 잊기 쉬울 때 감사나 안부 편지 보내기
- 그가 한 일에 대한 능력이나 기여를 다른 사람들이 칭찬하도록 다른 사람을 조정하기

실제 다른 사람의 능력, 재능, 행동에 대한 감사, 인정, 수용의 표현으로 순수하게 한 행위는 그 사람에게 격려가 될 수 있다. 때로 사람들은 아들러 학파가 칭찬에 대한 언급을 회피하는 경향을 가지고 있는 이유에 대하여 질문한다.

이러한 경향에 대한 여러 가지 설명이 있다. 흔히 상담 목표는 사람들에게 실망의 증거를 극복하도록 돕는 것이다. 사람들이 반응하고 칭찬하는 수직적이고 수평적인 측면에 관해 제1장에서는 무엇을 하고 있느냐보다는 어떻게 하고 있느냐(예; "당신은 고통을 잘 참아 내는군요. 참 잘하였습니다!")를 더 중요시하였다. 낙담한 사람들은 자기의 행동 방식에 몰두하는 경향이 있기 때문에 그러한 부분에는 관심이 없다.

앞에서 언급한 단 1초차로 우승을 빼앗긴 후 인터뷰를 했던 한 스키 선수의 사례에서, 그가 참 잘했다고 말하는 것은 그에게는 별로 중요하지 않을 수 있다. 해설자의 격려가 아니더라도 최선을 다했음을 그 스스로 이미 믿고 있다. 그의 활강에 대한 가장 신뢰하는 친구의 칭찬은 그가 이미 믿고 있었던 것에 대한 긍정으로서 격려가 될 수 있다. 자기확신에 대한 타인들의 수준이 의심스러울 때, 우리는 칭찬하지 않는 것이 더 좋다고 믿는다.

사전적 정의에 의하면, 칭찬하기는 찬성을 표현하는 것이다. 권위적인 사회나 체계에서 칭찬은 영향력의 수단이다. 상급자들은 하급자의 업무나 행동을 찬성하거나 반대한다. 그래서 칭찬은 평등사회에 적합한 방법이 아니다. 또한 칭찬은 행위보다는 그 사람에게 주의를 돌리는 경향이 있다.

많은 사람들의 개인적인 비극은 중요한 사람이 되기 위해서 자기가 다른 사람을 만족시켜 주어야 한다고 하는 초기의 잘못된 관념에서 비롯될 수 있다. 어떤 사람은 타인들을 즐겁게 할 것인가에 따라서 그들이 할 일을 결정하는 반면에, 어떤 사람들은 타인들을 즐겁게만 해 주는 행동은 하지 않을 것이다. 이 두 가지 결과는 모두 문제를 안고 있다. 낙담한 사람들의 물질 남용, 자기방치, 그 밖에 여러 가지 다른 행위로 인해 행동들에서 죽은 사업가, 극작가, 배우, 가수, 뛰어난 동호인들의 사례들이 있다. 이러한 사례들에서 권력, 지위, 재산을 모두 소유한 성공은 천박하고 우울한 것이다. 어떤 사람들은 성공이 사람들을 타락시킨다고 주장할 수 있다. 명성과 돈이 그들을 타락시켰다. 그들의 공적인 삶의 요구가 너무 컸다. 그들을 시간, 친구, 동료의 영향을 받지 않고 훈련시켜야 한다면 강압적이어야 할 것이다.

이와는 반대로 매우 성공적인 안목을 지닌 공적인 인물들의 사례들이 있는데, 그들은 사적인 삶의 개인적인 비극에도 불구하고 높은 사회적 관심을 갖고 있는 사람이다. '코미디언 밥 호프'는 전 세계의 모든 군인들과 불행한 사람들의 정신을 끌어올리는 데 재치 있는 유머감각과 매력을 사용하였다. 그는 시간, 재능, 자원들을 많은 자선사업과 복지를 위하여 관대하게 사용하였다. 어떤 상황에서도 유머를 잃지 않은 사람이고, 그의 유머는 결코 어느 누구에게도 의도적인 해를 입히지 않았다. 자문과 상담을 다룬 장에서 보았듯이, 생활의 곤경에서 다른 사람을 웃도록 돕는 것은 그 자체로 치료적이다. 그 기준에 근거하여 그는 '닥터 밥 호프'로 칭해질 만하다.

적절히 감동시키는 것에 관심을 갖는 것은
격려의 중요한 과정이 될 수 있다.

격려는 마음을 감동시키는 것이다. 다양한 이유로 미국사회에서 타인을 감동시키는 것은 금기 사항이었던 것으로 보인다(Thayer, 1988). 어떤 인종집단 사이에서 동성끼리 껴안고 키스하는 것은 사랑, 우정, 온정의 수용된 표현이다. 인사와 축하는 이것 없이는 이루어지지 않는다. 그리고 아직도 원칙적으로 서구 유럽, 즉 빅토리아풍의 태도와 습관은 포르노그래피, 윤리적 타락, 성행위의 탐닉으로 가득 찬 사회와 공존하고 있는 것 같다. 이러한 사실은 특히 새로운 자료들을 축적함에 따라 애무하기, 포옹하기, 여자를 들어올리기, 마음을 감동시키기, 그리고 신체적인 배려의 다른 신호 없이는 심지어 동물들도 어떤 상황에서는 명백히 죽음을 포함하는 온갖 질병을 경험한다는 것은 특히 인상적이다. 모든 사람들의 연령별 사례연구에서도 이러한 영역에서 태만에 관하여 마찬가지로 인상적이다. 적절한 감동을 주기 위한 관심은 격려의 과정에서 중요한 요소가 될 수 있다.

대부분의 사례에서 단순하지만 굳은 악수, 팔이나 등을 어루만지기, 뺨에 키스하기, 껴안기, 손잡기는 관심을 주기에 충분하다. 구애 초기에 연인들은 애정의 표현으로 손을 잡고, 키스하고, 애무하고, 포옹한다. 아이들은 어린 시절에 비슷한 경험을 하게 된다. 아이들이 자라면서 부모의 품에서 떠나가지만 동시에 이성에게 매력을 발견하게 된다. 성애적 의미나 함축 없이 동성과 이성 간의 흥미, 배려, 지지를 사회적으로 적절하게 표현하는 것의 배양은 바람직하다. 특히 부모들은 자녀들과 함께, 자녀들을 위해 이것을 보여줄 많은 기회를 갖는다. 마찬가지로 아동들과 함께 생활하는 교사들이 주의를 끌거나 지지를 표현하는 데 부드러운 애정표현이 도움이 될 때가 종종 있다.

또한 비언어적 의사소통은 신체적 접근(예; 가까이 서 있거나 작품이나 물건을 만드는 손놀림을 관찰할 수 있도록 책상에 기대기)을 통해서 이루어질 수 있다. 각 사례에서 사람이 옆에 있다는 것은 다른 사람에게 긍정적인 방식으로 느껴질 수 있다. 무엇이 다른 사람에게 적절하거나 편안한지를 단지 물어봄으로써 결정할 수 있다. 이러한 논의의 목적은 돕는 역할을 하는 어떤 사람이 성적인 애무나 희롱으로 해석될 수 있는 행동에 민감해야 한다는 것이다. 마찬가지로 다중문화적 다양성에 대해 인식함에 따라 눈맞춤, 신체적 접촉, 제스처, 그리고 관련된 비언어적 의사소통의 민감성은 문화적 배경이 생소한 사람들의 가치, 사고, 감정에 대한 신중한 탐색을 필요로 한다(Lee & Richardson, 1991).

## 요 약

이 장은 삶에 대처하는 긍정적 태도들을 증진시키는 데 있어서 중요한 요소들의 여러 가지 측면들을 개관하였다. 자기 자신을 신뢰한다는 것은 타인들에 의해 결정하지 않음을 의미한다. 타인들을 가장 효과적으로 격려하기 위해서는 자신을 신뢰해야 한다. 삶이 곤경에 처할 때 그 해결책을 발견할 수 있는 용기는 삶의 가장 큰 자산이다.

특별한 방법들과 기술들은 유용하게 사용될 것이며, 실제 당신이 타인들과 친교하는 방법에서는 차이가 날 것이다. 격려는 아들러식 상담중재의 기초가 되기 때문에, 부가적인 사례들과 설명들이 다음 장에서도 계속 이어질 것이다. 부가적으로, 이 장 끝 부분의 연구문제들과 활동들은 매우 도움이 될 수 있다. 격려하는 사람은 다음과 같은 성향을 보인다.

- 있는 그대로 사람들을 존중한다(비록 특수한 행동들을 찬성할 수 없다고 하더라도).
- 신뢰를 보여준다. 그러한 신뢰는 사람들이 자기 자신들을 신뢰할 수 있도록 한다.
- 그 사람이 능력을 충분히 만족스럽게 발휘할 것이라는 기대를 가지고 있다.
- 노력을 가치 있는 것으로 인식한다.
- 개인들의 발달을 자유롭게 하고 높이기 위해서 집단들(예; 가족, 학급, 동료들)을 통해서, 그리고 집단들과 함께 활동한다.
- 모든 사람이 집단의 소속감을 경험하도록 돕는다.
- 성공을 보장하는 경험과 지식에 초점을 맞추고, 타인들이 필요로 하는 체계적인 대처 기술들과 태도들을 개발하도록 돕는다.
- 개인들이 더욱 발전할 수 있도록 그들의 관심과 장점들을 활용한다.
- 그들에게 필요한 어떠한 노력이나 행동도 바라지 않고 타인들을 자발적으로 격려한다.

## 연구문제

지시: 다음 질문에 답하시오.

1. 격려 행동의 특징을 쓰시오.(예; 결과보다는 노력에 더 관심을 가진다)

2. 아들러 학파가 왜 불완전한 상태에서 용기를 키워야 한다고 가르친다고 생각하는가?

3. (1) 수직적 측면에서 인생과제에 접근하는 사람들과, (2) 수평적 측면에서 인생과제에 접근하는 사람들의 사례를 둘 이상 쓰시오.

4. (1) 격려하는 말들을 간단히 기술하고 두 가지 예를 드시오.

(2) 격려하는 행동들을 간단히 기술하고 두 가지 예를 드시오.

## 활동

격려하기는 타인에게 용기를 북돋거나 돕는 것이다. 특히 해결책을 찾는 데 작용할 수 있고 난관에 대처할 수 있는 확신을 갖도록 하는 것이다.

격려는 다음과 같은 특징을 갖는 행동들이다.

- 어떻게 하는가보다 무엇을 하는가가 더 중요하다.
- 과거나 미래보다는 현재에 초점을 맞춘다.
- 행위는 행위자보다 더 중요한 것이다.
- 결과보다 노력을 더 강조해야 한다.
- 외적 동기(예; 보상이나 처벌)보다 내적 동기(예; 만족, 즐김, 도전)가 표현된다.
- 현재 학습하고 있는 것이 학습하고 있지 않은 것보다 더 중요하다.
- 올바른 행동을 올바르지 않은 행동보다 더 강조한다.

I. A. 아래에 있는 각각의 상황에서 일반적으로 타인을 격려할 수 있는 활동을 하나 이상 선택하시오.

| 상 황 | 응 답 |
|---|---|
| 1. 자원봉사자들이 설거지를 돕겠다고 한다. | ___ ① 놀라서 까무러친다.<br>___ ② 설거지하는 방법을 그들에게 가르쳐 준다.<br>___ ③ 즐겁고 도움이 된다고 말한다.<br>___ ④ 도움과 만남에 감사한다고 말한다. |
| 2. 뜻밖에 음식이 가득 담긴 접시를 땅에 떨어뜨렸다. | ___ ① 깨끗이 청소한다.<br>___ ② 그들에게 청소하라고 말한다.<br>___ ③ 그들에게 청소를 돕고 싶은지 묻는다.<br>___ ④ 필요하지 않으면 아무 말도 하지 않는다. |
| 3. 다른 사람들을 위해 일을 집으로 가져온다. | ___ ① 사려 깊은 것에 대해 감사의 말을 표현한다.<br>___ ② 그것을 어디에서 가져왔는지 물어본다.<br>___ ③ 공개적으로 그것을 즐긴다.<br>___ ④ 대신 다른 시간에 그들이 즐기고 싶은 것을 나눈다. |
| 4. 성적표를 집에 가져온다. | ___ ① 어떤 과목이 가장 재미있는지 함께 생각해본다.<br>___ ② 읽어 보지도 않고 서명한다.<br>___ ③ 좋은 성적에 대해 돈으로 보상한다.<br>___ ④ 성적이 어떤 의미가 있는지 논의하도록 한다. |

---

답 : 1. ③ ④ 2. ③ ④ 3. ① ③ ④ 4. ① ④

B. 적절한 반응에 대해서 파트너나 집단구성원들과 의견을 나누어 보시오.

C. 주요한 문제들에 대한 당신의 반응을 검토하시오.

II. A. 다음의 각 문항에서 격려반응을 하나 이상 해 보시오.

| 상 황 | 응 답 |
| --- | --- |

다른 사람이:

1. 정해진 시간 내에 숙제를 끝낼 수 없다.
2. 운동기술에서 더딘 경향이 있다.
3. 귀찮은 업무들을 돕겠다고 자원한다.
4. 자동차를 세차한다.
5. 당신에게 특별히 가치가 있는 문제를 틀린다.
6. 공통의 관심사나 취미를 공유한다.
7. 특별한 재능을 갖고 있다.
8. 시키지 않아도 세수하고 잠자러 간다(어린이).

B. 당신의 격려반응 목록을 집단에 발표하고 토의에 참여한다.

III. A. 다른 사람들이 당신을 격려하였을 때 그들의 지지에 진심으로 감사를 표시한 상황을 세 가지 이상 말해 보시오.

| 상 황 | 격려 응답 |
| --- | --- |
| 1. | |
| 2. | |
| 3. | |

B. 다른 사람이 말했거나 행했던 것보다 당신이 행했던 것에 의해 더 격려되었다고 느껴졌던 상황들을 생각해 보시오(예; 내적 동기화 대 외적 동기화).

C. 어떤 상황에서 가장 낙담이 되었는가? 그때 당신의 행동에 영향을 준 생각과 감정을 말해 보시오. 미래에 비슷한 상황에서 생각하고 행동하는 새로운 방법을 배우고 싶은가?

D. A에서 기록했던 격려 기억을 함께 이야기해 보시오.

E. 필요하면 B에서 하나의 상황을 함께 나누어 보시오.

F. 원하면 C에서 하나의 상황을 함께 나누어 보시오. 집단이나 파트너에게 그러한 상황을 다룰 수 있는 새로운 방법을 요청해 보시오(예; 그것을 극복할 수 있는 사고와 행동).

IV. 다음 표에서 당신의 행동에 적절한 빈도를 체크하시오. 평범한 행동들이 타인을 격려하는 데 아주 알맞게 사용될 수 있다는 것을 주목하시오.

언어적

| 다음과 같은 말을 얼마나 자주 사용하는가? | 매일 | 매주 | 매월 | 매년 | 사용한적 없다 |
|---|---|---|---|---|---|
| 1. 당신과 함께 해서 정말 즐거웠습니다. | | | | | |
| 2. 당신의 도움에 감사합니다. | | | | | |
| 3. 당신은 ○○을 즐기는 것으로 보이시는군요. | | | | | |
| 4. 나는 당신의 ○○을 좋아합니다. | | | | | |
| 5. 나는 내가 하고 있는 것을 정말 좋아합니다. | | | | | |
| 6. 도와드릴까요? | | | | | |
| 7. 감사합니다. | | | | | |
| 8. 안됐군요. 제가 할 수 있는 일이 있습니까? | | | | | |
| 9. 당신의 취미, 여행 등에 대하여 더 많은 것을 저에게 말해 줄 수 있습니까? | | | | | |
| 10. ○○하는 방법을 저에게 가르쳐 주십시오. | | | | | |
| 11. 나는 스스로 긍정적으로 느낍니다. | | | | | |
| 12. 당신을 위해서라면 나는 정말 행복합니다. | | | | | |

비언어적

| 다음과 같은 행동을 얼마나 자주 하는가? | 매일 | 매주 | 매월 | 매년 | 사용한적 없다 |
|---|---|---|---|---|---|
| 1. 다른 사람의 관심이나 중요한 사건을 나누기 위하여 공감적으로 경청한다. | | | | | |
| 2. 타인들에게 편지하기, 카드 보내기 등 배려 행동을 한다. | | | | | |
| 3. 타인이 더디거나 능력이 부족할 때 인내한다. | | | | | |
| 4. 생일, 결혼기념일 등 사랑하는 사람의 중요한 날짜를 기억한다. | | | | | |
| 5. 당신이 하고 있는 일이나 당신이 함께 하고 있는 사람과 정말 즐겁게 생활하고 있음을 깨닫는다. | | | | | |
| 6. 책이나 레코드와 같은 당신에게 가치 있는 것을 친구와 나눈다. | | | | | |
| 7. 요청하지 않아도 다른 사람에게 은혜를 베푼다. | | | | | |

# 제6장 | 안녕을 지향하는 아동 생활지도

학교와 가정에 대한 관련 연구

아동 생활지도의 원리

파괴적 행동목표

아동의 파괴적 행동목표 확인하기

청소년의 전형적인 그릇된 목표

폭력과 물질남용

교정활동

요 약

연구문제

활 동

제 6 장

# 안녕을 지향하는 아동 생활지도

아동을 생활지도하는 데 있어서 교사와 부모가 겪는 어려움은 표면적으로 드러난 것보다는 훨씬 크다. 보통 사람들도 어린이들이 20년이나 25년 전보다 지금은 더욱 반항적이고 독립적이라고 말한다. 몇몇 학교위원회는 금속탐지기를 설치하고 건물에 들어오는 학생을 검사할 권한을 가지며, 교내를 순찰하는 경찰을 고용할 정도로 교사에 대한 폭행이 늘어났다. 이러한 일은 아무리 잘하여도 아동 생활지도를 파탄에 빠뜨린다. 일반적으로 교사와 부모가 아동과 청소년을 접하면서 부딪치는 크고 작은 다툼이 수없이 많다. 의식 있는 교사와 부모는 아이에 대해 기본적인 책임을 다하려고 노력하지만 낙담하고 좌절하게 된다. 이러한 상황에서 아들러식 방법과 기법은 성인과 아동 간의 갈등을 교정하고 예방하는 데 매우 성공적이다. 다음에 살펴보는 것은 아들러식 아동 생활지도의 일반적인 방법을 지지하는 근거들이다.

# 학교와 가정에 대한 관련 연구

## 자기존중감, 성취, 내적 오리엔테이션 형성하기

쿠퍼스미스(Coopersmith, 1967)의 연구는 자기존중감이 높은 어머니가 자기존중감이 높은 자녀를 두는 경향이 있음을 보고하였다. 자기존중감이 높은 아동의 가정적 특징은 자기존중감이 낮은 아동의 가정보다 더 적극적이고 논쟁적이며 상호 작용적이라는 것이다. 또한 자기존중감이 높은 아동의 가정은 자기존중감이 낮은 아동의 가정보다 생활규칙이 더 많고 잘 규정되었다. 그러나 자기존중감이 높은 아동이, 문제를 토론하면서 부모와 의견이 다른 경우도 더 많았다. 아동의 관점을 고려하는 것이 이러한 가족의 특징이다. 사실 이러한 가족은 강압적인 처벌 대신에 아들러가 자연적 · 논리적 결과라고 부른 것을 더 많이 사용하고, 외적 보상보다는 협동을 낳게 하는 격려를 사용하는 경향이 있다.

자기존중감이 높은 아동을 둔 부모는, 아동이 그들이 세운 규준을 따를 것이라고 기대한다. 이러한 기대는 아동의 적합성에 대한 믿음과 성공적인 수행능력에 대한 확신을 나타낸다. 이러한 확신이 합리적인 수준에서 설정되면 이는 부모의 자신감을 표현한다. 부모는 바라는 것이 달성될 수 있다는 분명한 표현을 아동에게 제공한다. 그 결과, 부모는 아동에게 용기와 방향을 준다.

쿠퍼스미스(Coopersmith, 1967)의 연구에 따르면, 아들러식 방법은 자기존중감이 높은 어머니들이 자녀에게 긍정적인 자기존중감을 형성시키는 데 사용하는 기초적인 방법이다. 그는 결론적으로 다음과 같이 요약하였다.

> 자기존중감의 선행요인에 대해 가장 일반적인 설명으로 다음과 같은 세 가지 조건을 들 수 있다. 부모가 아동을 완전히 또는 거의 완전히 수용하는 것, 분명히 규정하고 적용하는 한계, 규정한 한계 내에서 개인적 행동에 대한 존중과 허용.(p. 236)

마찬가지로 교사가 하는 행동에 따라 학생들의 수행결과가 다르다고 믿는 교사일수록 학생들에게 이러한 태도를 더 잘 전달하는 것 같다. 1970, 80년대의 연구들에서 고도로 내적 동기화한 교사가 가르친 학생들이 외적으로 동기화한 교사가 가르친 학생보다 성취도가 더 높은 경향이 있음이 드러났다. 이러한 교사들은 학생들에게 아들러식 아동 생활지도의 목적이기도 한 목표설정, 책임감, 자신감을 격려하는 경향이 있다.

또한 아동의 내적 신념을 바꾸도록 지도할 수 있다는 증거가 몇 가지 있다. 이러한 태도상의 변화가 학생 성취상의 변화와 어떠한 관련이 있는지 연구되지는 않았지만, 내적으로 지향한 학생이 외적으로 지향한 학생들보다 성취도가 더 높다는 증거가 있다.

여러 해에 걸쳐 학생의 통제소재에 관한 수많은 연구들이 수행되었다. 성인과 마찬가지로 내적으로 지향한 학생들은 운이 아니라 노력을 통해 성공할 수 있다고 믿는다. 반대로 외적으로 지향된 학생들은 나쁜 운, 자신이 통제할 수 없는 환경, 관련된 우연 요소들이 운명을 결정한다고 믿는 경향이 있다. 이러한 결과가 소년과 소녀에게 똑같이 일관성을 보이지는 않지만, 초등학교 연령의 아동들에 대한 연구는 내적으로 지향한 아동이 외적으로 지향한 아동보다 학업성취가 더 높음을 시사한다.

몇몇 연구들은 연구자들이 '자기기여효과' 라고 언급하는 것을 이러한 학생들에게서 발견하였다. 이들이 발견한 것은, 본질적으로 능력이 부족한 학생들보다 능력이 있는 학생들이 자신의 성공에 대한 책임은 받아들이지만 실패는 외적 환경 탓으로 돌리는 경향이 더 높다는 것이다.

연구는 또한 긍정적인 자아개념을 가진 학생이 '자기기여효과' 경향성이 있음을 보여준다. 성취도가 높은 학생과 자아개념이 긍정적인 학생은 자신의 성공을 명예롭게 받아들이지만, 성취도가 낮고 자아개념이 낮은 학생만큼 실패에 대한 책임을 받아들이지는 않는다. 성취도가 낮았을 때, 자아개념이 높은 학생은 자신을 성취결과와 분리하는 것으로 보인다. 반대로 자아개념이 낮은 학생은 낮은 성취를 자신이 이미 예견했던 것을 확인하는 것으로 해석하는 경향이 있다.

불행히도 자아개념에 영향을 주는 아들러식 중재를 구체적으로 규명한 연구는 거의 없다. 해티(Hattie, 1992)는 이러한 연구를 위하여 새로운 방향을 제시하는 자아개념 이론과 연구를 심층 분석하고 개념화하였다. 아들러 학파는 대규모의 다양한 전집에 대해 잘 정의된 인지적인 중재방법, 변인의 적절한 통제, 추구하는 결과를 구체적으로 언급하는 평가도구 등을 포함하여 연구 시 고려할 사항에 관심을 둔다.

## 바람직한 과정과 목적으로서 협동

미국사회에서는 경쟁과 승리가 가장 신성시된다. 지는 것이 이기는 것보다 더 낫거나 실패가 성공보다 더 낫다는 철학에는 아무도 동의하지 않을 것이다. 제1장에서 언급했던 것처럼, 협동은 인간관계와 삶에서 서로 이기는, 실패자 없는 접근이다. 우리는 모든 젊은이들이 승리하는 협동적 활동을 증진시키기를 바란다. 결과가 분명하지 않지만, 학교에서 이러한 입장을 지지하는 자료가 있다.

존슨 등(Johnson, Maruyama, Johnson, Nelson & Skon, 1981)은 협동, 경쟁, 개인적 목표 구조가 성취에 미치는 영향을 다룬 122개 연구의 메타 분석 결과를 보고하였다. 연구결과는 교육자들이 신중히 고려할 만한 가치가 있다.

> 협동은 상호 경쟁보다 성취도를 더 높인다. 이러한 결과는 모든 과목에(언어, 읽기, 수학, 과학, 사회, 심리학, 체육), 모든 연령집단에(대학생 이전 학생들에게 더 강력히 나타나지만) 그리고 개념획득, 언어적 문제해결, 범주화, 공간문제해결, 기억, 운동수행, 추측-판단-예언과 관련한 과제들에서 사실임을 보여준다.(pp. 56-57)

또한 개인주의적인 노력보다 협동이 성취도와 생산성을 더 높인다고 지적하였다. 수행한 연구의 수와 유형 때문에 확실히 결론짓기는 어렵지만, 집단 간 경쟁이 없는 협동이 집단 간 경쟁이 있는 협동(예; 단체경기에서처럼)보다 성취도와 생산성을 더 높인다는 몇 가지 지표가 있다. 결론적으로 연구자들은 다음과 같이 지적하였다.

> 공립학교체제에서 학생들의 수행 수준이 불만족스럽다면, 교육자는 학생의 성취도를 높이기 위해 협동학습과정의 사용을 늘리고 싶어할 것이다.(Johnson et al., 1981, p. 58)

또래교수법은 학교가 더 많은 재정이나 전문요원의 투입 없이 목적을 달성할 수 있는 또 하나의 효과적인 방법이다. 연구들은 또래교수법에 지도받는 학생뿐만 아니라 지도하는 학생에게도 학업과 사회적 이점이 있음을 보여준다. 예를 들면, 성적이 낮은 7, 8학년 학생들이 그들과 비슷한 기질, 성적, 문제유형을 갖는 2, 3학년 학생을 개인지도하도록 하였다. 지도하는 각 학생은 6주간 일주일에 4일, 하루에 45분 동안 학교에서 더 어린 학생을 개인지도하도록 하였다. 이들은 간단한 시험문제를 내고 프로그램 감독자에게 진행사항을 보고하였다.

성적이 낮은 어린아이들을 지도하는 학생들은 처음에는 회의적이었다. 그러나 일단 자신이 맡은 아이들을 이해하고 도울 수 있다고 믿자, 매우 자발적으로 참여하였다. 실험 말기에는 두 집단 모두 학과와 학교에 대한 태도 면에서 진전을 보였다. 또한 흥미로운 것은 또래를 지도하는 학생이 내적 신념체계 쪽으로 의미 있게 변화한 것이다.

가르칠 과제를 다룰 수만 있으면 또래를 지도하는 학생의 연령과 성은 문제되지 않는다. 지도받을 사람이 자신의 과제수행능력에 대해 자신감이 부족할 때는 같은 연령의 학생이 지도하는 것이 더 도움이 될 수 있다. 또한 모델이 성역할의 예라면 동성의 또래지도 학생이 더 효과적일 수 있다.

수행되어야 할 연구가 여전히 많지만, 기존의 연구결과를 간략히 살펴보는 것만으로도 아들러와 그의 많은 동료들이 여러 해를 걸쳐 믿어 왔던 몇 가지 사항들을 확인하는 데 충분하다. 실제적이고 대중적인 실행을 통하여 인간관계에서 태도, 가치, 그리고 이 책에서 기술된 실행에 대한 바람직한 성과들이 나타날 수 있다. 다음은 아동 생활지도와 구체적으로 관련된 원리와 실제들이다. 그러나 이것들은 더 나이 든 사람들에도 적용할 수 있다.

## 아동 생활지도의 원리

사람은 다른 사람의 행동에 영향을 미칠 수 있다고 하기 전에 먼저 행위의 토대가 되는 근거를 정립해야 한다. 예를 들면, 교사와 부모는 자기들도 충족할 수 없음을 알면서도 낙담의 중심인 검토되지 않은 문화적인 기대들을 한다. 아들러 학파는 특히 자기 아이들을 완벽하게 통제하고 아이들의 모든 요구에 대처하는 '좋은 엄마' 나 '좋은 교사' 가 얼마나 어리석은가 보여주려고 한다.

개인은 아무리 어리더라도 인생과제에
어떻게 접근할 것인가를 스스로 결정한다.

비록 어리더라도 각자가 자신의 인생과제를 다루는 방법을 결정한다는 개념은 성격발달의 중심적인 개념이다. 유전요인, 가족, 친구, 문화적 가치, 일반 환경은 개인이 삶의 의미를 해석하는 데 영향을 준다. 그러나 아동에게 일어난 일이나 아동이 유전적으로 타고난 것은 아동이 이러한 환경에 대해 어떻게 가치를 부여하고 행동하는가를 이해하는 것보다는 덜 중요하다. 생각하고 가치를 부여하는 인간으로서 아동을 존중하는 것은 필수적이다. 다음 장에서 설명되지만 아동은 어른이 믿는 것보다 훨씬 더 능력이 있다.

알아 두어야 할 중요한 원리는 사람이 다른 사람의 행동에 영향을 줄 수 있으나 매우 극단적인 상황하에서만 다른 사람의 태도와 행동을 통제할 수 있다는 점이다. 드레이커스가 자주 말했듯이, 당신은 다른 사람이 하지 않겠다고 선택한 어떤 것도 하게 할 수 없다. 이는 두 가지 이유에서 중요하다. 첫째, 어른은 불가능한 것을 하려는, 즉 타인을 통제하려는 부담에서 벗어날 수 있다. 둘째, 다른 사람의 행동에 영향을 미치려는 시도의 첫 단계를 명료화한다. 즉, 자신의 태도와 행동부터 먼저 바꾸어야 한다. 이러한 변화는 많은 교사와 부모들에게 매우 어려운 일이다. 그들은 아이들을 통제할 수 없다면 어떻게 가르치거나 책임을 다할 수 있는지 묻는다. 대답은 그렇게 간단하지만은 않다. 그것은 아이들이 자기훈육을 배우도록 도와줌으로써 가능하다.

만약 아동들이 자신이 처한 상황에서 할 수 있는 최선의 선택을 하고 있다는 점을 어른이 알아준다면, 자신의 행동을 변화시키려는 어른을 더 쉽게 수용할 수 있을 것이다. 만약 어른이 행하는 일(예; 말하기나 엉덩이 때리기)이 협동적인 결과를 낳지 않는다면, 그런 일을 계속하는 것은 문제상황을 개선하는 데 전혀 도움이 되지 않을 것이다. 그러나 자신의 행동을 바꾸는 것은 아동이 선택할 수 있는 대안들을 바꾸는 것이며, 따라서 아동은 반응하는 방법을 새롭게 결정해야 한다.

철저히 낙담한 사람만이 다른 사람들과 관계를 하지 않게 된다. 분노에 찬 사람이라 하더라도 싸울 사람을 필요로 한다. 아들러는 사람은 자연적으로 다른 사람을 지향하며, 다른 사람을 위한 여지를 만드는 경향이 있음을 믿었다. 집단 내에서 자신에게 적합한 곳이 어디인지, 구성원으로서 어떻게 정착해 갈 것인지를 판단하고 있는 새로운 사람을 생각해 보라. 일어날 법한 것을 예견하면서 누구나 이러한 감정들을 경험한다. 교사와 부모는 아이들이 새로운 방식으로 자신의 자리를 찾고 참여할 수 있는 방법을 새롭게 예견할 수 있도록 돕기 위하여 이를 이용할 수 있다.

동조가 아닌 협동은 아동, 부모, 교사와 아들러식 작업의 목표다. 협동은 자신과 타인에 대한 존중, 책임 분담, 과제에 대한 참여를 요구한다. 저자는 때때로 어른들이 "그 애는 게을러." 또는 "그 애는 하려고 하지 않아."라고 말하는 것을 듣는다. 더 자세히 조사해 보면 실은 정반대임을 알게 된다. 아이들은 교묘한 방법으로 어른들을 화나게 하는 데 상당한 에너지를 쓴다. 아이들의 목표는 어른들과 협동하는 데 있지 않고, 의견의 불일치를 비언어적으로 관철시키려는 데 있다.

협동에는 상호 존중과 이해가 필요하다.

어린아이들은 '예.'를 의미할 때라도 '아니요.'라고 자주 말한다. '아니요.'는 협동을 보류하려는 개인적인 힘을 나타내는 말이다. 많은 어른들은 이러한 표현을 마음에 새기게 되고 언어적으로 이를 교정하려고 하는데, 실제로는 아이들이 이러한 표현을 더 자주 사용하도록 격려하는 결과를 낳는다. 아이들은 커 감에 따라 '아니요.'를 다양하고 교묘한 방식으로 표현할 수 있음을 배운다. 아동에게 사회적 관심을 육성시키기 위해서는 아동의 능력에 맞는 사회적 생활 장면에서 능숙함을 개발할 기회가 필요하다. 아침에 일어나는 것부터 가사 돕기를 배우기까지, 아동에게는 일상생활의 노동에 참여하고 함께 나누며, 도움을 얻는 기회들이 필요하다. 부모의 잘못된 관점, 즉 한편으로는 아동의 요구에 부응해야 할 의무가 있다는 관점과, 다른 한편으로는 부모 자신은 하고 싶지 않은 책임을 성장하는 아이에게 부여해야 한다는 관점 때문에, 이러한 기회들이 너무 없었다. 이러한 역설이 많은 갈등의 원천이다.

따라서 협동에는 상호 존중과 이해가 필요하다. 다른 사람의 의견, 제안, 관심에 대해 진심으로 존중하며 함께 이야기하는 것은 관계하는 모든 사람들에게 중요한 활동이다. 이런 식으로 의사소통하기 위해서는 협동자의 역할에 대한 이해를 새롭게 하고 실습할 필요가 있다. 아들러 학파는 이러한 의사소통 방식으로 다른 사람을 교육하고 격려하기 위한 수단으로서 집단활동을 널리 이용한다.

아동을 생활지도하는 어른에 대한 아들러 학파의 생각을 요약하면 다음과 같다

- 아동의 행동을 통제해야 한다는 잘못된 관점에서 벗어나기
- 먼저 나의 행동을 바꾸어야 한다는 책임감 받아들이기
- 아동이나 청소년이 주어진 환경에서 그들이 지각하는 바에 따라 할 수 있는 최선의 선택을 하고 있음을 존중하기
- 아동이 이용할 수 있는 어떠한 수단을 써서라도(즉, 사회적으로 유용하거나 유용하지 않은 행동으로) 자신을 위한 여지를 만들려고 하고 있음을 인식하기
- 아동이 잘못된 행동을 하는 것은 학급이나 가족의 참여적인 구성원으로서 내적인 낙심을 밖으로 드러내는 표시임을 이해하기

- 우리 모두가 해야 할 일상적인 과제에 우호적으로 참여함으로써 아동이 자기훈육과 협동을 배우도록 돕기

## 파괴적 행동목표

'모든 행동에는 목적이 있다.'는 가정은 교실이나 가족 내에서 일어나는 수많은 행동을 관찰할 때 매우 흥미 있는 일이다. 경험이 없는 관찰자는 아동이 단순히 활동적이고 놀기 좋아한다고 결론지을 수 있다. 신참 교사 실습생은 아이들이 교사들을 교실 밖으로 몰아내려고 하거나 때로는 아이들이 교실 밖으로 나가려고만 한다고 느낄 수 있다. 아들러 학파는 아동의 파괴적 행동이 목표(즉, 의식적으로나 무의식적으로 파괴적 행동을 통하여 얻고자 기대하는 것)에 따라 범주화될 수 있다고 생각해 왔다. 보통 이러한 목표들은 10세까지 아동의 문제행동 속에서 매우 쉽게 찾을 수 있다. 이 나이 이후에도 목표들이 여전히 청소년과 성인의 행동 속에서 관찰될 수 있으나, 덜 포괄적이고 다른 목표들도 함께 추구된다.

문제행동의 네 가지 목적은 관심 끌기, 힘 추구, 복수 추구, 부적절한 행동 또는 가장된 무능력이다. 각각에 대한 설명은 다음과 같다.

### 관심 끌기

아동과 성인들이 인정받기를 즐기는 것은 매우 정상적이다. 그러나 관심 끌기가 골치 아픈 일이 되면 이것은 잘못된 행동의 한 형태로 낙담의 초기 신호다. 드레이커스(Dreikurs, 1968)는 관심끌기행동이 적극적-건설적(예; '완벽한' 아이, 명석한 말), 수동적-건설적(예; 무력하여 언제나 남자에게 의지하는 여자, 자만심), 적극적-파괴적(예; 허세부리기, 폭군), 수동적-파괴적(예; 언어장애, 공포)일 수 있다고 언급하였다. 전자의 두 유형은 '모범' 아동의 '좋은' 행동이나 매력적인 사람의 '귀여운' 행동을 수반하기 때문에 어른들은 쉽게 지나치지만, 후자의 두 유형에 속하는 지속적인 관심 끌기 행동은 간과되는 경우가 거

의 없다. 연필 톡톡 치기, 책 떨어뜨리기, 지시를 잊어버리기, 늦게 오기 등은 어른들을 산만하게 하고 참을성의 한계에 이르게 한다.

### 힘 추구

아동들은 매우 어린 나이에, 일반적으로 2세에 '아니요.' 라고 말하는 즐거움을 발견한다. 이는 '나는 원하는 것을 할 수 있고, 당신은 내가 하지 않으려는 것을 시킬 수 없다.' 는 말이다. 이러한 행동은 또한 적극적이고 수동적인 파괴적 형태를 취한다. 어떤 아이들은 단순히 매우 고집이 센 반면, 어떤 아이들은 공개적으로 반항할 것이다. 어느 쪽이든 일반적으로 어른들은 자신이 도전받고 있음을 안다.

### 복수 추구

거짓말하기, 훔치기, 타인 상해 등에 수반되는 도덕적 비난 때문에, 적극적이고 파괴적인 복수행동은 어른들을 자주 곤란하게 한다. 어른들이 아동을 벌주기 위하여 힘을 사용하면, 관심 끌기와 힘 추구의 실패 시 아동이 하게 되는 행동 모델이 될 수 있음을 어른들은 인식하지 못하고 있다.

### 부적절한 행동 또는 가장된 무능력

수동적인 아동들은 가장 기가 꺾인 아이들이고 그만큼 돕기도 어렵다. 몇몇 어른들은 일상적 생활과제를 완전히 포기한 아동들을 간과할 수 있다. 그러나 이들의 메시지는 분명하다. '내가 줄 수 있는 것은 아무것도 없으니까, 나에게 어떤 것도 기대하지 마세요.'

모든 행동이 한 가지 목표영역으로 쉽게 분류되지는 않는다. 예를 들면, 아동이 점점 더 기가 꺾여 갈수록 다중 목표들이 더욱 분명하게 나타날 것이다. 다음 사례는 이러한 관찰을 설명하는 데 도움을 준다.

### 찰스의 사례

찰스는 영리하고 잘생기고 건강하게 보이는 7세의 1학년 아이다. 그는 학년 초에 읽기와 산수를 잘하였다. 그의 가정은 부모가 최근 이혼하여 매우 불안정하였다.

파괴적인 행동은 온갖 방식으로 관심을 과도하게 끄는 것으로 시작되었다. 교사들은 이해하려 하고 다독거리고 대체로 동정적이었다. 그러나 시간과 인내에는 한계가 있었다. 점차 찰스는 교사들의 지시에 저항하고, 교사를 비난하고(힘), 교실 내의 다른 아이들을 상해하기 시작했다(복수). 이 시점에서 저자는 교실에 방문해 주기를 요청받았다. 10분 동안에 찰스는 파괴적인 방식으로 앉은 자리를 14번 벗어났다. 두 교사는 요즈음 찰스에게 대처하는 것이 힘들었다고 보고하였다. 그는 학교가 끝나도 학교에 남아 있게 해달라고 하였으며(부적절한 행동), 어떤 학교공부도 전혀 하지 않으려고 하고(부적절한 행동), 싸움 때문에 학교버스 승차가 거부될 지경에 이르렀다.

교사들은 찰스가 급우로부터 더욱 소외되어 가고 자신이 무가치하다고 확신하고 있음을 관찰했다. 그의 만족할 줄 모르는 관심 끌기 행동은 교사의 힘 반응을 유발하였다. 그는 도전으로 대응하였고, 마침내 교장 선생님에게 매를 맞았다. 제적하겠다는 위협은 단지 그의 확신을 강화시켰다. 이러한 과정은 논리적 · 자연적 결과의 사용과 격려로 학년이 끝나기 전에 상당한 정도로 반전되었다. 엄마의 협력 부족으로 문제를 더 만족스럽게 해결하지는 못하였다. 이러한 교정기법은 다음 절에서 논의한다.

## 아동의 파괴적 행동목표 확인하기

잘못된 행동의 목표를 알면 어른들은 아동을 더 잘 이해하고 이러한 행동 내면의 잘못된 관점을 교정할 수 있다. 목표를 확인하고 교정을 시작하기 위하여 다음과 같은 네 가지 질문을 해야 한다.

• 아동은 무엇을 하였습니까?
• 당신을 무엇을 하였습니까?
• 아동은 당신의 행동에 대해 어떻게 반응하였습니까?
• 당신은 어떻게 느낍니까?

파괴적 행동목표를 확인하고 나서 교정을 시작하라.

한 가지 예가 설명에 도움이 될 것이다. 다음은 교사와 상담자 간의 논의에서 발췌한 것이다.

교 사: 지미는 항상 부적절한 때에 자리를 떠나거나, 다른 아이들에게 말을 걸거나, 손을 들거나, 떠들어요. 정말 지미 때문에 미칠 것 같아요.
상담자: 가장 최근에 지미는 무엇을 했고, 그때 당신은 무엇을 하였습니까?
교 사: 네, 바로 오늘 아침에 나는 한 아이가 집에서 가져온 책을 읽는 동안에 모두에게 조용히 하라고 지시를 했지요. 2분도 채 지나지 않아서 지미는 창밖을 보면서 연필을 톡톡 치면서 혼자 노래를 부르고 있었어요. 내가 잘 들으라고 말하자 중단하였지만, 곧 무엇인가 다른 짓을 하고 있었어요.
상담자: 이런 경우에 당신은 화가 나기보다는 성가신가요?
교 사: 네. 음, 대부분 공부하는 것으로 되돌아오긴 하지만, 나는 지미가 나를 그만 좀 성가시게 했으면 좋겠어요.

이 사례에서 우리는 적극적이고 파괴적인 방법으로 관심을 끌고자 하는 아동을 볼 수 있다. 이는 두 가지 정보로 알 수 있다. 첫째, 교사가 그를 교정할 때 그는 하던 것을 멈추었다. 둘째, 다른 어떤 것보다 교사는 그의 행동을 귀찮아한다. 이러한 감정은 중요하다. 보통 힘을 추구하는 아동은 어른들에게 도전하여 어느 정도 화를 불러일으킬 때까지 행동을 멈추지 않을 것이기 때문이다. 복수를 추구하는 아동들은 상해, 실망이나 그와 비슷한 감정을 유발하는 데 필요한 행동을 할 것이다. 부적절한 행동을 확인하고자 하는 아동들은 성인이 마침내 '나는 포기했어. 나는 그와 함께 아무것도 할 수 없어.' 또는 '그는 똑똑하지 않아.' 라고 말할 때까지 계속할 것이다. 그러나 어른들이 매우 흔히 표출하는 감정은 일종의 패배다. 앞의 사례에서는 관심 끌기가 목표인 것으로 보인다.

자신의 입지 방법에 대한 잘못된 확신이나 관점이 행동을 동기화한다고 가정하면서, 아들러 학파는 아동이 네 가지 목표에 대해 대체로 다음과 같이 말하고 있음을 지적한다.

- 관심 끌기: 다른 사람들이 나를 알아주고 나에게 봉사할 때 나는 정말 가치가 있어.
- 힘: 내가 원하는 것을 할 수 있다는 것을 다른 사람들이 알 때 나는 정말 가치가 있어.
- 복수: 나는 사랑받을 수 없어. 그러나 나는 다른 사람들을 해칠 수 있지. 그러면 그들은 내가 가치 있다는 것도 알게 되지.
- 부적절한 행동: 나는 우둔하고 부적절하고 정말 희망 없어. 그렇다면 왜 노력을 해야 하지? 나에게 어떤 것도 기대하지 마. 노력해 봐야 모든 사람이 이를 알게 될 뿐이야.

아동들은 일반적으로 자신의 행동목표를 인식하지 않는다. 많은 아동들은 상담자를 통해 자신의 행동목표를 알아차리게 되면 파괴적인 행동을 멈춘다. 교사와 부모가 훈련과 슈퍼비전을 받고 있지 않다면, 아동들을 직면하는 것을 자제해야 한다. 훈련받지 않은 성인은 아동에 대해 관계를 악화시키는 방식으로 편견을 갖거나 분류할 가능성이 있다.

아들러 심리학에 익숙하지 않은 사람은 때때로 행동을 너무 단순화한다고 비판하고, 행동목표에 대한 가정들의 타당성에 의문을 던진다. 실제로 상담자들은 아동과 이야기하면서 이러한 가정을 검증할 기회가 풍부하다. '지미, 이건 선생님이 너를 주목하도록 하기 위해, 선생님을 너에게 붙들어 매어 놓고 싶은 것이 아닐까.' 라고 직면할 때, 상담자는 입술의 가벼운 움직임에서 큰 미소나 상담자가 바로 보았다고 확인하는 고개 끄덕임까지 다양한 인식반사행동을 보게 된다. 메시지를 말로 정확히 표현하느냐 못 하느냐보다는 우호적이고 보호하는 방식으로 말하는 것이 더 중요하다.

〈표 6-1〉은 포괄적인 것은 아니지만, 아동의 목표 달성에 기여하는 행동의 종류를 설명하는 데 도움이 된다. 때때로 어떤 사람은 우월성과 기쁨의 추구가 왜 잘못된 목표인지 의문스러울 것이다. 사회적 관심이라는 개념과 아동의 행동에 대한 반응에 관한 질문을 참조하면, 우월성 목표를 가지고 어떤 관심영역에서 수평적으로 움직이는 사람은 내재적으로 동기화된다. 이들에게는 칭찬, 지지자, 계속적인 재확인이 필요하지 않다. 이들은 활동을 즐기고 타인을 위해 실행한다. 타인에게 받는 관심 자체는 단순히 좋은 것일 뿐, 필요한 것은 아니다. 관심을 요구하는 사람과 함께 살거나 함께 일하는 사람은 이 차이를 매우 쉽게 구분할 수 있다. 항상 수직적으로 움직이는 사람은 '어떻게' 행동하고 있

〈표 6-1〉 파괴적 행동의 네 가지 목표와 관련된 전형적 행동

| 목 적 | 행 동 | |
|---|---|---|
| 관심 끌기 | 적극적-건설적 | 수동적-건설적 |
| | 귀여운 말 | 과도하게 즐거워함 |
| | 주목을 끌기 위한 행동 | 과도하게 매력적 |
| | 수월성 추구 | 과도하게 양심적 |
| | 다른 활동을 면제받는 근면성 | |
| | 적극적-파괴적 | 수동적-파괴적 |
| | 과시, 허세 | 수줍어함 |
| | 익살, 어릿광대 | 두려움에 차 있음 |
| | '유아기 무서움' | 단정치 못함, 난잡 |
| 힘 | 적극적-파괴적 | 소극적-파괴적 |
| | 논쟁 | 일하기 싫어함 |
| | 반박 | 고집이 셈 |
| | 나쁜 습관을 보임 | 말 안 듣기 |
| | 역정내기 | 잊어버리기 |
| | 꾸물대기 | |

| | | |
|---|---|---|
| 복수 | 적극적-파괴적 | 소극적-파괴적 |
| | 품행불량 | 방해하기 |
| | 훔치기 | 은밀한 수단으로 공격하기 |
| | 밤에 오줌싸기 | 무책임하기 |
| | 싸우기 | |
| 부적절한 행동 | | 수동적-파괴적 |
| | | 게으름 |
| | | 어리석음 |
| | | 우둔함 |

는가와 성과를 평가하며, 확인을 구하거나 실수를 덮고 변명하려 한다. 또한 환경이 자신에게 맞지 않을 때는 불평하거나 다른 사람을 깎아내린다.

## 주의력결핍장애

주의력결핍장애(Attention Deficit Disorder: ADD)로 진단받는 아동이 증가하고 있다. 이런 아동들을 위해 일하는 사람은 누구나 평상적인 일이 불가능함을 안다. 적절한 임상적 진단을 받은 후 적절히 관리할 때, 약물치료가 이러한 아동을 돕는 중요한 요소일 수 있다. 진단에 대해 논의하는 것은 이 장의 범위를 넘어서며, 실제로 전문가의 도움과 또 다른 의견을 구할 필요가 있다. 그러나 ADD가 아닌 아동들에게 필요한 조건들은 ADD로 진단된 아동들에게도 중요하다.

모든 어른들은 격려, 선택, 결과를 사용하는 데 일관성을 추구해야 한다. 덧붙여 말하면 급우와의 협동은 어떠한 성공적인 중재계획에서도 본질적이다. 이런 아동을 다루는 교사들의 자문 역할을 하면서, 저자는 ADD 아동의 교사들에게도 역시 충분한 지지와 격려가 필요함을 알게 되었다. 학급회의를 교사들과 공동으로 진행하기, 교장과 부모를 공동 자문하기, 전문적 서비스를 제공하는 다른 전문가를 보조하기, 아동과 직접적인 개인상담하기가 더 많이 필요하다.

부모나 교사의 방어성은 필요한 협동을 얻는 데 장애가 될 수 있다. 경험에 따르면, 부모와 교사는 아동의 특별한 요구에 대처하는 데 타인과 협동이 잘 되지 않는다는 불평을 정당화시킨다. 불행히도 부모와 교사들이 기진맥진할 때까지, 그러한 아동 대처를 부모와 교사에게만 맡기는 경우가 자주 있다. 제11장에 개관된 갈등해소 및 문제해결의 방법과 단계는 이러한 상황에서 매우 중요하다. 이러한 상황에서 자주 일어나는 것은 비난하기와 불평하기다. 이는 협동에 대한 방어와 저항을 높인다. 부모와 교사는 모두 ADD 아동에 의해 도전받고 있으며, 일상의 소동에서 벗어나고 싶어한다.

상호 존중이 형성된 후에만 해결책이 발견되고 행해질 수 있다. 이것이 가능해지면 학교상담자와 같은 제삼자는 모든 사람의 입장, 생각, 감정이 경청되고 인정된다는 점을 보증하는 데 도움이 된다. 의견의 차이는 참여자의 동의가 없더라도 말하는 사람의 관점에서 타당한 것으로 받아들여질 수 있다. 모든 관점을 경청한 후, 핵심적인 질문은 "우리가 도움이 되도록 무엇을 할 수 있는가?"이다. 이러한 조건의 확산 때문에 학교와 집에서의 활용법을 개관하는 수많은 책과 매뉴얼이 있다. 이러한 것들은 협동중재계획을 개발하는 데 유용하다. 개별화된 교육계획은 이러한 과정의 결과임이 분명하다. 진척을 평가하고 새로운 노력을 생각하기 위하여 계획된 주기적인 추수지도가 필요하다.

## 청소년의 전형적인 그릇된 목표

켈리와 스위니(Kelly & Sweeney, 1979)는 10대들의 그릇된 목표 11개를 규명하였다. 몇 개는 아동의 그릇된 네 가지 목표의 변형이다. 기본적으로 자기존중, 타인존중, 공유된 책임감 또는 건설적 협동 중 하나 이상이 결여된 것이다. 그러나 아동의 목표에서와는 달리, 청소년의 파괴적 행동에 반응할 때 성인의 반응은 또래의 반응에 의해 더욱 더 복잡해진다. 사실이건 상상이건 또래들이 지지한다고 지각하면 그릇된 관점이 발달한다. 또한 성인의 인정은 청소년의 입지를 만들어 가는 데 있어서 그릇된 관점을 강화한다.

청소년의 전형적인 그릇된 목적은 자기존중, 타인존중,
공유된 책임감 또는 건설적 협동이 결여된 것이다.

모든 사람들은 생애의 여러 시점에서 이러한 목표를 하나 이상 나타낼 수 있다. 사회적으로 부적절하거나 개인적으로 자기파괴적임에도 불구하고 반복적으로 행동을 하게 될 때만 행동목표가 그릇된 것으로 간주한다. 예를 들어 저항, 순종, 철회가 어떤 상황에서는 매우 적절할 수 있다.

인생과제(예; 일, 우정, 사랑)에 대한 책임을 끊임없이 회피하거나 부정할 때만 그릇된 목표가 분명하게 확인된다. 경험 있는 상담자는 드레이커스가 말한 행동의 숨겨진 이유를 상담 중에 드러냄으로써 자신의 관찰이 타당함을 밝힐 수 있다. 아동의 경우와 마찬가지로 미소와 같은 10대의 인식반사행동은 당신의 지각이 맞았음을 확인하는 데 도움을 준다.

## 우월성, 동조, 대중성

이 세 가지 그릇된 목표는 타인으로부터 초기에 긍정적 반응을 이끌어 내는 건설적 행동을 수반한다. 그럼에도 불구하고 이러한 목표는 개인적 창의성을 심각하게 제한하고, 협동하지 않고 경쟁을 유발하기 때문에 잘못된 것이다.

**우월성** 우월성의 목표를 갖는 청소년은 모든 것에서 최고가 되려고 노력한다. 이들은 가장 높은 성적을 받아야 하고, 학교선거에서 이겨야 하며, 우등상을 받아야 한다. 이들은 성인에게 인정을 받는다. 일반적으로 또래들은 이들을 훌륭하게 여기지만 그들의 경쟁성과 성공에 대해 시기와 질투도 느낀다. 성인들이 뛰어나게 잘하는 이러한 아이들을 완화시키려고 하면, 이들은 보통 자신의 노력이 정당하다고 반응한다. 이러한 외곬의 노력을 교정하거나 재도전하는 일반적인 전략은 과도한 성취 욕구를 조장하는 성취의 완전한 승인을 피하는 것이다. 이들이 활동하고 재능을 발휘하면서 즐거움, 만족, 타인과의 나눔에 대해 주목하게 되면 자신이 어떻게 하고 있는가보다는 자신이 무엇을 하고 있는가 쪽으로 관심의 초점이 옮겨질 수 있다. 가장 뛰어난 성취자들이 실패나 패배 때문에 압도되지 않도록 불완전을 견딜 수 있는 용기를 길러 주는 것이 특히 중요하다.

**동조** 이들은 정착된 사회(예; 학교, 교회)의 기준에 완전히 부응하여 사는 것이 목표다. 이러한 십대는 또래보다는 성인의 스타일과 방식을 받아들인 문자 그대로 애어른이다. 이들은 성인에게 일관된 인정을 받으나, 같은 목표를 가진 청소년을 제외한 많은 또래들이 자주 분노를 일으키게 한다. 이들은 성인에 동조하기 때문에 겉으로는 성인의 교정행동을 예의 바르게 따르면서 잘 받아들일 것이지만, 실질적인 변화는 없다. 앞의 두 목표에서처럼 이러한 행동에 대해 전적으로 인정하는 것을 피해야 한다. 행동교정 프로그램은 또래와의 사회적 활동과 독립적인 활동을 모두 격려하는 것이다.

**대중성** 목표가 대중성인 십대들은 친구를 많이 사귀고 사회적 접촉을 많이 한다. 이들은 광범위하게 수용되고 누구에게나 인정받기 위해 노력한다. 이들은 많은 학교조직에 가입하고 활동적이다. 가장 뛰어난 성취자처럼 이들은 성인과 또래에게 자주 인정받는다. 반면 또래 일부는 질투와 상처로 반응한다. 교정 노력에 대한 초기 반응은 보통 우호적이며, 겉으로는 기꺼이 동의하는 반응을 보인다. 그러나 태도나 행동상의 변화는 없다. 이러한 십대들의 행동을 더 뚜렷한 협동으로 재정향하기 위하여 교정 노력은 대중성 행동의 일률적인 인정을 피하고, 독립적이고 개인적으로 자기주장 활동을 격려하는 전략을 포함한다.

## 반항, 성 문란, 부적절한 행동

다음 세 가지 목적은 더욱 분명히 파괴적이거나 자기패배적이고 일반적으로 성인의 부정적인 반응을 야기한다.

**반항** 반항적인 십대는 어른을 완전히 통제하고 싶어 하거나 적어도 어른들의 통제를 받기 싫어한다. 이 목표는 세 가지 하위 범주로 나누어진다. 이는 각각 행동과 반응에서 독특한 패턴이 있다. 첫째는 '독립을 위한 투쟁'이다.

의상, 귀가시간, 외모, 그리고 다른 문제들에 대해 수없이 논쟁한다. 사소한 것도 논쟁거리가 된다. 성인은 끊임없이 말다툼하게 되는 것을 귀찮아하고 화를 낸다. 그러나 의견의 불일치가 기본적으로 성인과 있는 것이고 또래의 기준과 불일치한 것은 아니기 때문에 또래는 보통 인정하고 동정한다. 어떠한 직접적인 교정 시도도 더 큰 저항만을 일으킬 뿐이다. 흥분할 때에 논쟁을 피하는 것과 기분 좋을 때 십대의 독자적 선택권을 존중하는 간접적인 제안을 하는 것이 일반적인 교정전략이다.

둘째, '공격목표'는 독립을 위한 투쟁보다 더 극단적이다. 이 경우에 십대는 싸움, 파괴, 비행으로 타인을 공격한다. 이들은 성인에게 강한 분노를 일으키고 상처를 주고 복수한다. 그리고 대부분의 또래가 이들에게 반대한다. 벌과 같은 분노에 기초한 교정 노력은 더 큰 공격을 불러일으킨다. 어렵지만 효과적인 교정 노력은 분노와 상처반응을 통제하고 분노에 찬 반격을 피하는 것이다. 필요한 것은 인내심 있게 긍정적 관계를 형성하고, 긍정적 관계와 합리적 한계를 상호 이해하며, 자연적·논리적 결과를 처벌하지 않고 이용하는 것이다.

효과적인 교정 노력은 당신 자신의 분노와
상처반응을 통제하는 것을 포함한다.

셋째, 반항은 '자살기도'로 표현될 수도 있다. 이러한 십대는 보통 성인에게 어느 정도의 분노와 더불어 공포와 근심을 일으킨다. 이러한 십대는 보통 또래의 주류집단에 속해 있지 않으며, 어느 정도 동정을 받지만 대개 무관심하게 대해진다. 교정에 대해 수동적이며 개선이 없다. 효과적인 교정은 개인적 강점을 발견하고 형성하는 격려집중 프로그램과 히스테리 반응의 회피를 함께 사용하는 것이다.

**성 문란** 이 목표를 갖는 십대는 성적으로 자신을 나타냄으로써 소속감과 자기를 찾고자 한다. 이들은 성적으로 능동적일 뿐만 아니라 성적 행동에 대해 더 적극적이고 대담하다. 우리 사회가 성적으로 더 개방적임에도 불구하고 어른들은 전형적으로 혐오와 충격으로 반응하며, 또래들 대부분은 불인정과 거부로 반응한다. 이들은 교정 충고를 반항적으로 거부한다. 효과적인 교정은 충격과 혐오로 반응하지 않고, 자기존중과 타인존중의 욕구를 격려하는 상호작용 프로그램이다.

**부적절한 행동** 이 목표를 갖는 십대는 희생자 역할을 즐기며, 자신의 결점으로 위로를 받는다. 이들은 일찍이 모든 노력을 포기하고, 자신의 결점과 능력 부족을 나타낸다. 이들은 초기에 타인으로부터 연민감정을 불러일으키고, 성인들은 절망감을 느끼고 또래들은 무관심하게 된다. 교정 노력으로 개선하기 위한 작은 노력을 격려할 수 있으나, 곧바로 포기한다. 효과적인 교정은 낙담이나 동정을 피하고, 개선과 성취를 격려하는 작은 성공의 기회가 있는 프로그램을 제공하는 것이다.

### 매력, 아름다움, 성차별주의

다음 세 가지 목표는 외견상 개인적이나 사회적으로 건설적인 것으로 보인다. 이들은 서로 밀접하게 관련되어 있다.

**매력** 매력적인 사람은 진정한 협동을 통해서가 아니라 부드러운 말과 상냥한 매너로 자신의 입지를 찾아낸다. 처음에 다른 사람들은 이들에게 빠져들고 즐거워한다. 그러나 어른들은 매력의 겉치레를 점차 귀찮아한다. 또래들 간에 성공한 매력적인 사람은 존경과 시기를 야기한다. 이를 교정하고자 하면, 매력적인 사람은 더 매력적으로 되거나 철회하고 부루퉁해지거나 시무룩해진다. 이들을 효과적으로 재정향하기 위하여 성인은 부드러운 행동에 넘어가지 않아야 하며, 끈기 있게, 창피를 주지 않으면서 생산적인 행동을 요구해야 한다.

**신체적인 아름다움이나 힘** 이러한 십대들은 좋은 외모, 신체적인 힘이나 다른 사람들 틈에서 자신의 입지를 마련하는 능력에 전적으로 의존한다. 이들은 이러한 특성에 과도하게 관심을 가지며, 어른과 다른 십대들에게 얼마간 시기가 섞인 감탄을 자아낸다. 이들은 직접적인 교정노력을 무시한다. 효과적 교정을 위하여 신체적 특성을 탄복하고 칭찬하는 경향을 조절해야 한다. 그리고 비신체적인 활동(예; 독서, 자원봉사 활동, 예술)이 개발되고 격려되어야 한다.

**성차별주의** 이 목표는 앞의 두 목표의 변형이며, 정형화된 남성적 · 여성적 특성과 행동이 과도하게 발달된 것이다. 십대 소년들에게 이는 과도하게 남자다운 행동을 하도록 하고, 소녀들에게 기본적인 일에서도 무기력함을 보이는 의존적 행동을 취하게 한다. 얼마 후 점차 삐걱거리고 성가셔지더라도 어른과 다른 십대 모두 일반적으로 이러한 행동을 수용한다. 남성과 여성 모두 직접적인 교정 피드백을 거부한다. 대안적인 교정전략은 행동을 일률적으로 승인하는 것을 피하고, 반대 성에 대한 적극적 태도와 행동(예; 남자가 아이 돌보기와 집안일 하기, 여성이 자동차 수리하기)을 격려하는 것이다.

## 지성과 신앙

마지막 두 가지 목표는 십대에게 긍정적인 것으로 보인다. 그러나 십대들은 실제로는 충분한 발달을 방해하는 극단을 보인다.

**지성** 이러한 십대들은 자신의 가치감과 소속감을 전적으로 '책'에서 배운 것과 생각의 논의에서 찾는다. 이들은 대부분의 시간을 연구하고 독서하고 토론하는 공부에 몰두하는 학생들이다. 이들은 어른들의 인정을 받으나, 또래들은 이들에게 냉담하다. 교정활동에 대해 보통 지적인 논쟁으로 대응한다. 효과적인 교정은 삶을 과도하게 지적으로 접하는 방식을 단순하게 인정하는 것을 피하고 학구적이 아닌 사회적 활동, 여가활동, 감정의 각성과 수용, 지적이 아닌 가치에 대한 개방성을 격려하는 것이다.

**신앙** 이 목표를 갖는 십대들은 종교적 관념과 활동에 몰두하면서 소속감을 추구한다. 이들은 규칙적으로, 자주 교회에 가며 종교적 주제가 이들의 대화에 물씬 배어 있다. 어른들은 전형적으로 이들의 행동을 인정하지만 성가심을 경험한다. 또래들은 거의 냉담하나 종교적인 청소년들은 인정한다. 교정하려고 하면 자신의 입장을 방어하고, 교정하려는 사람에게 연민을 느낀다. 효과적으로 교정하려면 단순히 승인하고 논쟁하는 것을 피하고 독립적이고 탐색적인 생각과 대화를 격려해야 한다.

## 요 약

저자의 경험으로는 십대를 포함하여 많은 사람들은 그릇된 생각에 기인한 행동을 한다. 엘리스(Ellis)가 내담자를 '당위'에서 벗어나도록 도운 것과 같은 방식으로, 아들러는 거만한 마음, 우월성에 대한 엄격한 요구, 자기 부정의 파괴성이 갖는 역효과의 본질을 인식하였다. 부모, 또래, 다른 사람들에게 영향을 받지만, 그럼에도 불구하고 이러한 목표에 기여하는 사고와 행동은 개인이 스스로 만들어낸 것이다.

그러므로 상담과 생활지도의 목표로서, 상담자는 목표의 재정향으로서 행동 변화를 과도하게 요구하지 않는다. 타인을 기쁘게 하려고 애쓰는 사람에 대해서는 기쁘게 하려는 이유를 내적 만족의 이유로 바꿀 수 있다. 이들은 기쁘게 하지 않는 것이 파국이라는 그릇된 생각에서 자유로워진다. 상담에 관한 장에서 이 점을 다루게 된다. 동기수정의 개념이 강조된다. 이를 통하여 인생과제 한 영역의 변화가 다른 영역으로 전이되는 경향이 있기 때문이다.

# 폭력과 물질남용

이 주제가 언급된다는 사실은 인간의 기본적인 고상함의 상실과 사회제도의 영적 파산을 드러내는 것이다. 이러한 것들은 드레이커스가 미국인의 생활방식에 대해 우려했던 것이다. 오늘날 젊은이들, 특히 소수민족의 젊은이들이 직면하는 문제를 다루는 것은 이 책의 범위를 넘어선다. 그러나 우리는 하나의 사회집단으로서, 문제의 한 부분이거나 더 나은 미래를 위한 해결책의 한 부분이다.

몇 달 동안 폭력, 물질남용, 청소년 자살, 십대 임신, 학교파괴와 같은 범죄에 대해 보고한 지방신문을 읽은 후 저자는 학교폭력을 예방하기 위한 워크숍을 개발하고 실시하였다. 연구, 방법, 기법, 유인물 목록을 모으고 아들러식 방법과 전략을 중심으로 워크숍을 고안하였다. 한 출판사는 다양한 관련 도서와 매뉴얼, 매체를 기증하였다. 워크숍 참가를 격려하기 위하여 참가비는 의도적으로 다른 프로그램에 비하여 낮게 하였다. 간단히 말하면 참석자도 적었다. 교육자들, 지역의 개업한 상담자들, 먼 지역에서 온 성직자 한 사람을 포함하여 대략 25명이 참여하였다.

지역신문은 내가 폭력문제의 전문가인지 전화로 물어보았다. 나는 지금 학교에서 벌어지고 있는 폭력에 대한 통계와 사례를 가지고 있으나, 사실 학교폭력예방을 이제 추진하고 있다고 말하였다. 기자는 인터뷰에 더 관심을 보이지 않았다.

학교 직원이 단독으로 가정과 지역사회의 모든 결함을 개선할 수 없음은 분명하다. 부모, 특히 가족의 생계를 위해 일해야 하는 부모들도 독자적으로 이를 행할 수 없다. 교회, 사회기관, 경찰, 정신건강기관, 언론, 기업, 지방 및 주정부가 대규모의 통합된 협동체를 이루어야 한다. 젊은이들과 이들을 지도하고자 하는 사람들이 직면한 심각한 문제를 해결하기 위한 마법의 지팡이나 마술은 없다. 드레이커스가 오늘날 살아 있다면, 그는 이렇게 말했을 것이다. '이것은 우리의 문제입니다. 우리는 이에 대해 무엇을 하려고 합니까?'

이러한 전략은 도덕화하는 것을 피하게 한다. 이것은 실천적이고 허튼소리가 아닌, 현실에 기초한 접근 방법이다. 비난, 불평, 변명을 피할 수 있다면, 드레이커스(Dreikurs, 1971)가 설득력 있게 주창한 철학, 가치관, 방법에서 그 답을 찾을 수 있다. 저자가 젊은이들의 낙담, 소외, 그에 수반된 증상을 이겨내기 위하여 사용하는 성공적인 방법과 가치는 드레이커스의 접근과 일치한다. 불행히도 이들 대부분은 한 사람의 지도자가 운영하는 개별적인 프로그램이거나 노력이다. 많은 정치적 관심과 자원이 더 처벌적이고 보수적인 방법들이기 때문에, 성공적이고 긍정적인 노력은 언론의 관심을 적게 받는 편이다.

다음은 아들러 학파가 여러 세대와 많은 문화에 걸쳐 효과적으로 확인한 방법과 기법이다. 적절하게 실행하면 효과적일 수 있다. 적절하게 실행하고 온 나라에 걸쳐 지역사회를 곤란하게 하는 심각한 청소년문제를 다루기 위하여 위에 언급한 바와 같이 모두가 참여해야 한다. 그렇지 않다면 다른 것과 마찬가지로 상당한 통제나 영향이 있는 상황에서 사용한 사람에게만 성공적일 것이다. 매체가 당신을 다르게 믿게 할 수 있을지 모르지만, 나는 부모와 교육자들 대부분이 협동을 갈망한다고 믿는다.

## 교정활동

예방조치가 필요한지 결정하기 이전부터도 여러분은 문제에 매우 자주 부딪치기 때문에 교정 방법에 능숙해질 필요가 있다. 청소년과 함께 일하거나 사는 어른들을 자문하면서 저자는 필요한 것을 네 단계로 요약하는 것이 도움이 됨을 알았다. 이러한 네 단계는 머릿글자를 딴 CARE로 쉽게 기억할 수 있다.

- 자제하라(**C**atch yourself)—충동적으로 행동하지 마라.
- 목적을 평가하라(**A**ssess goals)—그 행동에는 어떤 목적이 있는가?
- 결과와 격려로 반응하라(**R**espond with consequences and encouragement).
- 일관성, 우호, 존중을 가지고 실행하라(**E**xecute with consistency, friendliness, and respect).

드레이커스는 어른이 교정활동을 시작하기 전에 비교정적인 행위를 중단해야 함을 자주 강조하였다. 부모와 교사는 그들의 부모와 교사가 자신을 대했던 방식으로 아동들을 대하는 경향이 있다. 옛 방법은 절대 군소리가 허용되지 않았던 권위에 기초하기 때문에 적절하지 않다. 아들러 학파는 젊은 사람에게 이제 민주주의의 가르침을 믿고 거기에 맞추어 행동하도록 사회민주주의를 가르쳐 왔다. 지금은 옛 방법이 통하지 않는다.

## 자제하기

조건형성에 대한 행동주의 연구는 어른들 대부분이 잘못된 행동에 대해 충동적으로 반응하는 것이 비교정적이라는 아들러 관점을 확인시켜 준다. 관심끌기를 하는 지미의 사례를 활용하여 지미의 행동에 대해 무엇을 했는지 교사에게 물었을 때, 교사는 잘못된 행동을 중지하도록 말했다고 보고하였다. 그러고 나서 지미에게 관심을 주었다고 하였다. 지미는 관심을 받았을 뿐만 아니라 잘못된 행동에 대한 강화도 받은 것이다.

어른에게 자제하는 것을 배워야 한다고 말하면 그들은 흔히 어려울 것이라고 생각한다. 어떤 의미로는 어려운 것이긴 하다. 그러나 우리의 변화된 행동이 아동을 놀라게 함으로써 훨씬 만족스런 결과를 얻을 수 있다. 처음에 어른은 어떤 행동을 해야 하는지 막연해한다. 어른이 충동적으로 하는 행동을 중지하면 어떤 아동들은 관심 끄는 행동을 줄이기 전에 늘릴 수 있음을 사전에 알려 주어야 한다. 아동들이 주목을 받을 때만 중요하게 받아들인다면 아동들은 자신의 방식으로 어른들을 복귀시키려고 필사적으로 시도할 것이다. 이는 예방활동이 중요한 이유이기도 하다.

다음 단계로 넘어가기 전에 말하기에 대해 생각해 보자. 다른 것을 시사하는 연구도 있지만, 어른들은 대부분 말이 의사소통의 주요 수단인 것처럼 행동한다. 무엇인가 자신에게 맞지 않을 때는 언제나 말을 한다. 아동들은 경청하지 않더라도 말을 한다. 사실 어른들은 아동이 경청해야 한다는 점에 대해 아동과 비언어적으로 합의한다. 부모, 교사, 아동과의 상담과 자문은 말보다는 지시가 반복된 횟수, 목소리의 높이, 억양 같은 요인이 아동에게 더 많이 전달된다는 것을 보여준다.

어른들은 너무 많이 말하는 경향이 있다. 새로운 규칙을 확립하라. 한 번만 지시하라. 그리고 그 후에는 예외적인 경우나 편안할 때만 반복하라. 말로 하지 말고 행동하라. 중요한 것은 의도를 전달하는 것이다.

## 목표 평가하기

가장 단순하게 보면 파괴적 행동은 낙담의 증거다. 이러한 일상적인 생활과제에 대한 낙담과 확신의 부족에서 사람들은 이를 강화하는 방식으로 행동한다. 아들러 학파는 이러한 어떤 태도를 자기충족 예언으로 간주한다.

다른 사람들이 자신을 좋아하지 않을 것이라고 예견하고, 그렇게 행동하면 일반적으로 다른 사람들은 그 사람을 좋아하지 않는다. 이러한 잘못된 관점과 기대의 순환을 깨뜨리기 위하여 어른들은 먼저 자신의 행동을 바꾸어야 한다. "내가 화가 날 때 어떻게 다른 방식으로 행동할 수 있을까?"라고 자문해 본다.

어른은 자신이 개인적으로 모욕당했다고 판단하고 지각하기 때문에 화나게 되는 경우가 자주 있다. 예를 들면, '빌이 지금 무엇을 하고 있는지 좀 봐. 내가 하지 말라고 말했는데, 자신이 누구라고 생각하는 거야? 자, 나는 곧바로 꼼짝달싹 못하게 하겠어.' 라고 아빠가 생각한다고 하자. 그러고 나서 그는 말하고 위협하며 또 다른 방식으로 행동한다. 생각은 순식간에 뇌리에 스쳐 가고 감정은 동시에 고조된다. 그는 실제로 무엇이 일어났는지를 인식조차 못할 수도 있다. 그러나 감정은 기억된다. 감정은 이 사건 후에도 남아 있고, 다음 토론 중에 쉽게 되살아날 수 있다. '아빠가 새로운 메시지, 새로운 통찰, 새로운 행동대안을 개발할 수 있는가?' 가 문제다. 답은 교육적인 지도, 연구, 실습이 있으면 "예." 다.

태도를 이해하는 데 행동은 부차적이다.

새로운 사고과정은 행동이 낙담 뒤에 이차적으로 따른다는 초기 인식을 포함한다. 사고과정에서 도덕화하고 심판하는 것을 제거할 때, 전형적으로 파괴적 행동과 연합한 정당한 분개의 감정이 사라진다. 낙담(즉, 다른 사람이 내적으로 말하고 느끼는 메시지)을 먼저 고려하면 감정도 변화할 것이다.

### 결과와 격려로 반응하기

자제하고, 예견한 것을 행하지 않게 되면, 다음에는 어떻게 하면 좋을지에 대해 구체적인 지침을 바랄 것이다. 여기서 이전 장들에서 제시한 아들러식 방법의 세 가지 중요한 개념이 생활지도과정에서 반응행동 차원의 기초가 된다. 이는 자연적 결과(제3장), 논리적 결과(제4장), 격려(제5장)다.

**자연적 · 논리적 결과** 자연적 · 논리적 결과의 효과 이면에 있는 개념은 논리적 질서와 현실의 압력이다. 아들러 학파는 삶에 자연적 질서가 있음을 믿는 것과 같이, 논리적인 사회적 질서도 있음을 믿는다. 모든 세대의 어른들은 새로운 세대가 사회적 삶의 논리를 이해하거나 발견하도록 돕지 않으면서, 이를 수용하고 따라야 할 규칙으로 제시하는 경향이 있다. 어떤 규칙은 비논리적이고 임의적이어서 아동은 이를 금방 알아차린다. 그러한 규칙은 힘겨루기에서 갈등게임을 정당화한다. 그러나 아동과 청소년이 일상생활에서 자연적 · 논리적 순서를 경험하도록 인내심을 갖고 돕는 것은 효과적인 생활지도의 핵심이다.

훈련방법의 기초로서 사회적 민주주의로 무장하면 어른들은 힘을 임의적으로 행사하지 않게 된다. 교사와 부모의 실제 경험에서 나온 몇 사례에서 볼 수 있듯이, 자연적 · 논리적 결과를 포함하여 민주적 방법을 사용하면 이전부터 계속된 문제도 즉각 교정되는 경우가 많다. 이것이 효과적으로 작용하는 이유는 다음과 같은 경험법칙과 관련된다.

- 논리적 결과를 고려하기 전에 자연적 결과를 먼저 찾는다.
- 실행 전에 학급이나 가족의 '새로운 규칙'을 제시하고 토의한다.
- '새로운 규칙'은 어른을 포함하여 누구에게나 적용한다.
- 대안은 항상 개인에게 개방적이다(예; '너는 울기를 멈추거나, 너의 방으로 들어가서 다 울고 나서 나올 수 있다.').
- 말이 아니라 행동으로 일관성 있게 '규칙' 또는 결과를 실행한다.
- 힘겨루기가 진행 중일 때는 논리적 결과를 피한다(즉 분노감정, 도전적인 힘 행사).
- 가족과 학급 구성원의 분별없는 행동에 대해 결과를 사용하기 전, 중, 후에 전반적으로 우호적이다(예; '나는 너에게 그렇게 말했다.'는 코멘트를 언어적으로나 비언어적으로, 미리 또는 나중에 하지 않는다).

- 함께 나누고 참여하고 협동하는 많은 긍정적인 방식에 대한 격려를 강조한다. 특히 낙담할 때 자신의 입지와 소속감을 느끼고 알게 한다.
- 함께 즐거운 시간을 갖는 것은 계획의 실행에서 중요한 측면이다.

이러한 방법을 안다고 해서 실수가 없어지거나 정당한 분개나 화가 없어지지는 않는다. 아동이 여전히 어떤 행동을 계속하고 있다고 어른들이 보고할 때 경험의 법칙 중 한 개 이상을 빠뜨리거나 잘못하는 경우가 종종 있다. 때로 어른들은 결과가 작동하지 않고 대신 역효과가 생기는 것을 보기도 한다. 분노하면서 부가한 논리적 결과는 처벌이 된다.

논리적 결과가 힘 지향적인 아동에게는 자연적 결과만큼 효과적으로 작용하지 않는다. 이러한 아동들은 다른 사람의 중재를 힘의 행사로 간주하는 경향이 있기 때문이다. 어른이 분개하거나 화를 낸다면 아동에게 의심을 확신시키는 것이 된다. 어른의 이러한 잘못은 낙담한 아동의 자기충족 예언을 재확인시킬 수 있다.

화난 사람은 비협조적이다.

부모와 교사는 화날 때 어떻게 해야 할 것인가 궁금해한다. "화난 감정은 항상 나쁩니까?"라고 물을 수 있다. 화나는 것은 이상하지도 않고, 억압되어서도 안 된다. 그러나 화를 표현하는 방법은 별개의 문제다. 화가 날 때 사람들은 보통 비협조적이 된다. 이러한 결과는 힘과 관계된다. 화가 관계를 촉진하는 방식으로 표현될 수 있다. 그러나 상호 존중이 유지되고 배려가 관계의 진정한 기초가 될 때만 그렇다.

일반적인 규칙으로서 아들러 학파는 어른들에게 힘겨루기에서 벗어나도록 권유한다. 싸우려면 두 사람이 있어야 하기 때문에 드레이커스(Dreikurs, 1968)는 '바람을 피해가기'를 추천하였다. 화가 가라앉았을 때 무엇이 왜(즉, 어떤 목적이 있었는지) 일어났는지 토론하는 것이 우호적인 관계를 회복하는 데 도움이 된다. 나쁜 감정을 저장하는 것은 공정하게 대우받지 못한다고 느끼는 다른 주제로 싸우게 될 때까지 '갈색 우표'를 모으는 것과 같다. 예를 들어, 아들러 학파는 학급과 가족이 만나 공통 관심사를 토의할 기회를 정기적으로 갖는 것이 갈색 우표 수집을 피하는 데 필요하다고 믿는다. 이러한 모임은 제11장에서 다룬다.

자연적 · 논리적 결과의 예를 포함하여, 다음에 서술된 파괴적 행동의 목적에 대처하기는 행동이 요구될 때 무엇을 할지 몰라서 느끼는 욕구불만과 그로 인한 분노를 제거하는 데 도움이 될 수 있다.

〈표 6-2〉는 질책에 대해 아동이 추구하는 목표에 따라 가능한 반응을 요약하고, 이러한 행동을 교정하기 위해 추천하는 몇 가지 대안을 제시한 것이다. 〈표 6-3〉은 청소년의 잘못된 목표와 또래와 어른의 반응, 기대되는 반응을 요약한 것이다.

자연적 · 논리적 결과를 발견하는 과정은 선견과 실습을 요하는 것이다. 제12장에서 다루게 될 부모와 교사 학습집단은 이러한 점에 특히 도움이 된다. 인생의 정상적인 요구와 논리가 이러한 경험의 원천임을 기억하면서, 어른은 효과적인 결과를 발견하는 방법으로 세 가지 질문을 할 수 있다.

〈표 6-2〉 파괴적 행동의 네 가지 목표에 대한 교정행동

| 목표 | 질책결과 | 대안(방법) |
|---|---|---|
| 관심 끌기 | 일시적인 중단 | 작은 행동을 무시하라. 결과를 따르도록 하라. 기대하지 않은 것을 행하라.(예; 아동에게 학급을 가르치도록 초대하고 긍정적 행동에 대해 관심주기) |
| 힘 | 도전이 강해지거나 | 자신을 분리하라. 대안을 제안하라. 자연적 결과를 찾아라. |
| 복수 | 다음에 싸우려고 철회 복수하고 더 싫어할 방법을 찾음 | 힘겨루기를 피하라. 최소한의 제한으로 질서를 유지하라. 상담자와 부모가 공동 대처하라. 긍정적인 행동을 인정하라. 예기치 않은 것을 기대하라. |
| 부적절한 행동 | 철회 | 관심을 가져라. 어떠한 노력도 격려하라. 실패를 경험하지 않도록 하라. |

〈표 6-3〉 청소년의 전형적인 잘못된 목적

| 잘못된 신념 | 목 적 | 예 | 성인 반응 | 또래집단 교정적 피드백 | 교정에 대한 반응 | 대안적 교정방법 |
|---|---|---|---|---|---|---|
| 나는 다음의 경우에만 가치 있고 자격이 있어요: | | | | | | |
| 내가 최고일 때 | 우월성 | 최상의 점수, 최고의 명예, 학급에서 일등 등을 강하게 추구 | 승인 | 탄복 | 정당화 | 일률적인 인정을 피하라. 불완전의 용기를 격려하라. 사회적 협동을 격려하라. |
| 나에게 광범한 친구와 사회적 수용이 있을 때 | 대중성 (사회적 출세) | 계속적으로 광범한 친구와 사회적 수용을 얻으려고 함 | 승인 | 수용, 하위집단 시기 또는 성가심 | 표면적 순종, 우호적인 부동의 | 일률적인 인정을 피하라. 독립적인 활동을 격려하라. |
| 성인사회의 모든 기준에 완전히 부응할 때 | 순종 | 좋은 행동, 성적 등으로 특히 또래보다는 성인의 마음에 들려고 끊임없이 노력함 | 승인 | 성가심(어느 정도 시기 있음) | 표면적 순종 | 일률적인 인정을 피하라. 또래사회적 활동을 격려하라. 개성을 격려하라. |
| 완전히 통제하거나 통제받을 때 | 반항, 독립, 투쟁, 공격성 | 두발, 의상 등에 대해 논쟁 | 성가심, 흥분 | 수용, 승인 | 논쟁 계속, 반항적 순종 | 논쟁 피하기. 다른 때 제안하기 |
| | | 파괴, 싸움, 비행 | 분노, 상해, 복수 | 대부분 거부, 하위집단 수용 | 뒤통수 치기 | 상해와 분노 피하기. 뒤통수 치지 않기. 제한과 결과의 합리적 사용 |

〈표 6-3〉 (계속)

| 잘못된 신념 | 목 적 | 예 | 성인 반응 | 또래집단 교정적 피드백 | 교정에 대한 반응 | 대안적 교정방법 |
|---|---|---|---|---|---|---|
| | 철회 | 가출, 무단결석, 자살 | 공포, 놀람 | 무관심, 약간 동정 | 수동적 반응, 개선 없음 | 히스테리반응 피하기, 사회적 참여 격려하기 |
| 성적으로 자신을 증명하고 즐길 때 | 성적 문란 | 타인과 매우 밀착된 성적 행동 | 혐오, 충격, 불승인 | 대부분 거부, 하위집단 수용 | 반항적 거부 | 충격과 혐오를 피하라. 자기존중과 타인존중의 욕구를 격려하라. |
| 결점에 대해 내가 완전히 지지되고 위로받을 때 | 부적절성 | 쉽게 포기 | 동정, 절망 | 동정, 무관심 | 미미한 노력, 그런 후 다시 포기 | 낙담반응이나 동정 피하기, 작은 성공의 기회와 결과 제공하기 |
| 타인이 나를 완전히 매력 있고 유쾌하게 볼 때 | 매력 | 부드러운 말과 행동으로 사로잡고 즐겁게 함 | 애교와 아첨; 때로는 성가심 | 애교, 아첨, 즐거움, 시기 | 더 애교적, 뿌루퉁, 철회 | 감동적이지 않고 우호적이기, 정중하고 노력을 강조하라. |
| 신체적으로 아름답거나 강할 때 | 미, 강함 | 신체적 외모에 과도한 관심과 의존 | 때로 시기 또는 과민이 있는 탄복 | 때로 시기 또는 과민이 있는 탄복 | 무시하기 | 칭찬을 피하라, 비신체적 활동을 격려하라(예; 독서, 미술, 음악). |
| 최고의 남자 또는 여자일 때 | 성적 편견 | 소년 : 남자다운 행동<br>소녀 : 의존 행동 | 일반적으로 승인, 때로 성가심 | 일반적으로 승인, 때로 성가심 | 거부 | 일률적인 승인을 피하라, 반대성의 남성성 또는 여성성 태도와 행동을 격려하라, |
| 학습이나 토의에 완전히 참여할 때 | 주지화 | 공부에 몰두 | 승인 | 무관심, 하위집단 수용 | 논쟁 | 일률적인 승인을 피하라, 사회적 여가활동을 격려하라, |
| 종교 관념이나 활동에 완전히 몰두할 때 | 종교성 | 종교 관념과 활동에 깊은 참여, 정기적으로 교회가기 | 때로 성가심이나 염려가 있는 승인 | 대부분 무시, 하위집단 수용 | 연민, 방어 | 일률적인 승인이나 논쟁을 피하라, 탐색적 사고와 대화를 격려하라. |

- '아무도 중재하지 않는다면 무슨 일이 일어날까?' 예를 들면 떠날 시간을 상기시키지 않는다면 늦을 것이다. 옷을 집어들지 않는다면 세탁하지 않을 것이다.
- '다른 사람이 중재하면 무슨 일이 일어날까?' 예를 들면 어른이 아동의 소유물을 다른 데로 옮긴다면 아동은 자기 물건을 찾을 수 없을 것이다. 어른이 아침을 준비하지만 아동은 옷을 입을 때까지 식사를 할 수 없을 것이다.
- '다른 사람이 비슷한 행동을 주고받거나 그대로 한다면 무슨 일이 일어날까?' 예를 들면 아동이 텔레비전 광고 중에만 그릇을 닦고 엄마는 텔레비전 광고 중에만 저녁을 준비한다면, 아동이 계속 집에 늦게 오고 아동이 집에 들어오고 싶을 때 들어올 수 없도록 부모가 집 문을 걸어 잠그면 무슨 일이 일어날까?

이러한 질문이 문제해결을 위한 자연적·논리적 결과를 어떻게 가져오는지에 대한 몇 가지 예가 다음에 요약되어 있다. 이러한 예는 교사, 상담자, 결과에 대한 토의집단이나 워크숍에 처음 참여한 부모의 경험에서 얻은 것이다. 각 예 다음에 있는 코멘트는 관련된 활동의 중요성을 강조한다.

**사례: "다른 사람이 주고받을 수 있다."**

매일 저녁 6시에 부모는 뉴스를 시청하고 싶어 했지만, 아동에게 자주 방해받았다. 12세 딸과 8세 아들은 각각 이전 결혼에서 낳은 아이들인데, 매일 이 시간에 싸우며, 결과적으로 부모들뿐만 아니라 아이들 간에도 나쁜 감정을 갖게 된다.

남편은 화가 나서 토의집단의 한 구성원에게 말하였는데, 그는 『아동: 도전』(Dreikurs & Soltz, 1964)에 포함되어 있는 몇 가지를 제안하였다. 문제는 이틀 밤 사이에 해결되었다. 첫날 저녁시간에 부모는 더 이상 아이들의 싸움에 끼어들지 않을 것임을 밝히고, 만약 부모가 원하는 TV 프로그램을 볼 수 없다면 아이들도 그들이 원하는 프로그램을 볼 수 없다고 말하였다. 아이들은 아무런 코멘트나 반대가 없었다.

그날 밤 6시에 소란이 있었다. 아이들은 침실에서 큰 소리로 말다툼을 하였으며, 부엌으로까지 나와서 계속하였다. 부모는 모두 무시하고 이들을 질책하지 않았다. 뉴스가 끝나고 엄마는 텔리비전을 끄고 방으로 들어갔다. 아빠는 욕실로 들어가 샤워를 했다. 아이들은 고함을 치며, 텔레비전을 볼 것을 요구했고, 다시 켜려고까지 하였다. 부모 모두 애들이 그렇게 할 것이라고 생각했지만, 애들은 텔레비전을 켜지 않았다. 소란은 빠르게 진정되고, 그날 저녁은 모두 자기 방에서 조용히 있었다.

"아무도 중재하지 않는다." 싸움이 시작된 다음 날 저녁, 애들은 서로 부모에게 고자질하러 왔다. 부모는 "우리는 오늘 밤 싸우고 싶지 않구나. 너희들이 싸우고 싶다면 사라 방으로 가서 싸우렴."이라고 반응하였다(이 방은 거실에서 가장 멀리 있다). 애들은 각자 침실로 갔다. 이들은 싸우지 않았다. 그러나 부모는 이들이 이야기하는 것을 들을 수 있었다. 셋째 날 밤은 6시에 소동이 일어나지 않았다.

이 사례에서 부모는 부모토의집단의 훌륭한 구성원이다. 확실히 이들은 이러한 방법의 성공적 이용을 위해 필요한 요소들을 재빨리 알아차렸다. 첫째, 이들은 싸움의 밖에 있었다(중재하지 않았다). 따라서 부모의 주목과 싸움에 대한 관심 없이도 자연적 결과가 일어나도록 하였다. 둘째, 부모를 위한 텔레비전이 없었다면 아이들을 위한 텔레비전도 없을 것이라는 점(논리적 결과에 따른 주고받음)을 설정하였다. 훨씬 놀라운 것은 아이들도 이러한 논리를 알았고, 이 문제에 대해 부모에게 도전하지 않았다

### 사례: "누군가가 중재해야 한다."

매일 저녁 14세 앤은 방과 후 신문을 배달한다. 앤은 현관과 거실 사이에서 신문을 준비하는 버릇이 있었다. 앤은 신문, 철사, 절단기, 잡동사니들을 계속 흘리고 다녔기 때문에 누군가가 주워야 했다.

부모는 수없이 말하고 달래고 야단친 후, 중재하기로 결정하였다.

더 이상 어떠한 코멘트도 없이 절단기나 배달가방을 그냥 주워 다른 곳으로 치웠다. 앤이 며칠 동안 필요한 도구 없이 일을 한 후, 도구들이 조용히 다시 나타났다. 더 이상 상기시키는 것이 필요 없어졌다. 때때로 앤은 불편해하면서 결과를 잊어버리곤 하였다.

이 사례에서 부모는 화내면서 도구를 제거하지 않았다. 부모는 단순히 앤의 협동을 필요로 했고, 앤도 부모의 협동을 필요로 하였다. 대부분의 노동자들은 자신의 도구를 불필요하게 다른 곳이나 공중장소에 둘 수 없다. 앤은 논리적 결과를 통하여 사회생활을 하는 데 중요한 교훈을 배웠다.

**격려** 격려는 긍정적 특성을 확인하고 지지하고 증진시킨다. 격려의 목표는 환경이 어떠하든 결과가 무엇이든 간에 극복할 수 있음을 근본적으로 믿게 하는 용기를 육성하는 것이다. 패배나 실패에 직면해서도 절망이나 실패감을 느끼지 않는 것이다.

자신의 많은 사소한 행동들이 아동이나 청소년에 대한 믿음의 부족을 전하고 있음을 부모와 교사가 모두 잘 알아차리지 못할 만큼, 기를 꺾는 일은 흔하다. 결과적으로 격려의 과정에 지침이 될 원리가 필요하다.

다음은 격려의 지침들이다.

- (잠재력이 아니라) 있는 그대로의 모습을 수용하고 믿음을 가져라.
- 아동, 청소년들이 과제를 다룰 것을 기대하고, 행동으로 이러한 기대를 보여라.
- 잘못된 행동을 접했을 때 행위와 행위자를 구분하라.
- 실수, 패배, 실패는 생활에서 일반적인 것이지 재앙이 아니라는 사실을 확신하라.
- 어떻게 하고 있는가를 평가하기보다 행위의 즐거움과 성취의 만족을 강조하라.
- 과정을 인지하고 진정한 노력에 대해 충분히 격려하라.
- 아동의 유능성에 확신을 보이고, 다른 사람과 비교하지 말라.

- 학습 정도, 인내, 깔끔함, 흥미와 같은 면에서 개인차를 허용하라.
- 끊임없이 격려과정을 깨뜨리려고 하더라도 아동을 결코 포기하지 마라.

마지막은 특히 중요하다. 매우 낙담한 사람에게는 '사적 논리'(인생, 자신, 타인에 대해 가정과 확신)가 있다. 이러한 관점과 행동이 외부 관찰자에게 쓸모없는 것으로 보여도 이들은 이를 쉽게 포기하지 않는다. 왜냐하면 환경이 불만족스럽게 보여도 아동(그리고 어른도)은 자신의 방어적 행동을 포기하면 상황이 더 나빠질 것이라고 믿기 때문이다. 예를 들어, 이들은 '다른 사람들은 내가 노력하지 않고, 실패하고 있다는 것을 알아. 이들은 내가 노력하기를 바라지만 그렇게 되면 모든 사람들은 내가 정말로 얼마나 어리석은지, 이를 얼마나 두려워하는지를 알게 될 거야.' 라고 생각할 수 있다.

작더라도 성공을 할 때까지 가능하면 실패를 막아야 한다. 예를 들어 다음과 같이 말하고 행동함으로써 성공경험 강화하기를 시작할 수 있다.

격려하는 말은 다음과 같다.

- 너는 ○○을 즐기는 것 같구나.
- 나는 너와 함께하는 것이 즐겁다.
- 다른 사람들이 너의 도움을 감사하는 것 같아.
- 시작하기는 어렵다.
- 네 생각은 어때?
- 내가 도울 수 있는지 말해 줄래.
- 실수가 도움이 될 수도 있어.

격려행동은 적어도 격려의 말만큼 중요하다. 우리는 다른 사람들이 자신감을 갖고, 자신을 신뢰하고, 불완전해도 괜찮다는 용기를 갖도록 도울 수 있다. 다음은 격려행동의 몇 가지 예다.

- 아동이 처음으로 혼자 무엇인가를 하려고 노력할 때 요청하지 않는다면 코멘트, 평가, 중재 없이 이룩한 성공뿐만 아니라 실수를 통해서도 배우

도록 놔두어라. 원할 때는 적극적으로 도움을 주라. 그러나 대신해 주지 마라. 나중에 언어적 격려가 필요하면, 어떻게 했는가를 평가하지 말고 노력에 대한 감정을 포착하고 반영하라.

- 아동이 꾸물거리거나, 단정하지 않거나, 어른과 다르게 행동하거나 다른 모습을 보일 때 인내하고 친절하라. 아동이 뒤진 것을 만회하거나 하는 일을 끝낼 때까지 다른 일에 신경 써라.
- 다른 사람이 실수하거나 사고를 낼 때 그들이 실수를 교정하고, 일을 마무리하고, 보복하지 않고 다시 시도하도록 허용해라. 매우 낙담한 아동이 도움을 바란다면 우호적인 방식으로 자진하여 도와라. 그러나 대신해 주거나 모든 것을 돕지 않도록 하라. 아동에게 친근함과 협동을 보여라.
- 낙담이 드러나면, 할 수 있고 도움이 되는 일거리를 주거나 이들을 위한 행동을 통하여 학급, 가족, 집단에서 자신의 자리가 있음을 알도록 도와라(예; 이들에게 도움을 요청하기, 우표수집가를 위해 특정 우표 모으기, 다른 사람의 팔찌용 장식물 사주기, 즐길 수 있는 것을 보거나 참여할 시간 갖기).
- 어른은 아동의 친구를 반기거나 아동의 도움에 감사할 때 미소, 쓰다듬기, 아동이 이해할 수 있는 다른 비언어적 행동을 보일 수 있다.
- 경쟁적인 게임을 할 때 어른은 그들의 동기(즉 어떤 대가를 치르든지 이기기, 할 수 있는 최선을 다하고 승패를 즐기기)를 확인할 수 있다.

예를 들면 의사, 학교 간호사, 교사는 아동의 식사, 수면, 배변습관에 관한 부모의 염려를 자주 듣는다. 이러한 행동에 의학적 이유가 없다면 〈표 6-4〉의 지침이 유용하다. 어떤 경우에는 의학적 · 식이요법 요인이 야뇨, 토라짐, 철회 행동을 일으킬 수 있다. 이런 이유가 아니라면 행동의 사회적 가치를 이해함으로써 특별한 의미를 찾을 수 있다. 각 사례에서 격려가 더 적절한 행동을 회복하는 데 본질적인 요소라는 점을 알게 될 것이다.

격려에 대한 다른 중요한 차원은 제5장에 언급되어 있다. 제5장은 아들러 학파의 방법과 기법의 기초가 되는 가치체제에 관한 내용을 담고 있다. 아들러 학파는 다른 사람들과 동등하게 생각하고 느끼고 행동하고 어떤 환경, 어떤 결과에도 그 상황에 맞는 방식으로 대처할 수 있는 행동과 태도를 향하여

〈표 6-4〉 몇 가지 전형적인 비의료적 행동문제에 대한 의사의 지침

| 부모의 공통된 관심 | 아동의 목적 | 전형적인 성인반응 | 교정활동 | 예방활동 |
|---|---|---|---|---|
| 식사를 하지 않아요 | 관심 끌기 | 성가셔하거나 달래거나 매수하기 | 음식을 특별히 준비하지 않는다. 먹고 안 먹고는 아동의 선택이다. | 음식을 즐겨라. 식사시간을 즐겁게 만들라-대화, 공유 등 |
| 옷을 입지 않으려고 해요 | 관심 끌기 | 성가셔하거나 달래거나 매수하기 | 그대로 아이를 돌보는 사람에게 데리고 가거나 옷을 입혀라. 그러나 다른 서비스(예; 아침식사)를 제공하지 마라. | 온화할 때 자신을 돌보고 더 편안하게 느끼는 만족감을 반영할 기회를 찾아라. |
| 싸우기 | 관심 끌기 | 중재하기, 성가셔하기 | 자리를 피하라-욕실로 보내거나 싸움을 끝내도록 애들을 자기 방으로 보내라. | 협동적일 때 관심을 주라-함께 놀거나 스낵을 함께 먹을 때 |
| 배변 훈련 | 관심 끌기 | 성가셔하거나 달래거나 매수하기 | 이완하라. 계속 우호적이기 | 내적 만족을 강조하라(예; 자신을 돌보는 데-개인적 숙달에-관심을 가지고 배설의 안도와 만족을 반영하라. |
| 잠이 안 와요. 물 먹고 싶어요. 불을 켜 주세요. 무서워요. | 관심 끌기 | 성가셔하거나 달래거나 매수하기 | 취침시간을 즐겁게 하라. 잠자는 것과 관계없는 요청을 무시하라. | 아침에 또는 낮잠 후에 충분한 휴식 감정에 대해 물어라. 잠잘 시간이 되면(아동이 피곤해 하면) 드러누워 이완하고 기분 좋은 생각을 하는 것이 얼마나 좋은 느낌인지를 반영하라. |

〈표 6-4〉 (계속)

| 부모의 공통된 관심 | 아동의 목적 | 전형적인 성인반응 | 교정활동 | 예방활동 |
|---|---|---|---|---|
| 자위행위 | 관심 끌기 | 화남, 야단치기, 벌주기 | 마음에 새기지 마라. 관대하라. | 도덕화를 피하라. 성적 발달에 대하여 개방적이고 솔직한 토론을 허용하라. 간단하고 정직한 답을 하면서 질문을 격려하라. |
| 역정내기 | 힘 | 화남, 야단침 | 침착하라. 만약 공공장소라면 떼어 놓고, 협동적일 때만 함께 할 수 있음을 말하라. 집이라면 행동을 멈출 때까지 욕실로 보내라. 말하는 것을 피하라. | 도움이 되거나 참여할 수 있는 일이나 활동거리를 주어라. |
| 불순종 | 힘 | 화나게 됨 | 협동적이면 좋겠다고 말하라. 그러나 선택은 아동에게 있음을 말하라. 벌 대신에 자연적 · 논리적 결과를 이용하라(예; 그릇을 씻지 않기, 저녁 짓지 않기). | 가족과 학급 구성원의 강점과, 이러한 강점이 다른 사람에게 얼마나 도움이 될 수 있는지 논의할 회의를 개최하라. 즐거운 일, 소풍 등을 계획하고 집단이 협동적으로 살아갈 기초적인 규칙을 세워라. |
| 훔치기 | 복수 | 상처받음, 처벌 | 마음에 새기지 마라. 반환하도록 하라. 아동이 제안하도록 요청하라. 벌이 아닌 결과를 사용하라. | 포기하지 마라. 아동은 자신을 좋아하지 않을 것으로 생각하고 있음을 알라. 아동의 입지를 마련해 주도록 도와라. 협동을 기대하라. 믿음을 보여라. |

수평적 수준에서 움직이도록 돕고자 한다. 아들러 학파에게 이러한 가치 지향은 관련 아동에 의해 보상과 벌(행동의 논리적 결과가 아니다)로 해석되는 교정 지침의 효과성에 의문을 갖게 한다. 여러 경우에서 타인의 의도를 잘못 해석하는 아동의 특권은 피할 수 없는 것이다. 한편, 아동들이 어른의 교정방법을 벌이나 칭찬, 보상으로 받아들인다면 그 방법은 효과적이지 않을 것이다. 이러한 경우 어른들은 자신의 태도와 행동이 이 장에서 기술된 것과 일치하는지 아닌지 다시 점검할 수 있다.

다른 사람과 동등한 것처럼 생각하고 느끼고
행동하도록 하라.

연구들은 외적 보상과 통제의 사용이 아동의 보상을 받는 행동에 대한 내적 관심을 약하게 한다는 것을 밝히고 있다. 격려하려는 노력조차 격려받는 사람이 보상으로 잘못 해석할 수 있다. 이러한 가능성 때문에 아동의 감정과 태도에 공감하려는 노력은 중요하다.

예를 들면, 교사는 능력이 평균 이상이지만 성적이 낮은 소녀를 격려하려고 하였다. 어느 날 오후 학생들이 개별적인 과제를 하고 있었고, 교사는 이 소녀가 도움을 구하거나 다른 사람을 방해하지 않고 한 시간 이상 과제를 하느라 매우 바쁘다는 것을 알았다. 교사는 그 소녀를 잠깐 지켜보고 나서 "참 잘하고 있다."라고 말하였다. 그 소녀는 얼굴을 들고 울기 시작했고, 교실 밖으로 달려나가 버렸다. 처음에 당황하였지만 교사는 나중에 그 소녀에게 가서 물었다

교사: 메리, 나의 말 때문에 당황했구나. 이 점에 대해 이야기를 나눌까?
메리: 무슨 말인지 모르겠어요. 선생님은 잘못 말하지 않았어요.
교사: 음, 그럴지 모르지. 메리, 네가 매우 열심히 하였지만, 충분히 훌륭하게 보이지 않았지. 이것이 실제로는 너의 마음을 상하게 했다고 생각해.
메리: 예, 제가 얼마나 열심히 하는지는 문제가 아니에요(울기 시작한다).

교사: 너는 정말 네가 하고 있는 일에 집중했구나. 정말로 몰두했어. 네가 무엇을 하려고 했는지 보여줄 수 있니?

메리: 으휴, 아직 끝내지는 않았지만…….

이 사례에서 교사는 학생이 어떻게 하고 있는지에 대해 언급하지 말고 무엇을 하고 있는지를 언급하라는 지침을 간과하였다. 그러나 교사는 이 아이의 낙담을 공감하고 아이가 하고자 했던 일로 재정향하기 위해 그녀에 대해 알고 있는 것을 이용했다.

그 소녀는 내적으로 동기화한 것으로 보인다. 따라서 교사의 언급이 필요 없었다. 그러나 단순히 아이의 만족을 반영하고, 이를 의식화하고, 교사와 공유할 수 있었다면 언급은 더 도움이 될 것이다.

모든 아동이 같은 방식으로 낙담하지는 않는다. 어떤 아이는 가능한 한 모든 것을 완벽하게 함으로써 자신의 입지에 대해 어른의 확인을 구한다. 이들은 자기가 어떻게 하고 있는가에 대해 교사가 언급하는 것을 정기적으로 바란다. 어떤 경우 시험에서 100점을 맞지 않은 것은 거의 재앙과 같다. 부모는 그런 아이에게 자주 큰 자부심을 느낀다. 금상, A학점에 돈 주기 등은 항상 낙담을 증가시킬 뿐이다.

격려를 통하여 다른 사람이 자신의 내적 가치, 평등,
자신의 입지를 충분히 인식하도록 도와라.

아동이든 어른이든 이러한 사람들의 세계는 성공을 위한 끊임없는 등정, 확신에 대한 끊임없는 욕구, 정열에 대한 확고한 요구이다. 그러나 적절한 격려로 자신의 내적 가치, 평등, 세상에서의 입지를 충분히 인식할 때 도움이 될 수 있다.

## 일관성, 우호성, 존중으로 실행하기

저자의 경험에 따르면, 성인은 아동과 청소년들이 가지고 있는 즉각적인 문제만을 제거하려는 경향이 있다. 상당한 정도로 성공하고 순간의 위기가 지나가면, 더 이상 상담이나 자문을 하지 않는다.

때때로 같은 유형의 미래의 위기를 예방하는 데 필요한 것에 훨씬 못 미치고 시기상조인 새로운 합의가 어른과 아동 간에 이루어진다. 이러한 이유 때문에 어른과 아동이 상담자가 주는 권고의 예방적 측면을 따르는 것에 대한 이해가 강조되어야 한다. 교정절차의 실행을 위해 몇 가지 관찰은 효과를 증진할 수 있다.

첫째, 일관성은 교정행동에 매우 중요하다. 어른이 동의한 규칙에 예외를 만드는 것은 다른 경우에 다른 규칙을 수정하려는 더 큰 싸움을 불러들이는 것이다. 이는 모든 부모나 교사가 경험해 온 '시험하기 게임'이다. 우호성은 질서유지에 필요한 엄격함에서 거친 측면을 제거할 것이다.

둘째, 어떤 아동들은 새로운 규칙이 자신에게 적용된다는 것을 알게 될 때 사납게 울 수도 있다는 점을 인식하라. 이들은 규칙의 실행에 대해 무엇인가 불공정하다고 주장할 것이다. 규칙들이 모든 사람에게 적용된다면, 아동들은 이러한 적용의 논리를 알게 될 것이다. 그래도 아동들은 논의의 결과를 회피하려고 할 수 있다. 그러한 경우에 침묵은 금이다. 이러한 방법에 내재하는 평등에 의해 존중이 강화된다.

나는 불완전하다. 그리고 나는 불완전한
존재인 당신을 수용하겠다.

셋째, 실수를 두려워하지 말라. 불완전한 것에 용기를 가져라. 때때로 어른은 잘못 행동할 가능성에 압도된다. 이런 관점은 아들러 학파가 다른 사람들의 학습을 조력하는 전략에 반대되는 결과를 가져온다. 사람들은 행동으로 배운다. 성공뿐만 아니라 실수에서도 배운다. 부정적 사고에 안주한다면 옛 방법으로 돌아가고 패배감을 느끼게 되는 경향이 있다.

넷째, 한 번에 한두 가지 권고사항만을 실행하라. 한 번에 한 유형의 행동을 교정하라. 성인에게도 성공 경험이 중요하다. 성인이 이러한 방법을 처음 행할 때, 너무 많은 것을 너무 빨리 적용하려다가 혼란에 빠지고 실망할 수 있다.

## 요 약

이 장에서는 아들러식 아동 생활지도에 관한 주요한 원리, 방법, 기법을 개관하였다. 이성, 존중, 책임감은 핵심적 요소다. 아동과 청소년의 잘못된 행동의 목적을 규명하였다. 교정방법은 격려로 시작하고 삶의 현실, 자연적 · 논리적 결과에 의해 보완된다. 마지막으로 나이나 지위에 관계없이 모든 사람에게 이러한 방법의 적용 가능성을 언급하였다. 다음 장에서 볼 수 있듯이, 아들러가 관찰한 '사회적 삶의 엄격한 논리'는 누구에게나 적용된다. 이는 모든 사람이 평등하다는 증거이기도 하다. 여러분이 젊은이들과 함께 살면서 알아차릴 수 있는 질서와 조화를 발견함에 따라 다른 측면의 사회적 삶도 개선될 것이다. 참가자들이 그것의 가치를 경험하고 자신의 삶을 더 풍부하게 하고 싶어 하기 때문에 부모집단의 후속활동으로 부부토의집단이 생기는 경우가 많다.

마지막으로 12장은 학교에서 청소년의 반항이나 폭력과 관련한 문제를 개선하는 데 유용하다고 밝혀진 집단방법을 다룬다. 앞에서 언급했던 것처럼, 약물이나 무기 관련 폭력문제에는 가정과 학교를 넘어서 지역사회의 노력이 필요하다. 또한 심각한 정신건강문제, 십대 임신, 특히 미성년자의 취업 등은 철학, 우선순위, 참여를 점검해야 하는 사회적 문제다. 인간사에 대한 드레이커스와 아들러의 접근방식 안에 우리 앞에 놓여 있는 질문에 대한 합리적인 대안과 답이 있다.

# 연구문제

지시: 다음 질문에 답하시오.

1. 잘못된 행동의 네 가지 목표와 아동의 '사적 논리'를 각각 사례를 들어 설명하시오. 각 사례에서 성인의 감정과 전통적인 반응은 무엇인가?

2. 성인이 강화하는 경향이 있는 청소년의 네 가지 잘못된 목표를 열거하시오. 당신은 이러한 것이 잘못된 목표라는 것에 동의하는가? 그 이유는 무엇인가?

3. 당신이 관찰하거나 중재한 아동이나 성인 사례를 생각해 보고 CARE의 네 단계를 적용해 보시오. 그 당시에 네 단계를 적용하였다면 그 결과는 어떻게 다른가?

4. 훈육의 교정 차원에서 너무 많이 말하는 것은 왜 결점이 되는가?

# 활 동

I. 당신은 어린이와 청소년을 생활지도하는 것과 관련하여 개인심리학의 원리와 방법을 공부하였다. 완전히 이해하면, 목표 지향 행동의 개념은 흥미로운 개념이다. 이러한 접근에 처음인 사람은 이를 즉각 적용하고 싶어 한다. 자연히 성공적 적용은 실습, 창의성, 유연성을 요한다. 다음의 연습은 잘못된 행동목표를 인식하고 상담과 자문에 적용할 수 있는 대안적 반응을 산출하도록 북돋아 주는 실습을 제공하기 위한 것이다.

A. 다음은 일상생활의 장면들이다. 〈서식 6-1〉에 잘못된 행동목표, 성인의 평상 반응, 그 결과를 적으시오. 또한 아동의 잘못된 행동에 대한 대안적 반응을 제안하시오. 구체적인 반응이나 행동을 제시하시오(예; 엄마는 아동이 싸울 때 방을 떠난다). 힌트: 예기치 않은 것을 시도한다. 서식을 완성한 후, 당신의 답과 〈서식 6-1〉의 답을 비교하시오. 그러고 나서 장면에 대한 당신의 반응과 개인적 경험을 집단구성원, 공부 파트너, 관심 있는 친구와 공유하시오. 구체적인 중재에 대하여 어떤 관심이나 의심도 자유롭게 표현하시오. 시도하기에 어떤 제안이 가장 불편할 것 같은가? 각자는 이러한 방법을 사용하는 데 자신의 감정을 자각할 필요가 있다.

1. 메리는 작고 귀여운 2세 아이이다. 이 아이는 방금 또다시 스파게티 접시를 마루에 내던지면서, 명랑하게 웃으며 "모두 가 버렸어!"라고 말하였다.

2. 짐과 조는 매번 싸우는 쌍둥이다. 아버지는 짐에게 장난감을 조와 함께 가지고 놀라고 말했다. 조가 "어쨌든 그런 오래된 장난감을

가지고 놀고 싶지 않아."라고 응답한 것에 대해 짐은 "나도 같이 안 놀아."라고 소리쳤다.

3. 네 살배기 제시카가 옆 방에 있는 개에게 큰 소리로 분명하게 욕을 하자, 엄마와 모임을 갖던 교회 사람들은 비명을 지르며 중지시켰다.

4. 8세의 주디가 극장에 따라가려는 것을 12살 오빠가 거부하자, 화가 난 그녀는 오빠의 야구카드를 마구 찢어 그의 방에 뿌렸다.

5. 성취 시험에서 과제수행능력을 인정받았는데도 스티븐은 더 어려운 수학문제를 거의 풀려고 하지 않는다. 형의 도움마저 거부한다.

이 활동의 주요 목적은 학생들이 행동목표를 알도록 돕는 것이다. 잘못된 행동목표, 성인의 감정과 생각, 보통의 반응에 주목하자. 다음 장에서 어른의 새로운 행동과 태도가 싸움에서 관계를 우호적으로 변화시킬 수 있음을 보게 될 것이다.

〈서식 6-1〉 감정과 행동

| 상 황 | 잘못된 행동에서 아동의 목표* | 성인의 전형적 반응 | 결 과 | 대안적 행동 |
|---|---|---|---|---|
| 1. 메리는 음식을 마루에 던졌다. | | | | |
| 2. 쌍둥이 짐과 조는 매번 싸운다. | | | | |
| 3. 제시카는 개에게 욕설을 퍼붓는다. | | | | |
| 4. 주디는 오빠의 야구카드를 찢는다. | | | | |
| 5. 스티븐은 더 어려운 수학문제를 풀려고 하지 않는다. | | | | |

주: *성인이나 관계된 타인의 감정을 통해 우세한 목표는 매우 쉽게 확인된다. 만약 성인이 성가심을 느낀다면 아동은 아마 관심을 원할 것이다. 만약 화가 난다면 힘이고, 상처와 실망을 느끼면 복수다. 어른이 포기한다면 아동의 목표는 부적절한 행동이다.

〈서식 6-1〉 감정과 행동의 답

| 상 황 | 잘못된 행동에서 아동의 목표* | 성인의 전형적 반응 | 결 과 | 대안적 행동 |
|---|---|---|---|---|
| 1. 메리는 음식을 마루에 던졌다. | 관심 | 성가심, 청소 | 아동은 주시 | 아무 말도 하지 마라, 깨끗이 치워라, 그리고 치우는 것을 아동이 돕도록 하라. |
| 2. 쌍둥이 짐과 조는 매번 싸운다. | 힘 | 화남, 야단, 중재 | 아이들은 계속 싸움, 짐은 어른에게 계속 도전 | 힘겨루기를 피하고, 싸우는 데 있지 말고 아이들이 자기 방에서 싸우게 하거나 적어도 현 장소를 떠나도록 한다(어른은 말없이 하는 것이 좋다). |
| 3. 제시카는 개에게 욕설을 퍼붓는다. | 복수 | 상처, 당황, 꾸짖음, 때림 | 욕함, 저항 | 코멘트 없이 엄하게 데리고 가기, 다음에 교회에 갈 수 없고 타인을 방해할 수 없음을 알게 함, 아이의 동행을 즐기고 교회에 함께 가기 바람, 그러나 다른 사람을 방해하지 않고 예배 볼 수 있는지 물어봄, 거절하면 교회에 갈 수 없음 |
| 4. 주디는 오빠의 야구카드를 찢는다. | 복수 | 상처, 분노 | 소란을 즐김 | 격려 필요(다음 장) |
| 5. 스티븐은 더 어려운 수학문제를 풀려고 하지 않는다. | 부적절한 행동 | 포기 | 스티븐의 철회 심화 | 격려 필요(다음 장) |

B. 잘못된 행동을 하는 아동을 다룬 자신의 경험 중 적어도 두 가지 상황을 기술하시오. 당신의 반응과 아동의 반응을 포함하여 기술하시오.
사례의 도중과 후에 당신의 감정은 무엇이었는가?
행동목표에 대해 지금 당신이 이해하고 있는 바에 따르면, 아동의 목표가 무엇이라고 믿는가?
다른 반응을 한다면 어떻게 했을 것 같은가?

개인적 경험 1: ____________________

____________________

____________________

____________________

- 당신의 반응 ____________________

____________________

- 아동의 반응 ____________________

____________________

- 당신의 감정(도중과 후) ____________________

____________________

- 아동의 목표 ____________________

____________________

- 어떻게 다른 반응을 할 수 있는가? ____________________

____________________

개인적 경험 2: ____________________

____________________

____________________

- 당신의 반응 ____________________

____________________

- 아동의 반응 ____________________

• 당신의 감정(도중과 후) ______________________________

____________________________________________________

____________________________________________________

• 아동의 목표 ______________________________________

____________________________________________________

• 어떻게 다른 반응을 할 수 있는가? ____________________

____________________________________________________

II. 이전 장에서 개인심리학의 원리와 방법을 배웠다. 이 장에서는 아동의 잘못된 행동의 목표를 배웠다. 다음 연습은 아들러 학파의 방법을 10대의 파괴적 행동과 관련한 문제에 적용하는 것이다.

A. 1. 당신의 경험과 공부에 근거하여, 청소년의 구체적인 파괴적 행동을 세 가지 이상 〈서식 6-2〉에 열거하시오.

2. 당신의 예를 학급이나 공부 파트너의 다른 구성원과 공유하시오(교실이라면 칠판에 예를 열거할 수도 있다. 철자법은 걱정하지 마라. 불완전하다는 것에 용기를 가져라!).

3. 열거된 사례들에 대해 생각하시오.

1. 모든 행동들이 일반적으로 '나쁜' 행동인가?(예; 뒷말하기, 무책임하기)

2. 그렇다면 〈표 6-3〉에 있는 것처럼 성인에게는 더 수용적이지만 잘못된 목표를 갖는 행동에 대해 생각해 보시오. 필요하면 다른 것도 서식에 열거하시오.

B. 3~4명씩 집단을 짜고 각각 한두 가지 파괴적 행동을 목록에서 골라 토론하시오. 각 범주에 대한 적절한 반응을 집단별로 결정하기 위하여 제공한 서식을 이용하시오. 집단토의에서 더 광범한 다양성에서 이점을 얻기 위하여 구성원은 가능한 한 다른 목표와 관련된 행동을 선정하여야 한다.

C. 1. 선정된 10대 문제행동을 집단토의하고, 각 구성원은 〈서식 6-2〉의 다른 항목을 완성하도록 한다. 항목들을 가장 관심 있는 특정 행동과 관련짓는다(즉, 성인반응, 목표, 생각, 교정반응). 〈표 6-3〉을 참고할 수 있다.

2. 모든 구성원이 작업을 마치면 각 구성원이 열거한 것과 그 이유를 가지고 소집단 토의를 시작할 수 있다. 다른 사람들도 이와 같이 젊은이에 대해 알게 되고, 성공적인 중재를 위한 제안을 할 수 있

〈서식 6-2〉 전형적 10대의 파괴적 행동

| 파괴적 행동 | 성인반응 | 목 표 | 사 고 | 격려하는 교정반응 |
|---|---|---|---|---|
| | | | | |
| | | | | |
| | | | | |
| | | | | |
| | | | | |

을 것이다. 또한 집단 구성원들은 목표와 사고가 행동과 교정방법과 모순되지 않는다는 점을 확신하도록 도울 수 있다.

III. 이전의 활동과 내용에서 나는 젊은이를 지도하는 원리와 방법을 제시하고 토의하였다. 이 시점에서 당신은 잘못 행동하는 사람은 잘못된 사적 논리를 끊임없이 추구하고 있으며, 그러한 행동이 '대단한' 사람이 되고 인정받는 데 필요한 것임을 알게 되었을 것이다. 때로는 매우 낙심한 사람의 태도와 행동에 거의 자발적 변화가 있음을 경험할 것이다. 그러나 의미 있는 변화가 효과적이기 위하여 이러한 방법을 합리적으로 이용하는 데 시간, 인내, 일관성이 필요할 때가 더 많다.
이전의 내용에서 당신은 목적과 도움이 되는 결과와 격려를 결정하기 위하여 잘못 행동하는 사람을 확인하는 것에 대해 생각하였다. 사람들은 대체로 아동이 처음 두 가지 목표인 관심 끌기와 힘을 추구한다고 생각하는 경향이 있다. 이는 공통적으로 추구되는 목표이고, 사람을 성가시게 하거나 화나게 하기 때문에 자연스러운 경향이다.
그러나 복수와 부적절한 행동의 목표는 사람들을 낙담하게 한다. 다른 사람들은 그러한 사람들을 회피하거나 무시하는 경향이 있다. 지금의 활동에서 당신의 과제는 지속적으로 셋째 또는 넷째 목표를 추구하는 아동을 확인하는 것이다. 그러고 나서 소집단(4~6명)의 다른 구성원이나 공부 파트너의 자원을 활용하여, 아동의 잘못된 목표와 행동을 바로잡으려는 구체적인 중재계획을 세워라(지금은 언급하지 않겠지만, 낙심한 청소년이나 성인도 이러한 계획으로 도움이 될 수 있다.)

A. 복수나 부적절한 행동의 목적을 추구한다고 생각하는 아동을 확인하시오. 〈서식 6-3〉을 활용하여 긍정적인 중재계획을 세우시오. 예를 들면 〈서식 6-3〉 샘플을 참고하시오. 일반적인 개요를 작성한 후, 집단이나 공부 파트너와 당신의 계획을 토의하시오. 각 구성원은 다른 사람을 돕도록 한다.

1. 성가시고 변화되어야 할 구체적인 행동을 설정하시오.
2. 행동의 목표와 잘못된 사적 논리를 확인하시오.
3. 자연적 · 논리적 결과에 대한 토의가 파괴적 행동과 관련하여 모든 사람에게 비처벌적 규칙으로 설정되는 데 이용될 수 있는 시점을 정확히 설정하시오.
4. 언어적 · 비언어적 격려의 구체적인 방법과 기술을 제안하시오.
5. 계획의 실행 시기와 상황을 설정하시오.
6. 진행과정을 평가할 지침을 설정하시오(바람직한 방향으로의 작은 단계가 지나치게 대규모의 성과보다 더 유용할 때가 많다).

B. 이 시점에서 당신은 가정, 학교, 직장에서 개인심리학의 방법을 적용해 본 당신의 경험 일부를 나누고 싶을 것이다. 친구의 경험도 함께 나눌 수 있다. 이름이나 신원을 확인할 수 있는 다른 정보는 제한되어야 한다.

〈서식 6-3〉 긍정적 중재 계획*

## 사례정보

A. 아동 정보
- 나이 ______________ • 성별 ______________
- 신체적 특성(자세, 청결상태, 버릇)
- 형제자매 : 형제/나이 ______ ______ ______ ______
  자매/나이 ______ ______ ______ ______
- 출생 순위 ________________________________________
- 기타 정보

B. 파괴적 행동
- 
- 
- 

C. 성인/타인의 반응
- 행동
- 감정

D. 잘못된 행동의 주된 목적(어른 또는 관련된 다른 사람에게 야기되는 주된 감정에 기초하여)
- 

E. 사적 논리(아동이 생각하고 있는 것)
- 

F. 변화가 없다면
- 어떤 잘못된 행동이 예견되는가?
- 어린이는 당신에게 무엇을 기대할 것 같은가?

주: *비평가적일 것. 활동과 관계에 만족하는 데 초점을 둘 것.

〈서식 6-3〉 (계속)

| 예방적 중재활동* | |
|---|---|
| A. 언어적 격려<br>• 나는 할 수 있다 • 언제 | B. 비언어적 격려<br>• 나는 할 수 있다 • 언제 |

주: *비평가적일 것. 활동과 관계에 만족하는 데 초점을 둘 것.

〈서식 6-3〉 (계속)

| 교정적 중재활동* | |
|---|---|
| A. 자연적 결과 | B. 논리적 결과 |

주: *기억하라. "예기치 않은 것을 행하라. 말로 하지 마라, 충동적으로 행동하지 마라. 통제하려는 생각을 버려라." 결과는 토의 후 동의한 규칙이어야 한다. 처벌과는 달리, 논리적 · 자연적 결과는 논리적이고, 질서를 증진하고, 개인과 집단의 권리를 존중하고, 본질적으로 비처벌적이다. 이는 최종 통고가 아니라 대안적인 선택이 포함됨을 유의하라. 우호, 엄격, 일관성, 긍정을 유지하라.

〈샘플서식 6-3〉 긍정적 중재계획*

**사례정보**

A. 아동 정보
- 나이: 11　　　　• 성: 남
- 신체적 모습(자세, 청결, 버릇): 직접적인 눈맞춤을 회피함, 구부정함, 손톱 깨물기
- 형제자매: 형제들/나이 __10__ ____ ____
  (동생이 더 매력 있음)
  자매들/나이 __13__ ____ ____
  (모범적인 큰 누나)
- 출생순위: 둘째
- 기타 정보: 최근에 톰은 점차 성적이 떨어지고 학급의 다른 애들이 싫어하여 나의 학급으로 옮겨왔다. 어머니는 톰에게 어떻게 해야 할지를 모른다.

B. 파괴적 행동
- 거짓말하기, 훔치기가 알려짐
- 싸움, 다른 사람 때리기
- 쉽게 낙심하기
- 학급에서 쉽게 과제 포기–비경쟁적인 일에도

C. 성인/타인의 반응
- 행동
  –야단치기, 사무실로 보내기
  –타인에게 사과하도록 하기
  –공부에 대해 잔소리하기, 더 잘할 수 있다고 말하기
  –급우가 그를 회피하기
- 감정 : 상처, 분개

D. 잘못된 행동의 주된 목적(관련된 성인과 타인에게 야기된 주된 감정에 기초하여)
- 복수심. 왜냐하면 그의 행동이 다른 사람을 상처주기 때문에

E. 사적 논리(아동이 생각하고 있는 것)
- 다른 사람들은 나를 좋아하지 않아. 인생은 정말 불공평해. 그러나 나는 이들에게 보여줄 거야. 나는 이들을 해칠 수 있어.

F. 변화가 없다면
- 어떤 잘못된 행동이 예견되는가?
  B에 기술한 행동문제가 계속되나, 그 행동들은 다른 사람들을 해치는 방식을 더 강화시키고, 점차 더 혐오받는 방식을 찾을 것이다.
- 아동은 당신에게 무엇을 기대하는가?
  –공부습관에 대한 잔소리 증가
  –그를 믿지 않음, 그를 먼저 책망
  –부모 호출
  –교장실로 자주 불려감

주: *비평가적일 것. 활동과 관계에 만족하는 데 초점을 둘 것.

〈샘플서식 6-3〉 (계속)

**예방적 중재활동***

| A. 언어적 격려 | | B. 비언어적 격려 | |
|---|---|---|---|
| • 나는 할 수 있다. | • 언제 | • 나는 할 수 있다. | • 언제 |
| -톰이 나의 반 아이임을 반긴다는 것을 알게 한다. | 첫날, 그리고 주기적으로 | -학급회의를 통하여 톰을 소개하고, 그의 관심사항 등을 말하도록 한다. | 첫날 |
| -톰의 도움에 감사함을 표현한다. | 톰이 도울 때마다 | -신문을 수집하도록 돕는다. | 첫날과 주기적으로 |
| -개인협의회를 하면서, 다른 사람에게 그렇게 훌륭하게 보이는 동생이 있다는 것이 톰에게 힘들게 여겨질 것이 분명하지만, 나의 교실에서는 톰이 우리에게 얼마나 진정으로 도움이 되고 능력 있는가를 보여주기 때문에 문제되지 않는다는 점을 알게 한다. | 필요할 때, 낙심을 계속 보일 때 | -미소짓는다. | 매일 아침 주기적으로 |
| | | -교실에서 톰의 도움에 대한 긍정적 관찰을 나타내는 기록을 집으로 보내고 부모의 격려를 부탁한다. | 첫날, 주기적으로 |
| | | -성적이 학급 수준에 오르지 않으면 교과 외 또는 개인적인 교과과제를 내준다. | 필요할 때 |
| -미소와 유쾌한 말로 인사하고 어제 이후 무슨 일이 있었는지 묻는다. | 매일 | -다른 사람의 일이나 과제를 자기 힘으로 돕도록 한다. | 주기적으로, 특히 낙담해 있을 때 |

주: *비평가적일 것. 활동과 관계에 만족하는 데 초점을 둘 것.

〈서식 6-3〉 (계속)

| 교정적 중재활동** | |
|---|---|
| A. 자연적 결과<br>톰의 경우, 논리적 결과가 유일한 대안일 것 같다. | B. 논리적 결과<br>우리 학급에서, 우리는 예의나 존중감이 없는 요청을 듣지 않는다. 우리는 아무런 코멘트 없이 이를 무시한다.<br>• 지속적으로 파괴적 행동을 하면 '타임아웃 테이블'로 보내고, 집단에 다시 합류할 준비가 될 때 돌아오게 한다.<br>• 휴식 전에 과제를 완수해야 한다. 또는 다른 사람이 노는 동안에도 과제를 끝내야 함께 놀 수 있다.<br>• 싸움이 있을 때는 다른 사람과 놀 수 없다. 그러나 즐거움을 줄 준비가 되면 우리와 함께할 수 있다.<br>• 깨뜨리거나 훔친 물건은 보상해야 한다. 또는 다음에 그 물건에 접근할 수 없다. |

주: **기억하라. "예기치 않은 것을 행하라, 말로 하지 마라, 충동적으로 행동하지 마라, 통제하려는 생각을 버려라." 결과는 토의 후 동의한 규칙이어야 한다. 처벌과는 달리, 논리적 · 자연적 결과는 논리적이고, 질서를 증진하고, 개인과 집단의 권리를 존중하고, 본질적으로 비처벌적이다. 이는 최종 통고가 아니라 대안적인 선택이 포함됨을 유의하라. 우호, 엄격, 일관성, 긍정을 유지하라.

# 제7장 | 생활양식평가: 무의식의 이해

자료수집

자료의 원천

요 약

면접자의 생활양식 검사지

연구문제

활 동

# 제 7 장
# 생활양식평가: 무의식의 이해

아들러는 "……사고, 감정, 행위에 있어서, 소위 의식과 무의식에 있어서, 성격의 모든 표현에 있어서(자기일관된) 통합체를 개인의 생활양식이라고 부른다."라고 정의하고 있다(Ansbacher & Ansbacher, 1967, p. 175). 생활양식 분석이나 평가는 개인이 자신의 인생과제에 접근하거나 회피하는 데 사용하는 태도, 신념, 확신을 표현하려는 노력이다. 이 장에서 생활양식평가의 방법과 기법에 대해 포괄적으로 소개하지는 못할지라도 개관해 보는 것은 그것의 타당성과 유용성을 이해하는 과정의 시작이라는 측면에서 적절하면서도 충분하다.

생활양식평가의 유용성과 신뢰성을 타당화하는 최상의 방법은 평가의 주체로서 개인의 경험을 통해서다. 당신은 상담자의 도움하에 자신의 지각을 더 많이 알게 될 수 있다. 동료, 의미 있는 타인, 유사한 관계에 있는 사람들과 자신의 경험이나 기대에 있어 진정한 부조화에 직면해 보는 것은 훨씬 더 많은 것을 드러낸다. 적절하게 수행된다면, 생활양식평가는 개인에게 도전적인 관계들에서 불편함의 원천을 드러낼 것이다. 그것들은 개인의 사적인 신념, 가치, 기대의 한 부분이다. 이 장의 뒤따르는 절들은 생활양식평가에서 사용되는 원리와 방법들을 소개하고, 후속 장들에서는 상담에서 활용을 예시한다.

## 자료수집

숙련된 상담자는 개인에게 그러한 행동을 유용하게 만든 동기를 이해하는 수단으로서 행동관찰을 배운다. 초보상담자들은 이 장에서 개관된 것과 같은 형식적 생활양식평가가 필요한 것인지에 대해 자주 질문할 것이다. 숙련된 상담자는 내담자에 관하여 추측할 수 있는 다양한 자료의 원천을 활용할 것이다. 상담자나 타인들에게 주목받는 외현적 행동뿐만 아니라 사례사, 평가도구, 가족구도, 초기회상들은 모두 유용한 수단들이다. 외현적 행동의 경우, 아동의 잘못된 행동목표를 지닌 징후행동은 다른 아동들에 대한 연구에서 얻은 지식에 근거하여 현명한 추측을 가능하게 한다. 마찬가지로, 다양한 약물남용 프로그램에 참가한 청소년과 성인들은 유용성에 있어서 유사한 목적을 지니는 부정행동을 나타낸다. 그러한 집단들을 연구하는 것 자체가 규범적 자료와 인상의 원천이다.

아들러는 '신경증 문제'(1929/1964)에서 타인의 생활양식 징후를 발견하는 많은 방식이 있다고 기술하였다. 그의 초기 관찰들 중에는 기관 문제(organic problem)를 통해 드러나는 것들이 있었다. 최근 스트레스 연구에서 제안된 것으로, 개인들은 그들의 대처기능으로 독특한 생리적 반응들을 가지고 유사한 스트레스 상황에 반응하는 경향이 있다는 것이다. 몇몇 개인들이 한 상황을 '견딜 수' 없다고 말할 때는 문자 그대로를 의미한다. 위궤양, 담낭질환, 구토증, 다른 증상들이 결과로 나타난다.

다음의 경우들에는 광범위한 생활양식 정보가 일반적으로 필요하지 않다.

- 개인이 자신의 문제해결 능력 안에 있는 상황적 문제를 가지고 도움을 청하고 있다.
- 아동 행동이 명백하게 고전적인 낙담을 반영하고 있으며, 교정행위가 집이나 교실에서 가능하다.
- 상담자가 관찰과 참여적 경청의 결과로서 제시할 때 생의 중요한 주제나

활동이 명백하게 인식될 수 있다.

- 검사정보, 징후행동, 가족구도, 초기회상, 유사 자료를 서면이나 개인보고 형식으로 이미 상담자가 이용할 수 있다.

## 자료의 원천

생활양식을 평가하는 것이 적절한 것으로 생각될 때 적어도 다음 세 가지 자료의 원천을 고려해야 한다. ① 가족구도 질문지, ② 초기회상, ③ 관찰이 그것이다. 각 경우에 훈련된 상담자는 사례에 따라 가설을 형성하고 검증하고 버리고 수정하거나 확증하도록 준비한다. 질문기법들은 심리적 조사를 수행하는 양식에 따라 다양하다. 숙련된 실천가는 자료의 원천들을 내담자와 나누는 자유로운 대화 속으로 통합할 수 있으며, 체계적으로 유발된 반응에서 공식이 도출된다.

생활양식평가는 개인의 전체적 본질을 강조한다.

생활양식평가는 개인의 전체적 본질을 강조한다. 실제로 모든 행동은 작지만 상호 관련된 부분들의 더 큰 계획이나 게슈탈트의 의미 있는 조각이다. 개인의 의복 선택, 자세, 활동은 배후의 태도나 신념을 드러낸다.

본질적으로 생활양식평가는 실천가에게 개인이 따르는 사적 논리를 드러내는 것을 허용한다. 한편, 사람들은 대부분 타인과의 사회적 삶에서 적절하거나 부적절한 것에 대한 특정 생각을 획득하고 수용한다. 그러한 것에 대한 동의는 상식으로 불릴 수 있다. 타인에 의해 지각된 것으로서 상황이 요구할 수 있는 것을 개인들이 무시하거나 침범하였을 때, 이러한 사람들은 그들의 사적 논리를 따르고 있는 것이다.

사적 논리는 당신이 행하는 것이 당신을 위하여 적절한 행동과정이라고 생각하게 한다. 그것은 당신 생의 최초 경험의 결과이고, 기본적으로 삶, 타인,

당신 자신으로부터 당신이 기대하는 것에 대한 선택적 지각에 의해 강화되기 때문에 이 사적 논리는 도전받지 않으면서 상당히 지속된다. 보이지 않는 지침서처럼, 당신은 당신이 따르는 원리를 인식하지 않으면서 목표, 계획, 행동들을 설계한다.

당신의 무의식적 가정들은 당신이 그것들에 만족하는 한 '자동적'이며, 다른 방식이 있는가조차 묻지 않고 선택하게 한다. 각 개인은 '마치' 자신의 지각이 가능하거나 혹은 올바른 유일한 지각인 것 '처럼' 행동한다.

개인의 생활양식이 6세경에 형성됨에도 불구하고 각 개인이 변화가 유용하다고 생각할 때는 언제든지 변화될 수 있음에 아들러는 주목했다. 실제로 사람들은 대개 기본목표에 있어서 의미 있는 변화를 필요로 하지 않으며, 그들이 경험하는 많은 사회적 맥락에서 타인들의 기대를 조절하기 위해 창의적인 자기지향을 활용하도록 학습하지 않는다.

드레이커스가 특정 행동을 추구하는 숨겨진 이유라고 불렀던 것을 이해하는 것은 내담자가 유용하고 편안한 것으로 보고하는 종류의 이해에 기여한다. 저자는 드레이커스가 "그가 어떤 사람인가(예; 게으르거나 우울한 것과 같은)를 말하라. 그래서 어떻단 말인가? 그가 어떻게 느끼고 있는가를 말하라. 그래서 어떻단 말인가? 그러나 그가 의도하고 있는 것을 말하라. 그의 목표가 무엇인가? 이제 그 사람은 변할 수 있다."라고 말하는 것을 들은 적이 있다. 내담자들은 누군가가 자신들의 논리를 이해해 주고 자신들의 상태를 진실로 공감해 줄 수 있음을 알게 되면 격려받고 있다고 느낀다.

## 가족구도

상담자는 개인이 특정인이 되는 방식, 하나의 지위를 갖게 되는 방식, 중요하게 되는 방식에 관한 개인의 사적 논리를 이해하려고 시도한다. 상담자는 먼저 내담자의 삶의 방식, 타인들의 방식, 그리고 내담자가 자신의 입장을 만드는 방식에 대한 증거를 수집하기 위해 형제자매, 가족을 살핀다. 연령상으로는 가장 가까우면서 내담자와 가장 다른 형제가 내담자의 성격에 가장 큰 영향을 미치고 있음에 드레이커스는 주목했다.

연구와 임상 경험이 이 단순한 규칙을 확증하고 있는 것처럼 보이는데, 한 아이가 좋아하거나 뛰어난 것은 어느 것이든지 다른 아이는 그렇지 않으리라는 것이다. 한 아이가 예술적이라면, 다른 아이는 운동을 좋아한다. 모두가 학교 공부를 잘해야 한다는 기대처럼 가족 가치가 드러난 차이를 약화시킬 때는 예외다. 그럼에도 불구하고 뛰어나고자 선택했던 영역들에서 아이들 간의 차이는 식별될 수 있다. 초기회상은 또 다른 풍부한 자료의 원천이다. 초보자나 생활양식평가를 자주 사용하지 않는 사람에게는 자료수집을 위한 몇몇 구조가 유용하다. 다행히도 당신에게 도움을 줄 도구가 있다.

가족구도 질문지는 개인으로 하여금 6~8세나 그 이전의 지각과 느낌에 대해서 생각하도록 요구한다. 어떤 사람들은 이 과제에 쉽게 반응할 수 있는 반면, 다른 사람들은 어린 시절의 이웃, 좋아했던 집 안 장소, 친구나 좋아했던 장난감, 애완동물이나 아동의 표준적인 경험이 되는 행위들을 회상해 내는 데 도움을 요한다. 사람들은 대부분 자기개방에 매우 흥미를 갖게 되며, 주저함이 없이 초기시절을 회상한다. 많은 사람들은 이것을 매우 즐거운 경험으로 생각한다.

상담자는 가족 내에서 개인의 서열, 다른 가족구성원과의 비교특성, 가족 내에서 상호 작용 형태, 가족 가치, 물리적 · 사회경제적 환경에 대한 적응과 같은 정보들을 발견하는 데 도움이 되는 일련의 질문들을 가지고 이끌어 간다. 다음은 이러한 면접에 자주 활용되는 몇 가지 질문들이다(Dreikurs, 1967).

### A. 출생 서열

지금은 사망한 형제나 그가 알고 있는 유산된 아이를 포함하여 출생 순으로 가족 내 모든 형제자매들을 기록하고, 내담자의 연령과 비교하여 각각의 연령을 플러스 혹은 마이너스로 기록하라. 예를 들면 다음과 같다.

Bob, +2  
Tom, 28(내담자)  
Mary, −2  
여아, −3(사산아)  
Susan, −10

이 예에서 Tom은 가족구도에서 중간 아이다. Susan은 그녀와 가장 가까운 형제보다 6~8세 이상 어리기 때문에 독자의 특성을 지닐 가능성이 높다.

B. 형제자매에 대한 기술 (구체적으로 기술할 것)

1. 당신과 가장 다른 형제는? 어떤 점에서? (경쟁자와 같은)
2. 가장 닮은 형제는? 어떤 점에서? (자기편과 같은)
3. 당신은 어떤 아이였는가?
4. 다른 형제자매들을 기술하시오.

C. 특성 비교

다음 각 특성에 대해 가장 높거나 많다고, 가장 낮거나 적다고 생각되는 형제자매를 지적함으로써 자신과 형제들을 평가하고, 당신이 어느 경우에도 해당되지 않는다면 당신과 가장 유사한 형제를 지적하라.

1. 지능
2. 열심히 공부하기
3. 우수한 학교성적
4. 집안일 돕기
5. 동조적인
6. 반항하는
7. 남을 기쁘게 하는
8. 자신의 길을 가는
9. 유머감
10. 높은 성취기준
11. 가장 버릇없는
12. 가장 벌을 많이 받은

D. 형제관계

1. 누가 누구를 돌보았는가?
2. 누가 누구와 놀았는가?
3. 엄마가 좋아한 형제는? 그리고 아빠가 좋아한 형제는 누구인가?
4. 누가 가장 사이좋게 지냈으며, 누가 가장 많이 싸웠는가?

E. 부 모

1. 부모 연령

2. 부모님은 각각 어떤 사람이었는가?
3. 어느 아이가 아빠를 가장 좋아했는가? 그리고 엄마를 가장 좋아한 형제는 누구인가? 방식은 어떠했는가?
4. 엄마와 아빠의 관계는 어떠했는가?
5. 누가 아이들에 대한 야망이 더 컸는가? 방식은 어떠했는가?
6. 당신과 함께 생활하거나 당신에게 중요한 영향을 미친 다른 사람이 있었는가?

드레이커스(Dreikurs, 1967), 슐만과 모삭(Shulman & Mosak, 1988b)은 이러한 질문들의 중요성을 훨씬 더 구체적으로 논의하였다. 개인의 편향된 지각에 대한 초기 사회적 경험의 영향은 관심의 초점이다. 이러한 초기 지각들에 대한 내담자의 관점을 가지고 상담자는 그 개인에 대한 생생한 묘사를 시작할 수 있다.

## 초기회상

전형적으로, 초기회상은 가족구도에 뒤따르는 면접과정의 한 부분으로 기록된다. 자주 개인들은 상담자가 제안하기 전에도 초기회상을 나누기 시작할 것이다. 기억되는 것은 생활 경험을 이해하고 관리하고 통제하는 데 있어서 개인에게 중요성을 지니기 때문에 매우 선택적으로 수행된다는 것에 아들러 학파들은 주목했다. 구체적인 초기 경험은 대략 8~9세경에 회상된 것들이다.

초기회상은 현재 행동을 이해하는 단서들이다.

중요한 초기회상과 보고 간의 차이가 지적되어야 한다. 많은 사람들은 가족 일상사, 빈번한 상호 작용, 초기 경험의 일반적 기술들을 회상한다. 예를 들면, 여름철에는 일요일 오후마다 가족이 취미로 아이스크림을 만들었다고 한 개인이 보고했다. 더욱 구체적인 사항에 대해서도 그것은 회상과 혼동되지 않는다. 유용한 회상은 더욱 구체적이며, 특정 사건에 집중한다. 흔히 초기회상은 매우 생생하여 명백한 정서반응과 함께 '지금-여기'의 특성을 보이기도 한다. 예를 들면 이 내담자는 다음과 같이 이야기를 계속하였다.

> 어느 일요일 오후로 기억되는데, 밖은 매우 쾌청하였고 나이 든 형제들은 아이스크림 만드는 것을 무시하고 뛰어놀고 있었다. 나는 아이스크림을 만들기로 결심하고 핸들을 움직이기 시작했다. 내가 그 일을 끝냈음을 아무도 알아차리지 못했다. 그들은 아이스크림을 즐겼고 나도 즐겼다. 나는 진실로 내 자신에게 기쁨을 느꼈으며, 그 후로 특히 아이스크림을 좋아하게 됐다(웃음).

이 예에서 가족 중 아무도 그녀가 아이스크림으로 도움을 준 것을 기억하지 못할 수 있다. 사실 그 일이 일어나지 않았을 수도 있다. 중요한 것은 그것이 일어났던 것으로 그녀가 기억하고 있다는 사실이다. 상담자는 이 회상에서 그녀가 다음과 같이 믿고 있다고 가설을 세울 수 있다.

> 누가 제공하느냐에 대해서 다른 사람들이 알든지 모르든지 간에, 하나의 일이 끝맺어지는 것을 보는 것은 생의 가장 큰 만족 중 하나다. 다른 사람들이 자신들의 책임을 게을리할 때 나는 그 일을 끝낼 수 있다는 확신을 가질 수 있다. 나는 다른 사람들을 즐겁게 하는 데 공헌할 수 있음을 즐길 수 있고 또한 즐긴다.

마찬가지로, 구체적인 아동시절의 꿈은 초기회상들처럼 다루어질 수 있다. 그러나 되풀이되는 꿈이 자주 두드러지게 나타남에도 불구하고 초기회상이라기보다는 보고사항으로 간주된다.

그 과정을 시작하기 위해 하는 질문은 특별히 중요할 수 있다(예; 당신의 최초 기억은 무엇입니까?). 저자의 경험에 의하면, 최초 기억이 쉽게 회상될 때, 생을 통한 개인의 활동에 근본적인 주제나 신념 패턴을 포함하는 경향이 있다. 그러나 이것은 뒤따르는 회상의 내용과 정서에 주목함으로써 확인되거나 부정될 수 있다.

특히 내담자가 가족 내에 중요한 사건(예; 출생이나 사망, 이사, 가족 내 타인의 유입)이 일어났을 때 비로소 회상이 시작된다면, 회상 시의 대략적인 연령을 기록해 두는 것은 도움이 될 수 있다.

최초 기억이 가장 먼저 회상되든지 그렇지 않든지 간에 주제나 패턴들은 일련의 회상들 속에서 스스로 드러난다. 어떤 사람들은 몇 개의 기억만을 회상할 수 있지만 대부분의 사람들은 6~10개나 그 이상의 기억들을 쉽게 회상할 수 있다.

아들러 학파의 몇몇 학자들은 개인에게 가족구도와 초기회상 질문지에 답을 써서 반응하도록 한다. 그때는 쓰인 반응들을 구체적으로 설명하기 위해 면접을 활용한 보완이 이루어진다.

회상들을 활용하기 위해서는 아들러 개인심리학의 이해와 이 장의 범위를 넘어서는 더 구체적인 설명이 필요하다. 상담자가 개인을 이해하기 위해 고려할 수 있는 몇몇 활동과 질문들이 아래에 제시되어 있다. 이 부분은 면접 후에 상담자가 듣고, 명백히 하고, 그 사람과 함께 나눈 진술들을 가능하면 정확하게 기록하는 동안에 완성된다.

이러한 회상들 속에서는:

개인이 능동적인가, 수동적인가?
관찰자인가, 참여자인가?
주고 있는가, 받고 있는가?
전진하는가, 후퇴하는가?
주위 환경과 관련하여 신체적 자세는 무엇인가?
혼자인가, 같이 있는가?
사람, 사물, 아이디어에 관심이 있는가?
내담자가 자신을 타인들과 어떤 관계 속에 위치시키는가? 열등한가, 우월한가?
어떤 정서를 활용하는가?
사건이나 결과에 대해 어떤 감정적 색조가 작용하는가?
구체적이며, 색깔이 언급되는가?
권위, 종속, 남자, 여자, 노인, 젊은이 등과 같은 고정관념(stereotype)이

드러나는가?

사건의 본질을 포착하는 '표제어'를 준비하라(예를 들면, 아이스크림에 대한 회상과 관련하여: 소녀가 일을 완성하다.).

주제와 전반적인 형태를 찾아라.

가족구도 정보에서 증거를 찾아라.

저자가 알기로, 생활양식 과정을 표준화한 단일의, 보편적으로 정립된 질문이나 절차는 존재하지 않는다. 대다수 실천가들은 개인을 돕는 데 필요한 정보를 얻어 내는 수단으로 자신들의 경험을 변형시키거나 다른 방식으로 활용한다. 다음은 저자가 내담자의 정보와 임시적인 해석을 조직하는 데 사용하는 주제들에 대한 개관이다.

- 개인특성: 가족 구도 및 속성
- 성인과 성 모델
- 가족 · 문화 가치
- 초기회상
- 생활신조
- 인생과제에 대한 접근: 일, 우정, 사랑, 자기, 영성
- 편안함의 영역: 기대가 충족될 때와 되지 않을 때

많은 경우에 정교한 보고가 필요한 것이 아니고, 관찰의 개관과 생활양식 자료에서 도출되는 자기독백 신념에 대한 가설적 진술이 필요하다. 일반적으로 요약의 과정은 다음과 같은 진술이 된다(Shulman & Mosak, 1988a, 1988b).

A. 나는 ……이다

1. 자아개념: 내 생각에 나는 어떤 사람이고, 무엇을 하고, 무엇을 좋아하고…….
   a. 예를 들면, 나는 본래 점잖다.
      나는 키가 작다.

나는 정직하다.

b. 이들은 객관적으로 진실이 아닐 수 있다(예; 매우 키가 작은 사람이 작지 않다고 느낄 수 있는 반면, 키 큰 사람이 작다고 느낄 수 있다). 이해되어야 할 것은 그 사람의 주관적 평가다.

c. 특히 평정이나 회상에서, 명백하지만 말해지지 않은 수식어들을 들어라(예; 나는 오직 여자일 따름이다. 나는 정직해야 한다. 나는 매우 키가 작다).

2. 자기이상: 내가 원하는 것, 되어야 하는 것, 나의 위치를 차지하기 위해 해야 하는 것

   a. 예를 들면, 나는 부자가 되고 싶다.
   나는 관대해야 한다.
   나는 열심히 일해야 한다.
   나는 진정한 남자(여자)가 되어야 한다.

   b. 가족과 문화적 가치와 집안 분위기는 자기이상에 영향을 주는 것으로 볼 수 있다(예; 당신은 앞서기 위해 훌륭한 교육을 받아야 하고, 승리하기 위해 항상 일하고, 사랑은 모든 것을 치료하고, 남자가 여자보다 더 중요하고, 검은 것이 아름답다).

## B. 다른 사람들은……이다

1. 보편적: 사람들은 일반적으로 친절하고 의존할 만하며, 신뢰할 만하다.
2. 구체적: 여자들은 훌륭한 하인이다, 남자는 강하다, 아동에게 행동으로 보여주어야지 말로 해서는 안 된다.

## C. 인 생

1. 보편적: 인생은 위험으로 가득 차 있으며, '대단히 큰 서커스'이며, 맞닥뜨려야 할 도전이다.
2. 구체적: 사태는 정확히 보이는 그대로이고, 자연은 나와 같이 허약한 사람에게 매우 관대하지 못하며, 매일 매일은 나에게 새로운 기회다.

나, 타인, 인생에 대한 생각의 조합으로부터 추론할 수 있다(예; "그러므로 나는 ……").

> 나는 아동이지만 내가 원하는 것을 할 수 있다.
> 성인들(권위를 가진 사람들)은 아동들에 대해서 불공평한 이점을 지닌다.
> 인생은 오직 강자만이 생존하는 일상적 투쟁이다.
> 그러므로 나는 성인들에게 그들이 나를 이길 수 없음을 보여주지 않으면 안 된다.

대처방법은 '그러므로 나는' 이라는 신념 진술에 의해 드러난다. 이것은 관찰자에게 그 개인의 구체적 행동(예; 말대꾸하거나 공공연하게 반항하는)을 예언하는 것을 허락하지는 않는다. 각 생활양식에 대해서 존재 가능한 행동의 수는 무한하다. 한 개인은 중요하다고 판단되는 몇몇 긍정적 속성이나 능력에서 권위자들을 능가함으로써 그들을 '이길' 수도 있다. 다른 사람은 권위자들의 비일관성에 근거하여 도전하고, 그들이 얼마나 불공평한가를 세상에 알리도록 돕는 방법을 선택할지도 모른다. 후자에 속하는 개인들 중 몇몇은 인권운동가가 될 수 있는 반면에 다른 사람들은 극단주의 정당구성원이 될 수도 있다.

한 개인의 행동을 변화시킨다는 것이 생활 신념의 변화를 요구하지는 않는다. 사실 개인들은 벌과 보상뿐만 아니라 자연적 · 논리적 결과를 경험할 때 행동을 변화시킨다. 아들러 학파들은 새롭고 낯설거나 스트레스 받는 상황에서 알려진 단서가 없을 때, 개인들은 최초의 신념으로 돌아간다고 믿는다.

## 관 찰

마이어스(Myers, 1989)는 '어른 아이' 라는 관점에서 나이 든 사람들의 성격 변화를 논하였다. 그녀는 생애 기억들을 공유하려는(예; 아동 초기, 생의 도전, 열망, 실망에 대한 회상과 같은) 나이 든 사람들의 보편적 성향이 그들을 참여시키고 격려하는 기회가 된다는 낙관론에 주목했다. 노인상담자들은 또한 개인들이 나이가 들어감에 따라 더욱 자기 자신에 동화되는 경향이 있음에(예; 그들은 특정 방식으로 다른 사람들과 훨씬 더 다르다) 주목했다. 아들러 학파는 비록 개인의 행동이 변하기는 하지만 오리엔테이션(생을 통한 특정한 활동방식)은 특별한 상황을 제외하고는 변하지 않는다는 신념을 확증하는 데 그러한 관찰들이 더욱 기여한다고 믿는다.

개인들이 노년이나 죽음을 접하게 될 때, 그들은 새롭고 스트레스를 주는 과제에 직면한다. 그들의 기본 생활 경험과 신념들에 대한 검토는 아들러 학파의 관점에서 보면 노년이나 죽음에 대처하는 데 따르는 과정 같은 것이 있는 것처럼 보인다(Sweeney & Myers, 1986; Sweeney, in press).

이러한 검토는 한 개인이 절대적인 방식으로 자신의 생활양식에 의해 '결정된다' 고 제안하는 것은 아니다. 아들러 상담자들은 비록 사람들이 자신들의 신념을 만드는 것임에도 불구하고 새로운 자료를 접할 때 그것을 유지하려는 경향이 있으며, 실제로 그 신념들이 항상 정확하다는 것을 확증하는 기대를 하고 있음을 관찰했다. 그러므로 아들러 상담자는 사람들의 변화를 심리치료의 결과로나(오직 그것이 개인들을 더 좋게 했을 때만) 특별히 중요한 사건이나 기관 외상(organic trauma)에 의한 것으로 보았기 때문에 '약한 결정론자'(soft determinants)로 언급된다. 보편적으로 아들러 상담자는 생활양식 그 자체가 변한다고 보지 않는다.

생활양식이 변화한 것으로 보고된 경우에 사람들은 초기시절에 대해서 다른 지각을 하는 것으로 관찰되며, 심지어는 초기회상들이 변화되거나 잊힌다(즉, 그들은 유사한 사건에 대해 새로운 해석을 하거나 '새로운' 사건들을 회상한다.)

개인의 생활양식은 만약 …… 않는 한 변하지 않는다.

생활양식 분석은 가족관계와 회상을 포함하는 개인의 생활지각에 대한 광범한 검토나 생을 통한 개인의 특징적인 활동을 드러내는 데 도움을 주는 덜 광범한 탐색을 포함할 수 있다. 활동과 동기가 강조된다. 한 개인이 어떻게, 어떤 목표를 향하여 활동하고 있는가를 발견하는 것이 상담자의 목표다. 한 개인이 자신의 행동이나 동기의 변화를 선택하느냐 하지 않느냐는 명백히 내담자의 책임이다.

면접자의 생활양식 검사지가 이 장의 뒤에 제시될 것이다. 또한 생활양식 자료에 대한 다양한 응용이 상담에서 이 방법에 대한 예증으로서 제8, 9, 10장에서 제시될 것이다. 생활양식평가의 기초와 응용에 대한 독자의 더 깊은 이해를 돕기 위해 제8장에서는 그녀의 전남편인 아버지와 함께 살기로 한 아들의 결정을 다루는 한 부인과의 면접에서 나온 생활양식 상담회기 축어록을 제시하였다.

## 요 약

이 장은 아들러 상담과 심리치료에서 활용되는 생활양식평가에 대한 개관을 제공하고 있다. 이 방법에 대하여 훨씬 더 많은 것이 논의되어야 하지만, 개인들이 다른 사람들 사이에서 중요한 위치를 차지하기 위해 노력할 때 모든 행동이 그 개인들에게 유용하다는 원리에서 이 방법이 어떻게 파생되었는지를 독자는 이해해야 한다. 개인의 생활양식을 통하여 행동에 목적이 있으며, 상호 관련한다는 지식과 함께 다른 사람의 사적 논리를 발견하는 것은 전체와 관련하여 구체적 행동의 중요성에 대한 추측이나 가설 설정의 문제가 된다. 이 과정을 통하여 당신은 다른 사람들에게 그들 자신과 다른 사람들 모두에게 유익한 방향으로 그들의 행동이나 동기를 이해하고 변화시키는 데 소규모 또는 대규모 방식으로 도움을 줄 수 있다. 투사적 기법과 그 활용에 미숙한 사람들은 이 기법들에 대한 경험과 연습을 지도받을 필요가 있다. 잘 개발된 통찰능력이 필요함에도 불구하고 그러한 능력은 인간행동에 대한 지식, 경험, 이 방법에 대한 실습 위에서 형성된다.

# 면접자의 생활양식 검사지

## 가족구도

당신의 형제 중 가장 연장자부터 시작하여 이름, 연령, 그리고 당신 나이보다 몇 살 더 많은지(+) 적은지(−)를 표기하라. 그리고 그 다음 연장인 형제순으로 표기하라. 당신이 알고 있다면, 사망한 형제나 유산의 경우도 포함시켜라. 당신을 포함하여 출생순으로 모든 형제들을 기록하라.

| | 이 름 | 연령( + 또는 − ) | 설 명 |
|---|---|---|---|
| 형제: | 1.(맏이)________ | ________ | ________ |
| | 2. ________ | ________ | ________ |
| | 3. ________ | ________ | ________ |
| | 4. ________ | ________ | ________ |
| | 5. ________ | ________ | ________ |
| | 6. ________ | ________ | ________ |

다음 질문들에 당신이 3~8세 아동이었을 때 어떻게 반응했을 것인가를 전제로 답하라. 이것은 매우 중요하며, 당신이 어디에 살았고, 어렸을 때 누구와 함께 놀았는가 등에 대해 다소 이완한 상태에서 생각할 필요가 있다. 이러한 것들을 더욱 생생하고 쉽게 회상하는 데 도움이 된다면 잠깐 눈을 감아라.

### A. 형제에 대한 기술

1. 당신과 가장 다른 형제는? __________ 어떤 점에서? __________

______________________________

______________________________

2. 당신과 가장 닮은 형제는? ______________ 어떤 점에서 ? ____________

______________________________________________________________

______________________________________________________________

3. 당신은 어떤 아동이었는가? ____________________________________

______________________________________________________________

______________________________________________________________

4. 다른 형제들 기술하기:

형제 1. (맏이) ______________________________________________

형제 2. ____________________________________________________

형제 3. ____________________________________________________

형제 4. ____________________________________________________

형제 5. ____________________________________________________

형제 6. ____________________________________________________

B. 특성의 평정

각 특성에 대해 최고라고 평가하는 형제(당신 자신을 포함하여)의 이름을 써라. 그러고 나서 각 특성에 최저라고 판단하는 형제의 이름을 써라. 만일 당신이 한 특성에서 어느 극단에도 속하지 않는다면, 가운데 칸에 당신과 가장 유사한 형제를 향하여 화살표를 하라. 만일 당신이 독자라면 각 특성에 대해서 다른 아이들과 비교하여 어떻게 평정하겠는가?

| | 최고 형제 | 나 | 최저 형제 |
|---|---|---|---|
| 1. 지능 | ________ | ________ | ________ |
| 2. 열심히 공부하기 | ________ | ________ | ________ |
| 3. 높은 학업성취 | ________ | ________ | ________ |
| 4. 집안일 돕기 | ________ | ________ | ________ |
| 5. 동조성 | ________ | ________ | ________ |
| 6. 반항성 | ________ | ________ | ________ |

| | | | |
|---|---|---|---|
| 7. 남을 기쁘게 하기 | ___ | ___ | ___ |
| 8. 남을 비판하기 | ___ | ___ | ___ |
| 9. 사려성 | ___ | ___ | ___ |
| 10. 이기주의 | ___ | ___ | ___ |
| 11. 자신의 길 가기 | ___ | ___ | ___ |
| 12. 예민한-쉽게 상처받는 | ___ | ___ | ___ |
| 13. 떼쓰기 | ___ | ___ | ___ |
| 14. 유머감 | ___ | ___ | ___ |
| 15. 이상주의 | ___ | ___ | ___ |
| 16. 물질주의 | ___ | ___ | ___ |
| 17. 높은 표준 | ___ | ___ | ___ |
| a. 성취 | ___ | ___ | ___ |
| b. 행동 | ___ | ___ | ___ |
| c. 도덕 | ___ | ___ | ___ |
| 18. 운동을 좋아하는 | ___ | ___ | ___ |
| 19. 힘이 센 | ___ | ___ | ___ |
| 20. 키가 큰 | ___ | ___ | ___ |
| 21. 잘생긴 | ___ | ___ | ___ |
| 22. 가장 남성적인 | ___ | ___ | ___ |
| 23. 가장 여성적인 | ___ | ___ | ___ |

24. 여성의 경우, 월경이 시작된 때, 남성의 경우, 첫 사정이나 몽정을 시작한 때를 써라. 누가 이러한 현상들을 설명해 주었으며, 그것들에 대해 어떻게 느꼈는가 등등. 자신의 성에 대한 수용, 남성에 대한 태도, 여성에 대한 태도 등은 이러한 사건들과 연합된 태도와 관련하여 더 잘 이해될 수 있다.

______________________________

______________________________

25. 누가 가장 버릇이 없었는가, 누구에게, 어떻게, 왜? ______________

______________________________

______________________________

26. 누가 가장 벌을 많이 받았는가, 누구에 의해, 어떻게, 왜? ______________

____________________________________________

____________________________________________

27. 누가 가장 좋은 친구들을 가졌나? ________________ 어떤 종류의 관계였는가—지도적, 배타적, 사교적이었는가? ____________________________

____________________________________________

C. 형제들 간 상호 관계

1. 누가 누구를 돌보았는가? ____________________________________

____________________________________________

2. 누가 누구와 놀았는가? ______________________________________

____________________________________________

3. 누가 누구와 가장 사이좋게 지냈는가? __________________________

____________________________________________

4. 어느 두 형제가 가장 많이 싸우고 논쟁했는가? ____________________

____________________________________________

5. 아버지가 좋아한 형제는? ____________________________________

____________________________________________

6. 어머니가 좋아한 형제는? ____________________________________

____________________________________________

D. 부모에 대한 기술

1. 당신 출생 시 아버지 연령은? _______________ 어머니는? _______________

2. 아버지는 어떤 사람인가? ____________________________________

____________________________________________

____________________________________________

직업은? ____________________________________________

3. 어머니는 어떤 사람인가? ____________________________________

______________________________________________

______________________________________________

직업은? ______________________________________

4. 아버지와 가장 닮은 형제는? ______________________

어떤 점에서? ______________________________

5. 어머니와 가장 닮은 형제는? ______________________

어떤 점에서? ______________________________

______________________________________________

6. 아버지와 어머니 사이는 어떠했는가? ________________

______________________________________________

______________________________________________

a. 누가 지배적이고 결정을 내렸는가 등등 ______________

______________________________________________

b. 아동양육방법에 대해 서로 일치했는가, 불일치했는가? ________

______________________________________________

c. 공개적으로 싸웠는가? __________ 무슨 일로? __________

______________________________________________

d. 이 싸움에 대해 당신은 어떻게 느꼈는가? 당신은 어느 편에 섰는가? ___

______________________________________________

7. 누가 아이들에 대해 더 많은 야망을 가졌는가? 어떤 방식으로?________

______________________________________________

8. 다른 사람이 가족과 함께 (조부모, 삼촌, 숙모, 동거인 등) 살았는가? 어린 시절에 다른 중요한 사람이 있었는가?

그들은 누구며, 당신과의 관계는 무엇인지 기술하시오.__________

______________________________________________

______________________________________________

## 초기회상

당신은 얼마나 오래 전까지 기억할 수 있는가? 8~9세경까지 그 당시의 행동과 느낌을 포함하여 구체적인 사건들을 가능한 한 많이 회상하여 보고하시오. 당신의 부모나 다른 사람들이 당신에게 말한 내용이 아니라 진실로 회상된 것만을 말하시오. 특별한 아동기 꿈은 초기회상들이다. 반복되는 꿈들은 초기회상으로 간주하지 않는다.

연 령 행동 및 감정 반응을 지닌 사건(축어록)

1. ______ ______________________________

______________________________

______________________________

2. ______ ______________________________

______________________________

______________________________

3. ______ ______________________________

______________________________

______________________________

4. ______ ______________________________

______________________________

______________________________

5. ______ ______________________________

______________________________

______________________________

6. ______ ______________________________

______________________________

______________________________

## 연구문제

**지시:** 다음 질문에 답하시오.

1. 가족구도는 무엇을 의미하는가?

2. 초기회상과 보고는 어떻게 구별되는가?

3. 당신이 면접자 생활양식 검사지의 특성 부분을 끝마쳤을 때, 동일 가족구도에서 중간 아이나 막내와 비교해서 맏이는 어떻게 반응할 것인가?

4. 자신의 연령을 중심으로 5세 이내에 있는 형제를 가진 친구나 아는 사람에게 자신과 각 형제들에 대해 이야기해 주도록 요청하라. 그들의 연령차, 그리고 누가 가장 유사하거나 다른가, 놀거나 싸우는가, 성취하거나 못 했는가 등에 특별한 관심을 기울여라. 7장에서 기술된 것과 같은 반응 패턴들을 관찰할 수 있는가? 경쟁자들이 상대를 능가하거나 다른 영역들에 관심을 갖는 것을 발견할 수 있는가?

## 활 동

제6장에서 행동 이해를 위한 아들러 개인심리학의 여러 개념과 가정들이 연습되었다. 주요한 개념들은 다음과 같다.

- 인간은 사회적으로 타인들을 지향한다.
- 비록 그 행동이 타인에게 수용되지 않을지라도 행동은 목표지향적이다(즉, 개인에게는 유목적적이고 유용하다).
- 개인은 자기결정을 하는 존재다(즉 삶, 자신, 타인에 대한 독특한 사적 논리를 개발한다).
- 정서는 개인이 목표 성취를 위해 활용하는 도구들이다.
- 개인들은 그들에게 유용하다고 지각될 때는 언제든지 행동을 변화시킬 수 있다.
- 사람들이 '잘못 행동할' 때는 언제나 낙담해서 그런 것이다(즉, 첫째는 자기 자신에 대한, 둘째는 그들에게 긍정적인 타인들에 대한 자신감의 결여이다).

이러한 가정을 활용하여, 행동을 이해한다는 것은 동기를 이해하고, 목표를 이해하고, 개인의 의도를 이해함을 의미한다는 것을 알 수 있다. 동기, 목표, 의도는 변화할 수 있다. 따라서 이것은 모든 연령의 사람들을 돕는 방법을 이해하는 데 매우 낙관적이고 격려하는 관점이다. 젊은이들은 더욱 융통성이 있으며, 개방적이고 변화에 수용적인 경향이 있다. 이러한 지식을 활용함으로써 낙담을 예견하고 그에 따르는 잘못된 행동을 실제로 피하도록 도움을 받을 수 있다.

이러한 접근의 또 다른 측면은 개인이 자신의 생애를 이끌어 가는 사적 논리를 어떻게 개발하는가에 관련된다. 확대 가족구성원을 포함한 가족은 생, 타인, 자신에 대한 개인의 생각에 영향을 미친다. 타인에게 가장 많은 영향을 주는 사람은 일반적으로 연령상으로 가장 가깝지만 가장 다른 형제임에 아들러는 주목했다. 당신은 가족 내에서 다섯 순위에 대해 학습했다(첫째, 둘째, 중간, 막내, 독자). 이 연습은 당신 자신과 형제자매들과 관련하여 위의 개념들을 탐색하는 데 도움을 주기 위해 설계되었다. 부모, 가족 가치, 갈등 해결도 개인의 발달에 영향을 미친다. 또한 개인의 초기회상은 개인이 생을 지각하는 방식을 드러내는 데 도움을 준다. 여기서 활용한 자료가 제한적이기는 하지만 형제 영향과 가족 내에서 독특한 존재가 되려는 개인의 욕망에 대한 일반적 개념들을 검증할 수 있다.

I. A. 형제들 목록 작성

내림순으로(자신을 포함하여) 모든 형제자매의 이름을 기록하라. 당신 이름 옆에 연령을 기록하고 각 형제자매들에 대해서 연령차를 + 또는 - 로 표시하시오.

형제 1. (맏이) ______________________________

형제 2. ______________________________

형제 3. ______________________________

형제 4. ______________________________

형제 5. ______________________________

형제 6. ______________________________

B. 형제에 대한 기술

당신이 6~8세 때나 그 이전에 형제자매에 대한 기억들을 기록하시오.

1. 당신과 가장 다른 형제는 누구인가? ______________________________
   어떤 점에서?(만일 당신이 독자라면, 자신을 일반적인 타인들과 비교하라)
   ______________________________
   ______________________________
2. 당신과 가장 닮은 형제는? ______________________________
   어떤 점에서? ______________________________
   ______________________________
   ______________________________
3. 당신은 어떤 아이였는가? ______________________________
   ______________________________
   ______________________________
4. 다른 형제자매들을 기술하시오. ______________________________
   ______________________________

C. 특성의 평정

다음 각 특성에 대해서, '가장 높은', 그리고 '가장 낮은' 것으로 생각되는 형제나 자신의 이름을 ___에 기록하시오. 만일 당신이 '가장 높지도', '가장 낮지도' 않다면 중앙에 이름을 표시하고 당신과 가장 유사한 형제 쪽으로 화살표를 그리시오.

| | 가장 높은 | 가장 유사한 | 가장 낮은 |
|---|---|---|---|
| 예: 슬픈 듯한 | Bob | 나 → | Jane |
| 1. 지능 | ___ | ___ | ___ |
| 2. 열심히 공부하기 | ___ | ___ | ___ |
| 3. 좋은 학교성적 | ___ | ___ | ___ |
| 4. 집안일 돕기 | ___ | ___ | ___ |
| 5. 동조하기 | ___ | ___ | ___ |
| 6. 반항하기 | ___ | ___ | ___ |
| 7. 남을 기쁘게 하기 | ___ | ___ | ___ |
| 8. 비판하기 | ___ | ___ | ___ |
| 9. 사려 깊은 행동 | ___ | ___ | ___ |
| 10. 이기적인 | ___ | ___ | ___ |
| 11. 자신의 길 가기 | ___ | ___ | ___ |
| 12. 예민한-쉽게 상처받는 | ___ | ___ | ___ |
| 13. 명령적인 | ___ | ___ | ___ |
| 14. 떼쓰기 | ___ | ___ | ___ |
| 15. 유머감 | ___ | ___ | ___ |
| 16. 이상주의적인 | ___ | ___ | ___ |
| 17. 물질주의적인 | ___ | ___ | ___ |
| 18. 높은 도덕 기준 | ___ | ___ | ___ |
| 19. 운동을 즐기는 | ___ | ___ | ___ |
| 20. 예술적인 | ___ | ___ | ___ |
| 21. 힘이 센 | ___ | ___ | ___ |

22. 키가 큰 ______ ______ ______
23. 잘생긴 ______ ______ ______
24. 여성적인 ______ ______ ______
25. 남성적인 ______ ______ ______

D. 형제관계

1. 누가 누구를 돌보았는가? ______
2. 누가 누구와 놀았는가? ______
3. 누가 누구와 가장 잘 지냈는가? ______
4. 누가 누구와 가장 많이 싸웠는가? ______

E. 모으기

이전 자료와 당신의 아동 시절에서 회상할 수 있는 어떤 내용이라도 활용하여 당신과 형제들에 대한 특성들을 편집하시오.
주의: 대가족이나 6년 이상 차이가 나는 아동을 가진 가족에서는 한 명 이상의 맏이나 막내, 두 명 이상의 독자를 가질 수 있다(예; 18세인 Bob과 8세인 Mary는 두 명의 독자와 같다). 그러므로 위치를 결정할 때 당신과 6세 이상 차이가 나지 않는 형제들만을 고려하시오.

| 형제 | 특성 편집 |
|---|---|
| 맏이 | ______ |
| | ______ |
| 둘째 | ______ |
| | ______ |
| 중간 | ______ |
| | ______ |
| 막내 | ______ |
| | ______ |

독자(나) ______________________________

______________________________

타인들 ______________________________
(가까운 ______________________________
사촌, 친구) ______________________________

F. 토의

집단으로, 또는 관심 있는 친구와 함께 다음 사항을 토의하시오.

- 아동들 사이에 유사점과 차이점의 형태를 어느 정도 발견했는가?
- 비록 당신과 형제들이 나이가 들었어도 맏이, 막내 등이 책에서 읽은 내용과 어느 정도 유사한가?
- 각자가 상대에게 미친 영향을 드러내는 아동기적 사건을 기억할 수 있는가?
- 당신은 가족 내에서 '명령자', '책임자', '유아', '심판자' 나 그 밖의 역할 담당자이기를 그만두기로 결정했던 시기를 기억할 수 있는가?

G. 결어

이러한 연습의 의미는 모든 사람들이 그들에게 중요한 모든 사회적 상황에서 하나의 자리를 차지하고자 한다는 사실을 드러낼 수 있다는 것이다. 소속감, 안전감, 보호감은 모두 이러한 의도의 표현들이다.

사람들은 소속하기 위해 무엇을 해야 할 것인가에 대한 생각들을 학교와 일터로 가지고 온다. 어떤 사람들은 협동을 기대하고, 다른 사람들은 그렇지 않다. 격려와 다른 구체적인 기법들의 활용을 통하여 상담자들은 모든 사람들이 자기 자신을 더 좋아하도록 배우며, 협동적이고 책임감 있는 사회 구성원이 되는 것을 즐기도록 도움을 줄 수 있다.

# 제8장 | 상담과정의 단계와 순서

아들러식 상담단계

구체적 기법

요 약

생활양식상담회기 축어록

연구문제

# 제 8 장
# 상담과정의 단계와 순서

먼저 생활양식과 행동의 변화를 기초로, 아들러식 상담과 심리치료 간의 차이를 살펴볼 것이다. 아들러 학파는 개인의 생활양식이 전 생애를 통하여 개인의 활동 수준을 촉진시키는 독특하고 무의식적이고 인지적인 '지도' 라는 점에 주목한다. 생활양식은 개인이 자신이 경험한 사건들을 평가하고 다루고 예견할 수 있게 하는 신념의 집합체다. 한 개인의 생활양식 속에는 자신과 타인에 대한 생각과 자신의 기대에 근거가 되는 세계에 대한 생각이 결합되어 있다. 이러한 자기결정 생각들은 개인들이 세계에서 자신의 위치를 정립하는 방향과 움직임의 근원이 된다.

생활양식은 각 개인의 행동 선택의 범주가 된다(다시 말해, 개인의 신념은 다양한 행동을 낳는다). 예를 들어 '오직 진짜 남자만이 삶의 도전들을 견뎌 낼 수 있다.' 라는 믿음은 군인, 등산가, 우주비행사 같은 직업 선택의 결과를 가져올 것이다. 반면에 특히 '나는 단지 평범한 보통사람일 뿐이다.' 라는 생각은 패배한 낙오자, 아내에게 복종하는 남편, 여자 뒤꽁무니나 쫓아다니는 백수가 되게 할지도 모른다. 똑같은 생활양식 안에서도 사회적으로 유용한 행동을 추구할 가능성과 사회적으로 무용한 행동을 추구할 가능성이 동시에 존재한다.

상담과 심리치료를 의도하는 목표에 따라 구별할 수 있다(Dreikurs, 1967). "상담은 현존하는 생활양식 내에서 행동의 변화가 목표가 된다. 반면에 심리치료는 생활양식의 변화를 꾀하고자 한다." 이러한 목표들을 기준으로 상담과 심리치료를 구별하는 것에 대하여 논의의 여지가 있지만, 그 차이점을 검토해 볼 필요가 있다. 태도를 바꾸어 행동이 변한다거나 또는 그 반대의 경우도 가능하다는 점을 인정하더라도 상담자, 교사, 사회사업가나 이와 관련된 지역사회 전문가들은 생활양식을 의미 있게 변화시키기 위해 생활양식을 성공적으로 분석하는 데 필요한 훈련이나 경험 또는 시간을 갖기 힘들 것이다.

태도의 변화가 행동의 변화를 낳는다.

이 장의 후반부와 제11장, 제12장에 설명되어 있지만 행동의 변화를 위해 아들러 상담의 기본적인 방법과 기법들을 성공적으로 사용하는 데에 교육학이나 심리학 전공의 대학원 수준의 훈련은 필요 없다. 상담과 조언의 방법이나 기법들은 전문적인 훈련을 받고 아들러의 개인심리학을 알고 사용하는 실천가들에 의해 여러 차례 검증되어 왔다.

그러나 아들러 상담의 심리치료에서 성공하기 위해서는 동기를 수정해야 한다. 드레이커스(Dreikurs, 1963)는 다음과 같이 말했다.

> 우리는 우선적으로 행동패턴을 변화시키거나 증상의 제거를 시도하지 않는다. 만약 어떤 환자가 그의 기본적인 전제를 변화시키지 않은 채 특정한 경우에 특정한 행동이 도움이 되기 때문에 그의 행동을 개선한다면, 우리는 그것을 성공적인 치료로 받아들이지 않는다. 우리는 목표, 개념, 생각을 변화시키기 위해 노력한다.(p. 1046)

저자는 행동수정과의 이러한 구분이 매우 정당하다는 것을 뒷받침해 주는 여러 경우들을 경험하였다. 이러한 경우의 한 예는 상담과 관련된 직업을 갖고 있는 몇몇 사람들의 생활양식에서 발견되었다. '조력자'가 되고자 하는 개인의 동기는 자기가치감과 사회적 위치의 정당성이라는 개념과 밀접하게 얽혀 있다. 조력자로서 성공적이지 못하거나 자기가 도움을 준 것에 대해 아무런 감사의 표시도 받지 못했을 때 그들은 끊임없이 좌절하고 실망한다. 이때 필요한 것은 행동의 변화가 아니다. 오히려 남을 도와주고자 한 생각이 어떻게 해서 자기패배적이 되어 버렸는지를 알아보기 위해 그들이 왜 남을 도와주고자 했는지 그 이유에 대해 검토해야 한다.

상담을 받고자 하는 개인들은 종종 숨겨진 목표—예를 들어, 그들의 문제는 상담자가 도와줄 수 없으며, 그들이 처한 상황은 희망이 없음을 증명해 보이고자 하는 것과 같은—를 가지고 있다. 상담자를 패배시키는 것은 무의식적으로는 성공의 신호가 된다. 자기존중감을 유지하기 위해 반드시 성공적으로 상담을 해야 한다고 믿고 있는 상담자들은 면접이 시작될 때 이미 불리한 위치에 있다. 상담자가 자신의 동기를 알고 있다면 그는 조력자로서 자신이 갖고 있는 잠재적인 함정을 스스로 예측할 수 있게 된다. 이러한 경우 생활양식 그 자체의 변화가 필수적인 것이 아니라, 상담자를 자신의 잘못된 생각에 직면하게 하여 자신이 한 인간으로서 패배적이거나 부적절하다는 느낌으로부터 자유스러워지도록 도와야 한다.

많은 아이들은 매일 그들의 부모님, 선생님, 그 외 타인들을 기쁘게 하려고 애쓴다. 그들은 '좋은' 아이들이 되려는 노력에 보상을 받는다. 비록 행동의 변화가 필수적인 것은 아닐지라도, 좋은 행동을 하고자 하는 동기는 진지하게 살펴볼 만한 가치가 있다. 완벽함을 추구하는 아이들은 목표를 달성할 수 없어 좌절한다. 자신의 실수를 수용하는 것을 포함해서 단순히 삶에 참여하도록 격려하는 것은, 그러한 아이를 돕기 위한 목표가 될 수 있다.

다른 한편, 행동의 변화는 행동과 태도의 변화에 대한 새로운 대안을 제공할 수 있다. 예를 들어 상담자가 분열성 행동을 보이는 아동의 행동목표에 대해 어느 정도의 지식을 갖고 있다면, 그는 생활양식을 분석하지 않고도 그 아동에게 대안적인 행동을 제시해 줄 수 있다. 이와 비슷하게 기본적인 삶의 목표를 변화시키지 않고도 드레이커스(Dreikurs, 1971)의 문제해결 네 단계를 결혼한 부부간의 문제에 대한 새로운 합의를 이끌어 내는 데에 적용할 수 있다. 그러므로 이 장의 목적과 관련하여, 아들러 학파가 말하는 상담은 개인이 자신의 환경 내에서 자기결정적이고 창조적이며, 책임감 있는 존재로서 더욱 완전히 기능하도록 하기 위해 상황, 태도, 행동의 변화를 격려하는 조력관계에서 이러한 방법과 기법들을 사용한다. 상담에서 사용되는 방법은 심리치료에서 사용되는 방법과 본질적으로 같다. 그러므로 두 용어의 사용은 결과에 따라 구분된다.

## 아들러식 상담단계

아들러식 상담은 지금 당면한 사회적인 문제에 대한 조력을 찾는 개인들과 함께 한다고 가정한다. 조력은 심리치료보다 더 예방적이고 교육적인 성격을 지닌다. 반면에 낙담은 광범위하고 지속적인 영향을 미친다는 점에서 볼 때, 심리치료는 더 교정적이고 치료적인 성격을 지니고 있고, 생애(생활양식)를 통하여 개인의 독특한 목표를 재정향할 필요가 있다. 그러나 조력과 심리치료과정의 중재단계는 비슷하다.

아들러식 상담단계는 다음과 같다. ① 관계 형성, ② 심리적인 탐색, ③ 해석, ④ 재정향이 그것이다. 각각의 단계는 이 접근법의 다른 방법이나 측면들과 관련하여 다른 장에서도 언급되거나 설명되고 있다. 다음에 제시되는 내용들은 개인상담이나 집단상담과정과 구체적으로 관련지어 이 단계들에 대하여 간단히 설명한 것이다. 이 과정에는 아이비(Ivey)의 발달적 상담과 치료(Developmental Counseling Therapy: DCT)의 내용이 통합되어 있는데, 특히 탐색과 해석 단계에서 밀접하게 관련되어 있다(Ivey, 1990).

### 관계 형성

아들러식 상담에서 상담자와 내담자의 관계는 평등하다. 상담자들은 그들의 경험과 지식을 다른 사람들을 돕는 데 적극적으로 사용하면서도 동시에 독립적인 선택을 할 수 있는 개인의 능력과 힘을 존중한다. 그들은 내담자들이 가지고 있던 그릇된 생각들을 버리기만 한다면, 내담자는 오랫동안 겪은 곤경에 대해 만족할 만한 대안을 찾아내는 능력을 갖게 될 것이라고 가정한다. 그러므로 상담자는 내담자에 대하여 진솔하고 소유적이지 않은 관심을 보임으로써 내담자보다 우월하다는 생각을 갖지 않고, 친구와 같은 모습으로 대한다.

만남의 초기에 상담자는 내담자가 도움을 찾게 된 이유에 대해 논의한다. 상담자는 다음과 같이 질문할 수 있다. '만약에 이 문제가 없다면 당신의 삶은 어떻게 달라질까요?' 이 질문을 다음과 같이 바꾸어 할 수도 있다. '당신은 지금 무엇을 하고자 합니까?' 또는 '만약에 문제가 없다면 당신은 지금은 할 수 없는 것 중에서 어떤 것을 하고 있을까요?' 이러한 질문의 의미는 내담자가 문제를 가졌다는 이유로 기본적인 인생과제들을 피하고 있느냐 아니면 피하지 않고 있느냐와 관련 있다.

예를 들어 드레이커스(Dreikurs, 1967)는 내담자 본인이나 심지어 그를 담당하는 의사도 모르는 의학적인 문제를 갖고 있는 내담자의 경우를 살펴보았다. 비의료인은 의술을 시행할 수 있는 자격이 분명히 없다. '만약에 당신의 문제가 없어지거나 해결된다면 당신의 삶에서 무엇이 달라지겠습니까? 또는 당신이 지금은 할 수 없는 것 중에서 무엇을 할 수 있을까요?' 라고 질문할 때, 어떤 사람들은 다음과 같이 간단하게 대답할 것이다. '이 두통이 없어지는 것을 제외하고는 아무것도 없어요.' 또는 '요통이 없어지겠지요.' 아들러식 상담자들은 그런 사람들에게 깊이 있는 상담을 받기 전에 우선 의학적인 진단을 받아보도록 권유하였다. 여러 경우에서 의사들은, 내담자가 첫 검사나 일상적인 건강진단에서 드러나지 않았던 신체적인 문제를 갖고 있었다는 사실을 상담자가 어떻게 알았는가에 대해 놀라워했다. 간단하게 말해, 기본적인 인생과제들이 적절히 충족되면 상담이나 심리치료는 아마 필요하지 않을 것이다.

저자는 언젠가 식욕 때문에 도움을 받고자 했던 한 남자를 보았다. 그는 자기가 쉽게 만족할 줄 모르는 매우 탐욕스러운 식욕을 가지고 있다고 말했다. 그가 몸무게를 적당하게 조절했을 때, 그는 매우 절제하고 음식을 신중히 선택했기 때문이라고 말했다. 한번은 몸무게가 꽤 많이 나갔을 때도 있었는데, 그는 몸무게가 많이 나가는 것이 건강에도 안 좋고 보기에도 안 좋다는 것을 깨닫고 난 후에 이 상황을 극복하였다. 그는 의사에게 검진을 받았으나, 그가 받은 충고는 전문적인 상담을 받아 보라는 것이었다.

그가 스테이크 네 개, 통닭 한 마리, 생선 두 토막, 샐러드, 감자, 빵을 먹고도 만족감을 전혀 느끼지 못했다고 털어놓았을 때 저자는 너무도 놀랐다. 그는 직업이나 대인관계와 관련해서는 어떠한 문제도 갖고 있지 않았다. 그는 곤경에 직면해서도 유머감각을 보여주는 자발적이고 개방된 내담자였다.

심각한 행동에 대해 좀 더 얘기해 보면, 운전 중과 같이 잠을 자서는 안 되는 시간에 자주 조는 내담자가 있었다. 그는 두 명의 의사에게 계속 조언을 받았으나, 이러한 행동이 왜 일어나는지를 알 수 없었다. 좀 더 정확한 의학적인 평가가 필요하다는 것을 확신하고, 나는 환자의 상태를 철저하게 평가할 수 있는 장비가 있는 클리닉이나 병원의 전문의에게 진단받아 볼 것을 권했다. 3일간의 입원과 임상검사 후에 내담자는 발작성 수면이라는 진단을 받았다. 내담자는 의사의 권고를 안심하고 만족스럽게 수용하였다.

또 다른 예로 아이가 부주의로 인해 상처를 입는 것 같아서 걱정이라고 말하는 어머니가 있었다. 부모는 소아과 의사에게 이것이 큰 고민거리라고 말하였다. 과잉보호하는 부모들을 많이 보아 왔기 때문에 의사는 그 부모들을 꾸짖으면서 상담받아 보도록 권유하였다. 저자는 부모와 그 집 아이들을 만나본 후에, 아이들의 부모가 불필요한 과잉보호를 어느 정도 하고 있지만, 취학 전 연령인 두 아이는 대체적으로 행복하고 협조적이라는 것을 알았다.

그 가족이 주차장에 있는 차를 향해 갈 때, 나는 그 아이가 주차장에서 걸어가는 데 어려움을 겪고 있음을 보았다. 처음에 나는 그 아이의 시력에 문제가 있는지 궁금하였다. 나는 부모에게 더 의학적인 조언을 구해 보도록 하였다. 의사가 그 아이를 계속 관찰해 본 결과, 그 아이는 신경학적인 병이 있는 것으로 판명되었다. 드문 병이기는 했지만, 그 질병이 아이의 근육 조절에 해를 미치고 있었다. 그 부모는 아이를 걱정할 만한 충분한 이유가 있었다.

교사와 부모들은 아이들의 시력, 청각, 치아, 음식, 불충분한 휴식 같은 잘 보이지 않는 어려움 때문에 생기는 문제들에도 늘 주의를 기울여야 한다. 초기 아동기 동안의 신체적인 성장 역시 아이들에게 특히 스트레스가 될 수 있다. 아들러 학파는 상담이 아닌 다른 수단으로 더 효과적인 도움을 줄 수 있는 유사한 상황에 대해 주의를 기울인다.

제1장에서 높은 사회적 관심과 낮은 사회적 관심의 차이점(다시 말해, 삶을 통한 활동의 특징적인 차이)에 대한 논의와 그림 설명을 제시했다. 아들러 상담

자는 낮은 사회적 관심을 자기확신과 자기존중감이 부족하다는 증거라고 믿는다. 낮은 사회적 관심의 행동적인 증거는 계속되는 비난, 불평, 변명, 두려움, 무능력 등에서 찾아볼 수 있다.

만약 내담자가 이러한 것들 중 하나 이상을 자신의 책임감 회피 수단으로 사용하고 있다면, 상담자는 상담의 전체 과정에서 격려를 훨씬 더 중요하게 활용해야 할 것이다. 드레이커스는 삶에 대처하기 위해 어떤 사람이 언제 이러한 전략들을 사용하든지 간에 그 사람은 협동하지 않을 준비가 되어 있는 것이라고 지적했다. 만약 상담자가 상담관계의 '여기-지금' 의 측면을 인식하지 못한다면 드레이커스의 지적이 상담과정에서도 똑같이 사실이 될 수 있다.

상담은 공통된 목표를 향한 협동 작업을 요구한다. 아들러 상담자는 상담목표에 대하여 내담자와 합의를 한다. 상담자의 역할에 대한 내담자의 기대가 어떤 것인지를 포함하여, 내담자가 상담을 통해 얻기 원하는 것이 무엇인지에 대한 이해를 확립한다. 아들러 상담자들은 상담과정에 적극적인 참여자가 되려는 경향을 가지고 있으면서도 내담자들이 현실적인 기대를 갖도록 주의를 기울인다. 그들은 내담자의 이익을 위해서 자신의 지식과 기술을 사용할 것임을 내담자들에게 확실히 표명한다. 그러나 성공을 위해서는 내담자에게도 자발성이 요구된다. 그러므로 라포는 상호 존중, 협동, 합의된 목표를 달성하고자 하는 바람 등에 토대를 두고 상담의 전 과정을 통하여 형성하고 유지되어야 한다. 전 상담과정에 걸쳐서 격려는 관계를 형성하고 유지하기 위한 핵심적인 요소다.

## 심리적 탐색

아들러식 상담의 두 번째 단계는 심리적인 탐색과정이다, 이는 현재 나타난 문제의 성격, 상담을 신청하기 전 내담자의 상태에 대한 상담자의 지식, 심리검사와 같은 자료의 이용 가능성, 사례사, 가족 등에 따라 매우 다양할 것이다. 이 단계에서 상담자는 자신의 환경을 이해하고 예측하고 다루는 방식과 관련된 내담자의 의식적·무의식적 생각들을 이해하려고 노력한다. 이 행동은 비판단적인 활동이다. 당신은 내담자가 걸어온 삶의 과정을 언어적 그림 형태로 나타내고 있는 것이다. 내담자는 이 과정의 적극적인 참여자다. 그 과정은 개인의 초상화를 그리는 것과 비슷하지만, 이 초상화는 정적인 것이 아니라는 중요한 차이를 갖고 있다. 삶의 변화의 이러한 측면 때문에 상담자는 심리적 탐색에서 종종 어려움을 겪는다.

사람들은 자신의 사적 논리 속에 똑같은 신념을 갖고 있으면서도, 다른 환경조건에 직면하면 행동이 다르게 반응되기도 한다. 예를 들면, 동일한 사람이 어떤 상황에서는 타인들 앞에서 바보처럼 보일까 걱정하며 부끄러워 움츠리는 행동을 보이지만, 다른 상황에서는 세련된 모습을 나타내기도 한다. 자신의 곤경을 웃어넘길 수 있고 통제할 수 없는 상황에 영향을 받지 않을 수 있는 능력을 습득하는 것은 상담에서 바람직한 목표가 될 수 있다. 상담자가 목표를 향한 움직임(다시 말하면 상황을 통제할 수 있거나 상황에 연루되는 것을 피하게 되는 것)을 이해할 수 있다는 것은 문제의 징후보다는 문제의 근본을 밝혀내기 시작했다는 것을 의미한다.

생활양식평가는 개인의 움직임에 대한 게슈탈트나 통합적인 관점을 획득하는 수단이다. 내담자의 자기노출이나 개인적인 정당화로 사적논리가 밝혀진다. 이때 이해와 존경, 그리고 배려에 기초하여 진실한 라포가 형성된다.

전통적인 아들러식 상담과정에 대한 저자의 개인적인 생각은 아이비(Ivey)의 발달상담(DCT) 평가기법을 아들러식 상담단계들과 적절히 결합하는 것이다. 아이비(Ivey, 1986)는 인지발달기능이라고 부르는 내담자를 평가하는 체계적인 접근법을 만들었다. 그는 스위스의 생태학자이자 심리학자이고, 생물학자인 피아제(Piaget, 1963 /1965)와 피아제의 연구를 아동기 이후의 청년기와 성년기까지 확장한 다른 사람들의 연구에서 이 작업들을 발전시켰다.

아이비(Ivey, 1986)는 그의 기본적인 입장을 다음과 같이 요약하였다.

> DCT의 핵심가정은 어린이든 청년이든 성인이든 간에 잘 알려진 발달단계인 감각운동기, 구체적 조작기, 형식적 조작기, 후형식적(postformal) 조작기를 은유적으로 되풀이해서 반복한다는 것이다. 피아제의 개념은 전 생애에 걸쳐 사용할 수도 있다. 그러나 피아제는 더 높은, 더 복잡한 형태의 사고로 이동하는 것의 중요성을 강조하였다. 반면에 DCT는 다중관점의 사고를 중요시하

> 고, 감각운동기 수준의 세상 경험도 가장 복잡하고 추상적인 수준의 경험만큼 많은 가치가 있을 수 있다고 생각한다. DCT의 기본 가정은 다음과 같다. "더 높은 것이 더 좋은 것은 아니다. 각각의 관점은 다 다르며, 그래서 전체를 명료화한다."(p. 126)

아들러 상담자의 접근과 같이, DCT는 다중문화적인 관점에 매우 적합하다. 각 관점은 내담자의 일차적인 사회학적 집단 내에서의 그들의 정체성을 포함하여 그들의 문화적 가치와 성적인 가치를 확고히 나타낸다. 또한 각 관점은 현재의 행동과 예상되는 미래의 행동을 이해하는 원천으로서 이전 경험에 대해 내담자가 부여하는 의미의 중요성을 강조한다. 전통적인 아들러식 평가에 덧붙여 DCT가 제공하는 것은 내담자의 기능적인 수준에 대한 합치도를 향상시키는 것이다.

다음 설명에서 보듯이, 상담자는 내담자의 기능 수준을 체계적으로 평가하고, 그들과 대화할 때 이것을 고려함으로써 상담의 효과를 높일 수 있다. 간단히 말해서 내담자가 상담자의 언어와 발달 수준을 배우게 하기보다는 상담자가 내담자의 언어와 발달 수준에 맞추려고 세심한 노력을 기울여야 한다. 아이비(Ivey)는 이렇게 된다면 내담자가 상담을 통해 효과를 볼 가능성이 더욱 커진다고 믿었다. 저자는 아이비(Ivey)의 의견에 동의한다. 그리고 이러한 일은 생활양식평가가 적절하게 이루어질 때 가능하다고 믿는다. 그러나 아이비(Ivey)의 전략을 사용함으로써, 특히 아들러 상담 방법을 덜 경험한 임상가들에게서 그러한 개연성이 더 폭넓게 발생할 가능성이 높다. 아이비(Ivey) 접근 방법의 또 다른 공헌은 내담자에게 맞는 수준이 아니라 내담자가 추가적인 대처기술을 경험하는 데에 도움이 되는 수준에 의도적으로 맞춤으로써 내담자가 새로운 기능의 수준을 배우도록 도와주는 것이다.

다음은 DCT 평가의 개념과 단계에 대한 간단한 개요다. 평가를 시행할 때 사용할 수 있는 질문의 종류를 기술하고 있다.

**DCT 평가 전략** 이 과정은 공동해석의 하나이고 생활양식 정보를 수집하는 과정과 비슷하다. 상담자는 내담자 말의 내용과 흐름을 주의 깊게 들어야 한다. 상담자는 내담자가 말하는 경험을 마치 자기가 경험한 것처럼 듣고 보고 느끼려고 해야 한다. 다음 진술들은 각각의 수준에 해당되는 개념들을 나타낸다. 내담자가 자신의 고민거리를 말할 때, 상담자는 내담자의 발달 수준에 맞추어 이야기의 핵심주제를 들어야 한다.

**인지발달 수준**

Ⅰ. 감각운동 수준: 삶을 즉각적인 지금-여기에서 직접적으로 경험한다. 아마 그들은 직접 보고 듣고 느끼는 것에 말려들 것이다.

Ⅱ. 구체적 조작 수준: 사건을 매우 세부적으로 기술한다. "이것이 일어났다. 그리고 이것은……." 관심사는 행위이며 객관적이고, 관찰 가능한 사건이다. 인과적 사고 패턴—만약/그러면—을 만들어 낼 수 있다.

Ⅲ. 형식적 조작 수준: 자신에 대해서, 그리고 자신의 개인적인 생각과 감정의 패턴에 대해서 생각해 보고 싶어 한다. 문제를 멀리서 볼 수 있지만 지금-여기에서 느끼지는 못한다.

Ⅳ. 변증법적 · 체계적 수준: 다양한 관점을 취할 수 있다. 가족과 문화적인 압력이 자신과 자신의 사고과정에 어떻게 영향을 미치는지를 확인할 수 있다. 정서적인 내용은 없을 수도 있다.(Ivey, Ivey, & Simek-Morgan, 1993, pp. 134-135)

**인지적 · 정서적 발달 수준 확인하기** 일련의 연속적인 질문에서 그 첫 단계는 다음과 같이 묻는 것이다. '당신이……에 초점을 맞출 때 당신에게 무슨 일이 일어납니까?' (그때는 주제가 어떤 것이든지 간에 어렵다.) 비록 내담자가 모든 수준에서 기능하도록 배우는 것이 바람직하지만, 대부분의 경우에 그렇게 되지는 못할 것이며, 아이비(Ivey)에 따르면, 상담자가 내담자의 지배적인 수준에 성공적으로 대응할 때 라포는 더 쉽게 만들어지고 유지된다. 덧붙여 말하면 위기 상황이나 스트레스를 받을 때 사람들은 하나 이상의 수준에서 관련시키는 능력의 장애를 경험한다. 실로 위기의 본질에 기여하는 것은 바로 이러한 장애들이다. 결국 내담자가 질문들을 다른 수준에서 탐색하도록 도와줌으로써 장애는 극복될 수 있다.

**DCT 질문 계열**

- 감각운동적 질문: 마음속에 (이슈)와 관련된 하나의 영상을 떠올려 보십시오. 당신은 지금 무엇을 보고 있습니까? 무엇이 들립니까? 무엇이 느껴집니까? 당신의 몸에 그것이 위치하고 있다고 특별히 느껴지는 장소가 있습니까?
- 구체적 질문: 당신이 이런 식으로 느꼈던 또 다른 예를 들어 볼 수 있겠습니까? 무슨 일이 일어났는지 기술해 보십시오.
- 형식적 질문: 이러한 일이 다른 상황에서도 일어나고 있습니까? (또는) 이것은 당신에게 하나의 패턴으로 나타나고 있습니까? 다른 상황에서도 그렇게 느낀 적이 있습니까? 전에도 그렇게 느낀 적이 있습니까?
- 변증법적 · 체계적 · 통합적 질문: 우리가 얘기한 모든 것들을 어떻게 통합하거나 조직할 수 있습니까? 문제에 대한 당신의 생각과 감정들이 가족의 특성 안에서 어떻게 형성되었습니까? 당신은 성 고정관념이나 다중문화적인 이슈가 문제에 대한 당신의 생각이나 감정에 어떻게 영향을 끼친다고 보고 있습니까? 우리는 이것을 다른 사람의 관점에서 또는 다른 참조체계를 사용하여 어떻게 묘사할 수 있을까요?(Ivey et al., 1993, p. 140)

DCT 기법에 대한 설명은 이 장의 끝에 있는 생활양식 상담회기 축어록과 함께 다음 회기에서도 다루어질 것이다. 아이비(Ivey, 1986; Ivey et al., 1993)는 비교문화 관점에 대한 시사점을 포함하여, DCT의 개념과 과정에 대해 더 상세한 설명을 제공하고 있다. 이러한 주제들에 대해 더 넓고 깊은 연구를 함으로써 이러한 주제의 실제적 사용이 촉진될 것이다.

## 해 석

아들러식 상담과정의 세 번째 단계인 해석에는 상담자가 행한 시험적인 추론과 관찰이 포함된다. 내담자가 논의하는 문제에 귀를 기울이고, 가족구도와 초기회상을 탐색하고, 상담장면 안팎에서 내담자의 행동을 관찰함으로써 상담자는 내담자를 기술하는 시험적인 관찰결과를 제공할 수 있고, 내담자가 삶의 과제에 대처하는 데 필요한 시사점을 얻을 수 있을 것이다. 상담자는 제7장에서 제시하였던 형식을 이용하여 이야기의 개요를 준비할 수 있다.

**직관적 추측과 인식 반사행동** 심리적인 노출과정에 대한 아들러식 상담의 공헌은 드레이커스가 내담자의 행동 목적을 조심스럽게 '추측' 하는 것(즉, 그 행동의 가치와 결과처럼 보이는 것을 내담자와 함께 공유하는 것)이라고 불렀던 것을 강조했다는 점이다. 내담자가 저항이나 부인할 거라는 일반적인 기대와는 반대로, 그러한 논의가 적절하게 소개되면 내담자들은 일상보다 더 깊은 수준에서 이해받고 있다는 안도감과 고마움을 느낀다. 이때는 진단이라기보다는 행동 뒤의 동기를 이해하고 설명하고 해석하기 위한 노력이 있다(즉, 목적과 목표는 행동과 연관되어 있다). 인식 반사행동—미소와 웃음, 얼굴표정, 미묘한 언어적 표현을 아는 것—을 심리적 예감의 정확함을 확신하는 데 사용하는데, 이 심리적 예감의 정확성은 내담자의 생활양식 정보, 인간의 동기에 대한 내담자의 지식, 그리고 사람들 사이에서 자신의 위치를 만들고 삶의 과제에 대처하기 위해 개인이 사용하는 내적 대화(사적 논리)에 대한 내담자 자신의 직관적 감각에 기초를 두고 있다. 다음 예에서 묘사되는 것처럼 이 과정은 개인에 대한 더 깊은 수준의 공감에 도달할 수 있도록 도우면서 또한 상담자가 부정확한 가정을 최소화하도록 돕고, 증상에 따라 개인들을 분류할 수 있게 한다.

**해석상의 주의사항** 상담과정의 다음 단계로 나아가기 전에 해석단계에서 필요한 지침이 몇 가지 있다. 해석은 임상적인 관찰과 판단에 기초한 직관적인 과정이다. 아들러 상담의 실천가들은 해석을 할 때 통찰의 패턴과 현재의 문제의 관련성이 명확해질 때까지는, 내담자에게 해가 없어 보이는 통찰 내용을 조심스럽게 노출시킨다. 우유부단함, 판단착오, 역기능적인 행동을 만들어 내는 것은 신념과 현실의 불일치다. 상담자의 통찰을 듣고 이해하는 것은 상담과정의 일부분일 뿐이다.

내담자의 궁극적인 목표는 새로운 통찰을 받아들이고 그것에 맞게 행동하는 것이다. 종종 개인들은 '아하.' 하며 갑자기 깨닫는 경험을 할 것이다. 그리고 나서 곧 '아하.' 경험의 의미는 잊어버리고, 오래된 자기패배 행동을 계속할 것이다. 숙련된 상담자는 이러한 통찰을 정립하여 내담자가 변화를 위한 준비상태로 성공적으로 이동할 수 있도록 한다.

다음은 해석단계에서 주의해야 할 몇 가지 사항이다.

- 분류하는 것을 피하라, 행동의 목적을 탐색하라.
- 내담자가 상담자의 관찰내용을 다듬고 수정하도록 격려하는 것이 꼭 필요하다. 가끔 내담자의 도움 없이는 내담자가 사용한 단어나 어구의 의미를 정확하게 포착할 수 없는 경우도 있다. 또 어떤 경우에는 내담자들은 관찰한 내용이 어떻게 정확하게 적용되는지에 대한 무수한 예를 가지고 관찰내용을 입증해 줄 수도 있다.
- 해석이 잘못될 경우를 준비하라. 내담자가 상담자의 해석내용에 동의하지 않을 권리를 갖고 있다는 점을 존중해야 한다. 특히 객관적인 관찰에 개인의 사적인 편견이 투사되지 않도록 주의를 기울여라(즉, 내담자의 행동에 대한 상담자의 동기를 확인하라).
- 상담관계에서 지금-여기의 행동과 감정을 알아차려라. 면담 중에 표현되는 행동과 감정 역시 생활양식에 대한 자료(즉, 대처방법과 목표지향)를 제공해 준다. 예를 들어, 종종 상담자는 해석 전에 수집된 생활양식의 정보에 기초하여 내담자의 부추김, 분노, 철회를 예측할 수 있다.
- 내담자의 장점을 강조하는 것을 포함하여, 격려하는 분위기를 만드는 것은 상담과정에서 중요한 부분이다.

이 과정에서 내담자가 상담자를 신비로운 '분석가'로 여기려고 하는 분위기를 없애는 것이 중요하다. 상담자는 단지 내담자가 자신과 자신의 감정을 유도하는 허구적인(마치~처럼) 관념을 의식하도록 도와줄 뿐이다. 이 단계에서 문화적인 차이와 성적인 차이점도 마찬가지로 주목할 만하다.

**문화와 성의 고려** 유럽의 중심 문화권 남자들은 사고과정에서 직선적인 경향이 있다. 그들은 성과주의와 업적주의 경향이 있다. 개인의 가치는 산출과 생산성을 통하여 발견된다. 시간은 현명하게 사용해야 하는 일상용품과 같다. 철저한 개인주의와 개인적인 성취가 찬양된다. 영성에 상반되는 종교가 개인적인 가치의 핵심이다. 다른 문화권이나 많은 여성들에게 이러한 것들은 가치 있게 여겨지거나 지향되는 바가 아니다.

가족, 친구, 공동체는 아메리카 원주민이나 아프리카계 미국인, 아시아계 미국인, 그리고 세계의 다른 많은 문화권에서 중요하게 여긴다. 그들은 개인적인 만족이나 이득 대신에 가족이나 공동의 선을 따르는 것을 가장 중요하게 여기며, 그렇게 행동하는 것을 개인적으로 더욱 행복해 하고 더 건전한 것으로 여긴다. 마찬가지로, 여성들은 백인 남자들처럼 생산력이나 선형논리에 기초해서가 아니라, 대인 간의 만족에 기초하여 대인관계의 질을 추구한다.

성과 문화에 대한 고정관념은 피해야 한다. 그러나 일반적인 차이를 알게 됨으로써 사람들은 타인들이 자신의 검토되지 않은 기대에 부응해야 한다고 가정하는 것에 더 민감해진다. 자신의 성과 반대되는 성을 가진 사람들이나 인종적, 문화적으로 자신과 다른 사람들의 가치지향에 대해 판단을 내릴 때는 주의해야 한다. 이것은 상담자가 다수의 성이거나 다수문화권의 사람일 때 특히 중요하다. 제1장에서 아들러는, 자신의 가치와 다른 가치를 가지고 있는 사람을 변화시키고자 도움을 요청하는 사회사업가에게 물었다. "그래서 그가 행복하다고 말하는 것입니까?" 그리고 그녀가 긍정적으로 답했을 때 그는 말했다. "글쎄, 그를 내버려 두는 게 어떨까요?"

**성인** 가족구도 정보와 초기회상은 제7장에서 기술된 것과 같이 사용될 때 상담자가 내담자의 언어적인 초상화를 그려 보는 면접의 형태를 띠게 될 것이다. 이러한 요약은 내담자와 공유한 정보에 기초하여 정리한다. 이러한 방법은 내담자가 자신과 삶과 타인을 바라보는 특징적인 방식을 드러낸다.

상담자는 직업, 우정, 사랑, 자신, 영성 같은 인생과제에 대처하는 데 있어서 자산이 되는 내담자의 신념과 행동에 대해 자신이 관찰한 것을 대략적으로 그릴 수도 있을 것이다. 또한 아들러 상담자는 만약 정확하다면, 내담자의 문제에 원인이 되는 잘못된 자기패배 인식들을 지적할 수도 있다.

생활양식에 대한 더 상세한 정보가 없다면, 상담자는 내담자의 목표를 이해해서 이것을 내담자에게 반영하기 위해 내담자에게 귀를 기울이고 관찰할 것이다. 자료의 출처가 확실하다 해도 상담자는 대개 그 정보를 가설인 것처럼 시험적으로 표현한다.

내담자에게 생활양식을 해석해 주는 것에 덧붙여, 결혼 전 상담과 결혼 상담 모두에서 생활양식의 사용은 매우 효과적이다. 내담자의 마음을 끄는 바로 그 특징들이 나중에 주요 갈등으로 이어지는 경우가 종종 있다. 다음은 이것을 이해하는 데 도움이 될 많한 사례들이다.

### 마리아와 스티브의 사례

상담 초기에 이들은 상대방이 자신의 생활양식을 말하는 동안 서로 상대방을 관찰하였다. 이들에게 각자 상대방에게 특히 끌렸던 특성이나 속성이 무엇이었는지를 물어보았다. 마리아와 스티브의 경우, 그들은 남편 직장과 그들이 사는 곳에 대한 갈등이 있었다. 마리아 역시 직업을 가지고 있음에도 불구하고 남편은 집에 관한 모든 결정이나 책임을 그녀에게 떠넘긴다고 지적하였다. 마리아는 즐거움과 사랑과 애정이 가득한 가정에서 자란 외동딸이었다. 스티브는 많은 시간을 일하고 가족의 복지보다는 승진에 대해서 더 관심이 많은 것처럼 보였다. 그는 엄격한 직업윤리를 강조하는 가정에서 자란 두 남자형제 중 둘째였다. 그의 형은 그보다 두 살 더 많고 지금 고등학교 선생님이며, 성적과 평판이 좋아 큰 노력 없이 사회에 진출할 수 있었다고 기술하였다.

마리아는 스티브가 믿음직스럽고 진지하고 근면하고 야망이 있었기 때문에 호감을 느꼈다. 스티브는 마리아가 자기보다 더 현명하다(즉, 훌륭한 의사결정자이고, 좋은 파트너이고, 착하고 즐겁고 사랑스런 동료)고 생각했기 때문에 마리아에게 끌렸다. 다른 부부들과 다르게 그들의 사랑은 망설임이 없었다. 그러나 그들의 자신감은 스티브의 직장, 이사, 마리아가 좋아하는 이웃 등과 관련한 최근의 사건에 대한 힘겨루기로 인하여 흔들렸다.

이 사례는 아들러 상담자가 해석단계의 일부로서 생활양식 자료와 DCT를 어떻게 사용하는지를 보여줄 수 있을 것이다. 이 사례에서 상담자는 아내인 마리아가 일차적으로 감각운동 인지발달 수준에서 기능하고 있다는 결론을 내리고 그녀의 초기기억을 탐색하였다.

상담자: 마리아, 당신은 혼자였으며, 교회 어린이학교에 가기 위해 당신이 좋아하는 게임을 포기해야 할 때 어떻게 해야 할지 잘 몰랐던 초기 회상을 이야기했어요. 그때를 기억하나요? [마리아: 예.] 지금 그 순간으로 돌아가 생각해 보세요. 지금 거기에 있다고 생각해 보세요. 지금 무엇이 보이나요?

마리아: 음, 파랗고 하얀 예쁜 상자가 하나 있어요. 그것은 천조각으로 덮여 있고, 만지니까 느낌이 좋아요. 나는 정말 그 게임을 많이 하지 않아요. 왜냐하면 선수가 두 명 필요한데, 나를 찾아오는 사람은 거의 없으니까요.

상담자: 어떤 소리가 들립니까? [마리아: 아니요, 아무것도.] 어떤 느낌이 듭니까?

마리아: 나는 슬퍼요. 게임을 계속하고 싶고, 그 놀이를 할 때는 정말 재미있는데……. 그러나 다시 엄마는 내가 교회 어린이학교에 가기를 원해요. [상담자: 또 그 밖에는?] 나는 무엇을 해야 할지 모르겠다는 느낌뿐이에요.

상담자: 당신의 몸 어디에서 이와 같은 감정들을 느끼나요?

마리아: 음, 글쎄요. 재미있는 말이군요. 내 손에서요. 나는 내 손으로 그 게임을 잡고 있으면서 그것을 놓으려고 하지 않아요. 그러나 나의 의식은 그것을 놓아야 한다고 말하는 것처럼 보여요. 재미있는 소리 같지 않아요? 나는 거기에 혼자 앉아 있는 것 같아요. 오…… 아니에요…… Jimmy Cricket도 여기 있어요. 내 어깨에. [상담자: 오, 그래요. 당신은 그를 다른 회상장면에서도 언급했어요. 다른 느낌은 없나요?] 특별한 것은 없어요.

주: 상담자는 구체적인 수준에서 질문을 진행하고 있다. DCT의 구체적인 수준은 그 상황에서 무엇이 언제 일어났는가와 관계된 내담자의 능력을 보여준다. 이 점에 있어서 아이비(Ivey)의 방법에는 내담자가 비슷한 감정을 느낀 다른 시간을 생각할 수 있는지 어떤지를 묻는 것까지 포함된다.

상담자: 좋아요. 내가 질문 하나 할게요. 또 다른 때 그런 느낌을 느꼈는지 궁금하군요. [마리아: 아무 때나요? 아니면 최근에요?] 아무 때건 최근이건 다 좋아요.

마리아: 정말 이상한 일이에요. 나는 얼마 전에 컴퓨터를 하고 있었어요. 스티브는 아직 직장에 있었고 나는 편지를 타이핑하고 있었는데, '나의 손이 굳어지는 것 같았어요.' [상담자: 현재시제로 계속 말해 주세요. 마치 당신이 예전의 그 순간에 있는 것처럼 말이에요.] 예. 나는 잠시 편지 쓰기를 멈추고 손을 문질러요. [상담자: 그것에 대해 좀 더 얘기해 볼까요?] 글쎄요, 나도 잘 모르겠어요. 나는 내 친구와 편지 왕래를 하려고 노력하고 있어요. 그녀는 내가 어떻게 지내는지 보고 싶다고 썼어요. 나는 갑자기 스티브가 여기에 같이 있었으면 하고 바라요. 내 말은, 기분이 좋지 않지만, 왜 그러는지 나도 모르겠어요.

상담자: 그리고 당신은 지금 무엇을 하고 있는 중인가요?

마리아: 나는 여기에 앉아서 이유도 없이 울고 있어요. 나는 이것이 미친 짓이라고 생각해요. 나는 울고 있지만 왜 울고 있는지도 모르겠고, 어떻게 해야 하는지도 모르겠어요.

상담자: 이러한 감정은 당신이 몇 분 전에 느꼈던 감정과 같은 것인가요?

마리아: 예……, 그러나 난 지금도 역시 슬퍼요. [상담자: 음, —그리고?] 나는 누군가가 여기에 나와 함께 있었으면 하고 바라요. 그것이 어리석은 일이라는 것은 알아요. 그러나 나는 마치 어떤 것을 잃어버린 것처럼 철저히 혼자라는 느낌이 들어요.

상담자: 어떤 것을 잃어버린 것처럼?

마리아: (마리아는 고개를 숙이고 계속해서 흐느껴 운다.) 나도 모르겠어요.

상담자: 마리아, 여기에 Jimmy Cricket이 있나요? [마리아: 예.] 그가 지금 뭐라고 말하고 있죠?

마리아: 그는 나를 괴롭히고 있는 것이 무엇인지 내가 알고 있다고 말해요. [상담자: 그리고?] 만약 내가 불행하다면, 불행하기 않기 위해 뭔가를 해야 하는 것은 나에게 달려 있어요. [상담자: 그렇다면 그것이

무엇일까요?] 올바른 것이요. 내 말은, 나와 스티브에게 가장 좋은 느낌이 될 것 말이에요.

주: 여기에서 상담자는 마리아가 이러한 이슈를 형식적 조작의 수준에서 개념적으로 관련시킬 수 있는지, 그리고 그녀가 미래에 대한 통찰을 얻는 데 도움이 되는 경험의 패턴을 식별할 수 있는지를 살펴보기로 한다.

상담자: 이 두 사건 사이에 어떤 유사점이 있나요? 내 말은, 당신이 보기에 그 두 사건들 사이에 어떤 패턴이 있는가를 묻고 있는 거예요.

마리아: 글쎄요. 나는 두 가지 상황에서 어떤 점이 공통적인지 결정을 못 내리겠어요. 나는 '올바른' 것을 해야 한다는 것에 대해 많은 책임감을 느껴요. [상담자: 또 다른 것은?] 음, 그래요. 나는 혼자라는 느낌이 들어요. 나는 누군가가 나를 도와주기를 바라요.

주: 여기에서 상담자는 마리아가 DCT의 변증법적 · 체계적인 수준에서 개념적으로 관련시킬 수 있는지를 알아보려고 한다.

상담자: 당신은 당신을 기분 좋게 하고 또 Jimmy Cricket이 말하기도 한 것을 하려고 할 때 정말로 좋지 않은 느낌, 심지어 죄책감까지 느낄 수도 있겠네요. 안 그래요? [(마리아는 고개를 들고 옅은 미소를 보이며 고개를 끄덕인다.) 예.] 그 느낌이 어디에서 왔다고 생각하나요?

마리아: 엄마인 것 같아요. 엄마는 항상 여자가 해야 할 일은 가족을 위해 옳은 것을 하는 것이라고 말했어요. 엄마는 항상 아빠와 나를 위해서 희생을 했어요. [상담자: 그것이 오늘날의 당신과 어떤 관계가 있지요?] 글쎄요. 나는 엄마와 똑같은 길을 가야 한다고 느끼고 있는 것 같아요.

상담자: 만약에 그렇지 못하게 되면? (마리아는 다시 울기 시작한다.)

마리아: 내 말은, 나는 이기주의적이에요. 나는 좋은 아내와 엄마가 아니에요.

상담자: 그래서 의사결정을 해야 할 때마다 다른 사람들에게 가장 좋은 결

정을 하는 것이 당신의 일, 심지어 '의무' 군요. 비록 그러한 결정이 당신을 불행하게 만들고, 그때마다 당신이 혼자인 것처럼 느낄지라도 말이에요. (마리아는 고개를 끄덕이며 미소를 짓고 눈물을 닦았다.)

주: 상담자는 스티브의 반응을 유도했다.

상담자: 스티브. 마리아는 당신이 바로 지금 어떤 느낌을 갖고 있는지 궁금해 한다는 생각이 드는군요.

스티브: 나는 그녀가 어떻게 느끼는지 몰랐어요. 내 말은, 나는 그녀가 화가 났다는 것은 알았지만 왜 자기가 한 일들로 우는지 전혀 이해할 수 없었어요. 마리아, 나는 당신에게 상처를 주려고 한 게 아니었어요. 단지 나는 어떻게 해야 하는지 몰랐던 거예요.

상담이 계속되는 과정에서 마리아와 스티브는 과거에 종종 스티브가 마리아에게 보여주었던 단순한 안심 이상의 것을 원하는 마리아의 욕구에 관한 느낌과 통찰을 얻었다. 마리아는 거부의 두려움 때문에 욕구를 표현하는 것을 두려워했다. 또 그녀는 자신이 나쁜 배우자이고 나쁜 엄마라는 독특한(비록 비상식적인 것은 아니지만) 신념체계를 표현하는 것을 두려워했다. 스티브의 성공적인 추진력은 그가 형에게서 느꼈던 경쟁심에 대한 보상으로 인식되었다. 마리아와 스티브는 각자 자신의 욕구를 충족시켜 줄 것 같은 동료를 찾았다. 마리아는 타인들이 생각하기에 진정이라고 느끼는 긍정적인 자기존중감에 토대를 두고 자신 있는 모습을 발달시킴으로써 새로운 상황에서 주저하는 것을 보상받았다.

마리아는 자신이 아버지와 어머니 사이에서 경험했던 것 같은 협동적인 배우자를 원했다. 그러나 마리아에게 더 중요한 것은 신뢰하고 의사결정을 함께 할 수 있는 친구였다. 반면에 스티브는 그의 도움을 필요로 하지 않는 배우자를 가졌다고 생각했다. 대화와 탐색의 과정을 통하여 두 사람은 서로 상대방을 도울 수 있는 기회를 가졌다. 물론 이것은 친밀감과 신뢰를 증가시킨다.

비록 초기회상과 DCT 질문 두 가지에 있어 유사한 패턴이 발견되지는 않았지만, 각각은 내담자를 돕는 데 필요한 상보적인 전략을 제공한다. 모든 사람들이 생의 초기에 만들어 내는 '삶의 규칙'은 생활양식 분석에서 쉽게 밝혀진다. 이와 비슷하게, DCT를 사용함으로써 지금-여기에 예리한 초점을 맞출 수 있고, 더 효과적인 의사소통을 할 수 있으며, 잠재적인 중재의 수단으로서 다양한 조작적인 수준을 사용할 수 있게 된다.

**노인** 노인들에게 있어 삶의 회고 역할에 관한 버틀러(Butler, 1963)의 연구는, 이제 출발점에 불과하고 회고를 사용하는 많은 연구와 임상 실습의 초점이 되고 있다. 이러한 기법의 효과성에 관한 연구는 모호한 결과를 낳았다. 아들러 상담이론에 기초한 초기회상을 사용하는 기법은 구조화된 회고를 할 수 있는 기회를 제공하고, 노인학 문헌에서 언급되는 전통적인 인생회고치료보다 나은 몇 가지 이점을 제공한다(Sweeney, 1989; Sweeney & Myers, 1986).

다양한 연구자들이 노인들의 삶의 만족과 자아의 통합에 관한 구조화된 회고 조사연구에서 긍정적인 결과를 얻었다. 이 방법은 인지기능을 자극하고 장기 보호시설에서 거주자와 관리자들 사이의 관계를 개선시키는 데 효과적임이 입증되었다. 또 삶의 회고는 삶의 의미상실이 주된 문제인 우울한 사람들에게 효과적인 치료가 된다는 사실이 밝혀졌다. 그러나 어떤 연구자들은, 특히 우울한 사람들에게 인생회고치료 접근법의 효과가 부정적이거나 일관성이 없다는 결과를 보고하였다.

훨씬 더 중요한 것은 삶의 회고과정 동안에 눈에 띄는 부정적인 영향이 발생할 수도 있다는 사실을 발견하는 것이다. 이것은 아마 회고과정이 거의 완성될 때까지 감소되지 않는 높은 수준의 불안을 동반할 것이다. 문헌에서 기술된 것처럼, 이 과정은 지루할 정도로 길어질 수 있고, 노인을 우울한 상태에 머물게 하며, 어쩌면 전문적인 중재의 부재가 계속될지도 모른다. 그러나 아들러 이론가의 관점에서 볼 때는 그렇지 않다.

아들러 이론가는 변화를 만들어 내기 위한 핵심개념으로 격려를 사용한다. 불완전해질 수 있는 용기, 자신과 타인을 용서할 수 있는 용기, 두려움을 많이 느낄 때조차도 행동할 수 있는 용기, 결코 쉽지 않은 것을 할 수 있는 용기, 상황이 나빠져도 최선을 다할 수 있는 용기, 이것들이 상담의 기본토대다. 아들러는 열등감은 인간의 조건을 구성하는 한 부분이라고 믿었다. 개인이 이러한 부적절한 감정들에 대해 어떻게 대처해 나가는가 하는 것은 그들의 삶에 대한 접근방식에 반영된다.

앞서 주목한 것처럼, 전문적인 상담자들은 내담자가 보고하는 두려움, 변명, 불평, 비난, 비판, 무능력 등의 범위와 지속성을 보고 낙담의 정도를 진단할 수 있다. 어떤 사람들은 그러한 행동은 '나이 든' 사람에게는 '정상'이라고 주장한다. 비록 나이가 들어 감에 따라 정말 많은 도전이 나타나지만(예; 사랑하는 사람을 잃은 사람은 큰 슬픔과 그에 따르는 결과를 모두 경험할 것이지만), 그것은 여전히 각각의 개인들이 비슷한 상황을 얼마나 잘 다루느냐 하는 정도의 문제다.

예를 들면, 초기회상의 사용을 통하여 이러한 차이점들을 발견할 수 있다. 아들러는 다음과 같이 말했다. "그러므로 그의 기억은 그의 인생의 이야기를 나타낸다. 즉, 그가 자꾸 반복해서 자신에게 경고하거나 자신을 편하게 하고, 자신의 목표에 집중하게 하고, 과거의 경험을 수단으로 하여 이미 검증된 행동양식을 가지고 미래에 대처하도록 자신을 준비시키는 이야기를 나타낸다." (Ansbacher & Ansbacher, 1967, p. 351)

**설리반 부인의 사례**

한 미망인의 사례가 떠오른다. 그녀는 67세로, 노인들의 생활공동체에서 생활하는 데에 적응을 잘 못하는 문제를 가지고 있었다. 이 여성은 수년 전에 갑작스런 심장마비로 남편을 잃었다. 그녀는 꽤 만족스럽게 적응하고 있는 것처럼 보였지만, 가까운 주에 살고 있는 딸로부터 집을 팔고 노인들이 사는 아파트로 이사를 하라는 재촉을 받고 있었다. 그때 그녀는 제안에 동의했지만, 그것을 전적으로 받아들이는 것처럼 보이지는 않았다. 아파트의 여자 관리인은 설리반 부인에게 우호적으로 제안하였지만 별로 성공적이지 못했다. 설리반 부인은 마음이 따뜻한 사람이었지만 그 관리인에 대해서는 거리감이 있었다.

시간이 지났고, 설리반 부인을 알게 된 사람들은 그녀가 자기 딸에 대해 가지고 있는 강한 분노감에 대해 걱정을 하였다. 그녀의 아들은 캘리포니아에 살고 있었고 단지 아버지 장례식 때에만 얼굴을 보였다. 딸은 엄마를 방문하기 위해 많은 노력을 기울였으나, 최근에는 그 노력도 그만둔 것 같았다. 그녀와 가까운 사람들은 그녀를 딸과 직면시키기가 어려웠다. 왜냐하면 그녀는 다음과 같이 말했기 때문이었다. "어리석은 짓 하지 마라. 나는 나 자신을 아주 잘 돌볼 수 있다." 그럼에도 불구하고 이 사람들은 그녀가 새로운 환경에 잘 적응하고 있는 것으로 믿지 않았다.

계속되는 두통 때문에 설리반 부인은 의사에게 진찰을 받았다. 다행히도 그 의사는 그녀를 오랫동안 알고 지냈으며, 그녀와 시간을 보내는 동안 그녀에게서 우울 신호를 인식하였다. 그의 강요로, 그녀는 과부인 현재 자신의 감정과 우선 과제를 구별하도록 도와줄 수 있는 사람과 이야기를 해 보기로 동의했다.

설리반 부인과의 만남에서, 상담자는 그녀가 외모와 매너에 있어서 꽤 자만심이 강한 것처럼 보이고 유쾌하고 조리 있게 말하는 것을 발견했다. 그녀에게 두통이 없다면 삶이 어떻게 달라질 것 같은지를 물었을 때, 그녀는 아마도 다른 거주자들과 좀 더 사회적으로 잘 어울릴 수 있었을 거라고 말하였다. 그녀는 나중에 딸과의 관계에 대한 실망감도 표현하였다. 남편의 죽음, 그 이후의 적응, 다른 가족과의 관계, 그리고 이와 비슷한 문제들에 대한 논의를 한 후에 설리반 부인에게 생활양식이라는 개념을 소개하였다. 그녀는 기꺼이 상담자가 그녀에 대해 더 잘 알 수 있도록 도움을 주는 수단으로 생활양식을 사용하는 데 동의하였다.

생활양식의 평가는 형제, 부모 등과 대여섯 개의 초기기억을 포함한 초기 관계에 대한 모든 자료와 관련하여 언어적 이야기의 형태로 전개되면서, 설리반 부인이 직업, 우정, 사랑하는 관계에 대처하는 방식에 초점을 맞추어서 진행되었다. 생활양식 정보를 수집하는 과정은 라포 형성과 요즘의 삶의 대처방식에 대한 더 많은 정보를 얻는 데 도움이 되기 때문에 내담자에게 긍정적이고 공감적인 경험이 된다. 이것은 또한 상담자가 형성하기 시작한 인상을 반영 및 확증하거나 반박하는 기회가 된다.

설리반 부인은 그녀가 다섯 살이었을 때 경험한 다음과 같은 이야기를 했다. 그것은 단 하나의 회상일지라도 풍부한 정보를 제공해 줄 수 있음을 보여준다.

> 엄마는 현관에서 출발할 준비를 하고 있었다. 내 옷 중에서 어떤 것은 낡고 더 이상 몸에 맞지 않았다. 그 옷 중 하나는 내가 매우 좋아하는 것이었다. 할머니는 계단 꼭대기에 있었고, 엄마는 계단을 반쯤 내려오고 있었으며, 나는 계단 아래에 있었다. 나는 엄마에게 내가 좋아하는 옷을 버리지 말라고 부탁했다. 엄마는 나에게 공연한 소동을 그만 부리고 어리석게 굴지 말라고 했고, 할머니는 나를 달래 주었다.
>
> 나는 엄마와 할머니 모두 싫었다. 엄마는 옷을 가지고 가 버렸고, 나에게 어리석다고 말했다. 그리고 할머니는 그 상황에서 내 기분을 좋게 해 주려고 노력하고 있었다.

이 회상은 상담자에게 설리반 부인이 삶과, 자신과, 다른 여자들에 대하여 어떠한 견해를 가지고 있는지에 대한 가설을 세울 수 있는 기회를 제공해 주었다. 실제에서 내담자는 그러한 경험과 관련된 감정들을 말하도록 요구받았다. 설리반 부인은 다음과 같이 말했다.

> 나는 엄마와 할머니에게 화가 났다. 나는 내가 아이 같다고 느꼈고, 나 자신에게 우는 것을 멈추고 이 모든 것에 현명하게 대처해야 한다고 계속 말했다. 만약 내가 아이처럼 행동한다면 엄마는 나를 진지하게 대하지 않을 것이다. 나는 할머니에게도 화가 났다. 왜냐하면 나는 누군가 나를 돌보아 줄 필요가 없다고 느꼈기 때문이다.

우리는 다음과 같은 가설을 세울 수 있다.

- 나는 내가 하고 싶은 대로 할 수 있어야 한다.
- 내가 하고자 하는 대로 못할 때 나는 화를 낼 권리가 있다.

- 나는 내게 무시하는 말을 하려는 여자들을 좋아하지 않는다.
- 내가 미칠 정도로 화가 났을 때, 나에게 보호해 주는 듯한 태도를 취하지 말라.
- 나는 진지하게 대해 주기를 기대한다. '어리석은' 사람으로 취급되지 않기를 바란다.
- 나는 내가 통제하지 못하는 감정을 좋아하지 않는다.

이러한 진술들은 잠정적인 것으로 취급된다. 위의 가설들은 아마도 설리반 부인의 반응과 확언에 따라 부분적으로 또는 전체적으로 폐기되거나 수정되거나 받아들여질 수 있을 것이다. 상담자는 개인의 목표를 보여주는 사적 논리를 추측하기 시작한다. 이 사례에서 개인의 목표는 진지하게 대우받고, 삶에 대한 자신의 방식을 가지고, 자신이 통제할 수 있어야 하는 것이다. 우리는 그녀가 여자들, 특히 권위 있는 여자들과의 관계에서 계속적으로 위기나 스트레스를 겪고 있을 것이라는 점을 추가로 추측할 수 있다. 과부가 된 것이나 독립적인 삶에서 공동체 삶으로의 변화는 확실히 스트레스를 받는 시간이었다.

설리반 부인은 스스로 '최상의' 느낌은 없으며, 자신을 통제하는 것이 매우 불안하다는 점을 인정하였다. 또 그녀를 응석받이로 대하려고 하는 사람(특히, 여자)에게서 벗어나려고 하는 자신을 인식하였다. 상담자는 자신이 관찰한 내용을 가지고 설리반 부인에게 다음과 같은 점을 깨우쳤다. 즉, 그녀가 자신의 엄마가 자신에게 했다고 생각되는 방식을 정확하게 그대로 딸에게 행하는 것일지도 모른다고 직면시켰다. 지금까지 그녀는 그렇게 생각한 적은 절대로 없었던 것이다. 그녀는 이 점에 관해 잠시 숙고하고 결론을 내렸다. 정말로 그녀는 그녀의 엄마가 했던 것보다 더 충실하게 그 패턴을 따르고 있었던 것이다. 다음 번에 그녀를 방문할 때 그녀의 딸이 함께 하였다. 그들은 둘 다 그들의 관계가 개선되기를 바랐다.

아들러 상담의 방법을 훈련받지 않았거나 초기기억의 시사점을 잘 모르는 사람은 그러한 보고가 흥미 있긴 하지만 비논리적인 것처럼 보인다고 할 것이다. 사실 설리반 부인에게 초기기억의 의미를 논의할 기회를 주었을 때, 그녀는 자기의 아주 중요한 문제에 있어서 자신의 위치를 다시 생각하도록 도와준다고 말하였다. 어떤 통찰은 그녀가 최근에 겪은 상실, 슬픔, 다른 여자들과의 관계에 잘 대처할 수 있도록 도움을 주려고 하는 사람에게 중요하다. 그녀에게 압박의 원인이 되었던 것과, 그녀가 어떻게 그것을 대처해 나갔는가에 대해 논의하였다. 이것은 주고받는 상호적인 과정이다. 그것은 삶의 문제에 적극적으로 직면하는 것을 포함한다.

설리반 부인의 사례에 대한 몇 가지 관찰은 노인상담에서 초기회상의 실제적인 유용성을 설명하는 데 도움을 준다. 첫째, 만약 상담자가 생활양식 방법에 훈련되지 않아서 다른 생활양식이나 초기회상 자료를 사용하지 않는다면, 어떤 사람은 설리반 부인이 여자 상담자와 어려움을 겪고 있다고 추측할 수 있을 것이다. 이것은 초기기억에서 엄마와 할머니에 대한 그녀의 반응과 그녀보다 높은 곳에 있는 엄마에 대한 지각에 기초하고 있다. 그리고 설리반 부인과 친구가 되려고 시도한 여성 관리자(잠재적으로는 권위가 있는 인물로 표현되고 있음)와의 경험에 관한 부분에서 입증되었다. 또한 주목할 만한 것은 그녀는 남자 의사의 충고는 받아들인 데 반해 경험에 근거해서 남자 의사와 비슷한 조언을 제공한 여자 친구는 거절하였다. 그리고 적어도 몇 번 방문하려고 노력한 자신의 딸을 유별나게 어려워하는 것처럼 보였다. 반면에 그녀의 아들은 방문하려는 노력조차 하지 않았지만 아들에 대한 그녀의 태도는 본질적으로 긍정적인 것으로 남아 있었다.

우울, 패배, 두려움 뒤에 있는 부정적인 자기대화에 직면하려는 노력을 하지 않는 노년 말기에는 삶의 회고가 필요하지 않다. 초기회상과 생활양식평가의 사용이 모든 불행한 노인들에게 만병통치약은 아니다. 그러나 그것들은 현재의 방법에 실행할 수 있는 대안이나 보완적인 것이 될 수 있다.

만약 하나의 초기회상이 삶, 자신, 타인들에 대한 개인의 견해에 중요한 통찰력을 드러낼 수 있는 가능성이 있다면, 추후의 자료나 면접에서 내담자의 행동을 예측하는 방법이나 상호 작용하는 기회가 더 많이 이루어질 것이다. 초기기억과 연결되어 표현되는 감정은 항상 중요하다. 그 감정은 사건에 대한 의미를 드러낸다. 삶은 공평하거나 공평하지 않게, 안전하거나 불안전하게 보인다. 삶의 과제는 부딪치거나 피해 가는 도전으로 받아들여진다. 다른 사람들은 도움을 주거나 위협하는 것처럼 보인다. 내담자들은 자신을 스스로 할 수 있거나 할 수 없는 것으로 인식한다.

같은 가정에서 같은 사건을 경험한 두 사람은 그 사건의 중요성에 대해 서로 다른 의미를 부여한다. 일어난 사건에 대한 지각과 그것에 대한 느낌은 그들의 '사적 논리'를 이해하는 데 기본이 된다. 상담자가 내담자의 초기기억에서 낙담한 태도와 감정을 발견했을 때, 내담자의 일상적인 삶에서 그것들(낙담한 태도와 감정)이 불쑥불쑥 나타나는 증거를 발견하는 것은 놀라운 일이 아니다. 어떤 상황을 인식하고 대처하는 개인의 전형적인 방식이 현재의 상황에 비효과적이거나 부적절할 때 대개 그 증거들이 드러난다. 분명히 배우자나 친구, 가족, 집을 잃거나 신체적인 능력이 서서히 떨어지거나 상실되는 것은 새로운 상황에 대처하고 성장할 수 있는 개인의 능력을 검증하는 기회가 될 것이다.

아들러 개인심리학의 다른 지침을 사용하는 것은 또한 이러한 방법들의 가치를 높일 것이다.

**아동** 아동의 경우에, 부모님과 선생님이 아이들의 행동에 대해 보고하는 내용들은 상담자가 몇 가지 추측을 만들어 보는 데 충분한 자료가 될 수 있다. 앞의 제6장에서 분열적인 행동의 목표가 확인되었다. 상담을 하기 전에 아이의 행동을 관찰하는 것이 유용할 수도 있지만, 많은 경우에 효과적인 상담에 그것이 필수조건은 아니다.

선생님이나 부모님과 이야기하고 있는 동안에 상담자는 아이의 잘못된 목표를 결정하고, 이와 같은 목표에서 도출된 구체적인 행동의 예들을 얻으려고 시도한다. 상담자는 아이와 이야기하는 동안 이러한 잘못된 목표에 대한 상담자의 예감을 확신하거나 논박하기도 할 것이다. 상담자는 목표와 행동들을 평가하기 위하여 아이가 자신의 분열적인 행동으로 얻기 바라는 것을 추측하기 시작한다. 누군가의 잘못된 목표를 드러내는 것은 격려가 될 수 있다. 왜냐하면 사람들은 상호 간에 더 만족스러운 목표를 향해 자발적으로 변하려는 경향이 있기 때문이다.

아들러 이론의 주요 기술은 촉진적 직면(facilitative confrontation)으로 묘사될 수 있다. 그것은 상담자가 우호적이고 비소유적인 방법으로, 개인이 추구하는 믿음이라고 관찰한 것을 내담자와 공유하는 것이다. 아이들과 상담하는 동안에 상담자는 다음에 묘사된 것처럼 추측하고 촉진적으로 직면하게 할 것이다.

상담자: 왜 네가 오늘 여기에 왔는지 알고 있니?

바 비: 왜냐하면 내가 선생님에게 말대꾸를 했기 때문이에요.

상담자: 그것이 문제가 되는 것처럼 보이는구나. 전에도 선생님께 말대꾸한 적 있니?

바 비: 가끔요.

상담자: 선생님께 말대꾸한 이유를 알고 있니? [바비: (머리를 흔든다.) 아니요.] 너는 지금도 화가 많이 난 것 같다. 왜 네가 말대꾸를 했을 거라고 생각하는지 알고 싶지 않니? [바비: (고개를 끄덕인다.) 알고 싶어요.] 너는 선생님이 네게 어떤 것을 하게 할 수 없다는 것을 알아주기 원하는 것 같다. 네가 원하는 것을 네가 하고 싶을 때 하려고 하지. 이봐, 너는 재능을 가지고 있고, 그것이 우선 너에게 분명해지지 않으면 누구도 너에게 무엇을 하라고 말하지 않기를 원하지? [바비: (웃으며 고개를 흔든다.) 아니요.] 지금도 너는 나에게 보여주려 하고 있어. 네가 준비될 때까지는 동의하지 않을 거라는 것을. (바비가 웃는다.) 맞지? (상담자가 웃는다.)

바 비: 예!

이와 같은 예에서 상담자는 소년이 드러낸 이러한 목표에 구체적인 예를 한두 개 더 언급하기 원할 것이다. 이 사례에서 웃음은 인지적 반영으로, 소년의 목표가 힘이라는 것을 보여주는 확실한 행동적 단서다. 만약 상담자가 잘못 생각한 것이라면 단서의 부족이 분명한 원인이 될 것이다. 어떤 경우에는 더 근본적인 목표가 간과될 수도 있으므로, 상담자는 자신의 평가를 수정할 준비를 해야 한다. 오직 소수 유형의 아이들만이 인지적 신호를 함께 이야기하는 것에 저항을 보인다(다시 말해, 어떤 표현도 하지 않거나 면담 동안에 웃거나 장난치는 행동을 하는 경우).

이 사례에서 상담자는 소년이 왜 분열적인 행동을 보이는지(원인)에 대해서는 소년이 그 행동으로 얻기 원하는 것(목표)을 드러내는 것만큼 많이 나타내지 않고 있다. 다음 질문은 어떻게 소년이 분열적인 행동을 보이지 않고 교실에서 그의 위치를 찾을 수 있는가에 대한 것이다. 제6장에서 본 것처럼, 선생님과 부모님이 취한 교정과 예방행동은 소년이 새로운 행동을 시도해 보려는 결정을 내리도록 도울 수 있다. 아들러 이론가는 낙담(다시 말해, 자신감의 부족)은 개인을 타인들에게 적대적으로 행동하게 만든다고 믿는다. 그러므로 벌은 적절하지도 않고, 강제적으로 행해져야 할 것도 아니다.

비록 말로 기술된 과정이 권위주의적인 조작을 가져오는 것처럼 보일지도 모르지만, 실제 장면에서는 그 반대의 경우도 사실이다. 내담자를 존경하고, 내담자에게 협동하도록 요구할 수 없다는 것을 인정하는 것은 상담자의 성품에서 가장 중요한 것이다. 사실 갈등의 해결에서 가장 효과적인 전략은 자유롭게 구상된 적절한 대안적 선택안을 제공하고, 상담관계와 상담과정을 통해 내담자를 존경하는 마음을 전달하여 내담자의 자신감을 충족시켜 주는 것이다.

## 재정향

아들러식 상담과정의 마지막 단계는 변화를 시작하고자 하는 내담자의 바람에 달려 있다. 그들의 행동 의미와 그들이 개인적으로 자유롭게 추구하는 목표를 이해하는 것은 그들이 해 보려고 하는 다른 행동이 무엇인가를 결정한다. 여기서 상담자는 '당신은 변화하고 싶습니까?' 라고 말할 것이다. 비록 내담자가 그렇다고 말할지라도 상담자는 너무 빨리 진행해서는 안 된다. 모든 사람들이 변화에 전념할 준비가 되어 있는 것은 아니다. 상담자는 낡은 생각, 태도, 행동으로 후퇴할 가능성이 있는 안이함을 들추어냄으로써 개인들의 '수프에 침 뱉기' 를 할지도 모른다. 사건이 계속 일어날 때 그들에게 기운을 북돋아 주는 감정을 강조하는 것도 똑같이 중요하다. 이 시점에서는 우호적인 태도를 유지하면서, 새로운 태도와 방법을 받아들이는 것이 매우 중요하다. 앞으로 나아가기 위한 결정은 내담자와 함께 하는 것이다.

앞서 언급되었던 결혼한 부부의 사례에서(마리아와 스티브) 그들은 상대방이 격려를 필요로 하는 영역에서 서로 도와주기로 동의하였다. 남편은 가정과 관계된 의사결정에 참여하기 시작하였고 집 밖에서 가지고 있는 책임감에 서로 더 많은 관심을 가지기로 하였다. 그들이 상담 초기에 세운 하나의 합의 사항은 주마다 한 시간씩 방해가 되지 않는 파트너십 미팅을 갖는 것이었다. 한 파트너가 30분 동안 말하고 다른 파트너는 듣고, 그 다음엔 말하고 듣는 역할을 바꾼다. 그들은 이와 같은 미팅의 주제에 대해 말하지 않기로 하고, 먼저 이야기를 시작하는 역할은 주마다 교대로 맡았다.

파트너십 미팅은 커플들의 욕구와 바람에 따라 수정되어 간다. 그러나 초기에 구체적인 시간, 장소, 절차는 미리 합의한다. 상담자는 커플들이 역할놀이, 문제 해결, 모델링, 목표 설정 등과 같이 상담면접과 유사한 기술들과 모임기술을 연습하도록 할 것이다.

선생님에게 대드는 바비의 사례에서, 상담자는 소년에게 선생님을 자기 뜻대로 할 수 있는 대안을 제시하였다. 모든 경우에 소년이 대안과 선택권을 가지고 있다는 사실은 분명하다. 상담자는 소년에게 변화하기를 원하는지 묻고, 그의 의도가 어떤 것인지에 관해 글로 써 보거나 동의를 사용하는 건 어떤지 제안하였다(다시 말하면 대들지 않고 선생님에게 그의 감정을 표현할 다른 방법을 찾는 것). 어떻게 결정이 나든지 간에 상담자는 소년의 성공 가능성을 크게 증대시킬 수 있는 현실적인 목표를 향해서 작업한다.

어떤 경우에는 성공을 위한 시간을 단축할 수 있고, 성공적으로 전진해 나가기 위해 행동상의 작은 변화가 시도될 것이다. 그와 반대로 실패는 과실이나 실수에 대한 주의 깊은 계획과 인내심에 의해서 최소화되거나 없어질 수 있다.

때때로 개인들은 변화에 저항하는 것처럼 보이는 자기패배적인 행동을 추구한다. '상식'을 사용하여 누군가는 그러한 행동이 비논리적이고 쓸모없으며, 분명히 치료가 필요한 것이라고 결론내릴 것이다. 그러나 사적 논리를 끌어내는 것은 어떤 개인이 진지한 의문 없이 고수하고 있는 행동의 근본적인 이유와 목적을 보여준다.

골목대장 기질이 있는 아이들은 다른 아이들이나 어른들과 자주 싸우기 때문에 많은 사고를 일으킨다. 행동의 변화를 위해 벌을 주거나 훈계하는 것, 그리고 빌게 하는 것은 일반적으로 차이가 없다. 싸우는 아이는 대개 복수하겠다는 목표와 '나는 호감이 가는 사람이 될 수 없지만 뒤에서 너를 상처 입게 할 수는 있어.'와 같은 사적 논리를 추구한다. 예를 들면 '그 사람의 목록에 필요한 행동이다.'와 같은 식으로 누군가는 싸움을 하는 근본적인 이유를 예측할 수 있다.

단지 내담자가 이야기하는 것을 주의 깊게 듣고 적극적으로 반영함으로써 당신은 뭔가 발견할 수 있을 것이다. 예를 들면 싸우는 것은 당당하다는 것 등이다. 그것은 로빈 후드나 원탁의 기사와 다르지 않다. 그들은 다른 사람의 위반을 '교정'하거나 '균형 있게 하는' 것이다. 다음은 4학년인 한 소년과 면접한 사례다.

상담자: 너는 싸움을 좋아하니, 다일? [다일: (고개를 흔든다.) 아니요.] 내 생각에 너는 때때로 싸우는 것을 좋아하는 것 같다. 맞지? (다일은 어깨를 움츠린다.) 너는 때때로 네가 다른 사람들에게 상처 입힐 수 있다는 것, 그리고 그들을 때릴 수도 있다는 것을 보여주고 싶어 하는 것 같아. [다일: (웃으며 고개를 흔든다.) 예.] 그래서 너는 싸우는 것을 좋아하는구나, 다일. 그것이 너의 문제를 해결해 주니?

다 일: (그는 입을 손으로 가리고 웃음을 감춘다.) 글쎄요, 내 여동생을 괴롭혔기 때문에 그들을 때린 거예요. 그때 그들은 나를 괴롭히기 시작했어요.

상담자: 오, 알겠다. 그들이 너의 여동생을 괴롭혔기 때문에 때린 것이니, 그건 정말 너의 잘못이 아니구나. [다일: (끄덕인다.) 예.]

다일이 자신의 자기존중감을 유지하고자 하는 욕구를 볼 수 있다. 결국 누가 그의 정당한 의도를 탓하겠는가. 그의 싸움이 여동생의 명예와 거의 관련이 없다는 사실은 그의 사적 논리에서는 중요하지 않다.

여기서 다음 단계인 재정향단계로 바로 들어가는 것은 흔히 있는 실수다. 이 시점에서 상담자는 다일의 동기를 더 잘 이해할 수도 있다. 그러나 이 기초만을 토대로 그가 변화하기를 기대하거나 요구하기에는 아직 부족하다. 도움이 되는 것은 ① 그 상황에서 잘못된 행동과 부정적인 감정을 짝짓는 것, ② 긍정적인 감정과 연합될 수 있는 새로운 대안을 소개하는 것이다. 앞의 사례에서 상담자는 다음과 같이 계속할 것이다.

상담자: 그리고 그렇게 하는 것이 너를 행복하게 했니? 슬프게 했니?

다 일: 행복하게도 하고 슬프게도 했어요.

상담자: 네가 그들에게 앙갚음을 한 건 행복한 것이고, 그들이 너를 좋아하지 않는 건 슬픈 것이구나. [다일: (다일은 고개를 끄덕인다.) 예.] 나는 궁금하구나. 너는 정말 다른 아이들이 너를 좋아하고 너도 그들을 좋아하는 것을 원하니? [다일: (다일은 고개를 끄덕인다.) 예.] 나는 그렇게 확신할 수 없구나. 다일, 너도 알다시피 나는 네가 다른 사람들이 너를 좋아하기를 기대한다고 생각하지 않아, 그리고 그것은 안 좋은 감정이지. 그래서 너는 그들이 너의 안 좋은 감정에 대가를 치르길 원하는 거야.

다 일: 글쎄요. 만약 그들이 나에게 잘해 주었다면 그들을 때리지 않았을 거예요.

상담자: 너는 게임 같은 활동에 참여하지 못했을 때 정말 나쁜 감정을 가지는구나. (다일은 마루를 내려다보며 그의 손가락을 만지작거린다.) 그리고 싸움 후에 사람들은 네가 얼마나 나빴는지에 대해서 말하고, 그것은 너를 더 기분 나쁘게 만들지. (다일의 얼굴이 슬퍼 보인다.) 나는 네가 오늘 이후로 친구를 사귀고 관계를 유지하는 일을 기꺼이 시작할 수 있을지 궁금하구나.

이 경우에 다일은 새로운 행동을 기꺼이 시작해 보려고 하였다. 그러나 이것이 성공하기 위해서는 다일이 새로운 목표에 초점을 맞추는 것과, 목표를 향해 전진해 나가는 과정에서 만족을 느끼도록 도와주어야 한다. 싸움에서 만족을 얻는 동안 그는 싸우는 것을 선택하였고, 다른 사람들이 그를 어떤 방식으로든 좋아할 것이라는 점을 믿지 않았다. 그의 행동이 변하도록 설득하는 것은 어려운 일이었다. 만약 기능장애행동과 그 결과로 발생되는 부정적인 감정을 관련지어 생각하는 데 도움을 받지 못한다면 성인들은 비효과적이고 사회적으로 유용하지 않은 행동을 계속 사용하는 경향이 있다.

## 구체적 기법

만약에 그들이 변화하기를 선택한다면 개인들은 변화할 수 있는 힘을 가지고 있다고 확신하는 것, 아들러 이론가들은 이 신념을 내담자에게 설명하기 위해 어떤 제안을 하거나 기술을 사용한다. 어린이든 어른이든 간에 개인들은 삶에 대처해 가는 그들의 능력에 자신감을 갖고 자기존중감을 키워 가도록 격려를 받는다. 아들러 이론가들은 두려움, 변명, 무능력, 비난, 불만 등을 마음에 깊이 새기지 않는다.

사람은 책임감에서 자유로워지기를 원한다는 사실을 가지고 타인들을 달래는 데 사용되는 감정들은 개인을 계속 낙담하게 만드는 도구처럼 보인다. 친절하게 보이지만 목적이 있는 감정들, 아들러 이론가들은 이러한 표현들의 함정을 피하고 대신 개인의 소속감, 안전, 적합성에 관한 진정한 평가를 강조하면서 작업해 나간다. 격려는 한 개인이 삶에 잘 대처하도록 자신감을 세워 주기 위해 상담자가 사용하는 방법이다.

저자의 경험에서 보면, 공감은 본질적으로 아들러 이론의 설명이나 강의에서 강조하지 않는다. 다른 학파의 사람들은 때로 아들러 이론의 이러한 경향에 대해 비판적이다. 아들러 이론의 모델은 합리적인 것에 기초하기 때문에 (다시 말하면 잘못된 평가나 생각에서 어려움이 생긴다) 감정들은 그 자체로 다루어지지 않는다. 그러나 개인의 감정은 중요하고, 감정은 내담자의 의도에 대하여 상담자와 내담자 모두에게 길잡이 역할을 한다.

### 감정의 세 가지 수준을 경청하기

감정의 세 가지 수준을 경청하는 것은 상담과 협의에서 유용하다. 예를 들어, 어떤 직업상담 사례에서 고등학교 3학년생이 자신의 파트타임 일에 불만을 표현한 경우가 있었다. 그녀는 졸업 후에도 전일제로 계속 일하기를 바랐지만, 그녀의 현재 상관 밑에서는 행복하지 않았다. 면담이 진행되면서 조심스럽게 말하긴 했지만, 그녀가 부모님에게서 더 독립하기를 원했다는 것이 분명해졌다. 계속된 상담에서 그녀가 독립할 수 있는 자신의 능력에 대해 의심을 갖고 있다는 것이 현재의 일과 가정 상황에 대한 대안들을 진지하게 고려해 보려 하지 않는다는 점에서 드러났다. 이것은 계속되는 면접에서 확실해졌다. 여기서 파악된 감정의 세 가지 수준은 다음과 같다.

- 현재 분명히 나타난 감정: 직장 상황에 불만족
- 숨겨진 감정: 독립에 대한 바람
- 전의식 속의 감정: 독립할 수 있는 능력에 대한 자기의심

만약 내담자의 자기의심을 지적하지 못한다면 현재의 문제에 대해 대안을 고려하지 않고 이유나 변명만 둘러대는 내담자의 태도에, 아무리 진실한 상담자라도 좌절하게 될 것이다. 아들러 이론가들은 내담자가 성공했던 경험을 제시하여 자기의심을 극복하도록 도와줌으로써 이러한 의심을 다루고자 한다. 비록 나타난 감정과 숨겨진 감정을 알아차린다 해도 상담자는 더 확산된 감정의 원인이 되는 잘못된 생각을 믿지 않는다.

다음 재정향단계에서는 개인의 사고와 연합된 감정을 자각할 필요가 있으며, 이는 내담자의 협동에 영향을 미친다. 인지적으로 변화하기로 결정한다고 해서 변화되는 것은 아니다. 그러므로 상담자의 역할은 내담자가 전에 가지고 있던 자기패배적인 생각이나 행동의 이점에서 주의를 돌리도록 돕는 것이다.

아들러 이론가들은 내담자가 ① 그들 자신의 자기패배적인 행동을 알아 낼 수 있도록, ② 그들의 태도와 감정에 대한 자신의 통제를 의식하게 되도록, ③ 자기패배적인 행동의 숨겨진 지침의 이점에서 주의를 돌리도록, ④ 삶의 과제에 성공적으로 대처하는 그들의 능력에 대해 자신감을 갖도록 도와주기 위해 다양한 구체적 기법을 사용한다. 많은 기법들이 있지만 그 중 몇 가지만

언급한다.

### 수프에 침 뱉기

상담자가 내담자의 자기패배 행동의 숨겨진 목적을 드러낼 때 일어난 사건을 생생한 말로 기술하는 것이다. 상담자가 정확하게 관찰하고 이것을 내담자에게 분명하게 설명한다면, 내담자는 아마 이 행동을 계속하겠지만 '그것은 더 이상 달콤하지 않은' 상황이 된다. 내담자는 더 이상 그것의 숨겨진 의미에 대해 결백하지 않다.

이 기법은 개인이 전에 하던 행동에서 벗어나는 수단으로 매우 효과적이다. 아이들은 나쁜 행동의 목표를 빨리 이해할 수 있으므로, 만약 어른이나 다른 아이들이 나쁜 행동을 유용하도록 만들지 않는다면 같은 행동을 되풀이하지 않을 것이다. 그것은 또한 '좋은 봉사자 엄마', '우수한 선생님', '진짜 남자' 이미지 등을 추구하는 사례에서 어른들에게 적용할 때도 상당히 효과적이다.

### 반암시(Antisuggestion)

아들러 이론가가 사용하는 것만큼 다른 학파에서도 많이 사용되는 이 기법은, 개인이 기능을 제어할 수 있다는 것을 설명하기 위해 선택적으로 사용된다. 예를 들어, 내담자가 반대의 성을 가진 사람과 이야기할 때 긴장하게 된다고 말한다면, 상담자는 다음에 그런 기회가 오면 내담자에게 할 수 있는 한 긴장해 보라고 제안하는 것이다(다시 말해서 긴장하도록 노력하라고 제안한다).

때때로 이 제안은 면담 상황에서도 사용된다(다시 말해, 내담자에게 역할놀이 기법을 변형시켜 자신의 행동을 연습해 보게 한다). 물론 아이러니는 내담자가 자신의 '문제행동'을 해 보도록 요구받았을 때, 그것을 해 낼 수 없는 자신을 발견한다는 것이다. 그러면 그 행동은 가치를 잃는다. 대부분의 내담자들은 자신들의 새로운 곤경을 보고 크게 웃는다.

## '단지 ~ 할 수만 있다면'

이 구문은 종종 '만약에 이 문제가 없었다면, 당신의 삶은 어떤 모습이겠습니까?' 와 같은 중요한 질문 뒤에 주어진다. 아들러 이론가들은 사람들에게 할 수 있으면 '마치 ~처럼' 행동해 보도록 제안한다(다시 말해, 마치 네가 할 수 있는 것처럼 행동하라).

이 제안은 상담 전에 자신이 만든 잘못된 평가에 대해 내담자가 통찰력을 가지고 있는 경우 효과적일 수 있다. 실패를 덜 중요하게 여기게 되는 것이 아니라 실패에 대한 실망을 최소화하는 것이다.

## 단추 누르기 기법

'나는 나의 느낌을 변화시킬 수 없어.' 또는 '그것은 나의 잘못이 아니야. 나는 어쩔 수 없었어.' 같은 반응에서 상담자는 부정적이거나 긍정적인 감정들을 일으켰던 상황을 떠올려 보게 하는 내담자의 심상을 사용하여 내담자가 선택하여 경험할 수 있음을 설명하고 있다. 내담자는 몸의 긴장, 심장박동 비율의 변화, 그리고 기타 행동의 움직임에 상응하는 변화를 경험할 수 있다. 물론 추수지도는 전체 과정의 중요한 측면이 된다. 일반적으로 상담자는 개인이나 커플이 추수지도에 얼마나 협동해 나갈 것인지 미리 결정할 수 있다.

## 의미 있는 수식어 첨가하기

내담자의 변명이나 앞서 언급했던 협동을 필요로 하는 전조를 주의 깊게 듣는 것에 덧붙여, 아들러 이론가들은 내담자의 진술에서 숨은 뜻을 알아차리거나 첨가된 중요한 수식어구나 접속사를 이해하는 연습을 한다. 예를 들어, 저자의 경험에서 보면 어떤 개인이 '나는 노력해 볼 것이다.' 라고 말할 때 그들이 생각하고 있는 것은 '그러나 그것이 될 것이라고 생각하지는 않는다.' 는 것을 나타낸다.

## 실현 가능성 평가하기

상담자는 어떤 제안이 이행될 가능성을 평가하는 수단으로 이 정보를 사용한다. 절망의 신호를 만났을 때 상담자는 내담자에 대한 기대를 줄이거나, 더 작은 단계를 밟아 가며, 다른 대안을 시도해 본다.

## 과제 설정

과제 설정은 상담과정의 중요한 측면이다. 새로운 행동 시도하기, 공부모임에 참여하기, 일상생활에서 다른 사람들을 관찰해 보기와 같은 것들이 '숙제'를 부과할 때 종종 쓰인다.

일반적으로 내담자는 어떤 한정된 목표를 선택하고 동의한다. 목표를 적절하게 선택하면 성공 가능성은 높아진다. 점진적 접근방법(다시 말하면, 내담자가 자신에게 적당한 단계에서 목표를 추구하도록 이동시키는 것)이 매우 중요하다. 누군가에게 복수하려는 목표로 주먹질하는 아이에게 다시는 절대 싸우지 말라고 요구하는 것은 실패할 가능성이 많다. 아이들이 어떤 정해진 기간 동안 싸우지 않겠다고 동의하는 것(예; 오늘 아침에는 싸우지 않겠다, 집에 갈 때까지는 싸우지 않겠다)은 협동과 성공의 가능성을 증가시키고, 특히 자기통제를 다루기 위한 추수지도와 격려가 있다면 성공의 가능성은 더욱 높아진다.

**과제 설정의 예** 친밀한 대인관계를 잘 맺지 못하는 사람이 있었다. 특히 그가 좋아하는 여자와의 관계에서는 더욱 그랬다. 이 내담자와의 상담과정 중에 혼자서도 시도해 볼 수 있는 것들을 포함하여 다양한 제안들이 탐색되었다. 시험적으로 시도해 볼 행동에 대한 내담자의 준비 정도나 그것들의 가치에 대한 내담자의 평가에 따라 과제목록이 만들어졌고, 한번 시도해 보도록 요구했다.

목록에 있는 것들 중 첫째 과제는 더 자주 웃는 것이었다. 그는 자신을 '엄숙한 사무엘' 이라고 묘사했다. 더 구체적으로 말하자면, 매일 아침 사무실에 들어설 때 의도적으로라도 웃어 보고, 하루 중 아무 때에라도 한 번 더 웃어 보기로 하는 데 동의했다. 결과는 놀라울 정도여서, 둘째 주에는 그것을 과제목록에 넣을 필요가 없었다. 많은 사람들이 첫날 아침에는 담소를 나누려고 그에게 접근하였다. 곧이어 점심 초대도 들어오고, 그는 곧 웃어야 하는 이유를 알 수 있었다.

과제목록에 있는 다른 항목 중 하나는 그가 통상적으로 잘 구입하지 않는 것을 자신을 위해 충동적으로 사 보는 것이었다. 이 과제는 약간 더 어려웠다. 왜냐하면 그는 대개 어떤 것을 구입하는 데 있어 검소하고 매우 신중했기 때문이다. 그는 방종은 무조건 끔찍한 결론을 가져온다는 생각을 하고 있었다. 그런데 그는 그 주의 어느 날 오후에 자신을 위해 선물을 샀으며, 자신의 능력 이상의 것으로 인식했던 것을 자유롭게 하게 되면서 만족감을 느끼고 기뻐했다.

더 어려운 과제는 그의 여자친구를 놀래키거나 기쁘게 해 주기 위한 선물이나 행동, 이야기할 내용들을 예상해 보는 것이었다. 그는 어떻게 해야 할지 알 수 없었기 때문에 이 과제는 처음 2주 동안은 시도되지 않았다. 이 과제를 어떻게 수행할 것인지 알아 내는 것은 그에게 정말 큰 도전이었다. 그는 이 과제를 한 번 성공적으로 수행한 후에 정말로 그녀의 흥미나 갈망, 바람에 대해서 들은 적이 없다고 보고하였다. 그녀에게 어떻게 해야 하는지에 대한 걱정을 그만두었을 때, 그는 그들이 함께 즐길 것을 찾아야 한다는 생각에서 벗어났다. 분명한 것은, 단 한 번으로 충분하지 않더라도 모든 여정은 성공적으로 한 걸음 내딛는 것에서 시작된다는 것이다.

## 요 약

상담을 하면서 저자는 절망한 사람들이 다른 사람들에게 갖고 있는 가장 큰 편견은 그들이 자기 자신에 대해 갖고 있는 편견이라는 것을 관찰할 수 있었다. 어떤 풍자만화에 다음과 같은 표현이 있다. "나는 그들 자신이 생각하고 있는 것만큼 똑똑하지 않은 사람들을 많이 알고 있다. 나는 단지 내가 생각하는 것만큼 어리석기를 원하지 않을 뿐이다." 비록 보기 드문 일은 아니지만, 자신을 믿지 않는 것은 스스로를 무능력하게 만드는 것이다.

상담자의 과제는 돌보는 방식으로 내담자들이 잘못된 의미에 직면하도록 하는 것이다. 잘못된 의미는 초기 삶의 사건에 각 개인들이 부여한 것으로 지금-여기의 삶에서 그들에게 나타나고 있다. 그렇게 함으로써 상담자는 내담자들이 그들의 장점을 재평가하도록 도울 수 있고, 인간의 일원임을 표현하고 있는 자신의 '단점'을 바르게 평가할 수 있도록 한다. 이것이 실현되면 누구든 다른 사람과 차이가 없게 되고 진정한 사회적 평등이 의미와 목적을 갖게 된다.

## 생활양식 상담회기 축어록

### 생활양식평가 정보

이 회기의 본래의 목적은 생활양식평가를 설명하는 것인데, 저자는 약간의 DCT 기술이 이 과정에 결합되기를 바란다. 본 과정에 참여하기로 동의한 여성의 사례에는 왜 상담을 받는지에 대해 진술된 부분이 없다. 많은 경우에 그럴 수 있다. 어떤 사람의 삶 속에서 끝나지 않은 일이나 현재의 사건은 상담에서 분명하게 나타나지 않는다. 왜냐하면 이와 같은 방법들은 참여자에게 중요한 무의식적 생각이나 감정, 곤경을 드러내기 때문이다. 결론적으로 나는 항상 적절한 추수지도의 기회를 제공하고 그들이 추수상담을 원하는 주제가 나타날지도 모른다는 것을 미리 알려준다. 당연히 지원자들은 어떤 때이든 간에 참여를 거절할 수 있다.

다음은 처음 1시간 30분 정도의 면접에서 얻은 기본적인 정보를 모아 놓은 것인데, 생활양식, 초기기억, DCT 방법을 사용한 부분에서 발췌하였다. 이것은 아들러 이론의 독특한 상담자료나 상담과정이기 때문에 주목할 만하고, 이러한 기술들을 함께 사용하면 매우 유용하다. 기본적인 생활양식 자료를 모으기 위한 면접은 내담자가 미리 주어진 양식을 완성하면 그 과정을 생략할 수도 있다. 이렇게 되면 보통 50분 정도의 회기 내에서 면접하게 되며, 면접에서 더 직접적인 상호 작용을 위해 시간을 절약할 수 있게 된다.

자료와 발췌한 부분은 첫 회기의 축어록에서 따온 것이다. 아들러 이론의 생활양식 분석방법에 익숙하든 익숙하지 않든 간에 이따금씩 자료를 훑어보는 것은 각 개인이 매일 새로운 선택과 여러 가지 방법으로 자신의 기대, 의도, 선호를 표현한다는 것을 말해 줄 것이다. 이 여성은 자신과 타인, 삶에 관한 그녀의 견해에 대해 많은 것을 공유하였고 그것은 제2장에서 기술된 직업, 우정, 사랑, 자기, 그리고 영적인 영역과 관련된 주제에서 명백해졌다. 우리는 한 주제에 초점을 맞추기 시작한다. 왜냐하면 그것이 이 시점에서 그녀에게 가장 중요한 것이기 때문이다.

## I. 개인의 성격: 가족구도와 특성

내담자: 잔. 여성. 40대. 이혼함. 14살인 로버트와 13살인 노르만 두 소년의 엄마. 교육계 전공(학사와 석사). 로마 가톨릭 가정에서 자람. 가톨릭 학교에 입학. 매력적인 외모에 균형 잡힌 몸매. 자기탐색에 개방적. 5명의 딸이 있는 가정에서 가운데 아이로 자람. 부모님 모두 살아 있음(은퇴).

- 빅토리아: 가장 큰언니(네 살 많음).
- 잔: 나. 별다른 특징이 없는 아이.
- 로이스: 네 살 어림. 쌍둥이. 말괄량이. 아빠가 좋아함.
- 로레타: 네 살 어림. 쌍둥이. 엄마가 좋아함.
  잔과 가장 많이 다름. 매우 확고하고 매우 솔직하게 말하며, 정말 강한 성격. 아빠와 비슷함(확고, 완고 통제적).
- 사산: 여덟 살 어림.
- 재키: 열한 살 어림. 잔의 '아기인형' — 그녀는 막내 동생을 돌보는 것을 좋아함.

형제들과 비교해 본 특성: 잔은 다음과 같이 자신을 묘사했다.

- 두 번째로 현명하고, 열심히 일하고, 학교에서도 잘하고, 집안일을 잘 돕고, 말을 잘 듣고, 즐겁게 지내려고 노력하고, 다른 사람들을 배려하고, 감수성이 풍부함—쉽게 상처받음. 유머감각. 이상적임(어떤 것이 그렇게 되어야 한다고 생각하는 방법으로 되기를 기대한다). 성취의 기준이 높고, 강경

하고, 강하고, 키가 크고, 여성스러움.

- 가장 반항적이고 자신의 뜻대로 되기를 원함. 발끈 화내는 성질을 갖고 있음. 물질주의. 가장 예쁜. 그녀는 여성스럽게 되는 것을 좋아한다고 말함. 그녀의 별명은 '장식하는 잔' 또는 '새침한 아가씨.'
- 최소한 도덕적이 되는 것(다시 말하면 '책' 을 따르고 다른 사람의 결점을 이해하는 것)
- 엄마와 아빠에게 '말대꾸' 를 하기 때문에 가장 벌 받아야 하는 아이(그러나 6명의 여자와 아빠가 있는 가족은 시끄러운 것으로 묘사되었고, 아이들 사이에서 말대꾸하는 것이 어느 정도까지는 용납되었다)

자기묘사

상담자: 자, 당신은 어떤 아이였나요?

잔: 음, 가정에서 나의 역할은…… 생각해 봐도 잘 모르겠어요. 그러나 **우중충한** 사람이었던 것 같아요. 내가 한 일들은 많았어요. **나는 어떤 특징이 있는 아이가 아니었기 때문에** 주목받는 방법을 찾아보려고 했지요. 제일 큰언니가 있고 쌍둥이, 그리고 막내, 나는 둘째였어요. 그러나 내가 주의를 끌 수 있는 것들이 있다고 생각했는데…… 모르겠어요(그녀는 삶의 후반기에 그녀가 원하지 않는 어떤 것을 교묘히 모면해 내는 정형화된 방법인 '어리석은 금발' 의 역할을 사용하는 것을 배웠다고 계속 말했다. 그녀는 '특징이 없다는 것' 을 그녀에게 유용하게 만들었다.)

## II. 성인과 성역할모델: 부모와 조부모

- 아빠: 보험회사 직원. 열심히 일함. 독일 태생. 엄격하고 매우 통제적. 아이들이 규칙에 따르기를 원함. 질서를 원함. 특별히 인내심이 없음. 그러나 아빠는 아이들을 위해 존재함. 토요일 오후에는 집에 있기 위해 아침 일찍 골프를 치러 감. 그녀는 아빠가 자신을 로이스 다음으로 좋아하는 아이라고 생각함(그녀는 아빠가 그녀를 과시하고 싶어 한다고 느꼈다). 동생 로이스(쌍둥이 중 둘째, 말괄량이)는 아빠가 가장 좋아하는 아이. 왜냐하면

그들은 일을 함께 하므로. 아빠는 부재중이지만 회상에서 중요한 부분을 차지함.

- 엄마: 주부. 정말 특별함. 그녀는 항상 가족을 위해 존재. 소박하고 친절하고 자상하고 양육적이고 항상 재미있음. 노래를 부름. 엄마는 두 개의 초기기억에서 눈에 띄는 역할을 하고 있음.

부모님은 아이들의 양육방식에 동의하였고, 부모님이 서로 싸웠다는 기억이 없다. 잔은 그들의 차이에 대해서 두려움이나 불안을 느끼지 않았다. 아빠가 주된 결정을 하였다. 부모님은 서로 행복해 보였고, 친구들과도 잘 어울렸으며, 일반적으로 안정적인 가정의 핵심역할을 하였다.

- 외할머니: 매우 특별함. 왜냐하면 그들과 함께 물놀이 갔기 때문에. 사람들과 잘 어울림. 재미있는 노래를 잘 불렀고, 재미있음. 하나의 회상에서 눈에 띄는 중요한 역할을 함.
- 친할머니: 엄격하지만 요리를 잘함.
- 친할아버지: 작고 상냥하고 재미있고 왜소한 남자. 담배 냄새가 남(세상에서 가장 좋은 냄새). (주: 잔은 아마도 요리든 다른 것이든 간에 다른 향기를 좋은 시간과 연합시키고 있는 것 같다.)

## Ⅲ. 가족 및 문화적 가치

가족구도에서 그들의 위치에도 불구하고 각각의 아이들에게 영향을 미치는 어떤 가치들이 있다. 잔은 로마 가톨릭 집안에서 자랐다고 보고하였다. 그녀가 '길러졌다.' 라고 언급한 사실은 그녀는 더 이상 이 믿음을 실천하고 있지 않다는 것을 말해 준다. 그러나 상담자는 영적인 믿음이 아직 그녀에게 중요하다는 것을 추측할 수 있다. 부모님 두 분 다 이 믿음을 실천하였으며, 잔은 아이였을 때나 어른일 때나 부모님들을 개인적으로 그리고 부부로서 두 분 모두 존경하였다. 잔의 가족들이 따르는 가치 중에는 다음과 같은 것들이 있다. 서로를 존경하고 관심을 가져라. 창조자로서 신을 존경하라. 열심히 일하되, 즐거운 것과 균형을 이루어라. 기쁨의 원천인 노래와 춤을 즐겨라. 질서, 협동, 일과 우정, 사랑하는 관계를 중요하게 여겨라.

엄마와 아빠는 서로의 차이점을 개방적으로 그리고 적극적으로 논의했다. 그러나 논쟁을 불러일으키거나 위협적인 방식은 아니었다. 그들이 서로 동의하지 않은 문제를 합의나 동의로 이끌어 내는 타협방식은 아이들에게 모범이 되었다. 이것은 잔이 존경하는 사람들이나 잔을 존경하는 사람들과 문제에 대해 협상할 때 유용한 것이 되었다. 반면에 그녀는 상호 존중이 없는 관계에서 차이점이 발생할 때(다시 말해서 다른 사람이 상호 간에 수용 가능한 해결책을 솔직하게 행하지 않을 때) 그러한 차이점을 어떻게 중재해야 하는지 방법을 알 수 없어 좌절하였다. 그녀의 바람은 타인을 위해 존재하는 것이다. 이것은 그녀에게 더 많은 책임감을 갖게 하거나 때에 따라서는 원하지 않는 경우에도 동의하게 하는 결과를 낳을 수 있다.

## IV. 초기회상

다음은 면접에서 얻은 잔의 초기기억을 옮겨 쓴 것이다. 앞서 주목했듯이 아들러 상담자는 내담자의 기억의 정확성과 관련성을 최대화하기 위해 해석과 상담과정에서 내담자의 자기대화를 사용하려고 시도하였다. 어떤 내용들은 초기회상의 몇몇 측면에 독자들이 주목하도록 도와주기 위해서 강조되었다. 이는 내담자의 자기대화 안에서 나타나는 주제들을 다루는 상담과정의 후반부에 특히 유용할 것이다.

1. **거실이 보이네요. 그 거실에는 창과 램프가 있어요. 녹색 창 같은 것으로 생각되고, 나는 뛰고 있거나 놀고 있거나 다른 어떤 것을 하고 있었던 것 같아요. 그러다 나는 램프의 전선에 걸려 넘어지며 램프를 떨어뜨렸고, '안 돼!' 라고 생각했어요. 나는 여기에서 어슬렁거리고 있을 수가 없었어요. 아빠가 집에 돌아오시는 중이었고, 나는 미칠 것 같았죠. 나는 도망가고 싶었어요. 엄마는 "아가야, 기다리는 게 어떠니? 아빠가 정류장으로 너를 데려다 줄 거야."라고 말했어요. 나는 작은 인**

**형 옷가방을 챙기고 그 안에 속옷을 모두 넣었어요. 왜냐하면 도망가려는 중이었기 때문에. 엄마는 계속 말하고 있었지요. "알았다. 아빠는 많이 화내지 않을 거야. 그래도 만약 네가 도망가길 원한다면 아빠가 와서 너를 데려다 줄 때까지 기다리는 게 어때?"** 나는 아빠가 어떻게 할지 정말 두려웠어요. 그리고 아빠가 어떤 것을 했는지 기억나지 않아요. 그냥,……나는 그것이 재미있었다고 기억해요. 나는 틀림없이 엄마가 아빠에게 내가 하려고 했던 것을 말했다고 생각해요. 그리고 나는 작은 인형가방을 갖고 있었고, 당신도 알다시피 나는 그가 어떤 것을 했는지조차 기억하지 못해요. 음,……어떤 것이든 말해 보자면 **정말 끔찍한 어떤 것이 일어날까 봐 내가 얼마나 두려워했는지는 기억해요**. 그리고 쌍둥이를 위해 기저귀를 갰던 것이 기억나요. 두 아기를 위한 기저귀가 쌓아올려져 있었고 우리는 개는 것을 도왔어요. 나는 어디로 가야 할지 알 수 없었어요. 나는 이 작고 빨간 인형가방을 꾸리고 그 안에 나의 속옷을 넣었어요. (웃음) 내복들도 거기에 넣었죠. 나는 양말을 신고 팬티와 내복도 입고 있었어요. **나는 아빠가 나에게 미친 듯이 화를 낼까 봐 겁에 질려 있었고, 아빠를 화나게 하고 싶지 않았어요. 아빠는 정말 강한 횡포를 휘둘러요**.

2. 기억나는 게 있는데…… 시카고에서 이런 일이 또 있었어요. **나는 유치원에 다니고 있었어요. 선생님은 언제나 나에게 점심 먹는 줄을 지도하라고 시켰고, 내가 반 아이들 우유 값도 걷었어요. 이 일은 반 년 정도 계속되었어요. 그러던 어느 날 나는 더 이상 점심 급식시간의 리더가 아니었어요. 나는 왜 내가 선생님의 호의나 관심을 못 받게 되었는지 알 수가 없었어요. 그러나 무서운 느낌이 들었던 게 기억나요. 나는 리더였는데, 어느 날 갑자기 나는 리더가 아니게 된 거예요**.
   나는 기억해요. 학급 전체를 이끄는 것은 좋은 느낌이었어요. 선택된 것이죠. 나는 많은 아이들보다 키가 컸던 것 같아요. **반장은 나의 역할이었어요. 나는 그 일에 대해 책임감을 가지고 있었어요. 그리고 기분도 좋았고요. 그러던 어느 날 갑자기 선생님이 줄의 맨 앞에 다른 아이를**

**세워 놓았죠. 나는 선생님이 나에게 뭐라 했는지도 모르고, 내가 더 이상 반장이 아닌 것을 어떻게 알게 되었는지도 모르고…… 그것은 나에게 절대로 설명되지가 않았어요. 선생님은 나에게 왜 그렇게 됐는지 말하지 않았고, 어떤 것도 말하지 않았어요**. 그러나 다른 아이들은…… 그것은 정말 마음 아팠고, 나는 내가 무엇을 했는지도 몰랐어요. 선생님한테 가서 어떤 것을 말해야 할지 걱정스러웠어요. 나는 엄마에게 그 일에 대해서 말했어요. 기억나지 않지만 엄마에게 그것에 대해 말해야 한다고 생각했어요. 그러나 엄마가 뭐라 했는지는 기억나지 않아요. **그것은 정말 나의 마음을 아프게 했고, 내가 무엇 때문에 선생님의 호의를 받지 못하게 됐는지 생각이 안 나요**.

3. 음, 어린아이였을 때요? 예, 줄거리가 생각나네요. 왜 그랬는지는 모르지만…… 나는 화가 나 있었어요. 우리는 1년 동안 캔터키에 살았죠. 쌍둥이가 태어난 후로. 그리고 아빠가 시카고로 전근해서 우리는 이 집에서 살았어요. 1, 2층과 중간 2층으로 나뉜 집이었죠. 흠, 쌍둥이는 아마 세 살이었고 나는 일곱 살이었어요. 아마 여름이었을 거예요. **나는 굉장히 화가 많이 났었고, 엄마는 내가 어떤 것을 하게 하려고 노력했어요. 하지만 나는 그것을 하지 않았죠. 엄마는 내 뒤에 와서 나를 침대에 눕히고 내 손과 발을 비틀었어요. 그리고 나는 엄마의 눈을 할퀴었어요**. 엄마는 내 뒤에 따라와서 무엇을 하게 하려 했고, 나도 도와주거나 어떤 것을 하려고 했어요……. 그러나 나는 엄마가 시키는 건 하려고 하지 않았어요. 때로 빅토리아와 나는 싸우곤 했고, 그것은 나를 방어하는 방법이었어요. 내가 어떤 장소에 가서 나의 손과 발을 이용하면 (웃으며) 아무도 나를 괴롭히지 못했어요. [상담자: 그래서 당신은 엄마의 눈을 할퀴었군요.] 나는 각막이나 눈 근처의 어떤 부분을 할퀴었어요. 엄마는 눈에 안대를 했어요. 죄에 대해서 이야기했죠. [상담자: 당신이 죄에 대해서 이야기할 때…….] **나는 무서웠어요**. 엄마에게 어떤 무서운 것을 하고, 나는 그 일에 대해 엄마가 뭐라고 말했는지 기억하지 못해요. 그것은 정말 나를 미치게 했어요. 그러나 **나는 엄마에게 상처를 입힌 것**

**이 무서웠어요.**

4. 텍사스에 외할머니와 살던 때가 기억나요. 해변에서 나는 화장실에 가야 했는데, 거기에는 화장실이 없었어요. 할머니는 나를 모래언덕에 데려갔고, 우리는 거기에 앉아서 용변을 볼 수 있었어요. [상담자: 어떻게 느꼈어요?] 누군가가 나를 돌보고 있는 것처럼 느꼈어요. **누군가가 나를 위해 존재하고 있는 것처럼 느꼈어요.**

## V. 아들러 이론의 해석적 가설

초기회상을 포함한 생활양식평가를 기초로 하여 만들어진 임시적인 가설은 이 자료들이 내담자와 작업하는 데 있어 어떻게 유용하게 사용될 수 있는지 설명한다. 이 사례의 경우 가설은 그녀가 자신을 더 깊이 이해하도록 돕기 위해 만들어졌고, 그러한 이해는 그녀의 고민을 유발하는 현재의 문제들에 더 효과적으로 대처하는 데 사용되었다.

중간아이로서 잔은 그녀를 가족 안의 다른 아이들과 비교하였고, 자신을 '별 특징 없는' 아이라고 결론내렸다. 그녀는 여성스러운 것을 좋아했고 대개 그녀는 여성스러운 것, 귀여운 것, '장식하는 잔, 새침한 아가씨' 와 같은 관심을 얻었다. 이와 같은 노력에도 불구하고 모든 사람들은 그녀를 단지 어떤 긍정적인 점이 있는 아이라고 평가하였고 그녀는 자신을 '둘째로 잘하거나 그렇지 않은' 으로 평가하였으며, 이것은 자신만의 구별이었다.

그녀의 부모님은 엄격하기도 하고 자상하기도 했다. 부모님은 그들의 양육방식과 성역할에 있어 일관된 모습을 보여주었다. 아빠는 통제적이었지만 '역시 우리를 위해' 있어 주었고, 엄마는 편안함, 즐거움, 자상한 모습을 보여주었다. 여자들, 특히 엄마와 외할머니는 성역할과 사적인 관계에 대한 그녀의 신념에 중요한 역할을 하였다. '사랑하는 사람을 위해 존재하고 책임감을 갖는 것' 은 꼭 필요한 것이었다. 비록 우연이라도 자신을 사랑하는 사람에게 상처 입히는 것은 안 되는 일이었다.

그녀가 이해하지 못하는 몇 가지 이유 때문에 삶에서 그녀의 위치가 다른 사람들에 의해 없어졌다(초기회상: 선생님이 줄반장인 그녀를 다른 학생으로 교체한 점. 더 최근의 일로 전남편과 아들의 일). 그것은 그녀를 혼란스럽게 하고 상처를 주었다. 그녀는 그러한 사건에 대해 어떻게 느끼고 반응할지 선택할 수 있는 자유를 실행하는 방법을 알지 못했다.

규범에 대해 거리낌없이 이야기하는 것(아이이지만 부모가 억지로 떠맡기는 일에 대항하는 것—가장 반항적임. 가톨릭의 정설—규칙을 따르지 않음)과 더불어 그녀의 가장 큰 강점은 매력적인 것이다(다시 말해, 외면적으로 보기가 좋다). 자주 있는 일이지만, 좋게 보이거나 '우중충한 또는 어리석은 금발머리' 처럼 행동하는 것은 아마 삶의 다른 영역에서 '대단하지 않은' 감정을 위장하기 위해 사용되었을 것이다. 이런 것들은 다른 사람들이 지각하는 것 이상으로 상처를 준다. 비록 그녀는 누군가가 그녀 자신의 방법을 이해하기를 원했고, 이해를 얻기 위해 자신의 분노를 보였지만, 그녀는 실망한 것 같았고 상처를 받았다(그녀는 자신을 가장 벌 받아야 하고 가장 예민하다고 인식하였다). 게다가 자신을 주장할 때 너무 강력한 것은 매우 나쁜 결과를 낳았다(엄마의 눈을 할퀴었을 때 같은 경우).

다른 장점은 곤경을 해결하는 데 차근차근 단계를 밟아 나가는 용기를 갖고 있는 것과 그녀가 존경하는 사람들이 주는 충고에 대해 개방적인 것이다. 초기회상에서 엄마는 그녀에게 집에 오고 있는 아빠를 기다리라고 격려해 주었다. 비록 그녀는 아빠의 분노가 두려웠지만, 그녀는 가방을 싸기 시작했고, 버스 정거장에 데려다 주기 위해 집으로 오고 있는 아빠를 기다렸다. 이것은 유머가 있는 것처럼 보이지만, 성인으로 본다면 그녀는 아직도 충고를 주의 깊게 듣는 것이다(집으로 돌아가서 남편과 맞닥뜨리라는 아빠의 충고). 그리고 그녀는 '일에 관심을 쏟고' 어떤 행동을 취할 때(초기기억: 그녀의 작고 빨간 가방을 싼다. 더 최근의 일로 남편이 집에 오기를 기다리는 동안 특별한 읽을거리를 읽는다) 개인적인 혼란 가운데에서 평화와 평온을 찾았다. 그녀는 자신의 행동에 대해 책임감을 가지고 있는 훌륭한 내담자인 것 같았다.

## VI. 인생과제에 접근

그녀의 성인기 삶 대부분은 가정주부였다. 그녀는 여전히 그녀의 엄마나 할머니처럼 주부의 일을 잘 해낼 수 있다는 생각을 가지고 있다. 그녀는 자신의 환경 특성을 인식하고 그녀의 옷이나 집, 작업환경에서 자신을 다른 사람에게 표현하기 위해 대개 그 특성을 사용했다. 외관은 중요하지만, 그러나 더 중요한 것은 관계였다. 예를 들면, 그녀의 초기기억은 모두 사회적으로 상호 작용하고 있는데, 혼자 있거나 단순히 다른 사람들을 관찰하는 것과 비교되었다.

우정의 관계에서든 작업환경이든 간에 그녀는 다른 사람들을 위해 존재했다. 그녀는 가장 만족스러운 방법으로 자기 몫의 일을 했다. 그러나 자기 개방의 순간에 그녀는 아직도 다른 사람들이 하는 것만큼 그녀의 역할을 잘 하지 못하고 있다고 느끼는 것 같았다. 이 잘못된 생각으로 그녀는 더 잘하기 위해 계속 배우려고 애쓰고 있었다.

그녀의 가족 가치는 그녀의 삶의 신념을 지지하는 데 변함이 없었다. 면접에서 잔은 성인으로서 그녀가 삶의 혼란을 초월하도록 도움을 주는 누군가가(신) 그녀를 위해 존재하고 있다는 깊은 영적인 관념을 드러냈다. 이 영적인 지지에 대한 사적인 신념은 그녀의 삶을 통해서 또 다른 장점으로 작용할 것이다.

## VII. 편안한 지역

모든 사람들은 그들의 가장 기본적인 신념들이 그들을 잘 받쳐 주고 있을 때 가장 편안하게 느낀다(다시 말하면 그들은 동료나 친구들, 가족들과 잘 지내게 되고 그들의 기본적인 육체적 · 영적 삶이 잘 정돈된다). 간단히 말해 그 때 그들의 기대는 충족된다. 그들은 자신의 육체적 · 심리적 · 영적 안전에 필요한 것에 대한 그들의 기대가 불확실하거나 위협당할 때 고민하게 된다. 이 사례에서 잔은 이제껏 그녀를 이끌어 주었던 삶의 신념이 지금 그녀의 아들과 전남편에 의해 위협당하고 있다. 이러한 신념들은 그녀의 안녕에 중심 개념이 된다.

이혼 이후로 그녀는 석사학위를 얻었고, 지금은 교육 계통의 직업을 통해 자신의 취미, 양육, 지성에 적용하고 있다. 그녀는 성공했음에도 불구하고 자신에 대해 여전히 평범하다는 편견을 가지고 있었다. 그녀와 살았던 14살된 아들은 아빠와 그의 현 동거녀와 사는 것을 선택하였다. 이것은 그녀에게 큰 상처와 좌절이 되었다. 다음 부분은 면접 동안에 나오지 않았던 이야기를 말하도록 돕기 위해 초기단계에서 생활양식평가와 DCT를 어떻게 사용하는지 보여주고 있다.

## 초기회상/DCT 평가

자료수집과 평가에서 해석과 상담까지는 부드럽게 진행되는 과정이다. 면접내용을 발췌한 부분에서 상담자의 질문이나 코멘트에 대해 과정과 목적을 설명해 주는 주해를 볼 수 있다. 다음 내담자의 회상은 그녀가 현재 삶의 위기를 대처하기 어렵게 하는 태도, 신념, 감정을 발견할 수 있도록 도와주는 데 사용되었다. 그녀의 큰아들은 그의 아빠 집으로 이사갔다. 잔은 자신을 위한 경력을 쌓는 과정 중에 있었으나, 아직도 '아이들을 위해 존재하고 싶은' 욕구를 느꼈다. 아들러 이론가는 DCT 기술을 사용하여 성공적으로 회상을 탐색한 후에 면접 동안에 생활양식정보를 모은다. 잔에게는 우선 DCT의 감각운동 수준에서 질문이 제시되었다.

상담자: 당신이 지금 해야 하는 것은 어렸을 때의 어떤 기억을 하나 선택하고 그때로 돌아가 보는 것입니다. **당신 자신이 지금 그 순간에 있다고 상상하고, 그 순간에 당신이 느꼈던 감정과 경험했던 것을 상상해 보세요**. 우리는 이야기가 되어 가는 대로 쭉 따라 나가겠지만, 회상했던 순간으로 다시 들어가게 되면 다시 회상을 체험할 것입니다.

잔 : 음, 아마도 그날, 나머지 일들은 단지 일어날 수 있었던 일인 것 같았어요. 그러나 내가 엄마에게 상처를 입힌 것은 정말 나를 혼란스럽게 했죠. 내가 울고 있을 때였지요.

상담자: 그때로 돌아가 봅시다. 당신이 침대에 누워 있을 때로. 눈을 감아

보겠어요? 자신을 보세요. 침대에 있는 자신을 경험해 보세요. (잠시 쉬며) 좋아요.

잔 : 그때가 생생하게 보이네요. 나는 침실에 있었어요. 블라인드가 내려져 있었고, 그곳은 어두웠어요. 음, 엄마가 내 뒤를 따라오던 것이 기억나요. 나는 침대 끝 모서리에 앉아 있는 것 같아요. 빅토리아가 내 뒤에 따라오거나 누군가가 내 뒤에 따라올 때 그렇게 하곤 했는데…… 그러나 나의 손이 이렇게 되고…… 그리고 나의 발도…… 당신은 그렇게 된 어린아이의 모습을 상상할 수 있죠. 나는 할 수 있는 한 손을 꽉 쥐었어요.

상담자: **당신의 손과 주먹은 경직되어 있었나요**?

잔 : 아니요. 주먹은 이렇게요…… 뭔가 움켜잡으려고 하고 있었어요. 고양이가 뭔가 움켜잡으려고 하는 것처럼 주먹은 내 몸에서 떨어져 있었어요.

상담자: **그리고 어떤 소리가 들렸나요**? 그때 어떤 것을 들을 수 있었나요? 당신은 침대에 누워 있습니다. 어떤 것이 들리나요? (잠시 쉬며) 당신은 여기에 누워 있고 엄마가 당신에게 오고 있어요. **엄마가 무엇처럼 보였는지 기억하나요**? **엄마 얼굴 표정이나 다른 것을 기억하나요**? 당신은 그것에 대해 어떤 이미지를 갖고 있나요?

잔 : 나는 엄마의 얼굴을 얼마간 볼 수 있었어요. 그러나 얼굴에서 어떤 표정 같은 것은 볼 수 없었어요.

상담자: **그녀의 신체언어가 어떤 것을 나타내고 있나요**? **그녀가 당신을 향해 올 때 그녀가 어떻게 보였나요**?

잔 : 내가 생생하게 머릿속으로 그릴 수 있는 장면은 나는 뭔가 움켜잡으려 하고 엄마는 아직 방에 없어요. 엄마가 방에 들어오기 전에 나는 그것을 시작하려고 했어요.

상담자: 당신은 시작했고 엄마는 들어왔군요. **어떤 소리도 없었나요**? **엄마가 뭐라고 말하나요**? **당신은 소리를 냈나요**? **냄새 같은 것은 어땠어요**?

잔 : 아니요. 다른 아이들이 주위에 없었다고 확신해요. 그들은 방에 없었어요.

상담자: **여기에 대해 계속 이야기해 봅시다. 그때 바로 일어나지는 않았지만, 어떤 시점에서 당신은 엄마의 눈을 할퀴었어요. 그때 일어난 것에 대해 나에게 말해줄 수 있어요**? (DCT 구체적 조작 수준의 질문하기)

잔 : 음, 엄마가 멈췄어요. 무엇을 하러 왔는지 모르겠어요. 나는 여기에 대해서는 기억이 안 나요. 그러나 나는 그때 멈추었어요..

상담자: 당신은 멈췄어요.

잔 : 예. 그때 엄마는 뭔가 하기 위해 떠났던 것 같아요. 그리고 빅토리아가 들어와서 나에게 뭔가 말했어요.

상담자: 빅토리아가 들어오기 전에 엄마는 자신의 눈을 감싸며 나갔고 멈추었어요. **그때 가졌던 감정에 접촉할 수 있겠어요**? (DCT의 감각운동 수준)

잔 : 모르겠어요. 나는 엄마를 다치게 했어요.

상담자: 당신의 어깨가 제지당하고…….

잔 : 아마도 내가 여기 있기 때문인 것 같아요.

상담자: 당신의 얼굴이 긴장한 것 같군요. 어깨도 굳었고, 팔도 굳었고, 어떤 감정이 집중된 것처럼 보이는군요.

잔 : 나는 엄마를 다치게 했어요.

상담자: 당신의 그 감정이 표현되고 있는 다른 신체적인 부분은 없나요? 당신의 몸에서 그 감정이 느껴지는 곳? 그 감정이 어디에 있나요? "오, 나는 엄마를 다치게 했어." 그것은 당신의 몸의 어디에 있나요?

잔 : 내가 볼 수 있는 모든 것은 단지…….

상담자: 만약에 당신이 지금 그때와 같이 한다면, 그 감정을 가장 잘 느끼는 곳은 어디입니까? 어디에서 느낍니까?

잔 : 내 어깨에서요.

상담자: 어떻게 느껴집니까?

잔 : 고통스러운 것 같아요. 나는 그것을 실제로 느낄 수가 없어요. **내가 엄마에게 상처를 입힌 것은 아마 나의 마음에도 상처가 된 것 같다**는 생각이 드는군요.

상담자: **그 느낌을 경험해 봐요. 당신의 삶 중에서 다른 때에도 그와 같은**

**느낌을 가졌던 때가 있었나요?** (DCT구체적 조작 수준의 질문하기)

잔 : **마음에 상처를 입을 때요?** (웃는다.)

**단지 (운다) ……마음을 칼로 그은 것처럼 상처받은 느낌이 들었던 때가 언제냐면, 그가 불륜관계를 가지고 있고 나와 이혼을 원한다는 것을 알았을 때죠. 그것은 육체적인 가슴의 고통이었죠. 마치 내 마음을 칼로 그어 내리는 것 같았어요. 최근에는 나의 아들 로버트가 찰스와 살기 위해 떠날 때도 그랬죠. 다른 것은…… 지금 나는 이것이 어디로 가야 하는지 모르겠어요. 그러나 모든 것에 대해 이야기해 보면 나의 엄마는 훌륭한 모범이었어요.**

가족 모두 친절하고 애정이 있고 관심을 갖고 있고, 우리 모두 아이들을 잘 돌보았죠. 우리는 모두 부지런한 일꾼이에요. 부모님들은 신의 은총을 받았고, 어떻게 신의 은총을 받게 되었는지 모른다고 항상 말했어요. 부모님께는 딸이 다섯 있었고, 우리들 모두 매우 잘하고 있어요. 딸들 중 누구도 진짜 부자이거나 물질적으로 풍부한 건 아니지만, 모두가 정말 선하고 견고한 가치를 추구하고 있고, 매우 친절하고 양육적이에요. 나는 내가 알고 있는 그런 방법으로 양육되었죠. 이건 엄마가 어떤 사람인지 안다는 것을 의미해요. (운다)

**나는 자라서 10대가 되었고, 대학생이 되었고, 결혼에 대해 생각하게 되었어요. 나는 엄마처럼 되길 원했고, 가정주부가 되고 싶었어요**. 나는 정말 즐거웠고, 아직도 집안일을 돌보고 요리하고, 이런 일들을 즐기고 있어요. 그리고 찰스가 떠났을 때 그것은 내가 하고 싶어 했던 모든 것이 떠난 것과 같았어요. 나는 내 아이들에게 되어 주고 싶었던 엄마의 모습이 될 수 없었어요. 찰스는 로버트를 데려갔고, 나는 어떻게 해야 할지 정말 고심했어요. 왜냐하면 그는 지금 잘하고 있지도 못했고, 내가 그를 도우려는 것도 방해받고 있었으니까요. 나의 아들을 도울 수 없다는 것은 정말 힘들었어요. 나는 그저 계속 일을 하면서 뭔가 해 줄 수 있는 다른 방법을 찾고 있었죠. 아마 내가 한 일은 아무것도 없을 거예요. 그 점이 가장 힘들었어요.

상담자: 비슷한 감정을 느꼈던 때가 있었는지 물었을 때, 당신은 두 번 있었

다고 말했어요. 한 번은 찰스와 이혼했을 때이고 한 번은 당신의 아들을 대할 때라고 했어요. 이 둘 중 하나에 대해서 좀 더 자세하게 말해줄 수 있어요?

잔 : 둘 중에 하나요?

상담자: 예, 당신이 선택하세요.

잔 : 지금 찰스와의 이혼이 생각나네요. 나는 내가 하기 원했던 것도, 내가 바라는 엄마의 모습이 되는 것도, 그 관계에서 필요한 어떤 것도 할 수 없었어요. 그래서 나는 그것에서 벗어나야 했고, 이혼이 최선이었죠. 나는 찰스에 대해 엄청난 실망감을 느꼈어요. 왜냐하면 나는 항상 그의 잠재력을 보았지만, 그는 그것을 발휘할 수 없었고 하려고도 하지 않았어요. 그러나 나는 항상 내가 할 수 있는 것을 알고 있었어요. 로버트의 성격은 찰스와 비슷하지만, 로버트는 훌륭하고 찰스는 IQ가 높았어요. 로버트도 놀랄 만큼 높은 IQ를 가졌어요. 그는 멋진 아이예요. 그는 창의적이고 박식하지만 때때로 짜증나게 했어요. 그는 주의력이 부족했고 그것은 재능에 이상을 일으키기도 했죠. 당신도 알겠지만, 좋은 엄마가 되기란 너무 힘들어요. 자녀가 어떤 것에 책임을 지는 방법을 배우도록 도울 수 있어야 해요. 그러나 로버트는 여러 번 책임을 전가했어요. 만약 그가 나쁜 성적을 받으면, 선생님이 그렇게 만든 거라고 했지요. 당신도 알다시피, 그건 그의 아버지 모습이기도 해요.

상담자: 찰스의 외도에 대해 알았을 때의 어떤 구체적인 사건에 대해 이야기해 줄 수 있나요? **당신이 언제 눈치채게 됐는지 기억하나요? 정확하게 무엇이 일어났는지 기억하나요**? (DCT구체적 조작 수준의 질문)

잔 : 예, (웃으며) 우리가 막 이 새 집으로 이사왔을 때예요. 우리는 두 명의 아이가 있었고, 두 살과 세 살이었죠. 우리는 7월 4일에 큰 파티를 했어요. 그의 생일이 4일이었고, 나는 그의 생일 때면 항상 큰 파티를 하곤 했어요. 약 250명의 사람들이 왔던 것 같아요. 내가 모든 요리를 했죠. 전채요리와 기타 여러 가지 요리들을요. 그는 흐뭇해 했어요. 장식에 이름을 붙이기도 했고. 나는 그가 트럭에서 그의 여

자 동료와 함께 불꽃을 발사했던 것을 기억해요. 이상한 생각이 들었죠. 나는 그들이 불꽃을 발사하는 것을 보았고, 그때 그의 외도에 대한 단서를 갖게 됐어요. 그러나 나는 자매들과 함께 계획한 부모님의 결혼기념일에 가기 위해 마을을 나왔어요. 그것은 부모님을 깜짝 놀라게 해 줄 일이었죠. 나의 부모님은 찰스에게 잘 대해 주셨어요. 그러나 그는 가고 싶어하지 않았어요. 그는 안 가겠다고 말했죠. 그는 변명을 둘러댔고, 나는 그것 때문에 당황했어요. 다음 날 아빠는 나를 거실에 앉게 하고 말했어요. “잔, 찰스가 몸이 안 좋거나 무슨 일이 있는 모양이구나.” 나는 “아빠, 찰스는 일이 좀 있어요”라고 말했죠. 만약 우리의 결혼생활에서 안 좋은 점이 보이면 아빠는 나에게 그렇게 말하곤 했죠. 음, 그날 저녁 그는 전화를 했어요. 그는 결코 전화한 적이 없어요. 찰스는 나에게 전화를 하지 않았어요. 그는 교외로 나갔던 모양이에요. 그는 정말 책임감이 없었어요. 그러나 그는 그날 저녁 전화를 했고, 목소리가 재미있는 것처럼 들리더군요. 그는 아이들과 이야기하기를 원했어요. 그때 나는 그에게 배(stomach)가 어떤지 물어보는 것을 깜빡했어요. 그래서 다음날 그의 사무실에 전화를 걸어 비서에게 그를 바꿔 달라고 요청했는데, 그가 부재 중이라고 말하더군요. 나는 그가 어디 갔냐고 물었어요. 그녀는 그가 휴가를 떠났다고 하더군요. “휴가 중이라고요?” 나는 휴가에 누가 같이 갔는지를 물었어요. 비서는 Lillian이라고 말해 주었고 나도 알고 있는 사람이었어요. 아빠가 돌아가서 알아보라고 하시더군요. 그래서 나는 아이들을 부모님께 맡기고 비행기를 탔어요. 이날 내가 어떻게 보였는지 너무 알고 싶었어요. 나는 분명 얼간이같이 보였겠죠. 나는 비행기를 타고 돌아가서 일을 처리했어요. 나는 그의 녹음기에 메시지를 남겼고, 그의 사무실에 가서 다른 사람들에게 이야기했어요. 그들은 나를 좋아했어요. 그러나 상황이 안 좋은 것을 느끼고, 다음날 그들은 일하러 오지 않았어요. 나는 탐정같이 조사를 했고, 그의 차를 발견했어요. 그리고 그가 더운 곳에서 휴가 중이었다는 것을 알아냈어요. 왜냐하면 스쿠

버 장비가 없어졌기 때문이죠. 나는 이 작은 단서들을 함께 맞추어 보았어요. 그리고 그의 차에 메모를 남겼어요. 나는 당신이 어디에 있는지, 누구와 있는지 알고 있다고, 집에 돌아오라고. 그래야 우리가 앞으로 어떻게 할지 해결할 수 있다고 말예요. 그리고 나는 집에 갔고 음, 무서운 평화였지요. **그것은 나의 삶에서 정말로 가장 놀라운 순간이었어요. 왜냐하면 모든 것이 엉망이 되어 버렸기 때문이죠. 그러나 나는 매우 평화로웠고, 3일 동안 그가 읽었으면 했던 책들을 전부 읽으며 시간을 보냈어요. 나는 매우 평화로웠어요**. 그리고 그가 그날 걸어올 때, 그가 집안으로 오고 있을 때, 나는 아무 생각도 나지 않았어요. 그러나 그가 문 안으로 들어올 때 나는…… 말했어요. 음, 그리고 나는 항상 말해 왔어요. 만약 남편이 외도를 한다면…… 나는 당신이 그렇게 심한 상처를 주어서 유감이라고 말했어요. 그렇게 극단적으로 가야만 했냐고……. 그는 내가 무슨 말을 하는지 알지 못했고, 그래서 우리는 앉아서 이야기하기 시작했어요……. 우리는 전보다 더 좋은 대화를 더 많이 했어요. 그때 그의 외도는 별로 깊은 편도 아니었고, 많이 문란한 것도 아니었어요. 음, 그래서 우리는 함께 1년을 보냈는데, 1년 후에 나는 그가 다시 그녀와 있다는 것을 알았어요. 나는 미안하지만 당신은 떠나야 한다고 말했더니, 그때 그는 울더군요. 그러나 나는 다시 매우 침착해졌어요. 그때조차도 나는 우리가 함께해야 한다고 생각했어요. 그러나 우리는 절대 그러지 않았고, 3년간의 끔찍한 이혼전쟁이 계속되었어요.

상담자: **내가 물으려고 하는 질문 중의 하나는 다음과 같아요. 여기 두 개의 정말 다른 시나리오가 있어요. 당신은 엄마와 함께 침대에 있고, 우연히 엄마의 눈을 할퀴게 되고, 여기서 당신은 초기회상을 시작했어요. 그때 찰스와 관련된 상황, 이혼, 그리고 그것과 관련된 많은 다른 감정들에 대해 생각해 냈지요. 그들 중 어떤 것들은 갑자기 가슴을 찌르는 듯한 감정을 일으켰어요. 나는 당신이 이 두 가지 시나리오에 어떤 유사점이 있다고 보는지 궁금하군요**. (DCT

형식적 조작 수준의 질문하기)

잔 : 글쎄요. 확신할 수 없군요. 나는 초기회상의 기억이 나를 아프게 했고 엄마를 아프게 했다는 것을 알아요……. 그것은 엄청난 상처였어요……. 찰스가 나에게 상처를 준 건…… 음, 내가 더 나은 아내가 되려는, 더 나은 엄마가 되려는, 이것저것 더 잘해 보려는 동안에 내가 많은 책임감을 가지고 있었던 때가 두 번이 있었어요. 그래서 우리는 함께 시간을 보냈고, 그것은 내가 노력한 것이었어요. 더 잘해 보려고.

상담자: **고통의 부분은 당신의 기대를 채워 주지 못했군요**.

잔 : 예.

상담자: 더욱 엄마처럼 되고 싶은 그런 기대.

주: 여기에서 상담자는 그녀가 다양한 관점으로 보도록 도와주고자 (다시 말하면, 다른 사람들은 그들을 어떻게 보는가) 잔의 삶의 규칙의 발단을 탐색하기 위해 DCT의 변증법적 · 체계적인 질문을 사용하였다. 그러나 잔은 그 질문에 대해서 분명하지 않았다. 생활양식자료가 이용 가능하지 않아서 상담자는 다른 것을 선택하였다. 상담자는 질문을 명확히 하고 잔이 DCT의 과정으로서 그 발단을 입증할 수 있는지 어떤지 결정하였다. 이 경우에 더욱 아들러식 접근법이 취해진다. 그것은 상담자에 의해 1인칭 '자기대화' 로 진술된다. 상담자는 내담자에 의한 인지반영에 주의를 기울인다(다시 말하면, 반영이 옳은지 아닌지 보통 자발적으로 시인한다). 이 경우에 언어적 · 비언어적 시인이 모두 주목된다.

상담자: **당신이 당신 자신에게 주었던 이 메시지들은 어디에서 왔나요?** (DCT 변증법적 · 체계적인 질문)

잔 : 어떤 메시지요?

상담자: **당신이 말한 두 가지의 이야기에서 다소 강하게 나타나는 메시지가 있어요**. 사실 당신의 전반적인 생활양식에서 나는 공통적인 주제를 들었어요. **당신은 어떤 사람도 상처 입히기를 원하지 않아요. 당신은 다른 사람들을 위해 존재하기를 원해요**. 그리고 엄마와 있는 상

황에서 그녀는 당신에게 왔고, 당신은 그녀를 상처 입혔고, 당신은 그것에 대해 끔찍하게 느꼈어요. **당신은 여전히 그것에 대해 끔찍하게 느껴요.** 음, 찰스와의 상황에서 보면, 당신은 항상 당신의 아이들을 위해 존재할 수 있어야 한다고 생각했어요. 당신은 찰스를 위해 존재했고, 그는 그것을 고마워하는 것처럼 보이지 않았어요. 그리고 우리는 선생님과 있었던 상황에 대해 생각했어요(줄의 맨 앞이었던 그녀의 자리를 잃어버렸을 때에 대한 초기회상). 당신은 혼란스러웠어요. **당신은 어떻게 규칙이 변할 수 있는지 이해할 수 없었어요. 어떻게 삶의 규칙이 변할 수 있지? 엄마와 아빠는 아이들을 위해 존재해야 하고, 그들은 당신의 엄마와 아빠처럼 서로를 위해 존재해야 한다는 삶의 규칙…… 음, 나는 항상 그런 사람이 되어야 한다고 믿었어요. 그런 아내가 되고, 그런 엄마가 되고, 그런 친구가 되어야 한다고……. 나에게 관계는 정말 중요한 것이고 당신은 당신에게 중요한 사람들에게 상처를 입히면 안 돼요. 다른 사람을 사랑하는 사람들은 상처를 입어요. 이것은 그들에겐 이해할 수 없는 일이죠. 이것을 끝내는 데에는 방도가 없어요.**

잔 : 어떤 것이 있군요……. 어떻게 해서 내가 나의 아들을 도우려는 데 방해를 받는 거죠? (울며) 지금 그 일들이 일어나고 있어요.

주: 여기에서 잔은 문제의 초점을 전남편과의 잃어버린 관계에서 아들과 연관된 현재의 고통으로 변화시키는 것을 선택하였다. 우리는 아들의 상황이 안 좋다는 것뿐만 아니라 전남편과 관련된 고통이 아직도 그녀에게 나타나고 있다는 것을 추측할 수 있다. 상담자는 미해결 과제를 해결하기 위해 그녀가 전남편과 관련된 감정을 다시 만날 것 같은 다른 시간을 염두에 두도록 그녀를 이끌었다. 그 사이에도 그녀는 DCT의 변증법 수준에서 어떻게 그녀의 아들이 찰스가 하는 것처럼 생각하고 느끼게 되었는지 알아차리지 못했다. 상담자는 그녀를 문제의 근원을 밝혀내는 과정으로 안내하였다.

상담자: 한번 봅시다. 당신이 엄마와 아빠 사이의 관계, 아이들, 그리고 어

떻게 당신이 생각하고 느끼게 되었는지를……. 당신은 자신에 대해 가지고 있는 규칙과 당신이 삶을 살기 위해 노력한 방법들을 이해했어요. 이제 당신의 상황, 여기를 말해 봅시다. 나는 이러한 규칙들을 지키며 살려고 노력하고 있고, 나에게는 엄마가 시키는 것을 하지 않겠다고 말하는 아들이 있어요. 그리고 그렇게 되는 데 원인을 제공하였고, 그 밖의 것들의 지원자로 행동하는 전남편, 그리고 "나는 어떤 것도 하고 싶지 않아요. 그리고 당신은 내가 어떤 것들을 하도록 만들 수 없어요."라고 말하는 잔을 생각해요. 당신의 아들은 누구와 비슷하죠?

잔 : 그는 나의 특성 중 어떤 것들을 갖고 있어요.

상담자: 맞아요. 지금의 당신 아들, 당신은 "내가 십대였을 때 엄마와 나는 이와 같이 행동했다."라고 말했어요. 그래요. 그러나 당신이 그와 같이 행동했을 때 당신이 하고 있는 것은 무엇인가요? 당신은 무엇을 하고 있었나요?

잔 : 많은 것을 하지 않았어요……. 그것이 무엇이었던 간에.

상담자: 당신의 근본적인 이유는 무엇입니까? 당신의 동기 뒤에 있는 것은 무엇입니까? (주: 그녀 아들의 관점이 무엇인지 이해하도록 그녀를 안내하라)

잔 : 나는 통제당하지 않았어요.

상담자: 그리고 당신은 무엇을 하려고 했어요?

잔 : 저요?

상담자: 당신은 당신 자신이 되려고 했어요.

잔 : 맞아요. 로버트가 하고 있는 것은 단지 이거예요. 그는 모두 A를 받고 F를 두 개 받았어요. 엄청난 몸부림이 있어요. 나는 완전히 이것에서 벗어났어요? 부모들은 완전히 벗어날 수 있을까요? 내가 그것을 찰스에게 맡길 수 있을까요?

상담자: 당신에게 질문을 하나 할게요. **당신은 선택권을 가지고 있습니까?** (아들러 상담자는 내담자들이 그들의 대안을 인식하도록 격려한다. 선택이 내담자의 것이 아닐 때, 자유스럽게 통제 안에 있는 것이 대신하여 행

동으로 취해진다.)

잔 : 나는 모르겠어요. 확신할 수 없어요. 나는 찾기 위해 모든 면에서 노력하고 있어요.

상담자: 당신은 그를 위해 존재하기를 원했고, 그는 스스로 하겠다고 말했어요. 이제 당신은 만약 그가 스스로 하기를 원한다면, 당신이 해야 할 것은 아무것도 없다는 것을 당신 자신의 경험에서 충분히 알게 됐어요. 이제 당신에게 다른 질문을 하나 하지요. 당신과 당신의 엄마에게 일어난 사건에서 당신은 강렬한 용어로 그녀를 묘사했어요. 그러나 당신은 당신이 십대였을 때는 그런 식으로 느낄 수 없었어요. 차이가 무엇이죠?

잔 : 엄마는 어떤 사람인가 하는 점이에요.

상담자: 그리고 무엇이 일어났어요?

잔 : **내가 엄마만큼 잘했는지 어떤지 모르겠어요.**

상담자: 잔, 당신이 좋아했던 것과 형제들이 어떤 특성이 있었는지 등의 목록에 대해 검토했을 때, 모든 사람들은 독특한 사람이었어요. 알고 있어요? 모든 사람들을 독특하다고 했어요. '매우 좋거나 또는 매우 좋지 않은 것'이 있었고, 당신은 항상 그 사이에 있었어요. **당신은 당신 자신에 대해 평범하다는 편견을 가지고 있어요. 어때요?**

잔 : 예. (웃는다.) (이것은 전형적인 인지적 반영이다)

상담자: 예. 지금 당신은 선생님이에요. 당신은 그런 선입견을 가지고 있는 학생에게 뭐라고 말하고 싶나요?

잔 : 당신은 내가 별다른 특징이 없는 아이라고 말하는 것을 들었어요. 그러나 나는 절대로 나 자신을 평범하다고 생각해 본 적이 없어요. **그것이 내가 나 자신에 대해 생각하는 방법이에요**. 나는 사람들이 나를 "재는 그다지 잘하지 못하는 아이야."라는 느낌을 가지고 인식한다고 생각하지 않아요. 심지어 나의 엄마조차도 그것을 몰랐어요. 전에 나는 어떤 것을 말했는데, 그것이 무엇인지 잊어버렸어요. 엄마는 "아가야 **안 돼**……."라고 말했어요. 그녀는 내가 이런 식으로 느낀 것에 대해 깜짝 놀랐어요. 당신이 옳아요. 그럼에도 불구하

고 이제 그녀와 나는 매주 이야기하고, 나는 그녀에게 어떤 것이든 이야기할 수 있어요. 나는 그것이 옳다고 생각해요..

상담자: 당신이 당신의 상황을 묘사하면서 바보 같은 상태로부터 완전히 이완되고, 평화롭고, 몰두하는 상태로 옮아갈 때, 그 사이에 어떤 일이 진행되고 있었습니까?

잔　: 나는 내가 하고 싶은 것을 했어요. 나의 소중한 친구 셀리에게 갔고 그녀에게 얘기했어요. 그녀는 나를 위해 있어 줬어요. 찰리의 사무실에 갔고 일을 처리했어요. 음, 그리고 공항에서 그의 차를 발견했어요. 탐정같이 샅샅이 조사했고, 집에 돌아와서 책을 읽고, 그리고 평화로웠어요. 나는 가톨릭 집안에서 자랐지만 대학을 다닐 때 이 모든 규칙들은 엉터리고 "나는 지킬 수 있어. 아니, 아마 못할 거야."라고 결정했어요. 당신도 알지만, 가톨릭에는 너무 많은 규칙이 있었고, 어떤 것은 내가 믿고 있는 것과 다르다는 것을 알았지만, 그러나 그 규칙들은 우리 모두에게 엄청난 강한 신념과 신뢰, 신 안에서의 믿음을 주었어요. 변하는 곳, 믿는 곳에는 항상 누군가가 있었어요. 그것은 더 나의 핵심으로 다가가는 출발점이었고, 모든 혼란과 동요에서 평화를 찾게 했어요. 나는 그것을 바꿀 수 있었어요. 나는 그것으로 돌아가는 연습을 했고 이제 때때로 그것을 할 수 있어요……. 그러나 그것이 일어났을 때는 나의 영적인 삶에서 정말 변화하는 시점이었어요.

상담자: 이제 다른 것을 이야기할 시간이군요. 로버트의 관점에서 볼 때 당신이 처리해야 할 필요가 있다고 생각한 일은 무엇입니까?

## 결 론

이 시점에서 상담자는 그녀가 아들과의 상황에 대해 생각하고 느끼는 방법의 대안적인 가능성을 탐색하도록 중재하였다. 이러한 상황들은 그녀가 통제할 수 있는 것을 넘어선 것이고, 그녀가 하지 못한 것을 넘어선 것이다. 모든 사람들은 삶에 대한 자신의 규칙을 만들어 내고 수정하고 삭제하고 새로운 것을 창조할 수도 있다는 사실은 그녀의 자신에 대한 인식과 잘 들어맞는다. 결국 그녀는 다른 사람의 규칙을 따르지 않는 것을 연습하였다(그녀가 아이였을 때 그녀의 부모님, 가톨릭 교회, 그녀가 십대였을 때 그녀의 엄마). 그리고 그녀가 두려워하는 것(아이였을 때 아빠의 분노를 예측하였던 초기회상)에 대처해 나가는 자신의 능력을 재구성함으로써 남편과의 혼란 가운데서 큰 평화를 경험하였다. 십대 아들의 현재 행동이 그녀가 십대였을 때 엄마에게 했던 행동과 대등하다는 것은 그녀에게 격려가 되었다. 왜냐하면 그것은 그 시간에 대해 새로운 희망과 인내, 끈기를 제공해 주었고, 그녀가 바라는 아들과의 성숙한 관계를 가능하게 했기 때문이다.

DCT의 관점에서 잔은 점차적으로 자신의 지각의 방해물을 발견하기 시작하였고, 이 지식을 이용하여 새로운 행동을 시도해 보도록 이끌어졌다. 그녀는 자신의 이야기를 적어도 세 수준인 감각운동, 구체적 조작, 형식적 조작 부분으로 관련시킬 수 있었다. 그녀의 아들과의 관계에서 관계의 발단과 함축에 대한 변증법적인 이해는 잘 이루어지지 못했다. 마찬가지로 그녀의 전남편에 대한 풀지 못한 감정과 그것이 어떻게 아내로서, 엄마로서, 친구로서의 자신에 대한 기대와 관련되어 있는지 그녀는 알지 못했다.

마지막으로 저자는 제2장에서 논의되었던 것과 같이 건강한 사람의 영적인 차원의 안녕을 믿기 때문에, 그녀가 선택한 일상적인 관계와 수단이 무엇이든 간에 영적인 신념을 통해서 평온과 평화를 누릴 수 있는 그녀의 능력을 격려하였다. 신은 항상 그녀를 위해 영적으로 존재한다는 믿음은 삶의 도전에 적절하게 대처해 나가는 것을 배우는 데 강력한 장점이 될 수 있었다.

아들러 이론의 생활양식평가와 DCT의 혼합적인 사용은 효과적이다. 비록 둘 중 한 가지만 사용하는 것도 내담자를 돕는 데 충분하지만, 아들러식 접근방식 내에서 DCT를 함께 사용하는 것은 더 빠른 변화를 가져오고 내담자에게 잠재적으로 더 큰 이익을 가져온다. 이 말은 당연히 이러한 방법들을 함께 사용하는 것이 잠재적인 유용성을 가지고 있다는 점을 주장하고 있는 것이다.

# 연구문제

지시: 다음 질문에 답하시오.

1. 아들러 이론의 관점에서 동기수정 대 행동수정의 의미는 무엇인가?

2. 다음 질문의 진단적 가치는 무엇인가? 만약 이 문제나 상황이 해결되거나 교정되었다면 삶은 지금과 어떻게 달랐을까?

3. 아들러 이론의 관점에서 계속적인 비난, 불평, 핑계, 두려움, 무능력한 상태는 무엇을 나타내는가?

4. '수프에 침뱉기' 는 직면의 한 형태다. 이 기법을 적용해 볼 수 있는 상황의 예를 들어 보라. 그것이 효과적으로 되기 위해 필요한 조건은 무엇인가?

# 제9장 | 진로양식평가와 상담

짝짓기 모델
아들러식 짝짓기 모델
아들러식 진로상담
진로양식면담
진로양식평가
진로양식상담
요 약
연구문제
활 동

제 9 장

# 진로양식평가와 상담

*마크 새비캐스(Mark L. Savickas)*

아들러의 개인심리학은 고전적인 진로상담모델을 발전시키는 직업발달에 관한 시각을 제공한다(Watkins, 1984). 이 장에서는 이러한 주장을 상세하게 다루고, 진로상담가들이 아들러의 관점을 자신들의 직무에 적용하기 위해 사용할 수 있는 방법들과 소재들을 제시한다. 우선 진로상담에 가장 광범위하게 사용되는 접근법인 사람과 직업 짝짓기의 장점과 단점에 대해 논의한다. 다음으로 이러한 '짝짓기 모델' 이 상담가에게 더욱 유용하도록 아들러의 개인심리학이 정교화시키고 있는 네 가지 방식에 대해 논의한다. 나아가 아들러식 상담가들이 생활양식상담의 일환으로서 진로상담을 하게 될 때, 짝짓기 모델을 실천에 옮기기 위해 개인심리학적 자료들과 방법들을 어떻게 적용하는지를 짧게 설명하고자 한다. 이 장의 나머지 대부분은 아들러식 진로상담, 특히 진로양식상담을 위해 고안된 개인심리학의 자료와 방법들을 제시하고 있다. 진로양식상담은 세 부분으로 나뉜다. 첫째, 내담자의 진로양식에 관한 자료를 수집하기 위해 상담자가 사용하는 구조화된 면담에 대해 다루고 있다. 둘째, 내담자의 진로양식을 평가하기 위하여 수집된 자료를 상담자가 어떻게 고려할 것인가에 대한 견해들이 제시되어 있다. 셋째, 진로양식상담의 다섯 단계 모델에 대해 설명하고 있다.

## 짝짓기 모델

진로상담의 고전적 모델(Parsons, 1909)은 개인차 심리학에 기초를 두고 있다. 상담자는 개인차를 이용하여 적합하고 적응 가능한 직업에 사람을 짝짓는다. 짝짓기 모델의 핵심적 명제는 '유유상종'이라는 친숙한 격언이 주는 지혜다. 상담자는 내담자의 흥미를 측정한 후, 이러한 흥미가 인정받고 보상받을 수 있는 해당 직업이 무엇인지 확인한다. 흥미에 맞는 직업을 갖는다는 것은 내담자가 직무 요구에 개인적 필요를 통합시킬 수 있는 기회를 갖는다는 의미로, 직업에 대한 성공감, 만족감, 안정감 등을 경험하도록 한다.

짝짓기 모델을 추구하는 진로상담은 번역에 비유될 수 있다. 언어학자가 스페인어를 영어로 번역하는 것처럼, 진로상담자는 내담자의 정체감을 직업명칭으로 전환시킨다. 예를 들어 한 내담자가 돌보기를 좋아하고 지시적이라면, 상담자는 내담자의 자아개념을 교사, 상담자, 목사, 간호사 등 남을 돕는 직업들로 전환시킨다. 상담자는 이와 같은 직업들을 탐색해 보도록 장려한다.

짝짓기 모델은 주요 진로상담도구인 흥미검사에도 응용된다. 흥미검사는 앞서 말한 번역업무가 자동화되는 것에 비유될 수 있다. 흥미검사의 문항들에 응답하면서 내담자들은 검사도구 개발자가 제시하는 구성개념들을 통해 자기 자신을 묘사해 나간다. 검사의 채점 기준은 이론적으로 도출되거나, 다양한 직업이나 직무환경에서 성공한 근로자들의 특성들을 경험적으로 밝혀낸 것에 기초한다. 검사결과를 통해 내담자가 다른 직업의 근로자들과 얼마나 유사한지를 살펴볼 수 있다. 요컨대 프로파일상의 점수는 내담자의 자기개념이 직업명칭으로 전환된 것이라고 할 수 있다. 검사 해석은 짝짓기 모델, 자료들과 더불어 상담자가 사용하는 주요한 상담방법이다(Crites, 1981). 상담자는 직업계획을 세우도록 장려하고, 직업 탐색을 유도하며 진로의사결정을 구조화하도록 고안된 방식들을 통해 내담자에게 흥미검사 결과를 해석해 준다.

검사자료와 해석방법들을 가진 짝짓기 모델은 내담자와 상담자 둘 다에게 매우 친숙하다. 실제로 많은 내담자들은 흥미검사를 요청하면서 초기면담을 시작한다. 왜냐하면 친구나 교사로부터 흥미검사가 유용하다는 것을 들었기 때문이다. 상담자는 흥미검사가 내담자와 논의할 수 있는 직업명칭을 제공하기 때문에 흥미검사를 즐겨 한다. 자신의 자아개념을 직업명칭으로 전환시킬 준비가 되어 있는 내담자에게 흥미검사가 효과적으로 사용될 수 있다는 사실을 부인하는 상담자는 거의 없다.

하지만 준비성이 문제다. 수많은 내담자들이 자신들의 자아개념을 명료화하지 못하기 때문에 흥미검사, 특히 항목으로 직업명칭이 제시된 검사에는 유의미하게 반응할 준비가 되어 있지 않다. 검사를 실시할 때 내담자들은 나름대로 최선을 다하지만, 검사항목들에 대한 우유부단함과 혼란스러움 때문에 일관적이지 못하고, 분화되지 못하고, 불안정한 프로파일을 형성하게 된다. 낙담해 있는 내담자에게 특징이 없거나 일관성 없는 프로파일을 해석해 줄 때 모든 진로상담자들은 좌절감을 느낀다. 대부분의 상담자는 자신이 누구인지, 인생에서 추구하는 것이 무엇인지에 대해 분명하고 안정감 있는 틀을 갖고 있지 못한 내담자에게는 흥미검사 해석이 별다른 도움이 되지 못한다는 것을 곧 깨닫게 된다. 이러한 내담자들은 자아개념을 발달시키고 진로 목표를 명료화하는 것이 우선일 수 있다. 짝짓기 모델이 이러한 내담자에게 적용될 수 있지만 검사자료와 해석방식은 이런 내담자에게 그다지 효과적이지 못하다. 이러한 내담자들은 자신의 자아개념을 직업으로 전환할 준비가 되어 있지 못하기 때문이다. 진로상담자는 내담자의 정체감 발달과 목표 선정을 수월하게 하는 자료와 방법들을 필요로 한다. 그러한 기법들을 통해 내담자는 흥미검사 항목에 단순히 반응하기보다는 자신만의 경험과 견해를 고려하게 되는 것이다.

아들러의 개인심리학(Individual Psychology: IP)은 이러한 내담자의 욕구에 부응하기 위해 고전적인 짝짓기 모델의 방식과 자료들뿐 아니라 모델 자체를 넓힐 수 있다. 개인심리학은 짝짓기 모델의 핵심 구성개념을 잘 설명해 준다. 또한 모델이 적용되는 내담자의 범위를 넓힐 수 있는 자료와 방법들을 제공한다. 개인심리학은 인생목표와 생활양식에 대해 주의를 기울임으로써 내담자들이 자신의 정체감을 개발해 가도록 도움을 준다. 이러한 자기인식을 통해 내담자들은 직업세계의 상투적인 틀을 좇는 것이 아니라 자신의 영혼을 좇는 직업적 전환의 준비를 갖추게 된다.

## 아들러식 짝짓기 모델

개인심리학 상담자들은 짝짓기가 적절하기는 하지만 역동적이지는 못하다고 평가한다. 때문에 이들은 흥미나 재능과 같은 특질의 개인차에 기초를 둔 적합한 직업의 예견뿐 아니라 사람들이 갖고 있는 특질을 사용하는 방법까지 포함시킴으로써 고전적 짝짓기 모델을 확장시킨다. 개인심리학 상담자들은 영화 '남부의 노래(Song of the South)' 에서 레머스 아저씨(Uncle Remus)가 "중요한 것은 네가 무엇을 가졌느냐가 아니라 네가 가진 것을 어떻게 사용하느냐이다."라고 했던 말에 동의한다. 고전적 짝짓기 모델을 적용하는 특질-요인 상담자들과 마찬가지로, 개인심리학 상담자들은 내담자의 재능, 흥미, 가치들을 살펴본다. 하지만 개인심리학 상담자들은 내담자들이 이러한 특질들을 어떻게 조화시킬 것인가, 즉 소속하기 위해, 기여하기 위해, 그리고 협동하기 위해 이러한 특질들을 어떻게 사용할 것인가에 초점을 맞춘다. 아들러의 심리학을 이용하여 고전적 짝짓기 모델을 적어도 네 가지 방식으로 설명할 수 있다. ① 아들러 심리학은 적합성이라는 핵심 구성개념을 확장시키고 있으며, ② 독특성에 초점을 맞추며, ③ 흥미가 진로행로를 따라 어떻게 개발되는가를 설명하고 있으며, ④ 의사결정과정을 설명한다.

### 적합성에서 소속감으로

개인심리학은 직업적합성(occupational fit)이라는 상담자의 개념을 상술하며, 내담자와의 의사소통능력을 강화한다. 고전적 짝짓기 모델을 설명하면서 직업이론가들은 심리적이며 실용적인 이유로 직업적 적합성을 핵심적 구성개념으로 제시한다(Dawis & Lofquist, 1984; Holland, 1985a). 경험적 증거들을 통해 사람과 직업직무 간의 적합도가 직업만족도와 직업적 성공에 관련함을 알 수 있다(Spokane, 1985). 개인심리학 이론가들은 이에 동의하며, 진로선택의 기준으로서 개인의 직업적합성 여부를 지지하기 위하여 사회적이며 철학적인 전제들을 덧붙였다.

적합성이라는 구성개념에 대하여 개인심리학이 관심을 갖는 까닭은 소속과 사회적 관심에 관한 사고 때문이다. 각 개인은 역사의 물결 속에서 태어난다. 한 아이가 세상에 첫선을 보일 때, 이미 아이가 속한 사회는 그 전부터 존재해 왔다. 어린아이의 경험은 1막이 끝나고 2막이 시작되려고 커튼이 올라갈 때 무대 가운데로 떠밀려 나가는 것에 비유될 수 있다. 1막에서 어떤 일이 진행되었는지 전혀 알지 못한 채 배우는 연극의 흐름을 거스르지 않아야 하며, 함께 공연을 하고 있는 동료배우들과도 호흡을 맞추어야 한다. 유능한 배우라면 다른 배우에게 다가가서 함께 협동할 수 있는 법을 배울 것이며, 자신의 임무를 개척하게 될 것이다. 일생 동안 아이는 가족과 사회를 가까이 해야 한다. 가족과 사회는 아이가 소속감을 갖도록 아이를 기쁘게 맞이해야 한다. 아이가 소속감을 느끼게 되면 애착을 형성할 수 있게 되고 사회적 관심을 개발시킬 수 있게 된다. 그러고 나면 아이는 타인과의 관계 속에서 대단한 사람이 되기 위해 발달과업이라고도 불리는 사회적 기대에 부응하게 된다. 성공하기 위해 아이들은 일, 친구, 사랑을 통해 사회 속에서 자신만의 자리를 만들어야 한다. 이와 같이 적합성은 단순히 성공이나 만족감 같은 개인적인 보상의 획득뿐 아니라 사회적 기여를 하게 한다. 사람들은 소속하기 위해 이기적이면서도 이타적인 질문들을 던져 보아야 한다. '내 자리를 만들 수 있는 곳은 어디일까?', '내가 어떻게 기여할 수 있을까?' 이러한 질문에 답하기 위해 사람들은 자신만의 독특한 목표와 재능을 고려해야 한다.

## 유사성에서 독특성으로

고전적 짝짓기 모델에서 흥미검사는 내담자가 다양한 직종에서 근무하는 근로자들과 어떻게 유사한지에 관한 것이다. 아들러식 관점은 이러한 유사성에도 주의를 기울이지만 개별성에도 많은 관심을 갖는다. 개인심리학은 인생 하나하나의 독특성을 강조한다. 그 이유는 아들러식 상담자들은 사람들 각자가 자신만의 성격을 설계해 나간다고 믿기 때문이다. 각 개인은 화가이면서 그림이다. 사람들은 개인의 목표와 수단을 구조화함으로써 확대되어 가는 사회적 맥락을 통해 자신들의 행보를 형성해 나가면서 방향을 설정한다. 내담자를 이해하기 위해서 개인심리학은 내담자가 의도하는 것이 무엇인지, 내담자가 어떻게 실행에 옮길 것인지를 상담자가 파악하도록 충고한다. 흥미검사 결과 이상으로 내담자의 목표와 수단에는 그들만의 독특성이 묻어난다. 검사는 직업에 대해 내담자가 어떻게 느끼는가를 측정하는 것이지, 자신들의 목표를 어떻게 달성하려고 하는지, 더 효율적이고 온전한 사람이 되기 위해 직업을 어떻게 활용하려고 하는지에 대해서는 알려주지 못한다.

## 흥미에서 진로행로로

상담자가 내담자의 인생 목표를 일단 이해하게 되면, 내담자의 인생에 대한 태도와 내담자가 지향하는 포괄적인 방향에 대해 알게 된다(Csikszentmihalyi & Beattie, 1979). 아들러 상담자들은 목표로 나아가는 내담자의 방식을 '안내지침'이라고 부른다(Griffith & Powers, 1984). 내담자의 목표와 안내지침을 이해함으로써 상담자는 내담자의 진로행로를 계획할 수 있다. 실제 집 근처의 산책로를 생각해 보자. 길을 따라 걷다가 접하게 되는 것들이 때로는 흥미를 유발하는 것일 수도 있고, 불쾌감을 주는 것일 수도 있다. 비록 무심하거나 권태로운 반응이나마 당신이 마주치는 것들에 일종의 반응을 해야 한다. 가지 않는 길에 어떤 사물들이 있는지를 알고 있다고 하더라도, 그러한 사물들에는 어떠한 반응도 보일 필요가 없다. 유추를 통해 안내지침을 따른 직업만이 그 사람에게 흥미로운 것이 된다. 만약 잠재적으로 이러한 직업들이 유용하다고 평가되면 각 개인은 이러한 직업들을 인식하고 흥미를 형성하게 된다.

인생목표는 각 개인을 열중하게 한다. 인생목표는 한 사람의 시야, 즉 사물에 접근하는 방식을 형성하게 된다. 이러한 주관적 관점으로부터 자신의 인생목표를 객관화하기 위해 외부환경의 기회들에 눈을 돌린다. 그러한 기회가 주어졌을 때 개인은 흥미를 갖게 됨으로써 이러한 사물과 자신을 주관적으로 연결시킨다. 앵길(Angyl, 1941, p. 55)의 주장을 부연하면 흥미가 방향을 결정짓는 것이 아니라 오히려 방향이 무엇이 흥미로 발전될지를 결정짓는다.

흥미의 기원과 발달에 관한 이러한 견해는 직업경력을 가장 잘 설명한다.

종종 육체노동자들은 자신의 흥미를 바탕으로 직업을 선택할 기회를 갖지 못한다. 자신이 속한 사회 안의 기회구조에 의해 축소된 대안적인 직업들 가운데에서 선택해야 한다. 때때로 이들은 자신이 손쉽게 구할 수 있는 직업에 안주해야 하거나, 보수가 가장 많은 직업을 선택해야 한다. 이러한 노동자들은 직업보다는 여가 활동과 가정 내 역할을 통해 자신의 흥미를 표출한다.

## 선택에서 의사결정으로

고전적 짝짓기 모델과 모델의 흥미검사들은 진로의사결정과정이 아닌 직업선택에 초점을 맞추고 있다. 아들러식 상담자는 내담자가 선택하는 직업과 자신의 선택방법을 구별한다. 이렇게 함으로써 직업상담의 초점을 진로의사결정과정으로 확대할 수 있다. 개인심리학의 관점에서 볼 때 진로의사결정과정은 내담자의 꿈과 현실을 융합하는 것, 다시 말해서 발생하는 문제들에 대한 통합적 해결책을 내담자가 모색하는 것을 의미한다. 상담자는 자신의 개인적 상식(꿈)을 공통적 상식(현실)과 비교함으로써 꿈과 현실을 융합하는 시도의 성공 여부를 평가한다. 아들러식 상담자는 자신만의 개인적 상식을 '사적 논리'라고 언급하였는데, 사적 논리란 내담자들이 삶에 적응하기 위해, 그리고 '나는 누구인가?', '세계는 무엇인가?', '나는 어떻게, 그리고 어디에 적응해야 하는가?' 등에 관한 질문에 답하기 위해 사용하는 것이다. 반대로 아들러식 상담자는 지역사회에 기여할 수 있는 이러한 질문에 대한 답으로 상식을 언급한다. 내담자 사적 논리와 지역사회의 상식 간의 일치 정도에 의해서 내담자가 직업 선택과 직업 적응에서 여러 도전거리들에 성공적으로 적응할 가능성이 점쳐지기도 한다.

내담자의 사적 논리에는 '지배적 허구', 즉 더욱 완벽하고 안전한 느낌을 갖기 위해 필요한 것에 대한 내담자들의 결론적 생각이 포함된다. 지배적 허구는 허구적 목표라고도 하는데, 그 이유는 이것이 내담자의 이상적인 자아개념과 성공에 대한 개념을 정의하고 있기 때문이다. 진로의사결정과정에서 내담자들은 자신의 허구적 목표에 더욱 근접시키는 안내지침에 따라 직업을 평가하고 선택하기 위해 자신의 사적 논리를 이용한다. 초기에 흥미를 유발하는 직업이 사람의 마음을 끄는데, 어느 정도는 그 사람의 지배적 허구를 건드리기 때문이다. 때문에 내담자의 흥미를 끄는 직업은 나름대로 내담자에게는 개인적인 의미를 지닌다. 전형적으로 사람들은 특정 직업이 자신을 허구적 목표를 향해 어떻게 근접시키는지, 그리고 어떻게 자신들을 더욱 완벽하게 만드는지에 관해 검증되지 못한 생각을 지니고 있다. 내담자의 지배적 허구를 파악함으로써 상담자는 내담자의 진로 목표와 직업적 흥미 뒤에 '숨겨진 이유' (Dreikurs, 1973) 혹은 의미를 이해할 수 있다.

다른 사람들과 직업적 흥미에 관해 논의함으로써 내담자는 자신의 직업적 흥미가 뜻하는 공적 의미에 관해 상식 수준에서 대화할 수 있다. 진로나 직업적 흥미 뒤에 숨겨진 의미를 이끌어 가는 지배적 허구를 자발적으로 만들어 내는 내담자들은 거의 없다. 예를 들어, 저자의 내담자들 중 몇몇은 의사가 되고 싶어 한다. 그들은 모두 의학에 대한 자신들의 흥미에 대해 같은 상식에 근거하여 설명한다. 즉, 자신들은 사람과 과학을 좋아한다는 것이다. 하지만 그들은 통제력을 갖기 위해, 서투름을 극복하기 위해, 성공한 사람들과 함께 지내기 위해, 순조로운 생활을 하기 위해, 아버지를 기쁘게 하기 위해 등 각기 다른 허구적 목표를 가지고 의학에 투신한다. 의학을 전공하는 것 뒤에 숨겨진 이유를 살펴보면, 자신들의 욕구에 대한 지배적 허구와 이전에는 수동적으로 고통을 받을 수밖에 없었던 것의 적극적인 지배를 의학으로 얻으려 함을 찾아볼 수 있다.

상식을 통해, 직업적 선택에 대한 이와 같은 생각들을 문제를 기회로 전환시키는 수단으로 이해할 수 있다. 아마도 자신의 결점을 극복하여 유명한 웅변가가 된 말더듬이, 소아마비를 극복하여 올림픽 트랙 선수가 된 소녀, 수줍음을 극복하고 유명한 배우가 된 소년, 혀짧은 소리를 극복하고 성공한 뉴스 앵커가 된 여자 등의 이야기들을 들어 본 적이 있을 것이다. 이러한 이야기들은 극적인 사례들이기는 하지만 그리 드문 이야기들은 아니다. 개인심리학에서는, 모든 사람이 성장하면서 지배적 허구를 형성하게 되고 어느 정도는 사적 논리가 현실을 왜곡시킨다고 주장한다. 때문에 내담자의 진로의사결정을 촉진시킬 때, 아들러식 상담자는 내담자의 사적 논리에 주의 집중하고 크게는 지배적 허구를 밝혀내고, 작게는 직업적 흥미 뒤에 숨겨진 이유를 밝혀낸다.

다른 사람을 기쁘게 할 수 있어야 잘 지낼 수 있다는 지배적 허구를 지니고 자란 소녀를 예로 들어 보자. 그녀는 다른 사람과 잘 지낼 수 있었다. 하지만 진로 선택의 문제에서는 그녀가 법학 이외의 다른 진로를 고려하면 아버지와 할아버지는 실망스러워 했다. 그녀는 교사가 되고자 했지만 아버지가 실망하게 되면 자신의 인생이 보람이 없고 가치가 없는 것처럼 느꼈다. 그녀는 법대 4학년이 되어 처음으로 진로상담을 받았다. 그녀는 자신이 왜 법대를 싫어하는지를 이해하고, 변호사로서 자신의 인생이 성공할 수 있을지 예측할 수 있도록 도와달라고 상담자에게 부탁하였다. 상담자는 다른 사람을 기쁘게 하려는 그녀의 허구적 목표와 법대를 선택한 숨겨진 이유를 검토하도록 도움을 주었다. 그녀는 후에 법대 교수가 되었고, 자신의 문제를 통합적으로 해결하였다.

## 아들러식 진로상담

아들러식 진로상담자들은 이처럼 소속, 독특성, 유용성, 사적 논리 등에 더 관심을 기울였기 때문에 흥미검사도구나 검사해석방법을 사용하지 않는다. 대신에 가족구도면담 안내서(Dreikurs, 1954/1973; Shulman, 1962/1973), 초기 기억 보고양식(Dreikurs, 1954; Mosak, 1958), 생활양식 질문지(Eckstein, Baruth, & Mahrer, 1982; Mosak & Shulman, 1971) 등과 같은 전형적인 아들러식 자료들을 통해 개인심리학 짝짓기 모델을 충족시키려 한다. 개인심리학 상담자들은 내담자의 독특한 경험과 소신을 파악하고, 나아가 내담자의 생활 목표와 양식을 평가하기 위해 이 같은 자료들을 사용한다. 내담자에게 평가결과를 해석해 주고 내담자들의 의사결정(생활양식 관리)이나 재정향(생활양식 수정)을 촉진시키는 특징적 개인심리학 방법들은 제7장에 제시되어 있다. 진로상담에서 개인심리학 상담자가 이러한 일반적 아들러식 상담자료들과 방법들을 어떻게 사용하는가에 관한 사례들은 멕켈비와 프라이드랜드(McKelvie & Friedland, 1978/1981), 멕켈비(McKelvie, 1979), 마나스터와 페리맨(Manaster & Perryman, 1974) 그리고 새빅캐스(Savickas, 1989)의 저서들에서 찾아볼 수 있다.

이와 같은 자료들을 사용해 본 상담자들은 생활양식 질문지과 같은 개인심리학 자료들이 정체성 개발을 돕고 자기자각을 장려하여, 정체성을 직업과 연관시키는 목적을 갖고 내담자와 작업을 하기 때문에 매우 유용하다고 보고한다. 하지만 진로 선택과 관련된 내담자와의 상담에서 생활양식 질문지나 유사한 기타 자료들을 사용할 때 세 가지 단점이 있다. 첫째, 진로상담과 관련하여 질문지의 문항들은 안면타당도가 그리 높지 않다. 내담자가 진로상담을 개시할 때, 내담자는 자신의 어릴 적 경험, 가족관계, 초기기억들에 대한 질문을 예상하지 않는다. 이러한 주제는 의사소통과 라포 형성에 관련이 있지만, 진로문제를 상담하고자 하는 내담자들은 이러한 주제들에 대해 논의하기를 주저한다. 둘째, 자료들이 포괄적이기 때문에 두 회기나 간혹 세 회기에 걸쳐 완성되기도 한다. 셋째, 생활양식 질문지를 통해 수집된 자료들의 많은 부분은 진로적응상담에 적합하다. 즉 직장에서 문제를 겪고 있는 내담자를 돕는 상담에 알맞다는 것이다. 비록 계몽적이기는 하지만 가족구도와 초기기억에 관한 자료들은 진로선택상담에 필요한 것은 아니다. 이러한 단점을 없애기 위해 몇몇 상담자들은 단순히 생활양식 상담자료와 방법들을 진로 선택을 다루어 나가는 데 적용시키는 것 이상의 작업을 한다. 이들은 진로선택상담을 위하여 개인심리학 자료와 방법들을 구체적으로 개발시켜 왔다. 총괄적으로 저자는 인간-직업 짝짓기에 관한 아들러식 접근을 수행하기 위한 이와 같은 자료와 방법들을 '진로양식상담' 이라고 일컫는다. 이 장의 나머지 부분에서는 내담자로부터 진로양식 자료를 이끌어 내기 위해 고안된 면담 자료, 진로양식 자료를 해석하기 위한 평가방법, 진로양식 상담방법, 전반적인 진로양식 상담자료와 방법들이 기술되어 있다.

## 진로양식면담

진로양식면담은 진로상담을 받는 내담자에게 타당하면서도 진로 선택과 관련된 의견과 경험들을 끌어낼 수 있는 질문들로 구성되어 있다. 이러한 질문들을 통해 허구적 목표뿐 아니라 내담자가 자신들의 흥미에 대해 어떻게 생각하는지를 보여주는 생활양식에 관한 정보를 이끌어 낸다. 이러한 질문들은 구조화된 진로양식면담 속에서 순차적으로 제시된다. 주제들은 자연스럽게 연결되며, 내담자가 상담자에게 자신을 설명하면서 자기탐색을 더 적극적으로 할 수 있도록 한다. 질문들은 ① 역할모델, ② 책, ③ 잡지, ④ 여가활동, ⑤ 교과목, ⑥ 좌우명, ⑦ 야망, ⑧ 자신이 내린 중요한 의사결정 등이다.

## 역할모델

상담자들은 역할모델을 조사함으로써 진로양식면담을 시작한다. 내담자의 역할모델을 확인하기 위해 상담자는 '자라면서 당신이 가장 숭배한 사람은 누구입니까?' 라고 묻는다. 만약 내담자가 잘 이해하지 못하면 누구를 가장 존경하는지, 또는 존경해서 닮고 싶은 사람이 누구인지 물어볼 수 있다. 내담자가 아무도 말하지 못하면, 상담자는 유명한 사람이거나 가공의 인물일 필요는 없다고 말해 준다. 그러면 내담자는 친척이나 가족구성원 중의 한 사람을 말할 수 있다. 내담자가 누구의 이름을 말하면 그 밖의 다른 모델 2명을 더 말해 보도록 상담자가 요청한다. 내담자가 3명을 이야기하면 각 모델에 대해서 다음과 같은 질문을 던진다. '당신은 이 사람의 어떤 점을 가장 존경합니까?' 이 질문이 좀 직선적이라면 '당신이 존경하는 이 사람에 대해 말해 보세요. 어떤 사람입니까?' 라고 물어볼 수도 있다. 각 모델에 대해 '당신은 이 사람과 어떤 점에서 비슷합니까? 이 사람과 당신은 어떤 점에서 서로 다릅니까?' 라고 물으면서 이 주제에 관한 질문을 마친다.

내담자가 모델로서 어떤 유명한 동물의 이름을 예로 드는 것이 보통이다. 실제로 많은 내담자들은 주인에게 충성스러운 개인 래시(Lassie)를 존경한다고 말했다. 래시는 언제나 도와줄 수 있으며 위기에서 벗어나게 해 줄 수 있다. 위기상담자는 매우 똑같은 이유로 미키 마우스(Micky Mouse)를 존경한다고 말했다. 점잖고 친절한 사회사업가는 그의 영웅이 투우로 유명한 황소 퍼디낸드(Ferdinand)라고 했다. 그는 퍼디낸드를 화를 잘 내는 알코올 중독자인 그의 아버지와 관련해서, 그 소가 그에게 어떤 의미를 가졌는가를 설명하였다. 2명의 다른 내담자들은 피터 팬(Peter Pan)을 존경하였다. 이 내담자들은 성인의 책임감을 수용하는 데 문제가 있었으며, 따라서 그들의 소아적 생활양식에 어울리는 직업을 선택했다.

내담자가 모델에 관해 이야기할 때, 상담자는 내담자가 누구를 존경하느냐보다는 모델의 어떤 점을 존경하느냐에 초점을 맞추어야 한다. 누군가에 초점을 맞추게 되면 상담자는 고정관념과 모델이 갖는 의미에 의존할 수밖에 없다. 이 점과 관련하여 한 사례가 생각난다. 불우 학생을 대상으로 상담시범을 보여 주고 있었는데, 그 소년이 자신은 한 축구선수를 존경한다고 말하였다. 청중으로 앉아 있던 상담자 몇몇이 그 소년은 운동선수가 되면 자신의 불우한 처지를 벗어날 수 있다고 성급하게 결론을 내렸다. 그 축구선수를 좋아하는 이유를 설명하면서 소년은 그 선수가 얼마나 독립적이고 예술적이며 남자다운지를 보여 주는 몇 가지 이야기를 들려주었다. 이 선수는 소년에게 자신감, 독립심, 소년의 숨겨진 꿈인 건축가가 되는 것과 부합되는 비전의 모델이었다. 축구선수가 여자답지 않으면서도 예술적인 사람에 해당하기 때문에 모델로 선택된 것이었다. 축구선수를 모델로 선택함으로써 소년은 예술적인 사람이 되기를 원하는 어머니의 격려를 수용하고, 그런 식으로 행동하면 동성애자가 될 것이라는 아버지의 훈계를 무시하였다.

내담자가 자신의 역할모델에 관해 이야기할 때 상담자는 그 모델과 관련하여 추수질문을 해 볼 수 있다. 효과적인 추수질문은 해석이 아니라 추론을 담고 있어서, 내담자의 사고를 촉진하거나 때론 유머를 담고 있기도 한다. 예를 들어, '고독한 방랑자'(역자 주: 텔레비전 프로그램의 주인공)를 존경하는 사람이 있다고 하자. 그 내담자에게는 '고독합니까?', '톤토(주인공의 친구)처럼 믿을 만한 사람은 있나요?', '당신은 그 주인공처럼 비밀을 간직하고 있습니까?' 등의 질문을 할 수 있다. 상담자는 추수질문에 대한 내담자의 대답을 통해 내담자의 진로양식을 더 잘 이해할 수 있다.

역할모델에 대해 이야기하면서 내담자들은 자신들의 이야기를 하게 된다. 어떤 모델은 내담자가 갖는 어려움이 있지만 마찬가지로 그러한 곤경에서 벗어날 수 있는 방법도 가지고 있다. 모델에 관한 질문들에 답하면서 내담자는 자신들이 헤쳐 나가길 바라는 문제들에 대해 이야기한다. 따라서 상담자는 내담자의 목표와 수단을 구성하는 문제들을 확인할 수 있다. 다시 말해 내담자의 모델을 통해 핵심적인 인생목표를 확인하고, 내담자의 핵심적인 관심사가 표현되고, 내담자가 문제를 어떻게 극복할 것인지가 드러난다는 것이다.

역할모델의 가치에 대해 약속된 날짜에 심각해지는 문제에 대한 해결을 찾는 개인들에게 간결하게 설명한다. 저자는 북캐롤라이나 출신인 웨인 콥(Wayne Cobb)이 좋은 예라 생각한다. 나는 그가 이야기하는 맥락을 모르지만 다음과 같은 콥의 진술에서 미와 진실을 인식한다. "내가 생각하는 영웅은 그들의 삶에서 달성했던 것 때문이 아니라 성장하고 변화하고, 내가 되고자 했던 인물이 되도록 나에게 영감을 주는 나의 삶에서 그들이 달성했던 것 때문에, 갈망되는 사람이다."

역할모델을 부모에 대한 생활양식 검사지 질문들에 의해 조사되는 '성지침'과 혼동하지 말라(Griffith & Powers, 1984, p. 3). 부모는 인생과정을 잘 알고 있고, 그들의 자녀에게 나아갈 길의 방향과 계속적 관심을 제공하기 때문에 내담자가 나아갈 행동지침을 지도한다. 생활양식면담에서 상담자는 내담자에게 아버지나 어머니가 어떤 사람이었는가를 기술하도록 요청한다. 내담자들은 부모와 관련하여 받았던 인상을 이야기한다. 그들의 대답에서 상담자는 남성 혹은 여성이라는 점의 의미 및 삶의 방식에서 내담자의 모델로 기여한 부모에 대해 알게 된다. 이러한 원형은 보통 내담자가 갖는 사적 논리의 조사되지 않은 부분이다. 부모가 제공하는 조사되지 않은 생활지침과 대조적으로, 사람들은 어떤 역할을 배제하는 방법, 자신의 불완전성이나 열등감을 감소시키는 방법을 부모에게 보여 주려는 목적으로 역할모델을 선택한다.

경험이 많은 진로상담자들은 흔히 내담자에게 역할모델과 생활지침을 비교하도록 요청한다. 생활지침과 모델 간의 차이는 내담자의 문제와 목표 간의 연결을 반영한다. 그러므로 그러한 차이는 소심함 때문에 고통받는 것에서 적극적 숙달에 걸친 내담자의 활동범주를 보여 준다. 예를 들면 어떤 내담자가 아버지는 거칠고 어머니는 부드럽다고 기술하였다. 그는 부모를 모두 사랑했으며, 다른 사람들이나 상황과 관련한 부모의 상반된 스타일 속에서 분열된 감정을 느꼈다. 이러한 상반된 자세를 통합하는 그의 방식은 로빈후드를 모방하는 것이다. 즉, 그는 로빈후드가 악한을 무찌를 때는 거칠지만 도움이 필요한 사람들을 도울 때는 부드러운 것으로 기술하였다. 결국 내담자는 거칠지만 부드러운 방식으로 수행하는 역할인 사회사업기관에서 일하도록 지도받았다.

### 책

상담자는 내담자에게 좋아하는 책이 무엇인지 묻는데, 그 이유는 책 속에는 또 다른 모델, 더 정확히 말하면 삶의 곤경과 해결책이 동시에 담겨 있기 때문이다. 전형적으로 내담자가 좋아하는 책에는 내담자의 핵심적인 삶의 문제들이 명료하게 묘사되어 있고, 제삼자가 어떻게 그 문제를 다루어 가는지 나타나 있다. 사람들은 주인공이 자신의 문제와 유사한 삶의 문제를 어떻게 경험해 가는지를 보여 주는 책에 끌리게 된다. 다른 사람들도 같은 문제에 부딪친다는 사실이 위안을 준다. 책의 주인공이 문제를 어떻게 다루어 가는지를 살펴보면서 격려받고, 때론 주인공의 대처전략을 모방하기도 한다.

어떤 내담자들은 이러한 사실을 아주 잘 보여 준다. 예를 들어, 의예과에 다니는 여학생이 좋아하는 책은 『바람과 함께 사라지다』인데, 그 이유는 주인공인 스칼렛 오하라가 너무 매력적이기 때문이다. 탐색되지 않은 수준에서 내담자는 자신이 갖고 있는 여성 생활지침에서 벗어나지 않고 의사가 될 수 있는 방법에 대해 다루고 있다. 내담자는 이 책이 자신의 성취에 대한 욕구와 친밀감에 대한 욕구 간의 갈등에서 비롯된 두려움을 잘 묘사하고 있음을 알게 되었다. 또 다른 내담자는 자신의 창의성과 초민감성을 다루는 우화로서 헤밍웨이의 『노인과 바다』를 읽었다. 때때로 좋아하는 책을 논의함으로써 내담자와 상담자는 핵심주제에 이르게 된다. 좋아하는 책으로 『Winesburg, Ohio』라고 썼던 대학신입생은 화학을 전공하려고 계획하였다. 어떤 학생작가에 대한 이야기인 이 책은 그의 꿈과 일치하였지만, 부모태도 때문에 그는 '실제적' 진로를 찾았다. 그는 자신이 작가가 될 수 있다고 생각할 수 없었다. 왜냐하면 그의 가족구성원 모두가 육체적 직업을 갖고 있었기 때문이다. 만약 내담자가 좋아하는 책을 쉽게 말하지 못하면 상담자는 탐색하지 않고 다음 주제로 이동해야 한다.

## 잡 지

진로양식면담의 셋째 주제는 잡지다. 상담자는 내담자가 즐겨 읽는 잡지가 무엇인지 묻는다. 또는 구독하는 잡지가 있는지, 정기적으로 읽는 잡지가 있는지 묻는다. 대개 상담자는 내담자가 두세 개의 잡지 이름을 이야기하도록 한 후에 각 잡지마다 즐겨 읽는 부분은 무엇인지 묻는다. 내담자가 가장 좋아하는 부분, 지난 호에서 재미있었던 이야기, 그 잡지가 매력을 끄는 이유 등을 구체적으로 살펴보는 것이 참으로 유용하다.

잡지에 대해 물어보는 이유는 잡지를 통해 독자들은 간접적으로 특정 환경에 몰입할 수 있기 때문이다. 즐겨 읽는 잡지는 내담자의 스타일에 맞는 환경이 무엇인지에 관한 정보를 준다. 내담자의 대답에 귀를 기울이면서 상담자는 역할모델과 연결시켜 보고, 내담자가 유용하게 여기는 흥미의 배출구 역할을 잡지가 하고 있는지 고려해 볼 수 있다. 예를 들어, 운동선수를 매우 좋아했던 사례의 소년은 「재즈 뮤지션」과 「건축 다이제스트」를 즐겨 읽었다. 주인에게 충성스런 개인 래시(Lassie)의 조력을 모방했던 내담자는 「People」, 「National Enquirer」, 및 「Psychology Today」를 즐겨 읽었다.

잡지를 읽지 않는 내담자에게는 좋아하는 텔레비전 프로그램이 무엇인지 물어볼 수 있다. 그러면 보통 규칙적으로 보는 프로그램이 무엇인지 밝혀진다. 좋아하는 프로그램은 선호하는 환경에 대한 정보를 반영하지만 잡지만큼 많이 제공하지는 않는다. 잡지는 시청자가 텔레비전 프로그램에 몰입하게 하는 것보다 더 완전하게 독자로 하여금 환경에 몰입하게 한다.

## 여가활동

진로양식면남의 넷째 주제는 자기표현과 관련된다. 역할모델과 책은 핵심적인 문제를 보여 주고, 어떤 흥미가 유용할 것인지를 암시해 준다. 잡지는 어떤 환경이 내담자의 관심을 끄는지 알려 준다. 왜냐하면 유용한 흥미는 밖으로 표출되고 강화될 수 있기 때문이다. 여가활동을 통해 내담자들은 자신들의 흥미를 표출한다. 이를 알아보기 위해 내담자에게 시간이 있을 때 무엇을 하는지, 취미는 무엇인지 묻는다. 또는 지난 주에 무엇을 했는지 물어볼 수도 있다. 여가활동을 파악했다면 여가활동 시 내담자의 역할이 무엇인지 알아본다. 예를 들어 파트너, 청취자, 수행자, 주인, 여행객, 구성원 등을 들 수 있다. 역할이 파악되었다면 상담자는 그 역할의 핵심기능과 그 역할이 주는 보상에 대해 알아본다. 예를 들어, 브릿지 게임을 같이 하는 파트너는 이기기 위해 같이 협동해야 한다. 청취자는 음악을 통해 감정을 경험할 수 있다. 여가에 대한 동기가 생태적이기 때문에 상담자는 내담자가 환경과 어떻게 상호 작용하는지 명확하게 알아볼 필요가 있다.

여가활동은 자기표현 이외에 개인적 개발을 위한 기회를 준다. 여가활동을 통해 내담자들은 불완전함과 열등감을 처리할 수 있다. 여가활동은 자기치료적일 수 있다. 구조화된 놀이에서 사람들은 상징적으로 실생활에서 숙달할 수 없는 활동이나 대상을 다룰 수 있기 때문이다. 여가활동을 통해 사람들은 유능감과 자신감을 향상시키는 전략을 개발하며, 실생활에서 문제를 다룰 수 있는 대처능력을 갖게 된다. 이런 점에서 놀이는 리허설이다. 그러므로 내담자의 여가활동을 조사하면서 상담자는 자기표현과 언급되고 있는 문제를 둘 다 고려해야 한다.

하나의 예시는 여가의 자기치료적 기능을 잘 보여 줄 수 있다. 집안에만 있으면서 자기가 비생산적이라고 느꼈던 주부가 테니스 치는 것을 배우기로 결정하였다. 그녀는 여름 동안에 매일 연습을 하였다. 시작 당시에 그녀의 얼굴은 창백하고 과체중이었으며, 초라했다. 여름이 끝날 무렵에 테니스를 함께 했던 동료들은 그녀가 피부는 적절히 타고 날씬해졌으며, 토너먼트에서 우승하는 것을 목격했다. 그들은 그녀의 향상된 성취동기, 경쟁정신, 자신감을 인식하지 못했다. 그녀는 남자들과 경기를 할 뿐만 아니라 그들을 이길 수 있다는 것을 배울 수 있었다. 그해 가을에 그녀는 조그만 사업을 시작하여 성공하였다. 테니스를 통해 그녀는 자신의 불완전감과 열등감을 유능감과 경쟁정신으로 바꿈으로써 수동적으로 고통받아 왔던 것을 극복하였다.

### 교과목

진로양식면담의 다섯째 주제는 내담자가 선호하는 작업환경을 다룬다. 상담자는 내담자의 학교생활에 대해 파악하는데, 학교는 학생들의 작업습관과 태도를 형성시키는 곳으로서 매우 획일화된 작업경험을 제공한다. 학교에서 학생들은 다양한 작업환경에 노출된다. 예를 들어, 영어수업은 화학수업과는 전혀 다른 과제와 수업활동을 필요로 한다. 상담자는 내담자에게 이처럼 각기 다른 작업환경에서의 성공 여부(성적)와 만족도(행복감)에 대해 묻는다.

상담자는 진로양식면담 중에 내담자가 고등학교나 대학에서 어떤 작업환경을 가장 좋아했는가를 알아보기 위해 교과목에 대해 물어본다. 상담자는 혼란을 피하기 위해 내담자에게 교사와 과목을 분리하도록 요청한다. 때때로 내담자는 좋아하는 특별한 과목을 보고하지만, 이러한 과목이 그의 생활사와는 부합하지 않는 경우가 있다. 탐색해 보면 이 내담자는 교사를 좋아하는 것으로 나타났다. 예를 들면, 예술적이고 창의적인 한 내담자가 9학년 라틴어 과목을 좋아하였다. 그는 그 과목을 싫어했지만 라틴어를 가르치는 선생님을 좋아하는 것으로 나타났다. 그가 그 과목에서 좋아하는 부분은 라틴어 교육 자체보다는 교사가 그것을 생활경험과 사적 경험에 관련시키는 것이었다. 내담자가 좋아하는 과목을 기술한 후에 상담자는 싫어하는 과목이 무엇인지 질문한다. 그러고 나서는 왜 좋아했는지, 점수는 어땠는지, 자신의 진로에 대한 생각에 끼친 영향은 무엇이었는지를 질문하면서 각 과목에 대해 상세한 질문을 한다. 이러한 질문에 대한 대답에서 상담자는 내담자가 선호하는 작업환경뿐만 아니라 작업습관과 태도를 정확히 파악할 수 있다.

## 좌우명

좋아하는 어귀나 좌우명이 진로양식면담의 여섯째 주제다. 상담자는 좌우명을 통해 내담자가 자신의 생활사에 대해 어떻게 제목을 붙였는가를 경청한다. 내담자가 사용했던 몇 가지 제목들은 '진심으로 타인을 대하면 그것은 나에게 돌아온다', '말로 표현하라', '유비무환', '나쁜 일은 일어날 수 있다.' 등이다. 좌우명이 없는 내담자에게는 귀담아 들었던 말을 떠올리게 하거나, 새로 만들어 보라고 할 수도 있다. 격려를 해 주면 주저했던 내담자라도 뭔가를 말하게 된다.

## 야 망

상담자가 진로양식면담의 마지막에 접근하면서 내담자가 어렸을 때 부모가 내담자에게 가졌던 야망이 무엇인지 물어본다. 이것은 상담자에게 내담자가 이제까지 반응했던 직업에 대한 단서를 제공한다. 경우에 따라 우유부단한 내담자는 부모가 자신이 문제를 일으키지 않고, 신경쇠약에 걸리지 않기를 원했다고 말한다. 이러한 내담자는 자신이나 직업에 대한 긍정적 이미지를 갖지 못했으며, 보통 심하게 낙담되어 있다. 어떤 긍정적 목표가 있는지 물었을 때 이들은 침묵을 지킨다. 부모가 가졌던 꿈에 관련된 질문과 더불어 내담자가 초등학교 때 지닌 삶에 대한 야망이 무엇이었는지 물어본다. 또한 현재 꿈꾸고 있는 직업이 무엇인지 물어보는 것도 유용하다. 자신을 다른 직업들에서 개념화하려는 계획적 백일몽과 환상하기는 효과적 의사결정의 핵심 구성요인이다(Crites, 1969). 더구나 직업에 대한 백일몽은 흥미검사만큼 진로선택을 예언하는 데 타당하다(Touchton & Magoon, 1977).

## 의사결정

진로양식면담의 마지막은 내담자에게 자신이 내린 중요한 결정이 무엇인지, 어떻게 그런 결정을 내리게 되었는지를 설명하게 하는 것이다. 이는 내담자의 의사결정전략을 알아보기 위해서다. 예를 들어, 한 내담자가 어떻게 대학을 선택했는지 설명하는 것을 살펴보자.

> 난 대학을 그냥 편리하게 선택했다. 결정할 수가 없었다. 많은 대학에 지원했지만 장학금을 주겠다는 대학이 없었다. 어떤 대학이건 나에게 장학금을 준다면 그 대학에 갔을 것이다. 하지만 난 장학금을 하나도 탈 수 없었기 때문에 이곳에 오게 되었다. 왜냐하면 집하고 가까웠고 학비가 그리 비싸지 않았기 때문이다. 난 좋은 대학에 가고 싶었다. 그저그런 주립대학에 가고 싶지는 않았다. 그렇다고 해서 아이비리그에 가고 싶었다는 뜻은 아니다. 어떻게 결정했는지 잘 모르겠다. 여자친구도 그냥 그렇게 차 버렸다. 그냥 어느 날 그 애랑 더 이상 만나고 싶지 않다는 생각이 들었다. 그래서 그만 만났다. 갑자기 그랬다. 곰곰

이 이성적으로 생각하지 않았다. 단지 그만 만나고 싶다는 생각이 들었을 뿐이다. 직관이나 육감이라고나 할까. 대학 선택도 마찬가지였다. 합리적인 결정이 아니라 그냥 직관적으로 결정해 버렸다.

상담자는 내담자가 어떻게 직업을 선택할 것인가에 대해 회기들 사이에 생각하도록 요청하고 그를 다음 회기로 지향하게 함으로써 진로양식면담을 마친다.

## 진로양식평가

첫 상담회기 전에 상담자는 내담자의 진로양식을 평가하기 위해 면담 때 내담자가 보이는 반응들을 분석해야 한다. 상담자는 역할모델 질문들에 대한 내담자의 반응을 검토함으로써 분석을 시작할 수 있다. 이러한 반응을 고려할 때 상담자는 묘사되는 핵심문제와 이러한 문제를 해결하는 데 유용하다고 생각되는 흥미들에 주의를 기울인다. 둘째, 상담자는 분명한 흥미를 분간해 내고 역할, 기능, 본질적으로 내담자를 사로잡는 보상들을 확인하기 위해 여가 질문에 대한 반응들을 고려할 수도 있다. 셋째, 상담자는 내담자가 선호하는 환경에서 자료, 사람, 사물, 생각들이 어느 정도 두드러지는지를 결정하기 위해 잡지 질문에 대한 내담자의 반응을 검토해 볼 수 있다(Prediger, 1982). 넷째, 상담자는 상이한 작업환경에 대한 내담자의 반응을 비교해 보고, 성공적이며 만족스러운 경험뿐 아니라 실패했고 불만족스러운 경험까지도 분석하기 위해 내담자의 학교경험에 관한 반응을 고려할 수도 있다.

상담자가 검토하는 첫 두 개의 영역(모델과 여가)은 자신에 관한 것이며, 그 다음 두 개의 영역(잡지와 학교경험)은 환경에 관한 것이다. 상담자가 검토하는 다섯째 영역은 직업적 환상과 의사결정전략, 즉 부모의 야망, 아동기의 꿈, 직업적 백일몽, 인생의 중요한 선택 등을 다루고 있다. 이러한 주제들을 고려함으로써 상담자는 직업인으로서의 자신에 대한 이미지와 앞으로 어떻게 직업을 선택할 가능성이 있는지를 마음에 그리도록 해 준다. 또한 자신의 의사결정에 사적 논리가 어떤 영향을 미치는지를 더욱 잘 이해할 수 있게 해 준다.

이러한 다섯 가지 영역을 검토한 후에 대개 경험 많은 상담자는 내담자의 진로양식을 추정해 볼 수 있다. 다음으로 상담자는 진로양식과 내담자가 제시하는 진로선택의 어려움을 관련시켜 볼 수 있다. 그런 후에 내담자의 인생사에 이어져 오고 있으며, 완성되어 가는 직업들을 확인해 볼 수 있다. 대체로 상담자는 진로양식면담 동안 내담자가 언급하는 직업들에 대해 생각해 봄으로써 형식에 구애받지 않고 시작하기도 한다. 이러한 직업들은 내담자의 사고 안에서 참조 기준이기 때문에 내담자와 반드시 상의해야 한다. 내담자가 표현한 직업들을 고려한 후에, 어떤 상담자들은 직업명칭목록을 작성하기 위해 직관과 상상력을 동원하기도 한다. 내담자의 진로경로를 앎으로써 상담자는 내담자에게 유용하고 흥미로운 직업들을 몇 개 발견해 낼 수 있다.

내담자가 고려하기 위한 직업명칭들을 끄집어내기 위해 이러한 약식 절차를 사용한 후에 상담자는 정식 절차를 밟을 수도 있다. 이 시점에서 진로상담의 고전적인 짝짓기 모델을 잘 적용하기 위해 고안된 사람과 직업 해석자료들, 특히 홀랜드(Holland, 1985a)의 직업성격유형과 작업환경유형, 융의 심리적 유형에 관한 이론(I. B. Myers & McCaulley, 1985, chapter 5)과 같은 성격 체계학(Dahlstrom, 1972)이 매우 유용하다. 예를 들어, 홀랜드의 유형론에 따르면 상담자는 진로양식 면담 동안 내담자가 언급하는 각각의 취미, 잡지, 교과목, 자신을 기술하는 형용사 등에 대해 하나의 유형을 부과할 수 있다. 임상적 판단에 따라 상담자는 결과들을 모아 하나의 직업유형코드를 결정한 후, '홀랜드 직업코드사전'(Gottfredson, Holland, & Ogawa, 1982)을 사용하여 내담자의 직업유형코드에 상응하는 직업들을 확인해 본다. 손에는 가망성 있는 직업명 목록을 쥐고 마음속에는 허구적 목표를 새기게 되면 상담자는 진로양식평가를 마치게 된다.

### 실습 사례

다음 사례는 진로양식평가를 위한 기술을 연습해 보기 위해 사용될 수 있다. 다음의 진로양식 면담자료를 읽고, 내담자의 진로양식, 진로경로, 흥미, 직업전망 등을 평가해 보라. 내담자는 19세의 남성이며 의예과 교육과정 중 과학과목을 싫어하는 대학교 2학년생이다.

- 역할모델: 링컨. 왜냐하면 ① 선거에서 떨어졌지만 포기하지 않았고, ② 다시 재기해서 연설하였으며, ③ 자신의 연설문을 직접 썼다.
  에디슨. 그 이유는 ① 상상력이 풍부하고, ② 실제적이며, ③ 다른 사람들이 무엇을 해야 할지 알려 주었다.
  월트 디즈니. 상상의 것들을 고안해 내고 제작하였다.
- 책: 『Winesburg, ohio』 신문사에서 일하고 작가가 되고 싶어 하는 소년에 관한 이야기다.
- 잡지: 「타임」과 「뉴스위크」 영화논평과 정치면을 본다.
  「재즈이즈」 재즈 음악과 음악가들에 관한 기사를 보기 위해 구독한다.
- 여가 활동: 트럼펫 연주하기. 모형 만들기. '스타트랙' 시청하기.
- 교과목: 외국 정책이 어떻게 형성되었는가에 관한 역사과목을 좋아한다. 또한 영문학, 특히 희곡과 연극을 좋아한다. 과학과 수학을 싫어한다.
- 좌우명: "검증되지 않은 인생은 살아갈 가치가 없다."
- 부모의 야망: 아버지는 배우가 되거나 알아서 하라고 하셨다. 어머니는 의사가 되기 바라셨다.
- 아동기 꿈: 음악가나 교사
- 중요한 선택: 어느 대학을 갈 것인가를 놓고 부모님과 상의했다. 부모님에게 결정을 맡겼고, 부모님이 원하는 대학을 선택했다.

진로양식평가를 수행할 때 상담자의 목표는 '올바른 사람'이 되는 것이 아니다. 아들러식 상담자는 내담자에게 '유용한 사람'이 되려고 노력한다. 다음에 연결되는 평가와 위의 자료에 대한 평가를 비교하되, 옳고 그른 이분법에 사로잡히지 마라. 대신에 두 개의 평가를 모두 살펴보고 자기 자신에게 다음을 물어보라. 자기탐색을 수월하게 하고 직업 탐색과 진로 의사결정을 고무하기 위해 이러한 평가들이 얼마나 유용할 것인가?

- 진로양식: 내담자는 다른 사람을 즐겁게 해 주거나 설득하거나 감독하거

나 비평하거나 다른 사람에게 뭔가를 알리기 위해 구두 언어적 기술들을 사용하는 의사전달자의 삶을 살아 왔다. 내담자의 양식은 상상력, 설득력, 인내력을 가지고 실제적인 문제들과 도전거리들을 확인하고 다루어 왔다.

- 진로경로: 내담자의 장래 성공과 만족은 결정을 어떻게 내리고 실제적인 문제들을 어떻게 해결할 것인가에 관해 글을 쓰거나 강연하는 길을 따를 수 있다.
- 흥미: 집필, 정치, 연극, 교육, 인간관계, 인간관리, 컨설팅 등에 높은 가치를 둔다.
- 진로경로에 따른 직업 전망: 언론가, 작가, 변호사, 정치가, 배우, 전문 분야 기고가, 인간관계 경영자, 공연예술 매니저, 자문가 · 컨설턴트와 같은 직업들을 탐색해 보기를 원할 수 있다.
- 지배적 허구: "다른 사람이 나를 좋아한다면, 나는 소속되고 안전하겠지."

이 내담자는 후에 언론학 학사학위를 땄고 법학 대학원에 입학했다.

## 진로양식상담

평가를 마치게 되면, 상담자는 내담자와 진로양식상담을 시작할 준비가 된 셈이다. 진로양식상담은 다음 다섯 가지 주제를 다루는 구조화된 과정이다. ① 진로양식, ② 의사결정 애로사항, ③ 흥미, ④ 직업전망, ⑤ 선택의 걸림돌이 그것이다. 대체로 상담자는 첫 회기 동안 진로양식, 의사결정, 흥미를 다룰 수 있다. 일주일쯤 후 둘째 회기에서 상담자는 직업전망과 내담자가 어떻게 그것을 탐색할 수 있을 것인가를 논의하게 된다. 한 달 후쯤 마지막 회기에서 상담자는 내담자의 선택을 재확인하거나 선택을 가로막는 장애물을 다루게 된다. 상담 진행의 완급은 각기 다르다. 때때로 상담자는 한 회기 동안 처음의 네 가지 주제를 다룰 수도 있고, 오로지 한 가지 주제만을 다룰 수도 있다.

진로양식상담에서 아들러식 상담자는 제7장에서 언급한 개인심리학 상담기법을 사용한다. 이 기법은 상담의 두 가지 차원에서 각기 다르다. 관계 차원에서는 상담자가 협동관계를 유지하고, 어떤 일을 해야 할 것인가에 내담자가 주의를 집중할 수 있도록 공감, 격려, 유머기법 등을 사용한다. 의사소통 측면에서는 상담자가 자기인식과 직업적 발달을 증대시키고 진로선택과 선택한 것에 헌신할 수 있도록 해석, 직면, 제안, 교육, 명료화 기법 등을 사용한다.

## 진로양식과 경로

첫 상담회기는 내담자의 진로양식을 요약하여 직접 설명함으로써 시작한다. 이때 아들러식 상담자는 드레이커스(Powers & Griffith, 1987)가 주장한 원칙을 따른다. 상담자는 내담자의 진로양식이 갖고 있는 장점과 단점을 철저하게 파악하여 일반적으로는 직업습관과 태도에, 특수하게는 교육적 및 직업적 성공 · 실패와 관련지어 본다. 이 두 가지 기법을 통해 내담자와의 논의가 구체적으로 진행된다. 한 가지 기법은 내담자의 현재 행동에서 표현되는, 특히 최근 5분 동안이나 진로양식면담 동안 내담자가 말했거나 행동했던 진로양식의 예를 확인하는 것이다. 다른 기법은 내담자에게 자신의 진로양식을 표현했던 지난주 동안 무엇을 했는지 예를 들어 보라고 하는 것이다. 내담자는 자신만의 양식에 너무 파묻혀 있어서, 자신이 어떤 양식을 갖고 있다는 것조차 자각하지 못할 수 있다. 상담자는 내담자가 지향하는 바를 논의하기 전에 반드시 내담자가 자신의 진로양식을 인식하도록 해야 한다.

상담자는 내담자의 지향점을 더욱 명확하게 보면 볼수록 내담자의 선택은 더욱 분명해질 것이라는 점을 내담자에게 설명함으로써 진로양식에서부터 진로경로까지를 논의해 볼 수 있다. 상담자는 경로가 진로의 기초적 의미임을 이야기해 주면서 논의를 시작할 수도 있다. 사실 진로경로라는 용어는 다소 중복일 수도 있는데, 진로라는 의미에 이미 과정이나 경로라는 말이 함축되어 있으며, 마차 등이 다니는 길을 의미하는 중세 라틴어의 'carraria'와 길이라는 뜻을 지닌 중세 프랑스어의 'carriere'에서 비롯되었다. 상담자는 십자로나 전환점에서 방향을 선택해야 하는 내담자에게 현재 진로의사결정과제를 설명하면서 논의를 이어 나갈 수 있다. 상담자는 내담자가 이미 걸어온 진로경로를 설명하면서 이러한 비유를 내담자의 직업 경험과 관련지어 볼 수 있으며,

수평선 너머에 있는 길을 미리 투영해 볼 수 있다. 물론 내담자가 진로경로와 십자로 등을 잘 인식하고 이해할 수 있도록 내담자의 진로경로와 십자로 등을 묘사할 수 있는 간단한 어휘나 구체적인 예시를 사용하는 것이 유용하다.

내담자의 진로경로를 구체화시키고 인상적인 것으로 만들기 위해 어떤 상담자는 진로경로를 묘사하기 위해 '성공공식' 자료를 사용하기도 한다. 저자는 내담자가 자신의 성공공식을 파악하는 데 도움을 주기 위해 〈표 9-1〉의 내용을 사용한다. 상담자와 내담자는 내담자의 진로양식과 가상적 목표를 가장 잘 묘사하는 세 가지 역할을 선택한다. 그러고 나서 내담자에게 세 가지 역할 군집에서 각각 하나의 어구를 가지고 다음과 같은 불완전 문장을 하나 완성하도록 요청한다. 이를테면 "내가 ……할 때 나는 성공했다고 느끼며, 만족감을 느낀다." 내담자는 문장을 고르고, 상담자와 함께 전망 있는 직업을 확인하고 평가하는 데 사용할 수 있도록 그 문장을 성공 문장으로 바꾼다. 예를 들면, 내담자가 문제 해결하기(사고자 역할 군집에서), 다른 사람 돕기(조력자 역할 군집에서), 감정 나누기(창조자 역할 군집에서)를 선택했다고 하자. 내담자는 자신의 성공공식으로 이것들을 조합한다. "나는 내가 다른 사람이 문제를 해결하고 기분이 좋아지도록 도울 수 있을 때 성공했다고 느끼며 만족감을 느낀다."

## 의사결정 애로사항

내담자가 자신의 진로양식을 인식하고 진로경로를 마음에 그리게 되면, 상담자는 진로의사결정과제를 다루기 위해 내담자가 사적 논리를 어떻게 사용하는가에 내담자의 주의를 돌린다. 내담자의 사적 논리가 상식적으로 이해가 능하고 타당하다면 상담자는 내담자의 사적 논리를 강화할 수도 있으며, 내담자의 의사결정과제에 적용시켜 볼 수도 있다. 반면에 내담자의 사적 논리가 상식적으로 이해 가능하거나 타당하지 않다면 그것을 내담자에게 이야기하고, 사적 논리에 담겨 있는 지배적 허구로 진로를 결정할 수 없고 비현실적이라고 말한다. 지배적 허구에 담겨 있는 타당하지 못한 생각들은 내담자의 허구적 목표(예; 만약 내가 ……라면 나는 안정되며, 걱정 없고 중요한 사람이 될 텐데)에서 대체로 미리 구별짓기, 과잉단순화, 과잉일반화(Shulman, 1973)의 형태를 띠

〈표 9-1〉 조직적 역할에 따른 성공공식 요소*

| 행위자 | 조력자 |
|---|---|
| 도구를 가지고 작업한다. | 타인을 돕는다. |
| 행동을 통해 배운다. | 사람들과 함께 일한다. |
| 사물을 만들거나 고친다. | 봉사를 한다. |
| 기계를 다루는 능력이 있다. | 사교성이 풍부하고 쾌활하다. |
| 신체적 기술을 적용한다. | 아동을 돕는다. |
| 야외에서 일한다. | 노인을 돕는다. |
| 동물들과 일한다. | 가르친다. |
| 자연과 더불어 일한다. | 상담한다. |
| | 조언해 준다. |
| **사고자** | **영향자** |
| 문제를 해결한다. | 의사결정을 한다. |
| 과학 분야에 종사한다. | 타인을 확신시킨다. |
| 수학 분야에 종사한다. | 집단을 이끈다. |
| 논리를 사용한다. | 힘을 사용한다. |
| 아이디어를 연구, 조사한다. | 열정을 가지고 정리한다. |
| 일이 어떻게 진행되는지를 파악한다. | 물건을 판다. |
| 독서한다. | 관심의 중심이다. |
| 사람을 분석한다. | 역동적이다. |
| | 팔방미인이다. |
| **창조자** | **조직자** |
| 독립적이다. | 꼼꼼하다. |
| 감정을 나눈다. | 팀의 일원이다. |
| 민감하다. | 자료를 기록한다. |
| 그림을 그린다. | 타이프로 친다. |
| 악기를 연주한다. | 파일이나 자료를 정리한다. |
| 글을 쓴다. | 관례를 지킨다. |
| 예술적 감각을 적용한다. | 기대되는 바를 잘 파악한다. |
| 장식한다. | 명령을 수행한다. |
| 디자인한다. | |

주: *여섯 가지 규칙에 대한 더 많은 정보는 Holland(1985a)를 참고하라.

게 된다. 이러한 타당하지 못한 생각들이 과장될수록 진로의사결정은 더욱 늦추어지거나 왜곡된다.

내담자의 사적 논리가 진로의사결정을 어떻게 지연시키거나 왜곡시키는지 예를 살펴보자. 다른 사람들에게 존경받고자 하는 야심을 지녔던 한 내담자가 있다. 그의 야심과는 달리, 내담자의 허구적 목표에는 존경이 통제의 의미로 과잉 단순화되어 있었다. '만약 사람들이 나에게 복종한다면 나는 안정되며, 걱정 없고 중요한 사람이 될 텐데.' 이러한 잘못된 생각은 '내 것 아니면 남의 것' 이라는 내담자의 모토 속에도 표현되어 있다. 이러한 과장된 구별짓기는 내담자의 진로의사결정을 왜곡시켜 권력, 소유, 특권의 형식으로 존경받는 직업들에만 관심을 갖게 하였다. 자신의 목표와는 관련이 없기 때문에 사회에 어떻게 공헌할 것인가와 다른 사람을 통제하고자 하는 자신의 욕구가 직장동료와 가족과의 관계를 어떻게 훼손시키고 있는지는 고려하지 않았다.

상담회기 동안 두 사람이 내담자의 사적 논리에 대해 이야기를 나누게 될 때 상식과 접목시킨다. 상식에 대해 언급함으로써 상담자는 내담자가 자신의 잘못된 아이디어들을 재평가하도록 돕는다. 잘못된 생각들이 이해 가능한 것일 수는 있지만 반드시 불가피한 것은 아니라는 점을 설명하면서 대화를 시작할 수도 있다. 그러한 생각들이 어디서 비롯되었으며, 왜 이제 더 이상 필요하지 않은지를 설명하는 형식을 취할 수도 있다. 존경을 통제의 의미로 오해하고 있는 내담자들을 상담할 때 상담자는 생애 초반기에서는 다른 사람을 통제하려는 욕구가 적응 목적을 갖고 있었지만 현재에는 부적응적이라는 것을 설명하기도 한다. 다른 사람을 통제하려는 욕구는 과거 정황에서 살펴볼 때에는 이해 가능한 것이지만, 현재 상황에서는 더 이상 불가피한 것이 아니다. 내담자를 잘못된 생각(예; 존경=통제)에 직면시킴으로써 상담자는 내담자의 상상력을 불러일으키고 내담자의 생각을 재고할 수 있는 어구를 사용해야 한다. 예를 들면, '내 것 아니면 남의 것' 이 다른 사람들이 내담자를 멀리하도록 만드는 것인 반면 '우리 것은 공통의 것' 은 다른 사람들의 존경심을 이끌어 낼 수 있다는 점을 강조할 수 있다. 또한 아들러식 상담자는 존경을 통제와 동등시함으로써 내담자가 혐오하는 것들, 예를 들면 고혈압, 불면증, 막연한 불안 등을 얻게 된다고 말해 주면서 '남의 수프에 침 뱉기' 기법을 고려해 볼 수 있다(Mosak, 1977). 상담자가 사용할 수 있는 또 다른 아들러식 기법은, 다른 사람을 계속 지배하려고 한다면 미래의 부정적 그림을 상상해 보도록 직면시키는 것이다(Shulman, 1971). 잘못된 생각을 바로잡기 위한 다른 상담기법은 잘못된 가정들(Shulman, 1968), 기본적 오류들(Dreikurs, 1967), 생각 간섭하기(Powers & Griffith, 1987) 등에 관한 여러 아들러식 상담자들의 저서들을 통해 제시되어 왔다. 기타 다른 상담자들은 신경증적 신념(Horney, 1945), 비합리적 신념(Ellis & Greiger, 1977), 사적 규칙(Krumboltz, 1983), 비합리적 기대(Nevo, 1987)에 관한 저서를 통해 제시하고 있다.

## 흥 미

진로양식상담의 셋째 주제는 직업 선택에의 준거로서 흥미를 다루고 있다. 내담자가 자신의 진로양식을 인식하고 의사결정에 영향을 미치는 자신의 사적 논리를 검토한 후에 상담자는 목표를 향해 나아가기 위한 내담자의 흥미에 대해 논의한다. 상담자는 흥미가 단순한 감정이 아니며, 나름대로 공적 · 사적 의미를 지니고 있다는 점을 설명하면서 상담을 시작할 수 있다. 흥미가 진로양식을 환경과 어떻게 연결시키는지에 대해 토의하기도 한다. 내담자의 흥미에 숨겨진 의미를 토의하고, 흥미가 내담자에게 어떻게 유용한지를 설명한다. 이러한 작업은 내담자의 흥미가 무엇인지 파악하는 기초작업이 될 수 있다. 다양한 흥미들이 허구적 목표에 얼마나 유용한지, 흥미가 진로양식을 얼마나 잘 표현하고 있는지를 논의할 때 상담자들은 되도록 구체적이어야 하며, 내담자의 생활경험에서 실례를 많이 인용해야 한다.

다음으로 상담자는 내담자가 앞으로 탐색하려 하는 직업들을 확인하기 위해 자신의 흥미를 어떻게 이용할 수 있는지를 설명해 준다. 어느 누구도 모든 직업을 일일이 탐색해 볼 만한 시간은 없기 때문에 각 내담자는 그럴듯한 가능성이 있는 직업군을 파악해 보아야 한다. 어떤 상담자는 자신이 선호하는 직업 역할, 활동, 환경 등을 체계적으로 묘사함으로써 탐색을 돕는다. 이를 통해 내재적 흥미를 직업전망을 가려내는 외현적 특징으로 개발한다. 예를 들어, 이러한 유형의 토의를 함으로써 비로소 내담자는 지도자 역할을 맡고 지력과 설득력을 사용하며, 흥미진진한 환경에서 일할 수 있는 직업에 흥미가 있다고 말할 수 있게 된다.

내담자가 상담회기 사이에도 진로의사결정과정에 적극적으로 몰입할 수 있도록 상담자는 두 가지 과제를 내주면서 첫 회기를 종결한다. 첫째 과제는 내담자의 자기인식이 진로선택과 연관되므로 자기인식을 강화하고 가다듬고 명료화하기 위해 다음 회기에 이번 회기 때 토의했던 진로양식, 진로경로, 흥미들을 복습하면서 시작할 것이므로 이번 회기 때 토의했던 것들에 대해 생각해 보는 것이다. 둘째 과제는 직업분류체계를 익히고 다음 상담회기 때 논의하고 싶은 직업목록을 만들어 오는 것이다. 상담자는 다음 중 한 가지를 선택하여 숙제를 하도록 할 수 있다. ① 『자기지향탐색』(Holland, 1985b), ② 『진로의사결정체계』(Harrington & O'Shea, 1982), ③ 『진로핵심』(Jones, 1987), ④ 『개인진로탐색 학생용 검사 소책자』(Miller-Tiedeman, 1976) 등이다. 상담자는 내담자에게 『진로와 직업을 위한 길잡이 백과사전』(Hopke, 1987) 혹은 『직업개관 핸드북』(미국 노동성, 1996)을 참고하도록 과제를 확대할 수도 있다. 이러한 과제에 대한 대안으로 SIGI나 DISCOVER(Harris-Bowlsbey, 1984)와 같은 직업탐색을 위한 컴퓨터 프로그램을 이용해 보도록 할 수 있다.

## 직업전망

진로양식상담의 둘째 회기는 앞으로 조사해 볼 간단한 직업목록을 만들고 탐색계획을 짜는 데 할애한다. 상담자는 이전 회기에 대한 내담자의 반응에 대해 이야기하면서 시작한다. 이러한 토의는 대체로 내담자의 흥미를 유발하는 직업에 대해 말하는 것으로 이어진다. 이 시점에서 상담자는 둘째 과제에 대해 물어보는데, 내담자가 고려하고 있는 직업들과 관련지어 보고 다른 사람들은 성공공식을 어떻게 수행해 나가는지에 대해 내담자의 생각을 물어본다. 그러고 나서 상담자들은 이번 회기에서는 언급하지 않았지만 지난 진로양식 회기 때 말했던 직업들에 대해 어떻게 생각하는지 물어볼 수도 있다. 다음으로 상담자는 진로양식평가에서 파악된 직업들을 토의해 볼 수 있다. 이 둘째 회기의 절반에서는 내담자가 깊이 탐색해 볼 만한 6개 직업목록을 만들어 보고, 나머지 6개 직업들은 예비로 남겨 둔다.

직업목록을 짧게 작성해야 회기의 나머지 절반 동안에 내담자와 상담자가 서로 협동하여 탐색계획을 수립하기가 용이하다. 탐색계획은 내담자가 명확하게 선택 대안들을 살펴봄으로써 결정능력을 고취시킬 수 있는 활동들로 구성된다. 대부분의 내담자들은 자신의 선택대안들을 어떻게 탐색해 보고 명료화할 수 있는지 잘 알지 못한다. 그러므로 상담자는 탐색 활동에 관해 교육하고, 선택대안을 더욱 명료하게 할 수 있는 구체적 활동들을 제안해야 한다. 스튜와트(Stewart, 1969, pp. 218-221)는 함께 협동하여 탐색계획을 수립할 때 내담자에게 탐색의 원리를 교육하기를 바라는 상담자들을 위해 특히 유용한 자료들을 준비하였다. 자료는 총 4쪽으로 구성되어 있는데, 1쪽에는 정보 출처의 보기가 제시되어 있고 2쪽과 3쪽에는 유용한 정보를 얻는 방법이 설명되어 있으며, 4쪽에는 진로의사결정에서 정보를 이용하는 과정이 제시되어 있다. 둘째 회기를 끝마칠 무렵, 상담자는 아들러식 격려기법(Dinkmeyer & Dreikurs, 1963)을 사용하여 내담자들의 탐색계획을 실행에 옮길 수 있도록 한다. 상담자는 내담자가 탐색계획을 수행할 시간을 잡을 수 있도록 세 번째 진로양식 상담 회기를 위한 날짜를 약 한 달 후로 계획한다.

## 선택의 걸림돌

내담자와 상담자가 다섯째 주제(대체로 세 번째 회기에 다루게 되는)에 이르게 되면 진로양식상담은 종료된다. 대부분의 내담자들에게 이 마지막 회기는 격식이 따로 없는 가벼운 회기다. 내담자들은 탐색을 통해서 자신의 선택대안들을 어떻게 명료화했고, 나아가 그 중 하나를 선택할 수 있었는지 이야기한다. 상담자는 내담자의 선택을 강화하고 내담자가 자신의 선택에 전념하여 충실히 이행할 수 있도록 실제적인 문제들에 관해 논의한다. 어떤 내담자들에게는 이 마지막 회기가 매우 진지한 회기가 될 수 있다. 실제로 모든 회기 가운데 가장 감명 깊은 회기가 될 수 있다. 내담자는 여전히 선택을 할 수 없다고 단언하기도 한다. 이러한 경우에 선호와 선택을 구별하는 것이 상담자에게는 의사결정의 어려움을 인식하는 데 도움을 준다. 선호란 내담자가 하고 싶어 하는 것을 말하고, 반면에 선택이란 내담자가 앞으로 해야 하는 것을 가리킨다(Crites, 1969). 예를 들어, 바닐라 아이스크림을 선호하는 사람이 가게 주인의 수고를 덜고자 초콜릿 아이스크림을 선택할 수도 있다.

어떤 사람들은 선호하지도 않는 선택을 해야 한다는 사실은 선호와 선택의 구별이 진로상담에서 매우 중요함을 말해 준다. 만약 하나의 걸림돌이 선호를 선택으로 전환시키는 것을 가로막는다면, 내담자가 실행할 수 있고 적합한 직업선호를 구별할 수 있기 때문에 진로양식상담은 완성된다. 내담자와 상담자는 이 회기 동안 어떻게 걸림돌을 다룰 것인가에 관한 문제해결에 힘을 쏟는다. 가장 흔히 마주치는 걸림돌은 가족의 반대다. 내담자가 선호하는 직업에 대해 가족들은 안 된다고 압력을 가할 때이다. 기타 다른 흔한 선택의 걸림돌은 재정적 곤란, 훈련이나 등록을 위한 요구조건들, 선입견, 배우자나 자녀들과 관련된 딜레마 등이다. 흔히 사용되는 해결책은 상담실에서 가족들과 대화를 하는 것, 집에서 독립하는 것, 파트타임 직업을 구하는 것, 잠시 시간 여유를 갖는 것 등이다. 만약 내담자가 셋째 회기까지 자신이 어떤 것을 선호하는지 분명히 파악하지 못했다면 그러한 미결정이 상황에 의해 비롯된 우유부단함인지 기질적인 특성인지를 상담자는 결정해야 한다(Cooper, Fuqua, & Hartman, 1984). 상황에서 비롯된 우유부단함일 때는 내담자가 성숙이나 자아개발을 위한 경험을 하도록 권장한다. 기질적 특성인 경우에는 생활양식상담을 권장하며, 내담자가 동의한다면 가족구도에 관한 정보와 초기 기억내용을 수집한다.

## 요 약

이 장에서는 아들러의 개인심리학이 진로상담을 위한 고전적 짝짓기 모델의 구성개념을 상세히 설명하고 더욱 다양한 내담자들에게 확대 적용하도록 함으로써 모델의 가치를 높였음을 강력히 주장하였다. 나아가 저자는 진로양식상담이라고 불리는 접근법이 진로선택을 하고자 하는 내담자들에게 아들러식 생활양식방법과 자료들을 적용할 때 야기될 수 있는 문제들을 어떻게 해결하는지 설명하였다. 진로양식상담을 설명하면서 저자는 진로양식의 평가, 진로경로의 확인, 진로의사결정 시에 나타나는 사적 논리에 대한 인식 등을 다루었다. 이 장에서는 내담자의 진로양식을 내담자에게 해석해 주고 진로의사결정을 지연시키거나 왜곡시키는 잘못된 생각을 수정해 줄 수 있는 상담기법들을 제시하였다. 또한 내담자와의 진로양식면담을 수행하고 평가하며 내담자의 성공공식을 만들기 위해 상담자들이 사용할 수 있는 자료들을 제시하였다. 더 많은 상담자들이 진로양식상담을 실시하면서 기법을 개발하고, 기타 부가적인 자료들을 고안함으로써 상담의 효율성을 더욱 증진시키기를 기대한다.

## 연구문제

**지시:** 다음 질문에 답하시오.

1. 진로상담의 아들러식 짝짓기 모델의 이론적 근거가 고전적 파슨스(Parsons) 짝짓기 모델을 어떻게 확장시키는지 설명하시오.

2. 아들러의 '사용의 심리학'이 여러 흥미검사에서 명시되는 '소유의 심리학'의 한계를 극복한 개선책이 된 이유는 무엇인가?

3. 아들러의 개인심리학을 이용하여 흥미의 기원을 설명하시오.

4. 아들러식 진로상담의 핵심은 내담자의 결정능력을 향상시키기 위해 여러 선택의 종류들을 명료하게 하는 것이다. 어떻게 진로양식상담이 선택의 종류들을 명료하게 하는가?

# 활 동

1. 진로양식평가를 실시해 보고 당신이 선호하는 흥미검사를 내담자에게 실시해 보시오. 흥미검사의 결과를 살펴보기 전에 진로양식평가에 기초하여 가능한 한 구체적으로 결과를 미리 예측해 보시오.

2. 이 장의 진로양식상담 부분의 '진로양식과 경로'에서 논의된 절차와 자료들을 사용하여 당신의 '성공공식'을 작성해 보시오.

3. 이 장에서 설명된 모델과 기법들을 더욱 자세히 설명하고 있는 다음 논문들을 읽어 보시오.

Savickas, M. L. (1991). The meaning of work and love: Career issues and interventions. *Career Development Quarterly, 39*, 315-324.

Savickas, M. L. (1993). Career counseling I the postmodern era. *Journal of Cognitive Psychotherapy: An International Quarterly, 7*, 205-215.

Savickas, M. L. (1995a). Examining the personal meaning of inventoried interests during career counseling. *Journal of Career Assessment, 3*, 188-201.

Savickas, M. L. (1995b). Constructivist counseling for career indecision. *Career Development Quarterly, 43*, 363-373.

# 제10장 | 부부상담

사랑: 친밀한 관계의 선행요인과 부산물
배우자 선택하기
부부상담
넬과 마크의 사례
요 약
연구문제

# 제 10 장
# 부부상담

사랑은 개인이 숙달해야 할 가장 어려운 셋째 인생과제다. 그 이유는 관계된 두 사람 모두에게 용기와 협동이 요구되기 때문이다. 드레이커스(Dreikus, 1946)는 결혼에 대한 고전적인 책에서, '전통'은 부부관계에서 커다란 평등화를 가져다준 민주주의 혁명에 대해 우리를 준비시켜 오지 않았다고 언급하였다. 당시의 다른 사람들과는 대조적으로 드레이커스는 가족, 즉 부부관계의 붕괴 징후에 대해 낙심하지 않았다. 그러나 사람들의 결점은 가장 친밀한 관계에서 가장 두드러지게 나타났다.

> 우리는 가족이 해체되고 있지는 않으나, 심각한 진퇴양난에 직면하였음을 말하고자 한다……. 우리는 상호 존중의 정신으로 이해에 의한 갈등과 충돌을 해결하는 방법을 모른다. 민주주의 분위기에서 살아가는 데 필요한 조건을 모른다. 서로 동등하게 살아갈 수 없는 우리의 문화에서 이는 사실이 되어 왔는데, 우리의 가장 가까운 관계인 부부관계에서 가장 고통을 느끼게 되었다.(p. v)

아들러(Adler, 1936)의 논문 「사랑은 최근의 발명품」에서 그는 "우리가 선조보다 성에 대해 더 많이 알고 있음은 의심의 여지가 없다."는 점을 목격하였다. 그는 계속 질문을 한다. "그러나 우리는 사랑에 대해 더 많이 알고 있는가?" 이러한 현상은 오늘날에도 똑같이 적용될 수 있다. 그는 아버지가 아들에게 '성지식'에 대해 아는지 물었을 때, 아들이 "네, 아빠가 알고 싶은 것이 뭔데요?"라고 응답했다는, 지금은 친숙한 이야기를 언급하기까지 하였다. 60년이 지난 지금 사람들의 관심이 여전히 가장 친밀한 관계에서 영적, 지적, 사회적 차원보다는 신체적 관계를 더 지향하고 있다는 사실은 해학적이다.

이것은 결코 몇몇 부부관계에서 발견하는 진정한 성문제를 치료해야 할 필요나 계획된 청년 성교육을 통하여 발견하는 본질적 가치를 간과하려는 것이 아니다. 차라리 아들러와 드레이커스처럼 이 장에서는 부부간에 건강한 관계를 만들어 가는 데 중요한 개념과 방법을 소개하고자 한다. 물론 부부상담과 치료에 대해서만 쓴 책들이 있다. 이 장에서 제공되는 정보는 다른 접근방식들의 이론과 방법을 형성하는 데 기본적인 입장으로 유용할 것이다. 방법과 기법에 대한 많은 다른 문헌과는 달리, 아들러 학파의 모델은 어떠한 친밀한 관계에서도 바람직하게 여겨지는 목적뿐만 아니라 상담과 치료의 과정을 평가하는 기초가 되는 가치체제를 제공한다.

## 사랑: 친밀한 관계의 선행요인과 부산물

당신은 이 절의 부제 때문에 혼란스러울 수 있다. 그러나 일반적인 신념과는 반대로 사랑의 정서는 만족한 '애정' 관계의 '원인'이 아니다. 이는 결코 사랑의 힘이나 중요성을 축소하는 것이 아니다. 드레이커스(Dreikurs, 1946)는 다음과 같이 적고 있다.

> 사랑받고 있음을 아는 것은 심리적으로 매우 중요한 순간이다. 이는 상대방에 대한 지속적이고 배타적인 관심으로 자신을 내어 주고 다른 사람을 받아들이려는 욕망으로, 함께 있기 위한 소망이 특징이다. 그러나 상대방에 대한 우리의 태도가 변할 때마다 사랑의 존속은 위협받는다.(pp. 15-16)

자신의 목표와 욕망에 의존하기 때문에, 사람들은 관심의 대상이 자신의 욕구를 얼마나 잘 충족시켜 준다고 지각하는가에 따라 자신의 애정을 결정한다. 이러한 과정이 일반적으로 무의식적인 것이라 하더라도, 이것은 마치 의식적 의도에 의한 것처럼 신중하게 작동한다. 이 주제에 대해 상당한 설명을 한 후, 드레이커스(Dreikurs, 1946)는 사랑을 고도로 주관적인 것으로 특징지었다.

> 사랑은 우리가 사랑이라고 부르는 것이다……. 이는 헌신 또는 지배를 위해, 천국 또는 지옥을 위해, 행복 또는 불행을 위해 창조된다.(p. 18)

그러므로 사랑은 사랑하는 사람의 의도에 달려 있다. 단지 이러한 평가만 보면 시적 목적 이외에 사랑을 달리 정의하는 것은 실제적 가치가 거의 없다고 결론지을 수 있다. 그러나 드레이커스와 아들러는 사회적 관심의 맥락에서 더 정교한 정의를 하고 있다.

아들러(Adler, 1936)는 결혼한 부부의 사랑을 "남자와 여자 간의 동등한 동반자관계—여기서 두 사람은 하나가 되어 한 쌍의 부부가 되고, 종족의 생물학적 요구와 사회의 요구에 성충동을 조화시킨다."로 정의하였다(pp. 36, 128). 완전한 부부간의 사랑을 위하여 아들러는 다음과 같이 모든 부부가 고려할 만한 규칙을 제안하였다.

- 배우자를 우러러보거나 깔보지 마라. 동등함으로 사랑하라.
- 상대방에게 당신이 할 수 없는 불가능한 완벽성을 바라지 마라. 천사가 아니라 여자를 사랑하라. 허깨비(환상, 이상)가 아니라 남자를 사랑하라.
- 여러분 자신들을 하나 또는 둘로 생각하지 말고, 2인 1조로 생각하라.
- 사랑을 하면서, 주지 않으면서 받지만 말고, 받지 않으면서 주지만 마라.
- 육체적으로 당신의 관심을 끌지 않는 사람을 배우자로 선택하지 마라. 그러나 신체적으로만 당신의 마음에 드는 사람에게 당신의 운명을 맡기지도 마라.
- 일상적, 사회적, 경제적, 지적, 영적, 정서적, 생물학적인 모든 면에 대해 당신의 상대와 협동하라.
- 샛길이나 막다른 길로 빠지지 마라. 정서적 미로를 벗어나는 길은 항상 있는

것이다 — 모든 인간은 기본적으로 정상적이다.

• 관습이나 당신 자신의 특성에 노예가 되지 마라. 당신은 단순히 한 개인이 아니고 사회와 인류의 한 단위임을 기억하라.(p. 128)

이러한 충고 때문에 당신은 아들러가 썩 낭만적이지 않다고 생각할지 모른다. 아들러를 잘 아는 사람들의 일화를 들어 보면, 그는 애정이 깊고 매력적이고 매우 낭만적이었다. 그러나 정서는 도구이며 사랑도 예외가 아님을 우리는 기억해야 한다. 따라서 아들러의 충고는 실제적이고, 시인이 주는 혼란에서 벗어나게 한다고 생각할 수 있다.

따라서 사랑은 성공적인 동반관계의 선행요인이며, 부산물이다. 사랑으로 인해 때때로 고통스럽고 불편하고 자신이 하고 싶은 바를 하지 못하더라도 두 사람은 상대의 위안, 평안, 좋아하는 것 등에 기여하고자 한다. 이러한 베푸는 과정에서 즐거움, 만족, 평화라는 내적 보상이 따른다. 이러한 상황에서 부부관계의 행복감이 따르게 된다. 사람들은 어떻게 관계를 맺어 가는가? 드레이커스는 심리학적으로 설명한다.

## 배우자 선택하기

드레이커스는 비밀스러운 사적 기대로 예상 배우자들을 선정하게 된다고 믿었다. 이러한 기대는 신체적, 사회적, 심리적 특성에 대한 인상으로 바뀐다. 인상은 거의 모든 면에서 무의식적이지만, 말로 표현되지 않은 소원, 바람, 기대의 충족을 예언할 수 있다.

겉으로 태도를 표명할 때까지 각자는 첫인상에서 '내가 바라는 특성들'과 맞는지 여부를 예상하는 방식으로 미세한 행동들을 평가한다. 이러한 관점에는 아들러 학파의 중요한 개념이 숨어 있다. 드레이커스(Dreikurs, 1946)는 다음과 같이 믿었다.

마지막 결정에 영향을 주는 심층적인 개인적 요구가 있다. 그리고 믿을 수 없

> 겠지만, 모든 사람은 배우자로부터 초기에 무의식적으로 기대한 대우를 받게 된다. 우리가 갑자기 또는 점진적으로 한 사람을 자신에게 꼭 맞는 배우자로 수용할 때 충족되는 요구들은 인습적이거나 상식적이지 않다. 그의 성격을 통해 우리가 아동기부터 수행해 온 계획을 계속하거나 되살리는…… 개인적 패턴을 인식할 수 있는 기회를 주는 사람을 만났을 때 우리는 매력을 느낀다.(p. 68)

그러므로 드레이커스가 기술한 것처럼, 결혼은 비밀스러운 사적 기대를 채우는 것이다. 기대는 말로 표현되지 않고 무의식적인 예상과 바람이다. 사람들이 누군가가 자신에게 딱 맞는다고 느낄 때 '사랑'에 빠졌다고 말하는 경향이 있다. 반대로 그 사람이 자신의 '욕구'를 더 이상 충족시키지 못함을 알게 될 때 '사랑하지 않게 되었다.'고 말한다. 결혼을 약속하기 이전의 상대방의 절약은 인색함으로, 관대는 무절제로, 가족에 대한 관심은 재미없는 가정적 성격으로 간주된다.

이상하게 보이겠지만, 학대하는 관계에서 학대받은 파트너가 친구, 가족, 상담자가 관계를 중단하도록 설득해도 거부할 때 흔히 놓칠 수 있는 것은, 학대하는 파트너에 의해 충족되고 있는 기대의 패턴이다. 그러한 파트너가 떠남으로써 겪는 실제적인 신체적 위험을 낮게 평가하려는 것은 아니다. 그러나 학대받는 파트너는 학대관계를 유지하게 하는 건강하지 않는 태도, 목적, 행동을 바꾸는 수단으로서 생활양식 치료를 통해 (학대하는 배우자도 그렇지만) 도움을 받을 수 있다. 이러한 변화에서 학대하는 파트너 곁을 떠나기 위하여 다른 사람의 도움과 지원을 받아들이는 데 필요한 용기와 확신이 더 크고 나은 변화의 기초가 된다.

드레이커스(Dreikus, 1946)는 이러한 경향을 '결함에 대한 호소'라고 하였다. 어떤 사람들은 조화로운 결혼의 가능성이 거의 없는 사람에게 부지불식간에 매료된다.

> 여기에는 주로 두 개의 은밀한 경향성이 있다. 자신의 우월성을 유지하려는 욕망과 고통받으려는 소망이다. 전자는 열등한 배우자를 선택하게 한다. 후자는 속성을 확실히 알면서도, 불만족 또는 고통까지 가져다주며 결국 순교의 위

안만 주는 사람을 선택하게 한다.(p. 80)

이러한 경향과 관련한 목적은, 자신의 결점을 보상하기 위하여 파트너를 선정하는 것이다. 책임감 없거나, 비생산적이거나, 비사회적이거나 또는 다른 식으로 '사회적으로 열등한' 경향이 있는 파트너는 자신의 우월성을 계속 확인하려는 사적 논리에 사로잡혀 있는 사람에게 결코 도전하지 않는다. 실제로 잘못을 저지른 파트너는 그들의 관계에서 '희생자' 또는 '순교자'가 얼마나 훌륭하고 능력 있고 오랫동안 고통받았는지 모든 사람들이 알 수 있도록 쉽게 이용 가능한 완전한 대비를 제공한다. 그러나 이런 유형의 사람들이 왜 특정한 관계방식을 찾게 되는지에 대해 고정관념을 갖지 않아야 한다. 더 중요한 것은 상담자가 개인의 사적 논리를 이해하는 것이다.

예를 들면, 한쪽 배우자가 존중하지 않는 말을 하거나, 친밀한 사랑 표출을 그만두거나, 공손한 척하지만 무례한 행동을 비언어적으로 보이는 부부상담 과정 중 낙심의 신호는 두드러지지는 않지만 바로 파괴적으로 나타난다. 이런 것들이 이혼의 원인이 된다.

상담에서 유용한 또 하나의 기본개념은 구애 중에 개인을 매료시킨 모든 특성들이 친밀한 관계에서 갈등을 일으키게 할 수 있다는 것이다. 사람을 맺어주는 바로 그 좋은 점이 또한 갈등의 원인이 되는 경향이 있는 것이 사실이다. 예를 들면, 남자는 여자가 지적이고 참하고 가정적이고 독립적이고 애정이 깊어서 그녀와 결혼을 한다. 여자는 남자가 지적이고 야망이 있고 열심히 일하고 의지할 수 있고 사교적이어서 그와 결혼을 한다

과도하게 단순화했지만, 이것은 열심히 일하고 집에는 붙어 있지 않고 성공적이지만 너무 바쁜 남편, 부부관계보다 남편의 일을 우선으로 배려한 아내의 희생에 대해 고마움을 보였다 안 보였다 하는 남편 때문에 그녀가 집에 갇혀 있거나, 더 최근에는 현명한 진로가 제약받는 느낌을 갖게 되는 시나리오가 된다.

누구나 사적 논리를 보상하기 위해 동반자관계를 추구한다.

이러한 불만 속에서 각 배우자는 정당하다고 느낀다. 이들은 그들의 긴장에 대한 책임감을 어느 정도 받아들이지만, 각자가 상대방에게서 찾고 있는 것을 얼마나 기본적으로 얻고 있는지를 알지 못한다. 부부상담이 효과적이기 위해 배우자 모두는 그들의 목적, 확신, 태도뿐만 아니라 그들의 현 관계가 갈등을 일으키는 잘못된 관점을 어떻게 강화하는 경향이 있는지를 이해해야 한다.

## 부부상담

상담자는 부부 중에 한 명 또는 둘 다 상담하러 왔을 때 자신에게 다음과 같이 질문해 보아야 한다. 관계는 어떤 상태인가? 부부 모두 관계문제에 관련되어 있는가? 부부 모두 성공적인 부부관계를 위해 상담하고자 하는가? 물론 문제점과 낙심의 영역을 알아내는 도구가 있다. 그러나 관계를 계속하고자 하는 마음을 측정하는 것은 쉽지 않다.

보간(Vaughan, 1986)이 소위 '해체되는' 과정을 겪은 다양한 유형, 연령, 문제를 갖는 103명을 면접한 결과를 살펴보면 상담자가 알면 도움이 될 수 있는 구별되는 단계와 패턴이 있다. 그녀는 불행한 사람을 선도자로, 상대방을 간단히 파트너로 특성을 기술하였다. 상담자는 선도자가 불행감을 전달하는 데 실패한 상황을 자주 접하게 되고, 파트너는 선도자가 그들의 관계가 '구제될 수 없다.' 고 결정한 후에야 그들이 얼마나 깊은 곤경에 빠져 있는지를 알아차리게 된다고 지적하였다. 이때 선도자는 물리적이지 않더라도 심리적으로 이미 파트너를 떠나기 시작한 것이다. 그녀는 상담자를 찾을 때를 다음과 같이 적고 있다.

> 배우자들은 관계를 보호하는 데 앞장서 줄 미더운 상담자를 요구할 것이다……. 한편, 선도자들은 관계를 계속하도록 하는 명백한 선입견이 없는 상담자를 찾자고 할 것이다. 두 사람은 지금 싸움에 참여하게 된 제삼자의 지지

> 를 얻기 위해 경쟁한다…… 모든 일이 가능하다……. 그럼에도 불구하고 대부분의 경우 부부가 상담을 찾는 시기가 되면 너무 늦었음을 상담자는 지적한다.(pp. 176-177)

그러나 '너무 늦었다.'는 것은 아들러 학파의 관점이 아니다. 첫째, 많은 부부는 부모학습집단에 참여하여 그들의 관계를 증진하기 위하여 많은 것을 배울 수 있다. 많은 사람들은 지역사회기관과 교회에서 후원하는 구조화된 프로그램을 통하여 그들의 관계를 증진하기 위해 외부 지원으로부터 많은 도움을 얻을 수 있음을 발견한다. 둘째, 의심스러울 때는 아들러식 상담자는 각 배우자가 앞으로 5년 후에도 함께 있게 될 것으로 예상하는 확률에 대해 물어볼 것이다. 적더라도 각자가 미래에 관한 긍정적인 전망을 내놓으면 이를 계속 추구할 가망이 있다. 가망이 없다면 한쪽 또는 양쪽 배우자가 기대하는 도움은 이혼이거나 개별상담일 것이다. 이는 처음부터 가능한 한 매우 분명하게 할 필요가 있다.

### 관계 형성

다른 사람들보다 시작하기가 더 어려운 부부와 배우자들이 있다. '선도자'들은 자신의 동기가 문제가 되기 때문에 그들의 파트너보다 더 불안해 하는 것 같다(즉, 이들은 관계가 구제불능일 것이라는 생각을 마음에 품고 있다). 반대로 여전히 관계 회복을 희망하는 파트너는 관계가 끝날 것이라는 전망에 대해 정서적으로 몹시 동요된다. 언급할 만한 것은 보간(Vaughan)이 파트너가 다른 경우나 관계에서 선도자가 된 예를 발견했다는 사실이다. 관계한 기간을 돌이켜보면서 어떻게 해서 각자는 관계를 끝내려고 생각할 만큼 낙심하게 되었을까를 생각해 볼 수 있을 것이다.

한쪽 또는 양쪽 배우자가 싸우고, 생각하고, 논쟁하고, 시도하는 등 매우 낙심하고 지치게 되어, 때때로 신체적으로 정서적으로 너무 고갈되어서 5년 이상은 말할 것도 없고 5분도 더 함께 살기 힘들게 느껴지면, 해체과정은 자연스럽게 전개된다. 결과적으로 이들은 겉으로는 드러나지 않더라도 마음속에서는 다른 대안을 탐색하기 시작한다. 이들은 욕구불만, 자책감, 상처, 분노, 그리고 배우자로부터 이탈함으로써 갖게 되는 관계와 관련한 감정에서 자신을 떼어 놓기 시작하는 경향이 있다.

사실 선도자들은 이들이 파트너와 처음으로 친밀하게 된 것과 반대되는 과정을 시작한다. 추측할 수 있는 것처럼, 이들은 파트너의 매력적이고 격려가 되고 바람직한 것보다 파트너의 결점을 더 빨리 생각한다. 이러한 감정에 공감하고, 그런 상황에서는 이러한 감정이 정상적이고 이해할 만한 감정임을 확인하고 배우자 모두를 지지하는 것은 낙심을 훨씬 확산시킬 수 있다.

따라서 상담자는 진솔한 방법으로 각자에게 친밀감을 형성해서 둘 다 편안해지도록 노력한다. 당신이 양쪽 배우자가 정서적으로 큰 고통 속에 있고 공감적 이해를 몹시 바라고 있다는 점을 알아차릴 수 있으면, 친밀감 형성은 생각보다 어렵지 않다. 한쪽 편을 들지 않고 단순히 각자에게 여기에 이르게 된 과정과 문제를 해결하기 위해 무엇을 해 왔는지를 말하도록 하는 것은 상담자에게 각 배우자의 곤경에 공감할 충분한 토대를 준다.

친밀감의 형성은 목적과 과정에 대해 어느 정도 합의하는 것을 포함한다. 보통 양쪽 배우자 모두가 동의하는 것은 결과적으로 각자에게 더 행복한 삶이 되어야 한다는 것이다. 이때 관계가 증진될 필요가 있고, 이렇게 함으로써 각자 목적을 달성할 수 있기 때문에 두사람은 그대로 있어야 한다는 전제를 말할 수 있다.

한 배우자가 명백히 저항한다 하더라도 단기적인 목적에 어느 정도 합의하는 것이 바람직하다. 예를 들면, 당신은 생활양식평가의 중요성을 설명할 수 있다. 상담을 계속하든 하지 않든, 검사 회기 후 관계를 종료할 필요가 있든 없든 간에 이는 두 사람 모두에게 적용된다. 부부가 이러한 과정에 참여하는 것에 동의할 수 있으면, 이들은 그 시점 이후 재협상할 기회를 갖는 또 다른 4~5회기의 시간표를 짜는 것에 동의할 수 있어야 한다.

## 평 가

평가과정은 공식적 또는 비공식적으로 이루어진다. 위에서 언급한 바와 같이 상담자는 부부간의 비언어적인 단서뿐만 아니라 무언의 말에도 민감할 필요가 있다. 이는 상담관계 형성에 중요하다.

평가과정에는 상담을 통하여 무엇을 성취하기를 바라는지를 결정하는 것이 들어있다. 관계가 심각한 문제로 여겨질 때는 배우자들에게 5년 더 관계를 유지할 가능성에 대해 개인별로 적도록 요청하라. 각자는 종이에 비율(예; 20% 가능성)을 적어 상담자에게 준다. 이들의 견해가 얼마나 근접하는가는 상담을 찾기에 앞서 얼마나 많은 토론이 있었는가의 지표가 된다. 또한 누가 선도자이고(즉, 누가 불행하고 이별과정을 시작했는가), 관계가 구제될 수 있다고 믿는 배우자는 누구인가를 알려 줄 수 있다.

가장 낮은 비율을 적은 사람은 협동에 가장 큰 도전을 보인다. 그들의 낙심은 배우자가 낙심하기 전부터 시작되었을 것이다. 그리고 행복한 해결에 대한 희망도 많이 없어졌을 것이다. 결과적으로 이들은 일부러 하지는 않더라도, 무의식적으로 결국엔 정말로 희망이 없음을 입증하려고 할 것이다. 만약 그렇다고 생각되면 우호적으로, 그러나 의도적으로 그 문제를 제기하라. 이는 위에서 언급한 바와 같이 '해체' 과정이 어떻게 진행되는지를 설명하는 방식으로 할 수 있다.

첫 면접에서 재정, 인척, 양육, 책임의 공유, 사랑의 표현(성적인 것뿐만 아니라 다른 것들)과 관련한 문제를 다룬다. 이는 협동과 관련한 문제들이다. 대부분 이는 배우자들의 협동 노력이 성공적이지 않은 영역들을 나타낸다. 의사결정, 문제해결, 갈등해소전략을 조언할 수 있다. 이는 상담과정 중 과제와 재정향을 통해 개발될 수 있다. 그러나 진짜 문제는 생활양식의 충돌이다. 이를 발견하기 위하여 생활양식검사가 도움이 된다.

상담자는 또한 말하지 않은 것을 들으려고 귀를 기울여야 한다. 성공의 결여에 따른 심각한 증상은 알코올 남용, 물질 남용, 배우자나 아동 학대, 한쪽 또는 양쪽 배우자에 의한 삼각화에서 발견될 것이다. 부모가 아동에게 지나치게 중재하거나 일에 과도하게 의욕적일 때는 삼각화가 상대적으로 무해한 것으로 여겨질 것이다. 그러나 둘 다 관계를 희생시키고 관계의 기초를 파괴한다.

알코올 중독이나 그보다 더 심각한 상황이 확실하게 관련되면 성공적인 상담은 훨씬 큰 도전을 받는다. 여기에는 부부가 감추고 있는 '비밀' 이 있는 경우가 많다. 부부가 이를 제시하지 않을 때 상담자는 민첩하게 이를 드러내야 한다. 어떤 경우에는 술을 얼마나 많이, 얼마나 자주 마시는가 물어보는 것만큼 쉽기도 하다. 예를 들어 가족배경, 가치 등에 따라 자신이 술을 남용하는 행동을 완전히 정상적인 것으로 간주할 수도 있다. 다른 경우에는 이를 축소하거나 부정하려고 할 것이다.

성공적인 상담관계의 또 하나의 심각한 장애는 부부관계 밖의 사람과 배우자가 삼각화를 맺는 것이다. 이는 잘 아는 친구들이나 친척, 배우자의 애인일 수 있다. 상담의 갑작스런 위기가 배우자 중 한 사람의 일에서 온다면 제삼자의 관계와 관여의 유형과 기간을 알아보아야 한다. 이러한 것들은 상담이 어렵거나 실패로 여겨질 때 한 배우자가 피난처를 찾으려는 표시일 수 있다. 그러나 보통 일 자체는 관계에서의 낙심을 표현한 것이다. 통계적으로 제삼자는 이혼 후에도 배우자의 삶에 거의 참여하지 않는다. 그러나 제삼자들은 싸움 중에 있는 부부나 동반자생활에서 깨지기 쉬운 시간에는 하나의 요인이 될 수 있다.

다른 배우자에 반대하여 한 배우자를 지지하는 친척이나 친구들도 문제다. 부부에게 필요한 것은 부부가 되려고 하는 노력을 지지해 주는, 진실로 애정 있는 방식으로 지지하려는 친구들이다. 결과적으로 상담자는 부부가 이런 사람을 찾아내고, 이 시점에서 자신의 사회적 삶에 이들을 어떻게 참여시킬 것인가를 생각하도록 돕는 데 어느 정도 시간을 써야 한다. 이러한 사람들 중 몇몇은 관계가 악화됨에 따라 떨어져 나간 서로의 옛 친구들일 수 있다. 공통 관심사를 갖는 동료, 나이나 가족생활 등이 비슷한 교회사람들, 댄스나 카드놀이 또는 볼링과 같은 여가활동에서 새로 만난 사람들이 될 수 있다. 이런 사람들은 그들의 관계를 정상화시키는 데 사회적 지지망이 될 수 있다.

## 부부 생활양식평가

생활양식을 평가하고, 이를 부부갈등과 관련하여 해석함으로써 부부간의 신념, 행동, 감정을 비위협적으로 짝지운다. 이러한 짝짓기는 새로운 이해, 새로운 행동의 시도, 부정적 감정의 일소를 위한 토대가 된다. 제7장에서 언급한 바와 같이, 예를 들면 이것은 남자와 여자에 대하여 가졌던 관점을 드러내고, 갈등을 해결하고 인생과제를 충족하는 데 있어서 부부가 서로 관계 맺는 방식의 드러내는 방법을 제공한다. 이 방법은 내담자에게 즉각적이고 적절하고 구체적일 수 있는 개인의 독특한 패턴을 구성하는 유용한 방법이다.

이 과정에는 아동기 가족구도와 초기기억이 이용된다. 각 사례에서 상담자가 자료를 수집하고 해석적으로 관찰하는 동안 배우자는 자리를 함께 한다. 이 활동 자체는 배우자 양쪽의 불안을 상당히 발산시키고 일반적으로 좀 더 큰 희망을 갖게 하는 경향이 있다. 이는 얼마 동안 그들을 위한 진정으로 협동적이고 비위협적인 몇 가지 활동 중의 하나가 될 것이다.

생활양식 정보를 수집하기에 앞서 배우자의 생활양식이 다르다면 그들의 관계가 어떻게 하면 더 나아질 것인지를 종이에 쓰도록 각 배우자에게 요청할 수 있다. 이러한 것들은 상담 중 해석단계의 후기까지는 배우자가 아닌 상담자와 공유되어야 한다. 상담자가 개인의 생활신념과 '감정을 해치는' 행동 간의 연계를 알 수 있는 통찰이 충분히 생길 때 상담자와 내담자는 관찰하고 있는 배우자에게 이를 공개한다.

또 다른 기법은 상담과정의 초기에 문제점을 빠르게 평가하는 것이다. 배우자들에게 먼저 일곱 가지 인생과제 영역(즉 직업 · 일, 사랑과 결혼 · 동반자관계, 우정, 혼자 지내기, 삶에서 의미 찾기, 여가와 레크리에이션, 양육)에 대해 자신을 평정하도록 한다. 가장 높은 점수를 1로 하여 1~5점으로 평정하게 한다. 다음으로 배우자들에게 상대 배우자는 각 영역에서 어떻게 평정하였다고 생각하는지 표시하도록 한다. 이는 모든 사람이 볼 수 있도록 종이나 칠판에 표시한다.

합치점뿐만 아니라 차이점도 관심의 초점이 된다. 부부와 환경에 의존하여, 이 기법은 배우자들이 재정, 인척, 영성 문제에 대처하는 영역을 평정하는 데 이용될 수 있다.

## 넬과 마크의 사례

넬과 마크는 목사의 의뢰로 상담을 받으러 왔다. 목사는 그들과 이야기를 나누면서 상담자의 도움을 받는 것이 좋겠다는 결론을 내렸다. 마크는 경계하면서 터놓고 이야기하려 하지 않았다. 넬은 확연히 산란해 보였고, 매우 긴장해 있었다. 첫 회기 초기에 마크는 그가 함께 일하는 여자와 관계를 가졌다고 하였다. 넬이 낌새를 알아차렸을 때, 그 여자는 마크의 곁에서 일하지 않았고 변화가 있었다. 그럼에도 불구하고 넬은 정말로 끝났는지 또는 다시 시작하려고 단순히 기다리고 있는 것인지를 확신하지 못하였다.

배우자들이 서로 다른 입장이라면 그들의 관계가 어떻게 하면 더 나아질 것인지를 물었을 때, 마크는 넬이 함께 있는 것에 더 재미있어 하고, 주도하려는 태도를 버리고, 덜 과제지향적이면 좋겠다고 썼다. 넬은 마크가 더 책임감이 있고, 그녀의 감정과 바람에 더 민감하면 좋겠다고 말했다. 말한 것을 기초로 하여 저자는 마크가 선도자이고 넬은 관계의 잠재적인 상실을 지금 실현하고 있을 뿐이라고 생각하였다. 분명히 신뢰도 또한 성공적인 관계의 큰 요인일 것이다.

이들이 정서적으로 소모된 지난 며칠 동안의 대화에서 벗어나도록 돕는 구조와 격려가 필요함이 분명해 보인다. 생활양식평가를 시작하기 전에 부부에게 전형적인 하루생활을 기술하도록 하였다. 역할이 어떻게 구조화되어 있는지에 대한 단서, 말로 표현되지 않은 규칙, 그리고 서로, 아이들, 동료, 인척 등과 관계하는 방식에 대해 귀를 기울이는 것은 상담자가 이러한 관계에서 외적인 영향이 얼마나 중요한가에 대한 관점뿐만 아니라 각 배우자의 무의식적 목적과 움직임에 대한 관점을 알아 가는 데 도움이 된다. 이는 이들의 영향력이 관계의 성공을 침해할 때 이후에 인척을 포함한 가족상담의 가능성을 상담자가 평가할 첫 기회일 수 있다.

이는 부부에게 긴장을 해소하는 활동이었다. 둘 다 참여하여 협동의 증거를 보였다. 다음에 좀 더 드러나겠지만, 이 부부의 우선 순위에 대한 저자의 육감은 생활양식평가에 의해 확인되었다.

생활양식을 평가하면서, 마크와 넬은 모두 과정 자체에 몰두하게 되었고 자신의 방어를 늦추었다. 아동기 이야기를 하면서 친구, 가족상황, 비슷한 정보를 회상하면서 때때로 웃기도 하였다.

마크는 막내였다. 그의 엄마는 그를 맹목적으로 사랑하였고, 내켜 하지 않는 누이의 돌봄을 받았다. 그의 기억 두 가지는 다음과 같다.

> 나는 큰누나 베스(4살 위)를 기억한다. 누나는 디저트를 먹으려면 엄마가 집에 올 때까지 기다려야 한다고 나에게 말했다. 누나가 보고 있지 않을 때 어떻게 해서 나는 디저트를 먹었다. 나는 나의 디저트를 먹을 만큼 충분히 컸다고 생각했다. 나는 훌륭하다고 느꼈다. 누나는 내가 먹은 것을 결코 몰랐을 거라고 생각한다.
>
> * * * *
>
> 나는 베스와 낸시(2살 위)가 양쪽에서 내 손을 잡고 있었던 것을 기억한다. 우리는 어딘가 가고 있었고, 나는 가고 싶지 않았다. 누나들은 나를 꼭 잡고 끌고 갔다. 나는 이를 좋아하지 않았으며, 누나들도 이를 알았다.

마크는 우리에게 그의 생활방식과 우선순위에 대하여 많은 것을 말하고 있다. 아들러는 네 가지 유형의 일차적인 우선순위를 생각하였다. 지배형, 기생형, 회피형, 사회적 유용형이 그것이다. 명명하거나 범주화하는 데 혼동되지 않으면서 이들은 개인생활의 주요한 주제를 이해하는 하나의 방법을 제공한다. 마크의 사례에서 '내가 원할 때는 지체 없이 내가 원하는 것을 얻어야 해.'라고 결정한 어린이를 볼 수 있거나 그 효과에 대해 말할 수 있다. 이러한 평가를 접했을 때 마크는 동의하는 미소를 보였다.

앞의 주제를 기초로 하여, 저자는 "그리고 내가 원하는 것을 얻는 방식에 어떤 여자도 참여할 수 없어."라고 계속 말했다. 이는 그들 관계에서도 확실히 들어맞는다는 점에 대해 넬은 반대할 수 없었다. 놀랍게도 마크는 이를 방어하지 않았다. 실은 그는 이를 자랑스러워 했다. 이는 그에게는 정당한 것이고, 따라서 무엇이 잘못되었다는 것인가?

당신은 넬이 큰누나였다고 추측할지 모른다. 그녀는 네 살 차이의 어린 동생 빌이 있었다. 각자 가족에서 특별한 위치에 있었다. 그녀가 동생을 돕는다고 하더라도 그녀는 이를 문제로 생각하지 않았다. 그는 '귀엽고 좋은 아이'였고 가끔 그녀의 물건을 가져가는 것을 제외하면 그는 같이 있으면 재미있는 아이였다.

그녀의 회상 두 가지는 다음과 같다.

어느 날 저녁, 빌리는 내가 부엌일을 하는 것을 도우려고 했던 것 같다. 내가 모든 일을 했지만 그가 주변에서 재미있게 익살을 부려 나는 일에 전념할 수 없었다.

* * * *

어느 일요일, 우리는 교회에 있었다. 내 앞에서 목사가 어머니와 아버지에게 말하던 것이 기억난다. 유쾌한 날이었다. 잔디는 푸르고 나무는 꽃을 피웠다(봄이었음에 틀림없다). 태양이 비치고 모든 것이 황홀했다. 나는 목사가 내가 얼마나 즐거운 꼬마인가, 나의 부모가 성인 예배에 참여할 수 있고 결코 말썽 피우지 않는 아이를 가진 것이 얼마나 행운인가 하고 말하는 것을 우연히 들은 기억이 난다. 나의 부모는 동의했고, 나는 그것이 부모를 정말 기분 좋게 했음을 느꼈다. 나도 역시 기분이 좋았다.

## 해 석

상세하게 들어가지 않더라도 저자는 이미 이들의 관계에 대해 상당한 추측을 할 수 있었다. 예를 들면, 마크의 가족에게 교회에 가는 것이 가족 가치가 아니라면 그가 넬의 '끌어당김' 을 어디에서 저항할 것인지 추측해 보라. 이러한 추측은 적중하였고, 둘 다 이 작은 통찰에 황홀해졌다. 이는 결혼 초기부터 이들 사이의 관계의 뼈대였다. 또한 누가 가족 내에서 책임감 있고 '즐거움을 주는' 역할을 맡고 있는지 추측할 수 있다. 물론 넬이다.

한편, 마크는 적어도 외박하지 않고, 환경을 밝게 하고, 어느 정도 즐거움을 주기로 했다. 어떤 즐거움이나 사회적 활동이 있으려면 이는 마크가 '사회적 지도자' 가 되는 것에 달려 있음을 넬은 쉽게 알아차렸다. 그러나 그는 이러한 기대에 피곤해했다. 여기서 이들에게 '관계에서의 입장차이' 목록이 무엇인지를 공유하도록 했다. 잠시 후 둘 다 넬이 '책임감', '보지만 듣지 않음', '즐겁게 하는 데' 열중하는 것이 어떻게 무거운 부담이 되고 그들 관계에 방해가 되는지를 알 수 있었다.

마크는 넬이 즐겁고, 책임감 있는 등의 이유로 결혼하였다 하더라도 그는 그녀가 주도하는 것에 따라가는 것을 좋아하지 않았다. 그녀는 집과 아이들을 조금 덜 돌보면 나아지리라는 점에 대해 반대하였다. 이 시점에서 저자는 이 점에 관하여 무엇을 하고 싶은지 물어보았다. 이는 에너지를 재정향하였고, 우리는 다음 과정으로 옮겨갔다.

그러나 이는 고정된 단계의 과정은 아니다. 가족 구성도로 얻은 통찰이 더 많고, 각자가 남자와 여자가 서로 행동하는 방식, 협동하거나 단순히 함께하기 위하여 학습한 방식, 불일치, 갈등 등을 다루는 방식에 대하여 발달시켜 온 이미지에서 얻은 통찰이 더 많이 있었다. 이처럼, 이러한 것들과 초기기억은 부가적인 유용한 통찰을 준다. 상담의 전 과정을 통하여 우리는 때때로 생활양식 자료를 언급하게 될 것이다.

## 재정향

재정향은 새롭고 더 나은 감정과 행동을 산출하도록 옛 관점과 태도를 재구조화하는 과정이다. 재정향을 설명하기 위하여 마크와 넬의 사례를 이용한다.

마크를 위하여 우리는 그가 일반적으로 여자에게, 특히 넬에게 하고 있는 잘못되고 적대적인 역할을 직면해야 했다. 마크의 통찰에 대해 재미있는 방백의 방식으로 여성 동료와 겪는 반복적인 어려움이 여자에 대한 그의 사적 논리에 뿌리를 두고 있음을 드러내었다. 넬과 관련하여 배우자와 자발적인 동반자로서의 역할에 내적 만족을 얻도록 돕는 것은 시간이 걸릴 것이다. 한편, 넬이 잃어버렸던 그에 대한 신뢰는 정서적이고 자기를 분석하는 경험을 한 후에야 회복될 것이다. 시간과 사려 깊은 노력이 필요했다.

아들러 학파는, 부부들이 한쪽 배우자가 힘에 관심이 있고 다른 쪽 배우자는 통제에 관심이 있거나, 한 사람은 기쁨을 주는 데 관심이 있고 다른 쪽 사람은 편안하고 시중받는 데 관심이 있는 등의 패턴에 빠지는 경향이 있음을 관찰하였다. 넬과 마크는 각자 그들의 결혼에서 불만을 키워 가는 데 기여했다. 넬은 분명히 혼자서 하는 살림꾼 역할에 피곤해했지만 그것이 그녀에게는 편안하였고, 집 밖으로 나가는 것보다는 훨씬 안전하였다. 그녀는 마크와 아이들을 기쁘게 하는 데 만족감을 느꼈다.

지금 아이들에게 넬은 덜 필요하게 되었고, 마크를 기쁘게 하려는 그녀의 노력에 대해 마크는 행복해하지 않았다. 마크는 지지와 격려의 원천이었다. 이는 그에게는 새로운 역할이다. 넬은 항상 일에 대한 그의 관심, 승진 계획 등을 듣는 사람이었다. 오랜만에 처음으로 마크와 넬은 상호 목적을 위하여 일하는 데 협동하고자 하였다. 지금까지 각자는 다른 사람과 연대하고, 다른 자원을 이용하여, 다른 시간계획에 따라, 다른 과제를 수행함으로써 가정에 기여하였다. 각자는 협동의 노력을 계속하였으나 배우자의 협동이 반드시 필요한 것은 아니었다.

마크는 마음 편히 사람을 만난다. 그의 공헌 중의 하나는 넬이 혼자 힘으로 마음 편히 사람 만나는 것을 배우도록 돕는 것이었다. 넬은 그녀가 밝아지고, 친구와 함께 더 즐거운 시간을 즐길 수 있게 되기를 바라고 있다는 점에 동의하였다. 또한 그녀는 집 밖에서 새로운 활동을 찾기 위해 성인 교육과정에 다니고 싶다고 하였다. 마크는 더 좋은 시간을 함께 갖기 위하여 넬 옆에서 저녁 시간의 허드렛일을 하고 있다고 하였다.

상담과정에서 넬은 자신을 '완벽한 엄마' 로 간주하고 싶어 했다. 이러한 이미지는 이전에 그녀의 목적에 맞는 것이었음에도 불구하고 그녀는 자신을 완벽주의적 고정관념에 따른 역할을 하는 사람으로서가 아니라 한 인간으로 보기 위하여 속담의 케이프(역자 주: 목에 매는 짧은 망토의 일종)를 (그리고 행주치마도) 벗어 던질 준비가 되어 있었다.

많은 부부처럼, 이들에게 필요한 과제는 대화하는 것과 의사소통의 시간이었다. 이 방법에는 많은 변형이 있으나, 목적은 같다. 배우자들 간에 진정한 의사소통을 형성하거나 재개하는 것이다.

부부에게 한 가지 권고사항은 그들이 공유하고 싶은 것에 대한 감정을 함께 나눌 상호 합의한 시간을 설정하는 것이다. 이를 위한 방법은 다른 배우자의 반응 없이 15~30분 정도 고정된 시간 동안 한 배우자가 말을 하는 것이다. 이들은 매번 번갈아 가며 먼저 말할 수 있다. 하나의 변형은 배우자들이 서로 편지를 써서 주고받고, 특정한 시간에 각 편지에 담겨 있는 메시지에 대해 대화하는 것이다. 편지의 주제는 부부가 이해하여 스스로 주제를 잡을 수 있을 때까지 상담자가 제안할 수 있다.

이러한 활동의 목적은 친밀감을 증진하고 더 나은 의사소통기술을 기르는 것이기 때문에, 상담자는 의사소통에 대해 몇 가지 기본을 가르치거나 검토할 수 있다. 예를 들면, 감정을 말하고자 할 때 제5장에 있는 것과 같은 감정을 나타내는 어휘를 사용하게 한다. '감정'과 '사고' 의사소통을 변별하는 빠른 기법은 문장에서 '감정' 단어에 '사고' 단어를 대치해 보는 것이다. 만약 문장이 말이 통하면 이는 '감정' 의사소통이 아니다. 예를 들면 다음과 같다.

- 감정의사소통이 아닌 경우
  나는 우리가 서로의 잘못을 꼬집어내는 것을 중단해야 한다고 느껴요.
  나는 우리가 서로의 잘못을 꼬집어내는 것을 중단해야 한다고 생각해요.
- 감정의사소통인 경우
  나는 당신이 우리 친구들 앞에서 언짢은 말을 할 때마다 매우 불쾌하게 느껴져요.(감정으로서 말이 통함)
  나는 당신이 우리 친구들 앞에서 언짢은 말을 할 때마다 매우 불쾌하게 생각해요.(말이 통하지 않음)

또한 제5장에서 기술한 '나-전달법'은 부부 의사소통에서 중요한 기술이다. 이는 부부가 집단상담에 참여하거나 부부 증진 집단에서 안정된 기반을 구축함으로써 강화될 수 있다.

상담자가 자원이나 직접적인 도움이 될 수 있는 다양한 영역들이 있다. 즉 양육태도와 실습, 재정관리전략, 친척이나 이전 배우자와 관계하기, 가족과 화합하기, 진로와 생애계획을 촉진하기 등이다. 이러한 모든 것의 기초를 닦는 것은 기본적인 생애 대처전략들이다. 다른 장에서 살펴볼 갈등해소, 민주적인 의사결정, 격려기법은 성공적인 부부의 기초적인 목록들이다.

한편, 배우자 중 한 사람 또는 둘의 목적이 별거나 이혼임이 분명해지면, 상담자는 상담의 목적으로서 부부관계를 해소하는 것을 준비해야 한다. 이러한 경우에 이사하는 것에 수반하는 모든 것에 대처하는 것이 중요하다. 둘 다 정서적, 사회적, 물리적, 재정적 도전을 맞게 될 것이다. 아이들이 있는 경우에도 이들에게 지지와 격려, 대처방법에 대한 준비가 필요할 것이다.

물론 이 장의 범위를 뛰어넘어, 법적인 별거와 이혼과 관련하여 다룰 문제들이 많이 있다. 크래니츠(Kranitz, 1987)의 책 『헤어짐을 함께하기』는 별거 중 최소한의 협동을 동의한 부부의 해체를 다룬 아들러식 접근의 훌륭한 예다. 드레이커스는 싸우는 것도 동의가 필요하다고 말했다. 최소한 자신들, 아이들의 진로 등에서 상처를 최소화하기 위하여 협동하기로 동의하여, 그들이 함께 있었을 때 결코 배울 수 없었던 것을 이 경험에서 배울 수 있게 될 것이다.

별거와 이혼 중이라 하더라도, 이러한 경험에서 다른 관계에 적용할 수 있는 좋은 점을 얻을 수 있다는 희망이 있다. 배우자들이 관계를 끝마치면서 이해하려고 하기 때문에 이는 중요한 사항이다. 관계는 매우 자주 법적인 종결을 넘어서는 그 자체의 생명을 갖고 있다. 아이들이 있으면 정서적으로, 재정적으로, 그리고 가족과 같은 방식으로 배우자들은 계속 옛 관계를 경험하게 된다. 결혼 또는 관계가 오래될수록 인상과 기억은 더 깊고 오래 지속된다. 결과적으로, 해결되고 직접적으로 직면하게 되는 '미결과제'가 더 많을수록 두 배우자는 모두 미래에 더 잘 살게 될 것이다.

## 요 약

아들러식 상담은 모든 결혼과 부부관계가 필요로 하는 본질적인 요소인 희망을 가지고 있다. 희망이 없으면 성공적인 부부상담도 있을 수 없다. 희망은 진솔하고 철저한 격려로 길러질 수 있다. 관계문제로 상담하는 사람들의 일은 도발적이고 함정으로 가득 차 있다. 가장 최선의 노력을 하는데도 불구하고 성공 희망에 대한 최종적인 책임은 개별 배우자에게 달려 있다. 아들러식 상담자는 그들의 모든 지식과 기능을 이용하고, 부부관계 내에 있는 희망은 무엇이든 육성하려고 한다. 헤어지든 함께 살든, 관계된 배우자 모두가 피할 수 없는 변화와 적응에 대처하도록 도울 수 있는 긍정적인 일들이 여전히 있다.

## 연구문제

지시: 다음 질문에 답하시오.

1. 저자는 부부관계와 관련한 아들러 학파의 철학과 방법이 지난 세대에서보다 오늘날 훨씬 더 적절하다고 믿고 있는가?

2. "사랑은 행복한 결혼에서 선행요인이고 부산물이다."라는 말은 무슨 의미인가?

3. 한 배우자에게 원하는 것을 바로 얻는 것이 어떻게 불화를 야기할 수 있는가?

4. 부부관계가 거의 절망적으로 손상되었을 때도 아들러 이론가는 왜 낙관적인 전망을 유지한다고 생각하는가?

# 제11장 | 가족상담

아들러 학파와 체계이론

아들러식 자문의 기본가정

건강한 가족의 특성

면 담

전형적 권고

권고가 실패할 때

추수지도

추가적 적용

요 약

연구문제

활 동

# 제 11 장
# 가족상담

아들러식 상담자들은 다양한 상황에서 상담을 하며, 많은 종류의 문제, 사람, 상황을 다룬다. 드레이커스는 만약 사람들이 자신들의 평등에 대해 확신한다면 중대하거나 해결되지 않는 사회적 문제가 전혀 없는 경우들에 대해 지적하였다. 불완전할 용기가 없으면, 작은 문제가 큰 문제로 된다. 그는 반목하는 당사자들이 가져오는 문제가 대개 그들의 어려움의 실제적 원천이 아니라는 것 또한 가르쳤다. 어려움의 주요한 원천은 흔히 누가 승자인가와 누가 패자인가이다. 사회적 갈등이 어떤 것인가, 누가 승리할 것인가, 누가 존경을 잃을 것인가 등은 협상에서 감추어진 내용이다.

갈등을 해결하기 위해 숨은 내용에 대한 자각과, 누구도 승리하거나 패배하지 않는 새로운 합의를 확립하는 전략이 요구된다. 이러한 이유 때문에 드레이커스는 문제와 갈등 해결을 위한 네 가지 단계를 제시하였다.

- 상호 존중을 확립하라(예; 서로에게 자신의 감정과 지각의 정당성을 인정).
- 실제적 문제를 정확히 지적하라(예; 상대적 지위와 그것의 상실에 대한 개인적 근심).
- 싸움의 문제에서 상황이나 과제가 요구하는 것에 대한 순수한 문제로 합의를 변경하라(예; 상황의 실제, 내가 하는 일, 문제상황의 해결에서 타인의 복

지를 위해 돕도록 나의 행동을 변화시킬 수 있는 방법).
- 모든 당사자가 결정하는 데 참여하도록 허용하라(예; 서로를 경청하고, 서로를 조력하고, 문제를 해결하는 방법을 함께 결정. 각자가 새로운 합의의 참여자로서 책임을 가정).

그러므로 아들러식 상담자들은 본질적으로 같은 문제해결, 갈등해결 전략으로 다른 사회적 관계(예; 교사와 학생, 고용인과 피고용인, 남편과 아내, 부모와 자녀)에 접근한다. 추가로 아들러식 상담자들은 상담(counseling)과 자문(consultation) 간의 구별을 하지 않는 경향이 있다. 상담이건 자문이건 상관없이 이것을 받는 사람은 생각하고 느끼고 행동하는 방법이 상황 해결에 영향과 변화를 준다는 사실을 인식할 것이다. 그러나 자문의 정의는 그것과 조력관계의 다른 방법을 구별하는 수단으로서 유용할 수 있다.

자문은 세 사람 이상을 수반한다.

아들러식 자문은 다음의 내용을 수반한다.

- 적어도 직·간접적으로 세 사람: 자문자, 피자문자, 그리고 피자문자의 내담자, 학생, 아동 등
- 제삼자의 견해와 전문성으로부터 도움을 얻을 수 있는 사람들 간의 문제나 상황
- 피자문자가 자문자의 제안을 수용하고 거절하고 수정하는 데 자유로운 평등하고 협동적 관계
- 어떤 조력관계에서나 필요한 같은 조건들(예; 진솔성, 돌봄, 공감, 촉진적 직면, 구체성)

그러므로 자문자는 특별한 근거로 조력을 제공하는 제삼자다. 자문자의 목

표는, 피자문자에게 힘을 북돋는 방식과 유사한 문제를 위한 의뢰가 더 이상 필요하지 않다는 점에서 자신의 지식과 기술을 효과적으로 공유하는 것이다.

개인의 사적 논리, 정서, 행동에 초점을 맞추는 경향이 있는 상담과 다르게, 자문의 초점은 개인과 집단(예; 슈퍼바이저와 피슈퍼바이저들) 또는 집단들(예; 인종, 조합관리) 간에 문제와 갈등 해결을 지향하는 데 더 직접적인 경향이 있다. 제10장에서 갈등해결을 다루는 동안 결혼상담이 당사자의 현상학적 관점에서 접근되는 것이 보였다. 이 장의 후반에 상담자가 부모가 자녀와 더 효과적으로 적응하도록 돕는 부모의 자문자로서 역할을 수행하는 사례의 예가 제시되어 있다.

## 아들러 학파와 체계이론

니콜스와 슈와츠(Nichols & Schwartz, 1994)은 『가족치료』에서 아들러와 드레이커스가 최초의 지역사회 집단상담자들에 속한다는 것을 지적하였다. 드레이커스가 가족치료에 공헌한 것에 대한 그들의 관찰은 특히 지적할 만한 가치가 있다.

> 가족들에게 사용한 드레이커스의 기법은, 불행한 상호 작용을 수정하는 데 해석이나 제안과 함께 정서적 지지와 격려를 혼합하였다. 그는 개방적, 민주적 정신으로 가족의 상호적 문제를 논의하도록 가족들을 격려하였다. 그리고 그는 가족집단치료의 모델을 가족의 일상생활로 가져오기 위해 가족들에게 정규적인 '가족협의회' 를 만들도록 촉구했다.
>
> 그의 접근방식이 가족치료에서 많은 발달을 예견했다는 사실에도 불구하고 드레이커스의 업적은 폭넓은 관심을 얻지 못했고, 이 분야에 많은 영향을 주지 못했다……. 그는 예견과 상상력을 소유한 사람이었지만, 그의 방식은 수용적인 전문 영역에서 발달하지 못했기 때문에 지지를 얻지 못했다.(p. 232)

체계이론은 본질적으로 개인들이 영향을 주고 그들이 생활하고 일하는 인간의 체계에 의해 영향을 받는다는 이론에 근거한다. 체계 옹호자들은 확인된 환자가 단순히 역기능적 가족의 일원을 나타낸다고 믿는다. 각자가 따르는 체계이론의 접근방식에 의존하여 상담자들은 의사소통기법, 가족 상호 작용을 재구성하는 전략, 내담자들이 가족역동성의 지각에 새로운 의미부여를 하도록 하는 기법을 다양하게 사용한다.

체계에 관한 이러한 변형은 아들러식 관점에서 가족들을 개념화하고 중재하는 다르면서 잠재적으로 보완적인 방법을 제안한다. 체계접근방식으로서 발달되지는 않았지만, 니콜스와 슈와츠가 지적했던 것처럼 드레이커스는 대부분의 현대 이론가와 실천가들보다 몇 년 앞섰다. 반면에 미누친(Minuchin, 1974; Minuchin & Fishman, 1981)과 같은 체계 옹호자들은 아들러식 상담자들이 도움을 얻을 수 있는 가족치료에 기여해 왔다.

미누친의 접근방식을 적용한 연구는 식욕부진증, 성인약물중독, 이와 유사한 치료하기 어려운 사례들을 포함한 가족상황에서 특별한 효과를 입증했다. 구조적 이론과 방법이 아들러식 개념과 방법에 잘 부합하므로 간단히 소개한다.

드레이커스처럼 미누친은 도시의 빈민지역에서 일하였다. 그는 라포 형성이 가족에 참여하기를 수반한다는 것을 발견했다. 몇몇 다른 이론가들이 제안한 것처럼 가족체계의 부분이 되는 것은 아니지만, 미누친은 가족이 역기능적인지, 아니면 가족생활주기에서 단순히 변환적인지(예; 아이들이 태어나거나 집을 떠날 때) 신속하게 평가한다.

아들러식 상담자들처럼 미누친은 가족구성원들의 현재상태를 평가하기 위해 가족 전체가 치료에 참여하기를 선호한다. 그는 평가 중에 어린 아이들과 부모가 함께 있도록 한다. 아이와 성인의 상호 작용은 가족기능의 초기평가에서 필수적 부분으로 여겨진다. 만약 그가 가족이 역기능적이라고 결론지으면 그는 자신의 평가에 따라 재빠르게 중재로 이동한다. 아들러식 상담자들처럼 그는 정상적으로 발달하는 가족문제에 매우 민감하다. 그는 다른 사람들이 가족기능을 역기능적으로 범주화하는 것을 늦추도록 주의를 요구한다. 그는 광범위한 적응행동과 상호 작용을 정상적으로 수용한다. 그는 다른 사람들에게 전부는 아니지만 대부분의 가족들이 특히 위기나 변환 시기에 신화적 규범에서 어느 정도 이탈한다는 것을 상기시킨다.

중요한 원리 하나는 그가 가족 내의 '하위체계' 라고 명명한 것과 관련된다. 만약 어머니와 아동 하위체계가 다른 하위체계들과의 관계에서 그것의 목적을 위한 고려 없이 다루어지면, 중재는 지속적인 변화를 가져올 수 없다. 하위체계들은 기능에 근거한 가족의 요소들이다. 그러므로 만약 어머니의 목표가 아버지로부터 거리를 유지하는 것이거나 아버지가 다른 아이와 제휴하여 어머니에게 대항하는 것이라면, 지나친 주의나 힘겨루기를 피하기 위해 욕실에 가는 것과 같은 기법들(아들러식 상담자들이 자주 제안한 것처럼)은 단지 문제의 일부분만을 다루게 될 것이다.

미누친은 정서적 경계선이 하위체계들을 한정하고 규정한다고 믿는다. 정상적 가족들은 개인들과 하위체계들을 보호하기 위해 충분히 명확한 경계선을 가지면서도 자율성과 상호 지지를 위한 자유를 인정한다. 대인관계 경계선은 타인들과의 접촉의 양을 조절한다. 충분한 경계선이 없다면 개성화가 침해된다. 너무 많은 경계선이 있으면 개인들은 거의, 또는 전혀 정서적 지지를 경험하지 못한다.

그가 '밀착된 가족' 이라고 부른 가족에서 경계선은 확산되어 있다. 그러한 가족은 가족구성원들 중에 힘이 없는 구성원의 개인성을 묵살한다. 밀착된 하위체계들은 고양된 상호 지지를 제공하는 대신 자율성을 희생시킨다. 상담자에게 주어진 도전은 가족구성원들이 독립적으로 생각하고 느끼고 행동하도록 조력하는 것이다. 이것은 확실히 아들러식 상담목표와 일치한다.

'격리된 가족' 은 경직된 경계선을 가진다. 이러한 가족들은 자신의 방식대로 하며, 자신의 일을 한다. 이러한 구성원들은 가족구성원들에게 충실함, 지지, 다짐을 전혀 느끼지 않는다. 아들러식 상담자들은 더 많은 정서적이고 관련된 지지를 하도록 가족구성원들을 격려하는 것을 주저하지 않을 것이다. 이러한 가족들은 조력하기 힘들다. 미누친 계열 가족치료자들도 그러한 가족들을 돕는 데 부족한 점이 있었다.

가족구성원들을 위한 건강한 환경에 역행하는 하위체계를 진단함으로써 미누친은 작동하지 않는 구조를 활성화하여 가족을 재구조화하려고 시도한다. 예를 들면 만약 그가 아버지와 어머니를 격리시키는 하위체계에 있는 어머니와 아이를 발견하면 그는 신중히 부모를 함께 앉도록 할 것이며, 아이를 그들로부터 조금 거리를 지키도록, 가능하면 다른 가족구성원이나 자기 옆에 앉게 할 것이다. 그는 부모와 아이들에게 이렇게 하는 것이 어떤 느낌을 갖게 하는지 물을 수 있다. 그러고 나서 이러한 배열의 이점을 강화하고 감정이 편안할 때까지 계속해서 그것을 연습하도록 그들에게 요청한다.

이러한 기법들이 상황에 부합하도록 창조적으로 개발되었다. 가족구성원들은 상담실 밖에서 이러한 활동을 반복하도록 촉진된다. 아들러식 상담자는 자주 부모나 부부들이 이러한 문제들을 다루도록 토의 집단이나 집단상담에 참여하기를 권한다.

미누친은 가족구조가 은밀한 규칙을 갖고 있다고 지적한다. 아들러식 상담자들처럼 그는 가족구성원들이 은밀한 규칙을 가져와 조사하여 자각하도록 한다. 필요할 때 이러한 규칙들은 가족의 최선의 이익에 역생산적인 것으로 노출된다. 그것들은 은밀하기 때문에, 조사되지 않고 남겨지면 영속되는 경향이 있다.

저자는 아들러가 미누친과 관점을 교환하면서 아마도 흥미를 느꼈으리라 믿는다. 마찬가지로, 아들러는 다른 사람들의 업적에 관심을 가졌을 것이다.

아들러식 상담자들은 아들러의 기본적 원리를 계속 따를 것이다. 그러나 세대문제를 포함하여 가족사를 확장하고(예; 알코올 중독의 역사, 학대, 건강조건 등), 부모자녀 이상의 가족 내의 하위체계를 평가하고(드레이커스가 했던 것처럼), 핵가족과 새로운 가족들 내의 가치, 감정, 행동에 미치는 영향으로서 민족성을 연구하고, 잠재적으로 평가와 중재 업무를 촉진하는 구체적 기법을 채택하는 것에 대한 가치는 고려해 볼 만하다.

## 아들러식 자문의 기본가정

아들러식 자문의 기본가정은 다음과 같다.

- 우리는 모두 같은 배를 타고 있다(예; 우리는 공통적인 인간 허약성과 자질을 공유하며, 우리가 공통적 문제를 극복하기 위해 함께 일함으로써 이러한 사실에

서 도움을 얻을 수 있다). 만약 누군가가 인간조건의 현실을 이해하고 수용한다면, 그(녀)는 부적절성이나 보상적 우월성의 감정으로 행동할 필요가 없다.

- 자문자가 공유한 것은 본질에 있어 기본적으로 교육적이다(예; 그(녀)는 사회적 삶의 논리가 사람들의 평등으로 예언되는 사회적 민주주의의 철학과 과정을 가르친다). 기법과 방법들은 모든 사람들을 위해 함께 일하는 유용한 방법으로서 이 접근방식을 확립하도록 돕는다. 병리학이나 비정상은 어려움의 원천으로 가정되지 않으며, 치료도 운용방식이 아니다.
- 피자문자는 먼저 자신의 행동과 태도를 변화시키는 것을 기꺼이 고려한다(예; 새로운 동의를 확립하려고 조력에 대한 책임감 수용).
- 비록 많은 권고가 일반적으로 어떤 문제유형에 효과적이지만, 자문자는 예기치 않는 것에 대비하며 준비해야 한다(예; 대부분의 아이들은 특별한 방법으로 구체적 권고에 반응한다. 그러나 당신은 어떤 아이들은 반응하지 않으리라는 것도 역시 확신할 수 있다).
- 격려는 전 과정에서 근본 원리다. 관심, 친절, 일반적 지지는 관계의 근본적 요인이다. 이전에 한 모든 것이 잘못이라는 혹평을 함축하지 않고, 명료하고 간결한 방식으로 권고한다. 실제로 피자문자는 자신의 강점에 기초해서 이전의 행동보다 잠재적으로 더 유용한 새로운 대안을 처방하도록 격려된다.
- 적절한 자문과 피자문자들의 욕망에 의거해서 피자문자들은 자문자의 제안에 따라 혁신할 것이며, 결과적으로 아주 성공적으로 자문자로부터 독립적으로 기능할 것이다.

## 건강한 가족의 특성

제2장에서 제시한 인생과제를 위한 아들러식 구성개념에 근거한 안녕모델은 건강한 사람들의 특성에 대한 개관을 제공한다. 이 모델에 근거하여 발달된 평가도구는 다양한 분야에 걸친 경험적 연구에 바탕을 둔 아들러 이론의 확장

을 보여준다. 자연발생한 사회로서 가족은 개인들의 발달에서 필수적 구성요인을 차지한다. 마찬가지로 개인들은 가족의 건강과 발달에 매우 중요하다. 수천 가족들을 대상으로 건강하다고 여겨진 가족들의 공통 특성을 반영한 연구가 수행되었다. 건강한 개인들 및 건강한 결혼의 특성과 연구자들이 가족의 강점이라고 부른 것은 서로 유사한 내용이다. 연구자들은 미국과 다른 나라들에서, 모든 경제적 수준에서, 홀로 된 부모와 정상적 부모의 가족에서, 모든 교육수준에서, 많은 종교적 교파에서, 여러 세대에서, 그리고 다른 문화와 인종에서 얻은 다양한 집단에 관한 자료를 수집하였다. 건강한 결혼과 가족의 특성은 다음과 같다(Curran, 1983; Fenell, 1993; Guarendi, 1990; Johnson, 1992; Olson et al., 1983; Stinnet & DeFrain, 1985; Wallerstein & Blakeslee, 1995).

- 구성원들은 가족의 안녕과 행복을 향상시키는 데 기여한다. 가족의 통합에 가치를 둔다.
- 구성원들은 매일 서로 감사함을 표현한다.
- 구성원들은 훌륭한 의사소통기술을 가지며 서로 대화하면서 많은 시간을 보낸다.
- 구성원들은 많은 시간을 함께 즐겁게 보낸다.
- 구성원들이 종교기관에 가든 가지 않든, 그들은 삶 속에서 강한 선 또는 힘에 대한 의식을 가진다. 그러한 신념은 그들에게 강점이나 목적을 준다.
- 구성원들이 스트레스나 위기를 성장할 기회로 볼 수 있다.

이러한 특성은 드레이커스의 업적에서 발견된 특성뿐 아니라 이 책을 통해 발견된 특성의 토대와 일치한다. 상담자로서 저자의 경험에 따르면 이것들은 상담자들이 전형적으로 성취하려고 시도하는 목표다. 그러나 그러한 목록을 가짐으로써 상담자는 자신의 노력을 더 초점 있게, 더 긍정적으로, 희망적으로, 더 효과 있게 할 수 있다. 상담자들은 도움을 찾는 모든 가족에게 평가를 위한 영역과 가족의 강점을 기술한다.

# 면 담

아들러식 상담자들이 가장 많은 경험을 축적한 영역은 성인과 아동 관계다. 드레이커스(Dreikurs, 1971)는 노동관계를 포함한 다른 상황을 언급하였는데, 그러한 상황에서 자문자로서 성공적으로 아들러식 방법을 사용했다. 마찬가지로 저자는 사업과 조직장면에서 자문자이며 워크숍 지도자로서 성공적으로 드레이커스의 방법을 사용해 왔다. 그러나 이 장의 나머지는 일차적으로 부모와 아동을 대상으로 한 아들러식 중재를 설명하는 데 할애한다.

저자의 경험과 다른 아들러식 상담자들이 하는 시연의 관찰로부터 다음 부분은 면담의 주요한 단계를 개관한다. 이 경우에 구체적 설명은 부모와 아동 관계에 근거한다. 가족관계와 결혼관계는 근본적으로 건강하다. 그 결과, 본질적으로 가족을 상담하기보다 차라리 상담자는 부모들이 아이들을 다루는 더 효과적인 태도와 방법을 배우도록 조력함으로써 부모들의 자문자로서 기능을 수행한다.

부분적인 수정을 통해 교사와 학생의 예도 사용할 수 있다. 시연이나 대집단 참여가 아들러식 방법에 흔하기 때문에 상담자나 자문자가 이러한 방식을 고려해야 하는 방법에 대한 참조문이 제시되었다. 일부분만 편집된 전체 두 부모 가족면담이 〈부록 1〉에 있다.

## 라포 형성

상담자의 사무실이나 가족교육센터와 같은 집단장면에서 상담자나 자문자는 부모들을 편안하게 하도록 조력하는 데 먼저 관심을 가진다. 부모들에게 친절하게 대하고 집단상황의 새로움에 민감하게 반응함으로써 상담자는 모임의 초기에 있을 수 있는 그들의 걱정을 줄여 줄 수 있다.

일반적으로, 아들러식 상담자들은 단지 부모들이 유사한 시연을 관찰할 기회를 한두 번 가진 후에 집단상황에서 부모들과 상담한다. 어떤 경우든 구조화 진술이 흔히 집단모임을 위한 기본규칙을 설정하고 부모들이 모임에 대한 기대를 명료화하도록 돕는 데 사용된다.

다른 가족들도 부모와 자녀 관계에서 공통점이 많다는 것을 경험을 통해 알기 때문에, 상담받는 가족과 부모들이 다른 가족이나 부모들보다 더 문제가 있거나 자신감이 덜하다는 개념을 제거하기 위해 상담자는 자신의 자식과 경험을 사용한다. 부모의 걱정을 인식하고 공감하지만, 상담자는 그들을 위해 가족생활에 관한 새로운 관점을 제공하려고 시도한다. 필요하면 상담자는 유사한 문제를 경험하고, 그러한 문제를 해결하기 위해 새로운 방법을 시작했던 부모들 모임에 그들이 참여하도록 조력한다.

집단장면 자문을 위한 기본규칙은 다음과 같다.

- 부모와 자녀는 필요할 때마다 집단뿐 아니라 상담자에 대한 질문을 할 수 있다.
- 집단은 질문이나 코멘트를 할 수 있지만 부모들은 반응하지 않는 것을 선택할 수 있으며, 상담자는 필요하다고 믿으면 중재할 수 있다.
- 가족이나 가족구성원을 명명하거나 평가하지 않으며, 어떤 식으로건 범주화하지 않는다.
- 집단구성원의 지지와 격려는 적절할 때마다 사용된다(예; 결속이나 공통 관심을 보이거나, 타인의 경험으로부터 방법의 유용성을 정당화하거나, 참여자들 간의 거리를 감소하도록 조력한다).
- 논의된 내용 대부분이 타인들도 알고 있는 것이지만, 가족과 논의된 내용은 집단 내에서 지켜진다(예; 이웃, 친구, 심지어 낯선 사람들이 흔히 가족의 문제에 대해 안다). 반면에 존경과 찬사는 그들이 구성원인 집단과 관련한 가족 논의나 코멘트를 제한함으로써 가장 잘 보여질 수 있다.
- 다른 가족들에 대한 질문이나 코멘트는 논의하지 않는다.
- 시연에 의해 가르치는 방법을 설명하고, 치료가 조력을 위한 지향이 아니라는 사실을 필요하면 명확하게 설명한다.

## 부모면담

일단 기본적인 관계형성이 확립되면 상담자는 가족자문에 대한 정보를 요청하는 것으로 시작한다. 이러한 정보는 병들거나 낙태됐거나 유산된 자녀들을 포함하며, 이름, 나이, 성별에 따른 자녀들의 목록을 요구한다. 후자의 정보는 살아 있는 자녀들의 특별하거나 특이한 양육과 관련하여 의미 있을 수 있다.

같은 집에서 사는 다른 아이들이나 아이들이 정규적으로 상호 작용하는 다른 의미 있는 성인들도 지적할 수 있다. 예를 들면, 부모가 일을 하는 동안 자녀를 돌보는 조부모는 자녀에게 실제적 영향력을 가진다. 조부모 역시 경우에 따라 부모와 함께 회기에 참여하도록 초대할 수 있다.

흔히 부모가 모두 있는 가족의 경우에 어머니가 상담자와 가장 가까운 자리에 앉으며, 묻는 질문에 대답하는 경향을 보인다. 이것은 어머니가 자녀들에게 더 많은 책임이 있다는 것을 제안한다. 이것이 가능한 한 과정의 모든 단계에 양쪽 부모를 포함하도록 노력해야 하는 한 가지 이유다. 명백히 아버지는 자녀의 발달과 관련한 어떤 성공에 매우 중요한 역할을 한다. 부모가 모두 일을 하는 경우에 아버지는 이전에 어머니의 책임으로 여겨졌던 일들에 관여하게 된다. 반면에 직장에 다니는 어머니들의 조사연구는 집단으로서 어머니들은 여전히 자신의 배우자들보다 많은 일들을 처리한다는 것을 보여준다.

어떤 아들러식 상담자들은 부모들과 얘기할 때 중요한 것을 노트에 기록한다. 만약 이것이 사례이면 사실의 언급과 중요한 정보를 회상하면서 어떻게 도움이 됐는가가 부모들이 이러한 과정에 대해 느끼는 걱정에 연계될 수 있다. 속기술을 적절히 사용하면 최대한의 시선접촉을 할 수 있다. 그러나 기록하는 것이 주의를 산만하게 하면 중단한다.

가족구도 정보는 자문에 필수적이다.

일반적으로 부모들은 도움을 찾는 자신들의 이유를 보고할 준비가 잘 되어 있다. 자녀들 중의 한 명 또는 그 이상이 어려움의 원인이며, 부모들은 더 이상 그러한 어려움을 성공적으로 처리할 수 없다고 느낀다. 출생순위를 포함한 초기 가족구도 정보를 근거로, 상담자는 부모가 기술하는 문제를 경청한 후 자녀들의 특성에 대한 추측을 할 수 있다. 단순한 가능성을 근거로 상담자는 흔히 자녀들 중에 누가 다음의 내용에 맞는가를 결정한다.

- 기쁘게 하려고 노력한다.
- 가장 좋은 점수를 받는다.
- 집에서 도움을 준다.
- 배려하려고 노력한다.
- 행복하고 운이 있다.
- 귀엽다.
- 쉽게 자신의 입장을 취한다.
- 자신의 입장을 요구한다.
- 반항적이다.
- 다른 사람들에게 비판적이다.
- 쉽게 상처를 받고 민감하다.
- 보스 기질이 있다.
- 누군가와 싸운다.
- 누군가를 돌본다.

제6장에서 지적한 것처럼 그러한 추측은 많은 가족들에 대한 경험에 근거한다. 추측의 가치는 다음과 같이 이중적이다. 첫째, 추측은 면담을 받고 있는 가족의 것과 대립되는 작업가설을 검증한다. 만약 그러한 가설이 부정확하면 가능한 한 빨리 폐기될수록 좋다. 둘째, 비교적 낯선 사람이 짧은 시간 내에 그들의 가족을 이미 이해하고 있다는 것은 부모에게 관심과 격려가 된다.

상담자들이 직면하는 몇 가지 일반적 문제들이 도움이 될 수 있지만, 아들러식 상담자들은 부모와 자녀 간 상호 작용에 대한 적절한 이해에 필요한 구체적 사건의 보고를 찾는다. 예를 들면, 부모들이 하는 일반적 보고는 다음과 같다.

- 가장 나이가 많은 두 아이가 항상 싸운다.
- 누군가가 학교에서 공부를 하지 않는다.
- 아이들은 한바탕 소동을 벌여야 겨우 집안일을 돕는다.
- 아이들은 아침에 일어나고, 숙제하고, 밤에 잠을 자라는 단순한 요구도 따르지 않는다.

반면에 아들러식 상담자들은 부모에게 가장 문제가 되는 유형을 나타내는 구체적 상황에 대한 기술을 요청할 것이다. 흔히 이러한 상황은 지난 24시간 안에 일어난 사건들에서 비롯된다. 아래에 제시된 집단회기의 초록은 이러한 기법을 설명하는 데 도움이 될 것이다. 어머니는 직장에 다니며, 세 명의 사내 아이, 즉 조스 6세, 주안 4세 반, 지저스 2살 반을 데리고 있다. 아버지는 이 회기에는 참석하지 않았다.

어머니: 저는 집에서 아이들을 돕기 위해 제가 아는 모든 것을 시도했어요. 그러나 어떤 것도 실제로 효과가 없어요. 심지어 아이들이 정말 원하는 물건을 뇌물로 주어도 효과가 없어요. 제가 싸움을 말리려고 하면 저에게 말대꾸를 해요.

상담자: 당신이 최선을 다했는데 일이 더욱 나빠져서 정말 실망하겠군요. 최근에 일어났던 몇 가지 사건들에 대한 구체적인 예들을 저에게 설명해 주시겠습니까?

어머니: 음, 그래요. 오늘 오후 우리가 여기 오려고 준비할 때, 누가 어떤 코트를 입을 것인가로 그들은 싸우기 시작했어요.

상담자: 그래요. 그들이 정확히 무엇을 했지요? 당시 상황에 대해 기억한 것을 말해 보세요.

어머니: 음, 아이들이 싸우기 시작하는 것을 들었을 때 저는 부엌에서 일하고 있었어요. 분명히 조스는 지저스가 코트를 입는 것을 돕고 있었고, 주안은 어떤 일이 적절히 되지 않는다고 느꼈어요. 제가 알았던 다음 일은 주안이 조스에게 소리치는 것이었고, 그들이 주먹다짐을 하기 시작한 것이었어요. 저는 무슨 일이 일어났는가 보려고 거실로

달려가서, 소란 떨지 말고 그만 싸우라고 아이들을 나무라기 시작했어요. 이 시점에서 주안은 저를 향해 제가 그들을 옹호한 것이 부당하다고 말했어요. 그는 이층으로 뛰어올라가 울기 시작했어요.

상담자: 싸움이 시작됐을 때, 무슨 일이 일어났는가 알아보려고 가셨군요. 그리고 주안은 당신이 자기만 나무란다고 느꼈군요. 당신은 그러한 점에 어떻게 느꼈습니까?

어머니: 음, 저는 처음에 화가 났어요. 그러고 나서 저는 주안이 대든 것에 충격을 받았어요. 저는 제 자신이 좀 나빴다는 것, 즉 제가 너무 조급하게 뛰어들어 그가 싸움을 일으켰다고 가정했다는 것을 알았어요.

상담자: 주안이 울면서 이층으로 뛰어올라갔을 때 다른 아이들은 어떻게 반응했어요?

어머니: 음, 그들은 옷을 입었고, 별로 신경 쓰지 않는 것 같았어요.

상담자: 제가 당신을 도울 수 있는 당신에게 문제가 되는 다른 상황이 있습니까?

어머니: 음, 매일 아침 저와 남편이 일하러 가기 전에, 그리고 제가 조스를 유치원에 데려가기 전에 아이들 깨우는 일을 반복해서 하고 있다는 것을 알았어요. 일반적으로 조스는 아침에 잘 일어나지만, 옷 입는 데 그렇게 늑장을 피울 수가 없어요. 실제로 아침에 세 아이들 모두를 준비시키는 것이 몹시 힘들어요. 저는 조스가 동생을 도우려는 것을 자주 보게 되지만, 동생인 주안이 도움을 받지 않으려고 하기 때문에 싸우게 돼요. 그리고 음, 아이들이 아침식사로 같은 것을 먹기를 좋아하지 않기 때문에 싸우는 것은 단지 문제의 일부예요. 아침에 제가 아침식사를 만들고 조스와 주안은 식사에 아주 만족해 하는 반면, 막내 지저스는 다른 것을 원해요. 그러나 다음 날 아침에 두 아이들 중의 한 명은 이미 먹었던 것은 좋아하지 않아요. 저는 계속해서 어떤 일이 일어난다는 것을 알았어요.

상담자: 아침에 일어나면서부터 아이들이 당신을 매우 바쁘게 하는 일상이 반복된다는 것이군요.

어머니: 정말 아이들이 저를 바쁘게 해요.

상담자: 그래요. 저는 우리가 그러한 상황에서 빠져나올 수 있도록 도울 수 있다고 생각합니다. 우리는 당신과 같은 많은 가족들이 아침을 의견충돌로 시작한다는 것을 알고 있습니다. 그러한 의견충돌의 어떤 것은 본질적으로 사소한 것이지만 악화되지요. 때때로 이러한 악화는 훨씬 강렬해지고, 그 결과 일상생활에 어떤 장애가 되지요. 저는 이 집단에 있는 얼마나 많은 부모들이 오늘 아침 어머니가 기술한 것과 유사한 문제들을 가졌는지 궁금하군요. (이 시점에서 상담자는 관찰하고 있는 집단의 구성원들에게 주의를 돌린다.) 저는 이 집단에 당신이 아이들과 경험했던 것과 같은 몇 가지 문제들을 공유하는 사람들이 있으리라고 생각합니다.

부모들과 집단 참여자들을 더 밀접하게 하는 기회를 갖는 것은 중요하다. 이러한 기회는 부모들이 관심의 중심이라는 사실에 대해 그들이 더 이상 의식하지 않거나 걱정하지 않는 방식으로 거리감을 감소시킨다.

부모들이 이 모임에 참석하게 된 이유를 설명할 기회를 가진 후에 상담자는 일반적으로 부모들이 자신의 가족에서 일상적으로 일어나는 일을 설명하도록 유도한다. 이러한 기술은 아침에 일어나서 하루가 전형적으로 어떻게 시작하는가에 대한 보고로 시작한다. 이것은 역시 이전에 지적된 가족의 강점과 관련하여 가족을 평가할 기회가 된다.

대부분의 가족들에서 누구나 좋은 어머니는 아주 훌륭한 봉사자라는 것을 발견한다. 그녀는 아침에 가장 먼저 일어나는 사람이다. 그녀는 가족의 어린 아이들을 깨우기 시작하고, 아침과 점심 식사를 준비한다. 방금 기술된 상황과 같은 가족들에서, 어머니가 아이들의 옷을 꺼내 놓고, 아이들이 양치질을 했는지 확인하고, 아이들이 학교에 다니면 점심 도시락, 책, 다른 준비물을 챙겼는가를 확인하는 것이 보통이다. 함께 집에 있는 어린아이를 위해 어머니는 아이를 즐겁게 하기 위해 노력한다.

일상적인 하루가 가족구성원 각자에게 어느 정도 다를 수 있다. 그러나 그것은 보통 아이들이 학교에서 귀가하면서 알게 되는 것으로서 자신의 어떤 물건, 옷 등을 놔두는 것, 친구들과 밖에서 노는 것, 저녁식사 시간에 늦는 것 등을 수반한다. 이러한 일에는 아마 숙제하는 것, 잠자리에 들기 위해 준비하는 것, 마침내 하루를 마무리하고 잠들려고 하면서 뒤척이다가 잠이 드는 것 등에 대한 논의와 주의가 따를 수 있다. 대부분의 가족들은 어느 정도 이를 경험한다. 부모들이 자문을 찾는 것은 이러한 일들이 지속되고 잦은 싸움, 거짓말이나 도벽, 유사한 행동으로 악화될 때다.

일상적인 하루의 주요한 측면을 다룬 후에 상담자는 다음과 같은 내용에 대해 상당히 명확한 지침을 가져야 한다. 그러한 내용은 ① 부모가 자녀에 대해 갖는 책임감, ② 자녀가 추구하는 잘못된 행동의 목표, ③ 부모가 처음에 변화시키려고 의도하는 행동, ④ 자녀에게 대안으로서 제안하려는 절차다. 이러한 내용이 아직 명확하지 않으면 상담자는 부모가 자녀의 어떤 행동을 다루고자 하는지 질문할 수 있다. 적절한 격려와 유머의 사용은 부모의 능력과 판단에 있어 자신감을 표현하는 데 매우 도움이 될 수 있다. 상담자는 일관적인 부모의 의지를 뛰어넘는 목표를 강요해서는 안 된다.

만약 저항에 직면하면, 흔히 부모들이 일주일 동안 기꺼이 수행하고자 하는 권고를 하나 찾는 것이 도움이 된다. 이것은 "당신이 무엇을 처리하려고 노력했습니까? 당신은 일주일 동안 이것을 함으로써 잃은 것이 있습니까?"라고 질문함으로써 촉진될 수 있다. 부모들이 새로운 권고에 대해 의심을 가질 수도 있지만, 그들은 자신들이 했던 일이 성공하지 못했다는 것을 인정할 준비가 되어 있다. 이러한 경우라면 부모들은 새로운 것을 시도하지 않으면 상황을 전혀 변화시키지 못하리라는 것을 안다. 따라서 당연히 시도를 해야 한다는 것을 깨닫는다.

상담자는 부모에게 자녀가 면담상황에서 어떻게 반응할 것 같은지를 아는지 물을 수 있다. 부모들은 역시 자녀가 면담에 오는 이유를 아는지, 논의되었던 권고에 어떻게 반응할 것인지에 대해 숙고할 수 있다. 큰 아이들이나 청소년들이 관련된 경우, 상담자는 지금까지 논의된 목표와 방법을 어느 정도 수정할 수 있다. 부모가 더 이상 질문이나 코멘트가 없으면 상담자는 부모와의 만남을 종결하고 부모의 동의를 구한 후에 어린 자녀와 면담을 한다.

## 자녀면담

부모들의 경우와 마찬가지로 상담자는 자녀들 중에서 누가 먼저 오고, 누가 리드하거나 먼저 말하고, 상담자와 논의를 시작할 때 누가 누구를 지원하는가를 파악한다. 상담자는 아이들이 부모들에게 보인 것과 같은 존경을 받아야 한다는 것을 알아야 한다. 그 결과 상담자는 아이들을 무시하지 않고 그들과 대화를 나눌 것이다. 상담자는 참석자들이 어린아이들의 작은 몸집에 지나치게 반응하지 않도록, 두려움과 불편함을 공개적으로 표시하지 않도록 격려할 것이다.

아들러의 개인심리학을 잘 모르는 사람들은 상담자가 부모에게 기대하는 만큼 자녀에게도 기대하는 것에 대해 때때로 비판적이다. 심지어 매우 어린 아이들에게도 성인처럼 접근한다. 아이들을 어린아이 다루듯 얘기하거나 무시하는 투로 말하는 것은 아들러식 방식이 아니다. 반면에 부모들에게 보인 것과 같은 공감과 관심을 아이들에게 보인다. 아이들과 거리감을 갖거나 엄격한 자세를 취하는 것은 이러한 접근방식을 잘못 사용하고 있는 것이다.

그러므로 아이들을 편하게 하는 것이 일차적으로 해야 할 일이다. 매우 어린 아이들을 상대할 경우에는, 성인들이 그들을 둘러싸고 있으면 심지어 이름과 나이를 파악하는 것도 다소 힘들 수 있다. 그러나 아이들은 보통 자신의 걱정을 아주 쉽게 잊어버리고 첫 기회에 논의에 참여한다.

아이들에게 묻는 초기 질문은 “네가 여기에 온 이유를 아니?”이며, 그러고 나서 “너는 추측하기를 원하니?”(혹은 “네가 그것에 대해 더 말하기를 원하니?”)이다. 일반적으로 아이들은 그들이 이러한 모임에 온 이유를 알지만, 그것을 인정하지 않으려 할 수 있다. 상담자는 그들의 부모가 모임에 온 이유를 대신해서 설명할 수 있다. 그러고 나서 상담자는 “너는 부모님이 이것이 일으킨 문제들에 대해 이야기한 것을 아니?”(상담자가 그러한 문제를 얘기할 수 있다.)와 “너도 역시 그렇게 느끼니?”라고 말할 수 있다. 그러고 나서 상담자는 그들에 대한 부모의 행동에 관련된 아이들의 감정과 태도를 탐색할 수 있다.

아이들은 자신의 어떤 행동이 부모를
괴롭히는가를 확인할 수 있다.

많은 부모들이 놀랄 정도로, 아이들은 가족생활의 기본 규칙을 아주 잘 이해한다. 예를 들면 아이들은 자신들이 아침에 일어나기 전에 어머니가 깨는 횟수를 정확히 알고 있다. 아이들은 어머니가 당황한 때가 언제인지를 어머니의 목소리 억양이나 사용하는 단어의 선택으로 깨닫는다. 아이들은 부모와 같은 방에 있지 않더라도 자신들의 싸움이 언제 부모를 더욱 화나게 만드는지 분간할 수 있다. 아이들에게 어떤 행동이 부모를 가장 괴롭히는가를 물으면 아이들은 주저 없이 그러한 행동을 확인한다. 이것은 아이들이 자신들의 행동을 일일이 의식적으로 계획하고 꾸민다는 것은 아니다. 반대로 아이들 역시 날마다 그때그때 순간에 따라 많이 행동한다. 반면에 부모와의 관계에서 자신들의 행동을 조사할 기회가 주어졌을 때 아이들은 자신들의 관계에서 핵심요인을 확인하는 데 거의 어려움이 없다.

아이들과 상담자가 서로 알 기회를 가진 후에 상담자는 "너는 그러한 행동을 왜 하는지 아니?", "너는 네가 생각하는 것을 알겠니?" 등을 물을 수 있다. 상담자는 아이들의 잘못된 행동의 목표에 대한 몇 가지 가설을 설정한다. 상담자는 이러한 가설을 설명하는 데 도움이 되는 몇 가지 구체적 행동을 확인할 것이다. 때때로 아이들은 행동목표에 관련된 단순한 진술이 주어져도 그들이 하는 행동의 의미를 즉각적으로 인식하지 못할 것이다. 반면에 이러한 점을 설명하는 데 도움이 되는 두세 가지 예를 제시하면, 아이들은 상담자의 관찰을 타당하게 하는 인식반응(미소)이나 다른 증거를 보인다.

조스(6세), 주안(4.5세), 지저스(2.5세)와의 면담을 발췌한 다음 내용(어머니와 앞에서 논의된)은 이러한 과정이 어떻게 일어나는가를 설명하는 데 도움이 될 수 있다.

상담자: 얘들아, 나는 너희들이 오늘 여기에 오게 된 이유를 알고 있는지 궁

금하구나 ……. 어머니가 오늘 여기에 데려온 이유를 아니?

조　스: 나는 어머니가 우리가 싸우는 것을 좋아하지 않는다고 생각해요.

상담자: 그래, 조스. 아주 좋았어. 사실 그것도 한 가지 이유지. 그 밖에 다른 것을 생각할 수 있니?

주　안: (머리를 흔든다) 아니요.

상담자: 주안, 너는 어때? 너는 어머니가 우리에게 말하고자 하는 것이 무엇인지, 아는 것이 있니?

조　스: (머리를 흔든다) 아니요.

상담자: 지저스, 너는 어때?

지저스: (입안에 엄지손가락을 넣고 큰 갈색 눈으로 집단구성원들을 바라본다.)

상담자: 싸우는 것이 너희들에게 문제라고 생각하니?

아이들: (고개를 끄덕거린다.)

상담자: 너희들은 부모님이 다른 걱정들이 있다고 생각하니?

주　안: 엄마는 아침에 저희를 깨우는 것을 좋아하지 않아요.

상담자: 그래, 알겠다. 그것이 역시 문제니? (주안이 고개를 끄덕인다.) 너희들의 가족에 문제라고 생각하는 어떤 다른 것이 있니? (아이들은 불분명한 것 같다.) 너희들이 그러한 행동을 한 이유를 아니? [(아이들은 고개를 젓는다) 아니요.] 너희들은 내가 생각하는 것을 알고 싶니? [(아이들은 고개를 끄덕인다) 예.] 너희들은 어머니를 바쁘게 하고 싶고, 너희들이 하기 원할 때 하고 싶은 일을 할 것이라는 것을 어머니에게 알게 하고 싶니? (큰 아이들 둘은 엷은 미소를 띠고, 막내는 주의를 기울이기 시작한다.) 너희들은 어머니를 매우 바쁘게 했고, 자기가 하고 싶은 것도 했다고 생각하니?

주　안: 저는 하고 싶은 대로 하지 못해요. 실제로 저는 전혀 제 맘대로 하지 못해요.

상담자: 주안, 알겠다. 너는 가족 중에서 네 맘대로 하지 못하는 유일한 사람이라고 생각하구나. 음, 그래서 생활이 너에게는 공평하지 않구나. 주안, 네가 사람들에게 그들이 공평하지 않게 했던 것을 알리기 위해 네 맘대로 한 것이 옳은 걸까?

주 안: (고개를 강하게 흔든다) 아니요.

상담자: 나는 궁금해. 주안, 너는 그것에 대해 생각하기를 원할 수 있어. 조스와 지저스가 제멋대로 행동할 때 너는 어머니를 기분 나쁘게 느끼도록 하기 위해 마치 그녀가 적절하지 않은 일을 한 것처럼, 너는 차라리 너의 방식대로 되지 않는 것에 대해 불평할 수 있겠구나. 그럴 수 있니? (주안이 쳐다본다) 주안, 나는 때때로 어머니가 불편해하는 것을 보고, 그녀가 옳지 않다고 느끼고, 어머니가 옳지 않다는 것을 네가 안다는 것이 너를 행복하게 한다고 생각해. 너는 그것에 대해 어떻게 생각하니? [(주안은 미소지으며 옳다고 고개를 끄덕인다) 예.] 주안, 네가 하고 싶은 방식으로 더 자주 하는 것이나 어머니가 잘못을 하고 옳지 않다는 것을 알게 되어 만족을 느끼는 것 중에 무엇이 너에게 중요한지 말해 볼래?

주 안: 내가 하고 싶은 방식으로 더 자주 하는 것이에요.

상담자: 그래, 주안. 그것은 확실히 가능성이 있지만 네가 결정하는 거야. 그리고 과거에 때때로 네가 어머니가 틀린 것을 알고 네가 정말 어떤 재미를 느꼈기 때문에 결정이 어려울 수 있지. 내가 맞니? [(주안은 고개를 끄덕인다) 예.] 너희들은 가족 내에 어떤 문제들을 변화시키는 데에 어떤 도움을 받고 싶지?

조스, 주안: 그래요.

상담자: 지저스, 너는 어때? 너는 역시 너의 가족 내에 있는 다른 어떤 것을 알고 싶니?

지저스: (고개를 끄덕인다) 역시 예.

그러고 나서 상담자는 아이들에게 부모들과 논의했던 몇 가지 대안들을 설명한다. 아이들에게 그들이 생각하는 가족 상황을 향상시키는 데 도움이 될 방식을 논의할 기회가 주어진다. 어떤 사례들에서 상담자는 아이들과 세부적 사항(예; 아침에 스스로 일어나는 것)을 처리하면서 "부모님이 동의하리라고 생각하니?"라고 질문한다. 그러한 질문들은 상담자가 부모와 아이들 간의 상호 신뢰를 평가하도록 도울 수 있다. 상호 신뢰 역시 사람들이 그들의 관계를 향상하기 위해 시작하는 방식에 대한 증거다. 어린아이들과 함께 그들이 언제 올 것인가를 정하고 일반적으로 친근함과 격려를 표현하면서, 상담자는 가정에서 따라야 할 것에 대한 측면들을 요약함으로써 종결할 수 있다.

집단상황이라면 집단 앞에서 얘기한 것에 대해 상담자는 아이들에게 고마움을 표현할 수 있다. 부모들과 마찬가지로 자발적으로 참여할 협의회 이전에 어린아이들에게 집단 앞에서 기꺼이 말할 기회가 주어졌을 것이다.

### 다지기

부모들을 위해 협의회의 나머지 회기는 아이들 없이 진행된다. 십대들이 관련되었을 때, 그들은 흔히 마무리 회기에 함께한다. 이 회기는 합의가 이루어졌던 행동목표와 권고내용을 검토할 기회다. 부모나 아이들이 가질 수 있는 질문들에 답할 기회이기도 하다. 다음 협의회가 어떻게, 언제, 어디에서 이루어질 것인가에 대한 세목을 다루어야 한다. 협의회에서 나온 의견들이 가족이 수행하기 위해 준비하는 권고에 따른 경험이라면 차례에 있을 수 있다. 그러한 반응은 다른 것들처럼 긍정적 방향으로 변화할 가능성에서 비롯된다는 증거로서 흔히 가족에게 격려와 일반적 지지를 제공한다. 연구에서 제안한 것처럼 가족을 강화시킬 영역들(예; 함께 바람직한 시간을 보내는 것, 저녁식사 시간에 서로의 일과를 경청하는 것, 각자가 정규적으로 가족과 타인에게 기여한 것에 고마움을 표현하는 것 등)에 초점을 두도록 가족을 격려하는 데에 관심을 둘 수 있다.

## 전형적 권고

어떤 가족상황들은 매우 공통적이기 때문에 아들러 학파는 많은 같은 권고들이 다른 가족들에게도 효과적이라는 것을 발견했다. 다음은 가족들 사이의 마찰을 감소시키기 위한 전형적 권고다.

### 자명종

많은 가족들은 고금을 통해 가장 훌륭한 발명품 중의 하나가 자명종이라는 것을 깨달아 왔다. 이것은 심지어 어린아이들이 아침에 스스로 일어나기 위해 저녁에 자명종을 맞추도록 학습할 수 있다는 절대로 사소하지 않은 사실 때문이다. 많은 부모들이 기대하는 것과 대조적으로 아이들은 아침에 자신을 챙길 책임이 있다는 것을 인식한다. 이것은 아이들이 책임을 질 수 있다는 것을 입증할 매우 기본적 방법이다.

부모들은 어린 자녀가 자명종 소리에도 불구하고 일어나지 않을 것이라고 생각한다. 정상적으로는 그렇지 않다. 그러나 그러한 일이 발생하는 경우 아이들의 행동에 대한 자연적 결과가 따르도록 해야 한다. 만약 아이들이 정상적으로 일어나지만 전날 밤에 특별히 늦은 활동 때문에 아침에 늦게까지 잔다면, 누구나 친구를 위해서 하는 것처럼 그들을 잠에서 깨워야 할 이유가 될 것이다. 중요한 것은 누군가가 자신들을 돌보기 때문에 늦잠을 자도 괜찮다는 습관이나 기대를 확립하지 않게 하는 것이다.

### 아침식사 전에 옷 입기

많은 부모들은 아침의 기본규칙을 아주 조금만 바꾸어도 많은 시간과 마찰을 줄일 수 있다는 것을 발견하고 놀란다. 이것에 대한 다음과 같은 실례가 도움이 될 수 있다.

> 한 어머니가 다섯 살인 프랭크가 매일 아침 제일 늦게 옷을 입는다고 보고했다. 어머니는 직장생활을 하기 때문에 이것은 많은 문제를 일으켰다. 다른 아이들은 스스로 옷을 입고 아침식사를 하러 내려왔지만, 프랭크는 마지막 순간까지 꾸물거리고 마침내 어머니가 옷을 입혀 주기를 요구한다. 그 결과 어머니는 직장에 늦게 도착한다.
>
> 이삼일 동안 저녁 때 『어린이들: 도전』(Children: the Challenge, Dreikurs & Soltz, 1964)이란 책의 내용들을 논의한 후에 집단 구성원들은 그녀가 가족을 위한 새로운 기본규칙을 고려하기를 제안했다. 새로운 기본규칙은 다음과

같은 단순한 것이었다. 프랭크를 포함한 가족의 모든 구성원들이 아침식사 전에 옷을 입고 있는 것이 기대될 것이다. 이러한 논리는 어머니는 아침식사를 만들고 당일의 여타 일을 준비하느라 바쁘기 때문에 프랭크는 옷을 입어야 한다는 것이었다. 만약 프랭크가 옷을 입을 수 없다면, 어머니가 그를 도와야 한다. 그리고 그렇게 하는 것은 어머니의 하루 시작을 방해하게 된다. 그러한 결과로 프랭크는 아침식사를 하지 못하고 어린이집에 가게 될 것이다. 필요한 경우에 이러한 일이 어린이집 교사에게 설명될 것이다.

다음 주에 어머니는 토의집단에서 아주 기쁘게 프랭크가 아침식사 전에 스스로 옷을 입는 습관을 갖게 됐다는 것을 보고하였다. 그러나 이러한 일은 첫날 아침에 일어나지 않았다. 부모토의집단이 열렸던 날 저녁, 어머니는 프랭크를 잠자리에 들게 하고 나서 "우리는 아침에 새로운 규칙을 만들 것이다. 내가 잡다한 일들을 할 수 있도록 가족구성원 모두가 아침식사를 위해 옷을 입을 필요가 있다."고 말했다.

다음 날 아침 프랭크는 전에 했던 것처럼 파자마를 입고 식탁에 왔다. 어머니는 프랭크에게 아무 말도 하지 않았고, 프랭크는 앉아서 아침식사를 기다렸다. 다른 아이들은 식사를 하기 시작했지만, 프랭크에게는 아침식사가 제공되지 않았다. 잠시 앉아 있다가 곧바로 프랭크는 이층으로 올라가, 바지와 셔츠는 입었으나 양말과 신발은 신지 않는 채로 돌아왔다. 그는 다시 아침식사를 기다렸으나 식사가 제공되지 않았다. 이러는 동안 어머니는 아무 말도 하지 않았다.

프랭크는 다시 이층으로 올라가서 양말과 신발을 한쪽씩만 신고 내려왔다. 다시 잠시 머물다가 프랭크는 이층으로 올라갔으며, 완전히 옷을 입은 후에 돌아왔다. 그는 서둘러야 했지만 아침식사를 했다. 어머니는 그 후로 매일 아침 프랭크가 아침식사 전에 스스로 옷을 입었다고 보고했다.

이러한 성공은 크게 보아 어머니가 프랭크에게 상기시키지 않고, 기대했던 것을 그가 했다는 사실을 어떤 방법으로건 추켜 세우지 않았기 때문이다. 많은 다른 예들이 인용될 수 있으며, 그러한 예들에서 같은 권고가 사용되었고 마찬가지로 효과를 보였다.

## 상기하지 않기

아들러식 방법을 사용하는 사람은 부모가 어떤 행동에 대해 자녀들에게 표현하는 말의 양과 거의 직접적으로 비례해서 권고효과가 줄어든다는 것을 점차 알게 된다. 부모들은 과거와 현재의 자녀들 행동의 결과에서 비롯되는 분노에 대해 얘기하고자 하는 경향이 있다. 아이들을 키우는 성인들이 학습하는 중요한 교훈은 침묵의 가치와 관계있다.

대부분의 아이들이 시계가 있지만 부모들은 흔히 시간을 상기시킨다. 부모들은 자녀에게 일어날 시간이다, 아침식사를 할 시간이다, 학교에 갈 시간이다, 물건을 치울 시간이다, 공부할 시간이다, 텔레비전을 끌 시간이다, 식사할 시간이다, 잠자리에 들 시간이다, 잠잘 시간이다 등을 상기시킨다. 저자의 부모토의집단들 중의 한 집단에서, 다섯 명의 자녀를 가진 어머니가 자녀들에게 무엇을 할 것인가를 말하면서 매주 대략 29시간을 소비하고 있다는 것이 밝혀졌다. 어머니가 시간을 소요하는 주요한 활동은 아이들이 이전에 목록으로 작성한 다양한 항목들을 실행할 시간에 대해 상기시키는 것이었다.

그러므로 새로운 규칙은 상기하지 않는 것이다. 만약 일어날 시간, 학교에 갈 시간, 저녁식사 할 시간, 잠자리에 들 시간 등이 언제인가에 대해 이해했다면, 어린 자녀를 둔 부모들은 여러 번 그러한 시간을 상기해야 하는 문제를 피할 수 있다. 가족 내에서 성인들은 아이들에게 매우 도움이 되는 규칙과 지시사항을 제공할 수 있다. 규칙과 지시사항에 대한 논리는 가족이 참여하는 사회적 활동에서 결코 작은 부분이 아니다.

일단 패턴이 확립되면 학교버스가 언제 도착한다는 것, 아버지나 어머니가 정해진 시간에 일을 해야 한다는 것을 설명할 필요가 없다. 마찬가지로 식사시간, 잠자리에 들 시간 등이 정해지면 부모가 계속해서 그러한 시간을 상기할 필요가 없다. 개인의 행동에서 비롯되는 논리적 및 자연적 결과가 학습의 원천이어야 한다.

## 잠자리에 들 시간

잠자리에 들 시간은 아이들과 부모들에게 가장 흔하게 문제를 일으킨다. 문제는 부모들이 손님과 같이 있을 때 아이들이 착하게 있도록 때때로 뇌물을 주거나, 다른 경우에는 매우 심한 처벌로 그들을 위협하는 것이다. 이러한 방식은 때에 따라 효과가 있지만, 항상 효과를 보이지 않는다. 그 결과 부모들은 그러한 방식이 다시 효과를 보이라는 희망을 가지고 정기적으로 그것에 의존하려는 경향을 보인다. 이러한 책략들은, 애써서 적응하면 원할 때 원하는 것을 가질 수 있다는 아이들의 기대에 부합할 뿐이다.

대부분의 경우 상담자는 아이들이 잠자리에 들어야 하는 시간에 대한 새로운 합의에 도달하도록 부모와 아이들을 조력할 수 있다. 실제로 아이들이 스스로 준비해서 잠자리에 들 책임을 질 것이다. 시간을 식별할 수 없는 아이들을 위해 부모는 잠자리에 들 때라는 언급 없이 시간만 언급한다. 그러나 일단 잠자리에 들 시간이 지났으면 상담자는 부모의 시간과 관심을 요구하는 아이들의 어떤 행동도 완전히 무시하도록 부모를 교육한다. 부모토의집단에서 다음과 같은 다른 예가 도움이 될 수 있다.

세 명의 자녀를 둔 아버지가 밤에 막내 딸아이의 잠자리에 드는 문제로 어려움을 겪고 있었다. 딸아이는 네 살로, 다른 아이들이 언제 잠자리에 드는지, 그녀 역시 언제 잠자리에 들어야 하는지를 인식하고 있었다. 그녀는 부모가 불을 끄고 아래층에 내려오면 잠자리에서 슬그머니 빠져나온다. 이런 경우에 아이는 자기 말에 부모가 관심을 보이도록 부모가 하고 있는 일이나 낮에 자신이 했던 일에 대해 얘기한다. 보통 부모는 아이에게 이층으로 올라가라고 말하고 아이의 행동을 무시하기 시작할 것이다. 그러나 아이는 매우 집요했으며, 결국 부모 중의 한 사람이 아이를 들어 이층으로 데리고 가야 했다.

많은 가족들처럼 그 부모들은 많은 방법들을 시도했지만 일관성이 없었다. 그러므로 다음번에 어린 딸아이가 잠자리에서 나오면 딸아이가 아래층으로 내려왔을 때 부모가 그녀에게 관심을 두지 말 것을 아버지에게 권장했다. 아버지는 다음 집단모임에서 딸아이가 정말 다음 날 저녁에 아래층으로 내려왔으며, 그가 그날 저녁 일을 정리하는 동안 그에게 얘기하려고 하였다고 보고하였다. 그의 부인도 그와 마찬가지로 교사였으며, 채점을 하고 있었다. 어린 딸은 아버지에게 있다가 어머니에게 갔으며, 어떤 만족도 얻지 못했다. 딸아이는 주의를 산만하게 하며 놀면서 자신에게 관심을 끌도록 시도하면서 대략 40분 동안 머물렀다.

다음 날 저녁 딸아이는 아래층으로 내려와 더 집요하게 아버지를 괴롭히려고 하였다. 어떤 시점에서 아무 말없이 아버지는 단순히 방을 가리켰고, 다시 자신의 일을 했다. 딸아이는 곧바로 그녀의 방으로 돌아갔으며, 그날 저녁이 잠자리에서 나온 마지막 날이었다. 아버지가 딸아이의 존재를 인식하고 있다는 지시를 주었지만 아무 언급도 하지 않았다는 것을 지적할 만하다. 그는 단순히 지금이 놀거나 얘기할 시간이 아니라는 것을 강조했다.

이러한 예와 같은 경우에 부모들에게 아이들을 무시하라고 조언할 때, 상담자는 아이들과 얘기하고 놀면서 함께 흥미를 가질 기회를 갖도록 계획하는 것 또한 매우 중요하다는 것을 부모에게 알려 준다. 부모는 가족구성원들이 모두 있는 시간에 만족을 위한 중요한 기여자일 수 있다. 흔히 아침식사 중, 저녁식사 중, 잠자리에 들기 전에 부모는 가족구성원 각자에게 유머와 기쁨을 표현하거나, 일반적 고마움을 나타낼 수 있다. 어떤 부모들은 아이들에게 책을 읽어 주고, 다른 부모들은 낮 동안에 있었던 일들에 대해 얘기하고, 또 다른 부모들은 아이들과 함께 감사를 나타내거나 소원을 비는 기도를 한다.

### 새로운 합의 도출하기

조력이 다양한 형태로 나타나지만 상담자는 흔히 가족 내에서 서로 싸우는 당사자들 간에 새로운 합의를 협상하도록 하는 것이 도움이 된다는 것을 발견한다. 부모와 아이들은 차이를 해결하기 위한 방식을 배울 필요가 있다. 이전에 지적했던 것처럼, 갈등이 있을 때조차도 합의가 있다. 실제로 전혀 갈등이 없다면 어떤 합의도 있을 수 없다.

그러므로 많은 권고는 부모와 아이들 간에 협상을 수반한다. 예를 들면 잠자리에 들 시간과 관련하여 부모와 아이는 시간, 서로의 역할, 그러한 변화의 이점과 관련한 합리적 기대가 무엇인지에 대한 이해를 확립할 수 있다. 이러한 합의에 근거해서 모든 당사자들은 자신들에게 기대되는 것을 알며, 일반적으로 그것에 따라 행동한다.

부모들의 또 다른 흔한 문제는 과제를 하는 아이들에 관해서는 만족스러운 협정을 확립하고 있다는 것이다. 흔히 부모들은 아이들을 위한 최선의 해결책이 무엇인가를 알고 있다고 믿는다. 그러나 아이들은 반복해서 부모들을 놀라게 한다. 왜냐하면 상담자와 논의하는 과정에서 아이들은 부모들이 상상했던 것보다 아주 만족스럽고, 심지어 효과적인 과제상황을 다루는 대안적 방식들을 제안하기 때문이다. 문제를 이해하고 해결책을 제안할 아이들의 능력에 대한 믿음 형성이 자문과정에서 가장 큰 교훈 중의 하나다.

예를 들면 아이들은 흔히 특정한 날 저녁에 친구들과 논 다음에 과제를 할 선택권이 주어져야 한다고 권장할 것이다. 다른 날 저녁 때는 아이들이 좋아하는 텔레비전 프로그램 때문에 그들은 집에 도착하자마자 숙제를 하고자 하며, 그러고 나서 텔레비전 프로그램이 시작하기 전에 시간이 나면 놀 것이다. 아이들의 해결책에 대한 성공경험은 만족의 의미 있는 원천이 된다.

집안일을 돕는 일도 유사한 방식으로 다룰 수 있다. 아이들은 자신들이 센스가 있다는 것을 나타내기를 원하며, 일들을 언제 해야 할 필요가 있는가를 결정할 수 있다. 이러한 이유 때문에 그들에게 설거지를 해야 할 때, 쓰레기를 버려야 할 때, 잔디를 깎을 때 등을 결정할 기회를 주면 아이들은 그러한 일을 해야 하는 것에 대한 태도가 변하며, 가족의 구성원들에게 기여하는 것이 훨씬 더 기분이 좋다는 것을 발견한다.

## 권고가 실패할 때

흔히 부모들은 어떤 권고들이 제대로 작동하지 않는다고 보고할 것이다. 그러한 경우에 상담자는 부모들이 언급하는 상황에서 정확히 무슨 일이 발생했는가를 결정해야 한다. 일반적으로 어떤 조건들이 권고가 성공하지 못하도록 방해한다. 다음의 내용들은 상담자가 주목해야 할 가장 흔한 요인들 중의 일부이다.

## 말하기

이전에 지적했던 것처럼, 성인들은 적절하지 않는 시간에 너무 많이 말하는 경향이 있다. 자연적 · 논리적 결과의 이점을 사용하고자 할 때, 부모들은 아이가 경솔한 행동의 결과를 경험하고 있다는 것을 그들이 알고 있다는 사실에 대해 언급하지 않는 것과 못 본 체하는 것을 배워야 한다. 이것의 명백한 예는 "내가 너에게 그렇게 말했지."라는 언급이다. 많은 성인들은 그들이 우위에 있다는 만족을 얻을 때마다 이러한 언급을 하려고 한다. 그러한 언급은 갈등을 심화시키고, 아이가 잘못을 되풀이하는 방법을 학습할 기회를 증가시킨다.

다음의 예는 십대인 딸이 어머니를 버스 서비스로 이용하고 있는 사례다. 이 경우에 어머니는 특이한 인내심과 중요한 때에 말하지 않는 것의 중요성의 인식을 입증한다. 그 결과 어머니와 딸은 매우 중요한 교훈을 학습하였다.

카렌은 원래 가족이나 친구들과 잘 어울려 지냈다. 그러나 어머니는 카렌이 학교에 갈 때나 그 밖의 다른 때에도 그녀에게 점차 의존하는 것을 걱정하였다. 어머니는 카렌이 운전을 할 수 없지만 필요하지 않을 때도 자신을 이용하고 있다는 사실에 화가 난다는 것을 깨달았다. 이것은 어머니와 딸 사이의 언쟁이 되었으며, 별로 중요하지 않은 다른 문제들에서도 긴장을 고조시켰다. 어머니는 직장에 다니지 않았고, 때때로 불편하더라도 카렌을 도울 의무가 있다고 느꼈다.

어머니에 대한 권고는 친구를 대하듯이 카렌을 존중하는 것이었다. 어머니는 카렌이 준비된 택시 운전사를 가진 것에 대해 편리해하거나 큰 관심이 없다는 것을 알았다. 따라서 어머니는 미리 충분히 계획하지 않았던 친구를 위한 것처럼 카렌의 행동 결과를 따르도록 단순히 허용했다.

다음 주에 카렌은 밤늦게까지 자지 않았으며, 아침에 늦잠을 자서 학교버스를 놓쳤다. 전에 이런 일이 일어났을 때 어머니는 서둘러 옷을 입혀 딸아이를 학교에 데리고 갔다. 그러나 이날 아침에 어머니는 신문을 보는 것을 마치고 커피를 한 잔 더 마시기로 했다. 딸아이는 밖으로 나가 문을 차면서 어머니가 나올 때까지 서 있다가, 잠시 후 자동차에 앉아 있었다. 어머니는 평상시 집을 떠나기 전에 하는 것처럼 부엌을 정리하였다. 그녀가 자동차로 갔을 때, 그녀는 카렌이 몹시 당황한 채 앉아 있는 것을 목격하였다.

시내로 가는 중에 어머니는 아침에 약속이 있으며, 계획대로 하지 않으면 약간 늦을 것 같다는 것을 언급하였다. 그들은 카렌에 관련된 한두 가지 문제와 다음 주의 활동에 대해 얘기하였다. 교통체증이 매우 심했기 때문에 어머니는 자신이 교통체증 지역에 들어가지 않도록 카렌에게 차에서 내려 학교까지 몇 블록을 걸어가도록 요청하였다. 카렌은 놀란 눈으로 쳐다봤지만 다소 주저하면서 동의하였다.

그날 저녁식사 중에 어머니는 낮 동안에 있었던 일들에 대해 카렌과 대화를 나누었다. 어머니는 카렌이 학교에 늦지 않게 잘 갔는지를 그녀에게 묻는 것을 가까스로 참았다는 것을 보고하였다. 다음 날 아침 카렌은 학교버스를 놓치지 않고 탔으며, 그러한 특별한 사건에 대해 어떤 언급도 없었다.

어머니는 그 후에 차를 태워다 줄 필요가 있을 때 카렌이 미리 부탁한다는 것을 발견하였다. 어머니는 이것이 훨씬 더 동의할 만하다는 것을 발견하였으며, 화내지 않고 할 수 있을 때는 그렇게 하였다. 다른 경우에, 즉 그녀가 할 수 없을 때는 죄의식을 느꼈다.

## 비일관성

상담자의 권고를 따르는 데 있어 비일관성은 아들러식 방법을 적용하는 학습에서 발견되는 또 다른 문제다. 이러한 문제 때문에 상담자가 부모들이 권고를 이해하는가뿐 아니라 처음 적용되었을 때 권고가 효과적이지 않은 경우에 그러한 권고를 계속해서 따를 준비가 되어 있는가를 확인하려고 한다.

어떤 부모는 잘 수용할 수 있는 권고를 다른 부모는 잘 수용하지 못할 수 있다. 대부분의 부모들은 자녀들이 아침에 스스로 일어나는 것을 잘 수용할 수 있다고 본다. 반면에 부모들의 생각에 잠자리에 드는 시간은 매우 중요해서, 그들은 처음 몇 번의 면담 동안에 잠자리에 드는 시간을 기꺼이 협상하지 않을 것이다. 나중에 이러한 부모들은 이전에 권고된 방법들이 효과적이고 협동적이며, 조화로운 가족생활의 목적에 기여하기 때문에 잠자리에 드는 시간을 협상하는 것이 더 동의할 만하다는 것을 발견할 수 있다.

타인존경과 자기존경의 통합은 실천할 가치가 있는 예술이다.

아들러는 아이들이 더욱 안전을 느끼도록 돕는 수단으로서 그들의 생활에서 지켜야 할 질서의 중요성을 강조하였다. 아이들이 질서의 다양한 규칙의 한계를 테스트한다는 사실은 그들이 일반적으로 그러한 지침을 바라지 않는다고 믿게 할 수 있다. 전적으로 그와 대립되는 입장도 더불어 산다는 논리와 관련된 규칙에 적용된다.

규칙에 예외를 만들고도 여전히 질서를 유지할 수 있다는 것은 부모들이 항상 이해하지 못하는 훌륭한 예술이다. 확고함이 친절과 아동 생활지도에서 필요하다. 친절은 아이의 안녕을 위한 존중으로 여겨질 수 있다. 이것은 규칙에 대해 경우에 따른 예외를 허용하는 판단을 한다는 것을 포함한다. 확고함은 개인에게 존중을 나타내고, 성인이나 아이에게 최선의 이익이 되지 않는 방식으로 조작되거나 사용되지 않아야 한다. 가족 내의 상호 작용을 위한 새로운 기본규칙이 확립됨으로써 이러한 규칙의 요인들은 부모가 아이들의 생활지도에 있어 일관성을 학습함에 따라 중요하게 될 것이다.

## 과잉교정

부모와 교사들이 개인심리학의 원리들을 이해하기 시작하면, 그들은 때때로 아이들의 두세 가지 잘못된 행동을 포함하는 상황에 휩쓸려 들어간다는 것을 발견한다. 성인들이 처음에 초점을 두는 잘못된 행동은 다른 행동이 나타나면 부차적인 것이 된다. 성인들은 뒤따르는 행동에 잘못을 함으로써 첫 번째 교정조치의 효과를 부주의하게 제거한다. 다음 설명은 이러한 잘못을 명료화하도록 도울 것이다.

클랜시는 친구들과 함께 밖에서 놀고 있었다. 그의 어머니는 밖에서 어떤 의견 불일치가 계속되는 것을 들었다. 그녀가 그 과정을 지켜볼 때, 클랜시는 집단의 다른 구성원들을 지배하려고 시도하였으며, 구성원들은 클랜시에게 복종하려고 하지 않았다. 좌절에 빠져서 클랜시는 친구의 장난감 트럭을 움켜쥐었으며, 그것으로 친구를 때리기 시작하였다. 이 시점에서 어머니는 클랜시를 불러 안으로 들어오게 했다. 클랜시가 들어왔을 때 어머니는 싸우지 않고 놀 수 있을 때까지 그는 집안에 있어야 한다고 지적하였다.

몇 분 후에 클랜시는 방 이곳저곳에 장난감을 던지고 있었다. 어머니는 방을 어지럽혔다고 그를 나무라기 시작하였다. 그는 말대꾸를 하였으며, 자기가 좋아하는 것을 할 것이라고 말했다. 바로 이때 어머니는 화를 냈고, 그를 침실로 보냈다. 그러고 나서 어머니는 그가 나와서 사과할 때까지 저녁식사를 하지 못할 것이라고 말했다.

이 경우에 어머니는 상담자가 추천한 원리와 방법을 사용하기 시작하였다. 그러나 불행하게 그녀는 한 번에 한 가지 행동만 성공적으로 다루어질 수 있다는 것을 이해하지 못했다. 클랜시가 싸우는 것을 멈추려고 결정할 때까지 그가 했던 것이 무시되어야 했다. 그녀가 자문을 받으려고 왔을 때, 그녀가 한 번에 너무 많은 상황을 다루려고 시도함으로써 좌절에 빠지지 않도록 한 번에 한 가지 행동만을 다루는 원리가 지적되었다.

## 자기충족 예언

불행하게 성인들은 아이들이 가정이나 학급에서 도움이 되는 방식으로 행동하리라는 것을 기대하지 않는다는 것을 언어적이나 신체적으로 표현한다. 성인들은 아이들이 새로운 상황을 처리할 판단에 대해 거의 자신감을 갖지 않는다는 것 또한 보일 수 있다. 아이들은 성인들이 기대한 바를 지적했던 방식과 유사하게 반응하고 수행한다.

이전에 지적한 것처럼 성인들이 끝까지 권고를 따르고 일관적일 수 있다고 믿는 것이 중요하다. 성인들이 자기 자신과 아이에게 신념을 갖는 것은 변화를 일으키는 데 중요한 요인이다. 상담자는 권고를 이행하는 데 동의하는 사람들이 사용하는 언어를 주의 깊게 경청해야 한다. 일반적으로 '나는 시도할 거예요.' 라는 말에 접속사 '그러나' 가 알아채지 못하게 뒤따르면, '이것이 잘 되리라고 생각하지 않아요.' 를 나타낸다. 필요하다면 과제로 낸 권고를 덜 어렵거나 덜 지속되는 것으로 변경하라. 모든 경우에서 새로운 방법을 이행하는 데 있어 확실한 성공이 우선되어야 한다. 그렇지 않으면 부정적 자기충족 예언이 될 수 있다.

## 추수지도

개인이나 가족에 도움이 되는 모든 시도에서 내담자들에게 마지막 모임 이후로 자신의 진전을 평가하고 그들이 가질 수 있는 질문을 명료화할 기회를 주는 것이 중요하다. 이 시점에서 상담자는 권고가 적절히 이해되고 이행되는가에 대한 정도를 결정할 기회를 갖는다. 어떤 권고가 유용할 것인가에 따른 가정에 근거해서 내담자가 새로운 과제로 부담을 갖지 않고 충분한 진전이 나타나도록 새로운 제안이 주어질 것이다.

성인들이 이미 연구집단에 나오지 않는다면, 그들이 집단에 참여하도록 격려해야 한다. 그러한 집단은 상담자의 권고를 이행하는 데 필요한 통찰과 지지를 제공하는 데 도움이 될 수 있다. 아이들 역시 그들의 학급에 있는 토의집단이나 학교에서 형성될 수 있는 상담집단에서 도움을 받을 수 있다.

때때로 성인과 아이들은 처음에 제기한 문제에 대한 갈등을 멈추는 것에 암묵적으로 동의한다. 아직은 진솔한 협동과 평등의 정신으로 기능하지 않지만, 그들은 처음 문제에서 완전히 벗어나지 않는 부수 사건과 서비스에 대한 새로운 합의로 만족해 한다. 상담자나 자문자는 그들이 이러한 함정을 예견하고 연구집단, 학급이나 가족회의, 필요하면 추후 자문이나 상담을 실시하여 그러한 함정을 극복하도록 조력해야 한다.

## 추가적 적용

많은 사회적 갈등이 있는 것과 마찬가지로 이러한 방법의 다양한 적용이 있다. 가정의와 목사들은 흔히 좌절한 어머니의 어려움을 듣는다. 아이들을 위한 전형적인 비의학적 행동문제에 대한 의사의 지침이 제6장(〈표 6-4〉 참조)에 있으며, 가족면담의 사례가 〈부록 1〉에 포함되어 있다. 이러한 것들은 이론을 실제로 확장하는 좋은 예다.

성인관계에 관해서 기법들은 다양하지만 같은 단계들을 따른다. 가장 흔하게 위반된 갈등해결의 측면은 첫 단계인 상호 존중과 관련된다. 개인들이 누군가가 어떤 잘못을 했다고 믿을 때, 그들은 비난 섞인 질문을 하거나, 잘못을 비난하거나 지적함으로써 상호 작용을 시작하는 경향이 있다. 요약하면 그들은 타인의 소속감, 안전, 적절성을 과소평가하는 경향을 보인다. 상황을 수정하기 위해 행동진술이 이루어져야 한다. 상황을 수정하기 위해 필요한 제안이 언급될 수 있지만, 첫 단계의 위배는 대개 성공적 해결을 방해한다. 이기고 지는 것이 그러한 상황의 목표가 된다.

반면에 존경이 적극적 경청, 훌륭한 시선접촉, 공감적 의사소통을 통해 확립되지 않으면, 다른 단계들이 최적으로 수행되지 않을 수는 있지만 상황은 여전히 만족스럽게 해결될 수 있다. 다른 사람들이 차이를 해결하기 위한 노력의 요소로서 개방성, 유연성, 존경을 지각할 때 만족스런 결과를 성취할 확률이 훨씬 높다.

## 요 약

아들러 학파는 다양한 유형의 집단들에서 개인들 간의 차이를 중재하는 조력으로 개인심리학의 원리와 실제를 사용한다. 그들은 원래 드레이커스에 의해 개관된 갈등해결을 위한 전략을 가지고 각 상황에 접근한다.

드레이커스는 특히 결혼갈등, 노사협상, 다중문화 갈등 및 유사한 상황에서 아들러식 접근방식의 효과를 입증하는 데 적극적이었다. 사회적 평등에 근거해서 갈등해결과 사회적 생활의 논리를 위한 자신의 전략을 사용함으로써 그는 다양한 상황에서 아들러식 접근방식을 적용하는 방법을 다른 사람들에게 가르쳤다. 그는 사람들이 단지 협동할 상상과 의지가 제한되어 있다고 말하곤 하였다.

새로운 접근방식의 적용은 누군가의 삶에서 그것을 사용하는 가장 효과적인 방법을 발견하기 위해서 인내와 잘못을 기꺼이 저지를 수 있는 의지를 필요로 한다. 이러한 이유 때문에, 다른 사람들이 그들의 삶에서 효과적으로 새로운 접근방식을 사용하려고 추구하는 것처럼 상담자는 격려와 교육의 중요한 원천이다.

## 연구문제

**지시:** 다음 질문에 답하시오.

1. 당신이 잘 아는 상황을 이용하여 사회적 갈등해결의 네 단계를 보여 주시오. 만약 갈등이 만족스럽게 해결되지 않으면 아들러식 관점에서 갈등이 해결되지 않은 이유를 설명하시오.

2. 자문관계를 보장하는 요인들은 무엇인가?

3. 당신이 특히 중요하다고 생각하는 아들러식 자문과정이 갖는 두 가지 이상의 기본가정을 확인하고 그 이유를 설명하시오.

4. 아들러식 방법을 보완하기 위한 가족체계접근의 몇 가지 유망한 통찰이나 방법은 무엇인가?

# 활동

다음 활동은 당신이 갈등해결기법을 적용할 기회를 제공한다. I에 있는 상황들이 집단활동에 잘 맞는다는 것을 주목하기 바란다. 먼저 첫 부분을 검토하고 나서 같은 원리와 기법을 사용하여 II에 있는 결혼갈등상황에 반응하기 바란다.

I. 부모교사모임에서 역할연습의 중요한 사건들

다음 내용은 부모교사 만남에서 일어날 수 있는 여러 가지 초기사건들이다. 각 경우에, 교사가 사용한 접근은 부모와 교사관계, 아이의 학교생활 향상에 강력한 영향을 미칠 수 있다. 네 명으로 구성된 집단을 만들어라. 각 집단은 세 가지 상황을 모두 역할연습해야 한다. 실제적으로 행동하도록 하고, 가능한 한 당신의 역할을 확인하고, 해결을 찾도록 시도하라. 각각의 활동 후에 참여자들은 역할을 바꾸어야 한다.

| 역할연습활동 1 | 역할연습활동 2 | 역할연습활동 3 |
|---|---|---|
| 교사 | 교사 | 교사 |
| 아버지 | 부모 | 아버지 |
| 어머니 | 아이 | 어머니 |
| 관찰자 | 관찰자 | 관찰자 |

관찰자와 교사로서 당신의 역할 준비를 하는 데 있어 다음과 같은 힌트가 도움이 될 것이다.

관찰자: 어떤 교사 반응이 건설적 분위기를 조성하는 데 가장 도움이 되는지 가능한 한 신중하게 기록하라. 그리고 일반적으로 집단의 상호

작용을 관찰하라(행동, 대화 등을 기록하라).

교　사: 당신이 교사의 역할을 하면서 다음 사항을 고려하라.

- 회의 시작 때 일어서서 상대방의 이름을 부르면서 인사를 나누어라.
- 반갑게 맞이하고 상대방의 눈을 똑바로 응시하라.
- 당신을 가로막고 있는 장애물을 피하라(예; 책상).
- 조용히 말하고 주의 깊게 경청하라.
- 가능하면 비방어적으로 감정을 수용하면서 힘을 주어 반응하라.
- 상황이 요구하는 것을 확립하도록 시도하라. 학생이 한 활동의 예를 보여 주도록 준비하라.
- 활동계획에서 협동할 다른 사람의 의지를 결정하라.
- 구체적인 활동계획을 확립하라.
- 요약하고 추후 만남을 확립하라.

역할연습활동 1

상황: 총명한 아이(학년과 성을 선택하라)의 부모가 면담을 요청했다.

- 부모: 아버지와 어머니는 자녀(아들이나 딸)가 학급에서 실력 발휘를 위한 충분한 보살핌을 받고 있지 않다는 감정을 표현한다. 아이는 부모가 생각한 만큼 훌륭하기보다 권태롭게 보이고, 학교생활에 관심을 보이지 않는다. 그들은 자녀가 잘하기를 갈망한다. 그들은 교사가 어떤 조치를 취하기를 기대한다.
- 교사: 교사는 다음과 같은 개념을 강화해야 한다. 경청기술, 감정 의사소통, 명료화(가치)—부모가 기대하는 것, 아동 격려, 구체적인 가정—학교 협동과제
- 관찰자: 세 사람 간의 상호 교류를 기록하라. 아들러식 개념들이 어떻게, 언제, 누구에 의해 사용되고 있는가를 가능한 한 많이 기록하라. 그리고 그러한 활동이 만남에 어떻게 영향을 주는가를 기록하라.

역할연습활동에 따라 다음 질문에 대답하라.

- 모든 참여자: 당신은 자신의 역할에 대해 어떻게 느꼈는가? 그러한 역할이 어려웠는가? 자연스러웠는가?
- 부모: 교사는 관심을 갖고 참여적인 것 같은가? 교사는 당신의 기대에 어떻게 반응했는가? 교사는 당신의 걱정을 이해한 것 같은가? 당신은 결과에 만족했는가? 당신은 다른 어떤 것을 했기를 바라는가?
- 교사: 당신은 부모가 당신이 '어떤 것을 하기를' 기대한 것에 대해 어떻게 느꼈는가? 당신은 자신의 입장을 방어한 것을 발견했는가? 당신은 결과에 대해 어떻게 느꼈는가? 당신은 다르게 어떤 것을 했기를 바라는가?
- 관찰자: 부모와 교사의 역할에 대한 당신의 지각을 공유하라. 당신이 특히 촉진적인 것으로 지적한 교사의 반응은 어떤 것인가? 당신은 교사에게 다른 접근방식을 제안할 수 있는가? 일반적으로 이러한 집단논의가 이 장과 이전의 장들에서 제안된 원리들과 어떻게 관련되는가?

### 역할연습활동 2

상황: 교사는 부모에게 아들이 학교에서 계속 문제를 일으키기 때문에 방문하도록 요청했다. 아이의 성취 수준은 그의 표준화된 시험점수가 그가 성취할 수 있는 것을 나타내는 것보다 낮다.

- 부모: 부모는 적어도 처음에 방어적이며, 아들이 이전에 다른 교사들과 이러한 문제를 겪지 않았다는 것을 관찰할 것이다. 분노의 감정과 학교에 대한 불편함을 언어적이나 행동적으로 보일 수 있다. 만약 교사가 통찰과 기술을 사용하면 이러한 입장이 수정될 수 있다.
- 교사: 이전에 망라된 제안 이외에 교사는 다음과 같은 개념들—경청기술, 수용감정, 비난에서 과제가 요구하는 것으로 전환(예; 우리가 당신의 아들을 어떻게 도울 수 있는가), 교사와 부모가 동의한 아들을 위한 구체적 격려과제를 강조해야 한다.
- 아이: 그는 묻지 않으면 아무것도 말하지 않는다. 그는 적절하게 행동하

며, 질문에 기꺼이 반응한다. 그는 이러한 상황에 불편해 하며, 부모와 함께하는 교사의 곤경을 은밀하게 즐기거나, 조력하려고 함께 작업하는 성인들에게 진솔하게 격려받을 것이다.

- 관찰자: 세 사람 간의 교류를 기록하라. 아들러식 개념이 어떻게, 언제, 누구에 의해 사용되고 있는가와 그러한 행위가 모임에 어떻게 영향을 주는가를 가능한 한 많이 기록하라.

역할연습활동에 따라 다음 질문에 대답하라.

- 모든 참여자: 당신은 자신의 역할에 대해 어떻게 느꼈는가? 당신이 자신의 역할연습을 지각한 것처럼, 당신은 아들러식 개념을 사용할 수 있었는가?
- 부모: 교사는 관심을 갖고 참여한 것 같은가? 교사는 당신이 기대했던 것처럼 당신의 지적에 반응했는가? 교사의 언급은 부모로서 당신에게 도움이 되었는가?
- 교사: 당신은 부모와의 상호작용에서 수용됨을 느꼈는가? 당신은 부모에게 도움이 된다는 것을 믿는가? 당신은 부모와의 만남에 대한 아이의 반응을 어떻게 지각했는가?
- 관찰자: 당신의 지각을 공유하라. 당신은 아들러식 개념을 어떻게, 언제, 누가 사용하고 있는가를 보았는가?

**역할연습활동 3**

상황: 교장 선생님이 최근에 교사의 추천에 따라 아동을 진단검사를 위해 학교심리학자에게 의뢰하도록 허락을 요청하려고 부모에게 전화를 했다. 부모는 교사와의 면담을 요청했다.

- 부모: 부모는 아이에게 무엇이 잘못되었다는 생각에 스트레스를 느낀다. 부모는 그들의 아이가 결함이 있어서인지 아니면 전적으로 비정상인지, 선발된 이유에 대한 설명을 원한다. 부모는 집에서 아이에게 문제를 발

견하지 못한다. 부모는 아이가 심리학적 진단 때문에 평생 동안 범주화 될까 봐 두려워한다.

- 교사: 이전에 열거된 제안들 이외에, 교사는 다음과 같은 개념들을 강화해야 한다. 경청, 공감, 학습지체 학생들에 대한 태도 표현하기(예; 주류 아동들에 대한 교사의 입장), 부모가 의뢰를 이해하도록 조력하기.
- 관찰자: 세 사람 간의 교류를 기록하기. 아들러식 개념이 어떻게, 언제, 누구에 의해 사용되고 있는가와 그러한 행위가 모임에 어떻게 영향을 주는가를 가능한 한 많이 기록하라.

역할연습활동에 따라 아래 질문에 대답하라.

- 모든 참여자: 당신은 이러한 역할을 하는 것에 대해 어떻게 느꼈는가? 당신에게 가장 어려운 것은 세 사람 중의 누구인가? 당신은 그 이유를 설명할 수 있는가?
- 부모: 당신은 교사가 당신의 자녀에 대해 어떻게 느꼈다고 생각했는가? 당신의 두려움은 줄어들었는가? 그렇지 않으면 당신은 모임 전보다 지금 더 초조한가? 교사는 어떤 종류의 정보를 제공했는가? 심리검사가 당신의 입장에서 정당한가?
- 교사: 당신은 검사한 이유를 설명한 것이 얼마나 효과적이라고 느꼈는가? 당신은 자신의 입장을 방어한다고 느꼈는가? 당신은 부모의 협동을 얻기 위해 다르게 행동했어야 했는가?
- 관찰자: 각 구성원의 역할에 대한 당신의 지각을 공유하라. 당신은 어떤 교사 반응을 촉진적인 것으로 기록하였는가? 전혀 그렇지 않았다면 교사가 어떻게 더 건설적 방식으로 이 상황에 접근했어야 했는가? 집단 상호작용에 대해 당신이 관찰한 것은 무엇이든지 공유하라.

II. 결혼갈등상황에 반응하기

밥과 메리는 결혼한 지 1년 남짓 되었다. 둘 다 일을 하고 있고, 자녀는 없다. 매일 저녁 메리는 저녁을 준비하려고 집에 온다. 메리는 주말에 집을 청소하고 세탁을 한다. 밥은 차를 닦고 관리한다.

직장에서 책임의 증가로 인해, 메리는 밥에게 가사일의 책임을 공유할 것을 요청했다. 그는 어떻게 하는지 모르며 그것은 남자의 일이 아니라고 말한다. 메리는 이런 상황에 대해 깊은 분노를 느끼고, 작지만 의미 있는 방식으로 그러한 분노를 보여 주기 시작했다(예; 일부러 저녁식사를 태우는 것).

밥은 그 문제를 제기한다. 메리는 즉각적으로 방어적이 되지만 지지를 얻기 위해 당신을 쳐다본다. 다음 질문에 반응하라.

1. 실제 문제는 무엇인가?

2. 친구관계를 유지하고 그들이 갈등을 이해하도록 돕기 위해 당신은 무엇을 할 수 있고 말할 수 있는가?

3. 상황이 조화를 회복하기 위해 무엇을 필요로 하는가?

4. 그것은 어떻게 성취될 수 있는가?

이러한 활동을 끝마쳤을 때, 당신의 학습 파트너나 관심 있는 친구와 함께 당신의 반응을 공유하라. 논의한 후에 아래 제시된 내용들과 당신의 반응을 비교하라. 아래 내용들은 밥과 메리의 갈등에 아들러식 해결을 반영하는 일종의 해결책을 보여 준다.

1. 실제적 문제는 자신의 남성성과 가정에서 남자로서 가진 특권을 상실하지 않을까 하는 밥의 두려움과, 공유된 책임에 대해 밥이 지각한 불경스런 태도에 대한 메리의 분노다. 밥이 일차적으로 원하는 것은 위안이며, 메리가 원하는 것은 그를 기쁘게 하는 것이었다.

2. 당신은 다음과 같은 갈등해결의 네 단계를 따를 수 있다: ① 각 개인의 입장이 진술되고 존경되도록 조력하기, ② 각 개인이 싸우지 않도록 명료화하기(예; 상호 동의를 통해 협동과 조화를 택한다), ③ 조력의 방식으로 메리가 필요하다고 생각한 것, 밥이 알거나 학습할 수 있는 것, 새로운 합의로 성취될 수 있는 것의 확립을 촉진하기, ④ 새로운 타협을 확립하기 위해 할 일에 대한 합의에 도달하기.

3. 상황은 청소, 요리, 빨래, 일상생활에 관련된 허드렛일 등에서 책임의 분배를 요구하며, 이러한 것은 책임감 있고 유연성 있게 이루어져야 한다.

# 제12장 | 집단상담

집단의 유형

토의집단

자문집단

상담집단

생활양식집단

요 약

연구문제

# 제 12 장
# 집단상담

아들러의 개인심리학은 집단상담 분야에서 매우 적합한 방법이다. 사회적 환경과 관련하여 사람을 가장 잘 이해할 수 있다는 가정에 근거하여 사회생활의 논리 속에서 사람들을 가르치고 격려하는 데 집단상황들을 이용할 수 있다. 아들러식 상담자들은 사회생활의 문제들은 비밀보장과 개별치료로 이루어져야 한다는 믿음을 불식시키기 바란다. 이러한 이유로 아들러와 그를 따르는 사람들은 그들이 일하는 많은 곳에 아동 · 가족교육센터를 설립하였다.

종종 관객이나 집단 관찰자들은 중산층 가족들이 아닌 사람들에게 이러한 방법들이 효율성이 있는지 의문을 가질 것이다. 경험적 자료들은 많지 않지만, 예를 들어 아들러식 상담자들은 시카고에서 설립된 초기 아동생활지도 센터들이 대도시 저소득 근린지역에 설립되었다는 것에 주목한다. 많은 일들이 자원봉사로 이루어졌고, 많은 비전문적인 리더들이 훈련된 상담자들만큼이나 토론집단에서는 효과적이라는 것이 밝혀졌다. 실제로 치료할 필요가 없는 참가자들과의 작업에서 준전문가들이 아들러식 가족교육운동의 중추적 역할을 하였다.

드레이커스의 경험처럼, 저자의 경험도 경제적으로 잘사는 사람들도 다른 사람들과 마찬가지로 자녀양육과 결혼에 관한 토의집단에 참여할 필요가 있음을 보여 주고 있다. 그러나 어느 정도 사회경제적 수준이 있는 결혼토의집단은 자녀양육집단만큼 아들러 학파의 활동에서 중요해 보이지는 않는 것 같다. 저자의 판단으로는 결혼교육과 상담에서 현저한 증가가 있고, 그러한 증가는 앞으로도 계속될 것이다.

## 집단의 유형

심리극과 집단치료도 집단의 방식을 이용하지만, 아들러식 상담자들이 가장 잘 이용하는 방식은 토의, 자문, 상담으로 분류할 수 있다. 이러한 방법들의 공통 요소들은 개인심리학의 원칙들과 관련 있다. 자문, 상담, 토의집단에서 아동과 작업을 하든, 성인들과 작업을 하든 참가자들은 다음과 같다.

- 본래 동등하고, 그렇게 행동하기를 기대한다(예; 아무도 정당하게 도전할 수 없는 장소를 갖고 있는).
- 자신들의 행동에 책임을 질 수 있다고 생각한다.
- 개인적으로는 창조적이고 목적을 가진 존재로서 전체적 · 통합적 방식으로 가장 잘 이해된다.
- 타인들과 똑같은 삶의 과업과 부딪치는 사회적 존재로 생각된다.
- 그들의 태도와 행동을 변화시킬 수 있다.
- 삶에 의미를 부여하는 과정에서 도움을 받을 수 있을 뿐만 아니라 도움을 줄 수 있다.

이러한 집단의 분위기나 조건은 전형적으로 조력관계의 분위기나 조건들이다. 구성원들 간의 거래에서는 성실성, 배려하기, 신뢰, 공감, 지지, 협동, 정직에 대한 기대가 있다. 부가적으로 넉넉한 유머와 우정이 또한 존재한다. 상담이나 자문집단에서 정보가 공유되는(예; 공통된 흥미와 관심을 가지고 있으면서 서로 돕는 것에 관여하는 사람들 간에) 맥락을 존중함으로써 구성원들 사이에 비밀이 지켜진다. 제11장에서 기술된 것과 같이, 공개적 시연에서는 참여자들에 대한 존경이 가장 중요하다.

리더가 집단과정과 개인심리학에서 필요한 훈련이나 지식의 양은 집단의 유형과 목표에 따라 다양하다. 예를 들어, 토의집단에서 지도력은 한 회기 이상 구성원들 간에 공유되거나 순환된다. 이러한 순환은 집단이 구조와 정보를 제공하기 위하여 공통의 읽을거리를 이용할 때 특히 가능하다.

자문이나 상담집단에서 회기의 부분들이 한두 명의 집단성원들에 의해 심각하게 영향을 받을 수 있지만 리더는 명료화하기, 요약하기, 집단 이끌기의 책임감을 함께 공유해야 한다. 공동 지도력은 한 사람은 조망할 수 있고, 다른 사람은 보완의 가능성을 증가시키기 때문에 가능할 때는 언제나 추천된다. 이러한 경우에 공동 지도력의 조화는 협동과 일반적인 평등을 요구하지만 훈련과 배경이 반드시 유사할 필요는 없다. 어떤 경우에는 상담자와 교사, 부모가 그들의 보충적인 통찰과 경험 덕분에 상당히 효과적으로 집단을 공동으로 이끌 수 있다.

# 토의집단

## 아동을 위한 토의집단

아들러 상담집단에 참여하는 사람들에게 동일한 관찰이 이루어질 수 있다고 하더라도, 아동에게 가장 중요한 것은 일상생활에서 경험하는 문제들을 해결하기 위하여 개인적 · 집합적으로 지능을 사용할 수 있다고 깨닫게 하는 것이다. 실제로 초기 연구들은 어린 학생들이 자신의 운명을 통제한다고 느끼는 정도가 환경과 강하게 연결되어 있음을 발견하였다.

그들 자신의 역량을 믿고, 타인의 역량을 이용하는 데 협동하고, 문제가 건설적이고 합리적인 방식으로 해결될 수 있음을 믿는 것은 집단토의를 통하여 학습되는 중요한 일생의 수업이다. 이러한 토의는 또한 학교에서 주제의 중요성을 과도하게 강조하는 일부 성인들의 경향성을 감소시키도록 도울 수 있다. 훈련 그 자체가 부수적이기보다는 학습의 주제가 될 수 있는데, '좋은' 학생은 행동하는 방법을 알고 그렇지 않은 학생은 규칙, 장점, 결점, 강의, 처벌을 통해서 그것을 보여 주어야 한다는 의미에서 그렇다. 낙담한 학생들이 학교에서 나쁜 짓을 하거나 서툴게 행동하는 것은 그것이 그들에게 최선의 해결책이 되기 때문이다. 그들은 대안적인 행동과 태도를 학습하도록 지도해야 한다.

**학급모임** 불행하게도, 학교와 가정은 용기 없는 아이들의 단점을 강조하고 새롭거나 상이한 대안을 제안할 수 있는 기회를 간과함으로써 그들의 잘못된 생각을 강화하는 경향이 있다. 학급모임은 아동이 독특한 재능과 강점들을 발견할 수 있는 기회를 갖도록 보장하는 중요한 방법이다. 이러한 모임은 아동들이 자신과 타인에게 더 만족스런 삶에 장애물이라고 지각하는 실제적이거나 상상적인 어떠한 한계들을 극복하도록 할 수 있는 훌륭한 방법이다.

책임 있는 행동은
모든 어린이에게 가능하다.

드레이커스와 글래서(Glasser)는 상담자들과 교사들에게 학급모임에 대한 값진 원칙과 특수한 절차를 제공하였다. 비록 글래서(Glasser, 1969)가 그의 접근방식을 현실치료라고 불렀지만, 그의 원칙들은 개인심리학과 잘 조화될 수 있고 그의 방법도 유용하다. 그는 모든 어린이들에게 열중하게 하고, 가치의 중요성을 학습하고, 가치감과 소속감, 사랑을 제공하는 활동에 참여할 수 있는 기회를 줄 때, 그들은 책임 있는 행동을 할 수 있다고 믿는다.

글래서의 세 가지 유형의 학급모임(개방형 모임, 교육진단모임, 사회적 문제해결모임)을 차용하여 다음 이용 사례를 각각 제시한다.

① 개방형 모임: 아동들은 그들에게 관심을 불러일으키는 어떤 사고-자극 질문의 토의에 참가한다. 이러한 토의에서 교사는 아동들의 창조적이고 합리적인 사고능력을 자극한다.

사실이나 알고 있는 문제는 개방형 모임의 주요한 초점이 아니다. 예를 들어, 저자는 초등학교 2학년 학생에게 다음과 같은 질문들을 하였다.

- 너는 만약 상점에서 인형들을 살 수 없다면 무슨 일이 일어날지 생각해 본 적이 있니? 좋을까 아니면 나쁠까?
- 너를 위해 특별히 만든 인형을 가져 본 적이 있니? 상점에서 산 것뿐만 아니라 그것도 좋을까?
- 너는 인형을 만들어 본 적이 있거나 인형을 가지고 있는 척해 본 적이 있니? 너는 그것을 가지고 놀았니?
- 너는 다른 사람에게 인형을 만들어 준 적이 있니? 얼마나 많은 인형을 만들고 싶고, 친구들과 함께 가지고 놀고 싶니? 우리는 어떠한 인형들을 만들 수 있을까?

이 경우 교사는 주고받는 것 혹은 무엇이 사람을 행복하게 하거나 슬프게 하는지에 대한 다른 활동들과 토의를 계속해서 이어갈 수 있고, 담배 파이프 청소 기구나 아동들의 주변에서 쉽사리 이용할 수 있는 평범한 가정용품이나 재료로 다른 사람을 위해 인형을 만든 일까지 활동시간을 헌신하게 할 수 있다. 반면에 그러한 회기들은 계획되고 추수지도되거나 예정될 필요는 없다. 사실 아동들에게 가장 의미 있는 회기들은 그들이 자발적으로 제안하거나 미리 계획할 수 없는 뉴스의 사건들로 이루어진다. 학생들은 '옳은' 답들이 없는 것을 학습하기 때문에 그들은 이러한 기회를 기다리게 될 것이다.

② **교육진단모임**: 이 회기들은 수업시간에 공부하는 것과 관련된다. 이 회기들은 교사들로 하여금 수업시간에 가르치는 것을 학생들이 이해하고 있는지를 재빨리 판단하도록 해 준다. 저자의 경험으로 학생들은 가끔 수업내용의 관련성을 일상생활에서 찾지 않고, 시험에서 요구하는 것을 외운다. 관련성이 없으면 주제를 학습하려는 동기화는 사라지거나, 주제 그 자체와 관련이 없는 가치들(예; 우월성을 나타내는 등급들)이 차지하게 된다.

학생들로 하여금 개념들을 검토하고 그들의 지식을 일반적인 사건들에 연결짓도록 하는 것이 이러한 회기들의 초점이다. 다음과 같은 질문들은 7학년 담임교사가 사회적 학습상황에서 배우고 있는 개념들과 사실들을 교실상황에서 사용하는지를 평가하는 데 도움을 준다.

- 당신은 우리가 여성 대통령을 갖지 못하는 이유가 무엇이라고 생각합니까?
- 지금까지 우리 정부에서 여성은 어떤 역할을 하였습니까? 우리나라에 중요한 공헌을 한 몇 사람의 이름을 말할 수 있습니까?
- 당신은 여성 대통령이나 여성 지도자가 있는 나라를 말할 수 있습니까?
- 당신은 미래에 대통령에 입후보할 가능성이 있는 여성을 아십니까?
- 전통적으로 여성들이 갖고 있는 어떤 지식이나 경험들이 훌륭한 지도자와 대통령이 되는 데 기여할 수 있을까요?

이전 모임에서 예비선거유세가 진행되었다. 학생들은 역사뿐만 아니라 시사문제도 공부하였다. 수업 후에 교사는 질문에 대한 그들의 답변에 다소 실망했음을 보고하였다. 일주일에 평균 두 번 이상 25분씩 수업을 한 후 대략 6주 후에 저자는 그들의 토의의 질에서 실질적인 증진과, 조금 산만하고 덜 학구적인 학생들이 반응에 있어서 괄목할 만하게 나아진 것을 관찰하였다.

저자는 보통 적어도 두 가지 경우에 교사들과 공동으로 지도하고, 다른 경우에는 단순히 관찰한다. 정상적으로는 몇 가지 경우에 시범을 보이고 도와줌으로써 교사들이 활동을 수행하는 데 충분한 도움이 된다. 공감적으로 경청하고 반응하기, 평가를 보류하기, 참여하려는 순수한 노력에 격려하기의 학습은 집단활동의 성공에 주요한 요소다. 교사들은 토의를 이끌어 갈 때 교육진단모임이 가장 교육적이라는 것을 알게 될 것이다. 팀티칭에서처럼 이러한 목적으로 시간을 함께 갖는 것은 교사들이 서로 돕는 유익한 방법이 될 수 있다. 반면에 개방 토의를 이끄는 교사들은 아동이 수업시간에 배운 것을 지각한 것과 관련시키지 못할 때 경고를 사용하고 싶을 것이다. 상기하기나 비난하기는 미래의 참여율을 떨어뜨리게 할 것이다.

③ 사회적 문제해결모임: 이러한 모임은 학급과 학교에서 개인과 집단의 교육적 문제들을 토의하고 잠재적인 해결을 위한 것이다. 사회적 문제해결모임은 교사집단보다는 외부인 대상집단을 이끄는 것이 더 어렵다. 이것은 학생들이 외부인들을 집단구성원들로서 받아들인다고 하더라도, 문제들이 가끔 일회 모임에서 해결될 수 없고 외부인들이 포함된 후속모임이 어렵기 때문에

그럴 가능성이 높다. 몇 가지 경험들이 사회적 문제해결모임의 성질을 확인하도록 돕는다.

- 집단으로서 학급 전체나 학급 내 개인과 관련되는 모든 문제들은 토의로 해결할 수 있다. 가정문제도 학생이나 부모가 그 문제들을 내놓기 원한다면 포함할 수 있다.
- 문제를 해결하는 방향으로 토의해야 한다. 해결을 위한 토의의 일부로 결점 찾기나 처벌을 하면 안 된다.
- 교사는 비심판적이어야 하지만 학급은 심판적일 수 있고, 그래서 긍정적인 해결의 방향으로 나아가게 된다. 교사는 모든 사람은 가치를 지니며, 집단에서—심지어 잘못된 행동을 한 사람들도—한 가지 입장을 가지고 있다는 생각을 유지하도록 돕는다. 그러나 학급의 구성원들은 학급 구성원들의 협동심의 부족에 어떻게 반응할 것인지를 결정할 권리가 있다.
- 모임은 모든 사람이 서로 볼 수 있도록 원형으로 가까이 앉아야 한다(이러한 배치는 다른 형태의 모임에서도 마찬가지로 중요하다).
- 모임은 어린 아동들(저학년)에 맞게 비교적 짧게(10~30분), 그리고 고학년은 좀 더 길게(30~45분) 이루어져야 한다. 그러나 규칙적으로 모이는 것이 모임의 시간을 엄격하게 지키는 것보다 더 중요하다.
- 교장은 학생들에게 열려 있는 가능한 대안들을 제시하는 데 있어서 중요한 역할을 할 수 있다. 교장은 학급의 문제상황이나 개인들의 문제상황을 토의하는 데 참여할 수 있다. 그의 역할은 학생들이 문제에 어떻게 공헌하였는지, 그들이 문제를 해결하기 위해서 할 수 있는 것이 무엇인지를 검토하도록 돕고, 문제를 해결하기 위한 계획을 실천하도록 수행을 요청하는 것이다. 처벌로부터 완전히 해방될 때 학생들과 교장 간에 허심탄회한 토의가 전적으로 가능하다.
- 한 가지 문제나 한 사람에 대해 다음 회기에서 계속해서 다루어서는 안 된다. 어떤 상황의 부정적인 측면을 확인하면 차후의 관심은 진전과 긍정적인 단계로 방향을 설정해야 한다. 행동적 문제 자체가 토의의 유일한 근거가 되어서는 안 된다. 우정, 외로움, 직업 선택, 스포츠 정신, 데이트,

그리고 많은 다른 주제들이 아주 유익하게 토론될 수 있는 관심주제다.

저자는, 사회에서 남성과 여성의 역할에 대한 학생의 태도들을 토론하기 위해 고교 상급생의 교사가 하는 가족생활 수업에 참가하도록 초청을 받았다. 그 여교사가 여성의 평등, 여론, 정보 등을 제시하였기 때문에, 몇 명의 소년들이 그녀에게 명백한 반응을 하였음을 보고하였다. 그녀는 일반적으로 여성들을 무시하고, 특히 그녀를 무시한다고 생각되는 소년들의 말에 몹시 당황하게 되었다.

비록 학급에서 전에 많은 토론이 있었지만, 그들은 서클에서 만난 적이 없고 또 전에 나를 만난 적도 없었다. 그들이 방에 들어오고, 비록 교사가 한 방문자가 참가할 것이라고 말했지만, 몇 명의 소년들은 전망에 대하여 별로 달갑게 생각하지 않는다고 말함으로써 집단에는 상당한 긴장감이 돌았다. 몇 명의 소년들은 처음에 바착 붙어 원으로 앉는 것에 저항하였지만, 모임을 진행함에 따라 훌륭하게 구성원의 역할을 하게 되었다.

교사가 문제를 어떻게 보는지에 대해서 먼저 논평한 후에, 그들이 자신들의 감정과 태도를 새롭게 살필 수 있는 토의를 이끄는 데 저자가 도움을 주도록 요청을 받았다. 학급의 몇몇 구성원들이 숨겨진 의제가 있을 수 있다고 의심하는 것을 느낀 저자는 그들에게 자신들의 진실한 태도와 느낌을 열고 토의해야 한다고 확신시켰다. 이러한 과정을 촉진시키기 위해서 저자는 다음과 같이 학생들이 의견과 생각을 나누도록 했다.

**인간이 된다는 것은 무엇을 의미하는가?** 처음의 언급들은 좀 더 학문적 성향이 있는 몇몇 학생들로부터 나왔다. 몇 명의 소년들이 여전히 참여하기를 꺼려했지만 그들도 주의를 기울였다. 평가하지 않고, 반영적이며 명료한 언급들이 학생들의 논평에 대한 주된 반응들이었다. 그들은 동물이나 다른 생명체들과 인간을 구분하려고 하였다. 그들은 인간존재의 중요한 측면이라고 생각했던 특성들과 능력들을 확인하였다. 그들은 인간존재의 특성으로 협동적으로, 책임감 있게 살아간다는 것을 언급하였다.

**사람이 된다는 것은 무슨 의미인가?** 토의가 훨씬 더 편안해졌으며, 반문이 뒤따랐다. 사람이 된다는 것은 서로 상이한 사람들에게 다양한 것을 의미하였지만, 모든 학생들은 사람이 된다는 것이 그들에게 중요하다는 것에 동의하였다. 사람들은 인간존재이고 그들은 많은 공통 특성들을 가진다.

남자가 된다는 것은 무슨 의미인가? 그리고 여자가 된다는 것은 무슨 의미인가? 이때부터 그동안 참여하기를 꺼려하였던 참가자들도 적극적으로 그들의 견해를 피력하였다. 타인들의 견해에 대해서 적대적이거나 무시하는 반응은 없었다. 정반대로 사람과 인간으로서 남성과 여성의 일반적인 평등에 대하여 많은 동의가 있었다. 그러나 소년 세 명이 토의의 논리에 동의하지만 여성을 동등하게 생각하고 싶지 않다고 진술하였다.

편견을 생각하는 쪽으로 관심이 바뀌면서 시간이 끝나 가고 있었다. 자신의 편견을 인식하는 것은 그것을 검토하는 쪽으로 가는 중요한 단계라는 견해가 주어졌다. 자신들의 견해를 바꾸도록 그들에게 요청하지 않았고, 단지 그들이 자신들을 수용하는 데 정직하도록 요청하였다. 모든 사람들이 검증되지 않은 가치, 태도, 편견을 가지고 있다는 가정에 대한 더 깊은 토의는 학급에 있는 모든 사람들에게 유용할 수 있다.

교사는 학생들과 더 깊은 논의를 하였으며, 그 학급은 다음 진로수업시간에 그 주제를 다른 관점에서 더 깊게 고려했다고 보고하였다. 교사에게 중요한 것은 소년들의 행동이 현저하게 향상됐다는 점이다. 그리고 그들은 수업에 더 협조적이 되었다.

아동들은 집단에서 특별한 훈련을 받을 필요가 있다. 집단 내에서 오는 자연스런 지도력이 보통 몇 주 후에 나타나므로 교사는 집단구성원들에게 지도력을 넘겨줄 수 있다. 구성원들이 일단 집단토의의 기초를 학습하게 되면 교사는 자문 역할을 한다. 처음에 교사는 다음과 같은 내용을 수행함으로써 지침을 제공한다.

- 기본 규칙 확립을 돕기: 호의적인 토의를 한다는 것이 무슨 의미인지, 그리고 협동적인, 친절한 방식으로 그들이 함께 놀이를 하고 작업을 하도록 몇 가지 단순한 규칙들이 어떻게 도움이 될 수 있는지에 대해 말한다. 질

서는 민주적인 환경에서 중요하지만, 그것은 상황의 논리, 그리고 자신과 타인들에 대한 존경을 바탕으로 발달한다.

- 집단 전체의 참여를 확립하기: 학생이 의견을 안전하게 표현할 수 있는 주제, 문제, 안건이 있다. 참여하지 않는 아동들을 관찰함으로써 교사는 그들에게 질문할 수 있고, 침묵하고 있는 학생들에게 그들의 견해를 서로 나누도록 할 수 있다. 참여하려는 학생들의 순수한 노력은 그들에 대한 교사의 반응에 의해서 이루어질 수 있다. 정상적으로는 이러한 학생들은 느리지만 기꺼이 학급토론에 참여하려 할 것이다.
- 초기 지도력을 통한 본보기: 교사는 지도해야 한다는 책임감을 점점 줄여야 한다. 교사는 아동들이 자신들의 경험으로부터 어떻게 사고할 수 있고, 결론이나 문제해결에 도달하기 위하여 그들이 배웠던 것을 어떻게 질문하고 평가할 수 있는지에 대한 본보기가 된다.
- 다루기 어려운 문제들을 처리하기: 건설적 사고에 초점을 맞추면서 특히 무의미한 말이나 욕설을 하지 않는 토의 진행은 학생들이 다른 학생들의 비행을 논의할 때 중요하다. 싸움, 거짓말, 도둑질, 속이기 등은 생동감 있는 토의를 만드는 주제가 될 수 있다. 학생들이 이러한 문제들을 다루는 방법을 경험하게 되면서 불필요하거나 불친절한 말을 할 때 그들이 중재하게 된다는 의미에서 어떤 학생들은 중재자가 될 것이다. 그 무렵 교사는 언급을 하여 방향을 바꾸거나 목적 있는 방식으로 대안들을 제시한다.
- 아이디어를 자극하기: 학생들이 관찰하고 평가하고, 결론에 이르는 데 필요한 문제, 질문, 아이디어들을 소개하는 것은 교사의 중요한 임무다. 한 해 동안 활동하다 보면 학생들은 그들이 논의하고 싶은 아이디어나 주제들이 있다. 다른 경우에, 특히 그들이 토론에 참여하는 방법을 배우고 있을 때, 교사는 그들을 동기화시키고 그들이 미래에 직면하게 될 상황을 다루는 데 도움이 될 수 있는 주제를 예측할 수 있어야 한다.
- 집단 결정을 격려하고 조급한 중재를 피하기: 집단 의사결정과 그 결과들을 수용하는 것은 민주적 학습에 필요한 요소다. 어떤 집단들은 잘못된 결정을 하고, 교사들은 그들이 선택한 결과로부터 학급을 보호하기 위하여 조급한 중재를 한다. 만약 학급이 제안들을 무시하거나 중요한 고려들

을 간과한다면 그들이 스스로 그 결과를 발견하도록 하는 것이 더 좋다. 마찬가지로 건전한 결정이 개인들 사이에서나 학급 전체에서 이루어졌을 때 교사는 많은 경우들로부터 획득된 만족감을 증가시킬 수 있다.

충분히 고려되거나 그렇지 않거나 간에 집단 의사결정이 어떻게 학생들에게 중요한 학습의 자원들이 될 수 있는가의 예를 다음 상황에서 제시하고 있다.

6학년 학급은 학급모임을 통해서 자신들의 능력 확장을 느끼는 충분한 경험을 하였다. 만약 그들이 다음 주 금요일 정오까지 주중 과업을 완전히 끝낼 수 있다면, 그들은 오후에 인근 공원에서 '자유로운' 학급소풍을 하기로 결정하였다.

교사는 부모의 허락서와 소풍에 대한 교장의 승인서가 필요하다고 주지시켰다. 그녀는 또한 발생할 수 있는 문제점들을 해결할 수 있도록 가능한 한 일찍 교장과 검토할 것을 제안하였다. 교사는 그들이 교사의 제안 없이도 아주 잘 처리할 수 있는 자신들의 능력에 대한 확신이 있었음을 관찰하였다.

다음 주의 계획은 열광적으로 진행되었고, 그들은 모든 학습내용을 열심히 공부하였다. 그들은 교사에게 그들의 부모들이 서명할 승인서를 요청하였고, 계속하여 그것들을 수집하였다.

목요일 오후에 그들은 허가를 받기 위해 교장에게 위원을 보냈다. 위원들은 딜레마에 빠진 표정을 띠고 곧 돌아왔다. 교장은 기꺼이 그들에게 허락을 하였고, 다른 어린이들은 금요일 오후 재미있는 서커스를 즐길 계획이라고 말했다.

두말할 필요 없이 대안에 대한 재평가가 이루어졌고, 서커스를 보기로 결정하였다. 그리고 소풍을 가기 위해서는 둘째 주에 열심히 공부하기로 하였다. 이번에 그들은 허가를 얻기로 동의하였고, 앞으로 있을 수 있는 갈등을 점검하였다. 교사는 더 효율적으로 계획을 세우는 방법에 대한 어떤 제안이나 생각이 있는지를 물었다. 교사의 신뢰에 대해서, 그녀는 "그럴 거라고 말했잖니."라고 결코 말하지 않았고, 그녀가 더 일찍 했던 훈계도 언급하지 않았다.

• 진전을 요약하고 평가하기: 집단들은 그들의 수행을 주기적으로 평가해

야 하고, 마찬가지로 미래를 위한 계획들을 고려해야 한다. 이렇게 질문할 수 있다. 무엇을 하였는가? 어떠한 방식에서 가치가 있었는가? 우리가 할 수 있는 유익하거나 필요한 다른 것은 무엇인가?

**또래중재와 갈등해결** 제11장에서 갈등해결단계의 개요와 사례들을 설명하였다. 문제해결모임에서처럼 학교상황에서 갈등을 해결하도록 돕기 위해서 또래집단을 사용하는 것은 성인들이 최소한으로 중재함으로써 매우 강력해질 수 있다. 많은 학교에서 학생들 간의 문제들을 완화하는 수단으로서 학생들의 중재훈련을 이용하고 있다. 당연히 이러한 훈련과 중재에 대한 아들러식 접근방식은 집단활동을 통해서 발달되어 왔다. 훈련은 기본적인 경청과 반응기술을 포함하고 있고, 중재과정에서 지도감독하의 실습을 추가하고 있다. 효과적인 중재 조건은 훈련된 중재자들과 학교의 행정적 지원이다. 성공적인 중재의 기본원칙은 다음과 같다.

- 시간 지키기: 모든 모임은 훈련, 지도감독, 중재를 수행할 시간이 필요하다. 갈등을 겪고 있는 학생들을 포함하여, 학생들은 다툼의 해결을 목적으로 한 모임에 동의해야 한다.
- 중재자를 수용하기: 갈등을 겪고 있는 학생들은 중재자와 중재 과정을 수용하는 데 동의해야 한다.
- 방해하지 않기: 학생들은 방해 없이 서로 경청하기로 동의해야 한다.
- 낙인찍지 않기: 학생들은 결코 상대방을 욕하거나 낙인찍기를 하지 않기로 동의해야 한다.
- 침착하기: 학생들은 침착해야 하고, 그들의 행동들을 통제하는 것에 동의해야 한다.
- 서로 승리하기 목표: 어느 누구도 실패자는 없다. 그러므로 모두가 상호간에 수용할 수 있는 해결책에 동의할 때까지 과정이 계속된다.
- 브레인스토밍 해결전략: 해결은 개방성, 창조성, 모든 모임에 완전한 참여하기를 요구한다.
- 해결의 다짐: 사람의 말은 존경에 근거한 결속이다.

학교 직원들은 자주 가장 효과적인 중재자들이 과거에 가장 큰 문제아였다는 사실을 알고 놀란다. 학급과 학교에서 학생들에게 책임 있는 역할을 줌으로써 긍정적인 역할과 책임감을 갖고 싶은 학생들의 욕구와 연결할 수 있다. 저자의 경험으로는 어린 사람들에게 기본적인 인간관계의 원칙을 가르치는 것은 어렵지 않다. 그들은 지침의 실제적인 의미와 그에 따르는 방법들을 빠르게 이해한다.

학생들이 일단 중재의 훈련을 받으면 행정가들뿐만 아니라 학생들도 다른 학생들 간의 다툼을 조정하기 위해서 그들을 부를 수 있다. 이것은 문제를 단계적으로 줄이는 데 도움이 되고, 그중 많은 부분을 행정가들의 사무실로부터 이끌어 내도록 돕는다. 마찬가지로 학교환경에 파급될 수 있는 학습의 전이가 있다. 학교 전체의 이익을 위해서 학생들에게 능력을 주는 것은 이 과정의 중요한 부산물이다.

중재가 어떻게 도움이 되는지를 보여 주는 한 사례로 8학년의 히스패닉 소년 주안이 가지고 있는 어려움들을 점차적으로 악화되어 가는 학교와 관련시켜서 설명할 수 있다. 그의 가족은 스페인어를 하고, 그들이 그 지역사회로 이주해 온 이후로 학교와 제한된 접촉을 하였다. 학교 행정가들의 관심들 중에 그가 학교 도서관에서 의심스러운 스페인 잡지들을 읽었다는 보고가 있었다. 그는 잡지들을 조사한 후에, 용인될 수 있음이 확인된다면 돌려줄 것이라는 말을 들었다. 더군다나 경찰은 그가 의상과 태도에서 문제아가 될 것 같은 다른 히스패닉 패거리와 함께 몰려다니고 있음을 보고했다. 학교와 지역사회에 대한 그의 명백한 경멸적인 행동을 볼 때 주안은 도전적으로 보였으며, 그의 '가족' 에 대하여 끊임없이 이야기하였다. 그는 그가 인종차별주의의 희생자라고 주장하였으며, 학교관리들, 교사들, 그리고 경찰의 괴롭힘을 원망하였다.

다행스럽게도 스페인어를 할 수 있는 다른 학생이 학생중재팀의 구성원이었다. 중재과정을 설명한 후에 이 학생이 주안에게 그의 입장을 더 자세히 설명하기 위해서 그와 함께 모일 의향이 있는지를 물었다. 이 회기 후에 중재자는 다음과 같은 통찰을 갖고 학교 상담자에게 왔다. 첫째, 경찰이 기술하였던 '패거리(gang)' 는 주안의 사촌들이었다. 그들 모두는 '작은 새들' 이 그려진 옷을 입었는데, 그것은 그의 할아버지와 아저씨들이 전통적으로 입었던 것과 같은 종류의 값싼 바지다. 둘째, 그로부터 압수한 잡지들은 그에게 문화적 관심이 있는 것이고 그의 나이에 맞는 자동차, 음식, 그와 유사한 주제들에 대한 기사들이었다. 정말 이러한 최근 보고서 이전에 누구도 주안과 어떤 어려움을 나누고 있었던 사람은 없었다. 요약하면 그는 희생당해 왔으며, 그 결과 학교와 지역사회에 대한 불신과 분노를 키우고 있었다.

이러한 환경하에서 상담자는 직원과 행정가들이 즉각적으로 문화적인 인식을 개발하고 제공할 필요가 있다는 것을 알게 되었다. 주안은 다른 사람들과 함께 이러한 목적을 위한 프로그램을 계획하는 데 참여토록 초청되었다. 이 경우에 학교 행정가들은 당사자가 아니었으며, 협동 프로젝트를 통한 이견의 해소에 현명하게 동의하였다. 주안과 그의 사촌들의 어려움들은 진정되었고, 결국 주안은 훈련된 중재자가 되었다. 비록 학생들이 서로 많이 논의하고 중재를 통해서 해결한다고 하더라도, 이 사례는 어른이 고려해야 할 사용가치가 있는 과정이라는 점이 분명하다.

**협동적 교실을 위한 지침** 다음은 교사를 위한 민주적인 교실 운영의 지침이다.

- 집단은 질서와 기초적인 규칙들 없이는 민주적으로 운영될 수 없다.
- 제한은 있어야 한다.
- 아동들이 질서 있는 집단으로 기능하는 데 필요한 규칙을 만들고 유지하는 일에 참여해야 한다.
- 집단은 지도력이 필요하고, 교사는 민주적 지도력을 발휘하는 방법을 알아야 한다.
- 학급에서 상호 신뢰와 믿음은 민주적으로 기능하는 데 필수적이다.
- 교사는 창조적 해결, 의사결정, 결과들, 격려를 통하여 학생들의 협동을 이끌어내는 방법을 배워야 한다.
- 교실에서 경쟁은 협동의 정신으로 대치되어야 한다.
- 교사는 공동의 목적을 위해서 학급을 통합하는 집단역동기술이 있어야 하고, 모든 아동은 전체 학급에 소속되어 있다는 느낌을 가지고 있어야 한다.

드레이커스는 좀 더 효과적인 교육 문제는 민주적 생활 방법을 아동뿐만 아니라 성인들에게 가르치는 것이라고 믿었다. 아동들은 독재적인 환경에서 민주적인 환경으로 변화할 수 있는 기회를 갖기 전까지는 책임 있는 방식으로 행동하는 방법을 모른다. 마찬가지로 성인들은 민주적인 생활방식을 아이들에게 지도하는 방법을 모른다.

민주적인 지도력의 대안적 방법으로서 방임주의 지도력은 좋은 생각이 아니다. 그리고 아직도 더욱 인간적, 아동중심적 방법을 찾으면서 많은 교사와 부모는 잘못하여 이러한 방법들에 동의하며, 심지어 그들의 삶을 더욱 황폐하게 한다. 독재적 방법이 중지될 때 성인들과 아동들은 공히 안내와 훈련의 기간을 필요로 한다. 게다가 드레이커스는 자기발견과 학습의 과정에서 호기심과 내재적 만족을 자극하지 못하는 교사들에게 아주 비판적이다. 결국 그는 교실의 방법에 대한 저술과 사례, 강의를 통하여 그의 방법을 교사들에게 가르치는 일에 헌신하였다.

**학습집단** 교사들은 다른 사람들이 민주적 방식으로 교실모임을 이끌어가는 것을 연구하고 관찰할 수 있는 기회들이 필요하다. 비슷하게 부모는 어느 정도의 강습과 격려를 통해서 가족모임을 성공적으로 이끌 수 있다. 이러한 이유로 아들러 상담자는 부모논의집단에 참여한 사람들로부터 가장 열광적인 지지를 경험하였다.

드레이커스와 솔츠(Dreikurs & Soltz, 1969)의 저서인 『아이들: 도전』을 사용하는 부모학습집단과 드레이커스의 교실행동 책들을 사용하는 교사학습집단은 다음과 같은 조건으로 모임을 갖는다.

- 참가자들은 상담자나 그들에게 유사한 관심을 갖고 있는 이들의 지도를 받으며 집단으로 함께 모인다.
- 그들은 책에서 발견한 철학, 원칙, 가치, 방법들에 대해 논의한다.
- 그들은 젊은이들을 안내하는 접근방법들에 대한 그들의 견해와 이해를 공유한다.
- 그들은 민주적인 가족생활의 기술에서 새로운 근본 원칙과 적용 방법을

학습한다.

학습집단의 리더들은 단순히 논의를 촉진시키고 주제에서 벗어나지 않도록 하며, 읽기를 통해 제시되었던 것을 받아들일지 말지는 집단구성원에게 맡겨 둔다. 『아이들: 도전』에 리더들의 지침서가 나와 있다.

저자의 경험에 의하면 집단들은 항상 약 1시간 30분씩 10회기 동안 만난다. 집단 크기는 8~12명 정도다. 부모집단에서 비록 낮시간에도 부모들이 잘 참석할 수 있지만, 일하는 부모들이 참석할 수 있도록 저녁시간 회기도 갖는다. 남성 공동 리더는 첫 회기에 참석한 남성들이 계속해서 참가하도록 하는 데 도움이 된다. 양쪽 부모가 참석할 수 있다면 매우 도움이 되지만, 한쪽 혹은 다른 쪽 부모가 회기를 통해 도움을 얻기를 원한다면 꼭 그럴 필요가 없다. 비록 교사와 부모가 교실에서 아동과 함께 하는 것은 피해야 한다고 할지라도 집단에 부모와 교사가 함께 참여하는 것이 두 집단 모두에게 매우 도움이 될 수 있다.

개별 회기에 대한 지도력은 리더의 회의록을 공유하는 방식으로 원하는 리더들 간에는 교대할 수도 있다. 이 절차는 참가자들의 신뢰감에 영향을 주며, 논의에 대한 그들의 관심을 증진시킨다. 첫 번째 집단에 참가한 사람들이 이런 기회를 원하는 다른 이들을 위해 집단을 리드하거나 공동 리드하도록 격려할 수 있다. 모든 집단들이 다소 독특하기 때문에 새로운 아이디어를 발견하거나 학습할 수 있다. 그러므로 개인들은 반복해서 읽고, 원칙과 사례들을 많이 논의하고 집단논의로부터 학습을 계속할 수 있다.

## 가족모임 혹은 회의

가족모임 혹은 회의는 민주주의 과정을 가정에 논리적으로 확대하는 것이다. 제11장에서 언급했던 것처럼 건강한 가족은 응집성에 도움이 되는 특성을 가지고 있다. ① 가족원들이 서로의 안녕에 헌신한다. ② 가족원들은 계속적이고 정기적으로 함께 시간을 보낸다. ③ 가족원들은 바람직한 의사소통기술을 가지고 있으며, 모든 주제에 대해 서로 이야기하는 데 그것들을 사용한다.

④ 생활 요구에 부응하기 위해 가족을 강화시켜 줄 강한 영적인 가치를 가지고 있다. ⑤ 가족구성원은 위기 시에 그들을 유지시켜 줄 대처책략을 계발한다.

이동하기 쉽고 두 가지 직업을 갖고 있거나 편부모인 현대의 가족들에게 건강한 가족의 특성을 확립하고 유지하고자 하는 도전은 특별한 노력을 필요로 한다. 평균적으로 아동들이 매년 학교에서 900시간을 보내는 반면에 텔레비전을 보는 데는 1,500시간 이상을 보낸다. 실제 미국 가족의 66%가 저녁식사를 하는 동안 텔레비전을 본다. 이런 통계치는 빙산의 일각인데, 왜냐하면 보통 가족에게 해로운 것이 텔레비전 보는 데 보내는 시간만이 아니기 때문이다.

텔레비전 뉴스 시간의 절반 이상이 범죄, 재난, 전쟁에 초점이 맞추어져 있다. 미국의 보통 아이들은 초등학교를 졸업하기 전에 텔레비전에서 8,000번 이상의 살인사건을 본다. 보통 가족은 하루에 대략 7시간 텔레비전을 본다. 그렇게 많은 시간 동안 텔레비전을 보면서 텔레비전이 제공하는 생활에 대한 교훈에 대해, 영적으로 강하고, 가족중심인 가족들만이 상반되는 가치체계의 유혹을 피하고 싶어 하는 것 같다. 이제는 가족생활에 대한 준비로서 가족모임의 필요성이 분명해지고 있다. 교실모임과 같이 지금은 모든 가족원들이 그들의 견해, 관심사, 문제들을 안전하고 존중받는 분위기에서 표현하는 것을 학습해야 할 때다. 또한 지지를 구하고 칭찬하고, 함께 이벤트를 계획해야 할 시기다.

**가족모임을 위한 지침** 모든 가족들은 모임을 위한 가족규칙을 마련한다. 때로는 이런 규칙들을 정교화해야 한다. 다른 경우 그것들은 최소한의 것이다. 권고사항들은 다음과 같다.

- 서로 동의할 수 있는 시간과 만날 장소를 마련한다.
- 회의록을 적고 모임을 진행할 사회자를 정하는 절차를 마련한다. 사회자를 교대하는 것이 종종 효과적이다.
- 참석을 강요하거나 요구하지 않아야 한다.
- 언제든 들어갈 수도 있고 떠날 수 있다.
- 결석한 가족구성원에게도 영향을 미칠 수 있는 결정을 할 수 있다.

- 다른 모임에서 결정사항을 바꿀 수 있다.
- 동의하여 결정한다. 문제에 대해서 동의하지 않을 때는 투표로 결정해야 하며, 다수결 투표가 이루어질 때까지 기다리거나 잠시 보류해 둔다.

이런 방법들에 익숙하지 않은 부모와 교사들은 때로 아이들이 이런 모임에 무책임하고 비협조적이라고 걱정한다. 인내심과 함께 배우고자 하는 의지를 가지고, 그런 걱정을 하지 말아야 할 것이다. 만약 성인들이 이런 과정에서 아동들을 돕고자 한다면 원칙 마련이 중요하다.

**가족모임으로부터 발췌** 다음에 나온 가족모임 발췌에서는 첫 모임에서 큰딸(9)이 중요한 원칙을 소개하고 있다. 그녀는 아버지에게 적용할 규칙을 제안했지만, 가족들은 그 규칙이 모든 사람에게 적용되어야 할 규칙임을 알게 되었다.

아버지: 오늘 토의할 또 다른 사안이 있니?

어머니: 없어요.

아 들: 없어요.

큰 딸: 있어요. 아빠, 아빠가 집에 늦게 들어오게 되는 날은 우리에게 말해 주었으면 해요. 그래야 아빠를 위해 저녁식사와 그런 것들을 준비한다든지 할 수가 있어요.

아버지: 내가 반드시 그렇게 해야 한다고 생각하니? 나는 네가 무슨 말을 하는지 잘 모르겠다. 내가 집에 올 때 너에게 말을 해 주어야 한다고 말하는 거니?

큰 딸: 예, 그래요. 그래야 우리가 알 수 있어요. 그리고 때로 엄마는 아빠가 집에 올 것이라 예상하지 않고 요리를 하고 있는데, 아빠가 집에 와요. 그러면 엄마는 아빠의 저녁식사를 위해 요리를 더 해야만 해요.

아버지: 글쎄, 알았다. 그것은 좋은 의견이다. 그러면 그것은 모든 사람에게 적용되어야 할 규칙이니? 말하자면 어머니가 밖에 나가서 집에 늦

게 들어왔을 때도 우리에게 알려 주어야 하는지? 그리고 네가 나가서 집에 들어올 때 너는 알려 주어야만 하는지? 그것이 네가 말한 것이니?

큰 딸: 꼭 그런 것은 아니에요.

아버지: 나에게만 적용되어야 할 규칙이니? 아니면 모든 사람에게 적용되어야 할 규칙이니?

큰 딸: 아빠에게 적용되어야 할 것 같아요.

작은딸: 나는 모든 사람들에게 적용되어야 한다고 생각해요. 모든 사람이 집에 올 때를 다른 사람은 알지 못하잖아요.

어머니: 그래, 때로는 너희들이 들어오기 전에 어두워지기 때문에 그 말이 맞아. 내가 전화를 하고 또 해야 하잖아.

작은딸: 예.

아버지: 어때? 모든 사람에게 적용해야 할 좋은 규칙이지? [(모두 고개를 끄덕인다), 예.] 시행하기 전에 그에 대해 더 할 말이 있니? [아니요.] 우리는 제때에 들어오지 않으면 전화를 해 주기를 원하고 있다. 모든 사람이 그렇게 할 것이지? (끄덕인다)

이 경우에 부모와 아이들은 중요한 교훈을 학습하였다. 첫째, 아이들은 이제 개선이 필요하다고 믿는 행동에 대해 부모와 안전하게 마주 대할 수 있음을 알게 되었다. 둘째, 규칙은 모든 이에게 적용되며 차별적인 방식으로 적용되지 않아야 한다는 것을 학습하였다. 셋째, 부모들은 아이들이 개선해야 할 필요가 있는 자신들의 행동을 관찰하고 보고할 수 있을 뿐만 아니라 그것을 성공적으로 해결할 수 있는 방법에 대해 매우 합리적이라는 것을 학습하였다. 이 상황에서 평등이 잘 예시되어 있으며, 그것으로부터 더욱 개방적인 대화가 기대될 수 있다. 〈부록 2〉는 이전의 발췌에서 나온 가족자문위원회의 사례다. 이런 사례는 다른 곳에서 이용할 수 없기 때문에 부모 학습집단 리더들은 그들의 가족회의를 시작하는 데 관심 있는 부모에게 유용한 참고자료를 그것에서 찾아야 한다.

**가족모임이 실패하는 이유** 교실모임에서처럼 아이들의 연령과 전개할 의제의 목록들이 일반적으로 모임의 길이를 결정한다. 가족원들이 일관되게 일찍 자리를 뜨거나 모임에 대해 불평하기 시작할 때는 모임의 시간이 너무 긴 것이다. 성공적이지 못한 가족모임의 다른 보편적 요인들은 다음과 같다.

- 제 시간에 시작하지 않는 것
- 규칙적으로 모임을 개최하지 않는 것
- 식사시간 혹은 텔레비전이 켜진 상태에서 모임을 하는 것
- 좋은 경청과 반응하기 기술을 본보기로 보여 주는 대신에 부모가 지명하는 것
- 동의가 이루어지지 않기 때문에 포기하는 것
- 동의한 것을 따르지 않는 것

교사들과 마찬가지로 부모들도 아이들과 민주적인 모임에 참가하면서 배운다는 것이 경험과 인내를 필요로 한다는 것을 깨달아야 한다. 현저한 진보가 있는 훌륭한 모임이 이루어지기도 할 것이고, 이전 방식대로 퇴보하는 비교적 잘 되지 않는 모임도 이루어질 것이다. 그러나 모임의 정신이 가족들이 서로 관계하는 방식의 통합부분일 때는 모임이 삶의 질을 유의미하게 향상시킬 수 있다.

## 결혼토의집단

개인심리학의 원칙들이 모든 대인관계에 적용되기 때문에, 부모집단 참가자들은 그들의 결혼관계에 대한 함축적 의미도 마찬가지로 알게 된다. 그 결과 아동양육집단과 같은 방식으로 조직, 수행하는 결혼토의집단은 더 깊은 연구를 추구하고자 하는 개인들의 관심을 충족시켜 주도록 형성되었다.

비록 몇몇 사람들이 집단 밖에서 상담을 받고 있다고 할지라도 결혼토의집단은 상담이나 치료집단이 아니다. 모임에서 질문이 제기되었을 때 집단구성원들의 문제나 관심사와 그것들을 관련시키려는 어떤 시도도 하지 않는다. 집

단구성원들은 그것들이 논의의 흐름에 잘 들어맞을 때 어떤 원칙을 잘 예증해 주는 행동의 보기들을 자발적으로 행한다.

부모집단처럼 참가자들에게 논의를 통해 결론을 찾을 질문이나 관심사를 기록하도록 한다. 만약 10회기가 끝날 때 그들의 질문에 대한 답을 얻지 못한다면, 그것들을 논의해야 한다. 종종 집단구성원들이 이러한 원칙들을 어떻게 적용해서 남편과 아내에게 골치 아픈 특정 상황을 개선시킬 수 있는지를 자발적으로 말하기도 한다. 그런 개선의 실례는 다음과 같다.

> 남편이 사업 동료를 저녁식사를 위해 집에 데려오면서도 오후 늦게 연락을 하는 습관이 있었다. 아내는 갑자기 손님에게 대접할 음식을 만들 수 없기 때문에 이런 남편의 습관이 불만 원인이었다. 그녀는 임무에 충실한 하인처럼 잘 해냈지만, 남편의 무감각 때문에 불쾌감을 느꼈다.
>
> 토의집단과 함께 『아이들: 도전』(Dreikurs, 1946)을 읽은 후 그녀는 자기가 관찰한 사실에 대해 남편과 논의하고, 대안들을 제안하기도 하였다. 그녀는 다음에 그녀가 요리하는 것이 싫어지면 그가 식사에 대해 책임져야 한다고 제안하였다. 놀랍게도 그는 바로 동의하였으며, 실제로 그가 집으로 데려온 손님을 위해 요리하는 것을 즐거워하였다. 그녀는 손님을 맞이하고 저녁식사 전에 대화를 즐기고, 남편의 직업에 대한 새로운 평가를 할 수 있게 되었다.

또 다른 예는 자주 저녁 식사에 늦게 집에 들어오는 남편의 경우다. 아내는 저녁 식사가 식어 버리기 때문에 화가 나고 저녁시간이 엉망이 된다. 그녀는 합의된 시간을 넘어서 저녁 식사를 따뜻하게 데우는 것이 불필요한 것이라고 생각하였다. 그녀는 이런 사실을 그와 함께 논의하였는데, 간단히 말해서 그녀는 만약 그가 늦는다면 그가 집에 들어와 따뜻하게 데울 수 있도록 식사를 냉장고에 넣어 두겠다고 말하였다. 그녀가 두 번을 불평하지 않고 이렇게 하자, 그는 훨씬 더 규칙적으로 집에 들어왔다. 중요한 것은 함께 하는 저녁시간이 더 우호적이고 즐거워졌다는 것이다.

결혼에 대한 드레이커스(Dreikurs, 1946)의 저서는 비록 그것이 1940년대 중반에 쓰였지만 논의집단에 유용한 참고자료다. 참가자들은 사회적 변화에 대한 그의 예측의 정확성과 오늘날 결혼에 대한 그의 제안의 적절성에 놀란다. 집단의 조직자나 리더는 집단이 관련 원칙을 논의하는 데 도움이 될 회기에 적절한 몇 가지 질문들을 개발할 필요가 있다. 처음 몇 번의 모임 후에는 집단구성원들이 번갈아 가면서 리더 역할을 교대할 수 있다.

## 자문집단

부모와 교사를 위한 자문집단은 그들의 생활상황에서 아들러의 개인심리학의 원칙과 방법을 적용해 보면서 그것들을 사용하는 집단의 능력을 강화시키기 위해 고안한 것이다. 이 집단의 목적은 다음과 같다.

- 성인들이 아이들과의 관계에서 개인심리학의 실제적인 적용방법을 이해하도록 돕기
- 성인들이 성인과 아동 간 갈등에서 자신들의 느낌과 행동을 이해하도록 돕기
- 성인들이 이해한 것을 아이들과 더 효과적으로 작업할 수 있는 신념과 가치로 통합할 수 있도록 돕기

집단의 크기는 4~6명 정도며, 교사들에 비해 부모집단은 좀 더 크게 한다. 그들의 이전 배경과 아들러식 방법에 대한 경험에 따라 6회 정도 매주 대략 1시간씩 만난다. 집단경험을 통해 참가자들에게 의사소통을 증진할 수 있는 네 가지 절차들을 가르친다. 그들은 지적인 메시지뿐만 아니라 정서적 메시지에 대해서도 의사소통한다는 사실을 특히 조율한다. 그 절차들은 다음과 같다.

- 배려하는 반응으로 의사소통하기를 학습하기
- 어린이가 한 행동의 영향에 대하여 자신의 느낌을 정중하게 진술하기
- 상호 동의에 도달할 때까지 갈등을 해소하는 방법을 학습하기
- 아이들이 갈등 해소에 도움이 되지 않는 것을 선택할 때 논리적 결과를

활용하기

리더는 아들러식 방법뿐만 아니라 집단과정에 능숙한 사람이어야 한다. 그렇지 않으면 집단 상호 작용은 침체하거나, 적절한 지도력이 없으면 조화롭지 못하게 된다. 이런 이유로 집단의 목표는 명확해야 하고, 시작 전에 참가자들이 동의해야 한다. 효과적인 집단의 발달에 관심을 가질 필요가 있다.

일반적으로 구조화된 연습을 통해 서로 알게 된 후 집단은 아이들의 붕괴행동에 대한 대안방법들을 확립하는 방법을 학습하는 것을 시작한다. 제6장에 기술된 방법과 절차들이 이 과정과 관련이 있다. 예를 들면, 집단은 잘못된 행동의 목표와 성인을 위한 대안이 되는 교정적 · 예방적 행위들을 확인하기 위해 특정한 교사와 아동 간 갈등이나 부모와 자녀 간 갈등을 이용한다.

집단 수행에서 고려해야 할 중요한 사항 중에 하나는 리더는 공동 목표에 근거하여 집단구성원 간의 협동을 격려해야 한다는 것이다. 효과적인 경청과 반응기술을 보여 주고 격려한다. 필요하다면 '동의하지 않는 것에 동의하는 것' 으로 비밀유지와 존중에 대한 이해를 통해 신뢰를 형성한다. 개방적 · 긍정적이지만 여전히 지적으로 도전적인 분위기를 유지한다. 그리고 매 회기 후에 특정한 권고에 따라 일관성을 유지한다는 서약을 하게 한다.

1970년대에 보고된 부모와 교사집단에 대한 연구들이 일반적으로 초등학교 재학 아동의 교실행동의 긍정적인 변화에서 그들의 효과성을 지지해 주고 있다. 또한 교사집단의 고등학교 중재가 학생하고만 하는 작업보다 훨씬 더 효과적인 것으로 밝혀졌다. 연구집단과 자문집단 간의 차이는 실행 전후에 집단으로부터 자문을 구하고 권고를 실행하는 데에 대한 것이다. 각 방법의 효과성에서 차이가 있는지를 검증할 필요가 있다. 실천가에게 더 중요한 것은 두 가지 모두 아동의 행동에서 긍정적 변화를 일으키는 데 도움이 되는 것으로 밝혀졌다는 것이다.

## 상담집단

비록 상담과 자문 간의 차이가 아들러식 방법에 대해 소개하기 위해 행해졌지만, 자문과 논의집단에서 제시되었던 것들 중 많은 것들이 여기에도 적용된다. 실제로 아들러식 집단상담에 관한 문헌들은 지금까지 거의 보고되지 않았다. 예를 들어 교실모임, 부모와 교사 학습집단, 그리고 교사와 부모자문 학습집단은 집단상담의 형태로 다른 사람들에 의해 많이 언급되고 있다. 다음 절에 있는 방법들에 대해 저자가 구분하는 한 가지 방법은 그것들이 일반적으로 자기, 타인, 그리고 생활과 관련될 때 개인의 사적 논리에 대한 그들의 강조다. 초점은 타인이 아니라 나(I), 나를(me), 그리고 자기(self)다. 그것은 특성상 정신적이며, 대인관계적이다. 그런 초점은 심오한 생활을 변화시키는 결과를 일으킬 수 있다. 행동수정과 동기수정 간의 차이에 대해 이전에 언급했던 것처럼, 삶의 목적에서의 차이가 성격의 모든 차원에 영향을 미칠 것이다. 반면에 생활양식의 탐색은 의미 있도록 하기 위해서 심리치료를 필요로 하지 않는다.

## 생활양식집단

자기탐색과 잠재적 변화의 수단으로 생활양식을 다루는 집단에서의 저자의 경험에서 보면, 이런 집단들은 자기 생활계획의 발견에 대한 강조의 정도에서 다른 집단과 근본적으로 다르다. 생활양식집단의 목적은 다음과 같다.

- 각 집단구성원들이 자신의 발달에서 개인심리학의 적용방식을 이해할 수 있도록 돕기
- 집단구성원이 자신의 기본적인 인생과제에 접근하고 지각하는 특징적인 방식을 발견하도록 돕기
- 각 집단구성원이 생활양식 기법을 확인하면서 집단의 다른 일원들과 자

기, 타인, 생활에 대한 자신의 지각을 검토하도록 돕기
- 각 집단구성원들이 도움을 필요로 하는 모든 갈등을 해소할 수 있도록 돕기

## 생활양식집단 시작하기

항상 첫 회기에서는 개인적 성장을 증진시킬 수 있는 자기노출을 포함하여 어떤 집단에도 꼭 필요한 신뢰, 응집력, 행정적인 세부사항들을 확립하기 위한 기본규칙을 다룬다. 구조와 과업의 지침은 이론과 기법을 학습할 때 제시되는 교육적 기능에 의해 초기 회기에서 제공된다.

집단지도자는 첫 회기에 집단구성원과 면담을 하고 생활양식에 대해 분석한다. 집단구성원들에게 정보를 기록하게 하고, 과정의 공동 참가자로서 협동이나 명료화를 요청한다. 이런 방식으로 그들은 정보를 수집하고 이용하는 방법을 학습하게 된다. 이것은 또한 가정에서 작성할 수 있는 양식에 자신의 생활양식정보를 수집하는 것을 용이하게 한다. 양식의 예는 이 책에서 제시되어 있는 양식과 '생활양식검사'(Shulman & Mosak, 1988a)다. 개인심리학에 친숙하지 않은 집단구성원들에게는 기본적 원리에 대해 추천된 자료 읽기와 교육회기를 실시한다. 슐만과 모삭(Shulman & Mosak, 1988b)은 '생활양식평가 매뉴얼'을 제공하고 있는데, 이 매뉴얼에는 그 과정에 대해 상세하게 기술되어 있다.

## 생활양식회기

집단구성원들이 과정과 이론에 더 친숙해지게 되면 그들에게 집단성원 중의 한 명 또는 여러 명의 생활양식정보를 검토하고, 두 명씩 짝을 짓거나 팀을 이루어 서로 면담하게 하고, 면담에서 얻은 자료를 기초로 다음 사항들을 포함하는 생활양식 요약을 만들도록 한다.

- 자신들의 위치를 만드는 특징적 방식
- 일, 사회적 관계, 이성적 관계에 접근하는 특징적 방식

- 자기, 타인, 생활에 대한 특징적 태도
- 생활환경에 성공적으로 대처하는 데 도움이 되는 개념들뿐만 아니라 있을 수 있는 자기패배적 허구개념(모든 집단성원들에게 그들의 초기 생활에서 사회적 이슈에 대한 일지를 쓰도록 한다. 반드시 문제와 관련된 사적 논리의 신념들이 생활양식평가를 통해 드러난다.)

집단구성원들은 개인의 생활양식이 반응으로 제시되는 회기 일주일 전에 집단구성원의 생활양식 정보를 볼 수 있다. 그런 모든 정보는 비밀로 다루고, 안전한 장소에 보관한다.

비록 다른 집단구성원의 질문과 관찰이 항상 적절하다고 할지라도, 집단성원을 면담했던 사람들은 먼저 자기의 관찰사실을 내놓는다. 관찰은 사실에 대한 독단적인 진술이라기보다 '마치~처럼 보입니다.' 혹은 '~할 수 있지 않을까요?' 와 같은 전제로 잠정적으로 제공된다. 일반적으로 혼잣말하는 것처럼 진술을 구성하는 것이 가장 좋다(예; '나에게 있어서 삶은 종종 나를 혼란스럽게 하는 경이로움으로 가득 차 있다.', '우리 주변에 있는 모든 자연, 예술, 그리고 아름다움에 대한 나의 관심을 인정해 주는 여성과 함께 있으면 가장 편안하다.'). 일반적으로 해석은 집단 내의 개인행동뿐만 아니라 생활양식 정보에 대한 직접적인 참조를 통해 확인될 수 있다.

집단은 발표자가 가지고 있는 속성을 다른 집단구성원들에게 투사하는 발표자를 경계한다. 인식의 반사는 관찰의 정확성에 대한 가치 있는 지표가 된다는 것이 입증되었다. 진솔한 배려와 공감이 방어적 책략을 불필요하게 만들어 버리기 때문에 집단에서 미소나 웃음이 쉽게 나온다.

진실한 배려와 공감은 방어적 책략을
아주 불필요하게 만든다.

배려적인 직면은 발달되는 관계의 자연스러운 부산물이다. 두세 번 생활양식을 요약한 후 노출과 신뢰의 수준은 진심으로 관찰을 제공하거나 거부하는 것이 집단의 온화함과 지지적 속성을 해치지 않는 수준까지 확립된다.

집단 초기에 집단구성원들에게 집단을 통해서 해결하고 싶은 관심이나 관계를 가능한 한 상세하게 적도록 한다. 모든 생활양식평가가 완성된 후에 집단구성원에게 기록한 관심사항들 중 어떤 것이 집단활동을 통해 해결되었는지를 물어본다. 만약 미해결과제가 있다면 그것을 집단의 관심사항으로 가져오고 싶어할 것이다. 상황에 따라 집단은 개인의 생활양식을 재검토하여 개인이 잘못된 개념 때문에 어떻게 어려움을 경험하는지를 알아보고자 할 것이다. 그 과정에서 행동적 과제목표, 역할연기, 그 외에 유사한 기법들을 제안하거나 사용한다.

보통 6~8명으로 집단을 구성한다. 그들은 최소 일주일에 한 번씩 약 2시간 동안 만난다. 비록 어떤 사람의 생활양식평가가 자발적으로 이루어지는 회기이지만, 모든 사람이 각 회기에 참가하고 집단의 모든 활동에 적극적으로 참여할 것이라고 기대된다. 특정 상담전문 분야의 수련생들을 이용할 때, 집단성원들은 완전한 참여로부터 이론과 기법의 가치를 판단할 준비를 잘 갖추고 있다. 개인적 통찰과 발달에 관심을 가지고 있는 이들은 이 과정이 매우 가치 있고, 근본적인 인생과제에 더 효과적으로 대처하는 데 유용하다고 생각한다.

생활양식 회기의 종결은 언제 하는가? 개인이나 집단의 문제가 해결되었다고 지각될 때, 집단은 종결될 것이다.

## 요 약

아들러식 방법의 성장에 있어서 집단작업의 중요성은 분명하다. 문헌들에 나타나 있는 원칙과 방법들은 논의, 자문, 상담집단에서 자신들의 경험을 공유하였던 부모, 교사, 기타 다른 사람들의 보고에서 나온 것이다. 생활양식기법 그 자체가 다소 애매하였던 한 가지 이유는 그것들이 집단작업에 분명하게 적합하지 않았다는 것이다. 여기서 기술된 것과 같이 공적인 논증, 결혼상담, 집단에서의 사용이 더욱 보편적이게 될 미래에서는 명확해질 것이다.

## 연구문제

지침: 다음 질문에 답하시오.

1. 아동을 대상으로 하든 성인을 대상으로 하든, 그리고 초점이 치료이거나 논의이든 간에 모든 아들러식 집단의 특성을 세 가지 이상 이야기하시오.

2. 개방형 모임, 교육진단모임, 사회문제해결모임의 상대적인 장점과 약점은 무엇인가?

3. (1) 가족모임이 성공을 거두려면 어떤 규칙을 따라야 하는가?

   (2) 예방책들은 어떤 것인가?

4. 연구집단과 자문 혹은 상담집단 간에는 어떤 차이점이 있는가?

## 부록 1
# 가족상담

다음은 저자가 6인 가족을 대상으로 상담한 내용을 발췌한 것이다. 장녀는 테릴(11세)이고, 장남은 존(8세), 차남은 폴(3세), 막내는 마이클(2세)이다. 마이클은 선천성 장애로 다리에 보조장치를 달고 있다. 폴과 마이클은 감기로 이 상담에는 참석하지 못하였다.

이 상담은 대학원생 40여 명이 참석하여 실시했다. 이 가족이 처음 경험하는 상담이었기 때문에 부모와 대학원생들을 위한 오리엔테이션을 실시하였다. 부모와 먼저 상담하고, 그 다음으로 아이들을 면담하였으며, 마지막으로 다시 부모와 면담하면서 회기를 종결하였다.

## 부모면담

상담자: 감기에 걸려 오늘 참석하지 못한 두 아이들의 사진을 돌리겠습니다. F 부부는 자녀가 넷 있습니다. 장녀 테릴은 11세, 장남 존은 8세입니다. 사진 속 두 아이는 폴과 마이크입니다. 폴은 3세, 마이클은 2세입니다. 마이클은 다리에 보조장치를 하고 있습니다.

자, 가능한 한 편안한 마음으로 함께해 주시기 바랍니다. 여기에 참석한 사람들은 대부분 교사나 상담자이고, 몇 분은 학교행정을 담당하는 분들입니다. 더 중요한 것은 자녀가 있는 분들도 많이 오셨다는 점입니다. 우리가 이 자리에 모인 것은 가족으로서, 학급 구성원으로서, 혹은 사회의 다른 구성원으로서 함께 살아가기 위해 필요한 어떤 원칙들을 함께 발견해 나가기 위해서입니다. 경험으로 비추어 볼 때, 귀하의 가정에서 겪는 일들이 우리의 가정에서 겪는 일들과 사뭇 다르지 않을 것입니다. 면담을 진행하면서 여기에 모인 사람들에게 물어 보겠지만, 많은 사람들이 서로 비슷한 문제를 경험한 적이 있음을 알고 놀라시리라 생각합니다. 우리가 생각해 볼 수 있는 것 가운데 가장 흔한 것은 가정에서의 작은 불화들입니다. 이것은 다른 사람들도 경험하는 것들입니다. 특이할 것이 못 됩니다. 때문에 우리는 서로 많은 것을 배울 수 있습니다. 귀하의 가족이 기꺼이 이 자리에 참석하셔서 가정사에 관한 이야기를 나누어 주시는 것에 진심으로 감사드립니다. 왜냐하면 그럼으로써 우리 자신의 가정문제에 대한 것을 배울 수 있는 기회를 마련해 주기 때문입니다. 여기에 모인 참석자 가운데는 궁금한 점들을 질문하는 사람도 있을 것입니다. 비록 제가 중간에서 질문들을 무효로 할 수도 있고, 우리가 원하는 방향이 아닌 질문이라면 가로막을 수도 있지만, 궁금한 것들을 질문하도록 요청하려고 합니다. 아니면 두 분께서 '그 질문에는 대답하지 않는 것이 좋을 것 같군요.' 라든지, '모르겠어요.' 라고 대답하셔도 무방합니다. 이야기하고 싶지 않은 내용은 하지 않으셔도 괜찮습니다. 두 분께서 여기에 있는 청중에게 질문할 수도 있습니다. 예를 들어, '여러분 같으면 이 문제에 어떻게 대처하시겠어요?' 라고 질문하면 청중 가운데 한 분이 대답해 주실 수도 있습니다. 이제까지 제가 파악한 바로는 여기에 모인 분들은 아주 기꺼이 저의 부족한 점을 바로잡아 주십니다. (웃는다.)

자, 이 자리에는 장녀인 테릴과 남동생 3명이 나와 있습니다. 아버님께 먼저 여쭙겠습니다. 저뿐만 아니라 여기에 앉아 계신 분들에게는 그다지 놀랄 일은 아니지만, 한 아들과 별로 관계가 좋지 않다구요. 왜냐하면 많은 가정이 겪고 있는 문제이기도 하려니와, 큰 아이가 딸인 경우 바로 아래 동생과는 사이가 좋지 않고 오히려 부모와 더 친한 경우가 흔하기 때문입니다. 귀댁도 이런 경우에 해당되나요?

엄　마: 예.

상담자: 좋습니다. (서로 살며시 미소를 짓는다.) 제가 장녀인 테릴에 대해서는 아는 바가 별로 없지만, 여기서 한번 테릴에 대해 이야기를 해보겠습니다. 혹시라도 테릴에 대해 제가 잘못 이야기하는 것이 있다면 알려 주세요. 테릴은 아마 어머니를 잘 도와주는 딸일 것입니다. 항상은 아니지만 대체로 엄마가 도와 달라고 하는 것은 잘 도와주죠. 다른 아이보다는 비교적 더 자발적으로 엄마를 돕습니다. 사실 테릴은 부모의 비위를 잘 맞추려고 노력합니다. 엄마 아빠의 기대에 잘 부응하구요. 이를테면 큰아이는 동생들을 잘 돌봐야 한다는 것 등과 같은 맏이에 대한 기대 말입니다. 학교생활도 아주 잘할 겁니다. 모범생일 거예요. 맡은 일을 잘 해내려고 노력합니다만, 문제가 있다면 바로 아래 동생과의 사이가 좀 그렇지요. 그래서 바로 아래 동생과는 싸움도 종종 하지만, 막내 동생은 되도록 많이 돌봐주려고 노력합니다. 제 말이 어떤가요?

엄　마: 예, 정말 그래요.

상담자: 좋습니다. 자녀들 중 한 명이 존과 사이좋게 지내지 못하는 것을 알게 되었네요. 아마 다른 자녀들도 마찬가지일 겁니다. 하지만 자녀들 모두가 부모를 정신없이 만드는 데 동참하고 있다는 사실을 앞으로 깨닫게 될 것입니다. 웃고 계시네요. 아마 존은 자녀들 가운데에서 가장 반항적이고 독립적일 겁니다. 아마 존은 동전의 이면을 보려고 하는 것일 수도 있겠지요. 가족 내의 규칙이 있다면, 존은 규칙의 예외조항을 찾아내려고 할 겁니다. '공평하지 않아요.'라고 계속 말할 수도 있고, 특정한 상황에만 규칙을 적용시키려고 할 수도 있지요. 존에 관한 제 말이 맞습니까?

아　빠: 하나도 안 틀리네요.

상담자: 존이 이른바 '나쁜 아이'라는 말은 아닙니다. 우리는 나쁜 아이라는 용어는 생각조차 하지 않습니다. 단지 우리는 용기를 잃은 아이들에 대해 생각해 보고자 합니다. 용기를 잃었다는 의미는 자신의 인생이 삶에 대한 기준대로 제대로 되어 가지 않기 때문에 아이들은 실패감을 느끼고 용기를 잃게 된다는 것입니다. 이 자리에 오셔서 우리와 이야기를 나누시는 것으로 보아, 이 가정이 심각할 정도로 용기를 잃었다고는 생각하지 않습니다. 이 가정은 자녀들이 사랑과 관심, 그리고 보살핌을 잘 받고 있는지 살펴보기 위해 이 자리에 나와 있는 것입니다. 하지만 대부분의 가정에서 존과 같은 아이는 있기 마련이지요. 다른 아이들은 모두 잘 헤쳐 나가는데, 존은 때때로 문제를 일으킴으로써 자신의 입지를 마련하려 하지요.

마이크의 경우에는 여러 면으로 특이한 부분이 있습니다. 막내에다가 다리에 보조장치를 하다 보니, 특별한 관심을 받지요. 아마 태어날 때부터 뭔가 특별한 도움과 관심이 이 아이에게는 필요할 것이라는 것을 알았을 것입니다. 그래서 마이크는 특별한 관심을 얻는 데 별로 큰 노력이 필요하지 않았겠지요. 폴은 애교를 부림으로써 관심을 끕니다. 항상 웃고 매력이 있습니다. 대체로 다른 사람들과 모두 잘 지내지요. 덕분에 자신이 원하는 것을 얻는 데 별 어려움이 없지요. 어떻습니까?

엄 마: 맞아요. 선생님이 몇 년 동안 우리 아이들은 겪어 본 것 같군요.

상담자: 어떤 면에서는 그렇다고 볼 수 있지요. 왜냐하면 저희 집과 매우 유사하기 때문이에요. 여기에 있는 다른 가정과도 비슷하리라 생각합니다. 이를 통해 깨달을 수 있는 중요한 한 가지 사실은, 제 아이들에게 도움이 되었던 방식이 귀댁에도 도움이 될 수 있다는 점입니다.

엄 마: 아이에 대해 아무것도 선생님께 말한 적이 없다는 점을 여기에 계신 분들은 아마 아실 거예요.

상담자: 귀댁의 자녀들에 대해 전 어떠한 사전지식도 없었습니다. 아까 문 앞에서 만나기 전까지는 이전에 한 번도 만난 적이 없었으니까요.

특이할 것이 없는 것이 때로는 사람들을 놀라게 하기도 합니다. 어떤 사람들은 제가 이런 말들을 단순하게 하고, 부모님이 왠지 그래야 될 것 같아서 의무적으로 제게 동의한다고 생각할 수도 있습니다. 하지만 여기 계신 분들은 부모님의 미소를 보면 알 수 있겠지요. 제가 억지로 시킨 것이 아니라는 것을 말입니다.

자, 귀댁이 다른 가정과 많은 공통점을 갖고 있다는 점을 알았으면, 좀 더 구체적으로 살펴보도록 합시다. 왜냐하면 어떤 면에서는 대부분의 가족이 유사하기도 하지만, 나름대로 그 가족에만 국한되는 문제가 있습니다. 모든 가족은 같지만 또한 다르기도 하니까요. 이 말은 이제까지 제가 말한 것과 상반된 말이지만, 사실이기도 합니다. 귀댁의 자녀들은 서로 다르며, 여러분의 가정은 여기에 있는 다른 가정과도 다를 수 있습니다. 우리 모두는 독특합니다. 이제부터는 귀댁의 자녀들이 얼마나 독특하고 귀댁의 가정이 얼마나 독특한지에 대해서 같이 알아봅시다. 괜찮겠지요?

아　빠: 예.

상담자: 좋아요. 오늘 아침에 저를 찾아오기로 한 이유는 무엇입니까?

아　빠: 글쎄요. 색다른 경험이 될 거라고 생각했어요. 요즘 존 때문에 머리가 아픕니다. 앞으로 우리가 어떻게 해야 할까 하고 스스로 질문도 많이 해 봤어요. 다른 사람의 이빨을 깨뜨리라고 격려해야 하나, 아니면 고자질쟁이가 되라고 해야 하나, 우리가 어떻게 그 아이를 다루어야 할지 모르겠어요. 아주 심각한 문제는 아니지만, 존이 가끔 가출하고 싶다는 생각을 하는 것 같아요. 그런 생각을 세 살 때부터 했다니까요.

상담자: 생각나는 구체적인 행동이 있습니까? 최근이나 예전부터 지속적으로 일어나는, 뭐 그런 특별히 이야기해 보고 싶은 행동이 있나요?

엄　마: 존에 대해서요? 학교 버스 안에서 문제가 좀 있어요. 교실에서는 생활을 잘하는 것 같은데, 제 생각에 아마 버스가 도착할 때쯤 되면 지치기 시작하는 것 같아요. 잘 모르겠어요. 며칠 전에 어떤 아이의 생일이었는데, 존을 초대하지 않았어요. 존은 걔 생일잔치에 반드시 가야겠다고 생각하고 있었지요. 그래서 우리가 그 아이한테 전화해서, 존을 초대하면 어떻겠냐고 이야기했었지요. 테릴은 항상 파티에 초대를 받거든요. 어쨌든 존에게 생일잔치에 갈 수 없다고 말을 했더니, 존이 버스에 타려고 하지 않고 그대로 버티고 있는 거예요. 교장 선생님이 나와서 거들 때까지 말이에요. 버스에서 내린 후에도 화를 많이 내면서 어디론가 도망가려고 하잖아요. 그래서 "마음대로 해라. 하지만 밖은 굉장히 추울걸."이라고 했죠. 그랬더니 자기 가방을 챙기더니 바깥으로 나가 버렸어요. 그 아이를 지켜보면서 혼자 생각했죠. '얼마나 멀리 가나 보자.'고 말이에요. 고집이 센 아이예요. 결정한 일은 반드시 하는 아이예요. 얼마 못 가서 다시 되돌아와서는 현관문 뒤에 숨어 있더군요.

상담자: 엄마를 놀래킬 만큼은 멀리 못 갔군요. 자, 매우 평범한 일상적인 하루를 생각해 봅시다. 아침을 먹고, 옷을 입고, 그 다음은 어떤 일들이 일어나죠?

엄　마: 지난 성탄절 이후로 저는 뉴렉싱턴에 있는 주간보호센터에서 일하고 있어요. 남편이 제일 먼저 일어나서 절 깨우죠. 그러고는 마이클과 폴을 잠자리에서 일으켜 세우고요. 대개는 이미 잠에서 깨어나 있지만, 침대에서 나오게 하는 것이 더 큰 문제죠. 그 다음 아침을 먹고…….

상담자: 잠시만요. 마이크와 폴을 일으켜 세운다고 하셨죠? 두 아이가 그 침대에 있나요?

아　빠: 마이클은 혼자 일어나지 못해요. 허리 아래 부분은 거의 마비거든요. 5시 30분에서 6시 30분 사이에 마이클이 "아빠, 이리 와서 저 좀 일으켜 줘요. 배고파요!"라고 소리를 지르지요. 그러면 폴과 마이클을 침대에서 데리고 나와 아침을 먹이죠. 아내는 일어나서 옷을 입고 침대를 정리하구요. 제가 차를 끓이면 아내가 부엌으로 와서 같이 아침을 먹습니다. 6시 45분쯤 되면 테릴과 존이 일어나서 부엌으로 오지요. 제가 시키지 않아도 두 아이는 식사를 잘해요. 아내가 출근할 때쯤, 대개 7시 5분쯤에는 식사를 끝마쳐요.

상담자: 테릴하고 존은 스스로 아침을 차려 먹나요? 아니면 아빠가 차려 주나요?

아　빠: 요새 좀 달라졌어요. 아마도 저희가 저지른 실수 중의 하나라고 생각합니다만, 예전에는 저희가 아이들 음식을 꼭 차려 줘야 한다고 생각했어요. 하지만 요새 학교에서는 자기가 먹을 것은 자기가 먹도록 교육시키나 봐요. 예전에는 우리가 고기를 잘라서 하나하나 아이들 접시에 올려 줬지만, 2주 전부터는 자기들이 스스로 챙겨 먹도록 하죠. 지금은 서투르지만, 곧 익숙해지겠죠.

엄　마: 우스운 일이었죠. 남편과 제가 식사를 시작할 즈음이면 애들은 식사를 끝마치거든요. 이젠 가족 모두가 한꺼번에 식사를 하게 되었어요. 정말 잘한 일이지요.

상담자: 자신의 일을 스스로 배워 나가는 것은 정말 중요한 일이지요.

엄　마: 맞아요. (웃는다.) 주간보호센터에서 짧은 기간이지만 많은 것을 배웠어요. 폴의 식습관 때문에 힘든 점이 있었어요. 주는 대로 먹는 애가 아니거든요. 폴은 간식만 좋아하고 기본적인 좋은 음식들은 싫어했지요. 하지만 자기 손으로 직접 챙겨 먹도록 한 후에는 혼자서도 이것저것 잘 먹어요. 학교 상담 선생님이 폴이 안 먹으려고 할 때에는 안달복달할 필요가 없다고 그러셨어요. 자기가 먹은 접시를 스스로 설거지할 때는 칭찬을 많이 해 주지요. 편식하는 것을 내버려 두니까 편식을 안 하더라고요. 스스로 상 차리게 하는 것은 효과가 있었지요.

상담자: 만약 두 분이 이런 경험을 하기 전에 오셨고, 제가 내버려 두는 것이 상책이라고 말씀드렸다면, 아마 제가 어떻게 된 사람이 아닌가 하고 생각했겠군요.

엄　마: 아마 그랬을 거예요. '얘네들은 못해. 너무 어리잖아.' 라고 생각했겠지요. 하지만 잘하더라니까요.

상담자: 그럼요. 엄마 아빠가 깨닫는 것보다 아이들은 훨씬 더 잘합니다. 폴이 자기 음식을 남다르게 요구한다는 것은 관심을 끌고 특별 대접을 받는 것을 의미합니다. 막내 아이들은 다른 사람들을 자기 뜻에

맞게 행동하도록 다루는 법을 잘 압니다. 존이 자신이 원하는 것은 얻을 수 없다고 느끼는 반면, 폴은 무엇이든지 원하는 것은 다 얻을 수 있다고 확신하지요. 폴은 원하기만 하면 되고, 그대로 이루어집니다. (엄마가 미소 지으면서 고개를 끄덕인다.) 반면에 이제는 자신을 스스로 챙기는 것에 대한 만족감을 알게 되었습니다. 하지만 이를 위해서는 반드시 부모님이 너무 늦기 전에 아이들과 공동 작업을 해야 합니다. 제가 제안하고 싶은 것은 어린아이들이 자신을 스스로 챙기게 되고 자립적이 되며, 책임감을 가지기 위해 뭔가 발전적인 일을 하고 있을 때에는 대개 무슨 행동을 했는지만큼이나 어떻게 했는지를 눈여겨보아야 한다는 것입니다. 행동의 과정과 결과를 구별하기 위해 예를 들어 봅시다. 이를테면 폴에게 음식을 다 먹은 후에 '접시를 다 비웠구나!' 보다는 '어머나, 음식을 정말 맛있게 먹었나 보구나!' 라고 말해 주는 것이 좋습니다. 둘 간에는 차이가 있는데, 먹는 과정은 매우 큰 기쁨과 만족을 주므로, 먹는 음식을 좋아하게 되고 좋은 음식을 먹는다는 만족을 느낄 수 있습니다.

이렇게 하는 이유는 아이들이 서로를 비교하지 않도록 하기 위해서입니다. 테릴은 아직 못 먹었고, 존도 아직 못 먹었고, 난 다 먹었다. 때문에 내가 더 낫다. 아이들 간에 이런 경쟁은 싫으시겠죠. 때문에 단순히 '음식을 아주 맛있게 먹은 것 같구나.' 라고 말할 수 있을 것입니다. 또는 아이들이 성적표를 갖고 오면 '산수보다는 국어를 더 좋아하나 보구나.' 라고 말함으로써 아이들이 지닌 강점을 더 강조하는 것입니다. '이 과목은 좀 도움이 필요할 것 같구나.', '선생님은 이 과목에 대해서 네게 뭐라고 하시든?', '이 과목에 대해 걱정되는 것이 있니?' 등의 말을 해 볼 수 있을 것입니다. 부모님이 성적에 지나치게 집착하지 않고 자녀에게 적절한 격려를 한다면 아이들은 최선을 다하게 될 것입니다.

엄 마: 테릴은 아주 공부를 잘해요. 이렇다할 노력 없이도 꽤 잘 해내는 편이죠. 그런 걸 보면 얄밉기도 해요. (웃는다.) 자기가 할 수 있을 만큼 최대로 노력하는 것이 아닌데도 모든 과목에서 A를 받거든요.

그 아이는 아직…….

상담자: 힘들어 했던 적은 없나요?

엄　마: 그래요. 노력 없이도 잘하기 때문에, 테릴이 최선을 다해 노력하지 않게 될까 봐 걱정돼요. 이런 점이 또 문제가 되더라고요. 존은 성적이 그다지 안 좋거든요. 노력을 많이 하는데, 성적이 별로 오르지 않아요. 존이 볼 때 누나는 노력도 안 하는데, 좋은 성적을 얻는 거예요.

상담자: 인생이 불공평하다는 또 다른 증거겠군요. (엄마가 중얼거리듯 동의한다) '내가 얼마나 열심히 노력해야 하는지 보라.' 이 말이 테릴로 하여금 더 열심히 노력하도록 하는 데 나쁜 영향을 줄 것 같지는 않습니다.

아침 식사로 되돌아갑시다. 폴이 편식을 하다가 이제는 스스로 알아서 잘하고 있다고 그러셨지요. 집안의 전반적인 식사 문제가 좀 더 나은 쪽으로 변화되었다구요.

아　빠: 맞아요. 아침 식사 후 아내는 직장에 가고, 테릴과 존이 7시 30분까지 옷을 다 입고 나서 식사를 하죠. 테릴은 대개 침실로 가서 침대를 정리하고, 존은 자기 침대를 정리합니다. 그러고는 폴과 마이클의 침대도 정리해 주죠.

엄　마: 테릴은 학교 가기 전에 피아노 연습을 해요.

아　빠: 그래요. 대개 8시 30분에서 9시 사이에 연습을 하는데, 저는 집에 없는 시간이라서 실제로 연습하는 것을 본 적은 없죠.

상담자: 론, 당신은 아이들과 집에 함께 있죠. 팸은 직장으로 가구요. 마이클과 폴은 아직 집에 있나요?

엄　마: 아니요. 제가 데리고 나가죠.

상담자: 테릴과 존이 옷을 갈아입을 때 아빠가 아이들에게 옷 갈아입으라고 시키나요?

아　빠: 아니요. 옷 챙겨 입는 것은 별다른 문제가 없는 것 같아요.

엄　마: 옷 챙겨 입는 데 시간이 꽤나 걸리죠. 대개는 존에게 머리를 빗으라고 얘기를 해 줘야 해요.

아 빠: 머리는 스스로 빗지만, 그것으로 충분한 건 아니죠. 존은 바깥이 0° 일 때도 반팔 입고 학교 가는 적도 있어요.

상담자: 사소한 것이긴 하지만, 존에게는 뭔가 옆에서 상기시켜 줘야 하는 것이 있군요.

엄 마: 목요일은 학교 소풍 가는 날인데, 놀랄 만한 일이 있었죠. 존이 머리를 반듯이 빗고 방에서 나오더라고요. 빗질하는 것도 옆에서 일러 주지 않아도 할 수 있어요.

상담자: 그렇군요.

아 빠: 8시에 직장에 출근하면 테릴과 존은 둘이서 한 시간 정도 집에 있지요. 둘이는 아주 잘 지내요. 별 문제는 없어요. 테릴은 자기가 먹을 점심을 싸고, 존은 두 동생들의 침대를 정리하지요. 테릴은 스스로 잘 해요.

상담자: 존은 어때요?

아 빠: 테릴이 존의 침대를 정리해 주지요. 존은 쓰레기를 밖으로 내다 놓죠. 저 대신 마이클의 기저귀를 쓰레기통에 갖다 버려요.

상담자: 아빠가 하라고 시키지 않아도 이런 일을 한다는 거지요?

아 빠: 물론 아니죠. (웃는다.)

상담자: '그렇습니다.' 라고 대답하셨다면 아마 놀랐을 거예요.

학 생: 스위니 박사님, 질문이 하나 있는데요. (엄마를 향해) 일을 시작해야겠더라고 결정하셨을 때, 엄마가 일 나가게 되면 아이들이 어떻게 엄마를 도울 수 있는지를 나이가 더 든 두 아이와 함께 이야기해 보셨나요? 아니면 단지 남편하고만 상의하셔서 일을 하기로 결정하신 건가요?

엄 마: 어느 정도는 아이들의 의견을 존중했지요. 엄마가 일할 수 있는 기회가 생겼으니, 너희들이 분담해야 할 일들이 생길 것이라고 이야기를 했지요. 차분히 앉아서 '엄마가 일 나가는 것에 대해 이제부터 이야기를 해 보자꾸나.' 라고 하지는 않았지만 말이에요.

아 빠: 아내와 제가 충분히 상의했다고는 생각하지 않아요. 처음부터 아내가 일 나가는 것을 전적으로 찬성하지는 않았지만, 아이들만 놔두

는 것이 그렇게 나쁘지만은 않았거든요.

엄　마: 남편은 분명히 제가 일하러 나가지 않길 바라는 것 같아요.

아　빠: 전 아내가 직업을 갖는 걸 반대하지 않아요. 하지만 가족관계를 생각하면 확신이 들지 않았죠. 우리 부부는 마이클에게 많은 헌신을 해요. 만약 아이들이 아프기라도 하면 어떻게 해야 하나? 뭐 그런 것들이에요. 하지만 그럭저럭 잘 지내고 있어요. 주간보호센터의 사람들이 잘 이해해 줘요. 거기도 아이들하고 많이 지내기 때문인 것 같아요. 존과 테릴은 아침에 텔레비전 프로그램 '래시'를 보죠. 저는 텔레비전을 아주 싫어하는 사람이지만, 아침에 래시를 보는 것은 내버려 둬요. 끝나면 텔레비전을 끄고 각자 자기 방으로 가죠. 존은 텔레비전을 제일 좋아해서, 텔레비전을 못 보게 하는 것이 가장 큰 벌이 되죠. 다른 어떤 벌보다 존이 더 속상해하는 거예요. 8시 30분이 되면 텔레비전을 끄고, 9시 10분 정도 되면 학교 버스가 오죠.

상담자: 좋아요. 아이들은 학교로 가고, 아버지는 직장으로 가고, 누가 집에 가장 빨리 오죠? 그 다음 일은 어떻게 되나요?

엄　마: 제가 제일 일찍 와요. 테릴과 존이 집에 오기 전에 4시쯤 와요. 아이들은 4시 10분쯤에 집에 와서 간식을 먹고 텔레비전을 보다가 6시경에 저녁을 먹죠.

상담자: 집에 돌아와서 저녁 먹을 때까지 서로 다투는 경우는 없나요?

엄　마: 대개는 조용해요. 서로 보고 싶어 하는 프로그램이 다르기는 해요. 폴이 몇몇 프로그램을 보기 시작하면, 존이 소리지를까 봐 텔레비전 앞에 한동안 서 있다가 보기 시작하지요. 집에 넓은 지하실이 있는데, 거기에 아이들 장난감을 두었죠. 저녁 먹을 때까지 장난감을 가지고 놀아요. 테릴은 텔레비전을 그렇게 많이 보는 편은 아니에요. 책 읽기를 더 좋아해요. 일주일에 하루는 스카우트 모임에 나가지만, 대체로 6시경에는 가족 식사시간이죠.

상담자: 저녁시간에도 조용한가요?

아　빠: 아이들은 이야기를 나누고 싶어하죠.

엄　마: 이야기를 나눈다기보다는…….

아 빠: 저녁시간은 완전히 정신이 나가려고 그래요. 아이들은 모든 걸 연관시켜서 이야기하려고 하지요. 존은 텔레비전에서 본 걸 전부 다 말하려고 해요.

엄 마: 그래서 제가 말하지요. "내가 보고 싶으면, 너한테 얘기를 듣는 대신 직접 볼 거야. 얘기 다 안 해도 된다!" 하지만 결국에는 프로그램 내용을 다 듣게 돼죠.

상담자: 잠시만요. 아빠는 텔레비전을 싫어하는데, 존은 아빠가 싫어하는 텔레비전에 대해 얘기하고 싶어하는군요. (웃는다.) 저녁 먹을 때는 텔레비전에 관한 얘기가 골칫거리가 되는군요. 이 문제를 부모님은 어떻게 하시나요?

아 빠: 텔레비전이 문제가 아니라 시시콜콜 이야기를 다 하는 존이 문제라니까요.

엄 마: 그날 일어났던 모든 일을 다 이야기하려 해요. 서로 경쟁하는 것 같아요. 폴이 이야기하면 존이 끼어들고, 존이 끼어들면 폴은 더 큰 소리로 이야기하고.

아 빠: 테릴도 이때만큼은 좀 힘들어지죠.

엄 마: 두 아이끼리 서로 왔다 갔다 하면서 중요하지도 않은 일을 재잘재잘거리고.

상담자: 이런 문제가 뭔가 변화가 있어야 한다고 생각되는 문제입니까?

아 빠: 잘 모르겠어요. 아이들이 말하려고 하는 것에 귀를 기울이려고 노력하지만, 여덟 살 먹은 아이한테 뭐가 중요한지 잘 모르겠어요. 어느 정도는 귀 기울이려고 노력하고, 저녁 먹을 시간을 충분히 갖도록 말하는 시간을 줄이려고 노력하기도 하구요.

엄 마: 문제는 대부분 이것 때문에 생기는 것 같아요. 애들은 너무나 말이 많아서 저녁을 제대로 먹지도 못한다니까요.

상담자: 그래서 어떻게 하십니까?

엄 마: '저녁이나 먹지 그러니?' 아니면 '다음에 이야기하면 안 될까?' 라고 하죠.

상담자: 아이들이 이런저런 이야기를 할 때 어머니는 무얼 하고 있죠?

엄 마: 남편과 나누고 싶은 얘기를 하죠. 제 생각에 아이들이 이야기를 하는 이유도 이것 때문이지 않나 싶어요.

상담자: 가족 모두가 동시에 이야기하고 싶어 하는군요. 아이들은 부모님이 둘만 이야기를 하고 싶어 한다고 생각하구요. 이 점에 대해서 부모님이 뭔가를 배우고 싶으신 것이 있나요?

엄 마: 그럼요.

상담자: 좋습니다. 식사 시간으로 되돌아갑시다. 너무나 많은 것을 한꺼번에 이야기하고 싶진 않군요. 한두 가지 상황에 대해서만 이야기하도록 합시다. 부모님이 도움을 청한 몇 가지 상황이 있습니다. 아이들끼리의 다툼을 어떻게 다뤄야 할지, 폴의 잠자리 문제, 그리고 식사 시간의 수다 등에 대해서 말입니다. 또 이야기하고 싶으신 내용이 있습니까?

엄 마: 테릴은 책을 읽다가 잠자리에 늦게 들어요. 테릴에게 그냥 '독서고 뭐고 자야 할 시간이다.' 라고 말해야 할지, 아니면 그대로 내버려 둬야 할지 모르겠어요. 아마 테릴에게는 수면 시간이 우리 생각만큼 덜 필요할 수도 있을 것 같고요.

상담자: 제가 말씀드릴 내용이 타당하다고 여기실지는 모르겠지만, 한 가지 제안해 드리겠습니다. 아마 어머니께서 아이들이 잠자리에 들 시간이 언제인지 파악하는 것이 중요하다는 것입니다. 다시 말씀드리면, 아이들에게 언제가 가장 좋은 시간인지 물어보라는 것입니다. '네 생각에 언제 잠자리에 들어야 한다고 생각하니? 그 시간이면 괜찮니?' 라고 말입니다. 그러면 더 이상 아이들에게 취침 시간에 대해 이러쿵저러쿵하실 필요가 없게 되겠지요. 폴과 마이클은 어려서 적절한 시간이 언제인지 잘 모를 수도 있겠지만, 그래도 자기들 나름대로는 적절한 취침 시간이 언제인지 대략은 알고 있을 것입니다. 테릴에게도 언제쯤 잠자리에 들어야 할지를 물어보고, 언제라고 대답하면 거기에 책임을 지게 하는 것입니다. 어떤 가정에서는 취침 시간이 커다란 문젯거리가 되기도 하지요. 가끔 일어나는 문제라면, 문제를 크게 만들 필요는 없다고 생각합니다. 테릴은 자기 방에서

책을 읽나요?

엄　마: 예.

상담자: 책을 읽다 보면 다음 날 피곤해질 텐데요. 자명종은 있나요?

엄　마: 아니요. 침대에 붙어 있는 것이 있긴 해요. 대체로 테릴은 늦게 잔다고 해서 늦게 일어나는 일은 없는 것 같아요.

상담자: 시계를 갖고 있다면 시간을 알겠지요.

엄　마: 시계 겸용 라디오가 있지만 자명종으로 사용하는 것 같진 않아요.

상담자: 아이들이 스스로 잘 일어나다니, 귀댁은 매우 운이 좋군요. 대부분의 가정에서는 아이들이 늦게 자고 늦게 일어나는 문제 때문에 골치를 썩거든요.

자, 다시 다툼과 식사 시간의 수다에 대해 이야기합시다. 아마 이 두 가지가 가장 큰 문제인 듯하군요. 우선 싸움에 대해 이야기합시다. 부모님이 아셔야 할 것은 아이들의 싸움이 부모님 때문에 일어난다는 것입니다. 때문에 싸움 장면에서 벗어나는 것이 중요합니다. 제가 권해 드릴 것은, 예를 들어 일단 아이들이 싸우고 있는 장면에서 벗어나 욕실로 가서 잡지를 읽으세요. 라디오를 갖고 가서 밖에서 일어나는 일을 잠시 잊는 것입니다.

물론 그러기가 쉽지 않으리라 생각되지만, 아이들이 부모를 골탕 먹이려고 싸운다는 것을 깨닫게 될 것입니다. 이 문제에 대해서는 아이들과 이야기하도록 하겠습니다. 아이들이 어떻게 서로 공모하는지, 그리고 테릴이 자신은 착한 아이로 남기 위해 큰아이로서 어떤 일들을 그냥 방관하는지 이야기해 볼 것입니다. 또한 폴이 어떻게 존을 곤경에 처하게 만들어 만족감을 얻는지, 마이클은 막내로서 어떻게 이 모든 상황을 제삼자처럼 구경하면서 즐거워하는지를 이야기해 볼 것입니다. 아무튼 부모님은 이러한 상황에서 벗어나고 싶으실 것입니다. 예를 들어, 만약 부모님이 텔레비전을 보고 있을 때 아이들이 싸우기 시작하면, 원할 때까지 자기들 방에서 싸우도록 내버려 두는 것입니다. 아버지가 텔레비전을 별로 좋아하지 않는다고 하셨으니, 아이들이 싸우러 위층으로 올라가면 텔레비전을 끄고 대화를 하거나, 책을 읽거나, 원하시는 것을 하시면 됩니다. 보고 싶은 텔레비전 프로그램을 보시거나 부모님이 원하는 장소에 있되, 아이들을 떼어 놓으라는 것입니다. 제가 말씀드리고자 하는 것은 싸움이 부모님을 괴롭힌다는 것을 아이들도 안다는 점입니다. 이 점은 함께 이야기하도록 하겠습니다.

우리가 지금까지 들은 바로는 어머니 혼자 있을 때는 아이들이 잘 싸우지 않습니다. 때문에 욕실기법은 혼자 있을 때는 별로 필요가 없을 수도 있습니다. 하지만 부모님이 함께 저녁을 먹거나, 함께 텔레비전을 시청하려고 자리를 잡고 앉으면 아이들이 싸우기 시작할 수 있습니다. 이럴 때는 신문을 읽거나 원하는 아무거나 하시길 바랍니다. 아이들이 서로 다투거나 싸울 수도 있지만, 새로운 가족 규칙을 만드는 것이 중요합니다. '싸우고 싶을 때는 자기 방에 가도록 한다. 함께 쓰는 방에서는 안 된다. TV 방은 함께 쓰는 방이니까 안 된다. 서로 함께 있을 준비가 되었을 때에는 언제든지 다시 TV 방에 들어와도 된다.' 라는 것입니다. 아무도 관심을 기울이지 않는데, 어느 누가 싸우고 싶겠습니까?

엄　마: 제가 요새 출판사 일을 돕고 있거든요. 이 일을 지하실에서 하는데, 비록 텔레비전 방하고는 떨어져 있지만, 제가 지하실에 갈 때면 으레 아이들도 거기에 있어요. 때문에 짜증이 나서, 제가 없을 때 아이들이 놀도록 했지요. 어제는 지하실에 내려가서 제 일을 마감했는데, 아이들이 옆에서 놀아도 그다지 신경이 쓰이지 않았어요. 하지만 다시 위에 올라와서 뭔가를 하기 시작하니까 아이들이 모두 떼지어 저를 좇아다니는 거예요. '아이구, 졸졸 따라다닐게 뭐람.' 하고 생각했어요. 어떻게 해야 할지 난감해요.

상담자: 어떤 면이 난감하다는 거지요?

엄　마: 모든 면이요.

아　빠: 그냥 무시해 버려야 할까요?

상담자: 일하기 위해서 아이들이 노는 장소에 가셨다는 말씀이지요? 그렇지요?

아　빠: 예. 아이들의 놀이방이지요. 하지만 아이들 엄마가 그곳에 가지 않으면 아이들도 내려가서 놀지 않아요.

상담자: 좋습니다. 엄마가 내려갈 때까지 기다렸다가 엄마를 괴롭히는군요. 아까 말씀드린 규칙이 가족 모두에게 적용된다고 보면, 어머니도 아이들이 없는 곳을 찾을 필요가 있겠군요. 어머니가 일하기에 적절한 곳이 부엌이면 어떨까요? 가능한가요?

엄　마: 안 돼요. 아이들이 부엌에도 올 거예요.

상담자: 아니, 아이들은 두 곳을 오락가락할 수는 없습니다. 제가 아이들에게 이런 질문을 하지요. "엄마가 일하실 때 너희는 어디에 있어야 하겠니?"라고 물었을 때, 아이들이 한 군데 장소를 결정하도록 하는 겁니다.

엄　마: 좋아요. 이제 무슨 말씀인지 알겠네요.

상담자: 아이들이 두 곳을 모두 차지해서는 안 되겠지요. 제가 할 수 있는 일은 아이들이 엄마를 괴롭히지 않는 장소를 찾도록 돕는 것입니다.

엄　마: 예.

아　빠: 아이들 싸움과 관련해서요. 폴이 존을 놀리면 존이 등 같은 데를 살짝 때리거든요. 선생님은 아이들을 그냥 무시하라고 하셨는데, 폴은 그냥 내버려 둘 수가 없어요. 저에게 달려들어서 달래 줄 때까지 계속 웁니다.

상담자: 폴이 아버지에게 오나요?

아　빠: 그래요.

상담자: 그렇다면 욕실이나 침실로 가세요. 욕실은 아버지의 사적인 공간이라는 것을 아이들에게 알리세요. 마치 불가침의 영역처럼 말이에요.

아　빠: 적어도 저희 집에서는 불가능해요.

상담자: 문을 닫고 잠그는 거예요. 침실도 마찬가지예요. 문을 잠그고, 음악을 크게 틀어 놓고 책을 읽든지 아무거나 하세요. 많은 부모님들이 방안에 몇 시간 동안 갇힌 모습을 상상하시는데, 그렇지 않아요. 자신감이 필요합니다. 물론 이러한 방법을 원하지 않으실 수도 있어요. 만약 이러한 방법이 싫으시다면 저에게 말씀해 주세요. 더 이상

이야기하지 않도록 하겠습니다.

아 빠: 으음.

엄 마: 한번 해 볼게요.

상담자: 일관되게 행동하는 것이 가장 중요합니다. 대부분의 부모들은 한두 번 하고 말지요. '욕실에는 들어가지 마세요.' 라고 아이들이 말하게 될 겁니다. (웃음) 정말 그렇다니까요.

엄 마: 만약 애들이 저녁 식사 시간에 수다를 떨면, 선생님 말씀은…….

상담자: 저녁 식사에 관해서는 다른 제안이 있습니다.

아 빠: 제 방에 스스로 갇히는 것은 별로 걱정이 되지 않지만, 아이들을 제게 못 오게 한다고 생각하니, 가슴이 아픕니다. 아이들이 원하면 언제든지 제 곁에 올 수 있도록 해야 한다고 생각하는데요.

상담자: '좋은 아버지' 가 여기 계시는군요. '언제든지 아이들은 나를 필요로 한다.' 고 생각하시니 말입니다.

아 빠: 아이들과 함께 있을 때든 다른 어느 곳에 있을 때든 한 번도 아이들과 격리된 적은 없었어요.

상담자: 아이들은 자신들의 행동에 따라 아버지 옆에 갈 수 없는 겁니다. 하나의 메시지를 아이들에게 주는 거예요. 아이들이 결정할 문제입니다. 우리가 할 수 있는 일은 아이들의 협동심을 구하는 거예요. 부모님의 관심을 끌기 위해 발작적으로 울부짖으려고 결심할 수도 있지요. 하지만 부모님이 이렇게 말하는 겁니다. '너희는 다른 방식으로 나의 관심을 끌 수 있다. 이런 방식으로 하면 내 관심을 얻을 수 없다.' 그리고 잠시 물러나 있는 것입니다. 아이들이 더 이상 소란을 피우지 않거나, 울음을 그치면 다시 아이들과 함께 있는 것입니다. 학교에서부터 몇백 미터를 걸어와서 집에 도착하면 그때부터 울기 시작하고 투덜대는 만화를 본 적이 있을 겁니다. 아이들은 그만큼 잘 참을 수 있어요. 울음이 마치 스위치처럼 켜졌다 꺼졌다 하는 거죠. 우리는 '눈물의 힘' 이라고 부릅니다. 아이들이 타인을 조종하는 한 방식이기도 합니다. 어떠세요? 여전히 불편하신가요?

아 빠: 좀 그렇지만, 한번 시도해 보고 결과를 지켜보겠어요.

상담자: 좋습니다. 잠시 쉬었다가 아이들과 이야기를 나눠 보도록 하죠.

## 자녀면담

상담자: 자, 오늘 여기에 온 이유를 알겠니?

테 릴: (중얼거리며) 아니요.

상담자: 전혀 모르겠단 말이지?

테 릴: 그렇진 않아요.

상담자: 왜 왔을까 한번 추측을 해 볼래? (침묵)

넌 어떠니, 존. 네가 한번 추측을 해 볼래? 그러고 싶지 않은 것 같구나. 부모님이 가정에서 어떻게 해야 할지 잘 모르시겠다는 일이 몇 가지 있으시다는구나. 예를 들면, 너희들이 싸울 때 어떻게 해야 할지 잘 모르시겠대. 어떻게 생각하니? (침묵)

너희들은 엄마와 아빠가 어떻게 해야 할지 아니? (몇 가지 비언어적인 반응을 보인다) 아, 내 생각에는 내가 조금 더 많이 안다고 생각한단다, 존. 좋아. 집에서 하는 말다툼이란 어떤 건지 말해 줄 수 있겠니? 생각나는 문제 같은 게 있니?

존 : 동생들이 자꾸 괴롭히는 게 싫어요.

상담자: 좋아. 동생들이 괴롭히는구나. 동생들 전부가 그러니?

존 : 바로 아래 동생이 주로 그래요.

상담자: 바로 아래 동생이 그러는구나.

존 : 예. 폴 말이에요.

상담자: 바로 아래 동생이 폴이었니? 좋아, 폴이 네 관심을 무지 끌고 싶은가 보구나, 응?

존 : 걔는 물건을 빼앗아 가요.

상담자: 그렇구나. 네가 갖고 놀고 싶어 하는 장난감을 빼앗아 가나 보구나. 그것이 너를 괴롭히는 거고. 다른 건 없니?

존 : 절 깨물어요.

상담자: 널 깨물기도 하는구나. 으흠, 세게 무니?

테　릴: 그래요.

상담자: 폴이 테릴도 무니? …… 내 생각에는 존을 더 많이 물 것 같은데. 맞니? 그렇구나. 가족끼리 싸우지는 않니? 엄마와 아빠 말씀에 잘 따르고, 응? 하루에 몇 번이나 싸우니?

테　릴: 적어도 하루에 한 번은요.

상담자: 하루에 한 번이라. 존은 그렇게 생각하지 않는 것 같은데. 맞니, 존? 하루에 한 번 정도인 것 같니?

존　: 그런 것 같아요.

상담자: 그렇구나. 얼마나 많이 물렸는지 생각해 보려무나. 항상 물리지는 않았더라도 서로 작은 다툼이 있었을 거야. 하루에 한 번 정도. 싸울 때는 어떤지 이야기해 주렴? 최근에 싸웠던 일을 말해 줄 수 있겠니?

테　릴: 서로 보고 싶은 텔레비전 프로그램이 다른 거죠, 뭐.

상담자: 좋아. 그런 다음에는 어떻게 되는데?

존　: 말다툼을 하게 되고, 한 명은 싸움에서 지고 다른 사람은 보고 싶은 프로그램을 보는 거죠. 한 명이 다 보고 나면 다른 사람이 그 다음에 보는 거예요.

상담자: 아하, 한 사람이 물러나면 다른 사람이 또 싸움을 거는구나. 와서 채널을 돌리고…….

테　릴: 아니요, 진 사람이 이긴 사람이 보고 싶은 채널로 돌려 주는 거예요.

상담자: 아, 알겠다. 싸울 때 스스로 문제를 해결하는구나. 그렇지? 혼자 문제를 해결하지 못한 적은 없었니? (있다는 의미로, 고개를 끄덕인다.) 그래, 무슨 일이 있었지? 최근에 일어났던 일이니?

테　릴: 자기 방으로 들어가야 해요.

상담자: 그렇구나. 자기 방으로 들어간다구. 누가 방으로 들어가라고 하지?

둘　다: 대개는 엄마가요.

상담자: 알겠다. 대개는 엄마가 싸움에 끼어들어서 해결을 하시는구나.

테　릴: 흐음 항상은…… 아니요.

상담자: 항상은 아니고.

존 : 대체로는 아니에요.

상담자: 대체로 아니라구.

존 : 폴이 싸움을 제일 많이 해요.

테 릴: 예. 자꾸 싸움을 걸어요.

존 : 제게 와서는 저를 바닥에 눕히고 레슬링을 하자고 해요.

상담자: 폴은 세 살 반이지?

테릴과 존: 으흠.

상담자: 폴이 다가와서 바닥에 눕힌다. 너는 여덟 살이라고 했지?

존 : 으흠.

상담자: 바닥에 넘어뜨리고 때리는구나.

테 릴: 사실은 존이 폴을 넘어뜨려요.

상담자: 알겠다. 맞니, 존?

존 : 아니요.

테 릴: 제 생각에는 존이 폴과 싸우는 걸 좋아하는 것 같아요.

상담자: 아하, 그렇게 생각하니, 존? (웃는다.) 존이 웃는구나. 내 생각에는 네가 싸우는 걸 좋아하는 것 같다. 때로는 그렇지?

존 : 사실 그렇진 않아요.

상담자: 알았다. 때때로 싸울 때 엄마나 아빠가 백마를 타고 와서 외로운 방랑자를 구해 주는구나. 그럴 땐 아빠는 어떠니?

테 릴: 화를 내세요.

상담자: 화를 내신다구?

테 릴: 때로는요.

상담자: 으흠. 너희들이 싸우면 엄마 아빠가 정말로 괴로우신가 보구나. 너는 왜 싸우게 된다고 생각하니?

테 릴: 뭐라구요? ('잘 모르겠어요.' 라고 중얼거린다.)

상담자: 잘 모르겠다구? 무슨 이유로 싸우는 것 같니?

존 : 누나가 보고 싶은 거 말고 다른 만화를 제가 보고 싶어 하면, 누나는 채널을 이리저리 휙휙 돌려요. 우리가 하나를 결정할 때까지.

상담자: 채널을 이리저리 돌리지 않는다면?

테　릴: 싸우게 되지요.

상담자: 글쎄, 너는 그렇다고 대답했고, 존은 아니라고 대답했는데, 아마 선택을 해야 할 것 같구나. 존, 내 생각에는 네가 싸우는 것은 부모님의 관심을 끌 수 있기 때문인 것 같구나. 부모님이 이렇게 저렇게 너를 계속 보살펴 줘야 하니까 말이다. (침묵)

테릴은 '그런 것 같아요.' 라고 생각하는가 본데, 존은 어떠니?

존　: 누나가 맞는 것 같아요.

상담자: 누나 말에 찬성하는구나. 내게는 찬성하지 않는가 본데, 맞니? 싸우면 엄마 아빠를 계속 바쁘게 만들 수 있구나. 엄마 아빠에게 내가 해 드린 말이 뭔지 아니? 너희들이 싸울 때에는 더 이상 끼어들지 말라고 했단다. 그 점에 대해서는 어떻게 생각하니?

존　: 괜찮은 것 같아요.

상담자: 정말 네가 좋아하는지는 잘 모르겠구나, 존. 만약 엄마와 아빠가 싸움에 끼어들지 않으신다면, 더 이상 너를 귀찮게 하는 사람이 없을 텐데. 누나가 대신 끼어들 거라고 생각하는 거니? 테릴, 네가 백마 탄 왕자가 될 거니? [(고개를 흔든다.) 아니요.] 누나는 그러고 싶지 않나 보다. 어떻게 생각하니?

존　: 음, 아마…… 제가 누나를 때리면 끼어들지 않고는 못 배길걸요.

상담자: 누나를 때릴 생각이구나.

존　: 우리는 언제나 서로 때려요.

상담자: 내가 부모님께 말씀드린 것을 너희에게도 말해 주마. 너희들이 1층에 내려와서 싸우거들랑, 싸우는 소리가 들리지 않는 딴 곳으로 가셔서 하고 싶은 일을 하시라고 말씀드렸단다. 너희가 싸우는지 어떤지도 알지 못하는 곳으로 말이다. 아마 관심도 없으실 거야.

존　: 싸우는 걸 듣지도 않으실 거예요. 어떻게 안 들으려고 하시는지 전 알아요. 청소기를 돌리시겠죠. 그럼 청소기 소리 때문에 아무 것도 안 들리거든요.

상담자: 오, 그래? 부모님께서는 청소기를 돌리고, 아무 소리도 안 들으시겠

구나. 너희들 싸움에 끼어드실 필요가 전혀 없으시지. 너는 별로 좋아하지 않을 것 같은데, 존? (침묵)

아주 확실한 건 아니란다. 부모님이 끼어드실 일들이 굉장히 많았지. 하지만 지금부터는 그러지 않으실 거야. 너희들 일은 너희들 스스로 알아서 하도록 내버려 두실 거야.

엄마 아빠와 나눈 또 다른 이야기는 저녁 식사에 관한 거란다. 한꺼번에 모든 사람들이 이야기를 하려고 한다면서? 사실이니?

테 릴: 예.

상담자: 저녁 식사 시간을 위한 새로운 규칙이 생길 거야. 새로운 규칙이란 모든 사람이 이야기할 수는 있지만, 한 번에 한 명씩만 이야기를 할 수 있다는 거지. 누군가가 이야기를 하고 싶어서 큰 목소리를 내어 다른 사람들이 저녁을 즐겁게 먹는 데 방해한다면, 다른 가족들과 즐겁게 저녁을 먹을 준비가 될 때까지 식탁을 떠나는 거란다.

존 : 우리 엄마 아빠도 이미 아는 거예요.

상담자: 이미 알고 계신 거라고? 존에게 식탁에서 떠나라고 말씀하신 적이 있니?

존 : 예.

상담자: 좋아. 그럼 네가 원하면 언제라도 다시 식탁으로 되돌아올 수 있니?

존 : 무슨 말씀이세요?

상담자: 네가 식탁을 떠날 때, 다시 돌아와도 된다는 것을 네가 아는지 한 번 확인해 본 거란다. 이 규칙은 마이클과 폴에게도 적용이 된단다. 네가 도와줄 수 있는 일이 한 가지 더 있는데, 이것 역시 마이클과 폴에게도 해당된단다. 엄마는 집에서 해야 할 일이 있는데, 주로 아이들이 노는 텔레비전방에서 일을 하신다고 말씀하셨단다. 엄마는 일을 하고 싶으신데, 아이들이 놀고 있기 때문에 일을 집중해서 하기가 어렵다고 말씀하셨단다.

존 : 안에 들어가서 조용히 텔레비전을 보면 되잖아요. 시끄러운 소리가 나는 장난감도 안 가지고 놀면 되고.

상담자: 좋아. 엄마가 일하는 곳에 텔레비전이 있니?

테　릴: 아니요.

상담자: 그럼, 다른 방에 있구나. 장난감은 엄마가 일하는 방에 있니?

테　릴: 아니요.

존　: 장난감은 텔레비전이 있는 방에 있어요.

테　릴: 하지만 다른 방에서도 놀걸요.

상담자: 알겠다. 엄마가 일해야 할 다른 방에서도 놀 수 있구나. 그건 문제가 되겠다. 내가 이해를 잘 못했구나. 내 말이 맞나 보렴, 존. 엄마가 일하실 때는 조용히 텔레비전을 보고, 시끄러운 소리가 나는 장난감은 안 갖고 논다고 그랬니? 그게 가능할 거라고 생각하니?

테　릴: 조금 어려울 것 같아요.

상담자: 얼마나 어려울 것 같니, 테릴?

테　릴: 폴과 마이클에게는 힘들 것 같아요.

상담자: 폴과 마이클은 이 규칙을 잘 지키지 않을 것 같아 보이니?

존　: 예. 하지만 텔레비전에 관한 또 다른 문제가 있어요. 엄마가 타자기를 치시면 텔레비전 소리가 들리지 않아요. 그것도 시끄러운 소리를 만드는 거잖아요.

상담자: 알겠다. 엄마가 타자기를 두드리시면 텔레비전 소리를 방해하는구나. 엄마가 일하실 동안 너희들이 밖으로 나가거나 너희들 방으로 가거나, 다른 곳에 가서 놀면 안 될까? 괜찮은 방법인 것 같니?

존　: 예, 하지만 폴과 마이클은 안 그럴 것 같아요.

상담자: 동생들은 안 지킬 것 같다는 거지?

존　: 예.

테　릴: 지킬 것 같기도 해요.

상담자: 그래. 아마 가족 전부가 앉아서 폴과 마이클에게 설명해 주고, 아이들이 어떻게 생각하는지를 살펴볼 수 있지 않을까? 내 생각에는 너희 두 사람이 동생들에게 모범이 될 수도 있을 것 같다. 너희를 보고 동생들이 배울 수 있을 거야. 그렇게 생각하니? (고개를 끄덕인다.) 네가 제안한 것을 엄마에게 내가 말해 주마. 테릴도 찬성하는 것 같은데. 집에 돌아가면 네가 가족을 대신해 마이클과 폴에게 이

야기를 해 주고, 그 아이들은 어떻게 할 건지 살펴보는 거야.

네가 돕고 싶은 다른 것이 있니? 집에서 일어나는 다른 일이든지, 엄마 아빠가 하지 않았으면 좋겠다는 것이 있니? (침묵) 아무것도 없어? 존, 넌 어떠니? …… 좋아. 너희들이 아주 훌륭한 가족을 갖고 있다는 느낌이 든단다. 너희 부모님이 너희를 정말로 아끼시는 것 같다. 부모님은 듣기에 너무나 기쁜 이야기를 몇 가지 해 주셨는데, 예를 들면 테릴이 존의 점심을 챙겨 주는 것이나 존이 쓰레기를 내다 버리는 일 말이다. 가족이라면 서로 돕기 위해 필요한 일들이야. 부모님께 제안드린 것 중 한 가지는 일주일에 두 번쯤 가족으로서 즐거운 시간을 갖기 위해 할 일들을 가족 모두가 함께 모여서 계획을 세워 보라는 거였단다. 어떤 곳을 가고 싶다거나, 어떤 게임을 하고 싶다거나, 또는 가족이 함께 즐거워할 수 있는 다른 방법을 네가 제안할 수도 있단다. 맘에 드니? 마이클과 폴도 좋아할까? (고개를 끄덕인다.)

너희에게는 정말로 너희를 끔찍이 여기시는 부모님이 계시단다. 앞으로 살아가야 할 인생을 너희들이 잘 꾸려 나가고, 자기 자신을 스스로 알아서 잘 챙기는 성숙한 사람이 되기를 바라신단다. 부모님은 그러기 위해서 할 수 있는 모든 것을 하실 거라는 느낌을 받았단다. 부모님은 너희들이 스스로 부모님을 돕기 위해 할 수 있는 일들이 무엇인지 알려 주기를 기대하신단다. 그 점에 대해서 너희들이 부모님께 이야기를 하는 것이 중요하단다. 싸우는 것과 저녁 식사 시간에 관한 문제는 우리가 함께 살아갈 때 서로를 곤란하게 만들지 않기 위해 해결책을 찾을 필요가 있는 단순한 문제인 것 같구나. 부모님은 너희를 괴롭히지 않고, 너희도 부모님을 괴롭히지 않는 거야. 이 모임이 도움이 되었던 것 같니? (두 명 모두 미소를 지으며, 고개를 끄덕인다.)

# 제2차 부모면담

상담자: 아이들 싸우는 문제에 관해서 말씀드리자면, 테릴과 존은 부모님이 싸움에 끼어드는 것을 원하지 않습니다. 놀라시겠지만, 어머니가 듣기 싫을 때는 청소기로 청소를 한다고 존은 생각해요.

엄 마: 이런!

상담자: 예, 존이 그랬어요. 존이 이렇게 말했어요. "엄마는 우리가 싸우는 소리를 듣고 싶지 않을 때는 청소기를 돌려요." 이전에 말씀드렸지만 아이들은 부모님이 자신들의 이름을 얼마나 많이 부르는지, 그리고 부모님이 어떻게 반응하시는지 잘 알고 있지요.

학 생: 어머니가 실제로 청소를 해야 하기 때문에 청소기를 돌리는 건지, 아니면 아이들 싸움 소리를 듣고 싶지 않아서 청소기를 돌리는 건지 궁금하군요.

엄 마: 전 그러지 않아요.

상담자: 하지만 존은 그렇게 생각했어요. 존은 엄마가 이리 와서 자기를 구해 줬으면 좋겠다고 생각하는데, 엄마는 듣기 싫은 청소기를 돌리느라 바쁘셨기 때문이죠. 엄마가 백마 탄 기사처럼 자기를 구해 주지 않는다는 생각을 존이 그렇게 많이 하는 것 같지는 않습니다만, 적어도 누나인 테릴이 엄마 대신에 그렇게 해 주어야 한다고 생각하는 것 같습니다. 물론 우리가 나눈 이야기를 테릴도 들어서 알고 있습니다. 엄마를 대신해서 테릴이 그런 역할을 해 줘야 할 것 같습니다. 만약 테릴이 그런 역할을 제대로 못하면 다음번에는 어머니가 직접 테릴에게 이야기를 하시는 것이 좋을 것 같습니다.

저녁 식사 시간에 관해서는, 아이들 말로는 부모님이 아이들이 시끄럽게 떠들면 식탁을 떠나라고 하신 적이 있다구요. 이전과 다른 차이점이라면, 아이들이 식탁을 떠난 후 언제든지 다시 식사하러 올 수 있지만, 다시 안 올 수도 있다는 것입니다. 그럴 때에는 식탁을 치우는 것이지요. 이렇게 함으로써 얻는 결과 중의 하나는 저녁 식사를 못 먹을 수도 있기 때문에 더욱 더 식탁으로 되돌아오고자 하는 동기를 갖게 한다는 것입니다. 음식을 남겨 두고 아이들이 나중에 자기들이 원할 때 음식을 먹게 되면 아무 소용이 없습니다. 아시겠죠? 아이들이 식탁에서 어떻게 행동해야 할지에 대해 서로 의견일치를 보았다면, 부모님이 간단히 이렇게 말씀하실 수 있겠지요. '얘야, 너 우리가 정한 규칙 알고 있겠지?' 어떤 경우에는, 특히 아래 두 아이 같은 경우에 규칙을 잘 안 따르려고 할 때에는 부모님이 직접 아이들을 식탁에서 데리고 나갈 필요가 있을 것입니다. 물론 이런 경우는 흔하지 않기 때문에 실제로 부모님이 그렇게 하실 일이 없으리라고 생각됩니다. 때문에 먼저 '규칙을 알지? 넌 식탁에서 우리와 같이 있을 수 없다. 같이 식사할 준비가 되면 언제든지 오너라.' 라고 말해 주는 것입니다. 만약 아이가 식탁을 떠난 후 꾸물거리고 있으면 식사를 치우는 것입니다. 규칙을 어기고도 밥을 먹을 수 있다는 생각은 하지 않을 것입니다. 이건 처벌이 아닙니다. 식사가 끝나면 자연스럽게 벌어지는 일이지요. 식탁을 치우는 것입니다. 이전에는 식탁을 치우는 것에 대해서는 말씀을 안 드렸었지요. 식사 후에 재미있는 일을 같이 하면 아이들은 바로 아무렇지도 않게 참여할 것입니다. 서로를 보살펴 주고 부모님을 싫어하지도 않을 것입니다. 아이들이 부모님에게 말썽 피우는 것을 원하지 않는다는 것은 분명합니다. 때문에 식사 문제로 골치 아프지는 않으실 것입니다.

자, 이제는 엄마가 일하는 문제를 이야기하도록 합시다. 엄마는 어디서 일할 것인지, 그때 아이들은 어디에서 놀 것인지 등의 문제가 있었죠. 아이들과 이야기를 했는데, 엄마가 일할 때에는 1층에 있지 않기로 했습니다. 왜냐하면 아이들도 엄마의 타자기 소리 때문에 텔레비전 프로그램을 제대로 듣기가 어렵기 때문이죠. 이 점은 아이들 모두 공감하는 부분인 것 같습니다. 어머님이 아이들과 이 점에 대해서 좀 더 상의를 해 보면 좋은 해결책이 나올 것 같습니다. 하지만 엄마가 일하는 동안 어디에서 놀 것인지를 아이들이 결정하도록 해야 합니다. 중요한 점은 엄마가 일을 제대로 할 수 있어야지 저녁 준비도 하실 수 있고, 같이 놀아 줄 수도 있고, 함께 있어 줄 수 있다는 것입니다. 아이들과 부모님께 이미 말씀드렸다시피, 일주일에 한두 번은 아이들과 함께 놀아 줄 시간을 만드시라는 것입니다. 일요일 오후 교회 마치는 시간이든지, 금요일 저녁이든지 가족 모두가 집에 함께 있을 때면 좋겠지요. 물론 부모님의 일은 뒷전으로 잠시 미루셔야 합니다. 어떤 것이든지 가족 모두에게 서로 좋은 시간이 되어야 합니다. 아마 아이들이 좋아할 거예요. 가족 시간을 아이들이 좋아하는 것은 매우 바람직한 일일 것입니다.

(부모는 상담자의 권유사항에 편한 마음을 갖게 되었고, 상담을 통해 배운 것에 만족스러워 하였다.)

후기: 부모와의 2차 상담 이후 아래 두 아이와 상담을 실시했다. 막내 아이가 특별 대접을 받으려 노력한다는 사실이 이내 파악되었고, 이를 교정할 수 있는 몇 가지 방법이 제안되었다. 부모와 아이들 모두 '싸움' 을 덜 하게 되었고, 어머니가 일할 때 아이들이 더 잘 협조하였으며, 부모는 아이들과 함께 노는 시간이 즐거운 투자라는 것을 알게 되었다.

부록 **2**

# 가족회의

다음은 저자의 가족이 실시한 첫 가족회의의 내용을 옮긴 것이다. 가족은 모두 5명으로 부모, 그리고 2명의 딸과 1명의 아들이다. 첫 아이는 엘리자벳이고 9세다. 둘째 아이는 앤이며 7세다. 막내 아이는 톰으로 3세다. 가족회의는 집에서 실시되었으며, 비디오로 녹화되었다.

첫 아이는 곧 일주일 동안의 걸스카우트 캠프에 참가할 예정인데, 가족회의가 실시되었던 즈음에 집을 떠나기가 불편하다고 주로 언어적 메시지로 드러냈다. 여러분은 막내 아이가 회의 도중 주기적으로 카메라 앞에서 포즈를 취하느라 회의에 집중하지 못하는 것을 알게 될 것이며, 둘째 아이가 이에 대해 그 아이만의 전형적인 방식으로 동생에게 반응하는 것을 알게 될 것이다. 비록 비디오로 보는 것이 아닐지라도 막내 아이가 얼마나 교묘하게 관심을 끌려고 하는지를 알게 될 것이다.

이 회의는 처음 실시되었으며, 회의는 이런 것이어야 한다고 보여 주는 모범적 사례는 아니다. 아빠가 모임의 목적에 대해 간단히 설명하는 동안, 어느 정도 아들러식 접근방식에 대한 지식을 갖고 있는 엄마는 지금 드레이커스의 『Children the Change』 가운데 가족모임 편을 읽고 있는 중이다. 큰아이는 이해력이 빨라서 평등주의 개념을 쉽게 알아차리고는 아빠를 위한 '새로운 규칙'을 만들자고 제안하였다. 둘째 아이는 열성적이지는 않았지만 순순히 모임에 참여하였다.

여러 사건들과 문제들을 서로 주기적으로 이야기하는 가족은 이런 종류의 모임이 필요하지 않을 수도 있다. 반면에 가족이 한 번에 모두 모이기가 힘든 가정은 가족회의가 도움이 될 수 있다. 가족회의를 정기적으로 개최할 것을 권하지만, 모임을 어떻게 진행하는지를 가족 모두가 습득하게 되면 비정기적으로 실시하여도 큰 무리는 없을 것이다.

아　빠: 전에 가족회의에 대해 이야기 나눈 것이 기억나니?

아이들: 예.

아　빠: 그렇다면 지금 그 가족회의를 개최하고 싶구나. 왜냐하면 엘리자벳이 캠프를 가기 전에 그 문제에 대해서 이야기를 해 보고, 엘리자벳이 집에 다시 돌아왔을 때 우리가 해야 할 일로부터…… 엄마는 여전히 책을 읽으면서 뭔가를 알아내려고 하는 것 같은데, 당신 왜 웃는 거야?

엄　마: 방금 이 대목을 읽고 있었어요. '비행기를 띄울 때' 처럼 지시문을 읽으시오. (웃는다.)

아　빠: 당신이 해야 할 내용을 찾아봐요. (웃는다.)

엄　마: 알았어요.

아　빠: 너희들도 알겠지만 엄마와 아빠는 자녀양육법과 더 훌륭한 가정을 만드는 방법에 대해 서로 이야기 나누는 토론모임에 참가하고 있단다. 이제까지 많은 일들을 해 왔고 앞으로도 그럴 거지만, 여전히 너희들이나 우리 부부를 위해서 충분하지 않다고 느끼고 있단다. 때문에 어떻게 하면 더 좋은 가정을 만들 수 있을까 항상 노력해 왔는데, 가장 최상의 방법은 너희들이 우리를 돕는 것이라고 생각한단다. 정말로 중요한 것은 우리가 너희들을 동등한 인격체로 대우하는 법을 배우는 것과, 한 가족으로서 우리 모두가 협동하는 법을 배우는 것이란다. 수없이 이야기했지만, 우리는 서로 협동해야 한단다. 우리는 좋은 가족이고 항상 행복한 것처럼 느껴 왔지만, 때때로 가족끼리 문제가 생기기도 하며, 아마 너희도 부모 때문에 문제가 생기기도 할 거야. (아이들이 고개를 끄덕인다.) 그렇다면, 일정한 시간을 정해 놓고, 어느 누구든지 가족과 이야기해야 할 문제가 생기면 그때 이야기하는 걸로 하자.

우리가 해야 할 일들 중에 한 가지는 서로에게 귀를 기울이며, 엄마 아빠가 회의시간에 너무 많은 말을 하지 않는 것이란다. 우리도 너희들 말에 귀를 기울여야 하니까. 오늘 내가 이렇게 말을 많이 하는 이유는 회의에 대한 전반적인 안내와 지침 등에 대해서 말해야 하기 때문이란다.

가족회의에 대해 일반적으로 사람들이 권하는 중요한 내용은 가족 모두가 동등한 투표권을 가지는 거란다. 우리가 서로 동등하다는 것을 보여 주기 위해 여기 5장의 종이를 준비했단다. 모두 같은 크기의 종이지. 각자의 종이에 이름을 적자. 엘리자벳은 여기에, 톰과 앤은 여기에 이름을 적고, 엄마와 아빠는 여기에다 이름을 적는다. 우리가 투표를 해야 할 문제가 생기면 우리 모두는 같은 투표권을 갖는다는 것을 잊지 말거라. 다시 말하면 엄마, 아빠, 그리고 첫째 딸, 둘째 딸, 막내 아들의 투표가 모두 동등하다는 거야.

이전에 이런 회의를 해 본 사람들에게 이야기를 들어 보면, 가족회의가 불평을 토로하는 자리가 되어서는 안 된단다. 엄마나 내가 너희들에게 잘못을 지적하려는 모임이 아니라는 거지. 자리에 앉아서 서로가 지금 어떤 일을 하고 있는지, 각자의 마음속에 어떤 일들이 자리 잡고 있는지를 그냥 이야기하는 좋은 시간이 되어야 한다는 거야.

큰 딸: 집이 어떻게 돌아가는지도요.

아 빠: 맞아. 가족 중의 누가 잘 협동하지 않으면 그 점에 대해서도 이야기해 볼 수 있겠지. 우리가 할 수 있는 것은 그 문제에 대해서 이야기를 나누고, 가장 최선의 해결책이 무엇일까를 결정하고 나서, 해결책이 정말로 효과가 있었는지 결과를 살펴보는 거지. 엄마나 아빠만 문제를 해결하는 것이 아니란다.

둘째딸: 투표에 대해서 잘 이해가 안 돼요.

아　빠: 투표에 대해 잘 모르겠다는 거지?

둘째딸: 예.

아　빠: 우리가 무엇에 대해 투표해야 하나 잘 모르겠다는 거니?

주: 드레이커스는 후에 투표가 바람직한 협동정신에 기여하지 못한다고 결론지었다. 투표에는 항상 승자와 패자가 있기 때문이다. 저자는 이러한 이유로 가능한 한 합의에 도달하도록 노력하라고 권한다.

둘째딸: 아니요. 어떻게 하는 건지 이해가 안 돼요.

아　빠: 가족 모두 누군가는 설거지를 해야 한다고 느낀다고 하자. 아니, 이렇게 예를 들어 보자. 우리 모두 함께 모일 시간을 정해야 한다고 하자. 실제로 지금 여기서 이 문제를 가지고 투표를 해 보자꾸나. 아빠는 회사일과 다른 여러 가지 해야 할 일 때문에 매우 바쁘게 보내고 있다. 아빠 마음은 그렇지 않지만, 항상 집에 있을 수가 없지. 그래서 일요일 아침으로 회의시간을 정하는 것은 어떻게 생각하니?

큰　딸: 항상 그래야 하는 것은 아니죠?

아　빠: 우리 가족 모두가 회의에 참석할 수 있는 시간이어야 한단다. 일요일 아침은 아빠가 대체로 집에 있을 수 있는 시간이지. 교회를 가야 하지만, 아침이든지 저녁이든지 상관은 없단다. 하지만 만약 일요일에 모이자고 가족 모두가 동의한다면, 아마 아침 먹고 난 다음이 좋을 것 같다.

엄　마: 그냥 집 안에서 각자 흩어져 있는 것보다는 반드시 한자리에 모여 앉아서 이야기를 하는 것이 나을 것 같구나. 때문에 우리가 가족회의라고 부르는 거지. 일요일 아침에는 가족 모두가 집에 있잖니.

둘째딸: 거의 그렇죠.

엄　마: 우리 모두 집에 있기는 하지만, 서로 각자 다른 일을 하고 있잖니. 넌 텔레비전 보고, 아빠는 신문을 보시고, 톰은 장난감 갖고 놀고, 따라서 우리가…….

아　들: 다음 번에도 비디오로 찍으실 거예요?

아　빠: 아마 그럴 것 같구나. 비디오로 찍는 게 싫으면 언제든지 그만둘 수 있단다. 꼭 비디오로 찍을 필요는 없단다.

아이들: 괜찮아요. 상관없어요.

아　빠: 그럼, 딸들은 일요일이 괜찮니?

딸　들: 괜찮아요.

엄　마: 확실히 하기 위해 투표를 할 필요가 있을 것 같군요.

아　빠: 그래야 할 것 같은데. 좋아, 회의 날짜를 일요일로 하는 것에 찬성하는 사람은 손을 들거라. 모두 찬성하니?

엄　마: 4명은 찬성이고 1명은 기권했어요. (아들은 다른 곳에 있다.) 톰, 이리 와. 톰한테 물어봐야 할 것 같네요.

아　빠: 좋아요. 오늘처럼 만나는 모임을 일요일로 정하면 좋겠니? 맘에 들어?

엄　마: 좋다구? 그럼 투표한 거다. 너희들은 손을 내려도 된다.

아　빠: 우리 각자의 투표는 다른 사람의 투표와 동등하단다. 이제 알겠지? 꼭 손을 들어 투표할 필요 없이 찬성한다고 말하는 것도 투표하는 것과 같단다. 만약 서로 찬성하지 않는다면, 그 다음에 투표를 하도록 하는 것이 중요할 것 같구나. 투표 결과 3명이 A라는 결정에 찬성하고 2명이 B라는 결정에 찬성한다면, 3명이 찬성하는 A를 가족 모두가 따르는 거야.

　결정한 사항이 그리 좋지 않은 결과를 가져오더라도 괜찮다. 다시 말하면 우리가 어떤 것을 결정했는데, 나중에 보니 별로 좋지 못했다는 것을 알게 되었다고 하자. 그럼 그 다음 가족회의 시간에 다시 이야기를 해 보고, 결정된 내용을 바꾸면 되겠지.

엄　마: 꼭 일요일 가족회의 시간까지 기다릴 필요가 있을까요?

아　빠: 그럴 필요는 없겠지만, 일주일 동안 우리가 할 수 있는 한 최선을 다해 결정된 내용을 따르는 것이 좋을 것 같은데…….

둘째딸: 한 번 만날 때 회의 시간은 어느 정도 되나요? 시간이 별로 많지 않잖아요.

아　빠: 그냥 아침이라고 하는 것보다는 정확한 시간을 정하는 것이 나을 것 같니?

둘째딸: 모두 일어나는 시간이 언제죠?

큰 딸: 좋은 질문이야.

둘째딸: 어떤 사람은 7시에 일어나고, 어떤 사람은 8시에 일어나고, 또 어떤 사람은 9시, 10시에도 일어날 수 있잖아요.

큰 딸: 11시에도 일어날 수 있지.

아 빠: 좋은 방법이 없겠소?

엄 마: 어떤 사람은 12시에도 일어날 수 있으니까, 계속 해 보렴. (웃는다.)

아 빠: 때론 그렇지.

딸 들: 그럼요. (웃는다.)

아 빠: 누가 그렇게 늦게 일어나는지 알지? (웃는다.)

딸 들: 알죠.

아 빠: 우리 아들이 그러지, 뭐.

큰 딸: 각자 일어나는 시간이 다른 이유는…….

엄 마: 우리 모두 10시까지는 일어나는 걸로 하면 어떨까?

아 빠: 10시까지?

엄 마: 10시까지 일어나면 12시에 미사 보러 갈 때까지 시간이 좀 있잖아요.

큰 딸: 그리고 아침 식사 당번도 투표로 정했으면 좋겠어요.

둘째딸: 그래요.

아 빠: 너희가 당번이 안 됐으면 하는 거지?

엄 마: 벌써 투표 결과가 나온 것 같군요!

큰 딸: 제 의견에 먼저 투표해요.

둘째딸: 이번 주 일요일에 누가 할 건지, 그리고 그 다음 주 일요일에는 누가 할 건지 투표하기로 해요.

큰 딸: 물론, 알파벳 순으로 하자는 이야기는 아니겠지?

엄 마: 그러고 싶지 않지? (웃는다.)

둘째딸: 당연하죠.

엄 마: 제안 하나 할게요.

둘째딸: 안 돼요, 안 돼.

엄　마: 알파벳 순으로 합시다.

큰　딸: 좋아요.

엄　마: 네가 먼저 말을 꺼내기 전에는 생각도 안 나던데.

둘째딸: 좋아. 언니가 먼저 하는 걸로 해.

아　빠: 자, 그럼 일요일 아침마다 10시에 모이는 걸로 하는 거다.

딸　들: 예.

아　빠: 아들, 넌 괜찮니?

아　들: 10시부터 10시 30분까지만요. 오래 걸릴 필요는 없잖아요.

아　빠: 다르게 말하면, 꼭 그 시간 동안만 해야 하는 것은 아니라는 거지.

아　들: 맞아요.

아　빠: 자, 그럼 다음 주부터 일요일에 만나도록 하자.

큰　딸: 다음 주 아침 식사 당번을 정해요!

아　빠: 집에 있는 사람 중에 정해야겠지.

둘째딸: 전 안 돼요.

아　빠: 이제 방금 생각났는데, 아빠는 다음 주에 집에 없을 것 같구나. 때문에 남은 사람들 중에서 나와 큰딸 엘리자벳을 빼고 정했으면 좋겠구나. 가족회의에 대해 다른 질문 없니?

큰　딸: 가족회의에 대한 건 아니지만, 아니에요. 관련 없는 거예요.

아　빠: 좋아, 질문하려무나. 이런 경우에, 예를 들어 톰이 우리의 관심을 끌려고 계속 시끄럽게 돌아다니고 있지만 이제까지 우리는 톰을 내버려 두고 있었다. 하지만 지금은 우리가 생각하거나 말하는 것에 톰이 방해가 된다면 톰에게 부탁할 수 있겠지……. (모두 아무렇지 않은 듯 하다.) 우리가 이야기해야 할 필요가 있는 이야기가 또 있을까?

큰　딸: 강아지들에 관한 거요.

아　빠: 강아지들이 어떤데?

큰　딸: 아빠가 먹이를 주기 시작한 후부터 음, 밤중에요. 저 혼자 생각일지 모르지만, 자동차 소리가 나면 문에서 딸깍딸깍하는 소리가 들리고, 발소리가 들려요. 그러고는 강아지 먹이 캔 따는 소리가 들려요.

아　빠: 그냥 우연히 들은 게 아니라 네가 아주 자세히 들었구나.

큰 딸: 예.

아 빠: 네 생각에는 내가 개들에게 먹이를 주지 않는다는 거지?

큰 딸: 예, 아빠가…….

아 빠: 다시 말하면 내가 개들에게 먹이를 주지 않는 것을 알아차렸구나.

큰 딸: 맞아요.

아 빠: 좋아. 엄마와 이 문제를 가지고 계속 상의했지만 아직 명확하게 결론짓지 못했단다. 사실 이런 날이 지금보다는 좀 더 일찍 올 거라고 예상은 했지만, 요전날 내가 너희들에게 이야기했던 것 기억나니? 엄마와 아빠가 개들을 데려온 거지, 너희들이 데려온 것이 아니란다. 그 점에 대해서는 사실 너희들이 어리기 때문에 개들을 돌보기는 무리라고 생각한다. 더불어 개들은 너희들 개라고 말했었지. 적어도 한 마리는 너희 개라고 말이야. 때문에 잘 돌봐야 한다고. 하지만 부모로서 우리는 이 점에 대해서 공평해야 한다는 것을 깨달았단다. 우리가 강아지 돌보는 일을 억지로 시켜서 너를 기분 나쁘게 한 것은 공평하지 않은 거라고 말이다. 역시나 개들은 우리가 샀는데, 돌보는 일을 너에게 시킨 것도 공평하지 않았다. 때문에 우리가 개를 돌보아야만 한단다.

엄마와 내가 결정한 것은 너를 기분 나쁘게 하기 위해서 개들을 다른 데로 보내 버리겠다고 협박한 것은 아니었다.

큰 딸: 저한테 개들 먹이를 주라고 하기 위해서였겠죠.

아 빠: 맞다. 엄마와 아빠는 그게 옳지 못했다고 생각한다. 그래서 우리가 개를 데려왔기 때문에 우리가 돌볼 것이며, 개들을 돌보는 것은 엄마 아빠의 책임이란다. 만약 우리가 개를 돌볼 수 없다면, 그 다음에는 어떻게 해야 할지를 결정해야 하겠지. 만약 우리가 개를 더 이상 집에서 키울 수가 없다면, 그렇게 해야겠지. 하지만 개를 다른 데로 보내는 것은 너희 기분을 상하게 하기 때문에, 그렇게 하고 싶지는 않구나.

엄 마: 맞아요. '너희가 개를 돌보지 못하기 때문에 개를 다른 데로 보내 버리겠다.' 고 할 수는 없잖니. 그건 정말 불공평한 거라고 생각한

다. 우리가 개를 다른 데로 보내야 한다면, 그건 우리가 개들을 제대로 돌보지 못하기 때문일 거야.

아 빠: 그리고 우린 진심으로 개를 다른 데로 보내고 싶지 않단다. 우리도 개를 집에서 키우고 싶단다. 그리고 개들을 정말 사랑한단다. 아빠는 너희들이 '엄마 아빠도 개들을 제대로 돌보지 못하잖아요!' 라고 말할 수 있는 권리가 있다고 생각한단다.

둘째딸: 부츠(Boots)가 제 차지가 됐을 때 전 정말 불공평하다고 생각했어요. 왜냐하면 저만 두 마리를 돌봐야 하고, 다른 사람은 한 마리씩만 돌봐도 되잖아요. 게다가 톰은 한 마리도 돌보지 않아도 되고. 그래서 맥(Mac)을 톰한테 준 거예요.

아 빠: 그래. 톰도 이제 자기한테 개가 생겼다고 좋아하잖니. 그리고 너는 고양이 한 마리가 생겼고. 하지만 개들을 돌보는 것은 여전히 엄마와 아빠 몫이라고 생각한단다. 너희들이 도와주니 얼마나 기쁜지 모르겠구나. 다른 사람들처럼, 아빠도 가끔 개들 먹이 주는 것을 잊어버린단다. 내가 밤에 개들에게 먹이를 주지 않으면, 아침에 일하러 가기 전에 먹이를 꼭 준단다. 너희들이 잠자는 시간이라 아직까지 몰랐던 거지.

큰 딸: 오늘 아침만 빼구요.

아 빠: 그래, 어젯밤에 먹이를 줬지.

큰 딸: 알아요. 제가 다 봤죠.

아 빠: 그래. 오늘 밤에도 개들에게 먹이를 줄 거야. 아빠가 몇 번 먹이 주는 것을 잊어버려서 엄마가 일러 주었지. 엄마가 아빠를 대신해서 몇 번 먹이를 주기도 했단다. 이제까지 아빠는 개집을 깨끗이 잘 청소했단다. 그 점에 대해서 너희들이 알아주지 않으면 아빠가 마음이 좀 그렇겠지.

큰 딸: 맞아요.

아 빠: 어떤 문제가 있는지 서로 아니까 좋지 않니? 네가 무슨 생각을 하는지도 알게 되고.

큰 딸: 그래요. (스카우트 캠프 때문에 처음으로 집을 떠나는 문제로 눈시울이

붉어진다.)

아　빠: 너도 알겠지만, 우린 정말 너를 사랑한단다. 때로 아빠가 그렇게 행동하지는 못하지만 말이야. 그렇지?

큰　딸: 한 가지만요, 아빠.

아　빠: 우리도 너를 보고 싶어 할 거야. (우는 딸에게 대답하면서.)

엄　마: 우리에게 편지를 써서 네가 뭐하고 지내는지 알려줄 거지?

큰　딸: 그럼요.

엄　마: 엽서 보낼 거니?

큰　딸: 엽서하고 편지요.

엄　마: 좋아. 할아버지하고 할머니에게도 편지 쓸 거지? 할아버지하고 할머니가 20일에 떠나시니까, 기억해 두었다가 꼭 엽서라도 보내거라.

큰　딸: 알았어요.

아　빠: 네가 떠나기 전에 엄마 아빠가 우표를 줄 거야.

딸　: 괜찮아요. 캠프에서 얻을 수 있어요.

엄　마: 교환소 같은 데서 얻을 수 있을 거야. 엄마가 6달러짜리를 줄 테니, 1달러 50센트짜리는 어디에다 쓰냐면…….

아　들: 제 이름 좀 보세요.

엄　마: 그리고 75센트는…….

아　들: 제 이름 좀 보라니까요.

엄　마: 그럼 4달러가 남구나…….

아　들: 아빠, 제 이름 좀 보세요.

둘째딸: 불만 있어요. 이야기하는데, 톰이 계속 방해해요. 성가시게 해요.

엄　마: 그럼 우리가 어떻게 할까?

아　빠: 아빠 생각에 톰이 자기만 따돌림당한다고 생각하는 것 같구나. 그러니, 톰? 따돌림당한다고 생각하면 기분 나쁘지? 가족들이 말하려고 하면 시끄럽게 하는구나. 무슨 하고 싶은 이야기가 있으면, 우리가 너에게 관심을 기울이마. 즐거운 마음으로 네 말에 귀를 기울일게.

엄　마: 정말 그럴 거야. 네게 관심을 주지 않는 한 가지 이유는 네가 계속 시끄럽게 돌아다니니까 그러는 거야. 우리가 관심 있는 척하면 네가 더 시끄럽게 소리를 낼 거 아니니?

둘째딸: 그게 바로 관심 끄는 법이라니까요.

엄 마: 맞아. 하고 싶은 말이 있으면 기꺼이 네 말에 귀 기울이마.

아 빠: 난처한가 본데.

엄 마: 안 그럴 거예요. 우린 그냥 네가 우리 마음을 알았으면 하는 거란다.

아 빠: 뭔가 하고 싶은 말이 있다면 톰, 앤 누나가 하는 것처럼 하면 된단다. 손을 들어서 우리에게 표시를 하면 돼.

엄 마: 이렇게 드는 거야. 그러면 우리가 네게 귀 기울일 거란다.

아 빠: 네가 가진 종이는 우리 거와 똑같은 거야. 자, 봐라. 그렇지? 네가 말하고 싶은 것이 이거지?

둘째딸: 예.

엄 마: 회의는 어떻게 끝내죠?

아 빠: 가족 모두가 하고 싶은 말을 다 했다고 생각하면 끝내는 거지. 혹시 이야기하고 싶은 사람 있니?

엄 마: 아니요.

큰 딸: 아빠는요?

아 빠: 생각하고 있는 중이란다. 뭔가 있는 것 같기도 한데, 잘 모르겠다.

엄 마: 톰, 넌 할 말 없어? 정말 없니? 좋아.

아 빠: 톰, 이리 와서 회의에 참석하고 싶으면 이리 오거라.

큰 딸: 아빠는 언제 집에 돌아오실지 우리한테 이야기 해 주면 우리가 집도 깨끗이 정리해 놓고, 식사도 맛있게 준비해 놓을 수 있잖아요. 12시나 10시, 혹은 1시에 오실 때만 빼구요.

아 빠: 글쎄, 무슨 소린지 모르겠구나. 내가 집에 돌아오는 시간을 알려 달라는 말이니?

큰 딸: 예. 그래야 우리가 알죠. 엄마가 아빠가 빨리 올지 모르고 식사준비하실 때, 가끔 아빠가 빨리 오시기도 하시잖아요. 그러면 엄마는 다시 준비하셔야 되잖아요.

아 빠: 그래, 알겠다. 가족 모두의 규칙이 되는 거니? 이를테면, 엄마가 외출하실 때는 언제까지 집에 올지 우리에게 이야기해 주고, 네가 외

출할 때는 우리에게 말해 주는 거지. 내 말이 맞니?

큰 딸: 정확히는 아니에요.

아 빠: 그럼, 나만을 위한 규칙이니, 가족 전부에게 해당되는 규칙이니?

아 빠: 아빠에게만 해당되는 규칙이라고 볼 수 있죠.

둘째딸: 내 생각에는 가족 모두에게 해당되는 규칙이어야 할 것 같아요. 아무도 누가 언제쯤 집에 돌아올지 모르잖아요.

큰 딸: 아빠가 퇴근하시는 시간을 아무도 모르는 것처럼.

엄 마: 맞아요. 어두워지기는 하고, 너희들이 집에 들어오기 전까지 엄마가 들어오라고 몇 번이나 부르잖아. 그렇지?

둘째딸: 그때 그랬잖아요. 아빠가 집에 돌아왔을 때, 문이 잠겨 있어서 루시 아줌마(청소해 주는 아주머니)하고 엄마를 놀래키셨잖아요.

엄 마: 그랬지.

아 빠: 네 말은 네가 집에 있는 줄 알고 문을 모두 잠가서, 네가 집에 들어가지 못했던 때 말이니?

둘째딸: 아니요, 저는 아빠가…….

엄 마: 기억 안 나요? 당신이 오는 줄 모르고 나는 여기에 앉아 있고 루시는 여기에 있었는데, 그림자가 현관 복도로 지나가는 거예요. 그때 당신이 우리를 얼마나 놀라게 했는지 알아요? 우리는 집에 아무도 없다고 생각했죠. 그랬는데 그림자가 지나가니…….

아 빠: 기억이 안 나는데. 내가 기억나는 것은 내가 아이들 이름을 불러 봐도 대답이 없길래, 집에 아무도 없는 줄 알고 문을 모두 잠갔지. 그러곤 텔레비전을 보고 있었지.

둘째딸: 뒤쪽 방에 계셨었죠.

아 빠: 맞아.

둘째딸: 창문을 쾅쾅 두드리면서 "아빠, 문 좀 열어 줘요!"하고 소리쳤는데.

아 빠: 아빠가 집에 오는 시간을 너희가 알고 싶다면 그렇게 하도록 노력하마. 어떤 날은 귀가시간을 변경해야 될 때도 있을 거야. 하지만 너희들이 원한다면 전화로 알려 주도록 하마. 모든 사람이 그렇게 하겠다고 하면 아빠도 그렇게 하마. 예를 들면, 네가 밖에 나가서

놀 때 6시 30분이나 7시까지 집에 올 거면 '엄마, 해 지기 전에는 올게요.' 라고 엄마에게 말해 줘야 한다. 아빠 생각에 가족 모두가 그렇게 하면 좋을 것 같구나. 그리고 아주 좋은 제안이었다.

큰 딸: 가족 모두 집을 비운 때가 한 번 있었는데요. 제가 불을 켜고 집에 들어와서 다시 문을 모두 잠그고 텔레비전을 켰는데, 아무도 없더라구요. 누가 문을 두드려서 누구냐고 물었어요. 발소리가 들리고, 어떻게 해야 할지 몰라서 이웃 분에게 전화를 걸었죠.

아 빠: 우리가 언제 돌아올지 알면 네가 무서워하지 않아도 될 것 같구나.

큰 딸: 그럼요.

아 빠: 앤은 좀 다른 의견이었던 것 같은데, 앤 말로는 내가 귀가하는 시간을 정하는 것이 좋겠다는 거였던 것 같다. 맞니?

큰 딸: 예.

아 빠: 그건 조금 힘들 것 같구나. 예를 들어, 가을 같은 특별한 때에는 아빠가 스케줄을 정확히 알기 때문에 말해 주기가 쉽겠지만, 그렇지 않을 때도 있단다. 그럴 때는 전화를 걸어서 그 시간까지 집에 가지 못할 거라고 말해 주마. 이 점에 대해서 아빠가 이전에는 좀 소홀했구나. 엄마한테도 언제까지 집에 간다고 말해 주지 못하고, 불규칙적으로 일찍 올 때도 있었고, 늦게 올 때도 많았지. 네 말이 맞다. 엄마도 모르고 너도 몰랐을 거야.

큰 딸: 엄마도 아빠가 언제 오실지 모르고 계셨다가 우리끼리 밥 먹고 있을 때 아빠가 들어오셔서 "내 밥 어디 있지?" 그러시잖아요.

아 빠: 그래.

큰 딸: 우린 밥 먹고 있는데, 우리보고 어떻게 하라고.

아 빠: 좋아. 가족 모두가 언제까지 집에 돌아올지 서로에게 알려 주는 것에 모두 찬성하는 거지?

엄 마: 전 현관문에 남들 눈에 띄게 메모를 남겨 놓는 것은 싫어요. 그러니까 이렇게 생긴 종이에 메모를 남겨서 다들 스카치테이프가 어디 있는 줄은 알 테니까, 붙여 놓는 거예요.

딸 들: 저흰 몰라요.

엄 마: 마스킹테이프는 어디 있는지 알지?

딸 들: 예.

엄 마: 스카치테이프나 마스킹테이프나 그게 그거 아니니?

딸 들: 그렇죠.

엄 마: 좋아. 장롱이 있는 첫 번째 방문 안쪽에 메모를 남기는 게 어떨까?

둘째딸: 문이 잠겨 있으면 어떻게 해요?

엄 마: 무슨 문?

둘째딸: 아무 문이나요. 제 말은 현관문이 잠겨 있으면 어떻게 하냐구요?

엄 마: 아니, 엄마가 언제 돌아올지 적어 놓은 메모 말이야.

큰 딸: 아! 문 바깥쪽은요?

아 빠: 집에 와서 가족이 없으면 문 뒤쪽을 살펴보면 되지.

엄 마: 바로 그거예요.

아 빠: 좋아, 그럼…….

엄 마: 문 안쪽으로 하자.

아 빠: 좋아요. 우리가 메모를 남겨 두면, 중요한 이유로 집에 있지 못하는 걸 알게 되겠지. 그리고 우리는 전화할 수도 있어.

엄 마: 그래, 전화하자.

아 빠: 좋아. 다른 제안 없니?

큰 딸: 가족회의에서 이야기된 내용을 기록했으면 좋겠어요. 저와 앤이 할 수 있을 것 같아요.

둘째딸: 엄마는 이미 몇 번 이런 거 해 보셨잖아요. 타이핑도 하시고. 엄마가 하실 수 있을 것 같은데.

큰 딸: 우리에게 작은 폴더가 있으니까 투표에 부친 내용, 날짜, 회의를 개최하지 못한 횟수 등을 기록하면 될 것 같아요. 한 주 동안 지켜보고, 잘못된 것이 있으면 나중에 수정하면 될 것 같아요.

아 빠: 회의를 기록해 놓으면 어떤 점이 좋을까?

둘째딸: 집에 없었던 사람들이 나중에 회의 때 무슨 일이 있었는지, 어떤 일들이 결정되었는지 알 수 있잖아요.

엄 마: 맞아요. 일요일에 네가 여기 없으면 우리가 다음에 이야기를 해 주

마. 지난 일요일에 어떤 내용을 결정했는지.

큰 딸: 그리고…….

아 빠: 그게 중요한 거야. 아주 좋은 지적이었다.

둘째딸: 저한테 공책이 있는데요.

큰 딸: 회의에 참가하지 못한 사람들이 회의 내용을 알 수 있도록 기록을 하는 거지요.

아 빠: 맞아. 오늘 결정한 내용들을 적어 두어야 할 것 같다. 그러면 잊어버리지 않겠지.

둘째딸: 저한테 공책이 있으니까, 가져올게요.

아 빠: 연필도 가져올래?

둘째딸: 예.

엄 마: 하나 더 이야기하마. 기록해 놓으면 나중에 총계 내기가 편할 것 같다. 왜냐면 난 머릿속에 기억하고 싶지 않으니까.

아 빠: 얘들도 그럴 거야.

엄 마: 내 말이 그 말이에요.

큰 딸: 맞아요.

(아들은 딴 곳에 가 있다.)

아 빠: 톰, 오늘 결정한 것을 종이에 적으려고 한다. 우리와 함께 적으려면 이리 오렴.

엄 마: 이리 와서 앉을래?

아 들: 텔레비전에 나오게 해 봐요. 거기에 내려놓아요?

아 빠: 넌 그게 재미있나 보구나.

아 들: 이리 와서 텔레비전 화면 좀 봐요. 텔레비전에 제가 나와요.

큰 딸: 펜 여기 있어요.

둘째딸: 좋아.

아 빠: 가족 모두 가벼운 마음으로 회의하니까 즐겁지?

엄 마: 공책 가지고 왔니?

아 빠: 색깔 있는 공책이면 더 좋을 것 같은데.

아 들: 맞아요.

엄　마: 우리가 결정한 게 뭐였지?

아　빠: 아직 열지 마라, 톰. 끝난 게 아니야.

엄　마: 첫째, 내 기억으로는 가족회의를 언제 개최할 것인지였어.

큰　딸: 예. 일요일로 정했죠. 다음은요?

엄　마: 가족 모두의 기상 시간. 10시 30분으로 하기로 했지.

큰　딸: 좋아요. 셋째는요, 톰에 관한 거였죠?

둘째딸: 전화 거는 거, 메모 남기는 거.

엄　마: 메모 남기는 장소였지. 집에 돌아왔는데, 아무도 없고 누군가가 메모를 남겼으면…….

큰　딸: 어디에 둔다구요?

엄　마: 첫째 문 안쪽에. 그랬지?

아　빠: 좋아요. 앤이 나한테 집에 언제 돌아올지 가족에게 알려 주어야 한다는 것부터 이 문제가 시작되었지. 그러고는 가족 모두 서로 알려 주기로 동의했고…….

큰　딸: 그건 저였어요.

아　빠: 맞다. 너였지.

큰　딸: 제가 아빠한테…….

엄　마: 좋아, 자, 그럼 적자. 아빠는 전화로 알려 주는 데 동의했다.

아　빠: 하지만 가족 모두 그러기로 했잖소.

엄　마: 맞아요.

아　빠: 아빠 혼자 지켜야 하는 건 아니다. 가족 모두 서로 귀가 시간을 알려 주기로 했어. 그 점을 꼭 기록해 두라구.

엄　마: 전부 다 기록하고 있어요.

큰　딸: 예.

엄　마: 다섯째가 있었나?

엄　마: 좋아. 뭐였지?

아　빠: 다섯째가 있었던가?

둘째딸: 있었어요.

엄　마: 난 잘 기억이 안 나는데.

둘째딸: 톰에 관한 거요. 톰이 시끄럽게 한 거.

큰 딸: 그건 아니야.

둘째딸: 톰이 시끄럽게 굴기 시작하면…….

엄 마: 그건 다른 문제란다.

아 빠: 오늘은 그만 하자는 말이니?

둘째딸: 제한을 둘 필요가 없잖아요. 시간제한 같은 걸 두면 중간에 그만 둘 수도 있잖아요.

엄 마: 누가 말하는데 끊을 수도 있고.

아 빠: 하지만 시간 제한을 두는 것이 나을 것 같구나. 다시 말해서 45분이나 한 시간 정도로 정해 두면 어떨까. 좀 더 이야기하고 싶니, 아니면 지금 끝내고 싶니? (이것은 마무리의 시작이다!)

딸 들: 끝내요.

# 참고문헌


Adler, A. (1904). The physician as educator. In *Healing and education: Medical-educational papers of the Society for Individual Psychology*. Chicago: International Publications.

Adler, A. (1907). *Study of organ inferiority and its physical compensation: A contribution to clinical medicine* (S. E. Jelliffe, Trans.). New York: Moffat Yard.

Adler, A. (1936). Love is a recent invention. *Esquire Magazine, 4* (1), 36, 128.

Adler, A. (1938). *Social interest*. London: Faber & Faber.

Adler, A. (1954). *Understanding human nature* (W. B. Wolf, Trans.). New York: Fawcett Premier. (Original work published 1927)

Adler, A. (1964). *Problesmts of neurosis* (original work published 1929). New York: Harper Torchbooks.

Angyl, A. (1941). *Foundations for a science of personality*. New York: Commonwealth Fund.

Ansbacher, H. L. (Ed.). (1969). *The science of living: Alfred Aller*. Garden City, NY: Doubleday Anchor Books.

Ansbacher, H. L., & Ansbacher, R. R. (Eds.). (1967). *The individual psychology of Alfred Adler*. New York: Harper Torchbooks, Harper and Row.

Archer, J., Jr. (1991). *Managing anxiety and stress* (2nd ed.). Muncie, IN: Accelerated Development.

Arciniega, G. M., & Newlon, B. J. (1995). *Counseling and psychotherapy: Multicultural considerations*. In D. Capuzzi & D. R. Gross (Eds.), *Counseling and psychotherapy: Theories and interventions* (pp. 557-587). Englewood Cliffs, NJ: Merrill.

Are you eating right? (1992, October). *Consumer Reports, 4*, 3.

Argyle, M., & Furnham, A. (1983). Sources of satisfaction and conflict in longterm relationships. *Journal of Marriage and the Famiiy, 45*, 481-493.

Baumeister, R. F., & Leary, M. R. (1995). The need to belong: Desire for interpersonal attachments as a fundamental human motivation. *Psychological Bulletin, 117*, 497-529.

Beall, A. E., & Sternberg, R. J. (Eds.). (1993). *The psychology of gender*. New York: Guilford

Press.

Beck, A. T. (1984). Cognitive approaches to stress. In R. L. Woolfolk & P. M. Lehrer (Eds.), *Principles and practice of stress management* (pp. 255-305). New York: Guilford Press.

Beck, J. S. (1995). *Cognitive therapy: Basics and beyond.* New York: Guiliford Press.

Benson, H., & Stuart, E. M. (1992). *The wellness book: The comprehensive guide to maintaining health and treating stress-related illness.* New York: Simon & Schuster.

Berkman, L., & Syme, E. L. (1979). Social network, host resistance, and mortality: A nine-year study of Alameda County residents. *American Journal of Epidemiology, 109*, 186-204.

Berne, E. (1964). *Games people play.* New York: Grove Press.

Blankenhorn, D. (1995). *Fatherless America: Confornting our most urgent social problem.* New York: Basic Book.

Bolen, J. S. (1979). *The tao of psychology.* San Francisco: Harper and Row.

Bortz, W. M. (1991). *We live too short and die too long.* New York: Bantam.

Borysenko, J., & Borysenko, M. (1994). *The power of the mind to heal.* Carson, CA: Hay House.

Bradshaw, J. (1992). *Creating love.* New York: Bantam.

Branden, N. (1994). *The six pillars of self-esteem.* New York: Bantam.

Burg, M. M., & Seeman, T. E. (1994). Families and health: The negative side of social ties. *Annals of Behavioral Medicine, 16*, 109-115.

Burnett, J. W., Anderson, W, P., & Hepner, P. P. (1995). Gender roles and self-esteem: A consideration of environmental factors. *Journal of Counseling & Development, 73* (3), 323-326.

Burnett, P. C. (1988). Evaluation of Adlerian parenting programs. *Individual Psychology, 44*, 63-76.

Butler, R. N. (1963). The life review: An interpretation of reminiscence in the aged. *Psychiatry, 26*, 65-76.

Campbell, A. (1981). *The sense of well-being in America: Recent patterns and trends.* New York: McGraw-Hill.

Capuzzi, D., & Gross, D. R. (Eds.). (1995). *Counseling and psyhotherapy: Theories and interventions.* Englewood Cliffs, NJ: Merrill.

Cohen, S., & Syme, S. L. (Eds.). (1985). *Social support and health.* London: Academic Press.

Cook, E. P. (1985). Psychological androgyny. Elmsford, NY: Pergamon Press.

Cook, E. P, (1987). Psychological androgyny: A review of the research. *The Counseling Psychologist, 15*, 471-513.

Cooper, S. E., Fuqua, D. R., & Hartman, B. W. (1984). The relationship of trait indecisiveness to vocational uncertainty, career indecision, and interpersonal characteristics. *Journal of College Student Personnel, 25*, 353-356.

Coopersmith, A. (1967). *Antecedents of self-esteem.* San Francisco: Freeman.

Corey, G. (1991). Invited commentary on macrostrategies for delivery of mental health counseling services. *Journal of Mental Health Counseling, 13*, 51-57.

Cosse, J. W. (1992). Who's who and what's what? The effects of gender on development in adolescence. In B. R. Wainrib (Ed.), *Gender issues across the life cycle* (pp. 5-16). New York: Springer.

Cousins, N. (1979). *Anatomy of an illness as perceived by the patient*. New York: W. W. Norton.

Cowher, S. J. (1995). Recognizing and addressing gender issues in the classroom. *Journal of Humanistic Education and Development, 34*, 35-41.

Crandall, J. E. (1975). A scale for social interest. *Journal of Individual Psychology, 31*, 187-195.

Crites, J. O. (1969). *Vocational psychology*. New York: McGraw-Hill.

Crites, J. O. (1981). Integrative test interpretation. In D. H. Montross & C. J. Shinkman (Eds.), *Career development in the 1980s: Theory and practice* (pp. 161-168). Springfield, IL: Charles C. Thomas.

Croker, J., & Major, B. (1989). Social stigma and self-esteem: The self-protective properties of stigma. *Psychological Review, 96*, 608-630.

Csikszentmihalyi, M. (1990). *Flow: The psychology of optimal experience*. New York: Harper Collins.

Csikszentmihalyi, M., & Beattie, O. V. (1979). Life themes: A theoretical and empirical exploration of their origins and effects. *Journal of Humanistic Psychology, 19*, 45-63.

Curran, D. (1983). *Traits of a healthy family*. New York: Ballantine.

Dacher, E. S. (1991). *Psychoneuroimmunology: The new mind/body healing program*. New York: Paragon House.

Dahlstrom, W. G. (1972). *Personality systematics and the problem of types*. Morristown, NJ: General Learning Press.

Dawis, R. V., & Lofquist, L. H. (1984). *A psychological theory of work adjustment: An individual-differences model and its application*. Minneapolis: University of Minnesota Press.

Dillon, K. M., Minchoff, B., & Baker, K. H. (1985). Positive emotional states and the enhancement of the immune system. *International Journal of Psychiatry in Medicine, 15*, 13-17.

Dinkmeyer, D., & Dreikurs, R. (1963). *Encouraging children to team: The encouragement process*. Englewood Clins, NJ: Prentice-Hall.

Does exercise boost immunity? (1995, April). *Consumer Reports on Health, 7* (4), 31-39.

Dreher, H. (1995). *The immune power personality: 7 traits you can develop to stay healthy*. New York: Dutton.

Dreikurs, R. (1946). *The challenge of marriage*. New York: Hawthorn Books.

Dreikurs, R. (1953). *Fundamentals of Adlerian psychology*. Chicago: Alfred Adler Institute.

Dreikurs, R. (1954). The psychological interview in medicine. *American Journal of Individual Psychology, 10*, 99-122.

Dreikurs, R. (1963). Psychodynamic diagnosis in

psychiatry. *American Journal of Psychiatry, 119*, 1045-1048.

Dreikurs, R. (1967). *Psychodynamics, psychotherapy, and counseling*. Chicago: Alfred Adler Institute.

Dreikurs, R. (1968). *Psychology in the classroom* (2nd ed.). New York: Harper and Row.

Dreikurs, R. (1971). *Social equality: The challenge of today*. Chicago: Henry Regnery.

Dreikurs, R. (1973). *Psychodynamics, psychotherapy, and counseling* (Rev. ed.). Chicago: Alfred Adler Institute.

Dreikurs, R., & Grey, L. (1968). *Logical consequences*. New York: Hawthorn Books.

Dreikurs, R., & Soltz, V. (1964). *Children the challenge*. New York: Hawthorn Books.

Eckstein, D., Baruth, L., & Mahrer, D. (1982). *Life style: What it is and how to do it* (2nd ed.). Dubuque, IA: Kendall/Hunt.

Ekman, P. (1989). The argument and evidence about universals in facial expression of emotion. In H. Wagner & A. Mansted (Eds.), *Handbook of social psychophysiology* (pp. 143-163). New York: Wiley.

Ekman, P., & Davidson, R. J. (Eds.). (1994). *The nature of emotion*. New York: Oxford University Press.

Ellenberger, H. (1970). *The discovery of the unconscious*. New York: Basic Books.

Ellis, A. (1962). *Reason and emotion in psychotherapy*. New York: Lyle Stuart.

Ellis, A., & Greiger, R. (1977). *Handbook of rational-emotive therapy*. New York: Springer.

Erikson, E. (1950). *Chiidhood and society*. New York: Norton.

Exercise: A prescription for health. (1992, April 11). *USA Today*, pp. D1-2.

Exercise for the ages. (1996, July). *Consumer Reports on Health, 8* (7), 73-74.

Falk, D. R., & Hill, C. E. (1992). Counselor interventions preceding client laughter in brief therapy. *Journal of Counseling Psychology, 39*, 39-45.

Fenell, D. L. (1993). Characteristics of long-term first marriages. *Journal of Mental Health Counseling, 15*, 446-460.

Freeman, A., & Dewolf, R. (1992). *The 10 dumbest mistakes smart people make and how to avoid them*. New York: Harper Perennial.

Fromm, E. (1956). *The art of loving*. New York: Bantam.

Gallup, G., Jr., & Castelli, J. (1989). *The people's religion: American faith in the 90s*. New York: Macmillan.

Gardner, H. (1983). *Frames of mind: The theory of multiple intelligences*. New York: Basic Books.

Getting in shape: It's more important than ever. (1996, January). *Consumer Reports, 8*, 2.

Girdano, D. E., Everly, G. S., Jr., & Dusek, D. E. (1993). *Controlling stress and tension* (4th ed.). Englewood Cliffs, NJ: Prentice-Hall.

Gladding, S. T. (1995). Humor in counseling: Using a natural resource. *Journal of Humanistic Education and Development, 34*, 3-12.

Gladding, S. (1996). *Counseling: A comprehensive profession*. Upper Saddle River, NJ: Merrill.

Glasser, W. (1969). *Schools without failure*. New York: Harper and Row.

Goldberg, K. (1993). *How men can live as long as women: Seven steps to a longer and better life*. Fort Worth, TX: Summit Group.

Goldberger, L., & Breznitz, S. (1993). *Handbook of stress: Theoretical and clinical aspects* (2nd ed.). New York: Free Press.

Goleman, D. (1995). *Emotional intelligence*. New York: Bantam.

Goleman, D., & Gurin, J. (1993). Mind-body medicine: How to use your mind for better health. Yonkers, NY: Consumer Reports Books, a Division of Consumers Union.

Gottfredson, G. D., Holland, J. L., & Ogawa, D. K. (1982). *Dictionary of Holland occupational codes*. Palo Alto, CA: Consulting Psychologists Press.

Gottman, J. (1995). *Why marriages succeed or fail: And how you can make yours last*. New York: Simon & Schuster.

Greever, K. B., Tseng, M. S., & Friedland, B. U. (1973). Development of the social interest index. *Journal of Consulting and Clinical Psychology, 41*, 454-458.

Griffth, J., & Powers, R. L. (1984). *An Adlerian lexicon*. Chicago: American Institute of Adlerian Studies.

Guarendi, R., with Eich, D. (1990). *Back to the family: Proven advice on building a stronger healthier, happier family*. New York: Simon & Schuster.

Hafen, B. Q., Frandsen, K. J., Karren, K. J., & Hooker, K. R. (1992). *The health effects of attitudes, emotions, relationships*. Provo, UT: EMS Associates.

Harrington, T. F., & O'Shea, A. J. (1982). *Career decision-making system*. Circle Pines, MN: American Guidance Service.

Harris-Bowlsbey, J. (1984). The computer as a tool in career guidance programs. In N. Gysbers (Ed.), *Designing careers* (pp. 362-383). San Francisco: Jossey-Bass.

Hattie, J. (1992). *Self-concept*. Hillsdale, NJ: Erlbaum.

Herr, E. L., & Cramer, S. H. (1988). *Career guidance and counseling through the life span*. Glenview, IL: Scott, Foresman.

Hoare, C. H. (1991). Psychosocial identity development and cultural others. *Journal of Counseling & Development, 70*, 45-53.

Holland, J. L. (1985a). *Making vocational choices: A theory of vocational personalities and work environments*. Englewood Cliffs, NJ: Prentice-Hall.

Holland, J. L. (1985b). *The self-directed search*. Odessa, FL: Psychological Assessment Resources.

Hopke, W. (1987). *Encyclopedia of careers and vocational guidance* (7th ed.). Chicago: Ferguson Publishing.

Horney, K. (1945). *Our inner conficts*. New York: Norton.

Huyck, M. H. (1990). *Gender differences in aging*. In J. E. Birren & K. W. Schaie (Eds.), *Handbook of the psychology of aging* (3rd ed.) (pp. 124-132). San Diego: Academic Press.

Ivey, A. (1986). *Developmental therapy: Theory into practice*. San Francisco: Jossey-Bass.

Ivey, A. (1990). *Developmental counseling and therapy*. Pacific Grove, CA: Brooks/Cole.

Ivey, A. E., Ivey, M. B., & Simek-Morgan, L. (1993). *Counseling and psychtherapy: A multicultural perspective* (3rd ed.). Boston: Allyn & Bacon.

Izard, C. E. (1977). *Human emotions*. New York: Plenum Press.

Johnson, C. (1992). *Lucky in love: The secrets of happy couples and how their marriages thrive*. New York: Viking.

Johnson, D. W., Maruyama, G., Johnson, R., Nelson, D., & Skon, L. (1981). Effect of cooperative, competitive, and individualizing goal structures on achievements: A meta-analysis. *Psychological Bulletin, 89*, 47-62.

Jones, L. K. (1987). *The career key*. Chicago: Ferguson Publishing.

Kabat-Zinn, J. (1990). *Full catastrophe living: Using thte wisdom of your body and mind to face stress, pain, and illness*. New York: Delta.

Kabat-Zinn, J. (1994). *Wherever you go, there you are: Mindfulness meditation is everyday life*. New York: Hyperion.

Karasek, R. A., & Theorell, T. (1990). *Healthy work*. New York: Basic Books.

Kelly, E. W., Jr. (1995). *Spirituality and religion in counseling and psychotherapy: Diversity in theory and practice*. Alexandria, VA: American Counseling Association.

Kelly, E. W., & Sweeney, T. J. (1979). Typical fault goals of adolescents. *School Counselor 26*, 236-246.

Kennedy, J. F. (1956). *Profiles in courage*. New York: Harper and Row.

Kenrick, D. T. (1987). Gender, genes, and social environment: A biosocial interactionist perspective. In P. Shaver & C. Hendrick (Eds.). *Sex and gender* (pp. 14-43), Newbury Park, CA: Sage.

Kiecolt-Glaser, J. K., Malarkey, W, B., Chee, M. A., Newton, T., Cacioppo, J. T., Mao, H. Y., & Glaser, R. (1993). Negative behavior during marital conflict is associated with immunological down-regulation. *Psychosomatic Medicine, 55*, 395-409.

Kleinke, C. L. (1991). *Coping with life challenges*. Pacific Grove, CA: Brooks/Cole.

Knoop, R. (1994). Relieving stress through value-rich work. *Journal of social Psychology, 134*, 829-836.

Kozora, E. J. (Ed.). (1987). *Nutritional guidelines*. Seattle, WA: American Holistic Medical Association.

Kranitz, M. A. (1987). *Getting apart together*. San Luis Obispo, CA: Impact Publishers.

Krumboltz, J. D. (1983). *Private rules in career decision making*. Columbus, OH: The National Center for Research in Vocational Education.

Lazarus, R. S. (1991). *Emotion and adaptation*. New York: Oxford University Press.

Lazarus, R. S., & Folkman, S. (1984). *Stress, appraisal, and coping*. New York: Springer.

Leak, G. K., & Williams, D. E. (1989). Relationship between social interest, alienation, and

Psychological hardiness. *Individual Psychology, 45*, 359-375.

Lee, C. C., & Richardson, B. L. (1991). *Multicultural issues in counseling: New approaches to diversity*. Alexandria, VA: American Association for Counseling and Development.

Lehrer, P. M., & Woolfolk, R. L. (1993). *Principles and practices of stress management* (2nd ed.). New York: Guilford Press.

Levin, J. S., & Vanderpool, H. Y, (1987). Is frequent religious attendance really conducive to better health? Toward an epidemiology of religion. *Social Science and Medicine, 24*, 589-600.

Levin, B. H. (1991). *Your body believes ever word you say*. Lower Lake, CA: Aslan Publishing.

Locke, S., & Colligan, D. (1986). *The healer within: The new medicine of mind and body*. New York: New American Library.

Locke, S., Kraus, I., Leserman, J., Hurst, M. W., Heisel, J. S., & Williams, R. M. (1984). Life change stress, psychiatric symptoms, and natural killer cell activity. *Psychosomatic Medicine, 46*, 441-453.

Loehr, J. E., & McLaughlin, P. J. (1986). *Mentally tough: The principles of winning at sports applied to winning in business*. New York: M. Evans.

Lorig, K. (1992, September 28). Self-care boosts esteem, cuts medical costs. *American Medical News*, p. 1.

Losing weight: What works, what doesn't. (1993, June). *Consumer Reports on Health, 5*, 3.

Luks, A. (1992). *The healing power of doing good*. New York: Fawcett Columbine.

Lynch, J. J. (1977). *The broken hear: The medical consequences of loneliness*. New York: Basic Books.

Maccoby, E. E. (1990). Gender and relationships: A developmental account. *American Psychologist, 45*, 513-520.

Manaster, G. J., Painter, G., Deutsch, J., & Overholt, B. (1977). *Alfred Adler: As we remember him*. Chicago: North American Society of Adlerian Psychology.

Manaster, G. J., & Perryman, T. B. (1974). Early recollections and occupational choice. *Journal of Individual Psychology, 30*, 232-237.

Maslow, A. H. (1968). *Toward a psychology of being* (2nd ed.). New York: D. Van Nostrand.

Maslow, A. H. (1970). *Motivation and personality* (2nd ed.). New York: Harper and Row.

May, R. (1969). *Love and will*. New York: Norton.

McClelland, D. C., Ross, G., & Patel, V. (1985). The effect of academic examination on salivary norepinephrine and immunoglobulin levels. *Journal of Human Stress, 11*, 52-59.

McDaniels, C., & Gysbers, N. C. (1992). *Counseling for career development: Theories, resources, and practice*. San Francisco: Jossey-Bass.

McKelvie, W. (1979). Career counseling with early recollections. In H. A. Olson (Ed.), *Early recollections: Their use in diagnosis and psychotherapy* (pp. 99-118). Springfield, IL: Thomas.

McKelvie, W., & Friedland, B. U. (1978). *Career*

*goals counseling: A holistic approach.* Baltimore: F. M. S. Associates.

McKelvie, W., & Friedland, B. U. (1981). The life style and career counseling. In L. Barut & D. Eckstein (Eds.), *Life style: Theory, practice, and research* (2nd ed.) (pp. 57-62). Dubuque, Ih: Kendall/Hunt.

Michelson, L., & Ascher, L. M. (1987). *Anxiety and stress disorders: Cognitive-behavioral assesssment and treatment.* New York: Guilford Press.

Miller, E. E. (1991). *Opening the inner "I": Discover healing imagery through elective awareness.* Berkeley, CA: Celestial Arts.

Miller-Tiedeman, A. (1976). *Individual career exploration student inventory booklet.* Benesville, IL: Scholastic Testing Service.

Mintz, L. B., & O'Neil, J. O. (1990). Gender roles, sex, and the process of psychotherapy: Many questions and few answers. *Journal of Counseling & Development, 68*, 381-387.

Minuchin, S. (1974). *Family therapy techtniques.* Cambridge: Harvard University Press.

Minuchin, S., & Fishman, H. C. (1981). *Families and family therapy.* Cambridge: Harvard University Press.

Money, J. (1973). Gender role identity. *Journal of the Academy of Psychoanalysis, 4*, 397-403.

Montagu, A. (1981). *Growing young.* New York: McGraw-Hill.

Moody, R. A. (1978). *Laugh after laugh: The healing power of humor.* Jacksonville, FL: Headwaters Press.

Moore, T. (1994). *Soul mates: Honoring the mysteries of love and relationship.* New York: Harper Collins.

Mosak, H. H. (1958). Early recollections as a projective techinque. *Journal of Projective Techniques, 22*, 301-311. (Also in Lindzey, G., & Hall, C. S. (Eds.). (1965). *Theories of personality: Primary sources and research* [pp. 105-113]. New York: Wiley.)

Mosak, H. H. (1977). *The controller: A social interpretation of the anal character. On purpose: Collected papers of Harold H. Mosak.* Chicago: Alfred Adler Institute.

Mosak, H. H. (1987). *Ha, ha and aha: The role of humor in psychotherapy.* Muncie, IN: Accelerated Development.

Mosak, H. H., & Dreikurs, R. (1967). The life tasks III, the fifth life task. *Individual Psychologist, 5*, 16-22.

Mosak, H. H., & Dreikurs, R. (1973). Adlerian psychotherapy. In R. Consini (Ed.), *Current psychotherapies* (pp. 126-157). Itasca, IL: F. E. Peacock.

Mosak, H. H., & Shulman, B. H. (1971). *The lifestyle inventory.* Chicago: Alfred Adler Institute.

Myers, D. G. (1992). *Pursuit of happiness: What makes a person happy and why.* New York: William Morrow.

Myers, I. B., & McCaulley, M. H. (1985). *Manual: A guide to the development and use of the Myers-Briggs Type Indicator.* Palo Alto, CA: Consulting Psychologists Press.

Myers, J. E. (1989). *Adult children and aging parents.* Alexandria, VA: American

Counseling Association.

Myers, J, E., Witmer, J. M., & Sweeney, T. J. (1995). *Wellness evaluation of lifestyle.* Unpublished assessment instrument, University of North Carolina, Greensboro.

Myers, J. E., Witmer, J. M., & Sweeney, T. J. (1996). *The WEL workbook: Wellness evaluation of lifestyle.* Greensboro, NC: University of North Carolina, Greensboro.

Naisbitt, J., & Aburdene, P. (1990). *Megatrends 2000: Ten new directions for the 1990s.* New York: William Morrow.

Nehru, J. (1958). *Toward freedom.* Boston: Beacon Press.

Nevo, O. (1987). Irrational expectations in career counseling and their confronting arguments. *Career Development Quarerly 35*, 239-250.

Nichols, M. P., & Schwartz, R. C. (1994). *Family therapy: Concepts and methods* (3rd ed.). Boston: Allyn.

Notarius, C., & Markman, H. (1993). *We can work it out: Making sense of marital conflict.* New York: Putnam.

Olson, D. H., McCubbin, H., Barnes, H., Larsen, A., Muxen, M., & Wilson, M. (1983). *Families: What makes them work?* Beverly Hills, CA: Sage.

Ornish, D. (1990). *Dr. Dean Ornish's program for reversing heart disease.* New York: Ballantine.

Ornstein, R., & Sobel, D. (1989). *Healthy pleasures.* Reading, MA: Addison-Wesley.

Parsons, F. (1909). *Choosing a vocation.* Boston: Houghton-Mifflin.

Pederson, P. (1994). *A handbook for developing cultural awareness* (2nd ed.). Alexandria, VA: American Counseling Association.

Pelletier, K. R. (1981). *Longevity: Fulflling our biological potential.* New York: Delacorte Press/Seymour Lawrence.

Pelletier, K. R. (1994). *Sound mind, sound body: A new model for lifelong health.* New York: Simon & Schuster.

Pennebaker, J. W. (1990). *Opening up: The healing power of confiding in othtors.* New York: William Morrow.

Peterson, C., & Bossio, L. M. (1991). *Health and optimism.* New York: Free Press.

Piaget, J. (1963). *The origin of intelligence in children.* New York: Norton.

Piaget, J. (1965). *The moral judgment of the child.* New York: Free Press.

Powers, R. L., & Griffith, J. (1987). *Understanding life-style: The psycho-clarity process.* Chicago: The American Institute of Adlerian Studies.

Prediger, D. J. (1982). Dimensions underlying Holland's hexagon: Missing link between interests and expectations? *Journal of Vocational Behavior 21*, 259-287.

Prochaska, J. O., & DiClemente, C. C. (1984). *The transtheoretical approach: Crossing traditional boundaries of therapy.* Melbourne, FL: Krieger.

Prochaska, J, O., & Norcross, J. C. (1994). *Systems of psychotherapy: A transtheoretical analysis* (3rd ed.). Pacific Grove, CA: Brooks/Cole.

Renwick, P, A., & Lawler, E. E. (1978, May). What

you really want from your job. *Psychology Today, 11* (3), 53-65, 118.

Rosenfeld, I. (1995). *Doctor, what should I eat?* New York: Warner.

Sagan, L. A. (1987). *The health of nations.* New York: Basic Books.

Santrock, J. W. (1995). *Life-span development.* Dubuque, IA: Brown and Benchmark.

Sarason, B. R., Sarason, I. G., & Pierce, G. R. (1990). *Social support: An international view.* New York: Wiley.

Savickas, M. L. (1989). Career counseling. In T. Sweeney (Ed.), *Adlerian counseling: A Practical approach for a new decade* (3rd ed.) (pp. 289-320). Muncie, IN: Accelerated Development.

Scarf, M. (1995). *Intimate worlds: Life inside the family.* New York: Random House.

Schafer, C., Coyne, J. C., & Lazarus, R. S. (1982). The health-related functions of social support. *Journal of Behavioral Medicine, 4,* 381-406.

Scheier, M. F., & Carver, C. S. (1987). Dispositional optimism and physical well-being: The influence of generalized outcome experiences on health. *Journal of Personality,* 55, 169-210.

Schwartz, M. S., & Associates. (1995). *Biofeedback: A practitioner's guide.* New York: Guilford Press.

Segall, M. H., Dasen, P. R., Berry, J. W., & Poortinga, Y. H. (1990). *Human behavior in global perspective: An introduction to cross-cultural psychotogy.* New York: Pergamon Press.

Seligman, M. E. P. (1990). *Learned optimism.* New York: Knopf.

Shealy, C. N., & Myss, C. M. (1993). *The creation of health: The emotional, psychological, and spiritual responses that promote health and healing.* Walpole, NH: Stillpoint Publishing.

Shulman, B. H. (1962). The family constellation in personality diagnosis. *Journal of Individual Psychology, 18,* 35-47.

Shulman, B. H. (1968). *Essays in schizophrenia.* Baltimore: Williams & Wilkins.

Shulman, B. H. (1971). Confrontation techniques in Adlerian psychotherapy. *Journal of Individual Psychology, 27,* 167-175.

Shulman, B. H. (1973). *What is the life style? Contributions to individual psychology.* Chicago: Alfred Adler Institute.

Shulman, B. H., & Mosak, H. (1988a). *LSI-Life Style Inventory.* Muncie, IN: Accelerated Development.

Shulman, B. H., & Mosak, H. (1988b). *Manual for life style assessment.* Muncie, IN: Accelerated Development.

Simon, S. B., & Simon, S. (1990). *Forgiveness.* New York: Warner Books.

Six convincing reasons to exercise. (1994, February). *Health After 50. The Johns Hopkins Medical Letter 6,* 1.

Smith, E. M. J. (1985). Ethnic minorities: Life stress, social support, and mental health issues. *The Counseling Psychologist, 13,* 537-579.

Smith, E. J. (1991). Ethnic identity development: Toward the development of a theory within the context of majority/minority status. *Journal of Counseling & Development, 70*, 181-188.

Smith, J. C. (1993). *Creative stress management: The 1-2-3 cope system*. Englewood Cliffs, NJ: Prentice-Hall.

Sorokin, P. (1967). *The ways and powers of love*. Chicago: H. Regnery.

Spencer, H. (1885). *Education-intellectual, moral, physical*. New York: P. D. Alden.

Spokane, A. R. (1985). A review of research on person-environment congruence in Holland's theory of careers. *Journal of Vocational Behavior, 26*, 306-343.

Stewart, N. R. (1969). Exploring and processing information about educational and vocational opportunities in groups. In J. D. Krumboltz & C. E. Thoresen (Eds.), *Behavioral counseling: Cases and Techniques* (pp. 213-234). New York: Holt, Reinhart, & Winston.

Stinnet, N., & Defrain, J. (1985). *Secrets of strong families*. New York: Berkley Books.

Stone, A. A., Cox, D. S., Valdimarsdottir, H., Jandorf, L., & Neale, J. M. (1987). Evidence that IgA antibody is associated with daily mood. *Journal of Personality and Social Psychology, 52*, 988-993.

Strength training for everyone. (1991, November). *University of California at Berkeley Wellness Letter, 8* (2), 4-7.

Strickland, B. R. (1978). Internal-external experiences and health-related behaviors. *Journal of Consulting and Clinical Psychology, 46*, 1192-1211.

Sue, D. W., & Sue, D. (1990). *Counseling the culturally different: Theory and practice* (2nd ed.). New York: Wiley.

Sulliman, J. R. (1973). The development of a scale for the measurement of social interest. *Dissertation Abstracts International, 34*, 2914B. (University Microfilms No. 73-31, 567)

Summary statement-workshop on physical activity and public health. (1993). *Sports Medicine Btilletin, 28* (4), 2.

Sweeney, T. J. (1989). *Adlerian counseling: A practical approach for a new decade* (3rd ed.). Muncie, IN: Accelerated Development.

Sweeney, T. J. (1995). Adlerian theory. In D. Capuzzi & D. R. Gross (Eds.), *Counseling and psychotherapy: Theories and interventions* (pp. 171-206). Englewood Cliffs, NJ: Merrill.

Sweeney, T. J. (1997). Early recollections: A source of healing and encouragement with older persons. *Therapeutic Strategies with Older Persons, 3* (5), 3-14.

Sweeney, T. J. (in press). Adlerian theory. In D. Capuzzi & D. R. Gross (Eds.), *Counseling and psychotherapy: Theories and interventions* (2nd ed.). Englewood Cliffs, NJ: Merrill.

Sweeney, T. J., & Moses, M. A. (1979). Parent education topical bibliography. *School Counselor, 26*, 254-263.

Sweeney, T. J., & Myers, J. E. (1986). Early recollections: An Adlerian method for use with older persons. *Clinical Gerontologist, 4* (4), 3-12.

Sweeney, T. J., & Witmer, J. M. (1991). Beyond social interest: Striving toward optimum health and wellness. *Individual Psychology, 47*, 527-540.

Tart, C. T. (1986). *Waking up: Overcoming the obstacles to human potential.* Boston: New Science Library, Shambhala.

Temoshok, L., & Dreher, H. (1992). *The type C connection: The behavioral links to cancer and health.* New York: Random House.

Terner, J., & Pew, W. L. (1978). *The courage to be impefect: The life and works of Rudolf Dreikurs.* New York: Hawthorn Books.

Thayer, S. (1988, May). Close encounters. *Psychology Today, 22* (3), 31-36.

Touchton, J. B., & Magoon, T. M. (1977). Occupational daydreams as predictors of vocational plans for college women. *Journal of Vocational Behavior 10*, 156-166.

University of California at Berkeley. (1993, February). Fascinating facts. *Wellness Letter, 9* (5), 1.

U. S. Department of Labor. (1996). *Occupational outlook handbook: 1996-97 edition* (Publication No. 2470). Washington, DC: U. S. Government Printing Office.

U. S. Public Health Service. (1979). *Smoking and health: A report of the Surgeon General* (DHEW Publication No. PHS 79-50066). Washington, DC: U. S. Government Printing Office.

U. S. Public Health Service. (1990). *Healthy people 2000: National health promotion and disease prevention objectives* (DHHS Publication No. 91-50213). Washington, DC: U. S. Government Printing Office.

Vaihinger, H. (1965). *The philosophy of "as if."* London: Routledge and Kegan Paul.

Vaillant, G. E. (1977). *Adaptation to life.* Boston: Little, Brown.

Vaughan, D. (1986). *Uncoupling: Turning points in intimate relationships.* New York: Oxford University Press.

Wainrib, B. R. (Ed.) (1992). *Gender issues across the life cycle.* New York: Springer.

Wallerstein, J., & Blakeslee, S. (1995). *The good marriage: How and why good love lasts.* Boston: Houghton-Mifflin.

Warner, R. (1993). Work in progress: Toward a new paradigm for the sociological Study of religion in the United States. *American Journal of Sociology, 98*, 1044-1093.

Watkins, C. E. (1984). The individual psychology of Alfred Adler: Toward an Adlerian vocational theory. *Journal of Vocational Behavior, 24*, 28-47.

Watkins, C. E. (1992a). Adlerian-oriented early memory research: What does it tell us? *Journal of Personality Assessment, 59*, 248-263.

Watkins, C. E. (1992b). Birth-order research and Adler's theory: A critical review. *Individual Psychology 48*, 357-368.

Watkins, C. E. (1992c). Research activity with Adler's theory. *Individual Psychology: 48*, 107-108.

Watkins, C. E. (1994). Measuring social interest. *Individual Psychology, 50*, 69-96.

Weil, A. (1995). *Spontaneous healing: How to discover and enhance your body's natural ability to maintain and heal itself.* New York: Knopf.

Wheeler, M. S., Kern, R. M., & Curlette, W. L. (1991). Life-style can be measured. *Individual Psychology, 47*, 229-240.

When mental illness strikes. (1993, July 7). *USA Today*, p. A11.

Williams, R. (1989). *The trusting heart: Great news about type A behavior.* New York: Times Books.

Witmer, J. M. (1985). *Pathways to personal growth: Developing a sense of worth and competence.* Muncie, IN: Accelerated Development.

Witmer, J. M. (1989). Reaching toward wholeness. In T. J. Sweeney (Ed.), *Adlerian counseling: A practical approach for a new decade* (3rd ed.) (pp. 31-79). Muncie, IN: Accelerated Development.

Witmer, J. M. (1996). *Reaching toward wellness.* Unpublished monograph, College of Education, Ohio University, Athens.

Witmer, J. M., & Rich, C. (1995). *Optimism as generalized outcome expectancies for coping with stress.* Unpublished manuscript, College of Education, Ohio University, Athens.

Witmer, J. M., Rich, C., Barcikowski, R., & Mague, J. C. (1983). Psychosocial characteristics mediating the stress response: An exploratory study. *The Personnel and Guidance Journal, 62*, 73-77.

Witmer, J. M., & Sweeney, T. J. (1992). A holistic model for wellness and prevention over the life span. *Journal of Counseling and Development, 71*, 140-148.

Witmer, J. M., Sweeney, T. J., & Myers, J. E. (1994). *Wellness Evaluation of Lifestyle.* Unpublished inventory, University of North Carolina, Greensboro.

Wurtman, J. (1986). *Managing your mind and mood through food.* New York: Rawson.

Yankelovich, D. (1978, May). The new psychological contracts at work. *Psychology Today 12* (3), 46-50.

# 찾아보기

## 인 명

Angyl, A. 350
Ansbacher, H. 32
Ansbacher, R. 32
Arciniega, G. 52
Argyle, M. 97

Barcikowski, R. 76
Baumeister, R. 94
Berne, E. 25
Branden, N. 74, 151, 153

Campbell, A. 74
Coopersmith, A. 194
Corey, G. 54
Cramer, S. 91
Csikszentmihalyi, M. 93
Curlette, W. 51

Dreher, H. 78
Dreikurs, R. 23, 28, 39, 40, 44, 137, 259, 285, 379, 448, 459, 465

Ellenberger, H. 25
Ellis, A. 53

Frankl, V. 25
Freud, S. 23, 25
Friedland, B. 353
Fromm, E. 25
Furnham, A. 97

Gandhi, M. 147
Gardner, H. 79
Gladding, S. 24
Glasser, R. 448
Gottman, J. 98
Grey, L. 137

Hafen, B. 75, 99
Hattie, J. 196
Herr, E. 91
Holland, J. 364
Horney, K. 25

Ivey, M. 53, 288

Johnson, D. 196
Johnson, R. 196
Jung, C. 53, 364

Kelly, E. 208
Kennedy, J. 147
Kern, R. 51
Kranitz, M. 397

Leary, M. 94
Lee, C. 56
Levin, B. 72

Mague, J. 76
Manaster, G. 353
Markman, H. 98
Maslow, A. 67, 69, 77
May, R. 25
McKelvie, W. 353
Minuchin, S. 404

Montagu, A. 79, 81, 91
Moore, T. 97
Mosak, M. 23, 39, 51, 259, 469
Myers, D. 74, 89
Myers, J. 263

Newlon, B. 52
Nichols, M. 403
Norcross, J. 24, 58
Notarius, C. 98

Perryman, T. 354
Pew, W. 28
Piaget, J. 288
Prochaska, J. 24, 58

Rich, C. 76
Richardson, B. 56

Sagan, L. 75
Savickas, M. 354
Schwartz, R. 401
Shulman, B. 51, 259, 469
Smith, E. 89
Soltz, V. 459
Sorokin, P. 96
Spencer, H. 123
Stewart, N. 373
Sullivan, H. 25
Sweeney, T. 150, 208

Temoshok, L. 78
Terner, J. 28

Vaihinger, H. 32
Vaillant, G. 81
Vaughan, D. 385, 386

Watkins, C. 48, 49, 50
Wheeler, M. 51
Witmer, J. 43, 76, 150

Yankelovich, D. 91

## 내 용

가장된 무능력 201
가정 101
가족구도 35, 256, 320
가족구조 406
가족모임 460, 461
가족상담 29
가족치료 403
가치감 73
갈등해결 456
개방형 모임 448
건강심리학 69
게슈탈트치료 53

격려 122, 165, 218, 226, 421
격려하기 169
격리된 가족 405
결과 136, 218
결혼상담 29
결혼토의집단 464
경제 · 산업 102
고전적 짝짓기 모델 348
공동사회지향성 30
과잉교정 431
과제 설정 317
관계 형성 284
관심 끌기 201

관찰 264
교과목 355
교류분석 25, 53
교육 101
교육진단모임 449
교정상담 29
교정활동 216
기관열등감 26
기본적 오류들 371

나-전달법 176
남성성 추구 55
너-전달법 176

논리적 결과 122, 135, 138
논리적 방법

다중문화적 고려 52
다지기 421
단지 ~ 할 수만 있다면 316
단추 누르기 기법 316
대중성 209, 210
독자 38
독특성 349
동조 199, 209, 210
둘째 아이 37
또래중재 456

라포 형성 409

막내 아이 38
매력 212
매체 102
목적적 31
문화정체감 88
물질남용 214
밀착된 가족 405
바이오피드백 연구 150
반암시 315
반항 210
복수 추구 201
부모교육집단 126
부모면담 411
부부 생활양식 평가 389
부부상담 380, 385
부적절한 행동 201, 210, 212
분석적 32
분석치료 53

비일관성 430
비합리적 기대 371
비합리적 신념 371

사랑 40, 96
사적 규칙 371
사적 논리 351, 370, 403
사회적 29
사회적 관심 30, 49, 77, 200
사회적 문제해결모임 450
사회적 지지 95
삶의 질 92
상기하지 않기 424
상담집단 467
새로운 합의 도출하기 427
생각 간섭하기 371
생태계 접근 53
생활세력 100
생활양식 30, 281, 283
생활양식 안녕평가(WEL) 67, 103
생활양식 질문지 353
생활양식성격검사 51
생활양식집단 468
생활양식평가 51, 253, 255, 319
선택 138
선택의 걸림돌 366, 373
성 문란 210, 211
성공공식 368
성역할 56
성정체감 86
성차별주의 213
수프에 침 뱉기 315
스트레스 관리 85, 150

신앙 213
신체적인 아름다움 212
실존주의적 상담이론 53
실현 가능성 평가하기 317
심리적인 탐색 284

아동 생활지도 198
아들러식 자문 406
아침식사 전에 옷 입기 422
안녕 66
안녕 모델 41, 79, 105
안녕의 바퀴 67, 69, 71
야망 355
약물남용 프로그램 254
여가활동 355
역할모델 355
영성 41, 72, 105
영양 82
우월성 209
우정 39, 94
운동 83
유머감 80
유사성 349
의미 있는 수식어 첨가하기 317
의사결정 애로사항 366
의사소통 변별 연습 173
의사소통의 변별 171
인간관계집단 29
인간중심치료 53
인본주의 심리학 67
인생과제 41, 69, 198, 328
인생목표 350
인지 · 정서 · 행동치료 53
인지적 행동치료 53

일 39
일과 여가 90
일반적 지지 421

**자**기 41
자기개발 158
자기보살핌 84
자기수용 153
자기존중감 151, 194
자기주장 154
자기지향 73
자기책임감 154
자기충족 예언 432
자기학습 124
자녀면담 417
자명종 422
자문집단 466
자신이 내린 중요한 의사결정 355
자아실현인 77
자연적 결과 122, 135
자연적 · 논리적 결과 219, 428
작업환경유형 364
잠자리에 들 시간 425
잡지 355, 359
재정향 284, 309, 394
전체론 41, 44
정부 102
정서적 자각과 대처 77
정서지능 77
정신분석 53
정신신경면역학 78
정신신체의학 78
종교 101
좌우명 355
주의력결핍장애 206
중간 아이 37
지배적 허구 351, 370
지성 213
지역사회 102
직업목록 372
직업성격유형 364
직업적합성 348
직업전망 366
진로경로 368
진로상담 346
진로상담도구 346
진로상담모델 345
진로상담자 353
진로선택 364
진로양식 345, 366
진로양식면담 355
진로양식상담 345, 366
진로양식평가 363, 365
진로행로 350
짝짓기 모델 345, 346

**책** 355, 358
처벌 136
첫째 아이 36
체계이론 403, 404
초기회상 259, 323, 329
최적 경험 93
추수지도 433
출생순위 49
출생 서열 257

**토**의집단 447
통제감 75

**파**괴적 행동목표 203

**학**급모임 448
학습자문집단 51
학습집단 459
해석 284, 292, 393
행동수정 282
행동의학 78
허구적 목표 55
현실적 신념 76
현실치료 53
협동 199
협동적 교실 458
홀랜드 직업코드사전 364
흥미 366
흥미검사 347
힘 추구 201

# 기여자들에 대하여

Mark L. Savickas(Ph. D.)는 Northeastern Ohio 대학교 의과대학 행동과학과 교수이며 학과장이다. 이 대학은 University of Akron, Kent State University, 그리고 Youngstown State University와 협력대학이다. 그는 또한 Kent State University의 교육대학에서 조교수로서 교육심리학, 행정, 공학, 개론을 가르치고 있다.

Savickas 박사는 5년 동안 대학의 카운슬러로 근무하면서 진로상담 교육에 헌신하였다. 지난 17년 동안 그는 매학기 지역사회상담, 재활상담, 상담심리학, 대학 취업지도 분야에서 대학생들에게 진로상담을 가르쳤다. 진로상담에서, 그는 내담자들이 가지고 있는 삶의 주관적 해석과 그들의 능력, 관심, 기회에 대한 객관적인 평가를 통합시킴으로써 내담자들이 교육적이고 직업적인 선택을 하도록 조력하였다. 그는 진로성숙과 진로결정 과정에 대한 연구활동에 주안점을 두었다. 최근에 그는 *Career Development Quarterly*와 *Journal of Vocational Behavior*의 편집이사로 활동하고 있다. 자주 Savickas 박사는 전문가 모임에서 동료들에게 그의 아이디어를 제시하였고, 진로상담가들과 교육자들에게 연수교육을 300회 이상 실시하였다.

J. Melvin Witmer(Ph.D., LPCC)는 Ohio 대학교 상담교육학과 명예교수이며, 이 대학에서 1966년부터 1989년까지 매년 한 학기 동안 가르쳤다. 그는 공인 전문 임상상담가, 공인 심리학자, 국가 공인 상담가다. 그는 25년 이상을 상담과 인간발달 분야에서 교수, 자문가, 워크숍 지도자를 역임하였다. 초 · 중 · 고등학교 교사경험은 그에게 인간의 성장과 학습에 대한 발달적 전망을 제공하였다. 학교상담과 학교심리학의 경험은 성장을 방해하는 장애와 인간잠재력을 발달시키는 신념과 행동을 탐구하도록 계속적인 자극이 되었다. Witmer 박사는 주(州)의 전문가 조직, 동료들, 그리고 오하이오 대학으로부터 16회에 걸쳐 전문가상과 훈장을 수상하였다.

지난 20년 동안 Witmer 박사는 스트레스 관리에 관한 연구와 스트레스 및 행복에 관한 워크숍과 강의를 하였다. 그는 강의와 전문 조직을 통해서 윤리적이고 전문적인 자격 표준을 이행함으로써 상담 서비스의 질을 향상시켰다. 최근 전문가 회의와 계속되는 교육 워크숍에 심리학적으로 건강한 사람의 특성과 전생애에 대한 건강한 생활양식의 평가와 계획을 포함하고 있다. 그가 1985년에 출판한 책인

*Pathways to Personal Growth*와 그 후속 판에서 인간 잠재력의 발달, 건강 추구, 정서의 이해, 타인 격려, 가치 교수, 스트레스의 대처과정을 기술하고 있다. 그는 51편의 박사학위논문을 지도하였으며, 그 중 14편은 스트레스와 스트레스 중재와 관련된 것이다. 그는 건강에 기여하는 요소들에 대한 연구를 계속하고 있다.

그의 건강모델의 적용은 전 미국에 걸쳐 교육, 경영, 그리고 산업과 지역사회 종사자들과 정신건강의 집단에 제시되었다. Witmer 박사는 또한 유럽과 사우디아라비아에서 개최된 여러 국제회의의 상담 전문가집단, 심리학자들, 정신과의사들에게 모델을 제공하였다. 그는 계속하여 동료인 Tom Sweeney 박사, Jane Myers와 협동으로 건강모델을 발전시키고 있다. 그들은 함께 상담과 개인발달에 적용하는 건강평가도구, 즉 생활양식의 건강평가(Wellness Evaluation of Lifestyle: WEL 목록)를 개발하고 있다.

개인적 관심은 사진, 원예와 조경, 테니스, 요트, 여행, 그리고 가족방문이다. 그는 가장 즐겨하는 해변 산책을 할 수 있는 남 캐롤라이나 해안에 위치한 자신의 환상적인 섬에서 살고 있다.

# 저자소개

Thomas J. Sweeney(Ph. D.)는 오하이오 대학 상담교육학과 명예교수이며 자문가, 저작자, 그리고 Chi Sigma Iota International의 소장으로 다섯 아들의 아버지고, 직업적으로는 상담자, 자문가로서 아들러 상담이론과 방법에 관심을 갖고 있다. 2남매 중 둘째 아들인 그는 자신의 발달에서 아들러의 주목과 가르침을 받았다. 둘째 아이로서 최선을 다한 그의 이력은 그가 이룬 성취에서 쉽게 알 수 있다.

Sweeney 박사는 그가 선택한 상담과 상담자교육 분야에서 주, 지역, 국가, 국제적인 조직의 회장을 역임했다. 그는 주, 국가 공인 상담자이고 공인 전문 임상 상담자다. 전에는 중학교와 고등학교의 상담가와 교사로서, 18년 이상 고등학교에서 교장을, 30년 이상을 교수로서 근무하였다.

수많은 논문, 책, 특수 연구서, 그리고 비평의 저자인 그는 또한 상담자 자격과 인정에 관한 미국상담학회(ACA) 입장을 저술하였다. 그는 상담자들이 전문직으로 성장하도록 하기 위하여 공식적인 기간 동안에 이러한 각각의 활동들에서 의장을 수행하였다.

그는 많은 상을 수상하고 미국과 외국에서 자문자 겸 강사로 활동하였으며, 특히 아들러와 드레이커스의 강좌를 토대로 만든 TV 강좌와 영상물 시리즈인 "Coping With Kids"로 주와 국가에서 주는 상을 수상하였다. 그는 그때부터 아들러 심리학의 방법과 기법들을 노인 상담 프로그램에 통합하여 그들을 상담하는 국가 영상물 시리즈의 제작을 도왔다.

요즈음 Sweeney 박사는 1992년 은퇴한 이후로 오하이오 대학에서 일 년에 한 학기만을 가르치고 있다. Chi Sigma Iota Counseling Academic and Professional Honor Society International(CSI) 소장으로서, Sweeney 박사는 계속해서 국내와 외국을 여행하면서 전문적으로, 특히 개인심리학과 생활양식의 적용에 대한 실제적인 장점에 대하여 저술, 교육, 자문을 하고 있다.

# 역자소개


## 노안영

서울대학교 대학원 심리학 석사
미국 University of Kentucky 상담심리학 철학박사
(전)전남대학교 카운슬링센터소장
(현)전남대학교 사회과학대학 심리학과 교수

## 송현종

전남대학교 대학원 교육학 석사(상담)
전남대학교 대학원 교육학 박사(상담)
(전)여수대학교 인문사회과학대학 학장
(현)여수대학교 특수교육과 교수

## 강만철

전남대학교 대학원 교육학 석사(교육심리)
고려대학교 대학원 교육학 박사(교육심리)
(전)목포대학교 학생생활연구소장
(현)목포대학교 교육학과 교수

## 강영신

전남대학교 대학원 심리학 석사(상담)
전남대학교 대학원 심리학 박사수료(상담)
(전)전남대학교 학생생활연구소 카운슬러
(현)미국 North Eastern University 상담심리학 박사과정

## 오익수

전남대학교 대학원 교육학 석사(상담)
전남대학교 대학원 교육학 박사(상담)
(전)한국청소년상담원 상담교수
(현)광주교육대학교 교육학과 교수

## 오명자

전남대학교 대학원 교육학 석사수료(상담)
(전)경기상업고등학교 교사
(전)한빛고등학교 교사
(현)MBTI 및 APT 강사

## 김광운

전남대학교 대학원 교육학 석사(상담)
전남대학교 대학원 교육학 박사(상담)
(현)광주보건대학 종합인력개발센터 소장
(현)광주보건대학 사회복지학과 교수

# 아들러 상담이론과 실제

2005년 6월 18일 1판 1쇄 발행
2021년 10월 20일 1판 9쇄 발행

지은이 • Thomas J. Sweeney
옮긴이 • 노 안 영 외
펴낸이 • 김 진 환
펴낸곳 • (주) 학지사
04031 서울특별시 마포구 양화로 15길 20 마인드월드빌딩 5층
대표전화 • 02) 330-5114 팩스 • 02) 324-2345
등록번호 • 제313-2006-000265호

홈페이지 • http://www.hakjisa.co.kr
페이스북 • https://www.facebook.com/hakjisabook

ISBN 978-89-5891-149-4 93180

**정가 19,000원**

역자와의 협약으로 인지는 생략합니다.
파본은 구입처에서 교환하여 드립니다.